每天读点
管理学

谭慧 编著

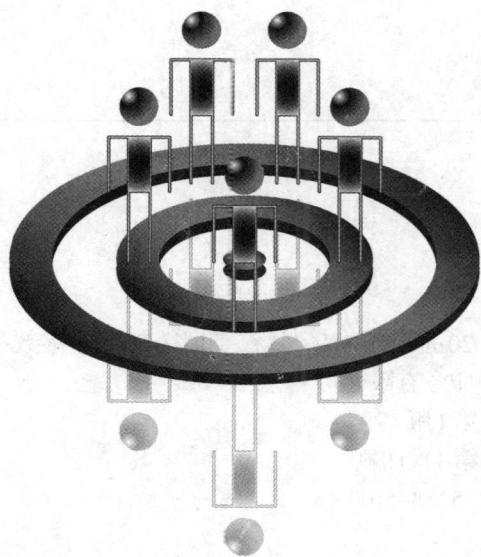

中国华侨出版社
·北京·

图书在版编目（CIP）数据

每天读点管理学/ 谭慧编著. —北京：中国华侨出版社, 2014.11（2024.1重印）
ISBN 978-7-5113-5011-4

Ⅰ.①每… Ⅱ.①谭… Ⅲ.①管理学—通俗读物 Ⅳ.①C93-49

中国版本图书馆CIP数据核字（2014）第272861号

每天读点管理学

编　　著：谭　慧
责任编辑：唐崇杰
封面设计：冬　凡
美术编辑：吴秀侠
经　　销：新华书店
开　　本：720 mm × 1020 mm　　1/16开　　印张：35　　字数：720千字
印　　刷：三河市兴博印务有限公司
版　　次：2015年4月第1版
印　　次：2024年1月第4次印刷
书　　号：ISBN 978-7-5113-5011-4
定　　价：78.00元

中国华侨出版社　北京市朝阳区西坝河东里 77 号楼底商 5 号　邮编：100028
发 行 部：（010）88893001　　　传　　真：（010）62707370
网　　址：www.oveaschin.com　　E-m a i l：oveaschin@sina.com

如果发现印装质量问题，影响阅读，请与印刷厂联系调换。

前　言

　　管理学是系统研究管理活动的基本规律和一般方法的科学。它是人类近代史上发展最迅速、对社会经济发展影响最为重大的一门学科。管理是一门高深的艺术，任何经营成果的取得都源于管理。为此，掌握管理的妙法，必将对企业的良好运作和稳步发展起到决定性的作用。总的来说，对于管理学的把握主要有五个方面：管理的核心是人的管理，因为任何事情都需要人去做，任何计划都需要人去执行；管理的真谛就是把复杂的问题简单化，把混乱的事情规范化；管理的定位是高层管理者做正确的事，中层管理者正确地做事，普通员工把事做正确；管理的手段是"修路"，而不是死板地"管人"；管理的终极目标在于实践。

　　素有"全球第一CEO"之称的杰克·韦尔奇曾说：作为管理者，必须高度重视识人、用人的能力，不断提高管人的技巧。作为一个合格的现代管理者，既需要有"才智"，又需要有"直觉"；既需要有"理性"，又需要有"感情"；既要善于在办公室中分析研究问题，得出"科学"的结论，又要善于学习和借鉴别人的经验。现代管理大师德鲁克曾强调管理学是一门实践性很强的学科，他说："管理是一种实践，其本质不在于'知'，而在于'行'；其验证不在于逻辑，而在于成果；其唯一权威就是成就。"学习管理学，你不需要背诵枯燥的概念，也不需要写长篇的论文，所有管理学知识的出发点都是为了让个人和团体变得更有效率、更加出色，你所需要做的就是理解并实践这些知识，让它们从书本走入生活。

　　作为管理者，你每天都应该学点管理学，不仅要在管理知识上获得增长，更为重要的是，通过学习体现出积极向上、竭力促进企业发展的精神。如果不学习，或者满足现状，管理工作就会出现问题。如果不懂管理学，管理者会使组织失去灵魂和生命。正如德鲁克所说：在每个企业中，管理者都要赋予企业生命，为企业注入活力。如果没有管理者的卓越领导，生产资源将永远只是资源，无法变成产品。然而，资源和环境每时每刻都在发生变化，如果管理者不能与时俱进，不能在管理知识和技能上得到提升，管理者就会丧失对企业的有效指导，从而使企业走向衰败。

也许你是刚刚被提拔为公司的管理者，你知道该做什么，不该做什么吗？新晋领导摸着石头过河如何走好第一步？具有超凡魅力的CEO应该是什么样？作为领导者，如何驾驭员工或下属？如何建立优秀的团队？如何做到知人善任、人尽其才？如何实现与下属的无障碍沟通？如何用简单的管理取得大的收获？等等。管理一个团队或公司将面临各种各样的问题和挑战，当你面对这些问题时，你是否会产生困惑，或者有力不从心之感？是否需要用新的管理知识和技能武装自己的头脑？是否想进一步提升自己的管理技能，以便更好地应对管理过程中出现的各种难题和挑战？本书力图帮助你掌握最切合实际的各种管理方法，使你在管理过程中少走弯路，使管理的过程更顺畅，从而促进事业和团队稳步发展。

这是一部简单实用、通俗易懂的管理学优秀读本。本书内容全面、讲解透彻、技巧丰富、方法实用，全书共分为25章，包括战略管理、决策管理、竞争优势管理、营销管理、成本管理、组织架构管理、人事管理、用人艺术、柔性管理、创新管理、趋势管理、变革管理、目标管理、授权管理、团队管理、组织形象管理、制度管理、沟通管理、激励管理、绩效管理、时间管理、冲突管理、企业文化管理、项目管理、危机管理等各个方面，汇聚管理学的知识精髓，结合真实、生动的案例，将管理的妙招一一展示。将枯燥、乏味、艰涩难懂的管理学原理，用轻松活泼的方式展示给读者，既专业实用又生动有趣。本书适用于从事各类管理工作的领导者和管理者，对于那些在管理中有所作为的读者朋友和想在管理方面有所突破的读者朋友们都大有裨益。

管理工作不是一朝一夕的事，管理实效的取得也不是立竿见影的，掌握管理的妙法，必将对企业的良好运作和稳步发展起到决定性的作用。企事业单位的领导者和管理者如果能在深入阅读本书的基础上开动脑筋，理论联系实际，对现实中的疑惑进行深入的思考，将理论和实践相结合，并在实践中完善发展自己的管理观念，日积月累，必将在错综复杂的局势下，将管理工作做到左右逢源、如鱼得水的境界，并能成功应对各种危机，化解各种难题，成为出色的管理者。管理学和人们的工作和生活有着非常紧密的联系，应用十分广泛，所以，在当今社会，学习管理学对每个人都有着重要的意义。本书对每个想要掌握管理学知识的读者都大有裨益，即使你现在是一个初学者，一个渴望掌握管理能力的普通人，你也能从本书中得到有益的帮助，在管理方面获得新的突破。

目　录

第一章

战略管理：确保战略目标实现

第二章

决策管理：促使决策达到令人满意的水平

第三章

竞争优势管理：创造秒杀对手的实力

第四章

营销管理：让客户掏钱变得更主动

第五章

成本管理：打造内耗最小的企业

第六章

组织架构管理：创建利于解决问题的有效框架

第七章

人事管理：把每一次人事决策都做对

第八章

用人艺术：促使每个员工自动自发工作

第九章

柔性管理：获得员工的心灵共鸣

第十章

创新管理：始终让客户惊鸿一瞥

第十一章

趋势管理：在今天看透未来

第十二章

变革管理：在新的机会中领先别人

第十三章

目标管理：促使组织成员激情澎湃

第十六章

组织形象管理：让顾客第一眼就爱上

第十七章

制度管理：以制度塑造职业规范

第十八章

沟通管理：促进彼此真正理解

第十九章

激励管理：化被动为主动

第二十章

绩效管理：让绩效真正发挥管理功能

第二十一章

时间管理：没有一秒钟被浪费

第二十二章

冲突管理：让冲突成为发展动力

第二十三章

企业文化管理：占据员工的心智资源

第二十四章

项目管理：找准分化战略

第二十五章

危机管理：灭掉危机发生的因

·第一章·

战略管理：确保战略目标实现

战略性错误不能犯

·今日茶点

管理者要想知道企业的发展战略是否行驶在正确的航道上，有四个标准进行评判：一是看战略是否与企业的长期目标一致；二是看战略是否与企业的竞争优势一致；三是看战略是否真正体现了企业的市场定位；四是看战略目标是否被更具体的子目标所分解。

对于企业来说，制定完善的战略极为重要。战略要远远高于解决聘用问题、设计控制系统、确定上下级关系或确定创始人的角色等事项。发展战略明确的公司能够经受组织的混乱和领导的无方所带来的考验，而再完善的控制系统和组织结构也无法弥补战略上的缺陷。

中国著名营销专家何学林指出："战略性错误是不能犯的，一个战略性错误可能导致整个企业全军覆没，整个人生一败涂地，而且永无东山再起之日。"

20 世纪 80 年代，日本制造是世界的旗帜，索尼、松下、丰田等企业成为世界级品牌，美国制造则节节败退。就在这个时候，美国以 IBM 为首的公司开始生产个人计算机及各种配件。美国公司首先找到日本企业，问是否愿意给美国代工。日本的企业集体反对，只有 NEC 作了规模不大的投入。于是美国又去韩国和中国台湾寻找，把配件产品交给他们代工。结果，韩国的三星、LG 得以迅速崛起；中国台湾新竹工业园也大规模地生产电脑配件，成为世界最大的代工基地。日本的企业很后悔，开始在笔记本市场奋起直追，最后在整个电脑硬件领域只有这块市场有一席之地。

日本曾经是全球领先的游戏产业大国，但曾独领风骚出品了无数款风靡全球

1

游戏的日本游戏业，在网络游戏时代来临时却故步自封，坚守在以掌机、家用机为主的电子游戏市场。韩国则抓住机遇，在网游市场中独树一帜，不仅独霸本国市场，还在亚洲各国不断拓展市场。

中国网络游戏厂商们也凭借着多年来艰苦卓绝的努力获得了立足之地。在人才储备、游戏策划、程序开发等方面有着强大实力的日本游戏厂商则逐步落伍，虽然后来为进军网络游戏作出过诸多的努力，无奈最后皆以失败告终。

两次战略决策失误使得日本在全球的 IT 潮流中远远落后，现在日本的优势仍在工业制造，与处在知识经济时代的美国相比，它已经落后了一个层次。

爱尔兰自 20 世纪 90 年代中期以来，国民经济持续高速增长。目前，爱尔兰已经成为世界上最大的软件出口国之一，在欧洲大陆出售的软件产品中，有 60% 产自爱尔兰。从昔日的"欧洲农村"一跃成为"欧洲软件之都"，这主要得益于爱尔兰从 20 世纪 70 年代起实施的"科教兴国"战略。

所有企业制定战略时都不能草率，都要对所处历史时期的经济规律有相当把握，对宏观环境和行业动态有透彻理解，对竞争对手和自身竞争能力有深入了解。

企业发展战略的最大使命就是保持企业行驶在正确的航道上。如果一个企业的发展战略出现了致命失误，那最终可能会南辕北辙，即便拥有强大执行力的组织队伍，也终会一无所获。检验企业发展战略是否出现偏颇的标准有以下几个方面：战略与企业的长期目标是否一致；战略与企业的竞争优势是否一致；战略是否真正体现了企业的市场定位；战略目标是否被更具体的子目标所分解。一般而言，企业发展战略会与企业的长期目标一致，能够发挥出企业的竞争优势，为企业确定出最容易获得利润的目标市场，并且被分解成阶段性目标和众多子目标。

不能以战略预测未来

· 今日茶点

很多管理者简单地将前景看作是预测，比如预期目标是多少，利润是多少，营业额是多少。这使战略的制定进入了误区：目标只是战略实施后所要达到的结果，而制定战略的本质任务是规划公司的未来发展，并不是对未来发展结果的主观估计。

管理者不是占卜大师，不要幼稚地期望通过制定战略来确定未来发展的图景，管理者应该在制定战略的过程中，认真思考战略规划作为一种思想与企业经营之间的关系。

走过 60 多年发展历程的彪马（PUMA）公司，已成为全球最大的运动鞋、服饰及用品制造商之一。其实，它的发展并非一帆风顺，也遭遇过濒临倒闭的生存危机。而转危为安的原因则是彪马采用明确的战略思想来指导企业发展。

为了成功实施全球市场战略，彪马采用的指导思想是，从全球的视角看待市场开发。为真正落实这一战略意图，公司 CEO（Chief Executive Officer，首席执行官）首先要作出表率。他在接受采访时说："作为公司 CEO，必须要有灵活的头脑和开放的思想，需要利用一切机会去了解各国不同的风土人情，以更好地开阔视野，适应多元化的文化背景和完善自己的做法。这样，当机会来临时，你才能抓住它。"

目前，中国市场在彪马全球市场中具有举足轻重的地位，彪马为此还提出了具体的发展目标：销售网点从 700 个发展到 1200 个，到 2008 年发展到 1600 多个；增长率在 2006 年达到 100%，2007 年达到 50%，2008 年预期达到 40%；3年内跻身中国市场前三强。彪马董事会主席约亨·蔡茨说："我们将不断加大对中国市场的投入，以抓住中国难得的市场发展机会。"

自 1993 年以来，彪马获得了长足发展，其中对品牌内涵、产品研发和渠道发展理念进行重新定位发挥了重要作用。在品牌方面，彪马将体育运动当作一种生活态度，始终贯彻"运动生活"理念，将运动、休闲和时尚元素融入品牌中，同时继承了很多传统元素，最终形成以传统、体育运动、科技创新和崭新设计为基础的品牌理念。

在产品方面，彪马以"运动生活"为宗旨，将体育运动、生活潮流和时尚元素融入产品中。除足球运动用品、跑道用品、瘦身运动用品等核心产品线外，还开发了高尔夫系列、摩托车系列、泳装系列、帆船运动系列、城市活力系列等新产品线。在产品结构上，已形成鞋类、服装、饰品三大类，2006 年它们分别占彪马公司总销售额的 59.9%、33.6%、6.5%。

彪马现在已在全球 40 多个国家采用外包方式进行产品生产，目前，中国是彪马全球最大的生产基地。为使产品不失个性，"我们现在主要像教练，而不是运动员"。"给研发人员足够的创作空间，让他们在设计上更自由，因为我们的宗旨是革新。但我们也要确保他们能够执行好，以达到我们的预期目标。不过，我们的产品是为那些乐意去做一些新尝试的消费群体设计的。"约亨·蔡茨说。

渠道方面，彪马在全球 80 多个国家建立了庞大的销售网络，包括体育用品店、百货公司和专卖店。现在，彪马加大在批发、零售领域的合作，建立子公司，并在全球采取兼并策略，以建立新的合资公司，发展新的合作伙伴。对不同类型和风格的产品，彪马采取不同的销售渠道，以确保自己可以进行多元化的产品拓展。

战略并不能掌握未来。任何想要掌握未来的企图都是愚蠢的，未来是难以预见的。战略规划之所以重要，正是因为我们不能预见未来，而通过战略为未来各种变化做好充足准备。

需要注意的是，我们发现在影响战略制定的各种因素中，促进增长的理念影响最大，使战略制定者忽视了对战略不利因素的考察和判断，使组织掉入成长的陷阱之中。

很多管理者在制定战略的过程中，不知不觉受利润导向的控制，总是想着如何达到客观的利润指标，而忽视了对目标达成过程中各种风险的评估，致使在战略推行过程中遭遇不利情况时惊慌无措。所以，在制定战略时，不要只想着如何获得利润，而是要着眼于如何创造出利于目标达成的积极因素。

在商业理论上寻求突破

· 今日茶点

虽然在商界流传有许多经典管理法则，但是在具体创业过程中，却需要拥有一套具有前瞻性的商业理论。如果不能在理论上进行更新，就不会带来创新的赢利模式。

商业理论需要与时俱进，否则就会错失发展良机。凡事都是在变革中不断发展的，陈旧的组织理论对于企业而言是一种致命的疾病。

在 20 世纪 70 年代，通用汽车、福特和克莱斯勒无论是质量、款式还是价格，都优于日本车，但其市场份额却不断被对手蚕食。美国汽车这三巨头已经极大地降低了成本，福特的一些汽车厂甚至已经成为全球成本最低的汽车厂。可是与日本汽车业赢利的状况相反，这三大汽车巨头却亏损不止。

造成美国汽车工业窘状的根本原因就是他们商业理论的过时。在 20 世纪 70 年代初期，中东战争爆发，全球爆发金融危机。这为一直对美国市场伺机而动的日本汽车公司提供了机会。尽管经历了连续快速增长的日本汽车工业也受到了这次石油危机的影响，在 1974 年出现自 1965 年以来的首次负增长。但在那一年，日本汽车业率先掉头，他们减少了对耗油量大的大型汽车的投入，转而全力发展节能小型车。

小型车开辟了新的市场，因为其特别省油，所以受到了深受石油危机困扰的欧美民众的热烈欢迎。1976 年，日本汽车出口量达 250 万辆之多，首次超过国内销量。美国汽车三巨头这时才如梦方醒，开始投入重金开发省油的小车型。

其实在日本汽车大举进入之前，他们并不是没有发现小型车的市场需求，但为了不在原有的竞争格局中率先发生变化，他们三家中的任何一家都没有对这种车型足够重视。他们依然认为豪华的大型车是市场主流。他们的麻痹大意使日本抢了先机，并占领市场，美国汽车业损失惨重，三个巨头中实力较弱的克莱斯勒公司险些因此破产。

用过时的商业理论来指导企业发展，其结果只能是失败。相反，能够用前沿的理论来指导企业发展，必然会使企业获得对手所不具备的优势。

从中国企业的现实情况来看，经验管理仍然是中国管理者管理企业的主流，企业的成败在很大程度上取决于管理者的经验、经历和能力。中国管理者迫切需要进行管理上的创新。企业的稳定经营最终还是要靠规范化的管理制度。

管理方式本身并没有好坏之分，不同的企业、不同的环境、不同的历史阶段中所采用的管理方式是不同的。对于很多企业来说，管理创新极其关键，经营管理模式能否形成新的突破，决定了企业发展的成败。

市场定位是战略重点

· 今日茶点

很多企业失败的根源不在于技术或产品，而在定位上。市场定位能够使管理者知道自己的利润在哪儿，定位不清晰，产品再好，也难逃失败的结局。

企业管理者在战略布局上最容易出现的问题：

1. 将战略的制定看作一件随意而为的事情，忽视或漏掉了严谨、科学的分析和决议过程。

2. 将战略的制定完全看作企业内部制定的事情，而忽视或漏掉了市场需求的调研。

3. 将战略的制定单纯地看作战略的制定，而忽视了与战术之间的协调和适应。

4. 将战略的执行看作普通的任务，缺乏对战略高度的认知，缺乏对战略执行的监督和审视，使组织在获得最终成果上打上折扣。

第一次世界大战以后，美国的许多年轻人习惯在公共场合抽烟，这其中也包括许多女青年。开发女士香烟被莫利普·莫里斯公司认为是一个千载难逢的机会，他们决心从女士的腰包里大捞一笔。很快，人们在各种媒体上频频地看到这样的广告：一位娇丽的女郎正叼着万宝路香烟吞云吐雾。这就是莫利普·莫里斯公司的杰作。

那些广告，光制作就花了不少钱。公司里很多人为此感到不安，但经营层信心十足："大家不要担心，不出一年，万宝路一定会打开市场，这到时候我们就等着数钱吧！"

但事实上呢？1 年、2 年、10 年、20 年，万宝路的包装换了好几回，广告中的佳人也换得更加靓丽，但不知道为什么，经营者心目中的热销场面始终未出现。大家都不明白其中的原因。是质量不过关吗？万宝路在制作过程中，从选料到加工，始终严把质量关，选取优质的烟草，精心处理，万宝路是不折不扣的高品位香烟啊，绝对不会辜负姑娘们的红唇。是价格太高吗？在美国国内的香烟市场上，万宝路的价格，对于大众烟民来说都是可以接受的。

20 年后的一天，公司一位高层管理人员偶然闪过一个念头："是不是我们的市场定位出现了问题呢？"他们当即请来广告策划专家，给万宝路把脉诊断。一番"望闻问切"，专家认为确实是定位出了问题，并当即指出，应该抛弃坚持了20 年的广告定位，另起炉灶。一个宣传了 20 年的品牌要割舍，肯定是一件痛苦的事情，抛开感情不说，仅花掉的钞票就让人心痛不已。但为了走出 20 年的低谷，公司经营层最终同意了专家的意见。

一个全新而又大胆的创意诞生了：以富有阳刚之气的美国男子汉形象来代替原来的娇俏女郎。广告公司费了很大的周折，在西部一个偏僻的农场找到一个"最富男子汉气质"的牛仔，并让他出演万宝路广告的主角。新广告于 1954 年推出，一问世即引起了烟民的狂热躁动。他们争相购买万宝路，要么叼在嘴上，要么夹在指尖，模仿那个硬汉的风格。万宝路的销售额也直线上升，新广告推出后的第一年，销售额就增加了 3 倍，一举成为全美十大香烟品牌之一。

在企业发展中，定位决定市场成败。定位就是要让自己进入消费者的大脑，让消费者对你的产品有个清晰的了解。这一理念，多年来一直影响着美国乃至世界企业的市场营销战略。企业在全面了解、分析目标消费者、供应商需求的信息以及竞争者在目标市场上的位置后，再确定自己的产品在市场上的位置及如何接近顾客，这样才能使营销获得最大限度的成功。

企业要做出正确有效的定位，往往需要遵循一定的步骤：

1.确定定位层次。确定定位层次是定位的第一步。确定定位层次就是要明确所要定位的客体，这个客体是行业、公司、产品组合，还是特定的产品或服务。

2.识别重要属性。定位的第二步是识别影响目标市场顾客购买决策的重要因素。这些因素就是所要定位的客体应该或者必须具备的属性，或者是目标市场顾客具有的某些重要的共同特征。

3.绘制定位图。在识别出了重要属性之后，就要绘制定位图，并在定位图上标示出本企业和竞争者所处的位置。一般都使用二维图。如果存在一系列重要属性，则可以通过统计程序将之简化为能代表顾客选择偏好的最主要的二维变量。定位图选择的二维变量，既可以是客观属性，也可以是主观属性，还可以是将两者结合起来的。但无论选择主观属性，还是客观属性，都必须是"重要属性"。

4.评估定位选择。里斯和屈劳特曾提出三种定位选择：一是强化现有位置，避免正面打击冲突。二是寻找市场空隙，获取先占优势。三是竞争者重新定位，即当竞争者占据了它不该占有的市场位置时，让顾客认清对手"不实"或"虚假"的一面，从而使竞争对手为自己让出它现有的位置。

5.执行定位。定位最终需要通过各种沟通手段如广告、员工的着装和行为举止以及服务的态度、质量等载体传递出去，并为顾客所认同。

成功的战略是务实的

·今日茶点

真正的商人凡事不是从"我认为"出发，而是从"市场信息反馈中"得知真正的需求。市场是最好的战略大师，真正的战略必然是促使企业不断满足市场需求的战略。

成功的管理者往往会深入地对市场进行观察，并认真分析消费者的需求、期望，以决定研发什么样的创新产品来满足市场。

2004年，巨人集团史玉柱投资网络游戏，开发《征途》。他把玩家的需求放在第一位，曾与2000个玩家聊过天，每人至少2小时。这样算下来，总共用了4000多个小时。在4000多个小时的聊天过程中，他摸清了玩家的心理特点和需求，然后根据玩家的需要进行《征途》游戏的设计和创新。史玉柱将消费者当作是最好的老师，消费者给予其丰厚的回报。《征途》游戏成为中国同时在线人数最多的游戏。

史玉柱的成功说明了一个道理：只有实地考察市场才最能直观感受到消费者的需求，也最容易给管理者提供创新的灵感，使他们利用创新成果获得成功。

20世纪50年代初期，美国的劳拉·阿什雷创立了劳拉·阿什雷公司，该公司主要生产女性装饰用品，其新颖的产品唤起了美国女性的浪漫情怀，所以产品很受欢迎。尤其是在20世纪70年代人们普遍怀旧的情结下，公司通过其怀旧产品的推出，很快由一家小作坊发展到一个拥有50家专卖店的大公司，劳拉·阿什雷也成为国际知名品牌。

劳拉·阿什雷去世以后，她的丈夫伯纳德仍沿着劳拉所设立的经营方向，按照原来的经营模式、框架甚至制度规范继续发展该公司。然而，随着时代的发展，越来越多的女性开始走出家庭谋求工作，市场逐步倾向于职业饰物，因此女性装饰行业发生了巨大的改变。伴随着关税壁垒的逐步瓦解，精品店大多都将生产基地设到海外以削减成本，或者将生产全部外包。但劳拉·阿什雷公司却沿着过去曾为其带来成功的老路，仍然生产着式样陈旧的老式饰物，并且以昂贵的成本自己生产，由此，公司的竞争力也日渐衰退。

20世纪80年代末期，一家管理咨询机构明确指出了该公司所面临的挑战，并提出了相应的应对措施。在认识到需要适应变化而采取措施后，劳拉·阿什雷公司的董事会物色了好几位总经理，并且要求他们中的每一位都必须提出对公司进行改组和改造的方案，以提高销售和降低成本。公司实施了许多改革方案，但都没能改变公司的战略方向。

市场是最好的老师，真正的战略都是隐藏在市场之中。优秀的管理者在制定战略时，一定不是从公司的需求出发，而是从顾客的需求出发。根据市场需要而制定的战略一定是务实的战略。

战略的重要任务之一就是要帮助企业找出优势和劣势，以及如何扬长避短。成功的战略模式是务实的。务实的含义就是把战略的制定建立在对市场需求的准确理解和判断上。成功地制定和实施企业战略是企业卓越管理最可靠的保证。随着市场经济的深入发展，企业战略的管理也越来越呈现出动态化、系统化的特征，越来越急迫地要求我们用更新、更有效的方法来进一步审视企业战略的制定、执行、评价与控制的全过程。而这个有效的方法就是用市场需求来评估。

好战略应有未来意识

· 今日茶点

市场环境是动态的，是时刻变化的，这就要求管理者要有超前意识。即使是最强大的公司，如果在战略制定上不着眼于未来，最终也会遇到麻烦。

德鲁克说："决策是使大量分歧的时间幅度同步化为现在的一台时间机器。"我们只是在现在才了解这一点。我们只有在目前才能做决策，但我们在做决策时却不能只是为了目前。最权宜、最机会主义的决策——且不说那种根本不做决定的决策了——如果不说是永久地和无可挽回地承担责任，也会使我们在今后一个长时期内承担责任。

苹果电脑公司诞生在一个旧车库里，他的创始人之一是乔布斯。苹果的成功，在于他们把电脑定位于个人电脑，普通人也可以操作。这具有划时代的意义，因为在此之前，电脑是普通人无缘摆弄的庞然大物，它不仅需要高深的专业知识，还得花上一大笔钱才能买到手。

因此，乔布斯很快推出了供个人使用的电脑，这引起了电脑爱好者的广泛关注。更为重要的是，苹果公司还开发出了麦金塔软件，这也是软件业一个划时代的、革命性的突破，开了在屏幕上以图案和符号呈现操作系统的先河，大大方便了电脑操作，使非专业人员也可以利用电脑为自己工作。苹果公司靠这一系列的开发推广，使其在诞生不久就一鸣惊人，其市场占有率曾经一度超过 IT 老大 IBM。

进入 20 世纪 90 年代，网络经济迅速发展，而苹果公司却慢了下来。它未能抓住网络化这一契机，市场占有率急剧下降，财务状况日趋恶化，连续两年一度亏损，数额高达数亿美元。苹果公司想出了各种办法，都没有产生太大的效果。

就在苹果公司上下一筹莫展之际，IT 界传出一个震惊的消息：微软总裁比尔·盖茨宣布，他将向自己的竞争对手——陷入困境的苹果电脑公司投入 1.5 亿美元的资金！此语一出，IT 界为之哗然。比尔·盖茨大发慈悲了吗？作为世界首富，比尔·盖茨在世界各地捐资，但这一回，他却不是捐资，更不是行善，他向苹果注入资金是出于商业目的。

在中国，有句话说"瘦死的骆驼比马大"，他知道，苹果作为曾经辉煌一时的电脑霸主，尽管元气大伤，但它的实力仍然非常雄厚。在这个时候，很多电脑公司包括微软的一些竞争对手如 IBM、网景等，都利用苹果此时的窘境，提出与苹果合作，来达到和微软竞争的目的。显然，如果微软不与苹果合作，对手的力量就会更强大。

另外，美国《反垄断法》中有规定，如果某个企业的市场占有率超过规定标准，市场又无对应的制衡商品，那么这个企业就应当接受垄断调查。如果苹果公司垮了，微软公司推出的操作系统软件市场占有率就会达到92%，必然会面临垄断调查，仅仅是诉讼费就将超过从苹果公司让出的市场中赚取的利润。

而如果和苹果合作，则可以把苹果拉到自己一边，苹果和微软的操作软件相加，就基本上占领了整个计算机市场，微软和苹果的软件标准事实上就成了行业标准，其他竞争对手也就只能跟着走。当然，微软实力比苹果强大，微软不会在合作中受制于苹果。

如果比尔·盖茨只看到对手苹果公司衰落对于微软的近期利益，而没有看到苹果的倒闭在未来对于微软的一系列不利的可怕影响，那微软公司必然遭受"城门失火，殃及池鱼"的灾难。对于未来危机熟视无睹是一个企业衰败的前兆，很多颇负远见的管理者都非常重视这一点。

美国百事可乐公司是国际著名的大企业，但就在公司事业如日中天的时候，总经理韦瑟鲁普却开始担心汽水市场将会走下坡路，同业之间的竞争也会变得更加激烈。如何来激发员工的工作积极性，并使他们相信，如果他们不拆散这部金钱机器，再重新把它组装起来，公司就有可能走向衰亡呢？于是，韦瑟鲁普制造了一场危机。

韦瑟鲁普和销售部经理重新设计了工作方法，重新规定了工作任务，要求年销售增长率必须达到15%，否则企业就会失败，百事可乐公司也将不复存在。这一说法可能有些危言耸听，但也在一定程度上反映了市场竞争的激烈程度及由此可能会产生的后果。最终，韦瑟鲁普完成了他在公司生涯中一次最艰巨的任务，即被他称为"末日管理"的战略。

百事可乐公司的"末日管理"法充分运用了各类资产，使公司的现有设备等得到了最大限度的利用，减少了资金的占用，使得资产的循环周转顺畅起来，一些日常管理的节奏也快速起来，公司的经济效益不断提高，事业更是蒸蒸日上。

末日管理就是企业从决策层到生产第一线都在强烈的危机感下运行。用一句话来形容就是让人产生犹如末日来临之感。这着眼于未来的超前忧患意识，在当今市场条件下尤为可贵。我们从众多的企业盛极而衰的变迁中可以看出，企业最好的时候，可能就是走下坡路的开始；产品最畅销的时候，往往也是滞销的开端。许多企业在顺境中，神气十足，盲目乐观，被眼前的繁荣冲昏了头脑，认为企业这样好的日子，有什么可怕的，所以不愿去开发新产品，不去开拓市场，依赖自己的那点优势和长处坐吃山空，不思进取。久而久之，优势没了，市场也随之消失，企业惨遭失败，跌进低谷，从此一蹶不振，这种情形在一些亏损和倒闭的企业中屡见不鲜。

正如德鲁克所说，明天总会到来，又总会与今天不同，如果不着眼于未来，再强有力的公司也会遇到麻烦。管理者有责任以超前的眼光关注企业的发展，在危机来临之前就把它消灭在摇篮里。

要能转化为具体的工作安排

· 今日茶点

对一项规划的鉴别方法是，管理者是否切实地把各项资源投入在将来会取得成果的行动之中。如果不是这样，那就只有虚幻的愿望，而不是规划。

若战略规划不能转化为具体的工作安排，一切都是空谈。战略规划只有通过具体工作的执行，才能表现出强大的威力。

2007年7月，《财富》发布2007年度全球500强企业排名，三星以895亿美元的年营业额雄踞行业榜首。三星作为全球第一电子品牌的形象再次得以强化。而早在2002年4月2日，美国纽约股市发布消息，三星电子当日市值为496亿美元，历史性地超越索尼480亿美元的市值。这一轰动全球媒体的消息，使得三星员工欢呼雀跃。

然而，很多人还没有忘记，在1999年之前的几年里，三星企业却一度挣扎在生死线上，经营亏损和高负债率几乎令其破产。三星何以能够在如此短的时间里凤凰涅槃？三星两次重大战略的完美执行，是其成功的关键。

三星第一次成功执行的经营战略是成本战略。1969年创立后的一段时间内，三星电子一直奉行的基本竞争战略就是总成本领先。它以"批量生产、提高效率、降低成本、规模扩大、出口为主"为目标，谋求价格制胜。

战略作为企业经营的重要手段，贵在适宜，贵在执行，贵在坚持。三星电子对适宜的总成本领先战略进行了不折不扣的坚持，把大规模制造发挥得淋漓尽致，并且对这一战略一坚持就是二十多年。总成本战略为三星带来丰厚回报，企业相继取得了黑白电视机、录像机、微波炉、动态存储器等产品项目的世界第一。

竞争大师迈克尔·波特曾说："只有在较长的时间内坚持一种战略而不轻易发生游离的企业才能赢得最终的胜利。"三星用自己的行动证明了这一著名论断。

企业经营战略的重大本质之一即对环境的适应。由于环境静态的相对性和动态的绝对性，一个企业的战略不能常变却又不能不变。因此，企业必须注意战略的拐点在何时出现，努力做到及时应变。德鲁克说："没有任何一种战略能够领导企业超过十年以上。"

1992年，三星的DRAM做到了世界第一，总成本领先战略正处在辉煌阶段，而它却开始有了危机感，因为当时中国的制造业正迅速崛起。

当时三星的掌舵人李健熙敏锐地觉察到，三星电子要在将来继续发展，一定要另辟蹊径，走以创新为核心的差异化道路。但是，差异化战略实施的难度、复杂性远非早已轻车熟路的总成本领先战略堪比。差异化战略最终成了三星战略执行上的败笔。

尽管三星主帅刻意求新思变，但由于整个企业过度沉湎于昔日的辉煌，不能果敢放弃一些没有前景的事务，很多人安于现状，对新战略认识不足，企业的实际行动多少有些踌躇和侥幸，加之实力上的一些局限及强大对手的制约，三星电子在差异化战略实施上差强人意。

差异化战略执行的失败，使三星陷入了被动，1997年，企业财务面临着空前困境。困境使三星换来了思维上的清醒，三星企业下定决心要往差异化高端方向发展，要与索尼、飞利浦等龙头企业一决高下。为此，李健熙为三星电子请来了"主刀大夫"尹钟龙。

最终由尹钟龙主导了三星高端差异化战略的成功。李健熙就将三星电子CEO的帅印交到了尹钟龙的手中。也许是身份角色的不同，在战略转型上尹钟龙比李健熙要更加坚决。除在基础研究、设计开发上继续加大力度外，尹钟龙推行了一项至关重要的深层次的改革：在人事方面，他力排众议，废除公司终身雇佣制，辞退了75000雇员中的近一半人，同时引入大批思想活跃、具有国际视野和工作经验的年轻经理。

人才的革新不仅直接扭转了公司在思想行为模式上的惯性，也为重塑适应新形势的企业文化奠定了必要的物质基础。此外，尹钟龙还对三星电子的产品和市场进行了收缩集中，比如在中国市场，三星不再像过去那样推出其全部产品，而是选择一些高档产品，进行大力推销。与之相配合的是，他们关闭了23个销售网点，把注意力集中到中国的10个大城市。

定位在高端市场，集中发力，使三星电子多年积攒下的在半导体、通信以及数字集成方面的基础研究和技术应用能力开始发挥威力。

围绕这些方面的核心技术进行整合，三星电子各式高档时尚产品层出不穷，从挂在墙上犹如一幅画的平板电视机，到雅致的薄型 DVD 播放机，再到外形令人目炫神迷的移动手机，企业的许多产品真正做到了与众不同。三星的高端差异化战略取得了巨大成功。

2001 年岁末，在上海举行的三星"电子领域社长团战略会议"上，李健熙宣布："我们应从原来的建立以低价劳动力为基础的生产基地的战略中走出来，积极探索以产品的高级化、个性化为基础的品牌中心战略。"

这可以算作三星电子战略转型的一个明确的宣言和里程碑，其中也不乏首功告成后的志得意满。由于雄心、远见和精明，在对手不经意之间，三星完成了从优秀到卓越的跨越。

三星的成功经历不愧为将战略转化为工作的典范案例。很多企业管理者仍然会问，如何将战略转化为工作？德鲁克给出了一个检验方法。

德鲁克说："必须对经理人员提出以下的问题来对一项规划进行考验：'你目前把你哪些最好的人员投入这项工作？'"经理会说（他们绝大多数都这样说）："我目前不能把最好的人抽出来。我必须等到他们完成了目前正在做的工作以后才能把他们投入今后的工作。"——这个经理等于承认他并没有一项规划，但这也正好表明他需要一项规划。因为，一项规划的目的正是为了表明稀缺资源——而最好的人正是最稀缺的资源——应该用于何处。

在德鲁克眼里，工作不仅意味着由某个人来从事哪项职务，而且意味着责任、完成期限以及成果的衡量，即对工作成果和规划过程本身成果的反馈。将最优秀的人用在执行战略规划上，恰恰是将战略规划转化为工作的重要体现。

以利润为目标会被误导

·今日茶点

只强调利润目标，将会误导管理者，甚至危害到企业的生命。因为管理者会为了眼前的利润，而破坏企业的未来。他们会拼命去扩张那些目前销售最好的产品生产线，却忽略那些未来市场的重要商机。

追求利润是每个企业都不能忽视的目标，但企业不能一味强调利润，领导者管理企业要平衡各种需要和目标，利润只是一种比较重要的目标，企业为了战略需要、长远发展，都不会把利润作为第一目标。过度强调利润，就会使管理者重视短期利益，为了今天的利润，不惜牺牲明天的生存。一个不择手段的企业很难建立信誉，一个只重视眼前利益的管理者也很难取得大的成就。所以德鲁克把一味强调赢利看成是管理中最愚蠢和糟糕的办法。

然而，环顾现实生活中的管理者，一味强调赢利的大有人在。很多企业，为了利益不惜损害企业的信誉和形象，甚至铤而走险，肆意践踏法律、道德。前几年频繁出现毒奶粉、毒大米，各类的假烟假酒，以及黑煤窑、黑砖窑，等等，这些现象都充分说明，任何企业的管理者都不能把利润作为第一目标，都不能只重眼前利益，犯短视的毛病。

不强调赢利，本质上体现的是管理者的一种品格和修养，一种眼界和视野。

这是发生在"一战"时奥地利的一个故事：有一位先生非常喜欢美术作品，他拼命工作、节衣缩食，就是为了多收藏几幅名画。皇天不负有心人，数十年来，从伦勃朗、毕加索到其他著名画家的作品，他应有尽有，收藏颇丰。

这位先生早年丧妻，只有一子。时光流逝，当奥地利卷入战争，他依依不舍地送走了远赴战场的儿子。两个月后，他收到了一封信，信上说："我们很抱歉地通知您，令郎在战争中牺牲了。"儿子是为了背回受伤的战友，而被敌人的子弹打中。这个消息对他而言无异于晴天霹雳。

老人一下子苍老了很多，终日在家发呆。就在此时，有一个和儿子同龄的年轻人登门造访。原来他就是他儿子舍命搭救的战友。他说："我知道您爱好艺术，虽然我不是艺术家，但我为您的儿子画了一幅肖像，希望您收下。"老先生泪流满面，他把画挂在大厅，对年轻人说："孩子，这是我一生最珍贵的收藏。"

一年后，老先生郁郁而终。他收藏的所有艺术品都要拍卖，消息传开，各地的博物馆馆长、私人收藏家及艺术品投资商们纷纷慕名前来。

拍卖会上，拍卖师坚持先拍卖老人儿子的画像。他说："这幅画起价100美元，谁愿意投标？"会场一片寂静。他又问："有人愿意出50美元吗？"会场仍然一片寂静。这时有一位老人站起来说："先生，10美元可以吗？我虽没有多少钱，但我是他家的邻居，从小看着这个画中的孩子长大，说实话，我很喜欢这个孩子。"拍卖师说："可以。10美元，一次；10美元，两次；10美元，三次。好！成交！"

会场立刻一片沸腾，人们开始雀跃，认为名画的拍卖就要开始了。可拍卖师却说："感谢各位光临本次拍卖会，这次的拍卖会已经结束了，根据老先生的遗嘱，谁买了他儿子的画像，谁就能拥有他所有的收藏品。"

所有的人都是为了利益才去参加拍卖会的，然而所有把利益放在第一位的人，都没能得到那些珍品。作为管理者，当然不能相信天上会掉馅饼，更不要认为天下会有免费的午餐，但做企业，既不能指望偶然的机遇，也不能完全靠利润来支撑，只考虑赢利的企业，必定是做不强、做不大、做不久，也无法让顾客信任的企业。

德鲁克说："当一般的生意人被问到什么是企业时，他们的答案通常是企业是营利的组织，一般的经济学家也会这样回答。"然而，这个答案不仅大错特错，而且答非所问。利润和获利率并不是不重要，实际上获利率不是企业及商业活动的目的，它只能算是一个限制性的因素。利润也不是所有企业从事活动与决策时的原因或理由，而是检验企业效能的指标。

不依利润为目标，这就避免了企业为了追求利润而失去绝佳的商业机会。阿里巴巴的创始人马云觉得一个伟大的企业当然也需要赚钱，但是光会赚钱的企业不是伟大的企业。阿里巴巴最重要的原则之一，就是永远不把赚钱作为第一目标。他觉得伟大的企业首先能为社会创造真正财富和价值，可以持续不断地改变这个社会。

很多企业家在刚开始创业的时候就把为众人服务作为奋斗的目标。譬如比尔·盖茨，他在创业之初就已经把"让千万人都用得上电脑软件"作为目标；譬如山姆·沃尔顿，他发誓要建立一种既便利又廉价的商业形态，沃尔玛成为实现他这一理想的工具；再如马云，他刚开始创业的使命就是"让天下没有难做的生意"。当然，光有一种使命是不行的，必须产生财富，这样，自身创造的价值才可以得到人们的认可。

马云认为，如果要说创造价值和赚钱哪个重要，他会说都重要，但是一定要问哪个更重要，则创造价值更为重要。如果创造了价值没有钱，这个价值根本不是价值。如果创造了这个价值结果没人愿意付钱，这是垃圾，给社会不是创造价值，而是在创造垃圾。

中国雅虎总裁曾鸣曾用"大舍大得"来概括阿里巴巴的战略选择，他认为马云为了实现使阿里巴巴成为世界上最好的电子商务平台的战略目标，一直"舍得"让新成立的业务处于战略亏损状态。放弃暂时的利润，旨在创造社会价值的理念，使得马云把握住了互联网的命脉。也正是基于这种对电子商务的坚定信念，使阿里巴巴成了世界十大网站之一。

制定战略以利润为导向就会被误导，甚至说以利润为目标是错误的。做企业，只有多考虑未来的长远发展，才能逐渐做大做强。

果断放弃没有前景的任务

· 今日茶点

要把资源集中在成效上，就需要一套系统的行动，就是要进行企业"体重"控制，也就是每次进行新任务时，要放弃一个没有前景的任务。

管理者能否做到相机行事，一个很重要的前提，就是是否敢于决策。敢于决策者，能够抓住时机，顺势而为；犹豫不决者，就会贻误战机。关键时候，企业管理者要敢于做决定，甚至要敢于革自己的命。

1984 年，由于受日本厂商的疯狂进攻，英特尔存储器业务开始衰退。他们生产出的产品像山一样堆积在仓库里，资金周转困难，英特尔陷入困境。幸好后来总裁安迪·格鲁夫采用了目标式管理方法，支撑住了英特尔运营的轴心，而且微处理器业务也逐渐成熟起来。

有一天，安迪·格鲁夫与英特尔董事长摩尔讨论公司困境。当时他问摩尔："如果我们下台了，另选一位新总裁，你认为他会采取什么行动？"摩尔犹豫了一下，回答道："他也许会放弃存储器业务。"安迪·格鲁夫说："那我们为什么不自己动手？"一年后，安迪·格鲁夫提出了新的口号："英特尔，微处理器公司。"英特尔顺利地度过了危机。

安迪·格鲁夫领导了英特尔这次生死攸关的大转折。后来，他为了向员工解释公司新的战略目标，亲自与公司的高层管理人员、中层经理和基层员工接触，竭尽全力地与他们交流沟通，表明他的意图。而且他还每天花上两个小时，通过电子邮件做员工的思想工作。最后，安迪·格鲁夫成功了。1987 年，他头上又新添了一个重要的头衔：英特尔 CEO。也就是说，他成了英特尔名副其实的掌舵人。

格鲁夫时常思考这样一个问题：领导人为何常常没有勇气去领导别人？这让人很费解。格鲁夫渐渐发现，可能是由于领导人必须在同事和员工喋喋不休地争论该走哪条路时，领导人必须在他们之前作出决定。而这个决定必须果断、明确，并且它的成败需要多年之后才看到戒果。可以想象，这无疑需要十足的信心和勇气，对领导人来说，这是一次严峻的考验。

进行公司战略转型时，公司将从过去的形象向未来的形象作根本性的转变。这个过程之所以会十分艰难，是因为公司今天成形的各个部分都是在过去长时间建造的。如果你和你的员工过去经营的是一家计算机公司，你能想象把它变成软件公司会遇到什么样的情况吗？如果你们原来经营的是半导体业务，那么它突然变成了微处理器公司又会怎样呢？可以确定的是，为了在战略转折点中求得生存，一些管理层的人员需要更换。

英特尔在进行战略转型时，曾经开过一个经理会议，讨论英特尔的"微处理器公司"的新方向。董事长戈登·摩尔这样说："我们若是认真朝这个方向走，5年之内，我们的行政领导中有一半将转变为软件型的领导。"言下之意，英特尔现在的行政管理层，若不转变专业方向，就要被人替代。格鲁夫扫了整个房间的人员一眼，心想：今后谁去谁留？后来，果然不出戈登·摩尔所料，英特尔管理层的人员有一半转变了他们的方向，另一半人不愿改变则离开了公司。

带领企业跨越战略转折点，有点像在陌生的草地行军一样。企业的新规则还没有完善起来，有的只是刚刚建立，有的闻所未闻。这时候，在你和同伴的手里没有新环境的指南针，你也不清楚自己的目的地究竟在何方。

事情有时会出现紧张的局面，常常在历经战略转折点的时候，最可能出现手下人失去对你的信心的情况，并且你也可能失去对其他人的信心。比这更糟的是，你的信心受到极大打击。管理层的人互相埋怨，内部矛盾不断涌现，争论战不断升级，前途渺茫而不知所措。

这时，作为管理者，必须时刻注意到新方向的召唤。虽然这时你的公司可能已经士气低落、人心疲惫，公司维持到今天已消耗你大量的精力，但是这时你必须找到补充精力的方法，激起你自己和手下人的热情，恢复往日的战斗力。

格鲁夫提示企业管理者，把自己和自己公司正在拼命征服的穷山恶水看作死亡之谷——只能成功，不能失败，不然就意味着灭亡。它是战略转折点中的必经之地。你无处可逃，也无法改变其凶险的面目，你唯一能做的就是坚定自己的目标，想出有效的办法来克服它，从而引领企业走向更大的辉煌。

坚定目标就需要放弃没有前景的任务，需要把资源集中在成效上，需要进行有系统的行动。简而言之，就是要进行"企业体重控制"。如何做到这一点？需要管理者敢于决策，敢于清除"过去"的羁绊。

在最擅长的领域内发力

· 今日茶点

任何企业都有擅长的领域，同样都有不擅长的领域。这使得管理者面临两个选择：在不擅长的领域里发力，将自己的短板补上来；或者将全部精力集中在最擅长的领域内。显然后者是正确的。这是因为，对于不太擅长的领域，企业就等于用最笨的武器和对手抗争，必然会被动。

在商业竞争中，企业应该把主要精力放在自己的优势上，而不是花费精力来补自己的短板。对于企业不太擅长的领域，尽量避免花费力气，因为要从"不太胜任"进步到"马马虎虎"，其中所花费的力气和功夫，要远多于从"一流表现"提升到"卓越表现"。

1981 年，通用电气旗下仅有照明、发动机和电力 3 个事业部在市场上保持领先地位。2001 年，杰克·韦尔奇退休时，通用电气已有 12 个事业部在各自的市场上数一数二，如果它们能单独排名的话，那么，通用电气至少有 9 个事业部能入选 500 强企业之列。这是杰克·韦尔奇推行"数一数二"战略的辉煌成果。

1981 年，杰克·韦尔奇上任后，开始不断向投资者和下属宣传他的"数一数二"经营战略。他认为，未来商战的赢家将是这样一些公司："能够洞察到那些真正有前途的行业并加入其中，并且坚持要在自己进入的每一个行业里做到数一数二的位置——无论是在精干、高效，还是成本控制、全球化经营等方面都是数一数二……80 年代的这些公司和管理者如果不这么做，不管是出于什么原因——传统、情感或者自身的管理缺陷——在 1990 年将不会出现在人们面前。"

"数一数二"战略开始的时候并不被人们理解。在 20 世纪 80 年代，只要企业有赢利就足够了。至于对业务方向进行调整，把那些利润低、增长缓慢的业务放弃，转入高利润、高增长的全球性行业，这在当时根本不是人们优先考虑的事情。当时无论是资产规模还是股票市值，通用电气都是美国排名第 10 的大公司，它是美国人心目中的偶像。整个公司内外没有一个人能感觉到危机的到来。

但其实当时美国的市场正被日本一个一个地蚕食掉：收音机、照相机、电视机、钢铁、轮船以及汽车。通用公司的很多制造业务的利润已经开始萎缩。而且 1980 年美国的经济处于衰退状态，通货膨胀严重，石油价格是每桶 30 美元，有人甚至预测油价会涨到每桶 100 美元。这对通用公司的制造业也是个冲击。

韦尔奇接任通用公司 CEO 的时候，通过雷吉·琼斯的介绍，韦尔奇和德鲁克见了面。德鲁克问道："如果你当初不在这家企业，那么今天你是否还愿意加入进来？"言外之意，通用公司虽然还是美国排名第 10 的大公司，但它已经面临着来自全球，特别是日本的竞争压力，利润已经开始萎缩，一些业务处于疲弱不堪的状态。德鲁克接着问道："那么你打算对这家企业采取什么措施？"问题十分简单，也非常深刻，发人深省。

与德鲁克的谈话，使韦尔奇下了推行"数一数二"战略的决心。他的想法非常简单：一项业务必须做到"数一数二"，否则就"整顿、出售，或者关闭"。杰克·韦尔奇对"数一数二"战略的诠释是："当你是市场中的第四或第五的时候，老大打一个喷嚏，你就会染上肺炎。当你是老大的时候，你就能掌握自己的命运，你后面的公司在困难时期将不得不兼并重组。"

在最初的两年里，通用公司出售了 71 项业务和生产线，回笼了 5 亿多美元的资金。尤其是中央空调业务的出售，在其周围的员工中引起了非常大的心理震动。因为空调业务部是基地设在路易斯维尔的大家电业务部的一个分部，恰好位于通用公司公司的中心地带。

中央空调业务部门的市场占有率只有 10%，这样的市场占有率无法做到由自己掌握命运。通用公司品牌的空调产品卖给地方上的分销商后，他们带着锤子和螺丝刀"叮叮咣咣"地把空调给用户安装上，然后他们就开着车一溜烟地回去了。用户们则把自己对分销商服务的不满都记到了通用公司的账上，他们经常投诉通用公司。而市场份额大的竞争对手能够获得最好的分销渠道以及独立的承包商。对通用公司来说，空调是一项有缺陷的业务。

出售交易完成一个月之后，杰克·韦尔奇给原来空调业务的总经理斯坦·高斯基打了个电话，他随同业务转让一起去了特兰尼公司。斯坦说道："杰克，我喜欢这儿。每次我早晨起来到公司上班，看到我的老板一整天都在考虑空调的问题。他喜欢空调，他认为空调非常了不起。而我每次和你通电话的时候，我们总是谈用户的投诉或者是业务的赢利问题。你不喜欢空调，我知道。杰克，现在我们都是赢家，我们都能体会到这一点。在通用公司，我是个孤儿。"

这次通话让杰克·韦尔奇进一步认识到，把通用公司的弱势业务转给外边的优势企业，两者合并在一起，这对任何人都是一个双赢的结局。特兰尼在空调行业中占据领先位置，合并后，原通用公司空调部门的人员一下子成了赢家中的一员。面对各种反对意见的狂轰滥炸，斯坦的话坚定了杰克·韦尔奇的决心，无论如何，他都要把"数一数二"战略坚决实施下去。

"数一数二"战略使通用公司很快摆脱困境，走向成功。这种战略体现的正是发现自我优势的思维方式，企业管理者应该从韦尔奇的做法中获得宝贵的启示和经验。

2200多年前，数学家阿基米德对国王说："给我一个支点，我就能撬动地球。"对于企业而言，如何撬动市场？支点是什么？其实就是要找到自己的优势，找到自己最擅长的业务领域，充分发挥自己的长处，这样才能将市场撬起来，将企业的利润滚动起来。

·第二章·

决策管理：促使决策达到令人满意的水平

决策从目标开始

·今日茶点

目标达到则为成功决策。如果决策没有确定的目标，决策就无法实施，或者实施起来无法进行衡量。同样，如果决策不能促进目标的达成，这个决策就会变得可有可无。

第二次世界大战期间，美国要把战争物资源源不断地送往远隔重洋的欧洲。敌人常在公海上把美国运输舰炸沉，使美国损失很大。有人提出了一个对策，即在运输舰上安装高射炮和高射机枪反击敌人，以避免被炸沉。这个意见被采纳了。

但经过一段时间的实践，有人统计发现击落敌机率不高，于是提出责难，认为这个对策是白浪费钱。提出对策者问：当初安装高射炮的目的是什么？以击落敌机为目的时，可以统计敌机被击落率，如果以保卫自己为目的，则应该统计我舰被炸沉率。结果发现安装高射炮后，运输舰被炸沉率大幅下降。

由此可见，能够达到目的决策，则为成功的决策。决策的成功或失败是以能否实现目标作为衡量标准的，没有确定的目标，就无法对决策的实施实行控制，也无法对决策的科学程度进行衡量。

1. 目标的数量控制

有人说："两个以上的目标就等于没有目标。"然而事实并非如此，因为在目前推行目标管理的西方大企业中，大多数目标管理系统都包含一个经理的30项年度目标。但是，除少数几件工作外，谁又能做到每个月都干成更多的事情呢？著名的仪器公司美国得州仪器公司如是说："我们是过来人了。过去每一个经理常有一大串目标。但我们逐渐削减、削减、再削减。现在，每一季度我们给每一个产销中心的经理只规定一项目标。如此而已。你能够期望——我们也的确期望——一个人把一件事办成。"

的确，当人们发现自己面临着众多没有轻重缓急可言的目标时，往往会不知所云、不知所措，当然执行起来也就无从下手。因此，一个管理者，只有在提出明确集中的目标时，才能使执行者将人力、物力集中于一点，从而将诸多目标各个击破。集中的目标一点即明，让人心中有数；分散的目标则不切要害，让人难以执行。一般而言，年度计划中最多能有 3 ~ 5 项目标，只要将这些目标理顺了，其他目的也可随之完成。

2. 目标的表达

有些管理者在进行目标决策时，往往很注重其内容的科学性，却拙于目标的表达。文牍案海铺天盖地地向下属压去，使他们无法喘息，严重的信息超载，使他们丧失了辨别轻重缓急的能力。而优秀的管理者却能把目标表达得清楚流畅，因而做事显得游刃有余，因为他们能够充分认识到返璞归真的真谛。实际上，他们不仅仅是使事情保持简单，而且进行了高度的概括与人性化的设计。

目前，西方正在兴起"一分钟目标"，所谓"一分钟目标"就是写在一页纸上，最多不超过 250 字，任何人都可以在 1 分钟内看完。就是说目标的表达要简明、集中。很难想象一项目标隐藏在洋洋万言，甚至数万言的文字海洋中，却指望下属能深刻而透彻地领悟。表达形式烦琐的目标只能使下属茫茫如在云雾中，不得要领。

3. 科学的目标分解

将总目标具体化和精细化，就称为目标分解。一项积极的、内容科学的目标是决策的原动力，但是在现实中能够有效运转的目标并不是单一的，而是一个由不同层次、不同性质的目标组成的目标体系，它来源于总目标的分解。总目标往往是笼统而抽象的，不便测量与操作，这就需要把笼统的总目标分解为具体、精确的小目标。

经过分解的目标在执行过程中必须明确是服务于总目标的，否则就会出现目标置换的现象，从而扰乱整个目标体系结构，同样不会实现总目标。目标置换是指分目标的执行者把分目标看作最终目的，而不是把它看作实现总目标的手段，因此严格而僵死地遵循着分目标所规定的规章和制度，即使这些规章和制度已有悖于总目标的宗旨。比如，在许多社会福利机构中，如果严格遵守不给有工作能力的男子的家庭以救济的规定，就可能使其家庭陷入困境，从而造成社会问题，以致使这个机构的总目标失败。

分解目标，应从总目标开始，一级一级自上而下，从组织总决策目标到次级组织目标到更次一级的组织目标再到个人的目标层层展开，延伸到底。在这个过程中形成若干条目的链，因为通常上一级实现目标的手段即达到目标的方法就是下一级的目标。例如，一个消防部门的首要目标是减少火灾损失，达到这一目标的手段是防火和灭火。这两个手段就变成组织内下一级的目标，并由此引起两个职能——防火和灭火。通常实现这些目标的具体手段是安装消防水龙头、向公众进行宣传教育、按地区分设消防站等。而由哪一个部门或由哪些人去完成这些工作又会形成下级组织的目标以及个人的目标。

在目标的横向分解中，每一个相关的职能部门都要相应地设立自己的目标，而不能出现"盲区"和"失控点"。横向分解后的分目标处于同一层次，是实现上级目标的不同手段。这些手段共同构成实现上级目标的必要条件，因此是缺一不可的。我们还以上面消防部门的目标分解为例，如果认为消防部门减少火灾的办法只是灭火的话，那么防火就成了盲点。相应地，下一级的目标分解中也就不会有防火的措施。而不防火，只灭火，显然是治标不治本，如此这般，怎能成功实现减少火灾的目标呢？

不要在搜集信息上吝啬

· 今日茶点

决策信息是管理者决策的重要基础。运用有效方法，正确地收集并科学处理决策信息，充分发挥信息在决策中的综合作用，是实现决策民主化、科学化的重要保证。

现在是知识经济时代。知识经济时代的四大特征是：知识爆炸、知识共享、即时通信、即时查询。在这种经济条件下，谁掌握了最新信息，谁就有可能迈入成功。然而真正把信息的重要性落到实处的人并不很多。作为现代企业的管理人员，应该怎样捕获决策信息呢？最有效的途径是建立信息系统，把信息作为系统工程建立起来。信息系统是促成科学决策的有力保障。

面对纷繁庞杂的社会信息，决策者要根据自己的决策工作范围，运用系统原理，建立一个纵横交错、内外结合、上下相连、反应灵敏的信息网络。作为一个视野开阔、消息灵通的决策者，要时刻关注报刊、广播及电视、书籍这四大媒介发布的信息。

决策者要善于发挥职能部门的作用，充分利用各部门、各行业所建立的专业信息网络和渠道，保证及时接收可靠的专项信息。如各职能部门建立的经济信息中心、科技情报中心、民意调查研究中心以及交通、物资、金融信息网络等，都是提供专业信息的网络、渠道。

决策者仅仅利用信息网络和各种渠道获取信息是不够的，有条件者还要亲自到实践中去直接收集信息，尤其是一些重大决策更应该如此。决策者深入实际，通过调查、走访、考察以及个人的人际交往所收集到的信息比间接得到的信息更为可信、更为深刻、更有利于增强决策的可靠性。

决策信息是管理者决策的重要基础。运用有效方法，正确地收集并科学处理决策信息，充分发挥信息在决策中的综合作用，是实现决策民主化、科学化的重要保证。决策信息的收集方法主要包括：

（1）测验收集法：主要分为民意测验和心理测验两大类，是管理者用以了解民心的常用调查方法。测验法与问卷法大同小异，是同类性质的方法。它们的主要不同就在于测验法要比问卷法更精细、更周密，特别是心理测验，它完全以心理学原理为科学基础，设计得更为精巧。

民意测验在进行所有的管理决策时都很有用，心理测验则主要在进行用人的管理决策时才比较有用。这些测验结果在管理决策时都是很有分量的砝码。

（2）开会收集法：对调查者而言，可召开目的明确的专题会议，直接听取与会者的专门意见；也可召开综合性会议，直接获得各种意见。有时也可利用各种组织者主持召开的会议所产生的结果，间接获取有用的信息。甚至还可以委托召开会议，间接获取有用的新鲜信息。

（3）问卷收集法：问卷有两种：一种是普通问卷，由研究者直接交给调查对象填答，或者由研究者通过口头询问代调查对象填答的问卷；另一种是邮寄问卷，即通过邮局把问卷交到调查对象手上，由调查对象填答好以后寄回给研究者的问卷。二者最根本的操作程序是：首先，依据调查对象的心理和目标，设计出适当的问卷，然后通过一定的方式将问卷送达调查对象手中，在一定的时间内答完并收回，最后整理问卷，分别进行定量和定性处理，汇总成有用的第一手真实信息。

（4）统计收集法：一种最具权威的、最确信的调查方法。它运用统计工具，包括统计原理、数学模型和统计模型，对决策所要处理和涉及的问题和情况进行科学、系统的调查，为决策者提供直接可用的事实依据。但是，这个方法只有统计专家才能娴熟运用。因此，管理主体在决策时要依靠和借助统计专家和统计部门进行的专门统计服务。

（5）报告收集法：利用各种报告，能够直接获取有用的第二手材料和信息。另外，管理客体，特别是群众也可以直接向管理主体反映情况和问题，反映意见、愿望和要求。管理主体由此得到的这类信息也属于报告性质，是直接的、真实的，甚至是尖锐的第一手材料和信息。

一项调查结果表明，来自企业高层决策层的信息，只有20%～30%的员工知道并能正确理解；而从员工能够到达高层的信息不超过10%；平行交流的信息效率则能达到90%。因机构臃肿，从董事长到总经理，信息丢失37%；到中层丢失46%；到一般管理者丢失60%；到最基层丢失80%。由此可见，想要科学决策，必须建立一个完整的信息系统，多方沟通信息，方可为决策提供可靠依据，使企业充满活力。

充分引进智囊的大脑

· 今日茶点

管理者要善于借用"外脑"，让智囊人物拿出解决问题的客观、科学的意见，从而使自己的管理决策变得更为科学、合理和高效。

个人的能力是有限的，所以采用智囊团队战略这一多元化的战略方式来帮助决策成为一种趋势。许多企业家之所以能取得巨大的成功，绝非光靠本身的双手披荆斩棘得来的。他们成功的秘诀就在于他们能有效地利用智囊团队战略进行决策。

组建智囊团，选拔智囊人物，为他们创造良好的环境，提供必备的条件等，这一切行为的根本目的，就是让智囊人物拿出解决问题的客观、科学的意见。但是，智囊的意见并不是100%的正确；智囊提供的通常都是多个方案，一时说不清谁优谁劣；智囊人物提出的意见虽然是运用现代科学方法和技术，进行科学论证后得出的结论，但也不可避免地会有无法计量和比较的不准确因素。因此，管理者一方面要尊重智囊人物的意见，另一方面又要妥善地处理智囊人物的意见，这就需要管理者在实践中学会运用处理智囊人物意见的高明方法。

1. 智囊团队的组建方法

组建智囊团是否成功，关键在于智囊人物素质的优劣和智囊团人才结构是否合理。因此，组建智囊团时，如何选择配备智囊人物，就成为一项极为重要的工作。管理者必须掌握选择智囊人物的方法与艺术，并亲自参加智囊人物的物色、选择工作。

从知识结构上，管理者选择的智囊人物首先是专家，其次是杂家，其实是专家中的杂家、专才中的通才，专中有博、以专带博。没有专深的学问，对问题的研究就必然缺少深度，而知识面太窄，又会限制他们的视野和结合、分析问题的能力。由于研究课题具有综合性，即使每个智囊人物都是通才，但光靠一个人的知识、能力也是无济于事的，必须靠智囊群体的合力，靠多个专家的合作，甚至是多"兵种"协同作战。

组建智囊团，要创设协调信任的环境，让参加讨论的人感到心情舒畅，不能有任何压抑感。心理学的研究表明，心理受到压抑的人会阻碍其灵感的迸发，使人的智力受阻。管理者要理解智囊成员的心理状况，给予他们发表意见的权利，创造有利于争鸣的环境和气氛，给智囊人物以时间和物质保证；与他们相处时，应放下官架子，礼贤下士，不要以领导者自居，或以命令的口气强迫人家发表违心的意见；要经常保持与专家的密切联系，加强感情交流，不要搞成"有事我找您，无事不理人"状况。

2. 如何发挥智囊人物的作用

智囊参与决策对决策的民主化与科学化起着积极的作用。现代企业中，许多成功决策的背后往往也相应地有一个特别高深的智囊机构或智囊系统，并且智囊在管理决策中将起到越来越显著的作用。

（1）专家集团咨询法：又称特尔斐法。运用此法时，先向有关领域的专家明确提出问题，用函询的方式请他们答复。然后，集中整理收集到的书面意见，进行定量分析和归纳，再把函件寄回给他们，让每个人根据统计归纳的结果，慎重考虑别人的意见，并允许修改自己前一次的意见，最后再把意见收集整理归纳。如此反馈之后，专家意见基本上趋于一致。这种做法的好处是：既依靠了专家，又因为对专家姓名保密，从而避免了在专家会议上由于当面接触，因而有顾虑而造成的随声附和的现象。

值得注意的是，对提出的问题应作充分说明，务必使专家充分了解其意图，所提问题要集中、有针对性，不要过于分散，要使各个事件构成一个有机的整体；避免提出组合事件，以免专家难以回答；用词要准确，表明数量概念时要用确数，避免使用无法定量的含糊字眼；预测管理小组的意见不能强加于表格内；表格设计要简化，要有专家阐明意见和作结论的空白；要酌情付给报酬以免影响表格的回收率；要特别注意保密，不可随意泄露专家的意见。

（2）头脑风暴法：这种方法是通过一定的会议形式，将一组智囊人员召集在一起，让他们相互启迪，相互引导，引起联想，发生"共振"，这样就能在较短的时间内获得较多较好的设想和方案。实施时，要召开一种特殊会议，其人数以5～10人为宜，多了不便充分发表意见。

此种会议要有一名主持人，主持人在开始时简要地说明会议目的、要解决的问题和要找出的答案，主持人原则上不提新设想，但可提诱导性意见，要创造人人都能充分发言的气氛，当多数与会人员要求发言时，应让那些思想活跃的人先发言，这样可以在更大程度上发掘他们的联想能力。记录员要记下会上提出的所有方案和设想，待会议结束后协助主持人分类整理各种新设想。为了保证其成员的思想高度集中，会议时间以一小时为限。会议地点应选择在安静而不受外界干扰的场所。开会之前要事先通知，告诉大家会议议题，以便使智囊人物事先有所准备，每次会议要限定题目范围，使每一个与会的成员都能针对一个目标，提出自己的设想。

具体操作时，不能批评别人的设想，以防止阻碍创造性设想的提出；可自由发言，畅所欲言，主意越新越好；主意以量生质，主意越多，得到好的设想的可能性就越大；要欢迎综合与改进，可以发挥别人的设想，或者把几个人的主意综合起来产生一个新的设想；会议的气氛力求轻松自由；讨论时，要把所有人的设想的大意都记录下来；另外注意，这种办法适用于讨论比较专门的题目，不能太广泛。头脑风暴法在促进发明创造方面有较好的效果。

（3）咨询专家法：一个部门出现的问题，诸如经营、生产、员工方面的问题，由部门主管向各个领域的专家介绍情况并咨询，然后由专家们实地勘察，提出相应意见。

（4）专题研究法：管理者将需要研究的问题分成若干个小专题，把这些专题进行分类以后，交给对此专题有一定专门知识的人去研究，然后对各个专题小组研究的情况进行综合。这种方法的特点是研究的问题大，挖掘深，分析比较透，但运用时管理者要有较高的综合能力，否则专题分开以后难以综合。

3. 与智囊团的关系处理

智囊工作非常复杂，而且是很费脑力的工作。我们必须充分地加以尊重。但是，在决策中智囊只能起辅助的作用，而不能越俎代庖。管理者必须用良好的判断力去作出决策，必须合理地、恰当地处理好自己与智囊的关系，这样，才能保证决策的不断完善。

（1）宽容对待。智囊团的意见，有与管理者想法一致的时候，也有很多不一致甚至尖锐对立的时候。对于与自己不一致的意见，管理者更应当细心倾听，认真分析，如果真有道理，那就要服从科学和真理，而不要怕丢面子。

（2）保持独立。一般来说，智囊团中的专家也是现实社会中的人，也是良莠不齐的，未必都能秉公直言，即便是敢于直言的，他们的意见也不可能全都正确。一个优秀的管理者，既要善于利用"外脑"，在智囊团工作的基础上作出正确的判断和选择，同时又要有自己的"头脑"，牢记自己的立场，不为智囊团所左右。

（3）正确选择。智囊人物对一个问题的解决会提出多个方案，到底哪个更科学、更合理、更可行，只有通过比较，权衡利弊，才能得出正确结论。俗话说"不怕不识货，就怕货比货"，说的就是这个道理。当然在权衡利弊、比较鉴别时，必须有明确的目标、统一的标准。

决策过程并不排斥预测

· 今日茶点

正确的决策来源于正确的判断，而正确的判断又来源于对信息的正确处理和对未来所作的科学预测。一切有效的管理活动，都是正确决策的结果。决策过程并不排斥预测。

1967年，日本在苏联常驻的商务人员两三个星期没有见到苏联外贸部、司、局以上的官员在公开场合露面，东京的决策层马上给日本驻各国的有关人员发了电报，要他们查清苏联外贸部高级官员的去向，结果发现他们都聚集在美国进行秘密的粮食贸易谈判。

得到这一情报后，东京马上意识到，苏联派这么多高层人士谈判，一定是一笔很大的粮食买卖；而苏联人大批购买粮食，就会引起国际市场粮价上涨。根据这一预测，日本抢购了一大批粮食。后来的结果，恰恰验证了这一决策的正确性。

正确的决策来源于正确的判断；而正确的判断又来源于对信息的正确处理和对未来所作的科学预测。一切有效的管理活动，都是正确决策的结果。有效的、富有创造性的管理活动，其起点就是管理者对未来作出科学的预测。以下介绍几种常用的预测方法。

1. 博克斯—詹金斯法

这是近似时间序列性的一种普通预测方法，但它与大多数预测方法迥然不同。这种预测方法有很大的灵活性，它并不需要一开始就设定一个固定样式，而是先假定一个可能适合于数据而误差最小的试验性样式。由于这一方法提供了明确信息，使预测人员能判断所假设的试验性样式对于所定预测情况是否正确。如果正确，就可依据此种样式直接进行预测；若不正确，它还能提供进一步的线索，帮助预测人员确定正确的模型。

这种方法不仅要求预测人员具备广博的知识，而且需要相当多的计算时间，预测成本很高。不过，由于它在预测中显示出惊人的精确性，所以得到了许多预测者的青睐。

2. 回归分析法

这是根据两个以上变量之间的因果关系进行预测的方法。如果所研究的因果关系只涉及两个变数，称为一元回归分析；如果涉及两个以上的变数，就称为多元回归分析。一元回归分析法是运用两个变量进行预测的方法，如果两个变量之间呈线性关系，就是一元回归，其所用的方程式就称为线性回归方程。对于更复杂的回归分析，其计算方法相当复杂，一般都是利用电子计算机进行运算，并且有很多现成的程序可供使用，需要时可以查阅相关的参考书。

3. 时序分析法

这种方法是在过去的资料基础上，依据一组观察数值来推算事物未来的发展情况。例如，把过去的统计数字资料按照时间顺序排列，就形成了一个以时间为序的数列。分析这个序列，从中可以找出其变化的规律性，如果能够通过其他的分析认定事物正处于正常发展阶段，并将继续按这个规律运动，就可以用它来推测事物的未来发展趋势。具体而言，可采取以下不同的计算方式：

（1）简单平均法：这种方法运用的程序是，先按照一定的时间间隔（一个星期、一个月或一个季度等）设定观察期，取得观察期的数据，然后以观察期数据之和除以数据个数（或资料期数）求得平均数，作为对下一个时期的预测数。简单平均法的优点是简单易算。但其不足之处在于，它对数值采取了简单平均的方法，得到的结果有时不够准确，尤其在观察期的数据具有明显的季节变动和长期性的增减变化趋势时，用简单平均法得出的预测结果，其误差常常较大。

（2）移动平均法：如果预测值同与预测期相邻的若干观察期数据有密切的关系，则可以使用移动平均法将观察期的数据由远而近地按一定跨越期进行平均，取其平均值，随着观察期的推移，按既定跨越期采集的观察期数据也相应地向前移动，逐一求得平均值，并将接近预测期的最后一个移动平均值作为确定预测值的依据。

（3）加权平均法：运用此法是指在求平均数时，根据各个观察期数据重要性的不同，分别给予不同权数后再加以平均的方法。加权平均法的关键是确定适当的权数，但至今还没有找到一种确定权数的科学方法，只能依据经验而定。一般的做法是，给予近期数以较大的权数，距离预测期远的则权数递减。

（4）指数加权法：这是一种用指数加权的办法来进行移动平均值的预测方法。所取的指数又叫平滑系数。采用这种加权的方法，可以克服移动平均法中各期数据均占相等比重的缺陷，突出近期数据对预测的影响，进而能反映出总的发展趋势。

4. 经验预测法

经验预测法主要是以经验判断和逻辑推理的方式预测未来。这种方法包括个人经验预测法与集体经验预测法两种。

（1）个人经验预测法主要是依靠管理者个人的智慧、经验及逻辑思维能力来揭示事物发展的客观规律，以预测未来的方法。这是管理者普遍应用的方法，因为它具有简便灵活、迅速及时、易于掌握等优点。缺点是个人的经验和智慧总有局限性，有时预测结果误差较大。所以，在许多情况下，需要管理集体来共同预测。

（2）集体经验预测法是依靠管理集团的集体智慧、经验及逻辑思维能力对未来的事情进行预测的方法。这种预测方法较之靠个人经验进行预测的方法，显得更全面、更可靠，失误比例较小。

5. 投票法

这是以会议投票的方式集中专家的预测意见，并以这种集中的判断作为预测的结果。具体做法是把请来的专家分成若干小组，把要预测的问题印在卡片上发给专家，让他们填写自己的意见，然后把写有专家个人意见的卡片收上来，把各种意见向大家公布，请专家考虑。接着，举行小组投票，得出小组意见。最后，召开全体会议，重新投票，得出总的意见，作为预测结果。

6.实验法

运用此法时，要根据事物发生发展的条件与结果之间的内在联系，模拟实际事物的发展过程，从中取得第一手实验数据，并通过对这些数据的分析，预测同类事物在相同条件下的发展趋势和状态。这种方法普遍应用于科研领域中。在管理活动中，为了预测某一管理对象的发展进程和状态，也常常需要首先进行模拟实验，某些工作的先行试点就具有这种性质。

预测是为决策服务的，在考虑决策要求时，要综合时间的长短、内容的详略、项目的多寡等因素进行遴选。一种预测方法，一般是既有优点，又有缺点，它只可能在其中的几个方面有着这样或那样的优点，而在其他方面却又不是十分令人满意。

事物的许多变量是潜在的、随机发生的，这些潜在的偶发因素不可能全部被掌握，以显性变量为基础的每一种预测方法都有不同程度的局限性。因此，在必要的情况下，管理者应充分运用自己的判断能力，越过重重障碍，找到解决问题的最佳途径。

善于运用四种创新决策

· 今日茶点

有些人处事决断往往会有意料之外的神来之笔。一位高明的决策者，要经过长期锻炼，积累经验，培养一种临事立刻判断事实真相的能力，才能在紧要关头决策精准。

日本著名管理学大师铃木恒一说："安排工作是衡量一位管理者是否有魅力的标志。"要想安排好工作，就必须做好决策。尽管管理者每日面对的事情繁多，需要决策的事情五花八门，但是总结归纳起来，有四种决策方法可供借鉴。

1.项目决策法

管理者有许多项目的日程要安排，但如何安排则成为一个难题。作为一名管理者必须具有安排项目日程的能力，在各种各样项目日程中把自己的魅力表现出来，从而得到下属的肯定。

项目是指公司在日常事务之外所进行的研究、报告、试验、实验以及其他活动。项目由于不同于平常的单调的工作，所以会吸引高级管理层的注意力。许多项目对于管理者来说是显示智慧和能力的机会，它们也可以是引起别人注意的方式。找到一个引起高级管理层兴趣的项目，出色地完成它，并且确保你做出的成绩显而易见。当然如果事情弄糟了，引起的注意也就完全成为负面的了。

负责一个项目，从一开始就必须明确目标，同时要制定实施项目的日程。日常的规律性任务是没有时间限制的，与此不同，项目应该有一个期限。一旦受命负责一个项目，那么在开始之前就要建立一个有效的日程并且获得高级管理层的同意。建立的日程应当有明确的标志，这样管理者就能知道项目是否如期进行。一般的项目日程包括项目名称、目标、标志、完成日期这几部分。管理者详细列出以上项目日程，就能一帆风顺地完成好每个项目，达到有备无患的效果。

要想保证项目如期完成，除依靠丰富的经验外，管理者还应建立一个报告系统部门，使自己每天都能确切地知道该项目当前处在什么阶段。

如果进行的是长期项目，就要建立短期和中期目标，从而帮助管理者了解工作是否按期进行；每天监督生产进度和工作质量。建立及时汇报重点工作环节的制度，以获得这方面的信息；如果发现遗漏了某个影响进度的问题，应立即采取行动进行补救；确定问题的"瓶颈"所在，给予它们以特殊的密切关注；做这种类型的部门主管，不要在员工中引起恐惧感，要时刻触摸业务进行的脉搏；在员工的工作场所花费一些时间，询问他们有何问题和担心，记住他们告诉了你什么。

2. 直觉决策法

直觉型思维，具有感觉问题敏锐，能在缺乏信息情报的情况下洞察事物的本质，思维轨迹简洁，以及能"省略"许多不必要的决策程序等优点。它属于一种非逻辑性思维。在夜色朦胧中，人脑能根据模糊的视觉形象识别自己熟悉的亲友和同事，而以"精确"见长的电脑却"不认识"此类目标。可见，特殊的灵感和直觉，是决策者必要的条件。经营者在许多情况下，必须以直觉的方法才能迅速而奇妙地对事物作出快速、准确的决策。

运用直觉思维，可以帮助管理者在复杂的决策活动中省略许多思考程序，依靠直觉迅速进行判断或决策。卓越的直觉型思维能力，不仅能够使管理者在纷繁复杂的社会现象面前迅速作出某种抉择，而且还能帮助管理者敏锐地洞察事物之间的内在联系，对某一决策方案可能产生的中远期影响以及某一事物在今后的发展趋势，作出比较接近事实的预见。

在管理者中，有些人天生就有这方面的强大潜能，他们处事决断往往会有意料之外的神来之笔。有时直觉能够产生新思想、新认识、新理论、新见解，从而有力推动管理活动的开展。

但直觉毕竟是一种待证的事实，有时观察范围比较狭窄，有时容易将不相干的事物生拉硬拽，强加搭配。因此，直觉并不是准确无误的，只要条件允许，就应该尽可能运用科学手段进行审核和验证。一位高明的决策者，要经过长期锻炼，积累经验，培养一种临事立刻判断事实真相的能力，才能在紧要关头作出精准决策。

3. 现场决策法

为了加快决策速度，管理者可作出现场决策。现场决策，既是整个管理决策过程中的一个环节，又是管理活动中常见的一种决策方式。现场决策是指管理者或管理集体亲自深入现场，对某种事物、问题、方案当场作出决定，以推进管理工作的进程。现场决策具有经验性、灵活性、时效性和复杂性等特征。在现实工作中，不是所有的问题都适合管理者现场决策，只有当管理者对遇到的问题真正了如指掌，而且下属无法解决或不去解决、自己又能解决时，这种决策方式才是有效且必要的。

现场决策有以下几种情况：

（1）当管理者解决某一问题，但情况不太明了、条件不太成熟时，于是到现场去边观察，边研究，边解决。

（2）当管理者深入下属单位检查指导工作时，碰到下属单位无法解决的问题，当场拍板，就地解决。

（3）当在本部门、本单位发生了各种意外事件时，管理者往往要亲临现场，处理善后事宜。

（4）当下属成员都很能干，但都是各自独立行事，不会合作解决问题时，管理者可以当面召集他们，指示大家共同解决问题。

如果你想发挥你的现场决断能力，那你就必须有勇气，还得有真才实学。你必须善于研究和分析问题，抓住事物的本质，你必须对当时的形势作出迅速而准确的评价，只有这样，你才可能作出正确、明智、及时的决策。在条件极其不利的情况下，你必须运用正确的逻辑推理，运用常识性知识并积极调动你的分析判断力，才能迅速地确定应该采取什么样的行动，以抓住转瞬即逝的大好机会。

除此之外，你还需要有相当敏锐的预见能力，以便你能够预见在你的决定实施以后可能发生的情况和反应。当形势需要你对原来的计划进行修改的时候，你要采取迅速的行动对原决策作必要的修改，这样会加强你的手下人对你作为他们的管理者的信心。

当你知道什么工作可以由别人来做的时候，你就可以把它们分配下去，不要再去费心考虑它们。对于那些剩下来的必须由你本人亲自处理的事情，你也得分出主次和先后。如果你能把你的问题排出个先后顺序，可能它们就会迎刃而解了。现在你就把你急于要办的事列出一个顺序表来，按照主次依次处理，在同一个序号下不要列出两项工作。在你列出了工作顺序之后，你要全力以赴地解决第一号的问题，一直要坚持到做完为止。然后再用同样的办法去处理第二号问题。不要担心这样做一天只能解决一两个问题，关键在于这样做会逐渐解决你以往积累下来的许多问题。这样一来，你真正关心、真正着急的事情，马上就可以解决了。

你也要让你的下属根据他们工作的主次和先后列出工作日程及顺序表，也让他们按照同样的办法去做。即使这样仍然不能解决问题，你也不要采取其他办法，一旦你使这个系统运转起来，你就要坚持到底。这样你才能逐渐清理掉过去积压下来的问题。

4. 创新思维决策法

随着经济全球化的到来，企业面临市场、人才、环境等各方面的竞争压力，现代企业家要在纷繁多变的市场经济的不平衡中寻找企业发展和获利的机会，没有强烈的创新意识是不可能成功的。

创新并无现成的公式可循，关键是要有新的战略思路，要能提出新的经营战略思想与点子，要出奇制胜，这是经营战略成功的关键与源泉。

在竞争场上，管理者们只有借助自己的创新思维，不断创新，才能始终占领竞争制高点。创新思维是人们面对一个具体问题所进行的异于他人并能导致新颖而有效地提出解决方案的思维方式。创造性思维活动并不是一种单一的思维形式，而是多种在思维方式和具体过程方面并不完全相同的思维形式的总称。一般而言，创造性思维有四种形式：

（1）求异思维：创造性思维之所以是创造性的，就是因为在思维上有其新颖性。面对同样一个问题，可以从某一新的角度或用某种新方法加以分析与解决。也就是能做到与常人不一样，能标新立异，这就是一种求异思维。

（2）收敛思维：又称辐辏思维，是指针对特定的问题，从多角度、多方面、多思路考虑解决方案的思维方式和方法。

（3）发散思维：又称辐射思维，与收敛思维反义而互补，是一种由点到面、由面到体、由一到多的思维形式与方法，是典型的创造性思维形式。

（4）逆向思维：即反方向思维，一反他人传统的思维模式与思路，二反自己以往的思维模式与思路，进而达到创造性地解决问题的一种思维模式。

进行决策创新，首先要综合分析。管理者每天的工作千头万绪，碰到的实际问题也很多，这就需要管理者们具备综合分析能力，抓住问题的本质，客观正确地分析，然后作出新颖的决策。

在决策的酝酿阶段，强烈的创造意识通常能对创造见识产生重要的萌发作用，两者呈现明显的因果关系。在顿悟阶段，创造意识继续对创造见识起重要的萌发作用，与此同时，创造见识也对创造意识起明显的强化作用，两者呈现积极的共振关系。到了验证阶段，创造意识首次将"怀疑"和"不满"转向创造见识，促使其进一步完善，而创造见识也通过自身的不断完善来满足创造意识，两者呈现出和谐的协调关系。

在借他山之石攻玉的同时，一定要善于改变现状。作为管理者，要坚信自己能够创新，运用发散思维，努力扩大想象空间，同时注重开发潜意识，那就一定能够在正确决策中找到良好方向，使决策效果不断向既定目标靠近。

在战术上重视决策实施

· 今日茶点

作出决策后，必须小心实施。"行船走马三分险"，小心实施，是科学精神，是战术上的重视。如果不能在决策实施上给予重视，好决策也未必会产生好结果。

决策时要充分估计有利条件，否则会丧失信心。到了实施时宁可把有利条件估计得少一点，这样可以减少依赖心理，从而把工作做得更扎实，还可以留下足够的弹性空间，做到即使原来的有利条件在决策后发生了不利变化，也照样可以完成决策目标。否则，一旦有不利变化就会因准备不足而引发一系列问题，影响决策的实施。

要把困难想得多一点，对有利条件要用"减法"，减去的是侥幸和依赖；对不利条件要用"加法"，加上的是对具体困难的充分估计和解决困难的办法。

在执行决策的过程中，市场变化的复杂性和灵活性决定了组织管理的决策也要灵活多变。具体做法有以下几点。

1. 以奇应变

某国烟草公司的推销员到一个海湾旅游区推销皇冠牌香烟，发现市场已被同行占领，难以插足。正在为难之时，一块"禁止吸烟"的牌子触发了他的灵感。他立即制造了许多幅大型广告牌，上写"禁止吸烟"，下写"皇冠牌也不例外"。这一巧发的"奇弹"，正中旅客的奇妙心理：这种烟肯定不错，不如买包尝尝！销量一下就上去了。

要想在竞争中立于不败之地，就要有一套超群的本领，就要有一些异乎寻常的做法，以适应情况的变化。

2. 以智应变

现代社会，是经济实力的竞争，更是智力水平的竞争。在企业界，经济实力弱的企业战胜经济实力强的企业的事例并不少见，究其原因，关键是智力上的差异。在当今，谁拥有第一流的人才，谁就有高质量的产品，谁就能作出高人一筹的决策，这样，就顺应了市场的变化，从而保证经营成功。

在市场竞争中，业绩越大风险越大，如果不冒一定风险，企业就不会有大的发展，更不要说日新月异了。所以说勇于冒险，应该是企业家的一种必备素质。以智应变是勇于开拓和敢于冒险的保证，是企业管理决策者的必备素质。

认识了市场发展变化的规律，并不等于企业在竞争中已经获胜；要想获胜，还需把理论转化为实践，把认识变为行动。以智应变就是要你打破以往的条条框框，不为游戏规则所约束，要敢想、敢做、敢干，进而开拓创新。

没有开拓精神，总是跟在别人屁股后头走，是不能应付市场万变的。人们可以认识市场变化的规律，但人的认识是由少到多、由浅入深的过程。因此，人不可能绝对地左右市场的变化，在经营中有可能成功，也有可能失败。

3. 以新应变

世界上最大的民航喷气机制造商——波音公司，始终像野牛一样在向前狂进。它先后推出数种多性能、高技术的新型轰炸机、喷气机，使飞机的销量一直遥遥领先，从而迈入了一个企业发展的新时代。

面对激烈的市场竞争，推陈出新才是最好的应变办法。新产品"新"就新在工艺、材料、造型方面。它和老产品相比，或者性能多、质量优，或者价格廉、规格多，或者造型美、材料新，或者能以全新的面貌满足人们的新需要。新产品一般都会受到社会和消费者的欢迎。

因为，人们的需要是多层次的，消费者的消费也是无止境的，社会需要大量新产品的不断涌现。同时，现代科学技术的爆炸式增长，又为企业不断推出新产品提供了可能或条件，企业也必须适应需求而研制出适销对路的产品，才能保证企业在市场竞争中永葆活力。

4. 以快应变

腾本于 1966 年成立尤尼登公司，该公司以生产无线电通信机、CB 对话机为主。1975 年，电晶体席卷整个美国市场，腾本也跟着活跃在美国商界。但他认为这种情况不会长久，到一定时候就会走下坡路，于是停止生产电晶体，转向其他产品。果然不出他所料，一阵热潮过后，市场上对电晶体的需求大减，由于他有先见之明，变在人先，存货所剩无几。相反，他的同行却是货物积压卖不出去。

打仗兵贵神速，企业在决策实施过程中，也应该做到"以快应变"。在科学技术迅速发展的今天，企业间的竞争在一定程度上就是时间竞争，谁变在人先，谁就能先发制人。

5. 以变应变

美国梅西百货公司是世界著名的百货公司，它的总裁在总结经营之道时说："变化是我们梅西百货公司的生命。"该公司刚创建时的口号是"用现款买便宜货"，该口号极大地吸引着顾客。后来，顾客喜欢订货，这个公司根据这一变化，采取记账买东西的办法，又大受顾客欢迎。

梅西公司的竞争对手采取了向顾客提供分期付款的策略，抢走了梅西公司的许多生意。梅西公司针锋相对，采取了"用后再付"的推销方式，即顾客可以先试用，试用后决定买时，再给 18 个月的时间，分批付款。这样，又把顾客争取过来。梅西公司通过实施这种"用后再付"的购物方法，再一次焕发"青春"。

变化是发展的生命，有时，这种变化超乎人们的想象。竞争对手都在研究对方，不断变换制服对手的策略和手法。企业只有以变应变，才能立足于不败之地。

人世间的事情没有一件是绝对完美或接近完美的。如果要等所有条件都具备以后才去做，就只能永远等待下去。一个优秀的组织管理人员，面对瞬息万变、险象环生的竞争市场，必须以变应变，具有"见缝插针"的决策和实施能力。

决策必须能够应对变化

孙子说："兵者，诡道也。"意思是说，领兵打仗，讲求的就是一个随机应变。兵来将挡，水来土掩。同样，我们也可以说："商者，诡道也。"商业头脑的高下就是应变能力的高下。

孙子说："故兵无常势，水无常形，能因敌变化而取胜者，谓之神。"（《孙子兵法·虚实第六》）意思是说："战争无固定不变的态势，流水无固定不变的流向。能随着敌情发展变化而采取灵活变化的措施取胜的人，才称得上是神秘莫测的高明者。"企业管理者要想成为孙子口中的高明者，就需要作出能够应对变化的决策。

美国硅谷专业公司曾是一个只有几百人的小公司，面对竞争能力强大的半导体器材公司，显然不能在经营项目上一争高低。为此，硅谷专业公司的经理改变了自己的发展计划，抓住当时美国"能源供应危机"中的节油这一信息，很快设计出"燃料控制"专用芯片，供汽车制造业使用。在短短5年里，该公司的年销售额就由200万美元增加到2000万美元，成本也随之由每件25美元降到4美元。

孙子说："兵者，诡道也。"意思是说，领兵打仗，讲求的就是一个随机应变。兵来将挡，水来土掩。同样，我们也可以说："商者，诡道也。"商业头脑的高下就是应变能力的高下。

众所周知，由于成功运用了生产流水线，福特公司的汽车制造成本一下子下降了很多。到1924年，福特T型车的售价已降至不到300美元，这个价格低于当时马车的价格。当时没有任何一家汽车公司有能力将汽车成本控制到福特汽车成本之下，福特始终占据着价格优势，这种优势使福特成为当时美国汽车行业的领头羊。

如果说福特的成功是源自成功地对接了消费者的渴望汽车廉价的心理，那么导致福特痛失行业领头羊位置的主要原因就是其忽视了消费者的需求变化：随着汽车走进了千家万户，消费者开始对汽车的时尚有了需求。福特曾经有一个名言：我可以为顾客提供任何颜色的车，只要他要求的是黑色。由此可见福特汽车颜色的单调。但民众开始渴望拥有其他颜色的汽车。

通用将民众的愿望变为了可能，他们开发出著名的Duco漆，这使汽车喷漆的干燥时间从几周缩短到几小时，并为企业车的外观提供了多种颜色方案。通用汽车的掌舵人斯隆在 1924 年的年度发展报告中阐述了他那著名的"不同的钱包、不同的目标、不同的车型"的市场细分战略。他根据价格范围对美国汽车市场进行了细分，每个通用汽车品牌的产品都针对一个细分市场：雪佛兰针对低端市场，凯迪拉克则瞄准高端市场。

通用汽车的努力换回了丰厚回报。从 20 年代中期到 50 年代的 20 多年间，通用汽车的年度销售量翻了两番，很快就超过福特汽车，市场占有率从不足两成到超过五成，成为美国汽车市场上新的领头羊。与之相对应的是，福特汽车的市场占有率从超过五成下滑到两成左右。

正是看到了消费者消费需求的变化，使通用获得了超过福特的机会。无独有偶，曾错失小排量汽车发展良机的克莱斯勒公司开始寻找新的市场需求，他们把眼光停留在箱型车上。传统箱型车的空间不够大，不能满足消费者旅行的需要，但小货车又不够轻便。1983 年，克莱斯勒公司开发出介于传统箱型车和小货车之间的厢式旅行车系列，从而开辟了旅行车这一细分市场，成为这一市场的领军企业。

好的决策能够应对变化，在变化中成为赢家。同时，好的决策必定是顺应变化的决策，因为任何与客观变化相抵触的决策，最终必然会一败涂地。

钓鱼的人却不知道鱼的习性，注定会徒劳无功。任何事情都不会完全按照我们的主观意志去发展、变化，要获得成功，就得首先去认识事物的性质和特点，然后再根据实际情况来调整自己的对策。只有如此，我们才能在顺应事物变化的同时，驾驭变化，走向成功。

有一年，美国但维尔地区经济萧条，不少工厂和商店纷纷倒闭，被迫贱价抛售自己堆积如山的存货，价钱低到 1 美元可以买到 100 双袜子。

那时，约翰·甘布士还是一家织制厂的小技师。他马上把自己积蓄的钱用于收购低价货物，人们见到他这股傻劲儿，都嘲笑他是个蠢材。

约翰·甘布士对别人的嘲笑漠然置之，依旧收购各工厂和商店抛售的货物，并租了很大的货仓来贮货。他有自己的计划，因为他相信不久这些废物就会成为宝贝。

他妻子劝他说，不要购入这些别人廉价抛售的东西，因为他们历年积蓄下来的钱并不多，而且是准备用做子女教养费的。如果此举血本无归，后果便不堪设想。

对于妻子忧心忡忡的劝告，甘布士笑过后又安慰她道："3 个月以后，我们就可以靠这些廉价货物发大财了。"

甘布士的话似乎兑现不了。10 多天后，那些工厂即使贱价抛售也找不到买主了，他们便把所有存货用车运走烧掉，以此稳定市场上的物价。

甘布士的太太看到别人已经在焚烧货物，不由得焦急万分，便抱怨他。对于妻子的抱怨，甘布士一言不发。

终于，美国政府采取了紧急行动，稳定了但维尔地区的物价，并且大力支持那里的厂商复业。

这时，但维尔地区因焚烧的货物过多，存货欠缺，物价一天天飞涨。原本计划把存货多留一段时间的甘布士马上把自己库存的大量货物抛售出去，一来赚了一大笔钱，二来使市场物价得以稳定，不致暴涨不断。

在他决定抛售货物时，他妻子又劝告他暂时不忙把货物出售，因为物价还在一天一天飞涨。他平静地说："是抛售的时候了，再拖延一段时间，就会后悔莫及。"

果然，甘布士的存货刚刚售完，物价便跌了下来。他的妻子对他的远见钦佩不已。

后来，甘布士用赚来的钱开设了5家百货商店，生意也十分兴隆。如今，甘布士已是全美举足轻重的商业巨子了。

甘布士的成功就在于他预计到了市场的变化，并制定出有针对性的决策。这些决策不是对抗变化，而是依据变化而灵活实施。比如看到通货膨胀之后必然有一个恢复期，所以趁机收购货物等待升值。但是当市场上出现恢复的苗头时，他立即决定改变计划，开始抛售货物。甘布士应变充分体现了一个成熟的商人制胜的秘诀，管理者应该从中有所启迪。

好的决策要着眼于未来

· 今日茶点

战略规划并不涉及未来的决定，它所牵涉的只是目前决策的未来性。决策只发生在目前。但目前的决策决定着未来的走向。

孙子说："夫未战而庙算胜者，得算多也；未战而庙算不胜者，得算少也。"（《孙子兵法·始计第一》）意思是说，未开战而在庙算中就认为会胜利的，是因为具备的制胜条件多；未开战而在庙算中就认为不能胜利的，是具备的制胜条件少。孙子的这句话点出了成功决策的关键因素：战略决策者所面临的问题不是他的组织明天应该做什么，而是我们今天必须为不确定的未来做哪些准备。

　　管理学大师德鲁克说：战略规划并不涉及未来的决定，它所牵涉的只是目前决策的未来性。决策只发生在目前。但目前的决策决定着未来的走向。

　　1984年，本田技术研究所曾面临一次倒闭的危机，本田投下巨资增加设备，原本受欢迎的公司商品销路却大减。种种困难，迫使本田公司难以负荷。在这种情况下，本田却宣布要参加国际摩托车赛，并宣称要制造第一流的摩托车，争取拿世界冠军。

　　这个决策在当时业内人士看来，简直是一个天大的玩笑。就连本田内部的人也觉得管理者一定是被目前的窘境逼疯了。殊不知，本田的负责人有着自己清晰的算盘。他期望这种决策能够为未来称霸全球摩托车市场赢得先机。

　　这个决策出台后，激发了本田职工的奋进之心。有一部分员工认为这种决策使得他们精神振奋，虽然以他们当时的技术来说，还无法同欧洲相比，但是，这种挑战燃起了他们冲天的信心。没有任何人是不可战胜的，只要甘于钻研，甘于付出。

　　本田负责人以身作则，为了研究开发技术，改良摩托车性能，不分昼夜，取消假日，每天都到公司努力工作，或许是他的敬业精神感动了员工，员工们个个精神抖擞，忘我工作，终于如期制造出第一流的摩托车参赛，并取得了骄人的战绩，本田公司也因此一举成名。

　　决策为未来的发展做好准备，这就需要决策管理者具有超前意识。超前意识是一种以将来可能出现的状况面对现实进行弹性调整的意识。它可以创造前景进行预测性思考，可以使我们调整现实事物的发展方向，从而帮助我们制定正确的计划和目标并实施正确的决策。

　　"二战"时期，美国有家规模不大的缝纫机工厂，由于受战争影响，生意非常萧条。工厂主汤姆看到战时除军火生意外，百业凋零，但是军火生意却与自己无缘。于是，他把目光转向未来市场，一番思索后他告诉儿子保罗："我们的缝纫机厂需要转产改行。"保罗奇怪地问他："改成什么？"汤姆说："改成生产残疾人使用的小轮椅。"尽管当时很不理解，不过保罗还是遵照父亲的意思办了。一番设备改造后，工厂生产的一批批轮椅问世了。

　　正如汤姆所预想的，很多在战争中受伤致残的人都纷纷前来购买轮椅。工厂生产的产品不但在美国本土热销，连许多外国人也来购买。保罗看到工厂生产规模不断扩大，实力也越来越强，非常高兴。但是在满心欢喜之余，他不禁又向汤姆请教："战争马上就要结束了，如果继续大量生产轮椅，其需求量可能已经很少了。那么未来的几十年里，市场又会有什么需求呢？"

汤姆胸有成竹地笑了笑，反问儿子说："战争结束了，人们的想法是什么呢？""人们已经厌恶透了战争，大家都希望战后能过上安定美好的生活。"汤姆点点头，进一步指点儿子："那么，美好的生活靠什么呢？要靠健康的体魄。将来人们会把健康的体魄作为主要追求目标。因此，我们应准备生产健身器。"

一番改造后，生产轮椅的机械流水线被改造成了生产健身器的流水线。刚开始几年，工厂的销售情况并不好。这时老汤姆已经去世了，但保罗坚信父亲的超前思维，依旧继续生产健身器材。几年后，健身器材开始大量走俏，不久就成为畅销货。当时美国只有保罗这一家健身器工厂，所以保罗根据市场需求，不断增加产品的产量和品种，随着企业规模的不断扩大，保罗跻身亿万富翁的行列。

要想获得超前意识，就需要管理者静下心来，认真研究客观环境。正所谓骄兵必败，领导者要戒骄戒傲，摒弃故步自封、骄傲自满的思想，不断学习，并勇于实践，在实践中不断提升自己的决策能力。一个优秀的管理者一定要不断地观察客观环境的变化，研究应对变化之策，这样才可能获得富有成效的决策，使企业永远立于不败之地。

·第三章·

竞争优势管理：创造秒杀对手的实力

知己比知对手重要

·今日茶点

不了解对手而了解自己，获胜的概率是50%。知己而获胜的主要原因是了解自己的长处和优势，从而发挥长处、集中优势兵力战胜敌人。

企业了解自己的方法不在企业内部，而在企业之外。管理学大师德鲁克说：企业应该不停地调查顾客：在我们为您提供的服务中，有哪些是其他企业所没有的？虽然并不是所有的顾客都知道答案，而且他们的答案也可能让人摸不着头脑，但这些答案仍会暗示我们该从哪个方向寻找答案。

美国李维公司主要生产牛仔裤，20世纪40~80年代，年营业额从几百万增长到40亿元，被很多管理学家称为"难以复制的奇迹"。究其成功的真谛，充分利用市场调查为公司找到发展方向，从而确定公司区别于竞争对手的核心优势，是促进其成功的重要力量。

李维公司设有专门机构负责市场调查，在调查时应用心理学、统计学等知识和手段，按不同国别，分析消费者的心理和经济情况的变化、环境的影响、市场竞争条件和时尚趋势等，并据此制订出销售、生产计划。

1974年公司对联邦德国市场的调查表明，多数顾客首先要求合身，公司随即派人在该国各大学和工厂进行合身测验，一种颜色的裤子就定出45种尺寸，因而扩大了销路。在市场调查中，公司了解到许多美国女青年喜欢穿牛仔裤，公司经过精心设计，推出了适合妇女的牛仔裤和便装裤，使妇女服装的销售额不断上升。

柯达公司是著名的公司之一，其在彩色感光技术上的成就无人能比。很多观察家认为其成功的关键是重视新产品研制，而新产品研制成功即取决于该公司采取的反复市场调查方式。

以蝶式相机问世之前的市场调查为例。首先由市场调查部门汇总顾客意见，这些意见包括大多数用户认为最理想的照相机是怎样的、重量和尺码多大最适合、什么样的胶卷最便于安装使用，等等。市场调查部门将这些信息反馈给设计部门，设计部门据此设计出理想的相机模型，提交生产部门，然后对照设备能力、零件配套、生产成本和技术力量等因素考虑是否投产，如果不行，就要退回修改。如此反复，直到造出样机。

样机出来后将进行多次市场调查，以此来彻底弄清样机和消费者期望之间的差距，根据消费者的反馈，对样机加以改进，直至大多数消费者认可为止。试产品出来后，再交市场开拓部门进一步调查，新产品有何优缺点、适合哪些人用、市场潜在销售量有多大、定什么样的价格才能符合多数家庭购买力。待诸类问题调查清楚后，正式打出柯达牌投产，因为经过反复调查，蝶式相机推向市场便大受欢迎。

曾经有这样的一个案例：国内某啤酒企业向美国出口小瓶啤酒。该啤酒原料和工艺是一流的，酒色清亮，泡沫细密纯净，喝到嘴里更是醇和可口，跟外国啤酒相比，一点也不逊色。但是令人奇怪的是，这种啤酒运到美国以后，一点也不受市场的欢迎，严重滞销。

公司的领导很着急，就高薪聘请了一家市场调查公司进行市场调研分析。分析结果显示，问题出在了啤酒的包装上了。美国人崇尚个性，喜欢自由，而这家公司在瓶身上印的广告语却是"人人都爱喝的啤酒"——正因为人人都爱喝，所以个性的美国人都不愿意选择。同时，酒瓶的质量很差，颜色暗淡，看上去很不上档次。

公司领导根据调查公司的建议，将广告语换成"喝不喝，随你"，期望这句个性十足的广告语引起啤酒爱好者的关注；与此同时，他们采用具有五种色彩、颜色鲜亮的瓶子。三个月之后，该公司向美国的出口量已经由每月10万箱增长到60万箱。显然，包装的变化，使其获得了成功。

市场调查不是形式，是企业保持正确航道发展，寻找企业核心能力和优势的重要方法。企业管理者不要轻易、自大地认为企业的优势是什么，而应该让顾客来说出企业的优势是什么。

最了解企业优势和长处的人不在企业内部，而是消费者。企业要想精准找到锐利的进攻之矛，就需要和消费者密切接触，从消费者口中得出自身的突出优势到底是什么。

不打无准备之仗

· 今日茶点

真正的战争绝非影视作品和小说中的"江湖战争"，英雄挥刀剑，千军成白骨。真正的战斗，需要一个强大的后勤集团做后盾。

孙子说："凡用兵之法，驰车千驷，革车千乘，带甲十万，千里馈粮，则内外之费，宾客之用，胶漆之材，车甲之奉，日费千金，然后十万之师举矣。"（《孙子兵法·作战第二》）

意思是说："要兴兵作战，需做的物资准备有轻车千辆、重车千辆、全副武装的士兵十万，并向千里之外运送粮食。那么前后方的内外开支，招待使节、策士的用度，用于武器维修的胶漆等材料费用，保养战车、甲胄的支出等，每天要消耗千金。按照这样的标准准备之后，十万大军才可出发上战场。"

孙武在自己的兵书中没有回避战争的成本计算，他对车马费、伙食费、医疗费、外交补贴等，都考虑得很清楚。因为，真正的战争绝非影视作品和小说中的"江湖战争"，英雄挥刀剑，千军成白骨。真正的战斗，需要一个强大的后勤集团做后盾。

只有强大的后盾做保障，军队才有精力去顾及作战。否则仗打到一半就弹尽粮绝，结果就像孙武在后文中说的，"虽有智者，不能善其后矣"。

计算成本是做事之前不可忽视的重要一步，打仗如果不计算成本，一路长驱直入，就会出现后劲不足的情况，商海上的博弈同样也是一场消耗成本的战斗，尤其是前期投资，资金从哪里来、是否能够维持运转、能够维持多久，这些都是领导者需要计划周详的事情。

如果仅凭一腔创业热忱、抱着"大不了抵押上房子"的想法，没有成本方面的合理估计，这种做法就只是在盲目地"烧钱"。尤其是在商海打拼的初期，不少人被雄心壮志充满了内心而忽略了现实的成本，导致败北。

管理者能否客观地计算成本，为企业的运行作出有计划的安排和预期，直接决定着企业运营的成败。为运营安排好足够的资金，其实就是在打有准备的战争。

2004年11月18日，史玉柱投资亿元、控股75%的征途网络科技有限公司注册成立。这是一家集研发、运营、销售为一体的综合性互动娱乐企业，开发一款网络游戏《征途》。

这是史玉柱涉足IT产业的一大信号，是其由实业家变脸投资家的一次战略转型。这个网游公司是史玉柱用私人的巨人投资和香港一些非上市公司的钱投的，他为网游总共准备了2亿美元。

资金的充足为《征途》的成功提供了坚实的后盾。2006年4月8日，《征途》正式公测新闻发布会在上海举行，为营造火爆气氛和展示真诚，主办方设计了名为"PK史玉柱"的媒体提问环节。

许多资深IT媒体人PK了史玉柱一把，他们给出当时公认的网游厂商排名表，问史玉柱是否认可，并给自己排名。史玉柱的答案是"关于《征途》排第几，年底再看"。

然而，很多人对《征途》游戏的前景并不看好。他们的理由是，中国网游市场已被盛大、网易、九城"三驾马车"霸占，"新手"难以切入；以《魔兽世界》为代表的3D游戏已经引领潮流，打造所谓"2D终结版"将无人喝彩；研发、运营、管理团队刚刚组建，需要磨合；史玉柱及其核心团队从保健品"跳槽"网游，没有丝毫网游运营经验。

但是，史玉柱用不断攀升的数字有力地回击了这些质疑。2006年6月，最高在线人数达到30万；8月突破40万；9月，跨越50万；10月，冲击60万成功；2007年3月23日，86万成为最新纪录，创造出中国大型写实类角色扮演游戏最高同时在线人数新的历史纪录；国家新闻出版总署以及新浪等权威机构举办评选，《征途》获得"2006年度最受欢迎网络游戏"等十多项大奖。

弹尽粮绝的战争，注定是一场悲剧。商场如战场，成本计算不可回避。与计算成本相比，控制成本更重要。因为家底再厚，如果不能提升成本控制水平，随着摊子的铺开，也会逐渐捉襟见肘。很多企业将低成本优势作为其在市场上竞争乃至制胜的关键武器。

需要提醒企业管理者注意的是，低成本战略不能以牺牲产品品质和服务为代价。企业必须不断提升自己的核心技能和竞争力，这样才能应对市场竞争环境的不断变化。

善战者因势利导

· 今日茶点

因势利导，就是要学会具体问题具体分析。可能我们都觉得这是人尽皆知的旧话题，但未必了解其中真谛。具体问题具体分析，就是要因人而异、因时而异、因事而异。

孙子说："利而诱之，乱而取之，实而备之，强而避之，怒而挠之，卑而骄之，佚而劳之，亲而离之。"（《孙子兵法·始计第一》）意思是说："对方贪利就用利益诱惑他，对方混乱就趁机攻取他，对方强大就要防备他，对方暴躁易怒就可以撩拨他怒而失去理智，对方自卑而谨慎就使他骄傲自大，对方体力充沛就使其劳累，对方内部亲密团结就挑拨离间。"孙子的核心思想是，不管对方处于怎样的状态，只要因势利导，都能找到取得竞争优势的切入点。

在因势利导上，诸葛亮与司马懿的战争故事是很好的一个案例。公元234年，诸葛亮领兵34万伐魏，魏明帝曹叡命司马懿为大都督，领兵40万至渭水之滨迎战。诸葛亮与司马懿对对方略有了解，双方都是足智多谋的老将，所以战前各自都作了周密部署，严阵以待。

司马懿受命离开魏都时，曾受曹叡手诏："宜坚壁固守，勿与交战。"所以两次规模不大的交锋互有胜负之后，魏军便深沟高垒，坚守不出。

诸葛亮深知，己方最根本的弱点是远离后方，粮草供应困难；他同时也深知司马懿正是看准了自己这一弱点，并利用这点做文章，期待并设法使蜀军断粮，从而将蜀军困死或逼蜀军撤退，然后乘机取胜。于是诸葛亮便将计就计，也在粮草供给问题上做文章，措施之一是分兵屯田，与当地老百姓结合就地生产粮食。

看到蜀军大有持久战的架势，司马懿忍不住出兵了，结果正中诸葛亮下怀。就这样，诸葛亮将计就计赢了战争。

在商业领域，社会中出现的一些苗头都是商家可以捕捉到的"势"，利用好这一"势"，比自己挖空心思设计的各种活动和广告的效果都要好，麦当劳的发展经历就是一个证明。

20世纪末，环保运动在全球兴起，麦当劳认为这是一次机会，必须顺应时代潮流，不能自满于已有的产品，而要以此为契机，引导企业树立"绿色"观念。

当时麦当劳采用的"保丽龙"贝壳式包装，虽然轻巧方便，但难以进行再生处理。所以麦当劳每天都在制造大量的垃圾。

麦当劳的领导者意识到，像自己这样的一个快餐业王国，如果不主动注意环保问题，一旦形成公众舆论，往往就会成为首当其冲的攻击目标。因此，发现问题后，麦当劳领导者既不推，也不拖，而是主动与环境防卫基金会联系，表示愿意与其共同加强环境保护。同时，麦当劳领导者也希望，通过这种方式能够改变企业中那些褊狭的观念。

最初，麦当劳决定先进行包装回收，即将贝壳包装回收再制成塑料粒子以作他用。其后，麦当劳改弦更张，又决定把环保重点由回收变为原料，以夹层纸取代塑料。因为，夹层纸虽然无法回收，但是其所占的体积小，制造过程中耗能也低得多，而且使用后还可以直接做肥料……到1990年，麦当劳已使自己垃圾的80%不用运到垃圾场填埋了。

在这股"绿色"的潮流中，麦当劳借着环保之势主动保护环境，不仅换来了良好的企业信誉和形象，同时也大大提高了企业绩效。

因势利导，就是要学会具体问题具体分析。可能我们都觉得这是人尽皆知的旧话题，但未必了解其中的真谛。具体问题具体分析，就是要因人而异、因时而异、因事而异。

敏锐的政治家可以从宴会中捕捉到微小的政治信号，这是一种专业素养；敏锐的领导者也可以从日常的生活和见闻中捕捉到商机。借着已经成形的潮流来发展自己，这比凭借一己之力的奋斗要来得快，来得轻松得多。因势利导、顺势而为，体现的不仅是智慧，更是能力。

集中各项资源优势

· 今日茶点

要想获得竞争优势，就需要整合所有能够被整合的资源，让每一种资源都能发挥优势，从而形成企业独特的核心竞争力。

所谓资源整合，就是指企业对不同来源、不同层次、不同结构、不同内容的资源进行识别与选择、汲取与配置、激活和有机融合，使其具有较强的柔性、条理性、系统性和价值性，并创造出新的资源的一个复杂的动态过程。资源整合的唯一目的是使企业获得最大的经济利益。资源整合是企业战略选择的必然手段，是企业管理者的日常工作之一。

资源整合分为战略和战术两个方面的含义。在战略层面上，资源整合反映的是系统的思维方式，就是要通过组织和协调，把企业内部彼此相关却彼此分离的职能，把企业外部既参与共同的使命又拥有独立经济利益的合作伙伴整合成一个为客户服务的系统，取得 1+1 > 2 的效果。在战术层面上，资源整合是对各项资源进行优化配置的行为，就是根据企业的发展战略和市场需求对有关的资源进行重新配置，以凸显企业的核心竞争力，并寻求资源配置与客户需求的最佳结合点。

作为资源整合的精彩案例，为企业界管理者津津乐道的是 1984 年洛杉矶奥运会在资源使用方面的智慧和独到之处。1978 年国际奥委会雅典会议决定，由唯一申请城市美国洛杉矶承办 1984 年第 23 届奥运会。洛杉矶市开始了全面的筹划工作，首先成立了筹备委员会，邀请金融人士、45 岁的彼得·尤伯罗斯担任了筹委会主席。这位在体坛默默无闻者，在这次筹备组织工作中，特别是财政管理上，表现出了非凡的才华，一举闻名于世。

每届奥运会的开支都极其惊人：1972 年，慕尼黑花了 10 亿美元；1976 年，蒙特利尔花了 20 多亿美元；1980 年，莫斯科竟花了 90 多亿美元。尤伯罗斯任主席后，面临的第一个难题是经费来源，既无政府补贴，又不能增加纳税人负担，加之美国法律还禁止发行彩票，一切资金就都得自行筹措。很多人认为，尤伯罗斯的面前是一个无法逾越的天堑。

但是，尤伯罗斯充分利用了身边所有可以利用的资源，表现出了卓越的智慧。他与企业集团订立资助协议；出售电视转播权和比赛门票；压缩各项开支，充分利用现有设施，尽量不修建体育场馆；不新盖奥林匹克村，租借加州两座大学宿舍供运动员、官员住宿；招募志愿人员为大会义务工作等。尤伯罗斯使组委会的工作进行得井井有条，一切如愿以偿。

1984 年洛杉矶奥运会原计划耗资 5 亿美元左右，后来不仅没有出现亏空，而且有盈余。据 1984 年 12 月 19 日洛杉矶奥运会组委会公布的资料，赢利为 2.5 亿美元。奥运会在 1984 年之前，从来都是赔钱的，但是，从 1984 年洛杉矶奥运会以后，奥运会就成为各国推动经济发展的一个重要的推动力，成了各国争抢的目标，这完全是因为尤伯罗斯在 1984 年给全世界的人提供了一种全新的利用资源的思路。

管理的功能就是整合资源并获得外部经济成果。尤伯罗斯将社会上的各种资源安排得井井有条，利用授权、品牌建设等手段，使全社会的各种资源都为奥运会服务，使当届奥运会的举办取得了巨大成功，还使许多经济不发达的国家从中得到了鼓舞和启迪，对以后奥运会的举行产生了积极的影响。这就是资源整合的力量。

资源整合，能够使看似困难的事情变得容易，能够使实际收益远远超过预期收益。每一个管理者都应该是资源整合的一流高手。

资源整合的目的是为企业的运营服务，资源整合贯穿在企业运营的各个方面和各个环节之中。事实上，企业各种竞争活动源自企业内部的产品设计、生产、营销、销售、运输、支援、交货等多项独立的活动，这些活动的集合可以用企业价值链反映出来。价值链是一套分析优势来源的基本工具。价值链在经济活动中是无处不在的，与竞争对手的价值链比较，揭示了决定竞争优势的差异所在。

有两家企业实力相当，于是在市场上免不了竞争和较量，首先两家企业都是暗自发力，打一场营销战，当打得难分高下时，接下来就开始拼价格，在价格上面，考验企业的就是企业的资金优势和成本优势，在这场比较中，很可能有一个企业就要在竞争中死去，但如果没有，他们可能又要回到理性竞争中来，开始拼科技研发，进行产品更新换代，看谁能研发出更好的产品，以占领市场份额。这个时候谁慢一步，谁就会落后。接下来就是重新开始这个循环。

在这个竞争循环中，企业的较量并不是某一个方面的较量，比的是企业综合竞争优势，除了表面，还有背后的物流、管理、人才等各个方面的较量。由此可见，竞争优势来自价值链上的每一项活动，价值链上的每一项价值活动都会对企业最终能够实现多大的价值造成影响。整个价值链的综合竞争力决定企业的竞争力。

资源整合的目的就是使企业在价值链的各个环节上更有优势。现在，随着知识经济社会的到来，商业运营环境已经发生了很大变化，企业要发展，要想在新的竞争形势下获得胜利，就必须对当今的市场环境和营销环境有一个清楚的认识，不仅要做到战术得当、战略正确，还要善于整合各种利己的资源，充分发挥资源的效用，向资源要效益，使价值链上的每一个环节都极为出色。这样，企业才能确保持续领先。

专注的态度更重要

· 今日茶点

一个优秀的管理者必须对自己的企业未来有一个目标，在追逐目标的过程中，尽管资源、技能、经验、机遇等各种因素很重要，但专注于目标的态度更重要。

在军事战场上，每一场战争都要集中兵力。这种作战思想同样适用于商界，对于企业而言，不要分散自己的精力，而应该在专注上下功夫。

"李宁"是中国著名的运动品牌之一。到 2002 年底，经过 10 多年的经营与市场竞争，李宁公司已经取得了显著的业绩，但也存在不少问题，因此请来 IBM 的战略咨询团队。

IBM 分析认为，"李宁"借中国改革开放、振兴民族产业的历史性契机，完成了"第一攻击波造牌"，先发优势明显：品牌认知度远高于国内其他品牌，甚至高于耐克和阿迪达斯；产品的综合表现得到广泛认可；沟通成本相对低；以"中国第一家民族品牌"身份抢先建立了与政府和公众的良好关系；专业运动属性有良好基础：创业者本人是专业运动员（自然品牌联想），国家专业运动队赞助活动起步早，国内唯一有潜力以专业属性（单项运动）带动综合性的品牌。

这在理论上来说，"李宁"有了先发优势，抢占市场后，后继竞争者要以成倍的投入来追赶，才能取得"李宁"今天的成绩。但拿"李宁"的专卖店与耐克、阿迪达斯对比，会感觉到"李宁"的专卖店缺少一种气氛，让人觉得不知道在表现什么。而在耐克、阿迪达斯的专卖店里弥漫着一种运动、时尚的味道。另外，李宁公司这么多年虽然做了许多体育赞助活动，但这些体育赞助活动的效率并不是很高。"不做中国的耐克，要做世界的李宁"，这样的口号还是太虚，并不能成为公司的发展战略，公司必须要明确制定自己的发展战略，才能形成有效的突破。

因此，基于对李宁公司问题分析以及"李宁"优势的分析，IBM 认为，"李宁"必须在业务发展方向有所舍弃，应当聚焦资源，将原来"李宁"的品牌优势放大。"李宁"需要把体育专业化作为自己的发展战略。李宁公司欣然同意了这一提议。

有了战略方向感的"李宁"，在 10 多年前积累的基础上，开始将自己的战术活动一致性。"李宁"原来的情况是，核心消费群老化，产品定位偏向休闲，缺乏专业运动属性，亲和力作为品牌个性没有迎合和满足年轻消费者诉求，营销推广以传统媒体和情感型广告方式为主。改进的方向是定位 15～25 岁的年轻消费者，淡化对产品休闲性的宣传和推广；塑造专业运动用品形象，塑造运动的、个性的、成功的品牌个性，采用合适的体育代言人，中短期内以产品功能型广告为主，辅以情感型广告，加大运动营销投入。

以此策略为指导，2003 年 2 月，李宁公司与中国"足球先生"李铁签约，双方共同致力于专业足球产品的开发，标志着李宁公司已走向专业足球领域。2004 年 2 月，第一款"李宁"牌专为足球明星李铁设计之"Tie"专业系列足球鞋问世；2004 年 9 月，第一款"李宁"牌专业篮球鞋 Freejumper 问世，标志着"李宁"进入专业篮球产品领域。截止到 2004 年底，李宁公司成功进入了不同体育类别之新型专门鞋类系列，如足球、篮球、网球、跑步及健身等。

同时，在广告方面，"李宁"推出了针对提升大众对"李宁"牌运动产品及新型鞋系列的功能性广告，2004 年 4 月推出以"李宁带给中国运动飞的力量"为主题之全新广告系列及"一切皆有可能"的品牌理念，这一切在中国市场都取得了令人鼓舞的市场反应。

另外，"李宁"开始了对渠道的调整，李宁公司除了要求经销商必须开专卖店以外，还花大力气为经销商做培训，为经销商培养合格的店长。到 2004 年底，"李宁"的店铺总数量达 2887 间，其中，特许经销商经营零售门市 2526 间，自营零售店 120 间和自营特约专柜 241 间。此外，在北京及上海的黄金地段开设了三间店面较大、陈列及装修现代化的"旗舰店"。而到 2005 年，这些店面的形象已经进行了第四次升级，以符合新的发展潮流。

市场是最好的检验者，2002 年李宁公司营业额达到约 9.58 亿元人民币，2003 年达到 12.76 亿元人民币，2004 年为 18.78 亿元，较上年大幅上升 47.2%，纯利上升 42.0%，而 2005 年，"李宁"的营业额突破了 20 亿元。我们看到，"李宁"自 2002 年底确定专业化发展战略，短短的两年多时间，便取得了快速发展。

这就是专注激发出来的力量。单独狩猎的豹子成功率堪比结群出动的狮子；一个成功的王牌狙击手百步穿杨，弹无虚发；千里之外的鸽子放飞后也能安全地回到故乡……这些让人惊叹的奇迹背后无不包含着对目标的绝对专注。企业管理者应该帮助组织树立起远大的目标，并使组织专注于促进目标的达成。只有这样，企业才能持续成功。

星巴克就是一个很好的例子。星巴克的扩张速度让《财富》《福布斯》等顶级刊物津津乐道，仅仅 20 余年时间，就从小作坊变成在 37 个国家有 11000 多家连锁店的企业。

霍华德·舒尔茨是怎么创造星巴克奇迹的呢？

舒尔茨这样回忆他初次来到星巴克的感觉："我来到这里，首先闻到了咖啡的芬芳，完全是原汁原味的那种。我感觉它就像未成品的钻石，而我则有能力把它切磨成璀璨的珠宝。"美妙的感觉使舒尔茨决定，自己今后的一生都要和咖啡打交道。1982 年，舒尔茨毅然辞去年薪 7.5 万美元的职位，加入星巴克担任营销总监。

一年以后，舒尔茨去米兰出差，这成为他人生中的又一个转折点。一次，他走入一家咖啡吧喝意大利香奶咖啡，产生了再造星巴克的灵感："原来放松的气氛、交谊的空间、心情的转换，才是咖啡馆真正吸引顾客一来再来的精髓。大家要的不是喝一杯咖啡，而是渴望享受咖啡的时刻。"

舒尔茨认为星巴克的产品除了咖啡，还应该有咖啡店的体验。但星巴克的创始人对舒尔茨的想法嗤之以鼻。舒尔茨没有放弃，两年后，他终于募集到了足够的风险资金，买下了星巴克的全部股份。

于是，他在美国推行了一种全新的"咖啡生活"："顾客心中第一个是家，第二个是办公室，而星巴克则介于两者之间。在这里待着，让人感到舒适、安全和家的温馨。"

从此，舒尔茨就专注于培养星巴克独特氛围的塑造。经过 20 年的努力，星巴克成功地创立了一种以创造"星巴克体验"为特点的"咖啡宗教"。人们来到星巴克，可以摆脱繁忙的工作，稍事休息，或是约会。人们每次光顾咖啡店都能得到精神上的放松或情感上的愉悦，星巴克成为人们除家之外最愿意待的场所。

企业发展需要专注，三心二意的企业不可能获得非凡成就。一个优秀的管理者必须对自己的企业未来有一个规划蓝图，这个蓝图就是目标，在追逐目标的过程中，尽管资源、技能、经验、机遇等各种因素很重要，但专注于目标的态度更重要。这是因为专注是最为便捷的途径。只有专注，企业才能在某一领域深耕细作，才能比对手更出色，才能获得持续成功。

出人意料以奇制胜

胜利来自出其不意。最高明的行动，是别人想象不到的行动；最高明的策略，是出奇的策略。

孙子说："攻其无备，出其不意。"这句话的核心在"奇"，关键是"创"。它要利用对方惯性思维的弱点，捕捉对方的思想空隙，突破人们思维的常规、常法和常识，反常用兵，出奇制胜。

日本的东芝电气公司1952年前后曾一度积压了大量的电扇卖不出去，7万名员工为了打开销路，想尽办法，依然进展不大。

有一天，一个小员工向当时的董事长石板提出了改变电扇颜色的建议。在当时，全世界的电扇都是黑色的，东芝公司生产的电扇自然也不例外。这个小员工建议把黑色改成浅色。这一建议立即引起了石板董事长的重视。

经过研究，公司采纳了这个建议。第二年夏天，东芝公司推出了一批浅蓝色电扇，大受顾客欢迎，市场上甚至还掀起了一阵抢购热潮，几十万台电扇在几个月内一销而空。从此以后，在日本以及全世界，电扇就不再是一副统一的黑色面孔了。

市场上没有永远的强者，也没有永远的淡季。管理者只要善于给自己"换脑"，让自己的思维灵活、思路畅通，就能够找到拓展市场的好办法。"只有淡季的思想，没有淡季的市场"。在善于"换脑"的人眼中，不存在"不能做"的市场，即使开拓市场比较难，他们也一定能在困难中找到突破的基点，运用灵活的思维和方法去打开市场，去赢得市场。

聪明的人都不喜欢与别人同食一碗饭，他们的高明之处就在于能够把小机会变成大机会，把大机会变成更大的机会。他们不随大流，眼光独到，另辟蹊径，在别人还"没睡醒"时早已把赚来的钱塞进自己的口袋里。

20世纪90年代中期，牛根生是伊利的一名员工。那时，伊利推出了冰淇淋新品"苦咖啡"。有位地位显赫的女士来伊利参观。这位女士有糖尿病，按理说不能吃甜食，但尝了"苦咖啡"后，连声说好，又要了第二根。

当时，牛根生正在内蒙古工学院学计算机，周围都是些爱吃雪糕的女孩，但问起"苦咖啡"，谁都不知道。

在把这两件事联系在一起后，牛根生不禁想：连糖尿病人都忍不住连吃两根"苦咖啡"，我们却把它"藏在深闺人不知"，这怎么行呢？

按惯例，冬季是冰淇淋业的淡季，但牛根生却把工人召集到一起：咱们今年冬天做一次营销——让人们在大冬天里吃雪糕！这就是企业要勇于创新，想前人之不敢想、做前人之不敢做。

经商定，伊利首先在呼和浩特与包头两个市做试点。

当时的广告创意是：一个天真可爱的小男孩手持"苦咖啡"，初咬一口，眉关紧锁——苦！越吃越香，露出灿烂的笑容——甜！话外音："苦苦的追求，甜甜的享受！"

一句广告语赋予了"苦咖啡"无限的联想，后来还成为公司的经营理念之一。

在当时，牛根生采取了国内从未有过的宣传策略：只要有广告时段，就加入"苦咖啡"广告，以达到"无孔不入，无人不知"的目的。这种"高密度、全覆盖广告法"赢得了立竿见影的宣传效果。

1996年12月，呼和浩特和包头两市满大街都是"苦咖啡"，"淡季"变成了"旺季"。事实证明，牛根生是对的。"高密度、全覆盖"的宣传策略，让"苦咖啡风暴"跳出了区域市场，"刮"向了全国。

1996年，"伊利雪糕进军亚特兰大奥运会"的事件让伊利的形象广告首次走入了中央电视台。1997年，"苦咖啡风暴"又让伊利的产品广告首次登陆中央电视台。

1997年一年，"苦咖啡"单品销量创纪录地突破3亿元！

牛根生的梦想终于实现了：伊利雪糕借助"苦咖啡风暴"迅速风靡全国，销售额由1987年的15万元增长为1997年的7亿元，被誉为"中国冰淇淋大王"。

牛根生做了一次突破性的举动，让人们在冬天里吃雪糕。伊利推出的轮番广告攻势，使呼和浩特和包头的冬天充满了"苦咖啡"的味道。在冰淇淋业的淡季推出新的产品，在对手放假休息时率先抢占市场。当夏季到来，冰淇淋业的旺季再一次来临时，"苦苦的追求，甜甜的享受"已深入人心。牛根生的这种创新手法不可不称为一种成功的市场策略。

做市场，是要讲求手段与策略的。如果一味跟随别人的步伐，而没有丝毫的创新，市场只能越做越小、越做越死。有时，一点小小的创意、一个小小的变化，便可以改变产品的市场格局。

卖冰激凌在冬天开业，这是一个一般人所不敢有的想法，牛根生却使它成为现实，并创造了 3 亿元的效益神话，显而易见，牛根生之所以取得如此惊人的成绩，正是由于他想别人没想的东西，走别人没走的路，也正是这一思路支持着牛根生一路走来，支持着他创办了连续 3 年增长速度排列中国第一的蒙牛集团。

胜利来自出其不意。最高明的行动，是别人想象不到的行动；最高明的策略，是出奇的策略。市场的需求是动态变化的，当市场需求出现新的变化，别人尚未想到你先想到；别人尚未看到你先看到；别人看不上眼的事，你能抓住不放，有所创新；别人尚未行动，你捷足先登。这样，你才能收到以奇制胜的效果。否则，跟在别人后面，永远不会有领跑的机会。

在技术上领先对手

· 今日茶点

核心优势就是能将企业的特别能力与顾客所重视的价值有机地结合在一起。

产品竞争主要包括价格和技术两个方面，在利润越来越透明的市场环境中，价格已经不是核心手段；不断的技术创新支持的差异优势，是企业保持长久市场竞争优势的重要途径。因此，企业应把发展更核心的竞争力——技术领先，放在最重要的位置。

1998 年，人们惊诧地发现，北欧国家芬兰有一家名叫诺基亚的公司，其手机销售量超过了全球通信巨无霸摩托罗拉，一跃而成为移动电话制造业中的世界冠军。诺基亚能取得如此辉煌的成就，首先应该归功于时任总裁的乔马·奥利拉。但诺基亚能从生产胶鞋等传统产品转型为一家高科技公司，却不能不提到前任总裁卡瑞·凯雷莫。

1977 年，凯雷莫被任命为诺基亚新总裁，在他的率领下，诺基亚成功地把简陋的无线通信器发展为一种成熟的移动通信系统，也就是早期的大哥大。诺基亚开发出来的大哥大具有许多实用性优点，很受市场的欢迎，成为诺基亚的一个赢利点。

于是，凯雷莫把目光瞄准了当时那些炙手可热的产品——家用电器、计算机、BP 机等，他开始四处扩张，先后购买了德国的电视机生产厂、瑞典的计算机公司、美国的传呼机公司。他的莽撞为诺基亚的发展带来了麻烦，在强大的日本索尼、荷兰飞利浦、美国 IBM 等竞争对手面前，诺基亚节节败退。

更为不利的是，美国通信巨人摩托罗拉只花了很短的时间，就在无线通信技术上后来居上，研制出了第一代手机——模拟机，并大批量生产，使唯一能给诺基亚带来赢利的大哥大产品在市场上处处碰壁，公司业绩下滑，开始亏损。股东们怒气冲冲，不断向凯雷莫施加压力。凯雷莫不堪重负，于 1988 年 12 月 2 日自杀身亡。

1990 年 2 月，诺基亚董事会想把手机生产业务卖掉，他们找来刚刚上任的手机部负责人——38 岁的奥利拉。奥利拉阻止了董事会的决定，在手机研发部的项目档案中，他发现诺基亚有一个没被注意的为 GSM 标准开发相应手机产品的项目。尽管当时 GSM 远不是一个成熟的数字化手机通信标准，但奥利拉顿时凭直觉预见到，它很可能成为继模拟方式之后的第二代手机标准。

1992 年，奥利拉被任命为诺基亚的新任总裁。上任后，他的第一件事就是调兵遣将，他把新生代那些有创造精神并与他同时代进诺基亚的年轻人放在了 GSM 手机研发的位置上。他们全力推进 GSM 通信标准手机的研发和生产，不断扩大诺基亚的技术优势。

1993 年底，局面渐渐明朗，欧洲各国先后开始采用 GSM 数字手机通信标准为新的统一标准。诺基亚趁机把它精心准备的突破性产品——2100 系列手机推向市场。这种手机采用了新潮的数字通信标准，音质清晰而稳定，机身小巧玲珑，大受市场欢迎。

1994 年，诺基亚终于在美国成功上市，吸纳到大量投资。奥利拉乘胜追击，在追求更完美的技术的同时，高举"手机不再是昂贵奢侈品，而是一种时尚装饰物和易用工具"的旗帜，和对手展开了创新速度、设计、价格大赛。凭借领先的技术优势，诺基亚手机平均每隔 35 天就推出一个新品种，并且带动手机价格在数年内一再下跌。至 1998 年，诺基亚取得全面胜利。在全球手机市场份额中，它一举拔得头筹，占 22.5%。

诺基亚的成功说明了技术领先就是企业最大的优势。凯雷莫时代的大哥大，一度在技术上领先于对手，结果这种优势不被重视，很快被摩托罗拉超越；奥利拉没有让这种悲剧重演，在取得领先之后，时时创新，一直保持领先，始终使自己在市场竞争中保持领先地位。企业管理者应该知道，通过技术创新赢得市场地位实际上比防守一个已有的市场地位要稳妥得多。只有技术领先，才可能实现持续领先。

从缝隙中寻找机会

· 今日茶点

日本的柔道大师最善于从对手的自以为是和沾沾自喜中去寻找进攻机会。由此推及商界，优秀的管理者就要善于从缝隙中寻找企业生存之地。

利用别人的优势扩充自己的不足是一种非常高明的战略方式。强势一方并非就是完美无缺的，任何东西都不可能是完美的，任何东西都有缺点，找到了它的缺点就找到了己方的突破口。

因为要从可口可乐手中夺取业已成熟的消费群体，百事可乐付出了极大的代价，包括重新定位品牌、开拓市场、细致的调查以及每年数百万美元的品牌营销费用。但是，如果你比百事可乐还要不幸，被迫要与可口可乐与百事可乐联军对抗，那又该如何做呢？实际上，在开始的时候，七喜汽水就陷入了这个僵局之中。

在如此强大的对手面前，七喜的弱点十分明显。可口可乐与百事可乐的强大之处在哪里呢？就在于这"哥俩儿"代表了可乐，人们想喝可乐基本上只会在这两者之中选其一，而在美国人喝的三瓶饮料中，就有两瓶是可乐，这就是它们的强大之处。

可乐饮料的最独特处就是可乐的主要成分咖啡因，所以联邦法院规定凡称为可乐的品类必须要含有咖啡因。这样一来，七喜的战略就是显而易见的，那就是提供与可口可乐、百事可乐完全相反的东西——不含咖啡因的非可乐。

有趣的是，当初在为七喜设计出这一战略时，七喜还不敢采纳，而是在两年后眼见市场份额流失惨重，被逼无奈，才启动这一战略的。虽然错过了最佳的战机，该战略却仍然不失其威力。七喜汽水不但凭此大量收复失地，居然还一举拿下美国饮料第三品牌的宝座，仅次于可口可乐与百事可乐。

更有趣的是，七喜的这个战略打得可口可乐与百事可乐阵脚大乱，也顾不得联邦法院的规定了，慌忙推出了自己的"不含咖啡因的可乐"。

在这个大鱼吃小鱼、小鱼吃虾米的社会大环境里，很多刚起步的小企业其实就处在一个"虾米"的位置，处于食物链的最底层，不仅势单力薄，还很容易被吃掉。为了避免过多的风险，小企业利用大企业的优势存活下来不失为一种有效的战略。

所有企业都有自己的优势和劣势，但凡事没有绝对，以弱胜强的例子也很多，关键还是在于你是否能够依据双方或者多方的形势进行优劣势的有效转换，从对方的优势中寻找到自己生存的缝隙。

避开最短的那块木板

· 今日茶点

企业要常问自己的两个问题是：哪些是我们做得最好的事情？哪些是我们做得不好的事情？言外之意，管理者在经营企业过程中要学会扬长避短。

众所周知，一只木桶盛水的多少，并不取决于桶壁上最高的那块木板，而恰恰取决于桶壁上最短的那块木板。人们把这一规律总结成为"木桶定律"或"木桶理论"。

根据这一核心内容，"木桶定律"还有三个推论：其一，只有当桶壁上的所有木板都一样高时，木桶才能盛满水；只要这个木桶里有一块不够高度，木桶里的水就不可能是满的；其二，比最低木板高的所有木板的高出部分是没有意义的，高得越多，浪费就越大；其三，要想提高木桶的容量，应该设法加高最低木板的高度，这是最有效也是唯一的途径。

对一个企业来说，构成企业的各个部分往往是参差不齐的，而劣质的部分往往又决定了整个企业组织的水平。"最短的木板"与"最劣质的部分"都是企业系统中有用的一部分，只不过比其他部分稍差一些，并不能把它们当作累赘扔掉。因此，经营企业的真正意义就是扬长避短。

聪明的管理者总是能够适宜地承认对手的长处。2000年9月，蒙牛在和林生产基地竖起一块巨大的广告牌，广告画面呈现的是万马奔腾的景象，场面非常壮观。上面写着"为内蒙古喝彩"，下注：千里草原腾起伊利集团、兴发集团、蒙牛乳业，塞外明珠耀照宁城集团、仕奇集团，河套峥嵘蒙古王，高原独秀鄂尔多斯，西部骄子兆君羊绒……我们为内蒙古喝彩，让内蒙古腾飞。

蒙牛把竞争对手伊利集团排在广告牌的首位，自己却委身中流，这种谦虚的态度减轻了来自各竞争对手的压力。同时，蒙牛的这种宣传策略也使自己与知名乳业品牌并列同一阵营，沾了知名乳业品牌的光。这种跟随市场老大的策略在国外已有先例。

20世纪50年代末期，美国的佛雷化妆品公司几乎独占了黑人化妆品市场，同类厂家始终无法动摇其霸主地位。佛雷公司有一名推销员乔治·约翰逊邀集了三个伙伴自立门户经营黑人化妆品。伙伴们对这样的创业举动表示怀疑，因为他们的实力过于弱小，这像是拿鸡蛋往石头上碰。

约翰逊说：我并不想挑战佛雷公司，我们只要能从佛雷公司分得一杯羹就能受用不尽了。当化妆品生产出来后，约翰逊就在广告宣传中用了经过深思熟虑的一句话："黑人兄弟姐妹们！当你用过佛雷公司的产品化妆之后，再擦上一次约翰逊的粉质膏，将会收到意想不到的效果！"这则广告貌似推崇佛雷的产品，其实质是推销约翰逊的产品。通过将自己的化妆品同佛雷公司的畅销化妆品排在一起，消费者自然而然地接受了约翰逊粉质膏，公司的生意蒸蒸日上，最终它取代了原先霸主的市场地位。

扬长避短是管理者带领企业面向市场的竞争策略。在企业内部，管理者同样需要在短板上下功夫。任何一个系统，都不可能是尽善尽美的，都或多或少地存在着某些"短处"，对于这些"短处"有些管理者往往将其捂在内部，藏起来，冷处理，如此下去，"短处"势必会掩盖住"长处"，成为危及整个系统的"炸弹"。

正所谓"人无完人"，对于这些薄弱环节，企业管理者不能视而不见，一方面要对短板进行强化和提升，另一方面要使短板对企业的影响不断弱化，从而使长处更为突出。这样，企业才能始终以强大的竞争能力面对市场。

不断追求下一座山峰

· 今日茶点

任何一家成功的企业除在一个领域内做得极端出色外，还要精通其他的知识领域。并且要习惯忽略已经取得的成就，追求还未攀登的高峰。

2007年5月9日，为期两天的惠普全球移动技术峰会在上海揭幕。惠普信息产品及商用渠道集团高级执行副总裁Todd Bradley在致辞中表示，惠普的目标就是成为全球领先者，"在所在的领域都要成为领先者"。据介绍，目前惠普在PC、打印机、服务器、工作站等领域都有不俗的业绩表现。

与惠普一样，在各个领域成为领先者的还有微软。2009年11月23日，由微软亚洲研究院和上海交大联合主办的第三届"微软亚洲研究院联合实验室"研讨会举行。在此之前，微软亚洲研究院已与中国内地及香港地区的 10 所高校建立了多个领域的联合实验室，其中 8 个已通过教育部审批，被纳入"教育部重点实验室"管理体系。

这些分布在各高校的微软亚洲研究院联合实验室会聚了计算机研究领域的 50 余位学术带头人和专家，开展了近 200 个合作项目，发表高水平学术论文 1000 多篇，研究院与高校联合培养的学生超过 1000 名。这些联合实验室在视频动画、语音表情驱动、可视计算、互联网挖掘与搜索等领域取得了突出成果。

作为世界上最为重要的电信设备供应商之一，华为集团取得的成绩已令很多同行企业难以望其项背。在华为集团，48% 的员工从事研发工作，截至 2008 年 6 月，华为已累计申请专利超过 29666 件，连续数年成为中国申请专利最多的单位。华为技术有限公司加入了 ITU、3GPP、IEEE、IETF、ETSI、OMA、TMF、FSAN 和 DSLF 等 70 个国际标准组织。华为担任 ITU-T SG11 组副主席、3GPP SA5 主席、RAN2/CT1 副主席、3GPP2 TSG-C WG2/WG3 副主席、TSG-A WG2 副主席、ITU-R WP8F 技术组主席、OMA GS/DM/MCC/POC 副主席、IEEE CaG Board 成员等职位。

华为持之以恒对标准和专利进行投入，掌握未来技术的制高点。在 3GPP 基础专利中，华为占 7%，居全球第五。2008 年 2 月 21 日，据世界知识产权组织（WIPO）报道，华为 2007 年 PCT 国际专利申请数达到 1365 件，位居世界第四，较前一年上升 9 位。前三名的企业分别是松下、飞利浦和西门子。

华为总裁任正非要求华为突破对单个产品的迷信和依赖，能够为客户提供"整体产品"。在 2006 年的北京国际通信展上，华为重点展示涵盖移动产品、固定网络产品、光网络产品、数据产品领域、无线终端产品、数据产品领域、业务与软件等全面的系列产品及解决方案。产品的深度延伸，使得华为的市场空间进一步扩大。

只精通一种技术是远远不够的。任正非提出的整体产品思想，就是要求华为不仅要在一个产品领域领先，还要在多个产品领域内领先。在这种思想的背后，是任正非的忧患意识：尽管华为拥有很多在国际市场上具有很强号召力的产品，但如果华为对这些产品产生依赖，那么华为能够持续领先吗？答案显然是不能。忽略已经取得的成就，追求还未攀登的高峰，只有这样，企业才能走在市场的前列。

创新是永恒的核心能力

·今日茶点

　　每个企业都需要一种核心能力，那就是创新。只有不断自我创新才能不断实现自我超越。

　　市场是无情的，落后的企业或者产品只能是被取代。市场就是一头追逐猎物的狮子，成千上万个产品就是成千上万只羊，不想成为市场口中的食物，唯一的出路就是不断提升自己的竞争力。而创新是提升竞争力的最主要的出路。许多成功的企业都通过创新来保持领先，创新是企业的核心能力。

　　美国家乐公司的起家正是因为创新。该公司首创了早餐麦片，在当时引发了消费麦片的潮流。其后，公司以它的质量可靠、供货稳定，在美国市场傲视同行长达20多年，其地位无人匹敌，公司也是大赚特赚。

　　没有想到，家乐公司渐渐沉浸在自己的美梦中而丧失了进取精神。到了20世纪70年代末，人们的消费习惯随着时代的发展起了变化，家乐公司在丰厚利润的掩盖下，没有注意到这种变化，也没有采取措施以适应新的形势。

　　当家乐公司还在万事大吉的神话中睡觉时，它的对手向它发起了进攻。美国的通用磨坊、通用食品等公司做了充分的市场分析，了解了新的消费群、新的消费口味，并有针对性地推出新口味、新品种、多类型的价格便宜的麦片。它们不仅在产品上创新，而且采用了新的宣传方式，大搞促销活动。结果，产品一经推出就大受欢迎，成为市场上的抢手货。

　　在新产品不断推出的时候，家乐公司还是一成不变的老产品。市场是非常残酷的，消费者很容易喜新厌旧，新品给了家乐公司猝不及防的迅猛一击，在毫无准备的情况下，家乐公司的市场占有率从过去的80%以上急剧下降到了38%。

　　美国明尼苏达矿业制造公司，也就是人们常说的3M公司，以其为员工提供创新的环境而著称，走进它总部的创新中心，最吸引人的是橱窗里陈列的各式3M产品。从医药用品、电子零件、电脑配件，到胶布、粘贴纸等日常用品，逾5万种的产品表明，该公司在产品创新方面的强大优势。该公司起初是个名不见经传的小公司，依靠创新精神，成为令人尊敬的"创新之王"。

　　上海家化公司创建于1898年，是中国最早的民族化妆品企业，但在相当长的一段时期中，其总体发展水平十分缓慢。至20世纪80年代初，上海家化仍处于产品能级低、科技投入少和发展后劲不足的状况。改革开放以来，上海家化面对激烈的国内外竞争，进行了一系列管理上的创新，使企业获得了长足发展。

创新使上海家化公司发生了巨大变化。1995 年，公司实现销售收入 7.4 亿元，实现毛利 2.15 亿元，税后利润及提留基金近 5000 万元，在全国近 2000 家化妆品企业中名列第一，如果连同国际十大化妆品公司在中国办的合资或独资企业在内，名列第二，这是一个了不起的成绩。

对于任何企业来说，只有不断自我创新才能不断实现自我超越。著名管理学家詹姆斯·莫尔斯说："可持续竞争的唯一优势来自超越竞争对手的创新能力。"在激烈的市场竞争中，要么革新，不断地再创造；要么停滞不前，走向破产。

·第四章·

营销管理：让客户掏钱变得更主动

谁适合当营销经理

·今日茶点

要想火车跑得快，就必须在火车头上下足功夫。而一个营销团队的火车头，显然是营销经理。管理者必须为团队找到最适合的营销经理。

业务上停滞不前，绝大多数是因为管理不当而非行销手法不好。作为管理者的经理和老板的政策与手段可以激励业务也可以打击业务。如何成为一名杰出的业务经理？如果你去问一名经理，再去问这名经理手下的行销人员，为此，你可能会得到完全不一样的两种答案。

下面归纳出的"业务领导特质"，其来源有三：一是个人经验；二是对50多名业务经理的访谈结果；三是100多名行销人员对"怎样才是一名理想的经理"的回答与结论。以上三者综合起来，构成相当精良的准则。其中有哪些特质你敢说自己具备了，并且可以描述自己管理或领导的方法？如果你是一位行销人员，其中有多少个特质是你希望你的老板或经理能够具备的？下面就是这些问题的答案：

（1）以身作则。不要要求属下做一些连你自己都做不到的事。你不能置身事外。以身作则，不要光靠一张嘴皮子。

（2）养成并维持正面积极的态度。这是你迈向自己成功与下属成功的最大一步。树立快乐的模范，让你的小组能够保持轻松、快乐的气氛。

（3）一起制定与达成目标。不要定口号，要定目标。每周审查他们的进度。

（4）接听业务查询电话。靠着了解客户所需，以及磨炼你的行销技巧，来保持你的领导地位。

（5）与行销人员一起做陌生拜访。经常设身处地为行销人员着想。

（6）接听客户申诉电话。找出客户、公司与行销人员真正的问题症结。打电话给不满的客户并采取实际行动。

（7）打电话给失去的客户。找出你们失去客户的原因。

（8）完成交易后，打电话向客户致谢。这些来自管理阶层的电话，是与客户建立良好关系的开始。

（9）与行销人员一起拜访重要客户。一个月至少进行 10 次业务拜访。

（10）打电话给满意的客户。找出令客户满意的原因，同时了解行销人员的表现与待客能力。

（11）采用以客户为主旨的业务报表而非例行的流水账。报表上应注明行动日期与客户或准客户姓名，如此你才能从报表中看出行销周期。单是知道某人在星期一做了些什么事、星期二做了些什么事，简直就是浪费时间。如果你真的想知道这些，让你的行销人员复印一份日程表，和报表一起送上来，这样你就能看到你的行销人员是多么忙碌、多么有组织能力，或者距离他们的业绩目标有多么近了。

（12）定期检查业务报表。确定你的行销人员不是只把空间填满、让报表好看而已。

（13）要求回馈。来自行销人员、高级管理阶层，以及客户的回馈与建议。

（14）采纳建议。让行销人员知道你在听。这么做可以激发出更多具有建设性的建议，并且提高士气。展示你有改变和发展的能力。

（15）与你的行销人员站在同一阵线。当客户与行销人员产生矛盾时，不要马上责怪你的行销人员，应该表现出你对下属的信心。在听清楚双方说辞之前，不要马上下判断。

（16）经常赞美下属的优点。每次批评一位下属之前，先表扬 10 次他的优点，以支持赞美来引导成功。

（17）鼓励代替谴责。每个人都会犯错，你也会。鼓励与正面的支持比谴责还要能够预防更多错误的发生。当一个好教练，给他们支持。

（18）如果你必须谴责下属，尽量在私底下进行。而且对别人绝口不提此事。

（19）不要偏袒。这会要你的命，扼杀士气，而且可能连累你的爱将。

（20）要振奋人心。传送出鼓舞人心的信息。瞧瞧你的办公室，墙上有令人鼓舞的东西吗？你自己也遵守这些信息吗？还是这些信息只是个空洞的装饰，仍无法提醒你该做的事？

（21）颁发奖品或奖赏给表现杰出者。以激励他工作，提供人人都能赢取的激励。

（22）让你的办公室成为有趣的去处。当行销人员被请去你办公室时，他们会说"噢，糟了"吗？

（23）让大家知道你是个能办成事的人。否则你会不荣耀地成为失职者。

（24）张大眼睛寻找改进或行销的机会。如果你精神抖擞，警觉性高，并且颇有收获，会对你的行销人员起刺激作用。

（25）训练、训练、再训练。每周训练，尽可能参加研讨会，每天学习训练课程的知识，阅读任何与行销和积极态度有关的书籍。还有，不要只训练别人，自己也要接受训练。

（26）降低流动度。如果你的行销人员不断出走，你可能要近一点儿照镜子好好瞧瞧自己：错也许不在他们。

选好你的手下干将

· 今日茶点

强将还须有精兵。营销经理是领导，是管理者，贡献多在战略和战术层面，而一线的战场还需要精兵去打拼，因此选到优秀的一线人员也是营销成功的关键。

营销工作业绩的好坏是由业务人员的销售业绩所决定的。这样，选取一些好的、优秀的业务员就成了整个营销管理工作中的一个关键。一个好的营销人员需要具备哪些特质呢？

（1）相信你的产品。

（2）相信你自己。

（3）调适合宜的步调。

（4）具有幽默感。

（5）要知道：顾客所说的不一定是心里想的。

具备这些基本的特质，再加上以下一些技巧，就容易成为一个杰出的营销人才了。

另外，出色的营销人员必须在以下几方面工作出色：

（1）重访旧客户。所谓80/20的原则，就是有80%的生意是从20%的顾客那儿来的。满意的老主顾当然比较容易再惠顾，这种例子在大小公司里屡见不鲜。现有的老主顾是你最好的营销对象。这原则也适用于个人营销。纽约一位21世纪房地产公司的最佳经纪人，他1/3的业绩是由老顾客带来的。他往往重新拜访曾经向他购屋的老主顾，看看他们现在是否有屋待售。

（2）渐进同化。对方如果对你经销的事物有相当的爱好，推销起来就比较得心应手。卡耐基多年来从事运动竞赛节目的促销，深知若能与对运动竞赛有兴趣的对象谈话，做成生意就容易许多。但是如果对方起初缺乏共鸣，也可以尝试渐进影响，让他受你的热忱感染。

比如说，纽约有一位古董商人就深谙此道。在他的宅邸里，15个房间内都陈设了各式各样、琳琅满目的古董。有人进来，原本只要随意浏览，他却坚持做向导，领他们一间一间地走遍全屋。途中他对每一样物品都提供有趣的解说：物品的出处、设计的巧思，甚至他是怎么样在拍卖时便宜标到的，等等。对每件物品上标示的价格，他却只字不提。谈得越深，你就越沉迷在他珍藏的美妙世界里。

当他一间接着一间，领着访客循原路出去时，每个人都忍不住要驻足停歇，买一两样这些能变成生活中不可或缺的摆设的古董。

（3）以小见大。年轻的管理者在国外的分公司里比较容易施展才干。同样地，营销人员也比较容易在竞争较少的地区里出人头地。有些惊人的业绩是在意想不到的小地方创造出来的。在一个只有18000人的康州小城，叶格之所以成为顶尖的史坦威钢琴代理商之一，就是因为当地居民富有，而他又毫无其他竞争对象。

打高尔夫球就是一个很好的例子。对手弱，你当然容易得胜。也许这样的胜利对高尔夫球赛来说没有多大意思，但在商场上却会让你心满意足。

（4）以退为进。有时直言："这恐怕不适合你的需要，我们以后看看再说。"会令人耳目一新。从长计议，暂时后退要比全速冲撞有时更易成功。顾客不单单会在你说"我们先不看这个吧"的时候信任你，也会在将来你推荐其他产品时，更容易接纳你的意见。

（5）推陈出新。很多营销人员风度翩翩、谈吐得宜，给人极佳的第一印象。但是第二次会面时，他们还是只有一样的老套，让人觉得华而不实而无意亲近。

优秀的营销人员懂得每一次会面都是机会，一定要有些新发展。推销汽车的，不会在顾客第二次上门时，又带他去试车；所要谈及的是配备附件、如何贷款、旧车换新车，等等。如果经销的是大型电脑，不需要再描绘诸般美景，或批评竞争者的产品；所要准备的是一套成本的分析，并带上一两位讲话条理清晰的工程师。

（6）耐心沟通。有人似乎样样精通，活像百科全书。这种人促销的过程好像苏格拉底式的对话或政治上的辩论，直到对方穷于应付、筋疲力尽为止。

优秀的营销人知道此法不通，辩才无碍，在口舌上占上风，并不会让对方心服。顾客在词穷理尽时，常觉懊恼丧气，更不想谈成什么协议。

最好的办法是让对方不知不觉中消除了异议，学着适应对方的看法；或等对方不再一味坚持；或是等下一次机会，在另一个场合，换个方式来沟通。

（7）善始善终。许多管理者在签订完谈判协议之后，总是犯下有开头没结尾的错误。要继续保持联系，看看产品有没有如期交货、服务品质是否优良。

营销管理要集思广益

· 今日茶点

在营销管理中，管理者的个人能力是十分有限的，不可能在各个方面都取得成效。如果想在各方面更有成效，最简单、最直接的方法就是发挥下属人员的智慧。

卡耐基说过："管理者如果仗着职权而不采纳下属的意见，就可能沦为独裁者。"在市场经济发展的今天，寻求新颖的管理服务等方式显得越来越重要。

而如果要达到管理、服务等方式的新颖，只有广纳建议。

在营销管理中，管理者的个人能力是十分有限的，不可能在各个方面都取得成效。如果想在各方面更有成效，最简单、最直接的方法就是发挥下属人员的智慧。

管理者对下属人员的建议反应恰当与否，直接关系到下属人员的积极性、创造性；同时，对下属人员的反应恰当与否，也关系到企业的前途命运。

面对一个新的建议，如果你抵制它、误解它，你失去的不但是建议，而且是成功的机会。

只有给下属以积极的心态，才会促使他们给你提供更多、更好的建议，去参与市场经济的竞争。作为一个管理者，必须正确对待下属的建议。

对一个建议来说，最脆弱的时刻就是当有人称赞它"是个好主意"的时候。

此时，大部分人都在考虑决定自己的态度，究竟是抵制它、误解它、失掉它、忽视它，还是钟爱它。在这个时候采取谨慎的反应可以减少差错。

面对一个好主意，人们首先的反应是排斥它，这个主意如果是别人提出的，则更有甚之。

绝大部分的人都希望有创见的好主意是自己想到的，所以当他们听到新东西，很自然会变得警惕起来。他们会这样想："为什么我没有想到这个？"接下来就会利用自己的借口和自我辩解来攻击这个建议。这是人类的秉性。

有个经理曾建议公司经营所谓的"大学简介"纪录片。

按照这个想法，公司将制作介绍几十个有名的大学的纪录片，然后，他们再将这些纪录片投入市场向那些将要报考大学的学生家长推销。有了这种方法，家长们就可以省去访问学校的费用了。

那些大公司作为高等教育的受惠者也许会争着抢着来赞助这些纪录片的制作呢。从表面上看，这是一个极好的主意。

其中的角色有年轻的学生、富裕的家长，还有那些努力接近他们的公司。除此之外，公司作为电影制片人以及为公司提供营销咨询的特长也得到了发挥。但是，想到过去的经验，要将这些纪录片销到美国每个高中生的手中是不可能的事情。

先不说家长们会不会仅仅根据几十分钟的纪录片来决定 4 万～ 6 万美元的学费投资，首先他们就没有一个经济有效的方法让家长们都得到这些纪录片。

这样一个项目要花很多钱、时间和人力，而等到他们获得报酬的时候（假如有这样的时候），他们辛辛苦苦得来的经验又成为竞争对手们的现成方案。

这样一个建议可能非常好，可是它既无利润，也缺乏自我保护能力。

经过董事会后，认为此建议不可取，就很委婉地回绝了这位经理的建议。

对他们公司而言，在商业界生存意味着时时在冒险与报偿之间取得平衡。

不管一个新建议听起来多么的美妙或者多么糟糕，他们注意的都是将来的结果。

面对一个新建议，人们都是要经过认真考虑才能作出决定。

如果那位经理的建议不经过认真分析，而只是盲目地去投入生产，那后果就可能是白白浪费了时间与精力。但也不能因此打消职员提建议的积极性。

那么，怎样才能做到集思广益呢？下面就是比较常规的做法。

1. 给下属机会

（1）主管人员应放下自己架子。

（2）与下属经常谈话，让他们谈论自己的想法。

（3）鼓励下属提供建议，适当地设置一些奖励措施。

（4）主管人员要愿意听取下属的建议。

2.对下属的建议进行分析

（1）把下属的多个建议进行比较，找出其中最佳的作为计划方案。

（2）召开常务会议，让大家进行讨论。

（3）让下属自己阐述他提此建议的目的以及此建议有何好处。

（4）看此建议是否有利于在市场上参与竞争。

（5）看此建议是否能给企业带来可观的效益，并且这个建议无损企业形象。

3.对下属的态度

（1）对提建议的人员要友好对待，并私下鼓励他继续努力。

（2）不要以个人经验或秉性去对待下属的建议。

（3）采取谨慎的反应态度。

（4）对一些"馊主意"要苛刻地对待。

抓住消费者心理

· 今日茶点

市场调查的目的就是要在市场调查中了解消费者需求，从而在变化万千的市场中把握消费者的消费需求。这样才可以生产出适销的产品，也保证了自己所营销的产品顺利地销售出去。

怎样才能抓住消费者心理呢？首先，我们必须认清消费者一般都有哪些消费心理。

消费者的购买心理，表现在以下方面：

（1）求"实"心理。首先要求商品必须具备实际的使用价值，选购商品时注重商品质量和实际效用，讲求商品适用、耐用，并要求周到的服务。

（2）求"安全"心理。消费者要求在使用商品中，必须保障安全。尤其像食品、饮料、药品、洗涤用品、卫生用品、电器用品和交通工具等，更是要求安全可靠。

（3）"喜新"心理。追求商品的新颖和时髦，注重社会的流行式样。一般消费者都对新产品兴趣浓厚。有些人有求"奇"心理，购买商品喜欢新奇，以引人羡慕。

（4）求"美"心理。爱美是人的一种本能和普遍要求。消费者会因为某种商品形态优美、款式独特、包装精美而产生购买愿望。

（5）求"廉"心理。选购商品讲求经济实惠，对质量相近的商品，一般选购价格较低的。有些消费者则喜欢购买降价处理的商品和折扣商品。

（6）"慕名"心理。一般消费者都喜欢名牌产品，对名牌产品给予很高的信赖感。

（7）"从众"心理。社会风气和周围环境往往会给购买者一种驱动力，使一个人努力想买到别人已拥有的商品。如见了许多人买了一套新家具，也仿效买来。

（8）"偏好"心理。由于个人的情趣和爱好，而形成了对某类商品的特殊爱好。如有的人以精神上求得快乐为主要目的。

（9）"好胜"心理。这种人购买某种商品往往不是由于急切的需要，而是为了赶上或超过他人，以求得心理上的满足。

（10）"疑虑"心理。对某种商品的质量、性能、功效持有怀疑态度，如怕使用不便或不耐用。

（11）"逆反"心理。人们往往对越是禁止的事情，越是感到好奇；越是得不到的东西，也越是向往。如买涨不买落，时尚的流行往往从一端转到另一端。

（12）"颜色倾向"心理。不同的消费者对不同的颜色有不同的指向性和偏爱。因为不同的颜色会使人们产生不同的心理感受、轻重感、距离感和明亮感，还会引起人们不同的联想，使人产生疲劳感或愉悦感等。

（13）"选择"心理。对商品希望得到挑选机会，在购买过程中要求受到尊重，同时有迅速达成交易的求"速"心理。

如何激励渠道成员

· 今日茶点

制造商为保持中间商的积极态度与较高的投入程度，必须对其进行不断的鼓励与支持，促使他们全心全意销售本企业产品。

在产品同质化十分严重的环境背景下，维持企业业绩主要依靠的是企业之间的渠道竞争。如何利用渠道激励策略开发和维护更多的客户，构建以企业为主导的营销价值链，是决定企业能否脱颖而出的核心利器。如何激励渠道成员？需要考虑以下几个方面的问题。

1. 了解中间商的需求

中间商与制造商之间的关系再密切也不是同一个主体。中间商有自己的经营机制与利润目标，在经营中首先要考虑自身利益的实现。希望其完全投入，以制造商政策为准绳，甚至在关键时刻"舍己为人"，这些都不是轻易能够实现的。制造商为保持中间商的积极态度与较高的投入程度，必须不断地对其进行鼓励与支持，促使他们全心全意销售本企业产品。

吸引其进入渠道的条件只是激励的开始，还需要做的主要工作有培训、监督与鼓励。激励方式有正反两种，正面激励方式以奖励为主，如销售奖金、交易折扣折让、销售竞赛等；负面的激励以惩罚为主，如取消其经销权、提高价格、降低信用、减少优惠条件等。

注意，单纯使用这两种激励方式不宜时间太长。其最大缺点是忽视中间商的需要与愿望，完全从制造商的意愿出发，仅仅依据单一的刺激反应模式是盲目与机械的。有经验的制造商的经历告诉我们中间商的需求：

（1）中间商首先是作为顾客的买卖代理商，然后才是制造者的销售代理商，因而他的兴趣主要是希望销售好卖的商品。

（2）中间商希望将商品分组搭配后再出售，因此，他们的努力主要是取得组合货物订单，而不是单一批量的货物。

（3）除非给予激励，否则中间商不会保存任何销售情况信息，更不会将信息反馈给制造商，他们甚至会故意隐瞒信息。

2. 与中间商合作的权利有哪些

在了解了中间商的需求之后，还要认识制造商用以赢得中间商合作的几种权利。这里的权利是指制造商使中间商从事某种工作又不需给予回报的能力，这些权利包括：

（1）胁迫权。在中间商表现不好时，制造商往往以撤回资源或中止关系相威胁。这对于依赖程度较高的中间商影响很大，但只在短期内有效，从长远来看其效果却是最差的。

（2）付酬权。制造商会对中间商从事特定任务而给予额外报酬，其效果好于胁迫权，但从长期看可能使中间商习惯于索要高额报酬，一旦报酬撤销，中间商就会失去积极性。

（3）法定权。制造商利用上下级关系或合同规定，要求中间商执行某项任务，这就是法定的权利。如丰田公司与经销商的合同中就规定，经销商要保持一定的存货水平，只要中间商承认制造商的控制地位，法定权就可以产生。

（4）专家权。如果制造商具备某种专业知识，或销售某种高精技术产品，而中间商缺乏制造商的培训就很难取得经营上的成功，那么，制造商的专家权就产生了。不过随着知识的传授，这种专家权的效力就削弱了，制造商必须不断开发新技术、新产品，以保持对经销商的吸引。

（5）声誉权。像奔驰、可口可乐、IBM 等大企业具有很高的声誉，众多分销商对其怀有深深敬意，并希望成为其流通渠道体系的一员。一旦实现这种愿望，中间商往往会自觉按照其要求行事，这就是声誉权的表现。

3. 怎样使分销商成为合作伙伴

作为一个经验丰富的制造商，必须对分销商有充分的理解和认识，同时声誉权和专家权的使用也不失为一个好的方法。尽量避免使用胁迫权，使分销商体会到制造商的重视与关心，使他们充分认只到制造商在诸多方面需要分销商的配合；同时以专门机构确定分销商需要，制订交易计划，帮助分销商以最佳方式进行经营。

制造商应以这种形式改变分销商的观念，即他们并不是靠替顾客讨价还价获利的，而是因为与制造商处于同一战线、形成营销体系而赚钱的。制造商将分销商转变为业务合作伙伴的目的可以通过以下一系列措施达到：

（1）与分销商的主要管理层保持密切联系。

（2）深入分销商中去，了解它们的经营管理工作。

（3）有固定的时间与良好的机制保证双方定期交流。

（4）定期向分销商进行调查，了解其看法与意见；要求分销商进行自我评价；对分销商的问题及时给出建议。

（5）安排专门营销人员负责各分销商的工作，以保证信息反馈的及时与准确。

调整与修改渠道体系

· 今日茶点

管理者要不断将现有渠道与理想渠道加以比较并以客观的态度面对二者之间的差距，找出需要加以改进的地方和需要努力完善的方面，这就是迈向理想之路。

管理者不能将设计出的方案立即加以实施。因为，一个再好的分销系统由于时过境迁，都不得不进行或多或少的改进与调整，以维持流通体系的竞争优势。

如消费者购买模式发生变化、市场范围扩大、产品不断发展、竞争状况改变、新的分销渠道出现等，特别是在发现产品流通过程确实存在明显问题时，这种调整更加势在必行。

例如，一个电器企业发现其市场份额在不断下降，通过分析，其主要原因是在分销方面发生了许多变化，现有渠道体系已不适用：

（1）名牌电器通过折扣店，销售比例不断增加。

（2）以中间商品牌销售的产品增多。

（3）大量房产商直接从制造商处购买的现象增多。

（4）上门推销及邮购方式被更多地采用。

由此，为了适应环境，企业必须不断地将更多短渠道加入自己的渠道体系中，并减少长渠道。具体调整不是想当然，不通过定量分析根本无从下手。

常用的对流通改进的分析如下：

首先，是流通结构分析。主要探讨分析是否应在流通结构上作适当的调整，以增加渠道成员间的利润。例如，电器制造商决定剔除批发商，直接销货给零售商，以缩短渠道长度的结构就是通过结构分析与市场环境分析而得出的。

其次，是边际分析。即分析增加或减少某一家中间商会对整体销量、利润及成本的影响及变化。

最后，是中间商替换分析。这个阶段的工作主要是分析当由一家中间商取代另一家中间商时所产生的各种影响，包括正面与负面的，同时也要考虑除了销售、利润、成本以外，这种替换对流通体系整体性功能的影响。

进行过分析之后，就可以进行具体调整了，流通渠道修改的方式主要有三种：

（1）增加或减少渠道成员。

（2）增加或减少整条渠道。

（3）建立一个全新的营销流通体系。

第一种方式是经常性的行为，制造商不但要考虑失去某个经销商对销售可能造成的损失，还要考虑其对其他中间商的影响；第二种方式变动较大，可能会造成单位分销成本的上升、生产能力过剩或市场份额减少，对其他中间商造成不安定感；第三种变动可谓伤筋动骨，轻易不宜变动，一旦变动必然产生深远影响。

作为管理者，应该是一个素质全面的人。即使目前营销体系并无明显问题，甚至运行正常时也要主动对现行体系加以完善，使之更加理想。如果发生问题才不得不进行调整，那么管理者只是一台完成任务、解决问题的机器。只有以积极的态度、超前的眼光不断追求更加完善，才是对管理者的高层次要求。而这种理想的流通渠道实际上就是消费者心目中的渠道。

管理者要不断将现有渠道与理想渠道加以比较并以客观的态度面对二者之间的差距，找出需要加以改进的地方和需要努力完善的方面，这就是迈向理想之路。现实中消费者总希望服务越全越好，而管理者不能总想一成不变地对现有渠道体系进行保护，直到不得不加以调整和改变时，才会发现必须付出更多的成本与精力。

定价的策略和方法

· 今日茶点

企业定价的目标是促进销售，获取利润。这要求企业既要考虑成本的补偿，又要考虑消费者对价格的接受能力，从而使定价策略具有买卖双方双向决策的特征。

灵活的定价策略与技巧是将定价理论与实际、科学性与艺术性相结合的体现，它根据不同的消费心理、销售环境、销售规模以及不同的销售方案而灵活地变动价格，是保证企业价格策略成功极为重要的手段。它与其他营销组合因素相互配合，给企业打入与占领市场创造了条件。定价策略主要有以下几类。

1. 阶段定价策略

阶段定价策略是根据产品生命周期各阶段不同特征与市场环境，采用不同定价的策略：

（1）产品导入期策略。在产品导入期，消费者对产品不了解，竞争对手不多，需要大力推广开发。此阶段可使用三种策略：

①去脂价格策略。以高价位投放市场获取大量利润，目的在于利用领先地位在短期收回固定成本，并迅速获利；一旦竞争加剧立即降价，开拓新市场。销售对象主要是收入较高、求新心理强的消费者。

②渗透定价策略。指用低价位将产品推向市场，然后逐步渗透，占领一定市场份额后再将价位提高的策略。这是一种薄利多销的稳健型策略，有利于企业长远发展。

③满意定价策略。在大多数产品的导入期均采用此种策略。将价格定位于去脂与渗透之间，使买卖双方都满意，比较稳妥，但过于保守，不适用于市场竞争激烈、情况多变的环境。

（2）产品成长期策略。在市场迅速扩大，竞争加剧时期，企业定价应以稳为主。可保持投入期价格，也可采用投资收益率定价法（见前述），但不可降价倾销，要注意树立产品的优良形象。

（3）产品成熟期策略。这是竞争最为激烈的阶段，企业想继续保持利润率与销售量的增长并非易事。此阶段，企业一般采用竞争导向定价方法，主动变价，可适当降价。主要目的是抵制竞争者冲击，保证销售量，适应竞争。

（4）产品衰退期策略。产品趋于"退役"，定价目标主要是最大限度回收资金。企业在此阶段有三种策略可以选择：

①驱逐法。指企业大幅度降低价格，倾销商品，尽量将竞争对手挤出市场并占领其份额。这种方法可延长企业产品寿命，回收资金，准备转产。

②维持法。指企业维持原价不变并尽量延长产品生命周期，维持产品在消费者心目中的形象。

③重塑法。如果产品出现再循环，或因竞争者退出而造成市场份额扩大时，企业可以根据需求，配合其他营销策略给产品重新定价。

采用阶段价格策略，需要企业管理者正确认清和划分企业产品生命周期各阶段并及时采取相应策略，超前或滞后都会带来不必要的麻烦。

2. 产品组合定价策略

企业对相关产品定价时要充分考虑各产品之间的联系，以确定各产品之间在价格方面相互协调的策略，主要介绍以下四种。

（1）替代品定价策略

企业在生产相近可替代产品的定价问题上必须谨慎行事，切莫乱定价，否则企业将要吞下自我竞争的恶果。企业可以抬高畅销品的价格，降低滞销品价格，使销售趋向向后者转移，二者同时发展；也可以抬高将要被淘汰产品的价格，降低处于发展期的产品价格，以考虑长远利益。总之，替代品价格的确定要为企业整体战略服务。

（2）互补品定价策略

互相配套使用产品的定价又不同了。二者之间的销售互相推动而非制约。企业应该审时度势地降低购买频率低、利润低的产品价格而提高购买频率高、利润大的互补品。虽然降价产品赢利少甚至亏本，但企业总体利润仍可以实现。这种策略的采用者必须以名牌产品为后盾，否则只会给竞争对手提供机会。

（3）成套定价策略

企业可以将不同产品组合成套进行定价，定价通常低于单项购买费用之和，这种策略要考虑产品间的搭配协调，并能给用户提供方便。"强行搭配"可能会引起一系列的副作用，所以管理者在定价方面的降幅必须大，这样才能刺激用户的购买欲望。

（4）产品线定价策略

企业必须对整条产品线中所有项目的价格全面考虑，个别产品价格要比照其在产品线中的地位制定。这种策略要求产品间差异明显且相应价格差异与之相适宜，档次划分不宜过多而繁复，档次之间价格差异不可过大，这样就不会失去一大批"中间"消费者。

3. 心理定价策略

分析消费者心理是市场营销理论的基础，在定价过程中，如果能将一些用户心理因素考虑在内，往往可以收到出乎意料的效果。

4. 整数定价策略

即企业将产品价格定为整数，不留余数的策略。其目的是增强价格明朗性，使价格上一个档次，满足用户求好、求名、求高档消费的心理，不但树立产品良好形象，还能获得高额利润。这种策略主要适用于高档耐用消费品及廉价品。

5. 尾数定价策略

与整数定价相反，价格保留尾数，采用零头标价，使价位保持低档次，不突破心理上高低档的界限。这种策略给人以便宜感与依赖感，满足消费者求实惠的心理，适用于生活日用品定价，高档产品与名牌产品不宜选用。

6. 声望定价策略

许多企业可以利用自身业已形成的知名度和名牌效益，将价位定得高一些，甚至有时还可以使自己的产品"价"高于"质"。许多消费者坚持"价优质高"是名牌、高档品的特征，因而更注重名牌效应，心甘情愿花高价购买，以炫耀自己的身份和地位，这是产品声望的效用。

7. 牺牲品定价策略

这种策略也叫特价优惠策略，多用于商品品种齐全，而其中又有知名或销路广的领袖产品的企业。这种企业可将几种引人注意的领袖产品有意识地降价，使消费者产生企业产品"普遍便宜"的心理，同时连带购买企业其他产品。降价产品即"牺牲品"，其损失将从其他产品销售量的上升中得以弥补。这种牺牲品必须是销量较大、用户经常购买的商品。优惠不能滥用，要充分控制。即使要使用也必须是在取得消费者信任的情况下，才能使用该策略。

8. 折扣定价策略

如果在保证基本定价的情况下，恰当地应用打折形成的灵活售价，那么企业就可以扩大自身的销售量，争取到更多的客户群体：

（1）现金折扣。资金周转率的快慢，对企业经营的影响很大，而在当今大批量购买中往往有购买行为与支付行为脱节的现象。为了鼓励购买者按期或提前付款，企业对其给予一定价格折扣，以减少企业利率风险。折扣的多少一般根据付款期间的利息和风险成本等因素确定。

（2）数量折扣这种减价方式一般面向大量的购买顾客。我们可以在许多大型的购物商场看到这种情况。数量折扣可以针对一次购买量，也可以针对一段时间内累积量，折扣必须小于大量购买节省的成本或取得的利润。这种数量折扣可以刺激顾客在某一特定销售地点更多地购买。

（3）季节折扣。企业对在淡季购买商品或购买已过季商品的用户提供减价，以鼓励分销商及消费者在淡季的购买，减少产品的积压，节省仓储费用，以利于产品的四季平衡生产。

（4）以旧折价。"以旧换新"是各企业普遍采用的折让方式，如电冰箱、汽车、洗衣机等商品的购买可用旧产品折部分货款。这样可以鼓励消费者用竞争对手的品牌换取自己急于推出的产品，从而增加市场占有份额。

事实上，众多的企业本身是不想调整自己的价格的，只是迫于同行的竞争才采取被迫行为。因为他们知道，同样质量的产品，由于价格低就可能迅速占领市场，从而压缩自己的市场份额。针对竞争对手的竞争，营销管理者可以考虑以下几种对策。

1. 维持原价，提高质量

企业通过改进产品与服务，强调与对手的低价产品相比，自己的产品质量形象更高，同时体现出本企业的自信态度与大家风范。而提高质量本身并不增加成本，反而有利于成本的下降。

2. 降低价格

如果市场对价格弹性反应很大而企业又可以降低成本，则可以考虑同样降价，以牙还牙。降低价格时要尽量维持产品质量，即使这样也不能避免长期市场份额的损失，因此，这种策略只是权宜之策，并非长久之计。

3. 改进质量，提高价格

企业这样做等于强化与竞争对手产品的差异，从而使对手的进攻无的放矢。

企业突出与对手的产品"不在同一档次"，为自己塑造了更好的形象。

4. 推出低价进攻性产品

推出低价进攻性产品是最佳反应之一。它可以增加低价产品或另创低价品牌与对手对攻，而不影响主要产品。低价产品质量不必要求过高，因为对价格十分敏感的市场不会对质量作出过大反应。

管理者在对竞争者的价格竞争作出反应时常犯的两种错误：一是反应过缓。另一错误是反应过速。作为对市场反应确实要及时迅速，但仍要以客观的预测分析为基础，了解对手的真正用意才能作出相应的对策。在没有弄清对手真实意图之前，就轻易作出决定，或者对对方的动作过于敏感，都可能使营销管理者陷于迷惑之中，还可能中对手的埋伏。

进行有效的价格管理

· 今日茶点

建立在合理成本、利润基础上的价格，是不存在讨价还价的问题的。因此在面对杀价要求时，绝不降价。只有在降低成本、保持合理利润的前提下，才可以答应降价的要求。

在激烈的市场竞争中，价格往往成为焦点。因此，商家便多在价格上做文章，或是降价销售，或是低价大甩卖；批发商和经销商也会经常对制造商提出降价的要求。

建立在合理成本、利润基础上的价格，是不存在讨价还价的问题的。如此而面对杀价要求，绝不降价。只有在降低成本、保持合理利润的前提下，才可以答应降价的要求。

面对这些问题，营销大师卡耐基是如何处理的呢？他有何秘诀？对于价格，卡耐基有两条基本的信念：一是物价越低，才越能刺激消费，从而反作用于生产，进一步降低价格。这是卡耐基终身遵循的；二是价格是一个综合指数，包括成本，也包括服务、利润，等等，合理的定价是不应该随意变动的。

基于上述信念，卡耐基在生产中尽可能降低成本，以低廉的价格出售；另一方面，在市场上不随意减价。这就是说，卡耐基降价的功夫是在工厂里就做足了的，这是降价的秘诀。那么，卡耐基不降价的秘诀又是什么呢？

第一，纠正错误行情。卡耐基在技术力量薄弱的情况下，很快就制造出了新产品，面对这种新产品的销售，卡耐基要求其定价要比市场上销售的货品高一些。他认为，有些商人为新产品一开始就减价的做法并不可取。他以大家都是商人的立场剖析产品的价格成分，指出其合理性，请求推销商帮助，以图共存共荣。在卡耐基劝说下，推销商们当然是深明其理的，况且这里也有自己销售利润的问题。这样，大家就接受了卡耐基的价格，结果很好。

第二，击败杀价高手。卡耐基在创业初期，推销商品时，价格问题常常成为争论的中心，卡耐基经常碰到"杀价高手"。有一位杀价高手很厉害，你越说利润薄、生意难做，他就越是拼命杀价。就在卡耐基将要认输的时候，他面前浮现出了工厂里挥汗劳作的员工的形象。于是把工厂的情形和对方说了："大家都是这样挥汗劳作的，好不容易才生产出这样的货品，价格也合理。如果再杀价，那生意就没法做了。"就这样，对方同意了。于是，这笔交易也就做成了。

卡耐基的条件是不立刻就否定大杀价。有时候，价格可能合理，但与购买能力脱节，就不应该一概而论地否定大杀价了。一次，一位经销商要求用低于现价1/3的价格进货。后来得知对方是以世界标准和购买能力来要求降价的，卡耐基没有立即否决他的要求，而是希望对方先以原价销售，给自己一定的时间改良产品，然后以对方要求的价格交易。如此，对方接受了这种暂时的价格，卡耐基命令加紧电器改良进程。最后，卡耐基说："不要把降价要求当作荒唐的无稽之谈，不妨检讨一下看看。如果对方拿世界标准的价格来杀价，不可以认为这是无理取闹，而必须从所有的角度来研究其可行性。"

价格是市场最敏感、最活跃的神经，价格也是给对手致命一击最直接、最重要的市场武器。但是，就好像潘多拉盒子一样，价格也是一个魔鬼，最容易使我们的市场出现爆炸性溃败。管理市场价格对营销组织来说是考验其市场判断能力的一个重要标志。

用诚实赢得顾客

· 今日茶点

"西洋镜一旦被捅破，倒霉的还是自己。"而真正聪明的经营者都明白，办商业靠的是信誉，以诚待客客自来，顾客的信任才是企业生存的基础。

信誉是商业道德之本，竞争取胜之道，提高经济效益之宝。在市场经济中，我们一定要明确经营方向，树立"消费者第一""顾客至上"的服务观念，在经营活动中，要努力建立和保持崇高的商业信誉，自觉地养成诚实经营的职业思想和职业行为习惯。

人的个性千差万别，有的含蓄、深沉，有的活泼、随和，有的坦率、耿直。含蓄、深沉者可以表现出朴实、端庄的美，活泼、随和者可以表现出热诚、活泼的美，坦率、耿直者也有透明、纯真之美。人生纯朴的美是多姿多彩的。在各种美的个性之中，有一种共同的品性，就是真诚。

这里所说的真诚就是心术正，表里如一；对人坦率正直，以诚相见。应该说，真诚是人生的命脉。做人失去真诚，不仅会失去别人信任，而且也会失去自信。真诚首先是人的内在素质中的道德品性，最根本的要求是心正、意诚、做事正派，忠于自己应负的社会责任，坚持真理和正义的原则。

这里强调了为人真诚的一个基本要求，就是具有社会责任感，忠于自己的社会责任。没有社会责任感，不忠于自己应负的社会责任，就不会有真诚。真诚固然要自我坦白，自己对得起自己，但它必须首先肯定自己的社会责任，在自我与社会、他人的关系中，自见其真诚。

真诚不是天生的，没有所谓"自明诚"的天性。真诚只能是后天的，在社会关系及其所要求的责任中，养成真诚的品格，即所谓"自明诚"，"明则诚"。因此，真诚不但要求一个人明确自己的社会责任，更要用自我牺牲的精神去履行自己的责任。从这个意义上说，否认自己应负的社会责任，只求洁身自好，恰恰表现出脱离人生，这是十足的虚伪。

不同的环境条件下，则真诚所体现的自我意识也深浅不一，其表现的人格和境界也程度不一。真诚的最基本要求是不说谎，直接说出目的。在复杂的社会事物和人生活动中，目的和手段要有一定的分离，即使用"说谎"的手段，达到更高的正义的目的。医生为了减轻病人的负担，以利治病救人，往往向病人隐瞒病情，编造一套谎话欺骗病人，这样才能使病人早日康复。它表现的不是虚伪，而是更高、更深层的真诚，是出于高度的社会责任的真诚。只有智慧、德性和能力达到高度统一的人，才能表现出这种高层次的真诚美。

人的纯朴，就是要保持真实的自我形象，不要在世人面前把自我深藏，而是要坦诚地表现自我，如实地评判自我，不要使真实的自我受到种种虚假角色面具的压抑。言语中的自我，要与实际的自我相吻合。绝对吻合很难做到，但如有真诚的为人态度，就能力求接近吻合，而不至有意远离真实。"认识你自己"这句希腊古训，不仅要求人们如实地肯定自己的力量和美德，同时还要求人们坦诚地揭露自己的一切缺点和错误。它要求的一切，归根结底就是人的纯朴和真诚。

纯朴和真诚，就是要求人们如实地认识自己、表现自己，中国有句古话"鬻马馈缨"。就是马卖出去以后，并随之把披在马身上的漂亮的带子赠送给买主。企业中的"缨"泛指售后服务。美国企业家吉拉德曾为他的发迹诀窍自豪地说："有一件事许多公司没能做到，而我却做到了，那就是我坚信销售真正始于售后，并非在货品出售之前。"

这种始于产品销售之后的营销谋略，有人称之为"第二次竞争"。世界上许多优秀的企业无不重视这种售后服务。如美国的凯特皮纳勒公司是世界性的生产推土机和铲车的公司。它曾在广告中说："不管在世界上哪一个地方，凡是买了我们产品的人，需要更换零配件时，我们保证在 48 小时内送到你们手中，如果送不到，我们的产品就白送给你们。"

他们说到做到，有一次为了把一个价值只有 50 美元的零件送到边远地区，不惜用一架直升机，费用竟达 2000 美元。有时候无法按时在 48 小时内把零件送到用户手中，他们就真的按广告说的那样，把产品白送给用户。长此以往，由于经营信誉高，这家公司经历 50 年而不衰。

日本大企业家小池说过："做生意成功的第一要诀就是诚实。诚实就像树木的根，如果没有根，树木就别想有生命了。"

小池出身贫寒，20 岁时就在一家机器公司当推销员。有一个时期，他推销机器非常顺利，半个月内就跟 33 位顾客做成了生意。之后，他发现他们卖的机器比别的公司出品的同样性能的机器昂贵。他想同他订约的客户如果知道了，一定会对他的信用产生怀疑。于是大感不安的小池立即带着订约书和订金，整整花了三天的时间，逐家逐户去找客户。然后老老实实给他们说明，他所卖的机器比别家的机器昂贵，为此请他们废弃契约。

表面上看来，小池的做法是在"自毁长城"，而事实却并非如此，后来这 33 个人都被小池的诚实所感动。都没有与他废约，相反地，他们更加信任小池了。

诚实真是具有惊人的魔力，它像强力的磁石一般具有无比强大的吸引力。其后，人们就像小铁片被磁石吸引似的，纷纷前来他的店购买东西，或向他订购机器。不久，小池就成了日本有名的大富翁。

小池后来常常告诫他的员工说："你们应该记住，做生意最重要的就是要有为顾客谋福利的正确观念，这要比玩弄花招重要得多。"

许多商人盲目地追求发财致富，有时甚至不择手段。为了达到以上目的，他们漫天要价，制假贩假，专靠不法手段赚钱，而且，他们还以为这是条"发财"的捷径。他们忘了，这种做法可以蒙骗少数顾客，但却不能永远蒙骗所有的顾客，"西洋镜一旦被捅破，最终倒霉的还是自己"。而真正聪明的经营者都懂得，办企业靠的是信誉，以诚待客客自来，顾客的信任才是企业生存的基础。

给予顾客无处不在的爱

· 今日茶点

以全方位服务定位的企业，与其他定位法宝一样，必须形成差别形象去攻占消费者心智的堡垒。全方位定位看似面面俱到，全面出击，没有特色和差异，但如果企业提供的是竞争对手所不能提供的多样化和个性化服务，则全方位本身就是一个很好的定位优势。

全方位服务包括全过程服务、全方面服务、全顾客个性化服务，是一项系统工程。我们平常经常听到许多企业说要强调服务，但真正达到一流服务水平的并不多见。企业采用全方位服务定位，就必须从消费者购买与消费行为的每个环节出发，从消费者需要的所有角度出发，从每个消费者的个性需求出发，真正树立以顾客服务导向为核心的文化，使"顾客满意"观念深入每个员工的心里，融入企业的日常活动中，再将其转化为消费者的认知、认可与品牌忠诚，形成牢不可破的固定概念，则企业的定位便成功了。

1. 全过程服务

全过程服务，是针对消费者的购物与消费每一环节所进行的细致而深入的服务。消费者一般的购买与消费过程如下：出现消费需要→产生消费动机→进行购买准备→注意商品→发生兴趣→产生联想→购买决策→购买实施→使用与消费体验→重复购买或放弃。

通常，我们把整个购买和消费行为分成售前行为、售中行为和售后行为。全过程服务就是从消费者售前产生消费欲望的那一刻起，到商品使用价值耗尽为止的整个过程，都对消费者细心呵护，使消费者与自己的品牌紧密相连，让消费者在每一层面都感到完全满意。

成功的企业总是牢牢把握住消费者，引导他们由对企业品牌完全缺乏认知到开始购买，再促使他们攀上对品牌忠诚的阶梯，乃至完全对品牌支持。这种全过程服务在实际运用中可分成售前服务、售中服务和售后服务。

（1）售前服务，指在顾客购买商品之前，企业向潜在顾客提供的服务。售前服务是一种超前的、积极的顾客服务活动，它的关键是树立良好的第一印象，目的是尽可能地将商品信息迅速、准确、有效地传递给消费者，沟通双方感情，同时也了解顾客潜在的、尚未满足的需求，并在企业能力范围内尽量通过改变产品特色去满足这种需求。主要方式有：免费培训班、产品特色设计、请顾客参与设计、导购咨询、免费试用、参观商品生产过程和使用实态、赠送宣传资料、商品展示、上门介绍、商品质量鉴定展示、调查顾客需要情况和使用条件等。

（2）售中服务，是指为进入选购阶段的顾客所提供的服务。这类服务主要是为了进一步使顾客了解商品特点及使用方法，目的是通过服务，展示对顾客的热情、尊重、关心、帮助、情感和向顾客提供额外利益，以帮助顾客作出购买决策。售中服务的主要形式有：提供舒适的购物现场（如冷暖空调、休息室、洗手间、自动扶梯等）、现场导购、现场宣传、现场演示、现场试用（如试穿、品尝、试看、试听等）、照看婴儿、现场培训、礼貌待客、热情回答、协助选择、帮助调试和包装等。

（3）售后服务，是企业向已购买商品的消费者所提供的服务。这种服务的目的是为了增加产品实体的附加价值，解决顾客由于使用本企业产品而带来的一切问题和麻烦，方便使用，放心使用，降低使用成本和风险，从而增加顾客购买后的满足感或减少顾客购买后的不满情绪，以维系和发展品牌的目标市场，使老顾客成为"回头客"，或者乐意向他人介绍推荐企业产品。售后服务的关键是坚持、守信、实在，主要方式有：免费送货、安装和调试，包退包换，以旧换新，用户免费热线电话，技术培训，产品保证，备品和配件的供应，维修服务网点，巡回检修，综合性联合服务，特种服务，组织用户现场交流，顾客抱怨处理，顾客联谊活动，向用户赠送自办刊物和小礼品等。

2. 全方位服务

全方位服务不仅意味着全过程服务，而且还意味着全方位的服务，包括为消费者提供所需的各种服务项目，也称"Baby-sister服务"（婴儿照看服务），即将消费者当作婴儿一样细心呵护。

美国沃尔玛公司以货仓式经营崛起于零售业，尽管其经营方式决定了不可能提供过多的服务，但他们始终把提供超一流的服务看成是自己至高无上的职责。在很多沃尔玛店内都悬挂着这样一条标语：顾客永远是对的；顾客如果有错误，请参看第一条。沃尔玛不仅为顾客提供质优价廉的商品，同时还提供细致盛情的服务。如果顾客是在下雨天来店购物，店员会打着雨伞将他们接进店内和送上车。比如说，有一天，一位顾客到沃尔玛寻找一种特殊的油漆，而店内正好缺货，于是店员便亲自带这位顾客到对面的油漆店购买。沃尔玛经常对员工说："让我们以友善、热情对待顾客，就像在家中招待客人一样，让他们感觉我们无时无刻不在关心他们的需要。"美国商界有句经营名言：百货业唯一的差别在于对待顾客的方式。相信这句话对其他行业也一样适用。

3. 全顾客个性化服务

作为企业，常常用相同的眼光去看待消费者，而不去分析它们的优劣好坏，这种错误的看法常常表现在企业将它们的抽样调查结果笼统地用在全体消费者上。这种方法过于片面化，是与过去整体化营销观念分不开的。即使运用了细分市场原则，消费者的范围缩小了，营销手段的针对性加强，但与目前以消费者为中心的个性化营销趋势仍有较大差距。以全方位服务为定位目标，企业不能再将注意力投入于全体消费者的一般需求上，而应投入于消费者之间的需求差异上。应针对个体消费者，设计并开发企业的产品及服务项目，以适应当今个性化和多样化的消费趋势。

日本电通公司的调查发现，在五六十年代，10位消费者只有一种声音；到七八十年代，10位消费者有十种声音；而到90年代，一位消费者就有10种声音。面对如此复杂的消费倾向，企业如何驾驭顾客需求，进行个别化营销，关键在于建立顾客资料库与顾客信息反馈系统，只有收集、了解到消费者的要求和偏好的变化，以及对企业的意见，才能更好地为消费者提供个性化服务。

如今，越来越多的企业认识到顾客资料的价值，将其视为企业的一项重要资产，并试着向任何接触到顾客的人搜集有关顾客的各种资料。同时，运用这些详细资料，瞄准特定的顾客群，使个别消费者完全而持续地满意。

4. 了解顾客的真实需要

全方位服务就必须站在顾客的角度去了解顾客的需求，并尽最大努力去实现他们的期望。有许多企业在设计产品和顾客服务时，从来不主动询问顾客有哪些期望，而是凭想象增减服务项目，结果他们所提供的服务不能提高顾客的满足感，白花了财力和人力。

一个以全方位服务为定位视点的企业，要以顾客需求为导向来设计服务组合，经常要做的几件事是：

（1）进行市场调查，找出顾客真正的需求和愿望，从而设计出符合顾客愿望的特色产品和服务项目及标准。

（2）了解顾客对本企业目前服务的满意程度，以及对主要竞争对手顾客服务项目和标准满意度的评价，以及造成这一状况的主要原因。

（3）增删顾客服务项目，确定服务标准，建立质量监控制度，使企业的整套服务符合或超过顾客的期望。

适应顾客的需求变化而改变策略，仅仅是全方位服务的一部分。另外，企业还必须紧跟竞争对手，只有提供比它们更优质的服务，你才可能在市场竞争中更胜一筹。

·第五章·

成本管理：打造内耗最小的企业

成本控制是一种思想

· 今日茶点

　　管理者要使员工树立这样一些思想：成本是可以控制的，成本控制需要大家的共同参与，并在工作中时刻注意节约成本。

　　成本管理是指企业管理层和管理部门对任何必要作业所采取的手段，目的是以最低的成本达到预先规定的质量和数量。而成本控制是指运用以成本会计为主的各种方法，预定成本限额，按限额开支成本费用，以实际成本和成本限额比较，衡量经营活动的业绩和效果，并以例外管理原则纠正不利差异，以提高工作效率，实现甚至超过预期的成本限额。

　　成本控制思想是关于成本管理理论的概括和总结，它对成本控制理论和方法体系展开的基本思路起着决定性作用。成本控制思想可以概括为以下几个方面。

1. 成本源流管理思想

　　管理成本要从成本发生的源流入手，成本控制的重点应该是成本发生的源流，成本控制措施的着重点也应该是成本发生的源流。构造成本控制方法措施体系的重点要放在成本发生的源流上，要针对成本发生的源流来进行设计。

　　成本发生的源流包括时间源流、空间源流和业务源流。从成本发生的角度看，成本发生的基础条件是成本发生的三大源流的交汇点。成本发生的基础条件是企业可资利用的经济资源的性质及其相互之间的联系方式，包括劳动资料的技术性能、劳动对象的质量标准、劳动者的素质和技能、产品的技术标准、企业的组织架构、职能分工和管理制度，以及企业文化、外部协作关系等。

这些因素的性质及相互之间的联系方式构成了成本发生的基础条件。改变成本发生的基础条件是成本不断降低的源泉，这代表了成本源流管理思想，同时也是现代管理"不断改进"思想在成本领域的综合体现。改变成本发生的基础条件可以从根本上改变公司的管理结构，改变企业参与竞争的基本条件。

2. 成本控制方法措施的融入思想

成本控制中存在一个十分突出的问题便是成本控制措施如何融合到具体的业务过程和管理过程中去，使成本控制措施能够得以顺利实施，使成本控制方法能够真正发挥作用。成本自身特征和成本控制的特点要求将成本控制的方法措施融入管理过程和业务活动中去。成本是企业经营活动的结果，影响成本的各项因素分散在企业经营管理的各个部门、各个环节。实施成本控制必须要控制企业的整个生产经营过程，因为这一过程同时也是成本的发生过程。

但是，按照企业的职能分工，生产经营过程由相应的职能部门进行管理，分属不同的子系统，成本控制不能直接干预生产经营活动。这种事实上的矛盾在一定程度上造成了成本控制的两难境地。在这种情况下，如何实施成本控制，如何使成本控制的方法措施发挥作用，是成本控制无法回避的困难选择。成本控制方法措施的融入思想实质上是针对这一矛盾提出来的。

3. 强化员工的成本意识

人的活动在成本发生的各个阶段均占主导地位。人的素质、技能是影响企业成本非常重要的因素。其中对企业成本影响最大的是企业员工的成本意识和主动参与降低成本管理活动的积极性。

成本意识是指节约成本与控制成本的观念，是了解成本控制的执行结果。成本意识包括注意控制成本，努力使成本降低到最低水平并设法使其保持在最低水平。强化员工的成本意识，就是要使员工树立这样一些思想：成本是可以控制的，成本控制需要大家的共同参与，并在工作中时刻注意节约成本。只有树立起员工的成本意识，只有员工具备了良好的成本意识，才能建立起降低成本的主动性，才能使降低成本的各项措施、方法和要求得以贯彻和执行。

需要遵循一定的步骤

·今日茶点

　　根据控制标准，对成本形成的各个项目，经常地进行检查、评比和监督。不仅要检查指标本身的执行情况，而且要检查和监督影响指标的各项条件，如设备、工艺、工具、工人技术水平、工作环境等。所以，成本日常控制要与生产作业控制等结合起来进行。

　　经营过程中的成本控制，就是在企业整体成本分析中，对成本形成的各种因素，按照事先拟定的标准严格加以监督，从而使各项资源的消耗和费用开支限在标准规定的范围之内。因此，要达到成本控制的预期目标，必须遵循一定的步骤，并建立其成本控制体系。

　　1. 成本控制步骤

　　（1）制定成本控制标准。成本控制标准就是用来衡量、评价实际成本的尺度，是控制成本发生的依据。企业应根据自身已经达到的生产技术水平和有效经营条件，制定自己的标准成本或定额成本，作为成本控制标准。制定这种标准时，既要严格从节约出发，又要把生产过程中不可避免的损失估计在内。因此，所制定的标准成本不是高不可攀的，也不是轻易可以实现的，以此为目标可以达到调动员工积极性、努力控制成本的目的。

　　（2）执行成本控制标准。有了成本控制标准，就要在产品的形成过程中使用标准成本或定额成本对原材料的采购、储备、耗用以及工资和各项费用进行控制，使实际成本费用水平不超过控制标准，达到预期目的。

　　（3）确定成本差异。利用成本标准与实际发生的费用比较计算成本差异是成本控制的中心环节。通过确定差异，会发现实际成本是比控制标准节约还是超支，并分析不利差异产生的原因，区分哪些是可控的费用、哪些是不可控的费用。

　　（4）进行考核奖惩，消除不利差异。通过计算成本差异和成本差异分析，确定各有关部门在成本日常管理工作上的成绩和不足，将成本水平同员工的经济收入挂钩，通过适当的奖励和处罚，调动各部门员工节约费用和支出的积极性。同时，对产生不利成本差异的有关部门提出可行的建议，提高以后的成本控制水平。

　　2. 成本控制的保证体系

　　企业在制定了成本标准以后，为了有效地实施控制，应建立一定的保证体系来保证成本控制的有效实施。企业的成本控制体系采取归口分级管理责任制的形式。它包括三方面内容：

（1）在上级主管的领导下，财务部门对成本实行统一管理。企业必须加强对成本的集中、统一管理，制定和组织执行成本管理制度，确定各分管部门的责任、权限和管理内容，协调各部门、各车间的成本管理工作。财务部门在成本实行统一管理中担负着重要的责任，主要工作包括：协助厂部制定成本管理制度；进行成本预测；编制成本计划；确定成本控制标准，进行指标分解，核算成本；分析和考核成本计划的完成情况。

（2）成本归口管理。归口管理是按照各职能部门在成本管理中的职责和作用，进行成本指标分解，由有关职能部门进行控制，以保证成本控制目标的实现。归口管理的分工一般如下：供应部门负责控制材料费用；人力资源部门负责控制工资费用；设备动力部门负责控制维修费用和燃料动力费用；销售部门负责控制各项销售费用；行政部门负责控制管理费用；财务部门负责控制财务费用。成本在归口管理的基础上，还要由各归口部门将分管的任务进一步落实到有关车间、班组甚至员工，实行分级控制。

（3）成本分级管理。分级管理是指将下达给各职能部门的成本控制指标进一步逐级进行分解，层层落实，实行责、权、利相结合的一种管理形式。分级管理中车间成本管理是企业成本管理的中心环节，车间要根据厂部下达的成本指标再分别下达到各班组，进行车间的成本核算、成本分析等。班组是直接影响成本高低的基层单位，班组成本管理是成本管理的基础，班组成本管理的范围、内容，应由生产特点、劳动组织等因素决定。实际中可以按照"干、管、算"原则，即干什么、管什么、算什么，将班组成本管理落在实处。成本归口分级管理，使各方面都负有控制成本管理的责任，从而达到控制成本、降低成本的目的。

综合费用控制在日常

· 今日茶点

各职能部门、车间和班组，根据落实的费用指标，严格控制开支、月份（或季度）内的费用支出数额不能超过定额，节约费用的应给予表扬或奖励。

制造费用和期间费用都属于综合性费用。它们的共同特点是：项目比较多，内容比较复杂，涉及面很广，大部分开支不与生产量呈比例变动。因此，在管理上应当认清情况区别对待，有针对性地采用各种方法，加强日常控制。

1. 实行费用指标分口分级管理，明确部门责任

综合性费用一般是按费用发生的地点和内容确定管理的责任。制造费用是车间、分厂为组织和管理生产而发生的各项费用，应由各车间、分厂负责管理。管理费用是企业行政管理部门为管理和组织经营活动而发生的各项费用，应由各有关部门负责管理。如办公费、折旧费、修理费、水电费等由行政部门管理，管理人员工资和员工探亲路费等由人力资源部门管理，运输费用由运输部门管理，仓库费用、材料盘亏和毁损等由供应部门管理，至于财务费用、销售费用，则分别由财务部门、销售部门负责管理。

各归口管理部门对于分管的费用项目负有重要的责任，应按期编制费用预算，分解下达费用指标，审批费用开支，汇总、考核与分析费用预算的完成情况，推动和指导各费用开支部门加强管理。管理者领导的财务部门是综合管理各项费用的部门，应按期审核各项费用预算，确定分管指标，组织各项费用分口分级管理，监督和检查指标执行情况，并对节约费用开支提出意见和要求。

2. 制定费用定额，正确执行费用预算

制造费用和期间费用是通过费用预算来管理的。为了保证费用预算的正确执行，必须对费用指标进行分解，制定合理的开支标准。如固定资产折旧费、员工福利费、工会经费等，应该根据国家统一的费用开支标准管理，不得随意提高。国家没有统一标准的，应根据企业的生产特点和计划期的有关目标确定。

例如劳动保护费，应该以不同的工种、员工人数、劳保用品的寿命为基础，办公费则以工作人员数量、办公用具和业务量为基础，分别由归口管理部门负责制定。财务部门负责监督费用定额的执行情况，通过建立费用限额卡片、厂内结算凭证等方式，定期会同各归口管理部门，了解检查定额执行情况，对实际出现的差异进行有效的处理。

此外，企业还应该建立必要的开支审批制度和报销制度。根据国家有关制度的规定，明确不同类别费用的审批单位和审批权限，审核各项开支是否符合规定，是否有计划、是否能进一步节约等。对费用开支的报销，也必须核定其单据内容是否真实、手续是否完备等才能予以报销。通过事前开支的审批和事后报销的核查，促使各部门节约使用资金，顺利完成费用预算。

3. 严格控制各项费用的日常开支

各职能部门、车间和班组，根据落实的费用指标，严格控制开支、月份（或

季度）内的费用支出数额不能超过定额，节约费用的应给予表扬或奖励。

控制各项费用日常开支的方法是多种多样的。凡国家规定有统一开支标准的费用项目，要按规定的开支标准执行，实行定额控制。有些费用开支，如员工福利费、工会经费、业务招待费等，财务制度中明确规定了提取的比例，对这类费用，要按相关项目指标的一定比率进行控制。有些费用，如广告费，是为了宣传企业的产品、扩大销售而发生的，它的支出与收益之间有着密切的联系，可以通过计算广告所得收益与广告费用支出的比率进行控制；有些非正常性的费用开支，需要经过一定的批准手续才能支付，等等。尽管具体方法不同，但根据一些企业的实践经验来看，控制费用的日常开支，管理者应抓住以下三个环节：

（1）采用费用手册，实行总额控制。各职能部门、车间和班组，根据落实的费用指标在费用手册上填写费用指标数额。每发生一笔费用，就根据有关凭证核减一笔开支，并结出指标结存额。这样，就能使各部门随时了解各项费用支出的数额和尚可开支的金额，如果发现支出过多，可以及时查明原因，采取措施节约开支，也便于各归口管理部门和财务部门进行监督和检查。

（2）建立必要的费用开支审批制度。费用开支需要经过一定的审批程序，这是控制费用支出的一种有效办法。企业应根据国家有关制度的规定和各种费用开支的特点，明确规定各种费用的审批部门和审批权限。属于正常范围内的费用开支，由有关的归口业务部门审批，属于重大项目、计划外项目或数额较大的费用开支，则应由企业领导者审批。

（3）建立必要的费用报销审批制度。对于每一笔费用开支，都要通过审核原始凭证来进行控制。审核的内容主要是：凭证所反映的内容是否真实；此项开支是否符合费用开支范围；开支标准是否合乎规定；有无预算指标；手续是否齐全。经过审核确认无误后，方能准予报销。手续不全的要补办手续，违反制度规定的不予报销。

目标成本控制的着眼点

·今日茶点

目标成本控制要着眼于三个方面：从头控制、以顾客为本和功能适度。

目标成本控制起源于日本，由于它有效地引导和促使企业的设计人员以尽可能低的成本设计产品，帮助企业削减成本，并以低成本和相当大的自由空间使得产品能快速地占据市场，击败竞争对手，而被美国《财富》杂志称为"锋利的日本秘密武器"。由此可见目标成本控制的重要性和必要性。目标成本控制的着眼点要立足于以下3个方面。

1. 从头控制

长期以来，成本控制一直集中在生产阶段。殊不知，80%的产品成本在设计阶段就被锁定了，在这一时期，管理者选定产品设计以及组织生产这一产品的工艺流程。人们逐渐意识到设计将极大程度地影响此后的生产、销售和服务成本，一项有助于简单可靠的生产、服务的设计，尽管设计成本可能更高昂，但却将带来产品整个生命周期内的成本节约。

不难看出，有效的成本控制在于设计阶段，而非当产品和流程都已确定之后再挖空心思节支增流。在产品的生产阶段，大多数成本都已经是约束性的了，控制的焦点是成本抑制。理解了成本的流转方式可以使我们将成本控制的重点放在产品的设计阶段。

目标成本就是一个管理者在产品及流程的设计过程中使用的成本管理工具，旨在为将来的产品生产成本的降低而进行改进性的措施。

2. 以顾客为本

目标成本控制以顾客为出发点，它始于由顾客确定的价格、质量和功能。若企业通常关注一些具有特征的产品，通过自动化生产线生产出大量低成本的产品，便可制胜。新的业务流程关注顾客满意度，为顾客创造价值满意度，创造价值的理念改变了管理者的导向，他们从关注大量的低成本生产转向关注质量、服务以及顾客对特别性能的需要。

3. 功能适度

适应市场对产品质量、功能的要求，是企业生产管理的着眼点。但同时也要明确，质量、功能或高或低是相对的，质量过高、功能过剩势必会加大企业的成本支出，削弱企业竞争的价格优势，影响销售的增长；相反，如果企业一味地为降低成本而降低成本，甚至质量过低、功能不足，产品销不出去，成本控制也就变得毫无意义了。

因此，依据资源—作业—产品（质量、功能）关系，要求企业在成本控制时，首先要依托市场竞争对产品功能、质量的基本要求，明确市场竞争必要的质量、功能定位，剔除多余功能，分析达到目标质量、功能所需设备的技术性能以及必要的作业程序，减少以致消除无效作业，然后选择相适宜的直接材料组织加工生产。

这样不仅能够有效地减少各种变动制造费用，而且也使单位产品的直接材料消耗额大大降低。在直接材料的选用上，也必须着眼于目标质量、功能要求，对直接材料进行经济性的替代分析。

任何产品都由许多功能组成，每种功能都需要通过产品的基本售价进行弥补。目标成本的引入就是企业在产品设计时必须要遵循的一个市场价格—产品功能的矢量关系。也就是说，目标成本反映了产品必须要向顾客输送的这一组功能。

首先要预测目标成本

·今日茶点

首先要对目标成本进行初步预测，然后再进行目标成本可行性与可控性分析。

确定目标成本之前，要进行目标成本的初步预测。目标成本是根据预计销售收入和目标利润计算出来的，即目标成本＝预计销售收入－目标利润

预计目标利润的方法有：

（1）目标利润率法：目标利润＝预计销售收入 × 同类企业平均销售利润率

或：目标利润＝企业净资产 × 同类企业平均净资产利润率

或：目标利润＝企业总资产 × 同类企业平均资产利润率

采用目标利润率法的理由是：企业必须达到同类企业的平均报酬水平，才能在竞争中生存。也有企业使用同业先进水平的利润率预计目标成本，其理由是：别人能办到的事情我们也应该能办到。

（2）上年利润基数法：目标利润＝上年利润 × 利润增长率

采用上年利润基数法的理由是：未来是历史的继续，应考虑现有基础（上年利润）；未来不会重复历史，要预计未来的变化（利润增长率），包括环境的改变和自身的进步。有时候，上级主管部门或董事会对利润增长率有明确要求，也促使企业采用上年利润基数法。

按上述方法计算出的目标成本，只是初步设想，提供了一个分析问题的合乎需要的起点。但它不一定完全符合实际，还需要对其可行性进行分析。

1. 目标成本的可行性分析

目标成本的可行性分析，是指对初步测算得出的目标成本是否切实可行做出分析和判断。分析时，主要是根据企业实际成本的变化趋势、同类企业的成本水

平，充分考虑企业增产节约的潜力，对某一时期的成本总水平做出预计，看其与目标成本的水平是否大体一致。

经过测算，如果预计目标成本是可行的，则将其分解，下达有关部门。如果经反复测算、挖潜，仍不能达到目标成本，就要考虑放弃该产品并设法安排剩余的生产能力。如果从全局看不宜停止生产该产品，也要限定产量，并确定亏损限额。

2. 目标成本的可控性分析

成本作为生产经营过程中的生产耗费，具有多种发展的可能性，采取科学的控制方法能够降低成本，实现目标。为了科学地组织成本控制，进一步认识成本的可控空间和可控时间是非常有意义的。

成本的可控性是从总体来讲的。但从成本的产生和形成过程看，客观存在一种空间限制，它是相对于一定的空间范围而言的。如在某一个生产部门范围内，对维修材料、业务用品的消耗数量是可以控制的，但对材料的价格高低却无能为力。而采购成本的高低，对供应部门来说却在一定程度上是可控的。

又如某项通信工程竣工投产后，所形成的固定成本对企业来说是不可控的，只能通过提高设备的利用率来降低其在通信产品单位成本中的含量，而对基建施工部门来讲却可以通过可行性研究和价值工程等科学方法，不断降低工程成本。再如管理费用对基层生产部门来讲是不可控的，但从公司总部来讲又基本上是可控的。因此，成本的可控空间就是成本可以被控制的空间范围，它是无数个可控空间的有机组合。

成本的可控性还与成本产生的时间有关。在生产耗费产生之前，将要产生的所有成本基本上都是可控的，如新建一个市话分局或营业支局、实施一项技术改造方案等，在规划设计时可以充分考虑将要产生的支出费用，进行成本效益分析，选择最优的成本方案。但若在既定的生产条件下完成通信生产任务，其通信成本就只是部分可控了。

那么，通过成本核算反映的实际成本，由于各种物化劳动和劳动消耗都已成为过去的劳动，成本控制也就无从谈起了，充其量可以通过成本分析起到所谓反馈控制的作用。因此，成本的可控时间就是成本的可控性与成本产生和形成时间的关系。

根据成本可控时间的基本理论，应当将成本控制划分为事前、事中和事后控制3个阶段。事前的控制是成本控制的重点，其控制效果最佳；事中的控制次之，须加强过程中的信息反馈，及时做出调整措施。鉴于通信成本形成的特点，加强事前和事中成本控制是十分重要的。

两种方式分解目标成本

· 今日茶点

目标成本的分解，有两种方式：按物分解和按人分解。

为使企业及各相关层次、环节的工作具有明确的对象，并确保成本目标的最终达成，企业必须对所设定的目标按照适当的标示进行分解与落实。目标利润的分解与落实紧密相连，分解是落实的手段和前提，落实是分解的目的和结果，两者统一构成了目标成本管理的一个环节。目标成本的分解方式可以按物为对象分解和按人为对象分解，其中又包括各自的细化分解。

1. 按物分解

按物分解具体又可以分为按产品的功能别、构造别与成本要素分解三种方式。

（1）按功能分解，即按照产品的功能区域对目标成本进行分解的方式，这种分解的具体步骤为：首先将产品的目标成本分解为大的产品功能区域的目标成本，然后再向中的功能区域分解，最后细化为各小的功能区域的目标成本。产品功能区域的划分与整理，通常需要借助价值工程方法，通过功能系统图加以确定。采用功能别进行目标成本的分解，通常适用于开发设计期、进入期以及成长期的产品。

（2）按构造分解，即将功能与构造方式结合运用，首先按大功能区域分解目标成本，再逐层向次级功能区域细化分解，这样就使得目标成本循着构想及其原本设计的轨迹逐渐落实。当构造的轮廓大体区域明朗时，再进行构造分解。这种功能别与构造相结合的方式，对于几乎没有市场先例、带有较高创新性的产品比较适用且较为有效。

（3）按成本要素进行分解，亦即将目标成本细化为成本要素各项目。至于要素项目应当细化到何种程度以及是否将从产品开发、设计、制造到营销、物流以致售后服务等的"生命周期成本"均纳入成本构成要素范畴，应视具体情况而定。按成本要素对目标成本进行分解的过程，一般是在按功能或构造分解之后进行的。通过将目标成本细化为具体要素目标，不仅有助于在详细设计阶段的成本控制，而且对于制造阶段标准成本的设定以及工序、工法的采用也有着重要的指导意义。

2. 按人分解

按物分解目标成本是针对客体而将管理目标进行详细限定，这固然非常重要，然而，这类方式的最大缺陷在于就事论事。无论成本目标的设定、分解还是达成，最终起决定性作用的是企业的行为主体——人力资源。如果企业能够按人分解目标成本，也就可以将成本目标归属为人这一能动的行为主体，实现人与物的有机结合，并遵循人本主义思想，借助有效的激励约束机制，充分激发企业各层次、各环节人力资源发掘成本潜力的积极性与责任感，最大限度地提高各项经济资源的使用效率，促使目标成本的顺利达成。

按人分解，确切地讲，是按照企业的作业结构、责任组织与责任人对预定的目标成本进行分解与落实。为了能够合理有效地将目标成本分解落实到各级、各层次、各环节的责任人头上，有必要先依据产品的作业分割结构（Work Breakdown Structure，WBS）对产品作业的流程与层次进行规划并使之明晰，即将最终的作业称为第一层次作业，为完成第一层次作业所需的一些作业称为第二层次作业，依此类推，进而将所有的作业系统化，并形成一个紧密的作业链。

然后按照这一作业链，由第一层次开始向上逆推直至产品的设计开发环节，并分别确立出各层次的必要作业、作业组织与责任者。当这项工作完成后，就可以将前述按物分解的目标成本——对应为WBS的目标成本，从而实现人与物的结合，推动目标成本的有效达成。同时按照责任人设置责任会计，编制责任预算，计量与评价各层次责任人的业绩，并为目标成本的控制、分析与查找问题奠定基础与依据。

成本工具的三种选择

· 今日茶点

可供选择的成本工具有三种：价值工程、标杆和成本改善。

目标成本给产品的设计施加了很大的压力。目标成本是不容商洽的，因为它直接反映了顾客的需要（市场价格）及投资者的预期回报（预期利润）。因此，设计小组往往依赖一定的工具来实现目标成本。这些工具主要是价值工程、标杆、成本改善等。

1. 价值工程

价值工程通过分析以下两方面的关系来降低生产成本：

（1）产品功能的不同种类和不同水平；

（2）总生产成本。价值工程重要的一步是在设计新产品或改良产品的阶段对顾客进行分析。对顾客进行分析辨明了顾客的主要偏好，从而决定了新产品的预期功能。

所使用的价值工程的种类依赖于产品的功能。对于像汽车、计算机软件这样的产品，可以轻易地增加其功能或取消功能，这些都是不断有新款式或不断升级的产品，消费者的偏好也经常改变。事实上，制造商往往选择一组有特色的特征赋予每一款新产品。对于汽车来讲，这意味着新的性能和新的安全特征；而对于计算机软件来讲，它可能意味着完成新的任务或进行分析的能力。

对于专业设备和工业产品，如建筑设备、载重汽车和专用医学设备等，产品功能必须设计在产品之中，而不是另外加上去，因为消费者的偏好更固定一些。

目标成本对于前一类产品更有用一些，因为该类产品存在大量企业可以自行控制的特征。在这些企业中普遍运用的价值工程类型是功能分析，即对产品的每一主要功能或特性的效用和成本进行考察。这种分析的目的是确定效用与成本间的平衡。当全部功能的成本低于目标成本时，每种功能的总效用值即可达到。

2. 标杆

标杆也是这一阶段经常使用的一种工具。标杆就是被企业选作对比标准的一些指标，它通常是市场中竞争者的平均标准，甚至是最好标准。在产品设计阶段，标杆的利用就包含了将企业产品的实验性设计与竞争者的设计相比较。

所以，标杆可以被用来确定哪个特征能给企业带来竞争优势。例如，在发行一个新版软件时，对照其成本和开发所需时间，要对新版本的每一个预期特性进行检讨，目的是使软件的"一揽子"特性达到既满足顾客偏好又使成本低于目标水平。

再如，汽车制造商必须确定哪种效用和安全特征应赋予其新款产品。这种决策是基于对顾客分析、功能分析及顾客偏好的性能与其成本间的对比分析。如可以增加改进了的安全气囊，但是由于目标成本约束，一个改进了的声音系统可能会推迟到下一个款型才能应用。

3. 成本改善

改善意味着"不断的提高"，即不断研究新方式以降低既定设计、功能的产品制造过程中的成本。通过结合新制造技术，运用先进的成本管理方法，并通过改善组织与人的关系，寻求更高的生产效率，使企业能够降低成本。

改善成本发生在制造阶段，而此时价值工程和改进设计的影响已经存在，因此，在这个环节，降低成本就要引进新的制造方法（如弹性制造系统）和使用新的管理技术。

一旦企业确定并实施了产品及流程的设计，其关注的焦点就转移到如何以最有效的方式来运行工艺流程上来了，这也就是成本改善的意义所在。成本改善使企业的注意力集中在已有的工艺流程能否降低成本上。与目标成本不同，成本改善并不是以顾客为出发点的，而是受企业管理层设定的一定时期利润目标驱动的。

改善带来的成本降低主要是针对现有生产流程和产品设计的修正改良，采取的形式通常是引进新的制造技术、提高设备效率以减少浪费，以及对员工进行培训和动员以鼓励其为降低成本、提高质量而努力。总之，成本改善的焦点是生产流程而非产品本身。

越分权越要加强内部控制

· 今日茶点

企业越是下放经营管理权，越要加强内部控制。

现代企业规模的不断扩大和业务结构的日益复杂，使得分权管理成为必然。如何掌握统分程度，利用集权和分权的良好协调来使企业赢得经营效率，是现代企业管理的一个关键问题。为此，企业有必要将其组织单元划分为不同类型的责任中心，以责任中心作为分权管理的基本单位，并将要做的事情托付给责任中心来实施管理控制。

1. 分权管理是企业发展的必然趋势

随着企业经营的日益复杂化和多样化，企业大型化、跨国化和多角经营化的趋势越来越明显，致使企业内部的经营管理日趋复杂。在行为科学管理理论的影响下，许多企业实行了某种形式的分权管理制度，即将决策权随同相应的责任下放给基层管理人员，而最高层管理者就可将有限的时间和精力集中在企业最重要的战略决策上。

强生公司是泰诺、邦迪牌创可贴、强生婴儿爽身粉和其他许多产品的制造商。它有着长期的分权历史，被认为是"使分权发挥有效作用的一个典范"。它的分权开始于 20 世纪 30 年代，166 个分别注册的公司被授权独立经营。

强生公司在 90 年代调整其分权系统以消除那些通过最高管理层更多的协调可以避免的代价昂贵的错误。公司也曾因为各独立部门重复设置许多职能造成了高制造成本。总裁拉尔夫·拉森引入了在保持最基本分权的同时，通过财务控制系统重组的方法，加强对各独立部门行为的协调。

IBM 公司则相反。它原是一个高度集权的企业，开始于 1988 年并在 1991 年后期展开的重组是 IBM 历史上最为剧烈的分权，其目标是将 IBM 分割为大量经营部门，这些经营部门彼此独立运作，使 IBM 公司成为一个全体所有，但在营销、服务、产品开发和制造公司方面又有着或多或少自主权的企业。

在赋予其管理人员较大的自主权的同时，也给他们执行自主权施加一定压力，如必须在利润额上体现他们的经营成果等。IBM 公司新的组织机构包括 13 个不同的业务部门，其中 9 个为制造和开发部门，4 个为营销和服务部门。13 位经理都将从 7 个方面计量其目标业绩，这 7 个方面包括收入增长率、利润、资产报酬率、现金流量、顾客满意程度、质量和员工士气，实现业绩目标的将获得重奖。IBM 公司希望能通过改组激发起员工的潜能和创造性。最后，公司在 1994 年扭亏为盈，这表明努力已初见成效。

2. 责任成本制度的形式

企业越是下放经营管理权，越要加强内部控制。于是很多大型企业将所属各级部门按其权力和责任的大小划分为各种成本中心、利润中心和投资中心等责任中心，实行分权管理。这样做的结果是各分权部门既有自身利益，又不允许各分权部门在所有方面像一个独立的组织那样进行经营。因为分权部门的行为不仅会影响其自身的经营业绩，而且会影响其他分权部门的经营业绩甚至是企业的整体利益。

因此，在实行分权管理的情况下，如何协调各分权单位之间的关系，使各分权部门之间以及企业与分权部门之间在工作和目标上达成一致；如何对分权部门的经营业绩进行计量、评价和考核，就显得尤为重要，责任成本制度就是为了适应这种要求而在企业内部建立若干责任部门，并对他们分工负责的经济活动进行规划、控制、考核和评价。

分权管理使各分权部门之间具有某种程度的互相依存性，主要表现在各分权部门间的产品或劳务的相互提供上。同时分权部门有时为了自身的利益，又有可能采取一些有损于其他分权部门甚至整个企业利益的行为。

由此可见，越是分权管理，越要加强内部控制，以使分权部门的行为相互协调统一，保证分权部门的局部利益与企业整体利益一致，防止分权部门之间及企业与分权部门之间的目标不一致。这就需要利用管理会计提供的信息对分权部门进行业绩的计量、评价与考核，以达到内部控制的目的。责任成本制度正是企业加强内部控制的一个有效工具。

责任成本制度是根据授予基层部门的权力和责任以及对其业绩的计量、评价和考核方式，将企业划分成各种不同形式的责任中心，并建立起以各责任中心为主体，以责、权、利相统一的机制为基础，通过信息的收集、加工和反馈而形成的企业内部严密的控制制度。

责任成本制度的内容

· 今日茶点

责任成本制度是一个系统体系，通过建立完善的责任成本制度，就可保证分权管理真正有效实施，既充分调动了各责任中心的积极性，又明确了各责任中心的经济责任。

责任成本制度既是会计资料同责任中心紧密联系起来的信息系统，也是强化企业内部管理所实施的一种内部控制制度。企业实行责任成本的具体形式会有所差别，但主要内容都包括以下几个方面。

1. 责任中心的建立

实行责任成本，首先应根据企业组织结构的特点，按照分工明确、权责分明、业绩易辨的原则，合理灵活地划分责任中心，使各责任中心在企业所授予的权力范围之内，独立自主地履行职责，并以责任中心作为责任成本的核算对象。责任中心的责任承担者应是其主要负责人。

2. 内部结算制度的建立

为了保证责任成本核算的顺利进行，对企业内部的产品和劳务在各责任中心间的转移必须建立起完善的内部结算制度，确定合理的内部转移价格，以公平准确地反映各责任中心应负担的经济责任，为各责任中心的考核提供客观依据。

3. 责任预算的编制

责任预算是企业全面预算按责任中心的合理分解、落实和具体化，作为责任中心开展日常经营活动的准绳和评价考核其工作业绩的基本标准。业绩考核标准应当具有可控性、可计量性和协调性等特征。为此责任预算应既先进又可行，既全面又有重点，使之真正成为责任中心的奋斗目标和完成企业全面预算的基础。编制责任预算，可采用弹性预算、固定预算等形式，以适应各责任中心的具体性质和特点。

4. 责任预算的控制

各责任中心在执行责任预算的过程中应加强控制。一方面应实行自上而下的控制，上级责任中心对所属的下级责任中心进行全面控制；另一方面各责任中心应进行自我控制。由于各责任中心生产经营活动的性质和特点有所不同，应采取与之相适应的控制方法，从而保证各责任中心按预定的目标完成责任预算。

5. 责任成本核算制度的建立和健全

为了对责任中心进行有效控制，必须建立一套完整的日常记录、核算和考核有关责任预算执行情况的信息系统，及时报告责任中心执行责任预算的情况，并针对预算执行差异进行调查分析，迅速采取有效措施加以纠正，即进行反馈控制。为此，企业要有一套完整的责任成本核算制度，以保证控制所需信息的相关性、适时性和准确性。由于不同责任中心的控制范围不同，因而各责任中心的核算内容和核算方法亦有所不同，各责任中心应根据各自的具体条件及具体控制范围，分别采取适当的核算方法，并编制控制和考核所需的责任中心业绩报告。

6. 责任成本的考核

根据业绩报告，对照责任预算，找出差异，调查分析差异产生的原因，判明责任，奖惩分明。通过对责任中心工作成果的评价考核，总结成功的经验，揭示存在的不足，为编制下一时期预算提供资料。责任成本的考核必须公正合理，既能通过公平的奖励激励各责任中心的积极性，也能通过适当的惩罚（负奖励）使各责任中心的各种不利于完成责任预算的行为得到约束，并促使各责任中心相互协调统一地朝企业总目标努力。为此，企业必须制定一套完整、合理和有效的奖惩制度，以适应责任成本考核，并有助于实现责任中心权、责、利的统一。

以上6个方面构成了责任成本的完整体系。通过建立完善的责任成本制度，就可保证分权管理真正有效的实施，既充分调动了各责任中心的积极性，又明确了各责任中心的经济责任，从而为实现企业经营总目标打下坚实的基础。

每个人都是责任中心

·今日茶点

责任中心是由一名对其行为负责的管理者领导的组织单元。从某种意义上讲，一个公司就是一个责任中心的集合体。

随着企业规模扩大，企业管理层会考虑划分出若干责任区域，即责任中心。责任中心是指企业内具有一定权力并承担相应的工作责任的各级组织和各个管理层次。

责任中心是由一名对其行为负责的管理者领导的组织单元。从某种意义上讲，一个公司就是一个责任中心的集合体。这些责任中心形成阶梯式的层次，在最底层是那些负责部门或班组的小型的组织单元，在较高的层次是由几个小型的组织单元加上一些员工和管理者形成的部门；而从高级主管或董事的角度来看，整个公司就是一个责任中心。

1. 责任中心的分类

分权管理通常是按照企业分部的设立来实施的。企业可以根据其提供商品或劳务的不同来设立分部，也可以根据地域的不同来设立分部。在财务控制上，更多的是根据分部经理的职权不同，采用责任中心来作为分权管理的基本单位。一般情况下，将分权单位分为成本中心、收入中心、利润中心和投资中心四种。

（1）成本中心。成本中心是指只对成本或费用承担责任的责任中心。成本中心的生产经营活动只产生成本或费用，通常没有货币计量的收入，因而成本中心不需对收入、利润和投资负责。成本中心一般包括负责产品生产的生产部门、劳务提供部门以及给予一定费用指标的企业管理部门，如车间、供销服务部门乃至工段、班组，甚至员工个人都可成为成本中心。

成本中心分为标准成本中心和费用中心两种。标准成本中心是以实际产出量为基础，并按标准成本进行成本控制的成本中心。这类成本中心的特点是能够计量产出的实际数量，而且在技术上投入量与产出量之间有着密切联系。制造业中的企业分厂、车间、工段和班组等都是典型的标准成本中心。

费用中心也称酌量性成本中心，它是以直接控制经营管理费用为主的成本中心。这类成本中心的特点主要是为企业提供一定的专业服务，一般不能产出可以用货币计量的物质成果，在技术上投入量与产出量之间没有直接关系。企业的行政管理部门、研究开发部门等都属于费用中心。

（2）收入中心。典型的收入中心通常是从生产部门取得产成品并负责销售和分配的部门，如公司所属的销售分公司或销售部。若收入中心有制定价格的权力，则该中心的管理者就要对获取的毛收益负责；若收入中心无制定价格的权力，则该中心的管理者只须对实际销售量和销售结构负责。为使收入中心不仅仅是追求销售收入达到最大，更重要的是追求边际贡献达到最大，因而在考核收入中心业绩的指标中，应包括某种产品边际成本等概念。

随着分配、营销和销售活动中作业成本法的逐渐采用，销售单位能够把它们的销售成本和对每个消费者提供服务的成本考虑进去，这样企业就能够用作业成本制度把履行营销和销售活动的收入中心变成利润中心，从而可以对销售部门的利润贡献加以评估。因而，将许多分散的经营单位仅仅作为收入中心的情况越来越少了。

（3）利润中心。成本中心的决策权力是有限的。标准成本中心的管理人员可以决定投入，但产品的品种和数量往往要由其他人员来决定。利润中心为本企业提供服务或进行某一方面的管理。利润中心是指既能控制成本，又能控制销售和收入的责任中心。它不但要对成本、收入负责，而且还要对收入与成本的差额即利润负责（只对销售收入负责的销售部），故可以说是收入中心。在一个企业中，利润中心往往处于较高的层次。如分厂、分公司、有独立经营决策权的部门，以及辅助生产部门或封闭式生产车间等。各利润中心都自成一体，独立经营，但也相互协调，共同实现企业总目标。

（4）投资中心。投资中心是指既对成本费用、收入和利润负责，又对资金及其利用效果负责的责任中心。这类责任中心不仅在产品和销售上享有较大的经营自主权，而且能够相对独立地运用其所掌握的资金，如大型集团公司下面的分公司等。投资中心的责任对象必须是其能影响和控制的成本费用、收入、利润和资金。

2. 各责任中心的业绩计量标准

为了指导各责任中心管理者的决策，并评估其经营业绩和该中心的经营成果，财务总监需要有一个业绩计量标准，包括制定决策规则、标准和奖励制度。利用这个标准，可以表达公司希望各责任中心应该如何做，并对他们的业绩进行判断和评价。

这项工作大体上可从两方面入手：首先，详细规定各责任中心允许的和可被采纳的行为规范，并限制中心经理可以选择的行动方案。比如指定供应商，禁止处理某些资产，限定项目投资的最高额度等。其次，还必须建立一套完善的奖励制度以激励中心经理，使其行动达到最优化。

（1）目标协调一致。比较理想的计量标准应该是与企业总目标保持高度一致的。但是在复杂不确定的环境下，任何一个单一的业绩计量标准都不可能保证分散经营的分部目标与企业总目标保持完美的协调一致。其原因在于：第一，计量标准的选择带有人为因素，它与企业战略目标的相关性主要是靠高层管理者的主观判断；第二，大多数计量标准是以内部业绩，而不是以外部机会为基础的，而有时候外部机会恰恰是影响企业总目标实现的关键因素；第三，单一计量标准没有考虑到各责任中心当前活动对未来经营所带来的后果。

（2）关系的协调。各责任中心的业务活动之间是相互作用的，一个独立部门的业务活动可能不仅影响到自身的业绩计量，而且也会影响到其他部门的业绩计量，因此，各责任中心之间转移价格的制定通常是最容易引起争议的。

即使转移价格问题能够比较圆满地解决，各责任中心之间仍存在许多疑难的非价格因素。例如，某些产品质量以及转移的时效性会影响到下一个环节接受单位的经营，但是这种延误所带来的财务影响却难以将它量化。

处于同一价值链不同环节的各责任中心，其业务活动的关联性导致各自业绩计量相互干扰的现象也比较容易发生。例如，制造工厂的效率受到供应部门效率的影响，由此造成的不利差异应该是供应部门的责任而不能算在制造工厂的账上，但事实上往往难以区分。

（3）消费过度。在分权模式中，各自负责的考核标准不同，如果拥有费用支配权力的下级管理人员耗费无度，比如花巨资装修办公室、雇用大量的临时工、无节制的职位消费等。这些支出尽管会降低自身业绩，但只要其从过度消费中获得的实惠远远超过业绩奖励，那么就不能杜绝这种"寻租"行为的发生。

同时，下级管理人员还可能实施一和叫"帝国大厦"的行为，即尽量扩大其所管理的组织规模，以追求非货币性实惠，比如他在整个企业中的权势和威望。

责任成本的确定及考核

· 今日茶点

确定出责任成本及考核标准，使成本控制达到预期目标。

责任成本是以具体的责任单位（部门或个人）为对象，以其承担的责任为范围所归集的成本，也就是特定责任中心的全部可控成本。确定责任成本的关键是弄清楚各责任中心能控制哪些成本费用项目。通常，可以按以下原则来确定责任中心的可控成本。

假如某责任中心通过自己的行动能有效地影响一项成本的数额，那么该中心就要对这项成本负责；假如某责任中心有权决定是否使用某种资产或劳务，它就应对这些资产或劳务的成本负责；假如某管理人员虽然不直接决定某项成本，但是上级要求他参与有关事项，从而对该项成本的支出施加了重要影响，则他对该成本也要承担责任。

将发生的直接材料和人工费用归属于不同的责任中心通常比较容易，而制造费用的归属则比较困难。为此，需要仔细研究各项消耗和责任中心的因果关系，采用不同的分配方法。一般是按下述五个步骤来处理：

（1）直接计入责任中心。将可以直接判别责任归属的费用项目直接列入应负责的成本中心。例如，机物料消耗、低值易耗品的领用等，在发生时可判别耗用的成本中心，不需要采用其他标准进行分配。

（2）按责任基础分配。对不能直接归属于个别责任中心的费用，优先采用责任基础分配。有些费用虽然不能直接归属于特定成本中心，但它们的数额受成本中心的控制，能找到合理依据来分配，如动力费、维修费等。如果成本中心能自己控制使用量，可以根据其用量来分配。

（3）按受益基础分配。有些费用不是专门属于某个责任中心的，也不宜用责任基础分配，但与各责任中心的受益多少有关，可按受益基础分配。例如安装机动率分配电费等。

（4）归入某一个特定的责任中心。有些费用既不能用责任基础分配，也不能用受益基础分配，则应该考虑有无可能将其归属于一个特定的责任中心。例如，车间的运输费用和试验检验费用，难以分配到生产班组，不如建立专门的成本中心，由其控制此项成本，不向各班组分配。

（5）不能归属于任何责任中心的固定成本，不进行分摊。例如，车间厂房的折旧是以前决策的结果，短期内无法改变，可暂时不加控制，作为不可控费用。

责任成本确定后，接下来的问题就是责任成本的考核。责任成本的考核涉及成本控制报告、差异调查、信息反馈系统和奖罚制度等问题。

1. 成本控制报告

成本控制报告是责任会计的重要内容之一，也称为业绩报告。其目的是将责任中心的实际成本与限额比较，以判别成本控制业绩。

制作成本控制报告的目的如下：

（1）形成一个正式的报告制度，使人们知道他们的业绩将被衡量、报告和考核，这会使他们的行为与没有考核时大不一样，就如同学生对于考试课程与非考试课程花费的精力不同类似。当人们明确知道考核标准并肯定知道面临考核时，会为达到标准而努力。

（2）控制报告显示过去工作的状况，提供改进工作的线索，指明未来工作的方向。

（3）控制报告向各级主管部门报告下属的业绩，为他们采取措施纠正偏差和实施奖惩提供依据。

控制报告的内容主要包括三方面：

（1）实际成本的资料，它回答"完成了多少"。实际资料可以通过账簿系统提供，也可以在责任中心设置兼职核算员，在账簿系统之外搜集加工。

（2）控制目标的资料，它回答"应该完成多少"。控制目标可以是目标成本，也可以是标准成本，它一般按实际业务量进行调整。

（3）两者之间的差异和原因，它回答"完成得好不好，是谁的责任"。

一个良好的控制报告应满足下列要求：报告的内容应与其责任范围一致；报告的信息要适合使用人的需要；报告的时间要符合控制的要求；报告的列示要简明、清晰、实用。

2. 差异调查

成本控制报告将使人们注意到偏离目标的表现，但它只是指出问题的线索。只有通过调查研究，找到原因，分清责任，才能采取纠正行动，收到降低成本的实效。发生偏差的原因很多，可以分为三类：

（1）报告人的原因，包括过错、没经验、技术水平低、责任心差、不协作等。

（2）目标不合理，包括原来制定的目标过高或过低，或者情况变化使目标不再适用等；

（3）实际成本核算有问题，包括数据的记录、加工和汇总有错误，故意造假等。

只有通过调查研究，才能找到具体原因，并针对原因采取纠正行动。

3. 信息反馈系统

财务控制是一个动态的控制过程，为了确保财务预算的贯彻实施，就必须对各责任中心预算的执行情况进行跟踪监控，不断调整执行偏差，建立一个信息反馈系统，负责计量、传递和报告财务控制使用的各种信息。

责任预算是"总预算"的落实和具体化，它使各责任中心明确其应负的责任和应控制的事项，而责任预算的执行情况则通过"责任会计"来进行计量、考核，即对实际发生的成本、取得的收入和利润，按责任中心进行归集、核算。在预算期末，还应编制业绩报告，比较预算和实际的差异，分析差异产生的原因和责任归属。此外，还要按照例外管理原则，对预算中未规定的事项和超过预算限额的事项，向管理层作出信息反馈，以便及时作出决策。

4. 奖罚制度

切实可行的奖罚制度是保证财务控制长期有效运行的重要因素。人的工作努力程度往往受到业绩评价和奖励办法的影响，制定奖罚制度，让被考核人明确业绩与奖罚之间的关系，知道什么样的业绩将会得到什么样的奖罚。恰当的奖罚制度将引导人们去约束自己的行为，尽最大可能争取好的业绩。

因此，奖罚制度必须结合各责任中心的预算责任目标制定，体现公平、合理、有效的原则。此外，企业还要建立严格的考评机制，把过程考核与结果考核结合起来，发挥奖罚制度的激励作用。奖罚制度是调动人们努力工作、实现企业总目标的有力手段。

·第六章·

组织架构管理：创建利于解决问题的有效框架

设计之前先分析

· 今日茶点

在组织结构设计前，需对组织的综合情况作出分析。

按照传统的组织原则，组织分析的基本标准主要集中在组织的四种方式上，即组织结构方式、权责划分方式、人事调配方式及行政行为方式。

1. 组织结构方式

包括组织的结构是否完整，是否根据目标所决定的业务性质来确定组织体制和领导功能；是否根据目标需要和领导功能来确定管理层次的多寡和管理幅度的宽狭；纵向与横向部门的比例是否合理；等级系列中，命令是否贯通；横向部门中，职能是否明确，组织系统表是否简洁、实用等。

2. 权责划分方式

包括组织内部权力与责任的分配是否一致、合理；划分是否明细、周详。这方面的组织分析通常需要对组织的主要活动进行全盘审查，通过对职权和职责及其所对应工作人员的分析，来考虑有无合并或再分组的必要，以避免畸轻畸重的不均匀现象。

3. 人事调配方式

包括组织内的人事任免、调配是否根据已经划分的职责因事求人；是否根据工作任务来设置岗位；是否按照泰罗的"训练原则"来巩固和提高员工的素质；是否以工作能力和成绩作为升迁、奖励的依据；人事政策是否有利于调动全体员工的工作积极性。

4.行政行为方式

包括组织的各项工作是否以企业的规章制度为基础；工作过程是否科学化、制度化、程序化和讲究效率；是否能够经常以最少的人、财、物投入，来获得最大的成果，即获得最佳的投入—产出比。

按照人际关系—行为科学的组织原则，组织分析的基本标准则集中于组织中人的地位、人的积极性、人际关系的状态、权力关系的性质、沟通交流的程度等方面。

（1）组织中"社会人"的实现程度。即成员的经济、物质需求与社会、心理需求之间是否维持平衡，成员是否具有为组织贡献全部才能和力量的兴趣、意志，并能获得相应的报酬。

（2）组织的权力关系。是否包含"权威"的因素和具有相互控制的性质，组织的管理人员是否懂得通过激励来鼓舞成员的士气。

（3）组织的人际关系状况。是否有助于正式组织所需要的内聚力的形成和组织目标的达成，组织内部的团体关系及其行为对组织一体化过程的影响程度。

（4）组织的信息沟通的状况。包括工作指示、情况汇报、友好往来、思想交流和情绪、感情传递，信息交流是全部组织管理的基础。

（5）组织的民主程度和范围。新型的领导方式表现在通过协商和参与管理来建立自下而上的支持关系，并以此来形成合理的组织气氛，提高组织的整体功效。

按照系统—权变理论的组织原则，组织分析的基本标准又集中于组织与其环境相互作用、相互影响的动态平衡的状况和能力方面，具体包括：组织从环境吸收能量；组织通过内部机制将能量转换为产品形态；组织将产品以输出的形式送回环境；系统的再加强来源于系统的环境；通过产生和增加负担使组织得以生存和发展；信息反馈以使系统维持稳定状态，实现自动平衡；分化和精细化的趋势。

组织结构设计原则

·今日茶点

任何原则都不是万能的，这些原则要随着客观形势的发展作不同程度的调整。

许多介绍管理理论和经验的书中都会提出有关管理和组织的一些原则。但是，再全面细致的组织设计原则也不能"包治百病"，因为不同的组织采用不同的结构，遵循不同的原则，而且随着客观形势的发展作不同程度的调整。

1. 牢不可破的指挥系统

这一原则指组织中各阶层的每个人均有上司，每个人均须向上司报告、负责。在目前社会中，在军队、政府和其他一些构架稳定的老牌的大公司中均存在这种牢不可破的指挥系统。这种明确的权责关系使组织的效应得以发挥，并且可以杜绝偷窃、偷懒、迟到和其他不法事件的发生。

这种设计原则对于一个组织的健康发展是不可或缺的。大多数的主管均希望部属通过他们向上级报告，这被认为是一种规则，破坏这种规则将是非常危险的。但是如果所有的事都必须通过直接主管向上沟通，则将使工作效率降低。部属应能随时与最熟悉该工作的人沟通才好。

2. 适中的控制幅度

控制幅度是指某一位管理人员直接统辖的部属人数。管理人员对部属负有分配任务和监督之责，故幅度不宜太窄或太宽。较小的控制幅度意味着主管能更有效地控制部属，但如此则需要雇用较多的管理人员，花费较高的费用。较大的控制幅度将可为公司节省管理人员费用，但如此做亦须冒较大的风险，因为多数员工的操作未受到充分的监督，且管理人员无法确知什么人正在进行什么工作。

3. 授权必须明确

如果主管能够明确地授权，使得部属知道他该做什么和对他的要求是什么，则主管将是非常自由的。有些主管认为，如果不用部属，他们往往能把工作做得更快、更好。就短期而言，这是对的。但是就长期而言，授权将使部属发挥他们的专长，同时使得主管有时间去注意其他的事情，考虑较长远的问题。

4. 授权必须完全

这一原则要求任何组织要想达到目的，完成某项工作，则必须指定由某一个人来负责。理想的状况是，管理人员使得每一个人都知道他们所负的责任，而且每一件工作也都已经有人在做，同时每一个人都能把分内的工作做得很好，如此组织目标自然很容易便完成。

5. 职权和责任必须相等

组织中的每一个人均须拥有充分和适当的职权，使其得以采取适当的行动，完成他所承担的责任，不要太多或太少。职权和责任必须相等是传统的组织原则中重要的一条。任何一位部属都会直觉地想到这一条规则。当他被授予责任时，他知道他应有充分的职权以便有效地完成任务。

6. 责任不可下授

一位管理者可以将职权转授予下级，但管理人员并不能因此逃避责任，他仍须对部属行动的绩效负完全责任。这条规则看似相当正确且确有必要，但也产生了许多严重的问题。如果一位管理人员认为他将因每一个部属的过错而受罚，那他可能完全不授权给部属，同时禁止部属享有自主权，以免他们犯错。

确定出各个部门

·今日茶点

企业部门的划分是企业组织结构设计的必经之路。部门划分的目的在于确定企业组织中各项任务的分配与责任的归属，以求分工合理、职责分明，有效地达到企业目标。

要提高企业的运作效率，就必须对企业整体的工作进行细致的分析，进行合理明确的分类，并在此基础上进行科学综合，这就是"部门化"，即企业部门划分。企业部门的划分是企业组织结构设计的必经之路。部门划分的目的在于确定企业组织中各项任务的分配与责任的归属，以求分工合理、职责分明，有效地达到企业的目标。

1. 部门划分原则

企业部门划分应遵循分工原理。分工原理告诉我们，一个企业的组织机构越是能组织目标所要求的任务或工作，所确定的职务越是适合于承担这些职务的人的能力和动机，它就越是一个有效能和有效率的机构。具体原则如下：

（1）精简原则。企业组织结构是由管理层次、部门组合而成的。企业的组织结构要求精简，部门必须力求最少，但这是以有效地实现目标为前提的。现实中，常常有人认为在组织机构第一级以下的一切部门都要按照完全相同的方式划分业务工作，在组织结构中保持各级平衡，并以连续性和对等性为特征的刻板结构，这是对部门划分的误解。建立机构的目的不是供人欣赏，而是为了有效地实现目标。

（2）弹性原则。企业中的部门应随业务的需要而增减。在一定时期划分的部门，其增设或撤销应随业务工作而定。可设立临时部门或工作组来解决临时出现的问题。

（3）务实原则。部门的职能均应确保目标的实现。在企业组织中，其主要职能是生产、销售和财务等，像此类的职能都必须有相应的部门。当某一职能与两个以上的部门有关系时，应明确规定每个部门的责任。

（4）平衡原则。各职能部门的工作量应达到平衡，避免忙闲不均、工作量分摊不匀。

（5）分设原则。检查部门与业务部门分设设置，检查业务部门的人员不应隶属于受其检查评价的部门，这样就避免检查人员的"偏心"，真正发挥检查部门的作用。

2. 部门划分方法

从不同的角度，根据不同的标准，可以进行不同的部门划分。不同的部门划分方法各有各的特点与适用性。

（1）按职能划分。按职能划分部门是许多企业广泛采用的一种部门划分方法。企业所有的职能部门可根据生产专业化原则被分为基本的职能部门和派生的职能部门。基本的职能部门处于组织机构的首要一级，在每一个基本职能部门之内一般还需进一步地细分。细分的结果就形成了派生的职能部门。细分的前提是基本职能部门的主管人员感到其管理宽度太大，不能保证有效的管理时，才需要建立派生的职能部门。

例如，一个企业，当其规模随着业务活动的扩展而有必要将其中的采购职能分离出来并委派一名负责人来主管这项工作时，这个新的采购单位就是一个派生的职能部门。这种派生职能部门的划分，只要存在进一步划分的充分根据，就可能要持续进行若干级。

按职能划分部门的优点在于能充分反映专业化分工的原则，有利于提高各职能部门的工作效率，有利于提高管理人员的专业化水平。它的缺点在于部门的局部利益有可能导致部门间的协调困难，从而降低组织整体效能的发挥，易使各职能部门的专业人员产生"隧道视野"，即除自身领域外，其他什么也看不见，从而给各部门间的横向协调带来困难。

需要指出的是，如前所述，法约尔曾把企业的职能分为六种基本职能：技术职能（生产）；商业职能（购买、销售与交换）；财务职能（资本的筹集与运用）；安全职能（财产和人身的保护）；会计职能（包括统计）；管理职能。

大多数企业在采用按职能划分部门时，基本上就是按这些职能作为标志的，只是在具体细分时各有差别。例如技术职能细分为工程、生产，又如商业职能细分为销售、采购等。至于企业的管理职能，则是一个综合性的职能，按此职能设立的部门，一般是综合部门，如总经理办公室。

（2）按产品划分。即按企业向社会提供的产品来划分部门。它是随着科学技术的发展，为了适应新产品的生产而产生的。国外企业中出现的"事业部"或"集团"企业即属于这种按产品划分的部门。按产品划分部门有利于发挥专用设备效益，有利于发挥个人的技能和专业知识，同时也有利于部门内的协调。它使得部门总监把注意力集中在产品上，有利于产品的增长和发展。其缺点是：要求更多的人具有全面管理的能力；产品部门独立性强，整体性差，增加了主管部门协调、控制的困难。

（3）按人数划分。完全按照人数的多寡来划分部门是最原始、最简单的划分方法。这种划分部门的方法是，抽出一定数量的人在总监的指挥下去执行一定的任务。这种划分方法考虑的仅仅是人力。因此，在现在高度专业化的社会有逐渐被淘汰的趋势。

（4）按时间划分。适用于组织的基层，这是在正常的工作日不能满足工作需要时所采用的一种划分部门的方法。例如，企业按早、中、晚三班编制进行生产。按时间划分部门也是一种古老的划分方法。

（5）按地区划分。当企业的地理位置分布于不同地区，各地区的政治、经济、文化等因素影响到企业的经营管理时，把某个地区或区域内的业务工作集中起来，委派一位经理来主管其事，这就是地区部门化方法。相对于地区分散的组织来说，地区部门化是划分企业部门一种比较适合的方法。

这种部门划分方法的优点在于，可以谋求地方化经营的效果，使企业更好地了解市场，接近顾客，适应市场。同时也有利于总监的培养和训练。但是，这种方法的缺点是，需要更多的具有全面管理能力的人员，增加了最高主管部门控制的困难，而且地区之间往往不易协调，集中的经济服务工作也不容易进行。

（6）按设备划分。按设备划分也是划分部门的一种基本方法，这种方法常常和其他划分方法结合使用，例如，现在许多企业都已建立起电子计算机站或信息处理中心。这种划分方法的优点在于，能够经济地使用设备，充分发挥设备的效益，使设备的维修、保管以及材料供应等更为方便，同时也为发挥专业技术人员的特长以及为上级主管的监督管理提供方便。

（7）按服务对象划分。按服务对象划分，是指按企业不同的服务对象划分管理单位。即针对具有不同性质要求的服务对象，分别设置部门，以便各个部门更好地满足服务对象的要求。如按不同的顾客类别划分，可以有效地迎合不同顾客的要求，为不同的顾客提供分门别类的服务。

这种按服务对象划分部门的方法，最大的优点就是能满足各类对象的要求，社会效益比较好。但按这种方法组织起来的部门，总监常常要求给予特殊的照顾，从而使这些部门和按照其他方法组织的各部门之间的协调发生困难。此外，这种方法有可能使专业人员和设备得不到充分的利用。

企业组织职务设计

·今日茶点

要使企业组织中的每一个职位存在并有意义，与其相应的职务必须具有明确而且能够检验的目标，具有明确的职责、职权，以及使处于该职位的管理者有可能实现其目标。

企业组织结构设计的内容之一是将实现组织目标必须进行的活动划分成最小的有机联系的部分，以形成相应的职务。职务设计与分析是企业组织设计的最基础工作。职务设计是在目标活动逐步分解的基础上，设计与确定组织内从事具体管理工作所需的职务类别和数量，分析每个任职人员应负的责任和应具备的素质。

要使企业组织中的每一个职位存在并有意义，与其相应的职务必须具有明确而且能够检验的目标，具有明确的职责、职权，以及使处于该职位的管理者有可能实现其目标。在确定职务工作内容时，应该既考虑工作效率和要求，又要兼顾职务承担者能从中体验到的工作满足感，以便在任务和人员两方面要求的相互平衡中，确定职务合理的深度与广度。

职务设计就是将若干工作任务组合起来构成一个完整的职位。有些职务是常规性的、经常重复的，有些则是非常规性的；有些职务要求广泛、多样的技能，另一些只要求范围较小的技能；有些职务规定了非常严格的程序，另一些则具有相当的自由度。职务因任务组合的方式不同而各异，而这些不同的组合形成了多种职务设计方案。

职务设计经历了四个发展阶段。

1. 职务专业化

这种职务设计方法是与劳动分工、工作专业化意义相同的，管理者力求将组织中的工作设计得尽可能简单、易做。今天，大量的工作仍然是按照专业化分工的原则进行的。生产工人在装配流水线上从事简单、重复的工作，办公室职员坐在计算机前从事小范围、标准化的任务，甚至护士、会计及其他职业工作都是按照同样的原则组织起来的。

专业化分工有利于提高员工的工作熟练程度，有利于减少因工作变化而损失的时间，有利于使用专用设备和减少人员培训的要求，以及扩大劳动者的来源和降低劳动成本等。但职务设计得过于狭窄不可避免地会带来负面的影响，诸如在流水线上的工作，其枯燥、单调、乏味对人们生理、心理上的伤害，导致了员工的厌烦和不满情绪，工作之间的协调成本上升，从而影响了总体的工作效率和工作质量。

企业发展的早期，人们在职务设计方面，基本上都是致力于通过提高专业化和分工的程度来取得规模经济和高效率。后期的努力则转向了如何克服由于过度的专业化和分工而产生的各种弊端上。

2. 职务扩大化

这是为了克服由于过度的分工而导致工作过于单调的弊端而提出的一种职务设计思想，主张通过把若干狭窄的活动合并为一件工作，扩大工作的广度和范围。这在一定程度上拓宽了职位的内容，降低了工作的单调程度。另一种相似的做法是，让员工定期地从一项工作更换到另一项工作上去，这称为"职务轮换"。这样有利于促进员工技能的多样化，在一定程度上减少了工作的单调和枯燥的感觉，可以更好地培养和激励管理人员。

3. 工作丰富化

职务扩大化是指工作的横向扩展，工作丰富化则是从纵向充实和丰富工作内容，也即从增加员工对工作的自主性和责任心的角度，使其体验工作的内在意义、挑战性和成就感。在强调劳动分工的时代，一般主张在管理人员和作业人员之间进行明确的职责划分，由管理人员决定工作的内容和方法，而一般人员只需俯首听命。工作丰富化设计，就是要将部分管理权限下放给下级人员，使其在一定程度上自主决定工作的内容、方法、进度等。

4. 团队

上述几种方式均是依据个人来进行职务设计的。当职务设计是围绕群体而不是个人时，就形成了团队。近年来，团队代表了一种日益盛行的职务设计方案，越来越多的组织采用这一方式来安排工作以提高组织的竞争力。团队有多种类型，自主管理团队是其中最具代表性的一种。这种团队享有相当大的自主权，除了安排工作进度、决定工作方法之外，团队甚至可以自主挑选成员、自主考评工作绩效以及决定对团队成员的奖惩。

工作团队已成为组织工作活动的最流行方式之一。所谓工作团队，是指为了实现某一目标而由相互协作的个体组成的正式群体。当管理人员利用团队作为协调组织活动的主要方式时，其组织结构即为团队结构。这种结构的主要特点是：由于打破了部门的界限，可以促进员工之间的合作；可以快速地组合、重组、解散，提高组织的灵活性、决策速度和工作绩效；由于实现一定程度的自我管理，使管理层有时间进行战略性的决策。

组织中的四大顽症

· 今日茶点

任何组织都有顽疾，非此即彼。管理者的重要使命就是要尽可能降低顽疾为组织带来的负面影响。

帕金森教授在《帕金森定律》一书中总结了组织机构的四大可怕顽症。

1. 工作越少，下属越多

比方说军营里需要一个人判断航空照片，于是就命令一个二等兵去担任这份工作，让他坐在门口的一个座位上。看到长官走进来时，他起立敬礼，然后坐下。几天后，他开始抱怨了，说照片多，他需要两名助手协助；而且为了对助手有指挥权，他自己应该升为一等兵。他的长官非常体谅人，答应了他的要求。之后不久，他的下属也申请助手。于是，在三年内，他拥有了一个85人的小组，而且自己也步步高升，成为中校。然而，他自己从来就没有判断过一张航空照片，因为他忙着搞行政事务去了。

2. 姗姗来迟，匆匆离去

鸡尾酒会是现代任何会议所不能缺少的一个玩意儿。帕金森定律告诉你如何识辨酒会上的重要人物。这些人总是在他们认为对自己最有利的时间才姗姗入场。他们不愿意在人不多的时候入场，也不愿意在其他要人离开后入场。此外，在一个酒会上，要人们会不约而同地走到某一个位置集合，主要的目的是让大家看到自己也出席了。目的达到后，这些要人都争先恐后地溜之大吉。

3. 谈机色变，拱手求退

如果你要机构里的老同事让位，或使你心中的对手识趣点，较文明的方法是为他安排不间断的远方会议，使他不断地坐飞机旅行。本地时间清晨一时登机，当地时间午夜十二时半下机，并且让他填那永远填不完的出入境表格。当他东奔西跑，疲于奔命，视坐飞机为畏途。等他谈机色变时，自然会拱手让贤，求饶引退。至于那些想跟你竞争的仁兄，在看到这种折磨时，心惊胆战，自动投降。于是大门为你而开，尽可以大摇大摆地登堂入室，然后想如何防止他人对你如法炮制的妙计。

4. 三流上司，四流下属

在任何一个地方，我们会发现这样的一种机构：高层人员感到无聊乏味，中层人员只是忙于钩心斗角，低层人员则觉得灰心丧气和没有动力。他们都懒得主动办事，所以毫无绩效可言。在仔细考虑这种可悲的情景后，他们在潜意识里抱着"永远保持第三流"的座右铭。

比如："我们太过努力是错误的，我们不能与高层比；我们在基层做有意义的工作，配合国家的需要，我们应该问心无愧。"或者："我们不自吹是第一流的。有些人真是无聊，喜欢争强好胜，喜欢自夸他们的工作表现，好像他们是领导一样。"

这些看法说明了什么呢？他们在潜意识里只求低水准，甚至更低的水准也未尝不是。从第二流主管发给第三流职员的指示，只要求最低的目标。他们不要求较高的水准，因为一个有效的组织不是这种主管的能力所能控制的。

"永远保持第三流"的座右铭，以金字刻在很多组织和部门的大门入口处，三流角色已经成为指导原则。如此一来，他们构建了一个三流上司、四流下属的组织。

任何企业组织都会有这样或那样的顽疾，尽管有些顽疾尚未表现出症状，但可以肯定的是，这些顽疾一旦有合适的环境就一定会表现出来。由此给管理者带来的重要任务是：通过建立科学完善的组织架构和管理机制来抑制这些顽疾的发生，或者千方百计降低这些顽疾带来的负面影响。只有做到这一步，管理者的工作才能真正实现卓有成效。

组织结构设计的要素

· 今日茶点

无论是新建企业组织结构的构建还是现有企业组织结构的调整和完善，都需要按照一定的要素来设计或评价组织结构是否合理。

组织结构设计是由决策层和人力资源部门共同制定，用以帮助实现组织目标的，集有关信息沟通、权力、责任于一体的正规体制。其目的是为了有效地实现组织目标和绩效，合理配置人力资源以及协调处理责、权、利三者之间的关系。

组织结构是指某个组织在实现其所希望达到的绩效目标过程中，通过劳动分工和合作（一体化）方式来连接技术、任务和成员三个方面。组织结构应该帮助组织达到以下三个目标：

（1）促进信息和决策的沟通，减少不确定性。

（2）在组织内明确职位和单位，从而实现分工的潜在绩效。

（3）在职位和单位之间，帮助它们达到所希望的合作（一体化）水平。

分工是指为达到既定目标，划分任务和劳动的各种方法。资本主义经济制度的始祖亚当·斯密在1776年出版的《国富论》一书中指出，如果组织在其结构方面适当分工，能够提高工作效率，并且组织分工程度越高，其工作效率就会越高。

分工注重通过职位和单位专门化设置将任务细分，而相互依存是指为实现组织目标，两个或两个以上的职位和单位需要的相互关系的类型。相互依存的类型影响整体机制和个体工作方案的选择，因此，也将影响组织整体绩效和个体绩效。

无论是新建企业组织结构的构建还是现有企业组织结构的调整和完善，都需要按照下列要素来设计或评价组织结构是否合理。

1. 管理层次和管理跨度

组织工作的目的在于使人的合作更有效率。由于一个主管人员有效管理工作人员的人数是有限的，这就出现了管理跨度的问题。与此同时，管理跨度又产生管理层次。管理跨度表明的是一个主管人员所直接领导的人数，少则三四个，多则十几个或更多。一个企业管理层次的多少，表明的是企业组织结构的纵向复杂程度，大型企业可能有六七个层次甚至更多，而小企业可能只有两三个层次。一般情况下，管理跨度和管理层次是密切相关的，管理跨度大，管理层次就少；反之，管理跨度小，管理层次就多。

2. 专业化程度与分工形式

一个企业的分工形式决定了该企业的专业化程度。分工形式的采用，决定了企业部门的划分方法，也决定了部门和职务数量的多少，这是企业组织结构设计的一个重要课题。企业常见的分工形式包括按职能分工、按产品分工以及混合分工等。

3. 集权与分权

组织的职权是授予人们通过判断做出决策和发布指示的自由处置权。集权与分权是系统的两个方面，任何一个企业中，集权与分权都是相对的，既没有绝对的集权，也没有绝对的分权。

4. 中心部门与主要部门

不同的企业由于其经营性质不同、人员结构不同、所具有的功能不同，也就具有不同的中心部门与主要部门。中心部门是指在企业组织结构中处于中心地位，具有较大职责和权限的职能部门。只有确立了主要部门，明确了主要职能，企业的中心任务才能得到落实，同时各种作业群体又能得到支持，以完成各自所规定的任务。

组织集权与分权模式

· 今日茶点

只有建立集权与分权相结合的组织结构，才能获得相辅相成的良好效果。

集权与分权各有利弊，只有结合起来，才能扬长避短。就集权而言，它有利于统一领导和指挥，加强对中下层组织的控制，对于贯彻落实企业经营战略，合理利用经营资源，提高企业整体效益具有重大意义。但集权也会限制基层人员的主动性和创造性，加强高层领导的工作负荷，也不利于管理人才的培养。而分权就能够克服上述缺点，但又容易产生偏离企业整体目标，使分权单位协调困难，有损整体效益。因此，只有建立集权与分权相结合的组织结构，才能获得相辅相成的良好效果。下面介绍几种常见的成功组织模式，仅供参考。

1. 职能型模式

职能型模式是现代企业最为基本的一种组织结构形式。企业一般按生产经营程序设置生产、销售、开发、财务、供应等职能部门。职能型模式的显著特点是管理层级的集中控制。因为在采用这种结构的企业中，企业的生产经营活动，按照功能分成若干个垂直管理系统，每个系统直接由企业的最高领导指挥，因此，职能型模式是一种以权力集中于高层为特征的组织结构。

企业管理职能的水平分化与垂直分化，产生了管理的职能部门与管理层级，它们构成了企业职能型组织结构的基础。从企业组织的管理形态来看，直线职能参谋制结构是职能型组织最为理想的管理架构。但是，随着企业规模的扩大，这种结构的缺点日渐暴露：高层领导们由于陷入了日常生产经营活动，没有精力考虑长远的战略发展，而且行政机构越来越庞大，各部门的协调越来越难，造成信息和管理成本上升，不利于组织整体绩效的实现。

2. 事业部型模式

企业组织的事业部型模式也叫 M 型模式，即多单位企业。在这种结构中，分支机构（事业部）通常是根据业务按产品、服务、客户或地区划分的，通常是半自主的利润中心。企业授予事业部门很大的经营自主权，使之能更好地发挥主动性和创造性，各分支企业通过下设的职能部门来协调从生产到分配的过程，在它们之上设有一个由高层经理所组成的、由财务人员和管理人员协助的总办事处。

事业部型模式使政策制定和行政管理两项职能实现了分离，完善了决策劳动的分工形式。总办事处一方面负责监督、协调各分支企业的活动，并评估他们的绩效，另一方面负责整个企业的资源分配。高层经理因此得以摆脱日常经营工作，集中精力从事长期的战略性的经营决策，并监督、协调各事业部门的活动和评价各部门的绩效。

事业部型模式的缺点是：它可能会增加管理费用；会出现资源使用上的重复配置；容易滋生本位主义；事业部之间的竞争，可能给管理人员带来一定的心理压力。

事业部型组织结构，一般适应在具有较复杂的产品类别或分销网络的企业中采用。这种企业一般是市场推动型的，需要以一种分权的方式来进行决策。在事业部型组织结构中，决策可以在较低的组织层次中作出，这样就比集权的组织更有利于作出快速的反应。

3. 矩阵型模式

矩阵型模式是把按职能划分的部门和按产品（或地域、顾客）划分的部门结合起来组成一个矩阵，这种组织结构形式的特点在于打破了传统的单一命令、统一指挥原则，使一个员工属于两个或两个以上的部门接受双重领导。换句话说，一名员工既同原职能部门保持组织与业务上的联系，又参加产品或项目小组的工作。

矩阵型模式的优点在于它能对特定的顾客的需要作出反应；能对员工提供满足感，因为它允许员工经常更换项目小组，从而接触各种不同类型的顾客需要；在发挥人的才能方面具有很大的灵活性。其不足是它在资源管理方面存在复杂性；当管理人员对员工没有直接权力时，存在产生混乱或冲突的可能性；下级汇报工作的路线模糊，也可能给员工带来心理压力；这种多头指挥，还易导致责任不清。

以上类型仅仅是对实际组织结构形式的理论抽象，现实组织中往往是这些类型的综合体，作为管理者，应该清楚自己所在组织的结构及其优缺点，并根据实际情况进行适当变通。

越是万能的越是错误

· 今日茶点

在组织建立的过程中，最大的错误就是使用一套"万能"的通用模型。

对于企业而言，没有一种组织架构是万能的，任何企业的组织架构设计都应在个性需要的基础上进行。组织设计的目的就是适应变化、应对变化，获得竞争的胜利。根据客观需要而进行组织架构设计，体现的是一种管理应需而变的思想。但凡是伟大的企业，管理应需而变是其成功的最重要的法宝。

我们以肯德基为例。如果在中国进行民意调查，能够让妇孺皆知的国外品牌，肯德基肯定是其中之一，可见肯德基对我们民众生活的影响，以及它在中国获得的成功。但是，就是这个在今天看来如日中天的品牌，也曾有过在中国败走麦城的经历。

1973 年，肯德基大举进入香港，肯德基高层过于乐观估计香港的市场，在不到一年的时间里就迅速扩张了 11 家店。但是市场很快就给他们当头一棒。因为未能找到一个适合香港本土的经营模式，结果到 1975 年时只好相继关闭所有的餐厅，撤出香港。

10 年后，他们带着失败的教训，重新踏上香港这片土地，通过特许授权的方式，在香港开始走向成功。与此同时，他们将市场开拓到中国内陆，于 1987 年在北京天安门广场附近开设了其首家中国内地分店。应该说，之前在香港失败及后来成功的经历为肯德基进入中国内地提供了极其宝贵的经验。

在当时的政策环境下，外资企业除和本土企业进行合作外，没有第二条路可走。在这个时代背景下，肯德基选择实力雄厚的当地企业进行合作。这种合作充分体现了肯德基应需而变的管理策略和适应能力。当政策出现变化，合资经营不再是硬性规定时，肯德基开始转向独资，并迅速走上高速扩张之路。从 1987 年到 2007 年的 20 年间，肯德基这个名字响遍了神州大地，店面数量多达 2000 家。

肯德基高层知道要想在中国获得巨大成功，就需要在中国本土落地生根。落地生根的唯一方法就是入乡随俗。为了把肯德基食品完美无瑕地融入本地的生活特色之中，肯德基在深入调研策划的基础上，为传统饮食文化深厚的中国顾客发明了中国式食品，他们不仅推出有中国风格的早餐粥品、老北京鸡肉卷配海鲜沙拉以及辣鸡串等，还推出最具中国早餐传统的中国式油条。

产品创新使肯德基在激烈的快餐食品竞争中把握住了主动权。建立有应需而变的组织架构带来的好处是，一旦出现发展机遇，相应的部门就会迅速出动，捕捉到机遇。在这个过程中，是单个部门或几个部门的行为，而非是公司整体行动，既获得了成果，又避免了资源浪费。基于市场需要而设计的组织架构，具有很强的灵活性，在各种环境下都能游刃有余。

配合战略调整而调整

· 今日茶点

不管基于何种原因，只要企业调整了战略，就必须调整组织架构来给予配合。

2009 年，神州数码宣布组织架构调整，按照行业客户、企业客户、中小企业及个人消费用户将旗下业务拆分为六大战略本部。

原本主要针对中小企业及个人消费用户的海量分销业务细分为三个战略本部：商用战略本部、消费战略本部和供应链服务战略本部。其中商用战略本部主要面向中小企业，提供产品及解决方案；消费战略本部侧重消费类 IT 产品的分销与销售；供应链服务战略本部作为前两者的"后勤部门"，主要负责供应链物流管理。

原本主要针对企业客户提供服务器、存储等增值分销业务中，并入负责网络设备销售的神州数码网络公司，成立新的系统科技战略本部。定位为国内企业级客户提供业界先进的产品解决方案与增值服务。

原本主要针对行业的 IT 服务业务，拆分为软件服务战略本部和集成服务战略本部，其中软件战略本部主要提供软件产品，集成服务战略本部更侧重硬件，提供端到端的 IT 基础设施服务。

神州数码称，此次调整是依照客户需求划分业务结构。在未来市场中，将关注八类业务模式，包括零售、分销、硬件安装、硬件基础设施服务及维保、应用集成、应用开发、IT 规划和流程外包等，并依此构建业务组织架构，形成六大战略本部（简称 SBU），满足客户的全方位需求。

神州数码此次组织架构调整是对公司"以客户为中心，以服务为导向"战略转型的一个重要组成部分。此前，神州数码董事长兼总裁郭为在 2007 年制定了向服务转型的战略，他认为此次架构调整即为上述战略的延续。

自 2000 年从联想控股集团分拆出来以后，神州数码重组整合的动作就一直没有间断。2006 年，为配合公司的新战略，郭为对神州数码进行内部整顿，建立四大虚拟子公司，子公司各自开始向服务转型。之后又根据业务的不同将公司分为三个虚拟架构，分别是负责海量分销的神州数码科技发展公司、负责增值分销的神州数码系统科技公司和负责 IT 服务的神州数码信息技术服务公司。

根据战略进行组织架构调整，能够使企业进一步释放生产力，强化战略管理能力，在优势领域深耕细作，扩大市场份额，拉大同竞争对的差距。相反，如果组织架构落后，战略执行将遭受众多羁绊。

能够积极促进内部沟通

· 今日茶点

组织架构必须有助于沟通，而不是对沟通形成障碍。

在当今社会，企业的结构发生了巨大变化，由传统的金字塔形转向扁平化，中间管理层大量减少，使高层和基层员工的沟通迅速增加，但同时也使高层的工作压力增加。庞大的基层和小而精的高层需要实现有效的沟通，而新型的沟通模式正是为组织沟通提供了有效性。

在通用电气公司内部，有一种会议模式特别受推崇。这种会议模式被称为"快速市场智能"（英文缩写"QMI"）。这种电话会议使通用公司的管理层发现了同步交流的价值。由于公司的全球主管在地理上的分布很广，经理人不能很频繁地参加面对面的会议。QMI 通过视频和电话让他们聚到一起，遍布全球各分公司的大约 50 个人就会进行一次对话。通用公司规定，这种电话会议每两个星期举办一次。

这种针对电话会议的全体运行机制使所有 QMI 的参加者，不管他们是处于不同的阶层还是遍布全球，都能够及时了解在顾客、竞争对手身上以及全球技术方面到底发生了什么。这种模式为通用公司带来的是效率更高的会议。

　　因为是电话会议，全球同步进行，这就要求参会者必须考虑以下几个问题：讨论的问题必须要独特而且简单，能在2分钟内回答上来；所有的参加者必须轻松和有勇气作出贡献；为了不让人们失去兴趣，会议要简短；会议过程中要对信息进行处理，最后要作出总结。QMI在公司内部获得了成效，它使公司的高层管理者不再为举办全球会议发愁，很多难度很大的事情能够轻松被这种会议解决。

　　为什么有些公司内部不能做到畅通沟通，其根本原因就在于，组织架构不能为促进内部沟通产生积极作用，各个部门各自为政，互相扯皮。通用公司创造了一种全新的会议模式，并通过制度将其固定下来，使全球即时沟通成为可能，进而大大提高了企业效益。可见，建立利于沟通的组织是多么重要。

　　有效的组织沟通制度，能够规范组织沟通规则，增强全方位（纵横及内外交错）的组织沟通频次与途径，同时，通过对沟通中不良行为的约束，促进员工行为的一致性，提高组织沟通效率与效果。一个组织的沟通效果决定了组织管理效率，在企业的经营管理过程中，如果能做好组织沟通，对促进企业绩效目标的实现起到事半功倍的效果。

促进员工自我管理

· 今日茶点

　　组织架构要能够促进员工自我控制，并能激发自我激励。

　　戴明博士是美国管理界的权威，曾被誉为"质量管理之父"。他曾经讲过这样一个案例：一个日本人受命去管理一家即将倒闭的合资美国工厂，他只用了三个月的时间就使工厂起死回生并且赢利了。为什么？

　　道理很简单，那个日本人解释道："只要把美国人当作一般意义上的人，他们也有正常人的需要和价值观，他们自然会利用人性的态度付出回报。"可见，真正的"人性化管理"，是帮助和引导员工实现自我管理，而不是要求员工完全按照已经全部设计好的方法和程式进行思考和行动。

　　大名鼎鼎的西门子公司有个口号叫作"自己培养自己"，它是西门子发展自己文化或价值体系的最成功的办法，反映出了公司在员工管理上的深刻见解。和世界上所有的顶级公司一样，西门子公司把人员的全面职业培训和继续教育列入了公司战略发展规划，并认真地加以实施，只要专心工作，人人都有晋升的机会。

但他们所做的并不止于此，他们把相当的注意力放在了激发员工的学习愿望、引导员工不断地进行自我激励、营造环境让员工承担责任、在创造性的工作中体会到成就感这些方面，以便员工能和公司共同成长。对西门子来说，先支持优秀的人才再支持"准成功"的创意更有价值。

面对世界性的竞争，要求拥有成功的经营人才。这种理念的前提就是，经过挑选的员工绝大部分都是优秀的，他们必须干练、灵活和全身心投入工作。他们必须有良好的学历，积极发展自我的潜力。而且，公司也正是因为有了这些优秀的员工而获得业绩和其他利益的增长。

对于管理者而言，员工的自我约束力是最好的管理制度，是企业事半功倍的法宝。需要提醒管理者的是，员工自我管理虽然是一种切实可行的积极的目标，但是真正做到却非常不容易；不仅需要领导者和管理者具备帮助、引导、培训的种种技巧，更为重要的是要有一套促进员工自我管理的制度。

促进信息流动而非障碍

· 今日茶点

组织层级越多，组织就会越僵化，也就会延缓决策的进程。根据信息传播规律，每传输一次，所传递的信息就会流失一半，而不正确的信息却在同步增加。

通常，一个部门到另一个部门的信息流动会遇到障碍或者被歪曲。公司规模越大，人们分享信息、作出一致的决策和调整其优先业务的难度就越大。决策的速度变慢，执行力的优势就被削弱。因此，企业运行机制的最大意义是保证公司各项信息流动的便捷性、有效性和准确性。

有"第一CEO"之称的杰克·韦尔奇执掌通用之初，就发起了一场"拆墙"运动，提出了一个核心价值，叫"无疆界沟通"。企业界普遍认为，韦尔奇发起的是企业文化革命。其实，究其根本，韦尔奇的改革，本质上是颠覆旧的组织结构，是一场改组科层结构的组织改革。

韦尔奇当年面对的难题是组织运转速度奇慢，部门之间深沟高垒，事不关己高高挂起，官僚主义盛行。所以他发起"拆墙"运动，拆的什么墙？拆的是部门之间的墙，是此职能与彼职能之间的墙。

韦尔奇的经营变革，减少了管理层级，让经营信息传导得更快更准确，把金字塔式的传统管理结构改组成扁平化的矩阵结构。比如制造部门喜欢生产已经定型了的成熟产品，而不理会市场需求，于是，引进项目经理制，打通部门壁垒，让销售部、供应部、生产部坐在一起，来研究市场需求，这就是解决问题的根本。

在微软，比尔·盖茨认为，信息交流极其重要，是解决问题的有效途径以及团队精神的体现。在微软中，最典型的交流方式是"白板文化"。"白板文化"是指在微软的办公室、会议室，甚至休息室都有专门的可供书写的白板，以便随时可记录某些思想火花或建议。这样一来，有任何问题都可及时沟通、及时解决。白板文化不仅使员工充分得到了尊重，而且使交流成了一种令人赏心悦目的艺术。

在企业内部，信息沟通系统包括三个子系统：一是企业内部与外部的沟通系统；二是上级向下级的任务发布和评价反馈系统；三是下级向上级的信息反馈和工作汇报系统。企业与外部沟通的目的是使企业的发展始终符合市场变化的要求。

德鲁克说，企业内部对市场的判断十有八九是错误的，真正懂得市场的人是在企业之外。这句话揭示了企业与外部保持联系的重要程度。在企业内部，从上到下的任务发布和从下往上的工作汇报，更需要企业采用制度来保障畅通。一般而言，组织层级越少，信息流通越畅通。

先有奖赏后有英雄

· 今日茶点

一个好领导应建立好管理激励与约束机制员工的制度。

在兵法上有一句说得好"用赏贵信，用刑贵正"。这里的用赏贵信也就是激励机制，用刑贵正也就是惩罚机制，但现在我国大多数企业对员工的管理激励与约束机制还没有很好地建立起来。如在一些企业中，不仅缺乏有效的培养人才、利用人才、吸引人才的机制，还缺乏合理的劳动用工制度、工资制度、福利制度和对员工有效的管理激励与约束措施。

当企业发展顺利时，首先考虑的是资金投入、技术引进；当企业发展不顺利时，首先考虑的则是裁员和员工下岗，而不是想着如何开发市场以及激励员工去创新产品、改进质量与服务。那么企业如何制定一个员工激励制度，从而有效地驱动员工工作呢？其实这就是一个博弈的运用。

比如说有一家游戏软件的企业老总打算开发网络游戏。如果开发成功，根据市场部的预测可以得到 2000 万人民币的销售收入。如果开发失败，那就是血本无归。而企业新网络游戏是否会成功，关键在于技术研发部员工是否全力以赴、殚精竭虑来做这项开发工作。如果研发部员工完全投入工作，有80%的可能，这款游戏的市场价值将达到市场部所预测的程度；如果研发部员工只是敷衍了事，那么游戏成功的可能性只有60%。

如果研发部全体员工在这个项目上所获得的报酬只有500万元，那么这些员工对于这款游戏的激励不够，他们就会得过且过、敷衍了事。要想让这些员工得到高质量的工作表现，老板就必须给所有研发员工700万元的酬金。

如果老板仅付500万元总酬金，那么市场销售的期望值有2000万×60%=1200万元，再减去500万元的固定酬金，老板的期望利润有700万元。如果老板肯出700万元的总酬金，则市场销售的期望值有2000万×80%=1600万元，再减去总酬金700万元，老板最终的期望利润有900万元的剩余。

然而困难在于，老板很难从表面了解到研发部的员工在进行工作时是否恪尽职守、兢兢业业地完成任务。即使给了全体研发员工700万元的高酬金，研发部员工也未必就尽心尽力地完成这款游戏。由此看来，一个良好的奖罚激励机制对于企业极其重要。

公司最好的方式就是若是游戏市场反映良好，员工报酬提高；若是不佳，则员工报酬缩减。"禄重则义士轻死"，如果市场部目标达到，则付给全体研发人员900万元，若是失败，则让全体研发员工付给企业100万元的罚金。在这种情况下，员工酬金的期望值是900万×80%－100万×20%=700万元，其中900万元是成功的酬金，成功的概率为80%，100万元则是不成功的罚金，不成功的概率为20%。在理论上，采用这样的激励方法会大大提高员工工作的努力程度。

从某种意义上来说，这种激励方法相当于赠送一半的股份给企业研发部员工，同时研发员工也承担游戏软件市场失败的风险。然而这种方法在实际中并不可行，因为不可能有任何一家企业能够通过罚金的方式来让员工承担市场失败的风险。可行的方法就是，尽量让企业奖惩制度接近于这种理想状态。更加有效的方法，就是在本质上类同于奖励罚金制度的员工持股计划。我们可以将股份中的一半赠送给或者销售给研发部的全体员工，结果仍然和罚金制度是相同的。

从这个例子中可以看到，员工工作努力与否与良好的激励机制密不可分。然而我们现实中的很多公司却不明白这个道理。比如很多公司的奖惩制度上写着："所有员工应按时上班，迟到一次扣10元，若迟到30分钟以上，则按旷工处理扣50元。"国外有弹性工作制，即不强求准时，但是每天都必须有效地完成当天的工作。即使有人迟到、早退、被扣除工资，但是在实际工作中很有可能并不是努力工作，其因扣除工资而产生的逆反心理导致的隐性罢工成本反而有可能高于所扣除的工资。从表面上看，老板似乎赚得了所扣工资的钱，实际上是损失更多。可见，这并不是一个有效的奖罚激励制度。

再比如有的公司规章条例写着："公司所有员工应具有主人翁意识，应大胆向公司领导提出合理化的建议，可以直接提出也可以以书面形式提出，若被采纳后奖励 50 元。"试问，不同的合理化建议对公司所创造的效益是不同的，假设一个人所提建议可以提高效益 5 万元，另一个人所提建议则只能提高效益 500 元，都用 50 元的奖金来进行物质激励，其条例本身明显就不是合理化的制度。

雨果曾说过："世界上先有了法律，然后才有坏人。"制度是给人执行的，也是给人破坏的。有时，制度成为不能办事的借口。刚开始，制度是宽松的，后来设的篱笆越来越多。有很多规则是潜规则，不需要说明。比如，买菜刀时，不需要说明不能让刀刃对着人。有些规则不规定不行，比如开会，不规定准时就肯定永远有人迟到。

制度还有一个给人破坏的特征。破坏制度有时候让人觉得亲密。比如，按制度你只能住 400 元的房间，老板破例给你住 600 元的，员工觉得老板违反制度对自己特别好，而这样员工就会在工作上付出更多的努力。

总而言之，一个良好的奖惩制度首先要选择好对象，其次要能够建立在员工相对表现基础之上的回报，简单地说，就是实际的业绩越好，奖励越高。只有奖罚分明的制度才能够对员工创造出合适的激励。因此说，一个好领导应建立一个好的管理激励与约束机制。

·第七章·

人事管理：把每一次人事决策都做对

人事决策最为重要

·今日茶点

　　管理者花在对员工的管理与做人事决策上的时间，远甚于花在其他事情上的时间。因为没有任何决策所造成的影响和后果会像人事决策如此持久而又难以消灭。

　　知识经济时代，人是企业最重要的资产，也是企业可持续发展最核心的生产力。松下幸之助认为，企业经营的基础是人，"要造物先造人"，如果企业缺少人才，企业就没有希望可言。可以毫不夸张地说，在竞争激烈的市场环境中，人才决定企业命运。因此，在一个组织中，任何决策都不会比人事决策更重要。德鲁克认为，人事决策是最根本的管理，因为人决定了企业的绩效能力，没有一个企业能比它的员工做得更好。人所产生的成果决定了整个企业的绩效。

　　一个企业要具备非常高的绩效能力，就必须做好有关"人"的各项决定。这些决定包括岗位安排、工资报酬、职位升降和解雇等。有关人的各项决定将向企业中的每一个成员表明，管理层真正需要的、重视的、奖励的是什么。

　　人事决策是涉及人的决策，人事决策不仅会影响到做决策的某些人或某个团队，还会影响到所有的经理和管理者。人事决策水平的高低不仅决定了企业能否有序运转，而且也决定了它存在的使命、价值观以及目标的实现。

　　"选好一个厂长，就会搞好一个厂；选错一个厂长，就会搞垮一个厂。"这既是常识，又是现实。然而正是这种常识和现实，使国内的很多企业家不敢分权授权，也使企业很难聚集到所需要的人才，他们甚至只相信自己的亲信和"嫡系部队"。企业家的思维局限在这种层面上，企业如何能做大做强呢？还有人认为：

"找到可用的人实在太难。""有能力而不忠诚，我不敢用。"

说到底，人事决策解决的是组织的用人问题。在用人问题上，绝不是简单的分权授权问题，也绝不只是人的能力和忠诚问题。人事决策是最根本的管理，其核心是如何选人、如何用人。要想用人，首先要重视人，要有爱才如命、求贤若渴的用人理念。

20世纪30年代中期，美国福特公司的一台电机发生故障，公司所有的技术人员都未能修好，只好从别的公司请来一位名叫斯坦门茨的专家。他在电机房躺了3天，听了3天。然后要了一架梯子，仔细观察了一番。最后在电机的某一部位用粉笔画了一道线，并写了一行字："此处线圈多了16圈。"结果，把这16圈线拆除后，电机马上运转正常。

福特很欣赏斯坦门茨的技艺，并希望他能到福特公司效力。但却遭到了斯坦门茨的拒绝，他说："我所在的公司对我很好，我不能见利忘义。"福特说："那我就把你所在的公司都买过来。"最后，用3000万元买下了斯坦门茨所在的公司。

美国有一家公司，新主管在上任之前，老板总是先送他一个木质的俄罗斯套娃。这种玩具是由10个套娃组成，越往里层套娃越小，当打开到最底层的套娃时，只见里面留有一张纸条，上面写道："如果我们每个人都雇用能力不如自己的人，那么我们的公司就会很快变成侏儒公司。但是，如果我们每个人都雇用能力超过自己的人，那我们的公司就会变成巨人公司。"言下之意是作为管理者，必须重视人才，而不能压制人才，要把重视人才作为第一重要工作。

其次，企业要用人，就必然要选人，要招聘人。然而很多进行人事决策的管理者并不真正懂得选人。很多人都自认为是优秀的管理者，当管理者以此为前提选人时，就可能犯严重的错误。卓有成效的管理者必然明白，自己不是别人的评判者，不能凭自己的直觉和想法来雇用员工，必须建立一套考察和测试程序来选人。

每个管理者都要清楚，个人的能力总是有限的，不能仅仅依靠个人的阅历和见识来评判人才。因为，每个人的行事方式和思维习惯都有局限性，我们固有的惯性思维，容易对人形成成见，所以，选择符合你"口味"的人，可能恰恰就是一种错误决定。在选人上，必须采取谨慎、认真而又细致的态度。

最后，用人要用到位，要有利于提高企业的绩效，因此，必须提高人事决策的有效性。德鲁克多次强调，不能把"有效"和"有效率"混淆，有效强调的是结果，而有效率重视的是效率。对于企业的人事决策来说，效率并不重要，能不能有成果，才是最迫切的。

国内很多企业，在选人用人方面需要吸取经验教训。海尔集团管理团队很年轻，平均只有 26 岁，但在海尔用人的过程中，很少出现大的失误，海尔有自己一套选人、用人方法和标准。在海尔担大梁的也并不都是名牌高校的高才生。可见，用人不在于形式，而在于成果，在于有效性。

员工是管理者的顾客

· 今日茶点

管理者越来越像推销员，在推销的时候，我们不会劈头就问"我们要什么"，而会先问"对方需要什么，价值是什么，目标是什么，期望获得的成果是什么"。

L 先生是一家大型企业 G 公司的一个基层管理者，手下有 8 个员工。L 先生工作勤恳，为人谦和，对每一个下属都想给予一些关怀和照顾，所以跟大家的关系还算不错。并且他还有一个最大的特点就是，他对他的直接领导是言听计从，领导安排什么，他马上向下属安排什么。

一旦下属提出异议，他马上便说"领导说了，就照这样执行。你照吩咐做了，出了差错领导不会怪你，你如果不这样做，出了问题你得自己担着"。下属一听觉得也有道理，于是便开始认真执行。

但渐渐地下属有了不明白的地方，也就不再问他，而是隔着他直接请示更高领导，因为大家知道跟他说了也没有用，他还得去请示领导，并且这段时间他还遇到了一件烦心事。他发现手下有个别人开始直接向他"顶牛"，公然不再听从他的指挥，他早就想把一些"害群之马"开掉，但苦于没有办法，他发现他现在连这点权力都行使不灵了。并且他的"无能"渐渐被传播开来，以至于其他原本"听话"的下属也开始不拿他当回事了。

优秀的管理者必定是指挥家或者教练，而非是传话筒。向员工"推销"管理，企业管理者一定要到下属中去，而不是通过制度、命令或者其他呆板的框条体现。向员工"推销"管理，目的是使员工理解管理并乐于接受管理，而不是对员工施加压力或者约束员工的行为。

雷·克拉克是麦当劳快餐店的创始人，他有个习惯，就是不喜欢在办公室办公，他的大部分时间用在了"走动管理"上，到所有的分公司和部门多走走、看看、听听、问问，收集大家对工作的意见。

麦当劳公司曾有一段时间面临严重的亏损，克拉克用他的"走动管理"在各公司发现了一个很严重的问题——官僚作风盛行。公司的各部门经理都有一个很不好的习惯，喜欢靠在舒服的椅背上对员工指手画脚，把很多时间浪费在抽烟、喝咖啡和闲聊上。

克拉克为此十分生气，于是他下令："把所有经理的椅背都锯掉，马上执行。"命令下得很快，执行得也很快，不出一个星期，每个经理的椅背都被锯掉了。

锯掉椅背后，经理们对克拉克的做法很不理解，甚至还很气恼。椅背锯掉了就不能像以前那样舒服地靠着它抽烟喝咖啡了，于是大家都走出办公室，学着老板的做法到各部门基层走走、看看、听听、问问，很快，他们就发现了管理当中出现的问题，顿悟了克拉克锯掉椅背的用意。于是，他们及时调整管理方案，现场解决存在的问题，终于使公司扭亏为盈。

克拉克推行的管理方式被定义为走动管理。这种管理思想和方式为解决企业管理者如何推销自己的管理提供了一种极佳方法。走动管理体现了上级对下级或对客户的一种关怀。通过面对面的接触，管理者常常可以更好地对下级进行指导，同下级直接交换意见，特别是能够听取下级的建议，了解遇到的各种问题，从而能更有效、更及时地采取相应的措施。

走动管理是世界上流行的一种创新管理方式，它是指企业领导身先士卒，深入基层，体察民意，了解情况，与部属打成一片，共创业绩。随着社会的发展，这种管理风格已日益显示出其优越性：

（1）能产生联动效应，即主管动，部属也跟着动。既然领导都已经做出表率了，那么下属自然也会紧跟领导步伐，加强走动管理。

（2）投资小，收益大。当今世界，人们都在努力提高效率。走动式管理不需要太多的资金和技术，就能提高企业的生产力。

（3）看得见的管理。最高主管能够到达生产第一线，与工人见面、交谈，期望员工能够对他提意见，能够认识他，甚至与他争辩是非。

（4）实现真正的现场管理。日本为何有世界上第一流的生产力呢？有人认为是建立在追根究底的现场管理上。其实，日本企业的主管及其幕僚们每天要洗三四次手，原因是这些人的手是在现场东摸摸、西碰碰弄脏的。主管每天马不停蹄地到现场走动，部属也只好舍命陪君子了！

（5）更能获得人心。优秀的企业领导要常到职位比他低几层的员工中去多听一些"不对"，而不是只听"好"的。不仅要关心员工的工作，叫得出他们的名字，而且还要关心他们的衣食住行。这样，员工觉得领导重视他们，工作自然十分卖力。一个企业有了员工的支持和努力，自然就会蒸蒸日上。

将人力看作资源

·今日茶点

尽管许多管理者号称人力是他们的主要资源，但是他们的实际做法并没有把人力作为一种资源来重视，而是看作问题、程序和成本。

德鲁克说，管理人员爱说"我们最大的资产是人员"，他们喜欢重复一种老生常谈：一个组织同另一个组织的唯一真正区别就在于人员的成绩不同，至于其他的资源都是相同的。管理的任务在于用心保护组织内部的资产。而当知识型员工的个人知识成为一种资产，而且日益成为组织的核心资产时，这意味着管理者有必要重视这项组织中最重要的资源。

在松下电器公司的一期人事干部研讨会上，松下莅临讲话并直接发问："你在拜访客户时，如果对方问你，松下电器是制造什么产品的公司，你们如何回答？"业务部的人事科长恭恭敬敬地回答："我会这样说：松下电器是制造电器产品的公司。"

"错！像你这样回答是不负责任的！你们整天都在想什么？"松下的训斥声顿时响彻整个会场。难道真的错了吗？难道松下电器公司不是生产电器产品的吗？参会者都莫名其妙，遭训斥的人事科长更是不明白哪里错了。

松下脸色十分难看，拍着桌子怒火冲天地说："你们这些人都在人事部门任职，难道不懂得培育人才是你们人事干部最主要的职责吗？如果有人问松下电器是制造什么的，你们就要回答松下电器是培育人才的公司，并兼做电器产品！经营的基础是人，对于这一点，我不知说过多少遍。在企业经营上，资金、生产、技术、销售等固然重要，但人才却是经营的主宰，归根结底人才是最重要的。如果不从培育人才开始，那松下电器还有希望吗？"

其实，早在创业初期，松下幸之助就已经认识到，拥有优秀的人才，事业就能繁荣，反之就会衰败。松下公司重视知识型人才、科研和智力开发，当有人问，松下公司最大的实力是什么，松下幸之助回答：是经营力，即经营者的能力。他指出："掌握了经营关键的人是企业的无价之宝。"所以，松下幸之助强调在出产品前出人才，在制造产品前先培养人才。

为了达到"造人先于造物"的目的，松下幸之助开办了在职训练指南，又称之为 OJT 指南，指的是员工在日常工作中的培训教育。为适应公司全体员工培训工作的全面展开，松下电器在职训练策划人宫木勇编写了《松下电器的在职训练》一书，洋洋洒洒写了 10 余万字。松下幸之助的心血没有白费，他"造人先于造物"的方针让他成为世界经营之神，让松下电器誉满全球。

资产虽然很重要，但更重要的是人才！没有人才，所有的机器都只是一堆不会动的废铁，只有人才，特别是知识型人才才是企业最重要的资产。比尔·盖茨说：即使我一无所有，只要公司的人在，我依然可以再造一个微软。"千军易得，一将难求"，市场竞争归根结底就是人才竞争，设备需要人才去操作，产品需要人才去开发，市场需要人才去开拓，人才就意味着高效率、高效益，意味着企业的兴旺发达。

进入知识经济时代后，人们接受的挑战已不仅仅是知识经济、网络技术，而是"以人为本"的现代管理方式。知识经济时代的核心资源是知识劳动者，组织要发展就必须吸引人才、留住人才。作为管理者，就必须重新认识自己和组织内的成员，设身处地为自己的成员服务，想方设法地激励自己的成员，尽可能地满足成员的需要。知识劳动者是企业最重要的资产，这要求企业管理必须有所变革。

将人力看作资源，而非成本，企业管理者对此观点的实践远比观念认知更为重要。对于管理者的实践，德鲁克提出了两条建议：

首先，当然要使工作和劳动力承担起责任和有所成就。必须由实现工作目标的人员同其上级一起为每一工作制定目标。必须使工作本身富于活力，以便职工能通过工作使自己有所成就。而职工则需要有要他们承担责任而相应的要求、纪律和激励。

其次，管理人员必须把同他一起工作的人员看成他自己的资源。他必须从这些人员中寻求有关的职务指导。他必须要求这些人员把下述事件看成是自己的责任，就是帮助他们的管理人员能更好地、更有效地做好自己的工作。管理人员必须使他的每一个下属承担起对上级的责任并作出相应的贡献。

做到这点的一种方法是使每一个下属对以下一些简单问题深入思考并作出回答："我作为你们的上级所做的事以及公司所做的事中，哪些对你们的工作最有帮助？""我作为你们的上级所做的事以及公司所做的事中，哪些对你们的工作最有妨碍？""你们能做些什么，使得作为你们的上级的我能为公司工作得最好？"

这些问题似乎很简单，但却很少有人提出来。而如果有人提出了这些问题，其答案也并不是明确的。有些管理人员本来是为了帮助其下属的工作而做的事，却对其下属完全没有帮助，而实际上妨碍了他们。而他的下属中，却很少有人考虑一下他们能做些什么来帮助他们的上级工作得更好。

这些问题迫使管理人员及其下属把注意力集中于取得共同的成绩，集中于相互之间的关系。这可能促使管理人员对他的下属采取一种新的看法，把他们看成自己的资源，同时也引导他们把他看成他们的资源。

用人时要不拘一格

· 今日茶点

有大略者不问其短，有厚德者不非小疵。

人才的真正价值是体现在使用上。对于管理者而言，不拘一格地使用人才不仅彰显胆识，更是必须尽到的责任。要扬长避短，用其所长，避其所短。骏马能历险，犁田不如牛；坚车能载重，渡河不如舟。对人才的使用要以适用岗位为根本出发点。

年仅21岁的比尔·盖茨使用42岁的女秘书就是不拘一格使用人才的典型。

创业之初的微软公司基本上都是年轻人，搞业务、搞推销都是一把好手。可是弄起内务和管理方面的杂事，没有人能有耐心。第一任秘书是个年轻的女大学生，除了自己分内的工作，对任何事情都是一副不闻不问的冷漠劲。盖茨深感公司应该有一位热心爽快、事无巨细地把后勤工作都能揽下来的总管式女秘书，不能总让这方面的事情分他的心。他要求总经理伍德立即解雇现任秘书，并限时找到他要求的那种类型的秘书。

不久，盖茨在自己的办公室召见了伍德，伍德一连交上几个年轻女性的应聘资料，盖茨看后都连连摇头。"难道就没有比她们更合适的人选了？"伍德犹犹豫豫拿出一份资料递到盖茨面前，"这位女性做过文秘、档案管理和会计员等不少后勤工作，只是她年纪太大，又有家庭拖累，恐怕……"不等伍德说完，盖茨已经一目十行地看完了这份应聘资料："只要她能胜任公司的各种杂务而不厌其烦就行。"就这样，盖茨的第二任女秘书、42岁的露宝上任了。

几天之后的早上，露宝坐在自己的位置上，看到一个男孩子直闯董事长盖茨的办公室，经过她面前时只是"嗨"地打一声招呼，像孩子对待母亲似的那么自然。然后他摆弄起办公室的电脑。因为先前伍德曾特别提醒她，严禁任何闲人进入盖茨的办公室操作电脑，她立刻告诉伍德说有个小孩闯进了董事长的办公室。

伍德表情淡漠地说："他不是小孩，他是我们的董事长。"后来，露宝才知道了自己的董事长只有 21 岁。这时，她以一个成熟女性特有的缜密与周到，考虑起自己今后在娃娃公司应尽的责任与义务。

露宝在工作上是一把好手。盖茨是谈判的高手，不过第一次会见客户时，也会使人产生小小误会。客户见到盖茨时，总不免怀疑眼前的小个子是不是微软公司的董事长，可能微软公司真正的董事长正在干其他的事吧？他们伺机打电话到微软公司核实，露宝接到这样的电话，总是和蔼可亲地回答："请您留意，他是一个年纪看上去十六七岁，长一头金发，戴眼镜的男孩子。如果见到的是这样的形象，准没错。自古英雄出少年嘛。"露宝的话化解了对方心头的疑虑。

露宝把微软公司看成一个大家庭，她对公司有很深的感情。很自然，她成了微软公司的后勤总管，负责发放工资、记账、接订单、采购、打印文件等。

露宝成了公司的灵魂，给公司带来了凝聚力，盖茨和其他员工对露宝有很强的依赖心理。当微软公司决定迁往西雅图，而露宝因为丈夫在亚帕克基有自己的事业不能同去时，盖茨对她依依不舍、留恋不已。盖茨、艾伦和伍德联名写了一封推荐信，信中对露宝的工作能力予以很高的评价。临别时盖茨握住露宝的手动情地说："微软公司留着空位置，随时欢迎你。"

人才是宝贵的资源。有大略者不问其短，有厚德者不非小疵。管理者一定要破除论资排辈、求全责备的观念，唯才是用，唯才是举，大胆使用优秀人才，为人才找到最佳坐标位置。

为人才找到最佳位置，也就等于为企业找到了源源不断的发展动力。

将员工与企业进行捆绑

·今日茶点

只有把员工的切实利益与企业发展的整体利益相挂钩，才能避免出现员工对企业整体利益漠不关心的心理状态。

美国石油大王保罗·盖蒂通过其一生的经营生涯，对用人总结出四种类型的评价和对策。他把自己手下的员工大致分为四个类型：

第一类，不愿受雇于人，宁愿冒风险创业，自己当老板，因此他们在当雇员时表现很出色，为日后自我发展积蓄力量。

第二类，虽然他们充满了创意和干劲，但不愿自己创业当老板。他们较喜欢为别人工作，宁愿从自己出色的表现中，分享到所创造的利润。一流的推销员与企业的高级干部均属这类人员。

第三类，不喜欢冒风险，对老板忠心耿耿，认真可靠，满足于薪水生活。他们在安稳的收入之下，表现良好，但缺乏前两类人的冒险、进取与独立工作的精神。

第四类，他们对公司的盈亏漠不关心，他们的态度是当一天和尚撞一天钟，凡事能凑合得过去就行了，反正他们关心的只有一件事，那就是按时领到薪水。

保罗·盖蒂认为第一类员工的才干是突出的，能用其所长，避其所短，可以为企业发挥重大作用。对于第二类员工，是保罗·盖蒂企业的中流砥柱，他以各种办法激励他们努力为本企业效劳，让他们建立牢固的企业归属感。保罗·盖蒂对待第三类员工也十分珍惜爱护，把他们安排在各级部门当副手，逐步提高他们的生活待遇，想方设法稳住这支基本队伍。对于第四类员工，保罗·盖蒂要求各级管理人员对他们严加管理，促使他们端正态度，为企业发展多出力。

有一次，盖蒂听到下属某家企业的汇报情况，知道该公司很有发展潜力，但营运状况很差，亏损严重。盖蒂经了解后很快找出症结所在，就是这家公司的3位高级干部无成本与利润的观念，他们完全属于第四类人物。

为了改变这家公司的现有面貌，盖蒂略施小计。他在发薪之前，特意交代会计部门对那3位高级干部的薪水各扣5美元。他还吩咐会计部，若那3人有异议的话，叫他们直接找老板。

果然不出盖蒂所料，发薪1小时内，那3人不约而同地跑来找盖蒂理论。盖蒂严肃地对他们说："我已经调查过公司的财务报表，发现上年度有好几笔不必要的开支，造成公司几万美元的损失，但我没有看见你们采取任何补救措施。如今，你们每人的薪水只不过少了5美元，却急不可待地要求补救，这是怎么一回事？"

那3位高级管理干部无话可答，听完盖蒂这番严厉的教训后，很有感悟。有两位很快研究出加强企业管理的措施，严格了成本与利润的核算观念。另一位没有改进表现，不久便被盖蒂辞退了。员工如果只是把公司当成"混日子"的地方，做一天和尚撞一天钟，心里头只盘算自己的个人利益，势必会与公司总体发展、长远发展的目标相抵触，有时甚至会阻碍公司向前发展。

只有把员工的切实利益与企业发展的整体利益相挂钩，才能避免出现员工对企业整体利益漠不关心的心理状态。建立与此相应的奖惩机制，企业发展得好，人人都有益处；企业发展得不好，人人都受损失，这样形成员工与企业共存共荣的局面，才能从根本上解决个人利益与整体利益相脱钩的状态。

把每个人都拉来战斗

·今日茶点

再了不起的人也比不上一个伟大的团队。个人力量再大，也终归是有限的，所谓"独木难成林"，任何企业的成功都是团队合作的结果。

阿姆科公司是一家从事钢铁行业的企业。在钢铁业逐渐成为"夕阳工业"以后，它的日子开始很不好过，尤其在进入20世纪90年代以后，公司的资金不断流失。在这种情形下吉姆·威尔走马上任，开始进行根本性的改革以挽救公司。他的一项最重要的举措就是："非把每个人都拉来战斗不可。"这不是一句宣传性的战斗口号，而是威尔在整治企业的过程中切身体会到的最紧迫问题。

有一次，他把心理学家请进公司，派他们到业绩最好的工厂去，请他们找出工厂里实现成功的真正带头人，弄清成绩应归功于谁。结果令他惊奇的是，心理学家们回来竟说："工厂里没有带头人。"威尔不信："什么？！在我们最赚钱的为顾客服务最出色的工厂里竟然没有带头人？"心理学家们说："对。工厂里有我们前所未见的最佳团队。所有的人都在互相合作。每一个人都把功劳归于别人。没有整个团队什么也干不成。"

自那以后，威尔对用人有了新的看法，他决定建立一套新的训练制度以鼓励团队行为。"以前我们发现了杰出人才马上把他提拔到公司中心去，使他离开了主流大众，这样做效果并不好。"于是，阿姆科公司设法造就一种新型的领导者，这种领导者不是在那里想方设法最大限度地展示个人的才能，而是尽可能地发挥团队的力量。他总是把成绩归功于他的部下，他能了解谁最需要帮助，对需要帮助的人说"我来帮你得到你所需要的帮助"。

在这套新的领导方法实施以后，威尔发现他成功地达到了他的目的——把公司的每一个人都拉来战斗。正如他自己所说的："从全世界的角度来看，这是一场全面的战斗。每个人都在力图把我们的公司抢走。我们努力把公司赢回来，使之成为一个非常成功的公司。我必须使公司里的每一个人，不分男女老少都同我一起投入这场战斗。"

而正是由于他果断地改变了过去的做法，靠团队而不是个人，他终于成功地把公司的每个人都拉进了与他并肩作战的行列中，而在他发现他做到这一点以后，他又有了另一个令人惊喜的发现——公司亏损的局面得到了遏制。不久公司的账面上开始有了新的赢利，且赢利的数额越来越大。

美国作家汤姆·彼得斯认为："再了不起的人也比不上一个伟大的团队。"的确，个人力量再大，也终归是有限的，所谓"独木难成林"，任何企业的成功都是团队合作的结果。

放胆引进，放手使用

·今日茶点

对人才重要的不仅是要善于识别其长处，而且要敢于大胆地使用。

1981年底，微软公司已经控制了PC机的操作系统，并决定进军应用软件这个领域。比尔·盖茨雄心勃勃，认定微软公司不仅能开发软件，还要成为一个具有零售营销能力的公司。问题是微软公司在软件设计方面人才济济，不乏高手，但在市场营销方面，却缺少卓越性人才。没有这方面的人才，微软别说要进入市场，连市场的门都找不到。

但盖茨还是迈出了非凡的一步——挖人。经过四处打听、八方网罗，最后盖茨锁定了肥皂大王尼多格拉公司的一个大人物——营销副总裁罗兰德·汉森。

"汉森是个营销专家，可对软件方面完全是个门外汉呀。"盖茨的幕僚有点不放心。但盖茨毫不担心，他看中的是汉森对市场营销具有丰富的知识和经验。盖茨将汉森挖过来后，很快将他委以营销方面的副总裁这一重任，专门负责微软公司广告、公关、产品服务以及产品的宣传与推销。

汉森上任后做的最重要的一件事就是给微软公司这群只知软件、不懂市场的精英们上了一堂统一商标的课。在汉森的坚持之下，微软公司决定，从今以后，所有的微软产品都要以"微软"为商标。于是，微软公司的不同类型产品，都打出"微软"的品牌。为时不久，这个品牌在美国、欧洲，乃至全世界，都成为家喻户晓的名牌。

随着市场的日益扩大，尤其是海外市场的开发，微软公司的经营规模日益增大，公司第一任总裁吉姆斯·汤恩年近半百，已显江郎才尽，跟不上微软的快节奏。好在汤恩主动提出辞掉总裁的职务。盖茨费尽心机，又找到了坦迪电脑公司的副总裁谢利。他直截了当地向他提出："到微软来吧。"

"我能干什么？"

"当总裁。"

谢利一来，就对微软的人事进行了大刀阔斧的改革。他把鲍默尔提升为负责市场业务的副总裁，更换了事务用品供应商，削减了20%日常费用……谢利掌管下的微软在许多地方开始"硬"起来。不过，谢利在微软的好戏还在后头。

1983年，为了抢在可视公司之前开发出具有图形界面功能的软件，占领应用软件市场，微软开始了"视窗"项目，并宣布在1984年底交货。

谁知，直到1984年过了大半年，"视窗"软件仍然没有开发出来，以致新闻界把"泡泡软件"的头衔"赠给"了"视窗"。正在进退维谷的时候，谢利经过一番仔细调查，找到了病根：除了技术上的难度以外，开发"视窗"的组织和管理十分混乱。

谢利又一次大刀阔斧地整顿：更换"视窗"的产品经理，把程序设计高手康森调入研究小组，负责图形界面的具体设计；盖茨自己的职责，也被定位于集中精力考虑"视窗"的开发。此举立见奇效，各项工作有条不紊，进展神速。1984年底，微软向市场推出"视窗"1.0版，随后是"视窗"3.0版。

比尔·盖茨放胆引进人才，放手使用人才，使汉森和谢利带领微软走向正规化公司发展的道路，为微软公司作出了功不可没的贡献。

对人才重要的不仅是要善于识别其长处，而且要敢于大胆地使用。对人才多鼓励，少埋怨，多理解，少责备，充分授权，充分信任，才能调动人才的积极性、主动性，真正实现"谋者尽其职，勇者竭其力，仁者播其惠"的目标。

放胆引进人才，放手使用人才，知人善任，这也是世界优秀企业发展壮大的不二法门。

怎样考核才最公正

· 今日茶点

考核与被考核存在一种博弈关系，无论对于哪一方来说，建立一个合理的、公平的考核制度是非常重要的，尤其是分工制度。

细心的人不难发现，在一个团队中，有的人能力突出而且工作积极努力，相反，有的人工作消极不曾尽心尽力，或者因能力差即使尽力了也未能把工作效率提高，这在无形中便建立起了"智猪博弈"的模型：一方面，大猪在为团队的总体绩效也包括自己的个体利益来回奔波拼命工作；另一方面，小猪守株待兔、坐享其成。长此以往，大猪的积极性必定会慢慢消退，逐渐被同化成"小猪"，届时，团队业务处于瘫痪状态，受害的不仅是其单个团队，而且会伤及整个公司的总体利益。

那么，如何使用好绩效考核这把钥匙，恰当地避免考核误区，既能做到按绩分配，又能做到奖罚分明？从"智猪博弈"中可以得到以下几种改善方案。

方案一：减量。仅投原来的一半分量的食物，就会出现小猪、大猪都不去踩踏板的结果。因为小猪去踩，大猪将会把食物吃完；同样，大猪去踩，小猪也将会把食物吃完。谁去踩踏板，就意味着替对方贡献食物，所以谁也不会有踩踏板的动力。其效果就相当于对整个团队不采取任何考核措施，因此，团队成员也不会有工作的动力。

方案二：增量。投比原来多一倍的食物，就会出现小猪、大猪谁想吃，谁就会去踩踏板的结果。因为无论哪一方去踩，对方都不会把食物吃完。小猪和大猪相当于生活在物质相对丰富的高福利社会里，所以竞争意识不会很强。就像在营销团队建设中，每个人无论工作努力与否都有很好的报酬，大家都没有竞争意识了，而且这个规则的成本相当高，因此也不会有一个好效果。

方案三：移位。如果投食口移到踏板附近，那么就会有小猪和大猪都拼命地抢着踩踏板的结果。等待者不得食，而多劳者多得。每次踩踏板的收获刚好消费完。相对来说，这是一个最佳方案，成本不高，但能得到最大的收获。

当然，这种考核方法也存在它的缺陷性，但没有哪一种考核方法能真正让人人都觉得公平。在绩效考核运作中，实际是对员工考核时期内工作内容及绩效的衡量与测度，即博弈方为参与考核的决策方；博弈对象为员工的工作绩效；博弈方收益为考核结果的实施效果，如薪酬调整、培训调整等。

由于考核方与被考核方都希望自己的决策收益最大化，因此双方最终选择合作决策。对于每个企业来说，这将有利于员工、主管及公司的发展。

但是从长期角度看，只能是双方中有一方离职后博弈才结束，因此理论上考核为有限次重复博弈。但实际工作中，由于考核次数较多，员工平均从业时间较长，而且离职的不可完全预知性，因此可将考核近似看作无限次重复博弈。

随着考核博弈的不断重复及在一起工作时间的加长，主管与员工双方都有一定程度的了解。在实际工作中，由于主管在考核结果中通常占有较高的比重，所以主管个人倾向往往对考核结果有较强的影响力。而且考核为无限次重复博弈，因此员工为了追求效益最大化，有可能根据主管的个性倾向调整自己的对策。因此，从长期角度分析，要求人力资源部作出相应判断与调整，如采用强制分布法、个人倾向测试等加以修正。

总而言之，在公司内部形成合理的工作及权力分工。一方面可以通过降低主管的绩效考核压力，使部门主管有更多精力投入部门日常管理及专业发展；一方面通过员工能对自己的工作绩效考核拥有一定的权力，从而调动其工作积极性，协调劳资关系，从而激发员工的工作积极性，因此，在极大程度上推动公司人力资源管理状况及企业文化建设。

考核与被考核存在一种博弈关系，无论对于哪一方来说，建立一个合理的、公平的考核制度是非常重要的，尤其是分工制度，可以避免出现评估中的"智猪模型"，提高员工的工作积极性，把企业做大、做强。

提拔太快不利于成长

· 今日茶点

升迁太快，没有足够的积累知识和经验的时间，恰恰不利于人才的锻炼成长。

我国古人云："天将降大任于斯人也，必先苦其心志，劳其筋骨，饿其体肤，空乏其身，行拂乱其所为，所以动心忍性，曾益其所不能。"用现在的话讲，就是想提拔先坐冷板凳。明朝大学士张居正也用"器必试而后知其利钝，马必驾而后知其驽良"来说明人应该"试之以事，任之以事"，要考察干部的能、勤、绩，而以业绩为主，如果升迁太快，则无从考察。

在公司内部，老板有着至高无上的权力，他欣赏的部下可以直接提拔到非常重要的岗位。但聪明的老板一般不会这样做。因为人才的成长是需要经历风雨洗礼、挫折锤炼的。

曾有一位老板，看上了一个很有潜质的员工，于是派他到销售科工作。不久提拔他为科长，让他分管一摊工作。他表现非常出色，销售业绩逐月上升，老板嘉奖过他，公司上下的人都看好他，没有人怀疑他会升职。可是老板却把他调到无关紧要的仓储部门工作。

人们认为他可能得罪了老板。可是，这位员工没有分辩什么，他自己也猜不出老板的意图，心中虽有些不快，但仍然任劳任怨地工作，很负责任。老板有时也和他谈谈工作情况。一年后，这个小伙子便坐到了部门经理的位置上。后来人们才明白，老板想重用他，一直在观察考验他，暗中观察他在被冷落时候的行为表现。

事实上，升迁太快，没有足够的积累知识和经验的时间，恰恰不利于人才的锻炼成长。一般来说，一个好的管理人才能够踏踏实实地在各个部门工作，有相当的时间和经验，有协调沟通各类人际关系的熟练技巧，有处理应付各种复杂问题的知识、能力。

而晋升太快肯定不利于具备这些技巧、能力，难免顾此失彼，并不利于人才成长。同时，被大家视为上级特别厚爱的人，也容易招致大家的嫉妒、不满，这种风气甚至会蔓延到整个公司。不管这种心理平衡存在的程度如何，但毕竟会影响大家的士气，影响工作的正常进行。

而暂时冷落一段时间，尤其可以考察所要培养人员的德行、韧性。看他有没有事业心、责任心，是不是这山望着那山高，有心当官，无心干事。一个台阶上还没有站稳，就想"往上爬"，有没有平淡之心，是否急功近利。

作为领导，要悉察下属在受冷落时受挫折的程度有多大、干劲如何，此时是想跳槽还是认识到自己非奋发图强不可。如果他这样认为："有时想想，这实在是最糟的时候。到底要不要离开公司呢？但是，一旦辞了职，又无处可去。我真怀疑人生还有什么值得努力的事。"

这种心态说明他经不起挫折，常常是稍受挫折，便锐气全消，垂头丧气，也不善于总结经验教训，不善于思考与学习，也缺乏"好谋而成"的耐性和修养。

这给管理者的忠告是，提拔悠着点，冷落也要有个"度"，有个过渡阶段更好。

懂人才能知人善任

·今日茶点

作为一名领导者，不了解一个人，就无法决定能否对他委以重任。

懂得贤才的重要性是任用人才的第一步，接下来还需要一个"察贤"的过程，即正确地识别人才，这是重视和任用人才的前提条件。作为杰出的政治家，吕不韦深谙"尚贤为政之本"的道理，作为一国之相，他深知人才对治国的重要性。吕不韦以政治家的眼光，总结历史经验教训，把得贤人与得天下直接联系起来，从国家兴亡的高度提出尚贤的重要性。

《吕氏春秋》中写道："身定，国安，天下治，必贤人。""得十良马，不若得一伯乐；得十良剑，不若得一欧冶；得地千里，不若得一圣人。舜得皋陶而舜受之，汤得伊尹而有夏民，文王得吕望而服殷商。夫得圣人，岂有里数哉？"要求国家的统治者把尚贤作为基本国策，吕不韦的这些观点和做法，都显示了他对人才的推崇。

吕不韦所处的时代是个群雄争霸的时代，在这种残酷的竞争中，人才的重要性和巨大作用更加凸显出来。对此，吕不韦借助《吕氏春秋》提出了"察贤"的三个标准。

首先，《吕氏春秋》使用了许多概念，如圣、贤、士、能等，从这些概念看，吕不韦心中的"贤人"都是一些品德高尚的能人，也就是德才兼备之人。

其次，《吕氏春秋》指出："凡举人之本，太上以志，其次以事，其次以功。三者弗能，国必残亡。"吕不韦将心志、做事、功劳三者作为举人之本，这个标准把德才兼备具体化了，延伸到了做事的能力和政绩等。

最后，《吕氏春秋》明确地提出了"八观六验"和"六戚四隐"的内观和外观标准。所谓"八观六验"，就是"凡论人，通则观其所礼，贵则观其所进，富则观其所养，听则观其所行，止则观其所好，习则观其所言，穷则观其所不受，贱则观其所不为。喜之以验其守，乐之以验其僻，怒之以验其节，惧之以验其特，哀之以验其人，苦之以验其志。八观六验，此贤主之所以论人也"。具体意思是：

（1）在他通达、过着很顺利的日子时，要注意看他礼遇的是些什么人。

（2）在他显贵、发达时，要注意看他举荐些什么人。

（3）在他富贵时，要注意看他供养、收养些什么人。

（4）在他听取意见时，要注意看他将采取些什么行动。

（5）在他闲暇无事时，要注意看他有什么喜好和嗜癖。

（6）在与他探讨问题时，要注意他说些什么话、怎样说话。

（7）当他贫穷时，要看他不接受什么东西。

（8）当他处在下贱阶层时，要看他绝对不做什么事情。

以上是"八观"的主要内容。

（1）当他高兴时，要检验他什么地方没有过分的表现、所守的事情没有因此而开放。

（2）当他快乐时，要看清他的癖好。

（3）当他发怒时，要看清他的节制，能否保持理性。

（4）当他恐惧时，要看清他是否保持足够的自制力。

（5）当他哀伤时，要看清他为何哀伤，透过这种哀伤能否看到他的仁慈之心。

（6）当他处于苦难当中时，要看清他这时所秉持的始终不渝的志向。

以上是"六验"的主要内容。

除了"八观六验"，吕不韦还说："论人者，又必以六戚四隐。何谓六戚？父母兄弟妻子。何谓四隐？交友故旧邑里门郭。内则用六戚四隐，外则用八观六验，人之情伪贪鄙美恶无所失矣，譬之若逃雨，汗无之而非是。此圣王之所以知人也。"所谓"六戚四隐"的标准就是：鉴定一个人的品质，除了要有以上标准之外，还要听取他六类亲戚、四种接近他的人对他所作的评价。六类亲戚是：父、母、兄、弟、妻、子；四类接近他的人是：朋友、老相识或同事、乡亲和邻居。这些人代表了他不同时间、生活侧面和生活空间内对他最为熟悉的群体，所发表的看法和见解也必然是最为客观、全面而公正的。

综观以上几项识人标准，标准一是综合的理性标准，核心即德才兼备。标准二是理性标准的具体化，侧重于标准的具体操作。标准三是从内、外两个不同方面识别考察人才，侧重于方法论。应该说，这三个标准构成了一个完整的考察体系，吕不韦在当时的历史条件下，能够提出按照这一标准体系识别考察人才，的确是难能可贵的。

古语说：知人善任。作为一名领导者，不了解一个人，就无法决定能否对他委以重任。只有了解了他，才能最大限度地发挥一个人才的能力和作用，或者识破一个奸伪之徒的本来面目，避免影响整个管理工作的顺利进行。正是由于了解人才、选择人才是关乎一个企业兴衰成败的关键因素，所以在人才管理上，现代企业管理者有必要借鉴吕不韦的"察贤论"，掌握科学的识人方法，凭此获得更多真正优秀的人才。

要注重人与人的搭配

· 今日茶点

领导者不但要考虑到下属的才智和能力，还要特别重视人才的合理搭配。

搭配人才，也是管理者的必修课。将各种各样的人才合理搭配，既能让每个人才各展所长，又能让组织结构务实高效，还能让整个团队更具有战斗力。

有一个关于法国骑兵与马木留克骑兵作战的寓言。

骑术不精但纪律很强的法国兵与善于格斗但纪律涣散的马木留克兵作战，若分散而战，3个法国骑兵战不过2个马木留克骑兵；若百人相对，则势均力敌；

而 1000 名法国骑兵必能击败 1500 名马木留克骑兵。原因在于，法兵在大规模协同作战时，发挥了协调作战的整体功能，说明系统的要素和结构状况对系统的整体功能起着决定性作用。

这个寓言说明的是领导者对于人才使用，要争取做到整个队伍的构成呈优化组合状态。所谓优化，绝不是最优秀人才的聚集，而是各类专门人才的汇总。通常来说，一个团队中要有这样一些人才：有高瞻远瞩、多谋善断、具有组织和领导才能的指挥型的；有善解人意、忠诚积极、埋头苦干的执行型的；有公道正派、铁面无私、心系群众的监督型的；有思想活跃、知识广博、善于分析的参谋型的……如果团队中全是同一种类型的人才，那肯定搞不好工作。只有合理地搭配人才队伍，才能做到人尽其才、各展所长，整个团队才更具战斗力。

李嘉诚就是一个精于搭建科学高效、结构合理的人才队伍的优秀领导者。在他组建的公司领导班子里，既有具有杰出金融头脑和非凡分析本领的财务专家，也有经营房地产的老手；既有生气勃勃、年轻有为的港人，也有作风严谨、善于谋断的洋人；既有公司内部的高参、助手和干将，又有企业外部的智囊、谋士和客卿。可以说，这个团队里既结合了老、中、青的优点，又兼备中西方的色彩，是一个行之有效的合作模式。

价值连城的钻石和普普通通的石墨，一个坚硬无比，一个柔软细腻，但两者的构成元素却是一样的。同为碳原子，仅仅因为排列的不同，就产生了截然相反的两种物质。同样，合理安排人才的组合方式，既能让每个人才超水平发挥作用，也会使整个人才队伍的能量呈几何级数增长。

一台发动机或者一辆汽车，甚至一架飞机，拆散了不过是一堆机械零件和螺丝钉，没有计划、没有组合地堆积在一起，只能算作一堆废铁。正因为组合得好，所以才价值不菲。用人如用药。老中医因为熟悉各种药材的药性，配药得当，常能取得奇妙的功效。同样，对于每个下属在能力、性格、爱好等方面的不同特点，领导者也要心中有数，这样才能将各种各样的人才合理搭配，使得个人和队伍都能够发挥出最佳的人才效益。

唐太宗就很注意合理搭配使用人才。他将手下个性迥异、能力有别的人才一个个都放在了适合的位置上，从而使得人才队伍构成合理、组织结构务实高效。房玄龄处理国事总是孜孜不倦，知道了就没有不办的，于是太宗任用房玄龄为中书令。对于国家大事，房玄龄能提出许多精辟的见解和具体的办法来，但却不善于整理，很难决定颁布哪一条。杜如晦虽不善于想事，却善于对别人提出的意见作周密的分析，精于决断。于是唐太宗将他们俩搭配起来辅佐自己，从而形成了历史上著名的"房谋杜断"的人才结构。

此外，唐太宗任用敢于犯颜直谏的魏徵为谏议大夫，任用文才武略兼备的李靖为刑部尚书兼检校中书令，都做到了人尽其才、才尽其用。房玄龄、魏徵、李靖等人的合理搭配，既各得其所，尽展风采，又让大唐初期的这个管理层在历史上有口皆碑。

一加一等于二，这是尽人皆知的简单数理逻辑，可是用在人才使用的组合上却不一定。如果搭配得恰当，一加一不但等于二，很可能等于三、等于四，甚至一千、一万。可是，如果调配不当，一加一不但可能等于零，还可能得出负数来。所以，领导者不但要考虑到下属的才智和能力，还要特别重视人才搭配要合理才行。

发现隐藏在底层的人才

· 今日茶点

有些下属虽然表现一般，但并非说明他们没有能力，很大可能是因为他们的能力还没有被激发出来，因此这部分人更需要领导的关注和激励。

领导者要做到知人善任，成为下属的知己，一个重要的方面就是要具备发现下属潜能的眼光和能力。工作中，不是每个下属都会有显著的成绩，许多人表现甚至很平庸。事实上，在任何一个单位中，真正出类拔萃的总是少数，而大部分人都处于一种中间状态。这些下属虽然表现一般，但并非说明他们没有能力，有些还是很不错的，只不过他们的能力还没有被激发出来，他们更需要领导的关注和激励。

这就要求领导者要有挖掘这些一般下属优点的眼光，如果领导能够在日常的工作事务中发掘出他们的优点并予以哪怕是口头的表扬，就可能改变很多人，使他们的潜能被大大地激发出来。同时，这份知遇之恩也会让领导赢得下属真心的拥戴和支持。

一个值得下属追随的领导者应当是一个能够以潜能识人、用人的领导者。

伊尹是商汤的开国大臣，他帮助商汤打败暴君夏桀，为建立商朝立下汗马功劳。他原名叫阿衡，是有莘氏家的奴隶，虽然思谋精奇，才学宏深，却不为人知。

有莘氏把女儿嫁给商汤时，阿衡作为陪嫁的奴隶到了商汤府中做厨子。一次上菜时，商汤偶然问起他有关烹调的事。阿衡恭恭敬敬、不卑不亢地谈起烹调的技艺。商汤见一个厨子把烹调之事讲得绘声绘色、有条有理，就没有打断他。阿衡循序渐进，话锋一转，不知不觉把话题引向治理国家的道理，商汤越听越奇。听到阿衡讲王道与霸道同炊火与爆炒的异同时，商汤肃然而起，喟然长叹：治理国家的人才，我却让他烧菜做饭！他毅然决定把国家政事交给阿衡（伊尹）管理。

商汤死后，伊尹又辅佐帝外丙、帝中壬、帝太甲。太甲是商汤的孙子，当了三年天子后，开始胡作非为，失民心于天下。伊尹就把太甲放逐到桐宫悔过，自己行摄王政，让成汤德政重布于天下。三年后，太甲悔过自新，向天下承认自己的错，伊尹又把政权还给太甲。太甲死后，伊尹又立其子沃丁为天子。这样，伊尹成为成汤的五朝老臣。

伊尹如托孤老臣，忠心耿耿辅佐成汤治理天下。有这样的人才，国家何愁不富强，帝王何愁不成明君呢？伊尹的忠诚与商汤对他的赏识和重用是分不开的。"士为知己者死"，领导者若要赢得下属的忠心追随就应当像商汤一样，有一双识人的慧眼。

小李是上海一家公司的技术员，由于刚从高校毕业，对实际工作操作还不熟悉，在第一年中几乎没有任何可圈可点的表现，他自己也灰心丧气。但是这家公司的领导却发现小李有一个可贵的优点，就是理论基础扎实，于是领导私下里找小李谈心，表扬他这一个优点，并把他放到车间里进行锻炼。结果一年以后，小李凭借他深厚的理论功底再加上实践经验，设计出了一种省时省力的操作流程，为该公司带来了大笔利润。

领导者要跳出用人识才的误区，较快地识别和激发下属的潜能，应当注意以下几点：

（1）听其言。有潜力的下属大多都是尚未得志之人，故其在公开场合说官话、假话的机会极少，所说之言，绝大多数是在自由场合下直抒胸臆的肺腑之言，是不带"颜色"的本质之言，因而就更能真实地反映和表达真实的思想感情。

（2）观其行。一个人的行为，体现着一个人的追求。例如，一个讲究吃喝打扮的人，所追求的是口舌之福和衣着之丽，等等。任何一个人，一旦进入了自己希望进入的角色，就会为了保住角色而多多少少地带点"装扮相"。只有那些处在一般人中的人才，既无失去角色的担心，又不刻意寻觅表现自己的机会，所以，一切言行都比较质朴自然。领导者若能在一个人才毫无装扮的情况下透视出其"真迹"，而且这种"真迹"又包含和表现出某种可贵之处，那么大胆启用这个人才，十有八九是可靠的。

（3）析其能。有潜能的下属虽处于成长发展阶段，有的甚至处在成才的初始时期，但既是人才，就必然具有人才的先天素质。或有初生牛犊不怕虎的胆略，或有出污泥而不染的可贵品格，或有"三年不鸣，一鸣惊人"之举，或有"雏凤清于老凤声"的过人之处。一位善识人才的"伯乐"，正是要在"千里马"无处施展腿脚之时识别出它与一般马匹的不同。

（4）闻其誉。善识人才者，应时刻保持清醒的头脑，有自己的独立见解，不受表面现象所左右。对于已成名的显人才，不应当跟在吹捧赞扬声的后面唱赞歌，而应多听一听反对意见；对于未成名的潜人才所受到的赞誉，则应留心在意。

这是因为，人大多有"马太效应"心理，人云亦云者居多。大家说好，说好的人越发多起来；大家说坏，说坏的人也会随波逐流。当人才处在潜伏阶段，"马太效应"对其毫不相干，再者，别人对其吹捧也没有好处可得，所以，其称赞是发自内心的，是心口一致的。领导者如果听到大家对自己一名普通的下属进行赞扬时，一定要引起注意。

第八章

用人艺术：促使每个员工自动自发工作

正直凝聚着全部人格

·今日茶点

一个领袖最重要的特质就是不容置疑的正直。

字典将"正直"定义为"完整一致的状态"。正直的人没有分裂的忠诚，也没有假装。正直的人是"完整"的人——可以从他们的一心一意中辨认出来。正直的人无所畏惧也无所隐瞒，他们的生活是敞开的书本。正直的人确立有价值体系，生活中的一切都由它来判断。

正直不是我们做什么决定我们是什么人，而是我们是什么人决定我们做什么。价值体系是我们的一部分，因此不能将它跟我们分离。它已变成引导我们的导航系统，使我们在生活中建立优先顺序，判断我们该接受或拒绝什么。

正直凝聚我们的全部人格力量，助长我们的内在满足精神。当正直担任裁判时，我们的言行一致，我们的行为会反映我们的信念。无论是在幸福美满的时候，还是在遭遇不幸的时候，我们的样子和家人所认识的我们的样子之间，没有矛盾。不管我们的环境如何，牵涉什么人，正直允许我们预先决定怎么做。

正直不只是两个欲望间的裁判，它还是快乐的人和不快乐的人间的轴心点。不管有什么阻拦我们，它允许我们成为一个完整的人。

为赢得信任，管理者必须可靠。为做到这一点，必须做到像作曲家作曲那样——歌词与音乐相契合。

你对成员说："上班要准时。"你准时上班，他们也会准时上班。

你对成员说："要积极。"你表现积极，他们也会表现积极。

你对成员说："顾客第一。"你把顾客摆在第一，他们也会把顾客摆在第一。

人们学习到的东西，89% 是经由视觉的刺激，10% 是经由听觉的刺激，另外 1% 是经由其他的刺激。所以，追随者看到他们的管理者言行一致，他们也言行一致。他们听到的，他们明白；他们看到的，他们相信。

管理者不要企图以噱头激励追随者，那样的效果是短暂和肤浅的。人们要的，不是可以说的座右铭，而是可以看的典范。形象是别人认为我们是什么；正直则是我们真正是什么。

两位老妇人走在英国乡下一个略显拥挤的墓园，走到一块墓碑前面，碑文写着："这里长眠着约翰·史密斯——一个政治家和一个诚实的人。"

"天哪！"一位老妇人说，"他们把两个人埋在一座坟墓里，这未免太可怕了！"

生活像一只老虎钳，有时它会挤压我们。在承受压力的时刻，不管内心如何抗拒，你的真正性格都会被检查出来。我们不能给人自己没有的东西，正直永不使人失望。

你越可靠，别人对你越有信心，因而允许你的特权影响他们的生活；你越不可靠，别人对你越没信心，你就会越快丧失你影响别人的地位。在一项调查中，大多数的资深主管认为，正直是事业成功最必要的特质。

大卫·艾森豪说过："为了当一个领袖，一个人必须有追随者。为了要有追随者，一个人必须拥有他们的信心。因此，一个领袖最重要的特质就是不容置疑的正直。没有它，不可能有真正的成功。如果一个人的同事发现他作假，发现他欠缺正直，他会失败。他的言语和行动必须互相一致。"

荷兰的行政管理专家皮尔特·布鲁恩说："权威不是老板高于下属的权力，而是老板影响下属承认和接受那种权力的能力。"布鲁恩的理论显示什么？很简单，管理者必须建立和维持可信，下属必须信任管理者会诚恳地对待他们。

有责任的管理者常常仰仗组织，使人有责任追随。他们要求新的头衔、新的职位、新的组织图表以及新的政策，以遏阻不服从的行为。可悲的是，有很多管理者永远得不到足够的权威。为什么？他们舍本逐末，最重要的是，他们缺少正直。

美仑大学的一项调查显示，400 位经理中，有 45% 信任他们的高层经理，有 30% 不信任他们的顶头上司。卡维持·罗伯说："若我的人了解我，我会得到他们的注意；若我的人信任我，我会得到他们的行动。"一个管理者有领导权威，他得到的不只是头衔，他还会得到追随者的信任。显然，在赢得追随者信任过程中，管理者正直的品格起了关键作用。

创造最有效的工作环境

·今日茶点

　　想要成功，领导者必须创造一种使下属最有效的工作环境，如果领导者在管理中损害他们的自由和自发感，而只让他们关心细节，那是不够的。

　　容人必须信人，容而不信，就成了"虚"容，是一种虚伪的权术，最终必为人们所识破。而一旦识破，必然会人心离散，甚至众叛亲离。但是如果宽容而又信任，则情况就会大不一样。因为，信任可以产生一系列重要的心理效应。它可以增强人的安全感，增强自信心，产生期待感，满足人的心理需要，强化下属的主动性和创造性。可看下面一个例子。

　　帕特·佛伦经营着一家广告社，在开业的三年里，《广告时代》提名佛伦·克艾利哥特·雷斯为那年最佳的广告社。对于一个开业不久的广告社而言，这是个前所未闻的荣誉，并且广告社并不是设立在纽约或者洛杉矶，而是在人们只从飞机上经过的中西部。

　　佛伦的领导风格完全适合了他手下的那些精神脆弱、但有创造能力的人，不过，这些人在穿着方面都不讲究。如果他强行规定职员穿衬衫的话，那整个公司会在一刻钟里一走而空。但他有这一行中每个人都面临的共同问题，即为客户制造优质产品。他的解决办法是把个人自由但也是个人责任扩大到前所未闻的最大限度。

　　佛伦明白，在他的企业中，人们所追求的不只是金钱，还有认同、信任、赏识和创造自由。佛伦满足雇员的需要，雇员回报他的是他所需要的——广告业中最优秀的产品。

　　佛伦从不发号施令，他通过努力工作和平易近人来促进创作的过程。在广告业中，领导者的财产就是各种想法，它们来源于任何人、任何地方，美术指导有能力写出好的广告文字，正如广告文字撰写人能用图解表示概念一样。保持想法永不枯竭的关键在于创造每一个人都感到自由奉献意见的气氛，这种气氛要求一个没有隔阂的环境。这就是当某人拿起电话找佛伦时，马上就会给他接通，中间没有人问他是找谁、有什么事。在很少几个年收入为一亿美元的企业中，一个人可以不用通过接线员和三个秘书就能直接与老板通电话。虽然佛伦并不想与保险代理人和证券经纪人通这么多话，但这只是为了在美国创建一个最优秀的广告社而付出的一点小小的代价。

不管从事什么行业，想要成功，领导者必须创造一种使下属最有效的工作环境，如果领导者在管理中损害他们的自由和自发感，而只让他们关心细节，那是不够的，领导者必须彻底理解他们，给予他们自己需要的东西，才能使他们作出更大的贡献。

观察一下那些离开领导者的公司并在他自己的企业里获得成功的人们，很可能他们的离开并不只是为了金钱，他们需要的是能发挥他们自己风格的机会，他们需要认同、信任、尊重和赞赏，一个企业的领导人如果这样做了，十有八九他们就不会离开了。

领导者用人，既然不可求全责备，那么顺理成章，也应能正确对待那些犯过错误的人。人非圣贤，不可能无过错，即使是达到"七十随心所欲不逾矩"的地步，也仅是"七十以后"，而"七十"以前则是难免。

索尼公司尊重每一位员工，使其人尽其才，安心工作。同时也能容忍员工的不同意见，包括一些难免的错误。索尼公司的观点是：只要有错即改，引以为戒，那就还有可取余地。

盛田昭夫曾对他的下属说过："放手去做你认为对的事，即使你犯了错误，也可以从中得到经验教训，不再犯同样的错误。"这体现了索尼公司的容人之心、宽容之心。这样，下属员工才敢放心大胆地探索、实践，发挥创意，才有利于调动每一个员工的聪明才智。盛田昭夫说，在索尼公司，不把责罚犯了错误的员工摆在首要位置，关键是要找出犯错误的原因。

日本东京有一位美日合资公司的总裁曾经对盛田昭夫概括说，公司里有时会出点差错，但又找不出该负责任的员工，真不知为什么。盛田昭夫说：找不出是好事，如果真找出那位员工，可能就会影响其他员工。谁都可能犯错误，井深太和我都犯过错误。前事不忘，后事之师。在总结经验教训后，我们才会在8厘米录放机的生产上取得较大成功，得到国内外许多厂商的大力支持。另外，我们退出计算机产品的开发是一个重要错误。

盛田昭夫继续说道：上述错误或失败当然是人为的，但谁也免不了会犯些错误，从长远看，这些错误也不至于动摇整个公司。我也愿意对我个人的所有决策负责，但是如果一个员工因犯错误而被剥夺升迁的机会，也许就一蹶不振，遑论为公司作更大贡献了。但是，假使犯错误的原因找出来了，公之于众，无论是犯错误还是没犯错误的人，都会牢记在心。

盛田昭夫还对这位总裁说：即使你找出了犯错误的人，你也不好处理，这个人肯定已经在公司干了一段时间了，即便你把他开除也于事无补，你还得另找一位熟悉情况的员工接替他。如果是一位新员工，那犯点错误更不奇怪，你就像对待小孩犯错误一样，要帮助他而不是抛弃他。要特别耐心找出犯错误的原因，避免他或别的人重犯错误，这样就得到了教训。在我多年的领导生涯中，还真找不出几个因犯错误而被开除的人呢。

盛田昭夫的宽容和明智，深深感动了这位总裁。是啊，可不能为了追究一个错误，而犯另一个错误，这其实就是两个错误了。正是由于盛田昭夫等开明领导人的正确导航，索尼公司才会在激烈的商海竞争中处于不败的地位。

赋予权力即赋予责任

· 今日茶点

唯有组织成员感到有力量、有能力、有用的时候，他们才可能完成不凡的工作。倘若组织成员觉得软弱无能、持续表现低劣，他们就会逃离组织。

领导者授权的真正核心是，要能够给下属以责任，赋予权力。只有这样才能保证员工出色发挥自己的潜能并最终赢得他们的拥戴。

北欧航空公司主管营销的副总裁詹·卡尔佐统计发现，第一线的员工每天需做出大约 17 万个大大小小的决策。当他升为最高业务主管时，公司每年的客流量已经达到 1000 万，员工与顾客的接触机会达 5000 次。因此，员工的服务状况将直接影响公司的效益。

美国通用电气公司前首席执行官韦尔奇是开发人力资本和激活知识型员工的能手。他提出了精简、速度和自信原则，认为培养员工自信的办法就是放权和尊重，建立简洁的组织。韦尔奇认为，企业内每个员工任何时候都会作出决策。一个优秀的领导者应当适当放权，将权力和责任交给自己的下属，这样才能使下属的才能充分地发挥出来。

然而，一些管理人员认为，授权给员工，让员工作决策将使企业变得混乱不堪，无法管理，而设立的规则和管理层越多，对员工进行的监督越全面，给他们"胡想"的机会越少，越好控制局面，自己的决策才能贯彻下去。但是，任何领导者都必须注意以下两点：

第一，任何企业不可能 100% 地控制员工的工作。从一定程度上讲，员工不得不使用自己的判断力。第二，全面控制员工的决策权只会产生最低效果。交响乐团指挥的控制权看起来很大，演奏员绝不可能按自己的兴趣随便演奏，指挥实际上控制着整个表演过程的各个方面。因此，可以说，他（她）具有 100% 的控制权，每个演奏员必须听从指挥棒。但是，交响乐的一个成员曾说过：一个伟大的指挥家最具魅力的地方就是用最微妙的手势产生巨大效果，他让你了解他的意图和期望获得的效果，他通过指挥棒了解每个演奏员的能力，他需要和谐和力度，他给每个人充分的决定权。但是，如果你越想控制，获得的效果越糟，到头来就只剩下生气了。因此，完全控制是不可能的，即便可能，在今天竞争激烈的商业环境中也不应该如此，否则你将因为自己的管理失策而失去领导者的地位。因此，任何一名成功的领导者在管理中都必须遵循这样一个原则，那就是给自己的下属一定的决策权，并让其为之承担相应的责任。

Sun 公司成功的最大秘密是公司为员工创造了一个自由、宽松的环境，使员工有充分的自由去做他想做的事。麦克尼里最引以为豪的 Java 正是在这种自由宽松的环境中取得的。

1990 年，Sun 公司的软件工程师格罗夫·阿诺德对工作感到厌倦，对 Sun 的开发环境感到不满，决定离开 Sun 公司去别的公司工作。他向约翰递交了辞呈。本来对于 Sun 这样一个人才济济的公司来讲，走一两个人是无足轻重的，但是约翰敏感地意识到了公司内部可能存在某种隐患。于是他请求格罗夫写出他对公司不满的原因，并提出解决办法。当时，格罗夫抱着"反正我要走了，无所谓"的想法，大胆地指出 Sun 公司的不足之处，他认为 Sun 公司的长处是它的开发能力，公司应该以技术取胜，他建议 Sun 在技术领域锐意进取，应该使当时 100 多人的 Windows 系统小组中的大多数人解脱出来，这封信在 Sun 公司内引起了很大的反响。约翰通过电子邮件将这封信发送给了许多 Sun 的顶层软件工程师，很快格罗夫的电子信箱就塞满了回信，这些信件都来自支持他关于公司现状的评述的同事。

在格罗夫即将离开 Sun 公司的那一天，约翰向他提出了一个更具诱惑力的条件，即成立一个由高级软件开发人员组成的小组，给予该小组充分的自主权，让他们做自己想做的事情，只有一个要求：一定要有惊世之作。于是就诞生了一个代号为"绿色"的小组，这个小组的致力方向是，开发一种新的代号为"橡树"的编程语言，该语言基本上根植于 C+ 之上，但是被简化得异常小巧，以适于具有不同内存的各种机器。

后来，Sun 将"绿色"小组转变成为一个完全自主的公司。经过调查研究，公司决定角逐似乎正在脱颖而出的交互电视市场，但是这次努力却以失败告终。面对失败，约翰不是解散公司，而是鼓励他们继续完善这种语言，他坚信这种语言一定会不同凡响。于是，Internet 发展史上的里程碑，富于传奇色彩的 Java 就这样诞生了。它成了约翰的最新法宝。

Sun 公司的成功实例告诉我们，唯有组织成员感到有力量、有能力、有用的时候，他们才可能完成不凡的工作。倘若组织成员觉得软弱无能、持续表现低劣，他们就会逃离组织。

管理咨询专家史蒂芬·柯维认为："每一个员工都有很大的才能、潜力和创造性，但大多数都处于休眠状态。当领导者为了使人们为完成共同目标而进行协同时，个人意图的任务与组织的任务交织在一起。当这些任务重叠时，就创造出伟大的战略。当人们摆脱了对其潜能和创造力的束缚，而去做必要的、符合原则的事情时，就会产生巨大的能量，可以在服务顾客或股东时实现其自身的理想、价值和任务。这就是授权的涵义。"而领导者统御下属一个最有效的办法就是充分地授权，给下属更多的决策权和责任。

现代管理大师德鲁克认为："管理的过程中过多的外来控制会将一个人做事的内在动机逐渐侵蚀掉。换句话说，人们甚至会认为，只有外在力量才能强迫他们去做事；然而，内在动机才是成就非凡事物的必要因素。当人们做一件事只是因为别人叫他去做，而不是他自己想要做时，他就不会尽力去做好。因此，依赖外来力量和控制，都会减弱个人和组织的生产力。"

在管理中，权力和责任是相辅相成的，德鲁克认为："如果让下属担负起一些责任，首先他们得被授权。让他们觉得拥有力量的不二法门是：创造一个他们可以参与，并且感觉自己很重要的环境。"

事实上，那些深受下属拥戴的公司领导者，不但深知也身体力行着"权力是可扩张的大饼"这个观念。他们明白，权力并非一种零售商品，并非当别人拥有比较多时，领导者就变得比较少。他们了解，当组织成员越是感觉拥有权力和影响力，他们的认同感和对公司的投入也就越高。领导者和成员若乐意受到彼此的相互影响，那么每个人的影响也就更大，且可带来彼此互利的影响。

当企业领导者和其他人分享权力时，他们就表现出对他人的高度信任，以及对他人能力的尊敬。同样，当下属感觉自己能够影响领导者时，他们的向心力会更强，也会更有效率地贯彻自己的责任。

越是能释放影响力、能倾听、能帮助他人的企业领导者，也就是最受尊敬和最具效率的领导。其实，领导者若能尊敬他人，也就越能建立信任感，而这样的信任感能够换来员工的忠心以及未来良好的工作表现。

将每个人的位置都摆正

· 今日茶点

领导系统很像前进中的列车。只有企业的领导者、管理人员和普通员工的位置摆正了、摆平了，双方才都具有动力，具有积极性，领导系统才能正常高效地运转。

一个善于管理的领导者总是十分注重调整他和管理人员、普通员工之间的位置以及管理人员和普通员工相互之间的位置。为每一个管理人员和普通员工寻找一个适合他的位置，最大可能调动他的积极性。位置调整包括四个相互联系的方面，一是位平，二是位适，三是位倒，四是位动。位动是重点。

1. 位置的平等

领导者与管理人员和普通员工的能力、素质、任务、责任、权力等是不同的，但是在政治上、人格上他们是完全平等的，没有任何尊卑贵贱的区别。过去，人常说："火车跑得快，全靠车头带。"这句话在今天看来对不对呢？我们说也对也不对。说它对是因为在领导活动中领导者的作用确实十分重要，领导者要决策指挥，要引导协调，要激励管理。说它不对是因为只有领导者的积极性，而无管理人员和普通员工的积极性，是无法实现领导活动的预定目标的。

"和谐"号列车时速可达到500千米，甚至超过500千米。为什么列车跑得这么快？原来它不仅车头动力大，而且每一节车厢也有动力，车头的作用主要是协调控制。车头和车厢一起跑当然跑得快了。蒸汽机车和内燃机车为什么跑得这么慢？因为后面的车厢全部没有动力，它的运动全靠车头带。尽管车头的动力不小，可是整个列车仍跑不快。所以说，"火车跑得快，全靠车头带"这句话有些绝对化了。

领导系统很像前进中的列车。只有企业的领导者、管理人员和普通员工的位置摆正了、摆平了，双方才都具有动力，具有积极性，领导系统才能正常高效地运转。

2. 位置的适宜

位置适宜，"废物"可能变成人才；位置不适宜，人才则可能变成"废物"。领导者要给企业管理者和普通员工寻求、安排一个适宜的位置。这个位置要适合企业管理者和普通员工的才能、特长、气质，要能满足企业管理者和普通员工的需求，激发企业管理者和普通员工的积极向上的动机。位适的关键是用人所长。用人所长是用才的最重要的原则和艺术。用人所长包括见人所长、容人所长、用人所长、励人所长等几个方面的内容。

（1）见人所长。领导者要有识才之眼，识长之眼。人才一般既有长处，也有短处，领导者要特别善于发现人才的长处，发现人才不同于一般人的独到之长、高明之处。

人的长处有的很明显，已被别人所公认，识别这种长处容易。人的长处有的则不怎么明显，没得到很好发挥，也没有得到别人承认，识别这种长处就不那么容易了。我们这里所讲的见人所长主要是指这种别人不见之长。

（2）容人所长。见人所长是个前提，要想用人所长还必须容人所长。容人的长处，容人的才能，给人才创造一个宽松、宽容的环境，给人才提供一个施展所长的舞台。

容人所长与用人不疑是联系在一起的。领导者做到了容人所长，人才感觉到了信任、理解、尊重，自然就容易激发出工作的积极性、主动性。

容人所长要做到心理上、感情上的容人所长，要真诚待人，要充分信任。容人所长并不是对短处视而不见，相反，领导者用人要避人所短、补短为长。

（3）用人所长。用人所长就是根据人的长处安排合适的位置，使得人尽其才，长尽其用。把人才用错了地方，人才就成为庸才；把人的长处用错了岗位，长处也就变成了短处。

用人所长一是要根据人的长处安排大致合适的工作，比如安排思维敏捷、善于交往的员工去到销售部门工作。二是要根据长处进一步安排更合适的工作岗位和职位，比如同样是有思维敏捷专长的两个人，一个眼界开阔，遇事能应变，有主见，并且知识面宽，那么他适宜于担任较高层次的领导工作和管理工作；另一个工作务实，而且人际关系特别好，那么他适宜于在厂矿担任基层管理工作。

（4）励人所长。人的长处得到施展，取得了成绩，领导者要及时予以奖励、激励。经常的激励能够使人的长处更长，使人的短处变长，使人的长处长时间地保持下去。只用不励，人的长处不能很好地发挥，即使得到发挥，也不能长久下去。

总之，用人要把见人所长、容人所长、用人所长、励人所长很好地结合起来，切不可顾此失彼，只用不励，只用不养。

3. 位置的"颠倒"

位"倒"是指领导者和管理人员及普通员工位置的暂时的颠倒。一般来讲，领导者要干领导者的事，领导者要有领导者的位置，但有时候为了工作的需要把双方的位置暂时颠倒一下却有利于协调领导者、管理人员和普通员工之间的关系，有利于激发员工的积极性。

领导者和管理人员参加劳动、普通员工参加管理都是位置颠倒的表现。领导者和管理人员是领导管理的，但有时参加生产一线的劳动可以更切实地了解基层的实际情况，了解企业员工的情绪，沟通与企业员工的情感，从而作出更符合企业员工意愿的决策。普通员工本来是在第一线操作的，但有机会参与管理、参与决策，就能够更实在地感觉到自己主人翁的地位，能够最大限度地激发工作的热情。

日本西武公司把位置颠倒运用到令人吃惊的地步。每年招收新员工要举行盛大的仪式。仪式的第一项就是公司的所有管理人员包括总经理弯下腰来恭恭敬敬地给新员工擦皮鞋。本来应该新员工给老板擦皮鞋的，但西武公司把位置有意地颠倒一下，就收到了意想不到的沟通效果。当然，西武公司的做法有它的目的，但我们却可以从中得到一些借鉴。

4. 位置的流动

位动是指位置的变动、流动。每个人都有他合适的位置，他在这个位置上可以心情舒畅，可以尽力发挥自己的潜能和力量。但一个人的位置不可能是固定不变的，随着主客观条件的变化，原来合适的位置就会变得不那么合适甚至完全不合适，因此领导者要根据需要及时地调整员工的位置。

在市场经济蓬勃发展的新形势下，尤其是在企业位置的变动、流动比以往任何时候都更明显、更迅速的情况下，人才位置的横向流动和纵向流动成为不可避免的现象。位置的纵向流动主要是本部门、本企业、本系统内部向较高位置或较低位置的流动。这种流动又包括两种形式，一是向上的流动，二是向下的流动，即能上能下。

位置的横向流动主要是跨系统、跨行业、跨地区的外部流动。市场经济活跃了，横向流动也会随之大大增加。领导者对此要有正确的态度，不应去硬性阻止人才的流动。

相信你正在使用的人

· 今日茶点

用人者疑被用者，对他办事不放心、不放手，就不能充分发挥被用者的作用。

一个善于用人的领导者，不仅不会轻易怀疑别人，而且能以巧妙的处理方式，显示自己用人不疑的气度，消除可能产生的离心力，使得"疑人"不自疑。古代很多君王便是通此道的高手，唐太宗李世民就是其中之一。

在用人上，除了"水能载舟，亦能覆舟"这句流传千古的名言之外，唐太宗还有一句至理名言，那就是"为人君者，驱驾英才，推心待士"。意思是说，身为一名国家君王，如果想要做到自如地"驱驾英才"，就必须做到对人才推心置腹，不怀疑他们，或对他们怀有戒备之心。唐太宗鉴于前朝隋文帝用人"多疑"的弊病，深感"傥君臣相疑，不能备尽肝膈，实为国之大害也"的教训，遂采取了对人才"洞然不疑"的做法。

唐高祖武德三年（620年），唐太宗收降刘武周的将领尉迟敬德不久，尉迟敬德手下的两个将领就叛逃了。有官吏据此认为，尉迟敬德必定也会造反，于是没有向唐太宗请示，就将尉迟敬德囚禁于大牢中，并力劝唐太宗赶快将他杀掉。但是，唐太宗非但没有杀掉尉迟敬德，反而把他放了，并且招其进入自己的寝宫，温语相慰，使之放宽心，临分别的时候还送给了他一批金银珠宝。尉迟敬德被唐太宗的这种坦诚之心深深感动，发誓"以身图报"。后来，他果然为唐太宗立下了汗马功劳，甚至在唐太宗与王世充的斗争险境中救了唐太宗一命。

唐朝初期，政治清明，不存在朋党之争，但也偶尔会有一些小人利用唐太宗推行"广开言路"政策的机会，故意诽谤君子，馋害贤臣。为了不使这些小人得逞，唐太宗决定采取法律措施，对诽谤、诬陷者均"以谗人之罪罪之"。贞观三年（629年），监察御史陈师合觊觎房、杜的宰相之位，遂上奏书"毁谤"房玄龄、杜如晦"思虑有限"。但唐太宗十分了解房、杜两人的忠诚和才能，识破了陈师合的弹劾是"妄事毁谤"。于是对陈师合给予法律制裁，"流放到岭外"，从而使真正的贤士良才安心任事，充分施展他们治国的才华。

由于唐太宗用人不疑，推诚以任，有不少降将愿意肝脑涂地为其所用。契芯何力就是一个典型的例子。

契苾何力原是铁勒一个可汗的孙子，贞观六年（632年），他同母亲一同归属唐朝，唐太宗把他安置在甘、凉二州一带。后来，契苾何力同大将李大亮等攻打吐谷浑，建立了赫赫功勋。薛万均歪曲事实真相告契苾何力意欲谋反，契苾何力回朝后马上向唐太宗说明了真实情况，唐太宗反而对他更加信任，还把临洮公主许配给了他。

有一年，契苾何力到凉州探亲时，他的部下一致劝他归降薛延陀，遭到了他的坚决反对。在部下的胁迫下，他割耳自誓，坚贞不屈，外界误传他已经叛唐，但唐太宗自始至终都对他非常信任。从此以后，契苾何力对唐王朝越发忠诚，唐太宗死后，他还请求杀身殉葬，唐高宗坚决不许，他才作罢。

古人云："疑则勿任，任则勿疑。"用人不疑，这是领导者使用人才必须注意的原则。唐太宗曾说："但有君疑于臣，则不能上达，欲求尽忠虑，何以得哉？"把这句话推而广之，用人者疑被用者，对他办事不放心、不放手，就不能充分发挥被用者的作用。历史上无数事实也证明，在"知人"的基础上做到疑人不用、用人不疑，方能成就大事。

集生杀大权于一身的唐太宗，深知如果为君者昏庸，随便施疑，则容易被那些花言巧语、阿谀奉承之徒所迷惑，就会使忠臣含冤受害，使国家失去人才，国家也就无法长治久安。所以，他一贯采取推心待士、用人不疑的方针，为国家收揽了大批贤能之才。这种用人之道应该被当今的现代管理者所重视。

求全责备会成为孤家寡人

· 今日茶点

对别人太苛刻的人，只能落得个孤家寡人，众叛亲离，既不可能很好地去用人，也没有人愿意与这样的人共事、为其效力。

有句古语，叫作"水至清则无鱼，人至察则无徒"。意思是说，水太清了就养不住鱼，为人太清正，则不能有许多人追随。从道德上来讲，为人必须清正廉洁。但过分的清正，就变得刻板，不能对人持宽容厚道之心。对人不能持宽容厚道之心，也就不能容人；不能容人也就不能用人，不能得人之心。这是领导者培养忠诚下属不能忽视的一个重要细节。

人无完人，金无足赤。古往今来，大凡有见识、有能力，能够成就一番事业的人，往往有着与众不同的个性和特点，他们不仅优点突出，而且缺点也明显。一个领导者如果处人、用人过于清正，就会显得不讲情面、不通情理、不能宽容人的缺点。这样，处人、用人就会困难。一个令下属乐意追随的领导要有容人之量，尤其是政治家、军事家，更要有容人之量。俗话说："宰相肚里能撑船。"行大事者不拘小节，就是这个意思。如果秋毫毕见，就容易让人觉得和你难以相处，愿意跟随你、和你共事的人就会越来越少，孤掌难鸣，最终难成大事。

俗话说：看人要深，处人要浅；看人要清楚，处人要糊涂。讲的也是同样的道理。看人看得深，看得清楚，处人也就能浅、能糊涂。怕的则是看得浅、看得糊涂，处人、用人也就难免不浅、不糊涂，结果带来失误和后患。看人深，看得清楚，处人浅，处人糊涂一些，就是把握住大的原则，而不去纠缠于小节，对人的小缺点要宽容，对个人的性格独特的方面要给予理解。特别是那些有独特才能的人，其性格的特点也比较明显，要用这样的人，宽容、理解就是非常必要的。无宽容之心、理解之情，自然无法赢得下属的追随，让他们尽情发挥作用，就显得很困难了。

这些道理，说起来都很简单，但为什么有些领导在对待自己下属的时候，常横挑鼻子竖挑眼呢？其中的原因很复杂，但就其思想方法而言，主要在于不能辩证地看待人的优点和缺点、长处和短处，求全责备。

美国南北战争之始，林肯总统以为凭借北方在人力、物力、财力上的绝对优势，加之战争的正义性，短期内即可扑灭南方奴隶主军队的叛乱。于是，林肯总统按照他平时的用人原则——没有大缺点，先后任命了三四位德高望重的谦谦君子做北军的高级将领，想利用他们在人们心中的道德感召力，用正义之师战败南方奴隶主军队。但事与愿违，这些没有缺点的将领在战争中却很平庸，很快便被李将军统率的南方奴隶主军队一一击溃。

预想不到的败局，引起林肯总统的深思。他认真分析了对方的将领，从贾克森起，几乎没有一个不是满身都有大小缺点的人，但他们却具有善于带兵、用兵，勇敢机智、剽悍凶猛等长处，而这些长处正是战争需要的素质。反观自己的将领，忠厚、谦和、处事谨慎，这些作为做人的品格是不错的，但在充满血腥的严酷战争中，却不足取。从这种分析出发，林肯力排众议，毅然起用格兰特将军为总司令。

命令一下，众皆哗然，都说格兰特好酒贪杯，难当大任。对此，林肯笑道："如果我知道他喜欢喝什么酒，我倒应该送他几桶，让大家共享。"林肯知道北军将领中只有格兰特是能运筹帷幄的帅才，要用他的长处，就要容忍他的缺点，这是严酷的战争，不是教堂里的说教。因而当有人激烈反对时，林肯却坚定地说："我只要格兰特。"后来的事实证明，格兰特的任命，成为美国南北战争的转折点，在格兰特的统率下，北方军队节节取胜，终于扑灭了南方奴隶主集团的武装叛乱。

对林肯总统用人原则的前后变化，美国著名的管理学家杜拉克在《有效的管理者》中有一段精彩的评述，他说："倘要所用的人没有短处，其结果至多只是一个平平凡凡的组织者。所谓'样样皆是'，必然一无是处。才干越高的人，其缺点往往越明显。有高峰始有谷，谁也不可能是十项全能。""一位领导者仅能见人短处而不能用人之所长？从而刻意挑其短而非着眼于展其长，则这样的领导者本身就是一位弱者。"

所以唐代大文学家韩愈说："古代的资能之人，要求自己严格而全面，对待别人则宽容而简约。对己严格而全面，所以才不怠懈懒散；对别人宽容而简约，所以别人乐于为善，乐于进取……现在的人却不这样，他对待别人总是说：'某人虽有某方面的能力，但为人不足称道；某人虽长于干什么事，但也没有什么价值'。抓住人家的一个缺点，就不管他有几个优点；追究他的过去，不考虑他的现在。提心吊胆，生怕别人得到了好名声，这岂不是对人太苛刻了吗？"

对待别人太苛刻的人，只能落得个孤家寡人、众叛亲离，而不可能很好地去用人，也没有人愿意与这样的人共事、为其效力。所以春秋时五霸之一的齐桓公说："金属过于刚硬，就容易脆折，皮革过于刚硬则容易断裂。为人主的过于刚硬则会导致国家灭亡，为人臣过于刚强则会没有朋友，过于强硬就不容易和谐，不和谐就不能用人，人亦不为其所用。"由此可见，用人处人，以和为贵。

综观历史上那些深得人心的领导者，哪个不是深抱宽容之心，广有纳天下之度，处人用人，该糊涂处糊涂，该清醒处清醒。曹操用人不拘品行，唐太宗用人只注意大节，都可说把用人的这一原则发挥得淋漓尽致。

因此，领导者要赢得下属的追随和效忠，就应当有容人之量，正视下属的缺点，不要用"完美"的观点要求人。这样有助于相互取长补短，更好地发挥下属的长处。

批评是手段不是目的

·今日茶点

批评是管理中的一个环节，通过批评能够使下属知道领导的意见，更为重要的是，要通过批评使下属知道未来应该怎么办，只有这样，才能在未来做得更好。

俗话说，金无足赤，人无完人。任何人都有犯错误的时候，作为重要的管理手段之一，批评的最大作用在于纠正下属的错误，使其保持正确的做法和行为，并寻找最佳的工作方式。从管理效果的角度上来说，批评的唯一功能是使下属在下次同样场景中避免错误，表现更好。

为了实现这个功能，这就需要管理者在出言批评下属前，应该先做好调查工作，比如要充分了解下属犯错误的原因和过程、错误的严重程度和最坏结果。一般的经验是，对情况了解得越透彻，批评时就越能切中要害。这就要求管理者不要对下属乱加批评，或是一看到表面现象就冲动论断，否则只会让批评效果适得其反。

另外，管理者在批评之前要弄明白批评的目的。做任何事情都需要目的，批评也不例外。很多人往往把批评单一地看作对下属既往行为的意见和指正，实际上，从管理的动态上来看，批评是管理中的一个环节，通过批评能够使下属知道领导的意见，更为重要的是，要通过批评使下属知道未来应该怎么办，只有这样，才能在未来做得更好。

正在和同事有说有笑的李明，手机突然响了。一看是经理办公室的电话，李明接通忙说："经理——""小李，你到我办公室来一趟！"销售部经理"啪"的一声挂了电话，让刚刚还有说有笑的小李一下子心惊胆战，忐忑不安地走进经理办公室。

"你最近怎么回事，自己看看这个月的销售成绩多差劲。你看看别人，就连新来的小孙也比你强。你以为我给这么高的工资就不用工作了，你这个销售冠军的宝座如果坐不住，就别再提加薪的事。"李明还没来得及开口，就被经理一顿连环珠炮般的轰炸，顺便把一叠厚厚的报表扔到他面前。

"经理，你听我解释。"李明本想趁机把工作中的问题与经理沟通一下。

"我不想听解释，自己回去好好反省吧。我给你一次机会，要是下个月你的业绩还不能上来，那你的年终奖金就不发了。好了，我还有事。"经理不耐烦地摆手示意欲言又止的李明出去。

满脸委屈的李明无奈地走出经理办公室，想起经理那咄咄逼人的架势，心里就窝火得厉害。由于被经理分派到刚开发的市场，客户数量不多，销售额自然不能与成熟市场相比，而小孙虽说是新员工，进公司就被安排到原有的老市场，客户源稳定充分，客户关系网坚固牢靠，小王心里觉得经理只看数字，不问事实，心里很委屈，工作情绪也不高了。

首先，在实施批评过程中，管理者首要做到的是肯定下属所做的事情中的好的部分。也就是说，在批评之前先进行表扬和肯定。美国著名企业家玫琳凯采取了"先表扬，后批评，再表扬"的做法，比方说，有的人遇到一件事情，事情做得不够好，大多数情况下，直接去批评的话效果一定不好，那你要先使用赞美，然后使用小小的批评，最后再去赞美。

其次，要明确、直接和客观地指出下属的不足或错误。管理者在批评员工时一定要尊重客观事实，我们批评的是错误的行为，而不是对方本人，请记住批评应对事不对人。批评要尽可能以友好的方式结束，管理者可以对此进行鼓励或提出希望，微笑着说"我相信你会做得更好"或者"我期待看到你在工作上有更出色的表现"等。

批评的功能是促使下属进步，所以在批评实施过程中要注意人的培养。成长性是个人在组织中追求的一个目标。教他并且让他成长，是对下属的最大激励。这种激励，往往能够消除他受到批评以后的不良情绪，反而让他动力更足。

管理者切记不要将批评当作个人情绪的发泄。如果仅仅是不满情绪的发泄，那么这个批评的实施将会毫无意义。因为你不能通过批评得到什么，反而会不利于将来工作的开展。在批评手下的时候，一定要明白，下属本来就是不如你。他们可能在某些方面比你出色，但从整体来说，还是比不上你，比如资源和经验不足等。在批评的过程中，要对下属的错误有所宽容，并不是任何错误都需要严厉批评。

管理者应掌握的四大批评技巧如下。

1. 批评要秘密进行

当众批评会增加下属的心理负担。正确的做法是和他单独交谈，让他体会到管理者对他的关怀，进而使他愿意正视自己的问题与错误。但并不是所有的批评都要秘密进行，但一个错误出现时，别人在未来工作中很有可能重复犯错时，需要公开批评，以示警示作用。

2. 批评要直接

管理者常见的批评误区是力求自己的批评之词尽可能委婉。许多管理者因为担心被员工视为尖酸刻薄的主管，因而在批评员工时，总会再三斟酌用词，希望让批评的话语较不具杀伤力。事实上，正是因为用词足够委婉，批评的效果才大打折扣。正确的做法是应就实际情况，提出具体而正确的做法。

3. 批评要当面

人后不说闲话，批评也是如此，对下属的批评，一定要当面指出。这样管理者的意见和态度，才能让下属非常清楚地了解，同时也有助于彼此交换意见。如果在背后进行批评，很容易引起误解，不仅有损自身领导形象，而且还会激发新的矛盾。

4. 批评时要恰当用词

恰当用词表现在两个方面：一是不要使用戏谑言词，管理者以严肃的态度进行批评时，反而较容易为员工所接受。如果管理者以戏谑的口吻，很容易会被下属误解为讽刺；二是不要冷言冷语地批评，管理者不要讽刺挖苦、污辱人格或骂人，也不能嘲笑对方的生理缺陷，否则批评不仅没有成效，反而会适得其反。

四种人不能被重用

· 今日茶点

在选用主管的时候，最好选择能发挥经理长处的人。

主管是一个管理者最得力的助手，是一个单位最关键性的副职。他们素质的好坏直接关系到整个事业的兴衰，因此在选用的时候，不得不给予特别的关注。

主管是单位某一方面的管理专家，他们相对员工来说，是直接的管理者；相对上司来说，他们又是下属和助手。主管这种特殊的角色，使得在聘用他们时，必须进行综合考虑和慎重的权衡。无论多大的公司，经理是一城之主，主管与经理之间保持和谐的人际关系是很重要的。

现实生活中，管理者常常遇到这样的情况：一开始经理到处说找到了自己满意的主管，可是经过一段时间的工作后，就埋怨说上当受骗。是何原因？

主管要成为经理得力的助手，首先必须与经理在性格上相投。主管要能够理解经理的感情变化，不要有过多的被人使唤或命令的怨气；更不能认为自己在一人之下，万人之上，在下属面前显示自己不可一世，在单位内部搞宗派，不把经理放在眼里，甚至架空经理。不可否认，主管要有一定的权利，但不能超越你的权利而去行使那些只有上司才能行使的权利。更不能因为手中有权就可以不与经理商量，不进行汇报和协调。

其次，要有辅佐经理开拓最得意的经营领域的能力。作为经理的助手，要有能够弥补经理短处的长处，或有时候要代理经理处理某方面的重大问题。所以在选用主管的时候，最好选择能发挥经理长处的人。

在很多时候，主管所面对的是员工。对员工进行提升时，不能凭个人的感情用事。比如主管是做事风风火火的人，就愿意提升那些干脆利落的人；主管是一个十分稳当、凡事都慢四拍的人，就乐意提升性格优柔寡断、谨慎万分的员工；主管是一个爱出风头、讲排场、好面子的人，就不喜欢那些脚踏实地、忠诚老实的人；主管喜欢提升性格温和、老实听话的员工，就对性格倔犟、独立意识较强的人不感兴趣。

如此，不仅浪费了单位一批人才，还使一些性格不合主管意愿而有真才实学的人置于不被人重用的尴尬境地。除此之外，如下几种类型的主管不能选用。

1. 不选"复印本型"的人做主管

这类人没有自己的工作原则，一切"唯上司马首是瞻"。以上司的是非为是非，从平时的生活到工作的言行都以上司的模型为原本，既没有自己的主见，又没有自己的风格。没有现成的模型，他就什么都做不成。这类人简直就是别人的复印本。

这种人往往不会有创造性的表现，对新事物、新观点接受得很慢。这种人墨守成规，实际情况发生变化时，不知道灵活应变，只是搬出老黄历，以寻找根据。世界上的事物瞬息万变，但这种人不会以不变应万变。因此，他们难以对付新情况和新问题。而且，这种人缺乏远见，也没有多少潜力可挖，其发展水平受到局限，一生中难以超越这个局限。

复印本始终没有原本清晰，这种人即使被选为接班人，最多做到东施效颦的地步。公司的发展在这类人的操作下，难以取得突破性的进展。尽管不少爱慕虚荣的上司，很愿意自己成为下属模仿的对象，因此，他们对这类人宠爱有加。但是真正想在事业上有所作为的领导者，是决不会选这种人作为主管的。当今时代是一个信息爆炸、瞬息万变的世界。经营管理的手法、方针也需要随时改变。"复印本型"的人就是缺乏这种创新能力。

2. 不选"蜜蜂型"的人做主管

这种类型的主管，工作特别卖力，上班可以说是"早出晚归"。他们不知疲倦，如同蜜蜂一样，忙忙碌碌。这种人的工作态度和工作热情本无可非议，问题是，选这种人做主管会产生许多负面的效果。这种人做事不分先后、不分主次，只知道见工作就做，不知怎样做更为合理、更科学。因此常常是该办的事情没办，不那么紧迫的事情却优先办好了。另外，这类主管还有一个特别致命的弱点，就是他们把勤奋和效率同等地看待。

主管应该是管大事的人，首先应做最重要的事情，次要的工作完全可以交给别人去做。集中精力是提高效率的关键，只有当他认识到集中精力办一件事的重要性时，才能出成果。不应该为次要的问题而分散自己的精力。选用这类人做主管，公司会处于严重的无政府状态，甚至会使你辛苦建立起来的基业毁于一旦。

3. 不选吹牛拍马者做主管

这种类型的人，为了达到自己不可告人的目的，不惜厚着脸皮对自己的上司吹牛拍马。他们选择这样做，或是为了自己的升迁，或是为了环境条件的改善，或是为了自己的子女就业，或是为了借上司的信任和威风来扩大自己的尊严，所有这些都需要上司来成全。上司在他们的眼里，完全成了他能够达到自己个人目的的"希望之树"，所以除想方设法地吹嘘上司外，他们别无他途，也别无他事可为。因此，这种类型的人狭隘地认为，吹捧就得利，反驳就会受灾。

要做到不选这样的人做主管，上司必须加强自己的修养。只有贤人才能选出贤才。

4. 不选告密型的人做主管

在竞争日益激烈的环境下，告密的人是企业最不受欢迎的。这种人的告密分两种情况。首先他们吃里爬外，见利忘义，为了自己的私利，不惜出卖公司发展的信息。这种人如果被安排在主管的位置上，因为他们一般掌握着公司的核心机密，所以对公司造成的损失是无法估量的。另一类告密者就是在公司内部做小动作，打"小报告"，他们以向上司告密来博得信任和赏识。所以他们喜欢四处刺探员工或同事之间的秘密，连一句闲言碎语都不放过。为了表示自己的忠心，他们时刻不忘显露出自己确实是耳听八方、眼观六路，有时甚至兴风作浪，故意制造虚假信息，无事生非，向上司交差。

这类人很容易骗取上司的欢心和信任。但若上司是一名精明能干的老板，他决不会选用这种人做主管，因为这种人肯定在办事能力方面不会太突出，所以才以这种手段来博得上司的青睐。而且，时间一长，会引起员工的不满，他们的所作所为对整个公司所必需的团结协作精神也是一个严重的打击。

用人时要因人而异

管理者对待不同的下属、不同的条件，要区别对待，充分发挥他们的优势。即使是能人，也需要针对性使用。

每个员工总是有天才的一面，就看管理者是否有发现的眼睛和如何使用。中国古代大教育家孔子主张因材施教，事实上在管理实践中也需要因人而异。管理者对待不同的下属、不同的条件，要区别对待，充分发挥他们的优势。即使是能人，也需要针对性使用。

（1）表现比较好的人。一是用其长处，使其用自己的实绩展示自我。二是用人才互补结构弥补他的短处，保证他的长处得以发挥。

（2）表现一般的人。给其在他人面前表现自己的机会，求得别人的信任和自己的心理平衡。也要注意鼓励他们用自己的行动证明自己的能力。

（3）表现较差的人。可以给他们略超过自己能力的任务，使他们得到成功的体验，建立起"可以不比人差"的信心，同时注意肯定他们的长处，一点点调动起来。

（4）有能力、有经验、有头脑的人。可以采取以目标管理为主的方式。在目标、任务一定的情况下，尽量让他们自己选择措施、方法和手段，自己控制自己的行为。还可适当扩大他们的自主权，给他们回旋的余地和发展的空间。

（5）能力较弱、经验较少、点子不多的人。可以采取以过程管理为主的方式，用规程、制度、纪律等控制他们的行为过程；可用传帮带的方式，使他们逐渐积累经验、提高能力。

（6）有能力的年轻人。可以给他们开拓性的、进取性的、有一定难度的工作。对有经验的中老年人，可以让他们做稳定性的、改进性的、完善性的工作。

（7）个性突出，缺点、弱点明显的能人。一是用长。长处显示出来了，弱点便容易得到克服。二是做好思想和情感沟通的工作。一年里谈几次话，肯定成绩、指出问题、沟通感情，他们感到领导的关心和理解，自己也会兢兢业业。三是放开一点，采取忍的办法。不要老是盯住人家，而是给人家留有一定的余地，帮助也只是在大事上、在关键性的问题上。否则，被束缚住了手脚就很难有所作为。

（8）有特殊才能的人。一定要尽可能给他们最好的条件和待遇。特殊人才，特殊待遇，这是我们应该遵守的原则。他们中有的人并不是安分者，可能有这样或那样的毛病和问题，以致很不好管理。对此我们不只是要容忍，而且应该做好周围人的工作，以便使他们能够集中精力发挥长处和优势。在特殊的情况下，还应该放宽对他们的纪律约束和制度管理，甚至采取明里掩盖、暗中支持的办法。

（9）有很强能力的人。可采取多调几个岗位、单位的办法，既能够让他们发挥多方面的、更大的作用，又可以调动他们乐于贡献、多出成绩的积极性。

（10）被埋没的能人。一个办法是把他们调出去，给他们显示自己本领的机会，也给他们从另外的角度审视自己的空间。等有了成绩，被公众认可了，在必要时就可以调回来加以任用。另一个办法是把其上司调开，让能人上。这都要根据具体情况决定。

（11）尚未被认可的能人。一是采取逐渐渗透的办法，让人们逐渐认识他们的长处和成果；二是给机会显示其才能，以实绩让人们信服。

（12）道德上有缺陷的能人。可采取这样几种办法：①任命其为副职，以正职制约他；②派给他副手，告诉是协助他工作，同时也要接受他的帮助；③派给他能够监督、约束他的工作人员，比如会计、审计、监察人员，在职能权力上约束他；④满腔热情地给他素质好的直接下级人员，以此作防御层。应该注意的是，不要用同级人员来制约他，这很容易闹矛盾。

（13）跟自己亲近的能人。一是调离自己的身边，让其显示自己的才干。好处是，因为和自己的关系好，到底是不是能人还可以再看；如果真正有能力，别人也会服气。二是采取外冷内热的办法严格要求，使他们不依靠领导，而是依靠自己，不断地求得发展。

任何人都能多用

·今日茶点

千万不要以为人才越专越好，分工越细化越好，一人多用，也可为企业管理运营带来意想不到的好处。

日本来岛集团下属有180家公司，全以"少数精锐""多元化"为其经营理念。将这两个理念合而为一，最能体现出其员工的劳动状况，即"一人三用"。这就是说，一个人最少要负责三项工作，当然，要负责二三十项工作的人也比比皆是。除了特殊职种，在来岛船坞的2万人中，大部分都轻松愉快地担负着三项以上的任务。

例如，片上久志名片上写的是"来岛船坞业务部"，其本行业务的内容包括总务、人事和福利等。通常他告诉别人"我负责员工全部职责"，但他的名片所载明的职责却非其本行，他所担任的是某餐厅的经理业务。经理并非只是偶尔到店里露露面、查查账，而是必须担负一切责任。举凡土地购买、取得政府许可、与建筑商接洽、一切用品的采购、订定菜单、购买材料、选录人员、价格设定、广告宣传以及其他各种手续，全由经理一人负责。虽然他本身不负担资金，但他所扮演的角色却与一般餐厅中的老板无异。

片上久志虽然只有30岁出头，却有极丰富的工作经验。数年前，他单独前往广岛县丰田郡芸津町与町长议事，并负担太平工业再建的重任。当时的太平工业只是一个造船工厂，还称不上是公司。因为该处只有造船者，没有直接部门。由于当时来岛集团刚接收了这个工厂，需要对外联系人员，于是选择了片上。片上久志虽没有任何头衔，事实上却具有左右组织的力量，相当于业务部长的权限。虽然在太平工业中也有厂长、部长，但他们从未因片上久志年轻而倚老卖老。他们有的只是较高的职称，监督责任权则在片上。

这样，在工厂片上一人独掌众务，如薪资、银行交涉、包工管理、采购、劳工协商、官方交涉、船主接洽等皆为其职责所在。因此他的能力被强迫性提高，两年后再回来时，其能力已有相当惊人的发展。但这并不是表示片上久志具有特殊才能，继片上久志之后，每2～3年间都会有两个人去接替相同的工作。也就是说，片上久志只是来岛极普通的一名员工。

来岛集团的领导人认为，一个人一直待在同一部门，所学终究有限，因此在一段时间后每个人都必然要做机动性调动。目的不在排除人，而是使人不断获得新的经验。等他再调回来时，就可以担任比原来更高级的工作。

在来岛集团，社长的司机兼任接待这也是正常的，也充分体现出一人多用。坪内寿夫没有专职的司机，开车的司机是集团治下太洋计程车行所属，因此司机的本行是每日载运许多不特定的客人。而这个人只是社长三个司机中的一个。当坪内寿夫叫车时，三个司机轮流替他驾驶。坪内寿夫的座车是1971年型的奔驰，也属太洋计程车行的营业车，平日仍以客人优先，只有车空时坪内寿夫才使用。

开干部会议时，一般社长专用车在这种时候是待命到下午 5 时会议结束，但坪内寿夫的司机则不然，他利用这段时间协助装配 500 份便餐，下午 3 时左右在酒吧柜台负责接待。"我一有空就到这里帮忙，因为我也会泡咖啡。再说 5 时以前社长都不会离开会场，我待在那儿也是闲等。"司机这样答道。

一般情况下，计程车司机、社长专用车司机、吧台接待都是分别独立的工作，应由专人负责。但因为司机是来岛集团的一分子，所以兼任三职。对此，坪内寿夫说："我们集团中不需要专家，要的是视野宽广、能屈能伸的人。让一个造船者经营餐厅，就是要他拓展视野，在关于如何提供客人物美价廉的服务上，造船与餐饮是具有异曲同工之处的。"

来岛集团的用人方针为"一个人当三个人用"，把每一个人都培养成"多面手"以胜任不同的工作。

一人多用，对企业来说，可以用少而精的员工来完成需要更多人才能完成的工作，在不影响工作效率的同时，降低雇用成本。千万不要以为人才越专越好，分工越细化越好，一人多用，也可为企业管理运营带来意想不到的好处。

寄予属下以信任和厚望

·今日茶点

领导横加干涉的后果很容易伤害下属的自尊心，管理者需要大胆放权，相信下属的能力。下属被寄予厚望，为不辜负领导苦心，必会干劲冲天。

北欧航空公司董事长卡尔松决心大刀阔斧地改革北欧航空系统的陈规陋习，他靠的就是充分放权，给部下充分的信任和活动自由。

开始时，他的目标是要把北欧航空公司变成欧洲最准时的航空公司。但他想不出该怎么下手。卡尔松到处寻找，看到底由哪些人来负责处理此事，最后他终于找到了合适的人选。

于是卡尔松亲自登门去拜访他："我们怎样才能成为欧洲最准时的航空公司？你能不能替我找到答案？过几个星期来见我，看看我们能不能达到这个目标。"几个星期后，这个人主动约时间见卡尔松。卡尔松问他："怎么样？可不可以做到？"

他非常干脆地回答："可以，不过大概要花 6 个月时间，还可能花掉你 160 万美元。"

卡尔松插嘴说："太好了，继续说下去。"因为他本来估计要花 5 倍多的代价。

那人吓了一跳，继续说："等一下，我带了人来，准备向你汇报，我们可以告诉你我们到底想怎么干。"

卡尔松说："没关系，不必汇报了，你们放手去做好了。"

大约 4 个半月后，那人请卡尔松去，并给他看几个月来的成绩报告。当然这时他已使北欧空公司成为欧洲第一。但这还不是他请卡尔松来的唯一原因，更重要的是他还省下了 150 万元经费中的 50 万美元，总共只花了 100 万美元。

卡尔松事后说："如果我只是对他说：'好，现在交给你一件任务，我要你使我们公司成为欧洲最准时的航空公司，现在我给你 200 万美元，你要这么这么做。'结果怎样，你们一定也可以预想到。他一定会在 6 个月以后回来对我说：'我们已经照你所说的做了，而且也有了一定进展，不过离目标还有一段距离，也许还需要花 90 天左右才能做好，而且还要 100 万美元经费等。'可是这一次这种拖拖拉拉的事却不曾发生。他要这个数目，我就照他要的给，他顺顺利利地就把工作做好了。"

企业领导要让下属担当一定职责，就要相应地授予一定的权力。如果领导对下属不放权力，或放权之后又常常横加干涉、指手画脚，必然会造成管理上的混乱；另一方面，下属会有一种未被信任的感觉而失去积极性。

领导横加干涉的后果很容易伤害下属的自尊心，使其产生挫败感以至于会在以后的工作中少了创新的激情与锐气，只一味服从领导，依赖领导，这对企业的发展无疑会有极大的破坏作用。大胆放权，相信下属的能力。下属被寄予厚望，为不辜负领导苦心，必会干劲冲天。

·第九章·

柔性管理：获得员工的心灵共鸣

柔性管理的内涵和本质

·今日茶点

人性化管理使企业员工的创造性得到解放，积极性得到最大的发挥。

柔性管理是伴随着社会的进步、人类文明的发展而产生的。它是管理科学发展进步的一个象征，是现代管理的重要标志之一。它的科学性和重要性已经得到了普遍的承认和重视，它的基本范畴引起国内外专家的研究兴趣。

1. 柔性管理的内涵

柔性管理作为概念是历史上不曾有过的。然而作为思想却在人类历史上早已存在。从公元前 6 世纪的雅典民主政治，到欧洲中世纪之前的人本思想的萌芽；从 2000 多年前先秦诸子的"安人"思想，到现代的心理资源开发，可以说整个人类历史始终闪烁着柔性管理思想的火花、流淌着柔性管理思想的小溪。只是几千年来，因为缺少它生存的土壤，没有它发展的空间，因而使这些宝贵的思想时隐时现、时生时灭。随着人类社会的进步，今天，这火花终于燃起了遍地的火焰，这小溪终于汇成了涌动的潮流，成为世界性现象。

就一般意义而言，管理是指设计和保持一种良好的环境使人们在群体里高效率地完成既定目标。它的外延部分是指如下五个内容：计划、组织、人事、领导和控制。它适用于任何一个组织，适用于各级管理者，管理的目标是要创造效率和效益。柔性管理的概念既具有一般管理的内涵，又具有自己的特征。

一般地说，柔性管理是在研究的心理和行为规律的基础上采用非强制方式，在人心目中产生一种潜在的说服力，从而把组织意志变为人们的自觉行动。这个概念的主题词是"规律""非强制""潜在"和"自觉"。这也正体现了这一概念所涵盖的四个基本方面：依据是心理和行为的规律；方式方法是非强制性的；对人的影响是潜在的；最终目标是让人自觉行动。概念的本身告诉我们，柔性管理的确是一种更加深刻、更加高级的管理，因而也是难度很大的管理，是丰富多彩的管理。

2. 柔性管理的本质

柔性管理的本质就是依据人自身的心理和行为规律，运用柔性管理的原则，对管理对象施加的软控制。柔性管理的本质既体现了一般管理的本质——控制，以及管理的核心——协调，又体现了柔性管理的本质特征——"柔"原则与"软"控制，而且是在顺应人们心理和行为规律的基础上进行的。

柔性管理的本质告诉我们，柔性管理绝不是一蹴而就的，绝不可能仅靠制定几项制度、规定几条纪律就能实现。它既要控制，又不是声色俱厉；既要控制，又要自然而然、自觉自愿；既要控制，又不违背人们的心理和行为规律。否则，离开这些就离开了柔性管理的本质。

人性为本是组织柔性管理的最本质要求，人性为本是解放人的创造性，以人为本是调动人的积极性。如果说以人为本是重视人的作用，采取措施发挥人的积极性，那么人性为本则是尊重人性，创造条件释放人的创造性。20 世纪 70 年代以来，欧洲企业就试行人性为本的柔性管理方式，推出了"弹性工时制"。

20 世纪 90 年代以来，弹性工作、远程工作、在家上班和灵活工作组等尊重人性的工作方式逐渐流行，合作关系、伙伴关系、平行关系、平等关系、对话式工作关系、奖励措施等尊重人性的管理哲学受到重视。1994 年，美国利用现代通信方式上班的人数达到 880 万，许多优秀企业特别是高技术企业建立了平等的合作伙伴关系。人性化管理使企业员工的创造性得到解放，积极性得到最大的发挥。

柔性管理产生的原因

· 今日茶点

成功的管理是一种软性权变管理——在适当的时候对适当对象运用适当方法的艺术。

柔性管理是当代世界管理创新的新趋势。充分认识柔性管理的产生根源、基本特征，掌握柔性管理的实施方式，可以有效地提高管理的工作效率，促进管理现代化。

柔性管理思想首先起源于美国，后逐步波及世界许多国家和地区。柔性管理的产生既有十分复杂的社会和经济背景，也是管理学发展演变的一种必然。那么柔性管理产生的具体原因是什么呢？

第一，生产力水平的变化要求调整管理方式。

组织行为的研究表明，当组织生产力水平低下时，其行为管理的有效做法不是人情味十足的诱导，而是以"非人性化"为主的"防范管理"。事实证明，处于这种生产力水平下的成员更易于适应干脆果断的集权式领导，希望组织文件、制度明确告诉自己干什么和怎样干。

这种防范管理之所以有效，是因为生产力水平低，技术设备简单，组织结构、人际关系单纯，工作结构性强，简单明了，所以无须过多协商和研究。加之成员为了生活温饱，害怕失业，即使简单粗暴的防范管理也可以接受。但是随着组织生产力水平的提高，技术设备的日趋现代化，组织和人际关系的复杂化，客观上要求组织管理由"专断型"的硬性方式向"诱导型"的软性方式发展，要求管理者不仅分析、调整引起破坏性行为的不满意因素，还要研究满足和诱导因素。

第二，成员构成和素质的变化需要柔性。

管理是以人为对象，组织成员构成和素质的变化，必然要求管理方式、方法相应变化。第二次世界大战以后，世界各国，主要是发达国家蓝领工人比重急剧下降，白领工人比重迅速上升。如美国在1957年白领工人的比重便超过了蓝领工人。这种构成的变化，使企业员工总体素质明显提高，更多的人希望把自己看成独一无二的"个人"，希望了解情况，有更多的交流与沟通，参与企业决策，既履行职责，也在工作中获得自我实现的机会。他们普遍反对和排斥传统集权式的硬性管理，而更倾向于接受富于民主、充满温情的管理方式。作为管理者就不得不考虑企业员工价值观的变化，采取更适合管理对象的管理方式。

第三，实证研究的兴起促进了柔性管理的产生和发展。

继泰罗的科学管理原理之后，管理学研究中的科学、理性色彩日益浓厚。西方学者把计算机大量应用于管理之中，他们发展了大量的定量预测方法和决策技术，并试图说明人们只要用这些科学的符合逻辑的数学方程，就可保证决策的合理和迅捷。然而大量的实证表明，管理手段是简单的，管理方法是明确的，正是这些基本手段和方法的不同组合和运用构成了不同管理成败的原因。成功的管理是一种软性权变管理——在适当的时候对适当对象运用适当方法的艺术。

日美管理的实证比较研究向人们更加鲜明地揭示了软管理的重要意义。美国企业之所以在许多竞争中败于日本企业，一个重要的因素是美国管理过分强调技术、设备、方法、制度、

组织结构、财务分析等"硬"因素；而日本比较重视目标、宗旨、信念、价值等"软"因素。日本对管理的成功运用及其思想经验的广为传播极大地促进了柔性管理的发展和完善。

柔性管理的四种方式

· 今日茶点

实施柔性管理首先要有与之相适应的柔性组织作为保障。柔性组织要求组织机构设置精简、灵活，有分工但不呆板，重效率而不讲形式。

柔性管理的实施方式主要有以下4种，即柔性组织保障、成员参与职能管理、激励方式的艺术性和组织文化的运作。

1. 柔性组织保障

实施柔性管理首先要有与之相适应的柔性组织作为保障。传统组织理论强调组织规模与组织结构的程式化，是一种矩阵型的刚性组织。这种组织结构复杂，部门划分过细，信息传递缓慢，在决策上实行集权管理，灵活性小。针对这种情况，20 世纪 60 年代以来，西方组织理论提出了"柔性组织"概念，得到企业界的广泛认可。柔性组织要求组织机构设置精简、灵活，有分工但不呆板，重效率而不讲形式。世界上成功的企业没有一家实行矩阵型的刚性组织。

领导班子的精简对于柔性组织非常重要。其一，通过精简高层、减少中层，使权力由原来的中高层逐步分散于整个组织，分散于多数人之中。这不仅扩大了管理幅度，也增强了组织的灵活性。其二，劳动分工强调扩大工作范围，使工作丰富化，让每个成员发挥多种能力，使他们的工作更富挑战性和独立性，从而增强成员的自豪感和成就感。其三，柔性组织根据需要灵活设置，形式多种多样。如可根据客观环境设立战略经营单位；以完成某项任务（如开发新产品）为中心，设立机动项目组织等。

2. 成员参与职能管理

成员参与职能管理作为柔性管理方式之一被许多组织采用。参与管理的具体形式有三类：一是咨询。即成员对组织的运营提出意见和建议，这是参与管理的低级形式。二是参与管理。成员直接参加到管理机构中去。他们不仅有建议权，而且还有部分决定权和监督权。如在日本，约有 70% 的企业工会以多种形式参与董事会，他们与企业高层管理者共同研讨企业经营方针、事业计划和海外投资活动等。三是自主管理。在自主管理中，成员在划定的职权范围内，有较大的自主权和决定权。对一些有法律、协议规定的事项，如操作流程、安全、保健等，成员有完全控制权。

许多企业的员工在长期的实践中，创造了许多行之有效的自主管理形式：一是质量管理小组。由员工自愿组成的质量管理小组，经常结合操作实践，举行定期和不定期的质量控制分析讨论，相互交流经验，集体攻关。据统计，在日本企业中约有 90% 的员工参加了质量管理小组。二是开展以员工自我完善、消除缺点为主的无缺点运动。三是目标管理。员工根据企业目标，自行制定个人目标。员工在达到目标后还参与成果评定工作。这种方式在欧美企业和日本企业中均十分普遍。参与管理的优点在于它增加了"柔"性成分，较多地考虑了执行者的意见和想法。

研究表明，当组织成员参与和他们工作有关的决策时，在执行决策时会给予更多的合作和支持；相反，成员对于管理者强加的决定，执行起来缺乏热情，甚至出现对抗。

3. 激励方式的艺术性

在柔性管理方式下的激励有两个特点：一是主要通过满足成员的高层需要（自我实现、成就感等）来达到激励效果；二是特别讲究激励方式的艺术性。

激励有物质激励和精神激励两类，但柔性管理更多地强调精神激励。

精神激励方式丰富多样，远远超过单一的金钱激励方式。给成员以表扬、光荣称号、象征荣誉的奖品、奖章等，都是对成员贡献的公开承认，或满足人的自尊等高层需要。如 IBM 公司设有"100% 俱乐部"，每当有业务代表超额完成销售额时，他就被批准成为这一俱乐部的成员，他和家人将被邀请出席隆重的集会，获得极大的心理满足。

运用激励艺术，需注意以下问题：

（1）激励必须及时。现代心理学的研究表明，及时激励的有效度为 80%，而滞后激励的有效度仅为 7%。

（2）激励面要广。传统的激励仅把极少数人树立为"组织英雄"，长期采用此法，会使广大成员觉得奖励是极少数人的事情而漠不关心，甚至会产生孤立"英雄"的逆反心理。因此，科学的激励方法是缩小奖项，扩大受奖面，多设集体奖，少设个人奖，要特别注意对成员的小小进步也要给予及时的鼓励和强化。如日本电气公司老板就是一位著名的柔性管理专家，他在公司设立名目繁多的奖项 30 余种，而且还规定每年保证 80% 的员工受到奖励。

（3）激励要因人而异。要根据不同成员的个性、心理特征，采用相应的激励方式，如对女性成员要采用与男性成员截然不同的激励方式。

（4）重视过程激励。不仅表扬那些做出优异成绩者，也要表扬那些尚未成功的努力者，特别是虽遭受挫折但毫不气馁的奋斗者。

（5）给激励注入真情。管理者的赞扬只要确实出于真心，哪怕只是一个眼神、一句话、几个字都会收到意想不到的效果。特别是当成员对自身还缺乏足够的自信时，往往谨言慎行，这时来自管理者的真诚赞美和鼓励必然会产生极大的激励作用。

4. 组织文化的运作

组织文化是指组织全体成员所共同拥有的价值体系。作为一种柔性管理方式，其运作方式有以下几种：

其一，构建共同的价值观和精神口号，以对成员实现内化控制。共同的价值观是组织的灵魂，具有统率全局的战略意义和重要作用。精神口号是价值观的简明概括。通过共同价值观和精神口号的广为传播和渗透，使成员感到按某种价值观办事理应如此，如果违反这种价值观，便产生内疚和不安。社会学家认为，内化控制是控制行为、更正偏差的最有效的方式。

其二，培养忠诚感，增强群体凝聚力。在组织文化建设中，组织可通过组织的历史的展览、组织庆典、组织英雄介绍等方式培养成员的自豪感和对组织的忠诚度，增强群体向心力。管理者对成员婚丧嫁娶等生活的关心，也会从情感上增强群体凝聚力。

其三，组织文化可促进成员的相互交流，有利于信息的传递、应用，并能利用这些信息产生更多的信息，从而实现更多的信息交流、信息共享。

柔性管理的判断标准

· 今日茶点

柔性环境保证刚性管理，刚性环境强化柔性管理，这就是柔性管理的辩证法。

一个组织是否实行柔性管理，可以从以下五个方面进行分析判断。

1. 以人为中心的管理方式

柔性管理认为，人是管理的出发点和归宿。对内，柔性管理强调关心成员、尊重成员，千方百计调动成员的积极性；对外，柔性管理强调要关心客户，真正树立"客户第一"的价值观。

2. 培育共同的价值观

人的最大特点是有思想、有感情，人的行为无不受到观念和情感的驱使。行为科学研究了人的行为规律，呼吁管理者关心组织成员的感情需要、社会需要，但他们的研究较多地局限在个体行为上。组织文化理论将重点转移到群体行为上，因为只有成员协调一致地努力，才会使组织赢得成功。但是协调一致的群体行为的出现，依赖于共同信守的群体价值观的培育。因此，把最大的精力放在培育共同的价值观上，是是否实施柔性管理的基本标志。

3. 组织制度与群体价值观协调一致

组织的内部管理制度是外在的行为规范，它与内在的群体价值观是否一致，可以说明该组织是否真正确立了柔性管理观念，因为不同的制度强化了不同的价值观。平均主义的分配制度强化了"平庸"和"懒汉"的价值观；按劳取酬、按资分配的分配制度强化了"进取""劳动""创新"的价值观。一个组织要实施柔性管理，关键的一条是组织内部制度要与共同的价值观协调一致，就像一个人必须心口一致、心手一致一样。当前有些组织之所以管理效果不好，思想观念与组织制度不统一无疑是个突出的原因。

4. 实行育才型领导方式

从领导方式上来研究，可以把领导方式分为三类，即师傅型、指挥型和育才型。前两种类型的特点是权力和责任高度集中，任何重要的决策只由一人做出，不尊重下属的创造性和智慧；只关心工作任务的完成，不关心下属的疾苦、冷暖和成长。而育才型领导则实行分权管理，管理者和下属共担责任、共同控制，尊重下属的创造性和智慧；既关心工作任务的完成，又关心下属积极性的发挥和能力的培养；干一切工作都依靠配合默契的团队，培养团队精神成为管理者关注的焦点。柔性管理就是需要这样的育才型管理。

有人提出 21 世纪的组织管理者应该是服务型的。其特征是：重视人的价值；其首要作用是造就一种群体意识并设法使之发扬光大；办事开诚布公，愿意并主动分担失误和痛苦；谦虚谨慎；把自己看作组织内充满活力的服务员，能够集中群众智慧，能够从长远观点看问题。

无论叫育才型还是称服务型，柔性管理都要求管理者要具有民主作风，尊重人、爱护人、培养人，特别是重视培养共同的群体价值观，在此基础上发挥团队的作用。这种管理者不被眼前的利益所诱惑，而是从组织文化入手，以提高队伍素质为重点，增强持久竞争力、凝聚力。

5. 将刚性管理与柔性管理相结合

刚性管理指的是依靠规章制度、直接的外部监督以及行政命令进行的管理，它包括采用计算机信息系统等现代化的物质手段。柔性管理是指开展组织文化建设，培育共同的价值观，建立良好的风气，形成和谐的人际关系等的管理。

科学管理主要依靠刚性管理，而柔性管理则要求刚柔并济、软硬结合。柔性管理是把刚、柔两者有效结合的最佳管理方式。群体价值观、规章制度都是组织文化的有机组成部分。

制度、纪律是强制性的硬要素，但它们要靠组织精神、共同价值观才能得到自觉的执行和遵守；组织精神、道德、风气是非强制性的柔性要素，但其形成的群体压力和心理环境对成员的推动力又是不可抗拒的刚性要素；特别是这种柔性环境的建立和维持，一点也离不开通过执行制度、进行奖罚来强化。

柔性环境保证刚性管理，刚性环境强化柔性管理，这就是柔性管理的辩证法。

沟通是实施成功的保证

· 今日茶点

一切都取决于沟通，只有进行有效的沟通，才能增强组织内部的凝聚力。

柔性管理的最终目的实际上是让整个组织内部充满和谐，让每个成员都能从心底自愿地为组织贡献力量。因此，组织内部的沟通就显得尤为重要。沟通是柔性管理成功的保证。

1. 沟通能增强组织的凝聚力

有一天，某公司一位接待员在当地报纸上看到一份招聘广告，聘请对象的工作完全和自己现在的任务相同。她感到有些奇怪和焦急，决定去和她的老板谈谈这则招聘广告的事。老板证实了她的顾虑：是的，公司正在登报招聘人来替代你。接待员非常生气，作为回应，她拿出了在同一报纸上登载着的她自己的一份广告，上面的工作状态栏写着："我辞职了。"

看到这里，你觉得这位老板和他的员工有"交流"吗？你认为这个公司的内部关系是否建立在互相尊敬之上呢？你觉得这位老板理解和关心这位接待员吗？这件事发生以后公司内其他员工能否再尽心尽力奉献呢？像这样的公司，员工们能热爱它吗？类似的情况在你的公司内会发生吗？

有时候我们的确感到和自己的组织或部门有些隔膜。正是这种隔膜使我们伤心。它撕碎了我们的心，也使我们精神沮丧。它使人产生被遗弃感和孤独感。被隔绝的成员由于不了解组织的情况也就无法和组织建立亲密关系。也正由于这种情况，成员们的奉献减少了，不关心和不信任抬头，整个组织的运营也就陷于停顿。

设想一下你和组织密切联系时的情况：当你成为组织一员时你是多么的热情，你觉得你已是组织中重要的一部分。你把你的全部时间、精力和心思都投入重要项目中去。甚至在困难时候，由于你和组织相互了解就会奋不顾身地为组织目标奋斗。你会尽最大努力，因为你觉得你和组织是相连的。

成员们渴望和组织紧密相连，他们希望和组织的关系不仅是一张工资条和福利待遇，他们需要成为"圈内"的人，深入组织内部，能对组织各部门情况有所了解。他们更希望不只是被雇用的"一双手"或仅是机器上的一个零件随时可被更换。成员们期望来自坦诚交流而产生的那种特殊的结合在一起的感觉。而这一切都取决于沟通，只有进行有效的沟通，才能增强组织内部的凝聚力。

2. 判断是否有效沟通的标准

你怎么知道你和你的组织已与成员们取得密切的联系了呢？下面是几点判断标准：

第一，当你和他们交谈时，成员们能畅所欲言吗？他们知道他们的意见能起作用也能被重视吗？

第二，经常受到联系的成员深信自己能及时知道有关本部门和组织的重大情况。

第三，交流使成员积极承担义务而不仅仅服从指挥吗？除非管理者努力设法和成员们交流思想，否则他们能做的往往只是服从命令、听从指挥。成员们如果感觉不到和组织心心相连就不会竭尽全力。如要在今天的市场上取得成功这些是非常重要的。

第四，当你知道成员们需要什么时，正是你和他们有了联系之时。只有组织和成员间相互了解之后，才能达到超高质量、优良服务和丰富的利润。总之，只有成员才是质量、服务和利润的推动力。

第五，你依赖团队会议来承担组织成员交流体制的责任吗？每月一次的制度并不能起到全部作用。

第六，你和你的管理者实际上每天都在向成员传达信息吗？榜样比言辞更有说服力。如果管理者做不到这一点，那么成员也做不到。

第七，你在起用、支持成员们所喜欢的交流者吗？基层管理者是成员们每天看得到的组织代表。比起其他人，基层管理者更有能力改变成员的态度。

第八，你的交流方式符合成员们的兴趣吗？你与成员们所交流的必须与他们的日常工作有关。

第九，你对成员们的话有所行动吗？如果没有，那么你的交流体制比无用还糟糕；如果你将他们的想法付诸实施，他们就会告诉你更多。当整个组织成员都积极地作贡献时，你就可以与世界上最好的组织竞争了。

过去传统上阻碍组织和成员间交流的情况正在逐渐消失。集权统治和层层命令的管理方法已在逐步减弱，工作范围也在缩小，因此组织和成员们的交流从理论上来讲也变得容易些了。当今最新的科技手段——电子信箱和交互网络系统都是成员们和组织进行交流的有效工具。新的通信系统摧毁了不同层次、不同地区交流上的传统障碍。在电子信箱中是没有身份障碍的，在收发电子邮件时也不受地区限制。

管理要以和而兴

· 今日茶点

和谐管理能够在员工和管理者之间建立良好的合作伙伴关系，它使企业和员工成为一个利益共同体，从而实现企业和员工双赢的目的。

著名的手机制造商摩托罗拉曾是一家深刻领悟"以和而兴"内涵的企业。比如在裁员方面，他们天才般地创造了有情裁员制度，将裁员变成一个协商的过程，尽可能对员工做到尽心尽力地照顾，直至员工找到下一份工作。这个制度使得离开摩托罗拉公司的任何员工对公司不仅没有任何怨言，而且心存感激。

他们裁员的步骤是：首先将员工召集起来，告诉大家需要裁员几个人，每个部门有几个人离职，让所有员工都明白整个过程。人力资源部门会和被辞退员工进行单独沟通，向员工说明职位削减、工作交接的原因，并推荐员工到公司的其他部门去。

公司还会为员工开设一些培训课程，指导被裁员的员工去寻找新的工作。正是凭借这样人性化的做法，摩托罗拉的员工感受了极大的激励，和企业建立起了亲密的关系，也为摩托罗拉建立起了长远的人力资源储备，从而实现了管理者和员工之间的完美和谐。

同样"以和而兴"的企业还有日本的索尼公司。作为全球领先的电子公司，其成功方法多少年来一直被广为研究、学习。索尼公司从"二战"后一家仅有20人的小作坊一跃而成为如今年销售额达到300亿美元的大型跨国公司，与它不断创新、依靠科技的理念是密不可分的。但是，索尼的创始人盛田昭夫更为看重员工的价值，他认为不管企业有怎样的创新都离不开员工的贡献。

索尼内部有一个政策：不管什么职位、不论身在何处，只要是索尼的员工，就是大家庭中不可分割的一分子。在索尼，管理者和员工之间相处融洽，就像一家人。不管是管理人员还是普通工人，都在同一个食堂吃饭，都穿同样的工作服，都有权利对企业的工作提出自己的看法和建议。

尽管公司变得越来越大，但盛田昭夫却一直坚持与各个层次的员工进行密切的接触。有一次，他发现一个小伙子闷闷不乐，就走过去耐心询问。听说他是因为自己的意见得不到上司的注意而苦闷，盛田昭夫马上重视起来，他组织发行了一份内部周刊，及时通报各部门的工作情况，并建立了畅通的内部信息流动制度。

一个和谐的企业必须达到企业管理公平透明、内部制度科学合理、组织运作协调高效、各项流程高度健全、执行坚强有力，只有这样，企业的内部运作和控制体系才能够发挥积极的作用，企业才能充满生机与活力。

在惠普公司，对人的重视是管理中最重要的一个方面。惠普采用了开放式的管理。惠普成立18年以来，公司都没有设立专门的人力资源部门，为的是管理者和员工之间保持高度的亲密接触和频繁的互动联系。直到1957年，惠普才成立了人事管理处，但是惠普的创建者比尔·休利特为它慎重地确定了角色和职能——人事管理处是只用来支持管理工作，而不是取代。

惠普公司包括首席执行官在内，没有一间办公室是装有门的。在公司里，所有的人都以名字相称，而不是称呼职位。公司鼓励员工用最简单明了的方式进行沟通和交流。员工不管遇到任何问题，都可以找到管理者进行交换意见。公司的实验室备品库是开放式的，工程师不仅可以在工作中随意使用这些备品，甚至可以把它们拿到家里去供私人使用，在这样的充分信任下，所有的员工都把公司当成大家共同的家。

更为业界所津津乐道的是，在1976年惠普在波布林根工厂实行了弹性工作制，惠普人事政策的主要原则是利益分享，公司里没有时间表，不进行考勤。现在，这样的工作方法已经在惠普的大部分工作岗位上广泛使用。员工和管理者一起分担制定和达到目标的任务，并且通过股票购买计划分享公司所有权、分享利润、分享个人与专业发展的机会，甚至分担因营业额下降所引起的困扰。

显然，惠普领导者所做的一切都是为了创造"和"的管理境界。在这样的管理方式下，企业对员工充分信任，和员工以合作伙伴的关系共同发展，所以，员工也以同样的信任回报了企业，和企业同甘苦、共患难。在利益一致的基础上，企业和员工的利益都在同步提高，从而达到了双赢的目的。总之，和谐管理能够在员工和管理者之间建立良好的合作伙伴关系，它使企业和员工成为一个利益共同体，从而实现企业和员工双赢的目的。

制度无情人有情

· 今日茶点

规章制度是无情的，但人却是有情的。只有做到以人为本，注重人本关怀，在制度管理中进行情感上的交融，才能获得员工的追随，才能真正达到"上下同欲"。

孙子说："上下同欲者胜。"（《孙子兵法·谋攻第三》）意思是说："只有全国上下，全军上下，意愿一致、同心协力，才能获胜。"如何做才能达到上下同欲的境界？这就需要在注重制度管理的同时，强调感性管理的运用，需要管理者在制度中融入柔软的情感。

中国大酒店创业之初，发生了一件体现中外管理文化差异的小事，但小事中潜藏着大问题——一个关于纪律和情理的问题。

事情源于一位外方部门经理检查客房，他不仅用眼睛检查地面、窗帘、浴室，还伸手四处摸摸，发现一切都打扫得干干净净，没有任何灰尘，床也铺得很整齐。正当他满意地点头之际，却发现了一个严重的问题：茶几上的茶杯朝向错了。

这里说朝向错，不是说茶杯放得不够整齐，而是茶杯上五个事关酒店品牌的字不见了，这五个字就是"中国大酒店"。按规定，杯子上的"中国大酒店"五个字应当向着门口，让客人一进门就看得见，以便传达酒店的品牌形象。

另外，那盒小小的火柴也没有放在烟灰缸后面，而是放在烟灰缸旁边。这使外方经理大为恼火，他当众斥责服务员小温，说她工作粗心大意、不负责任、不懂规矩。

小温是一位18岁的广州女孩，刚入职不久，她受不了被人当众斥责，便与经理顶撞起来。她说："这仅仅是一点儿小事，并不影响酒店的服务质量，客人也不会计较，你分明是鸡蛋里挑骨头，小题大做，欺人太甚。"

但是，摆错杯子是小事吗？

当天，受了顶撞的外方经理也很难过。他找到中方经理交换看法，中方经理诚恳地说："在我们中国的社会制度里，上级是人，下级也是人，大家的关系是平等的，唯有对员工满怀爱心，循循善诱，员工才能接受你的批评教育。她们不习惯生硬的训导，总以为只有资本主义国家才会这样对待工人。"

外方经理恍然大悟："原来我们在管理方法和思想观念上存在着差距。我不了解中国国情，只是就事论事，见她粗心大意、根本没有品牌意识，情急之下没有注意工作的方式和方法。"

他反思了一夜，第二天，出现在小温正在清洁的客房。小温有点愕然，他们不约而同地望向茶几上的茶杯，这回，茶杯摆对了。那一瞬间，他们相视而笑，仿佛昨天的"恩怨"已一笔勾销。他是来向小温道歉的，他说："我昨天在众人面前大声斥责你，伤了你的自尊心，这是我的不对。但是，杯子的摆法非讲究不可。"

从品牌管理的角度看，将"中国大酒店"五个字摆在显眼位置，不是一件小事，而是通过细节传达酒店品牌形象的大事。品牌既是管理的起点，也是终点，酒店提供的一切优质服务过程都在品牌中凝结。

中国有句古语："通情才能达理。"外方经理寓理于情的态度令小温感动，在短短的几分钟里，这位外方经理又赢得了下属的尊敬。从此，小温格外注意这样的细节，认真中又多了一种自觉。

后来，酒店针对上级批评下级的态度和方式，以及如何做好督导，如何有效解决冲突等，设立了专门的培训课程。酒店自身的企业文化就在差异和冲突的调解中得到提炼，逐渐积淀下来。

一年多之后，小温被评为酒店的"服务大使"，她在介绍经验的时候讲到了这件事对她的启迪。不久，她还升职当上了主管，这下轮到她给新来的员工讲茶杯的故事了。

在工作中，管理也要兼顾情理，因为在两者之中，细小的环节也可能引发大问题，管理不细则可能导致企业形象的损坏，情理不通则会引发不满，从而影响管理的实施。所以，无论管理还是情理都要从细处着眼，这样才能提升团队的凝聚力。

美国国际农机商用公司的老板西洛斯·梅考克是一个坚持原则的人，如果有人违反了公司的制度，他会毫不犹豫地按章处罚，但他同样能够体贴员工的疾苦，设身处地地为员工着想。

有一次，一位跟梅考克干了10年的老员工违反了公司的工作制度，上班时间酗酒闹事，并且经常迟到早退，还因此跟工头大吵了一场。在公司所定的规章制度中，这是最不能容忍的事情，不管是谁违反了这一条，都会被坚决地开除。所以当工厂的工头把这位老员工闹事的材料报上来后，梅考克迟疑了一下，但仍提笔批写了"立即开除"四个字。

梅考克毕竟与这位老员工有患难之交的感情，他本想下班后到这位老员工家去了解一下情况。不料这位老员工接到公司开除的决定后，立即火冒三丈。他找到梅考克，气呼呼地说："当年公司债务累累时，我与你患难与共，即使3个月不拿工资也毫无怨言，而今犯这点错误就把我开除，你真是一点情分也不讲！"

听完老员工的叙说，梅考克平静地说："你是老员工了，公司制度你不是不知道，应该带头遵守才对……再说，这不是你我两个人的私事，我只能按公司规矩办事，不能有一点例外。"

接着梅考克又仔细地询问了老员工闹事的原因，通过交谈了解到，原来这位老员工的妻子最近去世了，留下两个孩子，一个孩子刚巧不幸跌断了一条腿，住进了医院；还有一个孩子因吃不到妈妈的奶水而饿得直哭。老员工是在极度的痛苦中借酒消愁，结果耽误了上班。

了解到事情的真相，梅考克为之震惊："你怎么不早说呢？我们不了解你的情况，对你关心不够啊！"梅考克接着安慰老员工说："现在你什么都不用想，快点回家去，料理你夫人的后事和照顾好孩子。你不是把我当成你的朋友吗？所以你放心，我不会让你走上绝路的。"接着，梅考克从包里掏出一沓钞票塞到老员工手里。

老员工被老板的慷慨解囊感动得流下了热泪，他哽咽着说："我想不到你会对我这样好。"

梅考克又再次嘱咐老员工："你先回去安心照顾家吧，不必担心自己的工作。"

听了老板的话，老员工转悲为喜说："你是想撤销开除我的命令吗？"

"你希望我这样做吗？"梅考克亲切地反问。

"不！我不希望你为我破坏公司的规矩。"

"对，这才是我的好朋友，你放心地回去吧，我会做出适当安排的。"

事后，梅考克把这位老员工安排到自己的一个牧场去当管家，让老员工以后的生计有了着落。对这一安排，这位老员工十分满意。

企业领导要做到纪律严明，才能保障企业内部良性发展。规章制度是无情的，但人却是有情的。

企业领导应从人情的角度对违规员工进行情感关注，只有做到以人为本，注重人本关怀，在制度管理中加入情感上的交融，才能获得员工的追随，才能真正达到"上下同欲"。

下属的微笑就是力量

· 今日茶点

领导者对每个下属微笑，每个下属也会对领导者微笑。这种微笑能产生巨大的精神力量和物质力量。这种力量是一个部门搞好工作、搞好生产的最可靠的保证。

这里所讲的微笑，是一种发自内心的、真心实意的、令人感到温暖和愉快的微笑。人的表情是完全受情绪支配的，内心不愉快，强装的微笑也是虚假的、难看的，一眼就可以看得出来。

这种"微笑"正好使人不愉快。那么，如何使心情保持欢乐，从而使脸上总是留着笑容呢？特别是肩负重任、工作繁忙、脑子里时刻想着问题的领导者能如何做到这一点呢？

美国著名成人教育家戴尔·卡耐基说："不论你是什么，或你是谁，或你在何处，或你在做什么事，致使你快乐或不快乐的因素，是你对之如何想。例如，两人同在一个地方，做同一事情，彼此有同样多的金钱与声望——而一个会痛苦，一个会快乐，为什么？因为心境不同。"领导者对于下属也是一样，同一个或同一些下属，有的领导者觉得可爱，有的领导者却感到讨厌，从而在下属面前表现出的是截然不同的两张脸。为什么？就是因为对下属的看法不同。所以，领导者对下属要笑口常开，一定要经常想下属的优点和长处，不要老是想着下属的缺点和错误。

当领导者走进自己的部门即将和许多下属见面的时候，脑子里应该想着下属们所做出的许多成绩、许多贡献，想他们的许多优点，而不要让其中一个表现不好的下属占据脑子的一点位置。然后，抬起头来，注视四周，用微笑向下属们问候，集中精力与下属握手。

当领导者走进下属的住所之前，应该尽量想起这个下属的那些值得表扬、值得感谢的事情来，从而引起愉快的心情，引起由衷的微笑。

当领导者与下属谈话的时候，应该想到眼前谈话的是一个优点很多的下属，或者是一个虽有缺点、有短处，但也有优点、有长处的下属（谁没有优点，谁没有长处呢？）特别是与那些工作成绩不好或者犯有错误的下属谈话，除了极个别问题特别严重、使人极为气愤的下属之外，脑子里不要老想着他是"生成的眉毛长成的痣"，改不了，无可救药，而应该想到后来者可以居上，浪子可以回头，尽力控制自己的情绪，以免脸色难看。

就是在与别人谈到下属的时候，也要注意上面这些，使自己保持愉快的心情，表现出高兴的脸色。

相反，如果领导者的脸色不好的信息传到那个下属的耳朵里，也会使之感到不愉快，甚至产生怨恨。

领导者对每个下属微笑，每个下属也会对领导者微笑。这种微笑能产生巨大的精神力量和物质力量。这种力量是一个部门搞好工作，搞好生产的最可靠的保证。

释放你的爱心和福祉

· 今日茶点

"爱出者爱返，福往者福来。"给人以爱，赐人以福，而最终爱心和福祉又会回到企业身边。

企业要学会爱，最主要的体现是企业管理者要学会爱公司的员工。员工跟企业的关系不仅仅是物质上的雇用与被雇用关系，还应是和谐、共同发展的"友谊关系"。维系这种"友谊"的纽带就是企业要给员工一种"企业就是家"的感觉。企业管理者要把员工当作自己的亲人一样看待，在一种融洽的合作气氛中，让员工自主发挥才干为企业贡献自己最大的力量，创造最好的效益。

英国的克拉克公司是一家很小的公司，它的业务只不过是为顾客给草坪施肥、喷药。但它的经营思想、管理方针却十分独特，许多专家称它是唯一一家真正体现"爱的思想"的公司。正是这种"不合常规"，强调"爱"的经营思想和方式，使公司获得了巨大成功：克拉克公司创业时只有5名员工、2辆汽车，到了10年之后，已有5000名员工，营业额达到3亿英镑。

公司创始人克拉克的老父亲传给公司一个信条："员工第一，顾客第二，这样做，一切都会顺利。"克拉克公司一直坚守这个信条，对员工如同家人一般，对用户尽心尽力提供服务。在克拉克公司，喷药、施肥的工人被尊敬地称为"草坪养护专家"，是公司里最为重要的人。

老板克拉克关心工人，是由于内心的感情，而不是装腔作势，或沽名钓誉。一次，克拉克提出购买一个废船坞，想把它改建为公司员工的免费度假村。公司高级财务管理人员通过细致的计算，发现这个计划超过了公司的实际支付能力，他们费了好大劲，才说服克拉克放弃这个购买行动。

可是，没过不久，克拉克又要在一片沙滩上修建员工度假村，财务人员再次劝阻了他。后来，克拉克瞒着公司高级管理人员，买下一条豪华游艇，让员工度假，又包租了一架大型客机，让工人去外国旅游。

事后，主管负责财务的副总裁说："克拉克要我签字时，根本不知道我是否付得起这笔钱！可是我看到那些从未坐过飞机的工人上飞机时的表情后，我再也无话可说。"在克拉克眼里，员工开心，他才会开心。

爱的精神即爱你的顾客、爱你的员工，尽心尽力使他们满意。同样，沃尔玛领导人不无感慨地说：企业谁是第一，顾客！但是要想让沃尔玛的所有顾客都当成上帝的话，我们就必须善待和尊重我们的员工。"爱出者爱返，福往者福来。"给人以爱，赐人以福，而最终爱心和福祉又会回到企业身边。

与员工进行情感交融

·今日茶点

领导者对未来有梦想是不够的，他们必须鼓励员工认同这个奋斗过程，并鼓励大家朝这个目标而努力工作。

人们通过坦诚的感情交流才能把握自己的感情，但头脑与心灵的交流渠道并不是很畅通的。极不善于与人打交道、很少有较温柔感情色彩的管理人员，常常否认自己或他人身上的感情因素。他们往往冷漠、戒备、主观武断、盛气凌人，甚至费力地掩饰自己的感情。然而，热情融入个性和行为中后，就会成为一股积极而不是消极的力量。

我们的社会——家庭、学校、教会、组织——能有效地影响人们去适应外在的世界，而不是适应自己内心的渴望。人们受的教育是服从家长、老师和上司，而不是遵循自己内心的想法。但人们的感情也需要得到尊重。克拉丽莎·平克拉·埃斯蒂斯写的《与狼共行的女人》和罗伯特·布莱写的《铁约翰》等畅销书向成千上万的读者传递了同一个信息：学会了行动发自内心，即发自真正的自我和自然感情，将会使自己和周围人都感到满意。

另一种内心情感是"欢乐"。约瑟夫·坎贝尔把这种情感描写为狂喜、入迷、充满愉快感觉的活动。坎贝尔说，伴随欢乐的是向左转，进入由心灵选择的生活道路。这里不保证有物质上的成功，因为踏上这条生活道路本身就是一种回报。向右转则是实际、逻辑的生活道路。这条道路是由自觉的思想结合他人的期望选定的，它常常压制心灵的愿望。

欢乐指的是人们喜欢的宝物，这件宝物不是另一个人——它深藏在人们的内心。只有感情才能讲出它是什么。当人们认识到了他们愿望中的这件东西时，就会被它唤醒，受到它的激励，并焕发生机。沃伦·本尼斯称此为领导者须听取的"内心呼声"。领导者不应该走老路，正像诺曼·利尔在20世纪70年代所做的那样，在电视剧中表现普通的美国人，而不是英雄美女式的人物。魅力领导跟着内心感觉走，感觉到本能，并凭本能行事。

有爱心的领导具有神奇的品质，而爱从广义上来说，是领导智慧的源泉。库泽斯和波斯纳在《领导的挑战》中讲到了美国陆军少将约翰·斯坦福对关于领导人培养问题的回答。他说："每当有人问起我这个问题，我就告诉他们我有生活中取得成功的奥秘，那就是保持爱心。"

从一个人的所爱之中找到令人振奋的东西是当领导的基本前提，其他任何方法都缺乏魅力，缺乏真实性。记住，"世界上最柔软的支配世界上最坚硬的"，我们每一个人以爱为基础的领导能力是不同的。得到充分发展的领导者热爱国家、家庭、工作、孩子及其他许多方面，而且都带着热情和玩耍的心情。

有些人天生就是重感情的人。例如，李·艾柯卡，他尽管工作很忙，每天还是要找出时间打电话给他的女儿。罗纳德·里根非常关心他的妻子，并且有成千上万的人在电视上看到了他向重访诺曼底海滩的"二战"老兵及"挑战者"号失事的宇航员亲属表示慰问时的脉脉温情。

在生活和团体中投入热情的人会发现他们得到的乐趣和刺激更长久。没有任何东西能代替心灵。处在极度不平衡的世界中的领导者对事业充满热情。热情一旦与理性结合到一起，就会迸发出火热的干劲与合作精神，并能鼓舞成千上万的人加入他们的行列中。

然而，领导者对未来有梦想是不够的，他们必须鼓励我们认同这个奋斗过程，并鼓励我们朝这个目标而努力工作。

在被调查的经理中，有91%的人认为，能鼓舞人心的高级经理是很重要的，这种品质被认为比"分析""组织"和"坚强"更重要。

赫兹设备租赁公司的副总裁约瑟夫·盖格里德证实了情绪饱满的人的精神的重要性："我觉得你到工作站来每天都会感到你会有变化，而且感受到整个部门洋溢着热情，因为没有人在孤零零地干活，热情变成一种感染力，工作任务几乎就成了一项有趣的消遣。"

下属其实也是管理者

·今日茶点

让下属参与管理工作不仅能够提高员工的责任感，而且还可以鼓舞员工士气，提高员工参与工作的积极性。

领导者让下属参与管理工作，可以提高他们的主人翁意识和工作热情，这既是一种有效的激励方法，同时也是提升组织凝聚力，鼓舞员工士气的重要途径。

一家工厂为了进一步加强工厂的凝聚力，培养员工的主人翁意识和责任感，实行了一项独特的管理制定，即让员工轮流当厂长管理厂务。

工厂每逢星期三就由一名基层员工轮流当一天厂长，负责管理工厂的业务。"一日厂长"上午9时上班，听取各部门主管的简单汇报，对整个工厂的经营情况有个全盘的了解，然后陪同厂长到各部门、车间去巡视工作情况。这样做，不仅让"一日厂长"熟悉其他部门、车间的业务，还可以开拓他的视野，了解工厂、车间之间相互协调的关系，以便自己更好地加强合作。

"一日厂长"可以对企业管理提出自己的看法，也可以对企业提出批评意见，并详细地记载在工作日记上，让各部门相互传阅，各部门有则改之、无则加勉。改进工作的部门要在干部会议中提出改进工作的成果报告，只有当干部会议认可后才算结束。

"一日厂长"有处理公文的权力，对各部门、车间主管送来的公文，他按自己的意见批示后，交送厂长酌定。"一日厂长"制经过一年多的实践，该厂的员工有40多人当过厂长，并节省了成本200万美元，收到了显著的实效，工厂把这部分钱作为奖金发给全体员工，又一次增强了大家精诚合作的向心力，令同行羡慕不已。

让下属参与管理工作不仅能够提高员工的责任感，而且还可以鼓舞员工士气，提高员工参与工作的积极性。

美国通用电气在公司内部实施无边界管理，让各部门的各级成员都可以直接参与公司决策，结果大大提高了员工工作的热情和组织凝聚力，极大地鼓舞了士气，使公司迅速走出了发展的低谷。通用电气公司的前身是美国爱迪生电气公司，创立于1878年。

经过100多年的努力，通用电气公司现已发展成世界上最大的电气设备制造公司。生产的产品种类繁多，除了一般的电气产品，如家电、X光机等，还生产电站设备、核反应堆、宇航设备和导弹。但到了1980年，这个巨大的公司却落到山穷水尽、难以维持的境地。

就在这危机关口，年仅44岁，出身于一个火车司机家庭的杰克·韦尔奇走马上任了，担任了这个庞然大物的董事长和总裁职务。

他上任后进行了一系列改革，其中最重要的一条就是，宣布通用电气公司是一家没有界限的公司，指出毫无保留地发表意见是通用电气企业文化的重要内容。

1986年，一位年轻工人冲着分公司经理嚷道："我想知道我们那里什么时候才能有点'管理'！"韦尔奇听说后，不仅不允许处分这个年轻人，还亲自下去调查，几周之后，分公司的领导班子被撤换了。

在通用电气公司里，每年约有2万～2.5万员工参加"大家出主意"会，时间不定，每次50～150人，要求主持者要善于引导大家坦率地陈述自己的意见，及时找到生产上的问题，改进管理，提高产品和工作质量。

员工如此，公司的各级领导层也在这个精神的指导下，更加注意集思广益。

每年1月，公司的500名中高级经理在佛罗里达州聚会两天半。10月，100名主要管理者又开会两天半。30～40名核心经理则每季度开会两天半，集中研究下面的反映，作出准确及时的决策。

当基层开"大家出主意"会时，各级经理都要尽可能下去参加。韦尔奇带头示范，他常常只是专心地听，并不发言。开展"大家出主意"活动，给公司带来了生气，取得了很大成果。如在某次"出主意"会上，有个员工提出，在建设新电冰箱厂时，可以借用公司的哥伦比亚厂的机器设备。哥伦比亚厂是生产压缩机的工厂，与电冰箱生产正好配套。如此"转移使用"，节省了一大笔开支。这样生产的压缩机将是世界上成本最低而质量最高的。

开展"出主意"活动，除了在经济上带来巨大收益之外，更重要的是使员工感到自己的力量，大大鼓舞了工作士气。经韦尔奇的努力，公司从1985年开始，员工减少了11万人，利润和营业额却都翻了一番。有调查说，通用电气是美国道·琼斯工业指数设立以来唯一至今仍在榜上的公司。通用电气曾被《财富》杂志评为"美国最受推崇的公司"和"美国最大财富创造者"。

让下属参与管理工作，可以使他们迅速摆脱工作中产生的挫败感及消极情绪，使他们重新恢复参与工作的热情和信心。

参与管理意味着领导并不是擅自作出决定，而是与相关的个人讨论，并听取了人们的意见之后再做决定。这样，领导或是考虑了员工的意见，或是部分地采纳了员工的意见，让员工有了分担管理、参与管理的感觉。领导者不这样做的话，就会挫伤员工的积极性，因为如果他不征求员工的意见员工会十分沮丧。员工们其实想对别人有所帮助，找到自己的自重感。

如果领导听取了下属的意见，但又不准备采纳的话，他应该花点时间向下属解释他这样做的原因。许多研究都发现，是否对下属言明一切，在很大程度上影响着他们的工作热情。如果你对下属说明了情况，那么，他们对工作结果产生的责任感要比那些始终蒙在鼓里的人强得多。

当然，并非对所有人来说都是如此。领导还应敏感地注意到，有些人会觉得如果上司拿不定主意，事事都要征求他们的意见，那么他凭什么拿比他们高的工资？让下属积极参与管理，但上下级之间还是要分清楚的。

能鼓舞人心的那些东西就是人们对某些回报的渴望，如果他们没有得到这些渴望的回报，士气就会低落。如果这种起激励作用的因素与你自己有关，你希望得到一些控制权，下属的士气就会低落。

如果你想取悦于最高领导而无视下属的优秀工作表现，下属的士气也会一落千丈。最后，如果这种起激励作用的因素与领导者有关，在一个充满竞争的情况下，作为组员卖力地工作却得不到尊重，这种结果肯定是比较糟的。

对于领导者而言，在征求大家的意见时，要注意不要偏信那些在工作小组中有较多权威的人。大多数时候，这类人多数为年岁较大之人。对那些年轻的员工，也应该给予同等的关注，而不因他们的年龄、经验等因素忽略。

第十章

创新管理：始终让客户惊鸿一瞥

从转变观念开始

· 今日茶点

不破则不立，管理者只有不断打破长期禁锢在思想观念上的层层枷锁，做到勇于创新、善于创新，这样才能在残酷的市场竞争中站稳脚跟。

所谓创新就是打破旧的规则、秩序、平衡，是对现有秩序的一种破坏，是人们对事物发展规律认识的深化、拓展和升华，而不是随心所欲的主观臆想和标新立异。概括起来，创新其实只有一个字——"变"，而且不是被动的变，是主动的变。而这种创新在很大程度上取决于人们在观念上能不能允许、接受这种破坏，取决于观念能否创新。

1. 观念转变产生创新机会

自 1960 年以来的 20 年是美国国民健康情形进步最快的一段时间。但整个国家却为忧郁症所笼罩。不管导致这种观念产生的真正原因是什么，但它提供了创新的机会。比如说，它创造了健康杂志和医学报道等刊物兴起的机会。其中有一家《美国健康》杂志在两年内达到每月发行 100 万份的成绩。它创造了因一般人对食物恐惧而产生的发财机会。卡洛莱多州的昔利修天然食品公司是由一位在美国山区采集草药的年轻人创立的。他在山上采集药草加工，包装后再拿到街上出售。十几年后，昔利修天然食品公司每年净赚几百万美元。最后，它的所有者还以 2000 万美元的价格将它卖给另一家食品公司。

2. 寻求观念转变

一般来说，成功的创新者不管是经营何种行业，他们都必须在自己的范围内寻求灵感。但一般人与创新者最大的区别在于后者对时机的来临特别敏锐。当今，名列全球前茅的一份食物杂志是由一位年轻人开办的。这位年轻人曾经做过一家空中杂志食物栏的主编。他警觉地发现了知觉上的改变，他曾在同一份日报中看到两种矛盾的说法。

第一种说法是谈论美国全年消费的食物中有一半以上是 TV 晚餐、肯德基炸鸡、冰冻晚餐，并预测这一类食物的消费量会在几年内升高到全国的 2/3；第二种说法是关于一个精美食物的电视节目，这个节目受欢迎的程度已在电视行业中创下了纪录。这两种说法涉及了一本精美的食物专刊，这本刊物据说已成为全美最畅销的书籍之一。这些矛盾的说法使他觉得很好奇，到底事情的真相是什么？一年以后，他创办了一本与众不同、独具见解的食物杂志。

但是，反过来说，没有比提前创新更危险的事了。首先，许多机会看起来似乎是创新，但到后来却证明不过是一时的流行而已，它们的寿命一般不过一两年。有时候，我们很难分辨什么是时髦、什么是机会。小孩玩电脑是时髦？阿特力公司认为这是个时机，但它的市场只维持了一两年。一旦小孩子厌烦了电脑，阿特力公司就无利可图了。大人们用电脑则是另一回事了，这代表创新的降临。但开始我们也很难分辨这到底是创新机会呢，还是一时的时髦？它将会带来什么结果呢？

时间差对创新是极端重要的。在开发创新时，模仿是不适用的。只有迅速、精确的创新才能在这个范围产生效果。另一方面，正因为我们无法确定创新的机会是一时的时髦或是具有被开发潜力以及它将会产生的效果，所以我们在从事创新计划时最好从小规模做起。

破解创新的阻力

· 今日茶点

创新的阻力肯定是存在的，管理者应当努力加以引导和改变，使其积极作用大于消极作用。

在组织变革与创新过程中，组织本身和组织成员具有一种阻碍力量。这使得组织行为具有一定的稳定性和可预见性，避免其陷入混乱或无政府状态。而且，变革和创新的阻力还可以成为功能正常的冲突源，使问题及时暴露，以便及时解决。

变革和创新的阻力表现形式不一，有的是直接的，有的是间接的；有的是公开的，有的是隐匿的；有的是即时的，有的是延后的，等等。总之，阻力的存在有积极作用的一方面，但它毕竟阻碍了组织的变革与创新，应当努力加以引导和改变，使其积极作用大于消极作用。要做到这一点，首先要了解阻力源，它包括个体阻力源和组织阻力源两个方面。

第一个方面是个体阻力源。个体阻力源来自基本的人类特征，如个性、感知等。个体抵制的主要因素有：

（1）习惯。面对变革和创新，以惯常方式做出反应的趋向会成为阻力源。

（2）安全。安全感越高的人，就越可能抵制变革与创新。

（3）经济因素。因变革与创新导致收入降低或使其他经济方面受影响，员工可能会担心自己不能适应新的工作或新的规范，这就会造成经济恐慌。

（4）对未知的恐惧。员工不喜欢不确定性，但组织的变革和创新就是以模糊和不确定性来代替已知的东西，这就会使人们因对未知的恐惧而产生对未知的抵触。

（5）选择性信息加工。为了保护知觉的完整性，个体有意地对信息进行选择性加工。他们可能会忽视那些挑战已有信息世界的信息，从而造成抵制。

第二个方面是组织阻力源。组织一旦形成，其本身就会存在一种抵制变革和创新的阻力。我们将其归纳为6个因素：

（1）结构惯性。组织固有的结构、机制具有稳定性。例如，人员选拔系统、培训、规章制度等都具有一定的稳定性和惯性。当组织进行变革或创新时，这些结构惯性就会成为阻力因素。

（2）有限的变革点。组织由一系列相互依赖的子系统组成，要变革某一个子系统，也就要相应地变革其他子系统，否则，某子系统的单独变革是无效的。

（3）群体惯性。群体形成以后，会具有一定的稳定性和惯性。即使群体中的个体接受了变革和创新，但群体却可能成为抵制力量。

（4）对专业知识的威胁。组织的变革和创新，有可能威胁到某些部门、群体的专业知识，从而引起它们的抵制。

（5）对已有权力关系的威胁。组织在变革和创新过程中要重新分配权力，这将影响、威胁组织长期以来形成的权力关系，因此会遭到某些管理者的反对。

（6）对已有资源分配的威胁。资源是有限的。组织变革和创新会重新调整资源分配关系，因此可能导致某些群体的不满和抵制。

除了上述两个方面，制约企业管理创新的因素，还有企业管理基础工作薄弱的问题，集中表现为基础数据信息不准确、不完整，业务流程不规范、不标准，规章制度不健全。管理基础工作薄弱，严重影响了现代管理手段和方法的推广应用。因此，企业在管理创新中不能盲目赶时髦，过分关注外在形式而忽略基础性工作。应将管理创新与加强管理基础工作有效结合起来，并注意运用现代技术手段，这样才能真正提高管理水平。

创新就要容忍失败

·今日茶点

不仅要容忍失败，还要善于从失败中获得创新成功的机会。

在一个积极、创新、追求成功的企业中，还有一大特色就是能容忍失败。强生公司的伯克指出强生的信条之一就是："你必须愿意接受失败。"艾默森公司的奈特也强调："你需要有承担失败的能力。除非你肯接受错误，否则你不可能有任何创新、突破。"

对失败的容忍精神已成为许多杰出公司的精神内涵之一，而且直接由公司高阶层灌输、培养这种精神。创新必须经历无数次的试验，并遭受多次失败，否则就无法从失败中取得成功。

不过，值得注意的是，经常性沟通能将失败所带来的打击与惩罚减少到最低程度。最严重的挫败，也就是那些真正会留下伤疤的失败，通常是在缺乏认真明确的指导沟通并任由计划进行了好几年后所产生的后果。但在开放的沟通环境中，这类不幸的事件是不可能发生的。在那种环境中，上司与下属、同事之间总是开诚布公，互相沟通，交换意见；你根本无法隐瞒任何事情，你不愿意也实在没有必要这样做。

创新并不是自然而然就会产生的，而是需要有适当的环境才能造就出来，如公司的传统精神、多重的支援系统、对失败的容忍态度等，公司需鼓励培养的是一群努力不懈的创新斗士，而不只是培养几个富有创意的奇才。因此，为提高竞争力，我们就必须加快行动，缩短创新周期。而懒散、迟钝是快速创新的大敌。

与"意外的成功"相反，"意外的失败"会引起管理者的注目。但是，它们却很少被视为创新的契机。许多失败是因为错误的选择、轻举妄动及设计或执行时的失误。但是，如果一个计划经过仔细地策划、设计和认真地执行却还是遭到失败，那么这个失败就值得思索了。因为在这些失败下，很可能隐藏着崛起的机会。

首先，失败可能是公司的计划方案、市场策略已无法跟现实配合造成的，或者是顾客的价值观念已经改变。也就是说，当他们在购买某一商品时，他们是从另一个新的角度（如新用途）来购买这个物品的。有时，单一商品的市场也因形势变化的需要变为两种甚至三种市场。每一种商品皆有其特色及特定顾客，任何这类改变都蕴含着企业创新的机遇。

1973 年，美国物价上涨，美元贬值，尤其是房地产业表现得更为突出。同时，房地产的利息不断地上涨。所以，美国建筑商开始设计一种较小、较便宜的基本住宅。但是，尽管这种房子较以前便宜，且一般年轻夫妻可以买得起，然而这项工程却是一项失败的创意。建筑业试图用降价和长期低息贷款来吸引顾客，但却没有人买这种"基本住宅"。

美国建筑业此时的反应和其他企业在"意外的失败"中一模一样，他们认为顾客失去了理智。其中，有一家小公司决定调查这事件的原因，发现顾客心理微妙的改变。他们想要的第一间房子，不再像他们老祖父时代一样，是用来住一辈子的，美国年轻人想要的第一间房子必须具有双重价值。那就是既可以遮风挡雨，又可以再次换成现金，他们的目标是几年之后再换一所较大的房子。

于是这家公司制订出了一套换房子的计划：在 5 ~ 7 年内，顾客可以将第一套房子卖给公司，然后，再向公司购买第二套较大较舒适的永久房子。实际上，这套计划完全没有风险。市场调查显示，购买第一套房子的人潮会汹涌不断，并将持续很长时间。

在从"意外的失败"中获得创意源之前，这家建筑公司是一家微不足道的小公司。5 年之后，这家公司遍布美国七大城市，并在每个大城市排名第一。

当面对"意外的失败"时，管理者通常倾向于室内的研究与分析。但这种闭门造车的方式往往是错误的。创新的价值在于走出公司大门，听听群众怎么说，看看别人怎么生活。"意外的失败"应该永远被企业管理者所记载，并从中汲取不竭的创新动力。

决策者同时也要注意到发生在供应货商或顾客之中的"意外事件"。麦当劳的崛起就是因为它的董事克洛克注意到"意外的成功"。在那时，麦当劳的前身是卖牛奶搅拌器的，主要顾客则是汉堡店。当他发现一位老人在加州一个小型的汉堡店购买了数倍于本店的机器数量后觉得惊讶。他追踪调查后，当场就买下了老人的设备，并以那老人的创意为根基，发展了享誉全球的麦当劳。

竞争对手的意外成功或意外失败也是同样的重要。在这种情况下，一个明智的管理者都将其视为创新的源泉。

创新是永恒的主题，构想与理解是创新的动力基础。外在的景象必须经过创新者脑部的锤炼，也就是逻辑本身的分析；直觉本身是不够的。事实上，如果我们定义"直觉"为"我感觉如何",那么直觉的精确度就值得怀疑了。

因为,那等于是说"我期望那件事或那个人应如何或属于那种类型",是只凭感觉器官影响个人的喜恶。相对地,逻辑分析、它的试验、它的评价、它的引导,则建立在大量资料上面。它可以洞察新的趋势、新的机会、新的事实,以及事实与事实之间的不协调。

不论成功或失败的意外事件,之所以被奉为创新的圭臬,主要就是因为它能超出人们原有的偏见与固执,最大限度地激发经营者的灵感。

也许人们都理解我们上面讨论的一些事实,但真正让人们直接面对失败却非常不易。为了加快创新速度和大大缩短产品开发周期以适应竞争的需要,我们必须迅速理解"失败"这个词和"失败"这件事。要想及时做成任何一件新鲜事都必须对失败给予公开的有力支持——不只是支持"有意义的试验",而且要公开支持失败本身,要公开谈论失败。

真的要奖励失败,奖励那些最有意思、最富创造性、最有用处、最快的失败。要求每位经理对下属每周或每月重复一次这样的奖励。每年举行一次"遗憾者宴会",在宴会上对那些最快和最有用的——同时也是最默默无闻的和处境最尴尬的——失误进行奖励。

克劳斯公司是一家利润可观的高新技术控制系统制造商。公司汽车事业部的利润已经从1000万美元迅速上升到6000万美元。增长率如此之高,关键在于波尔所说的"在失败中前进"。就是说,很快地失败——同时从中吸取经验教训,以便迅速开始下一次较为精明的行为。该公司成员公开地谈论"在失败中前进",并将这种公开性视为他们成功的首要保证。

我们支持迅速的失败并不是赞成(或容忍)粗心大意地行事。我们迫切需要的是吃一堑就要长一智,然后立即进行新的调整。只有这样,我们才能持续获得创新上的成功。

创新思维的诞生

· 今日茶点

创新思维是管理者实现由知识向实际创新能力和创新智慧转化的必要条件。

若思维成定式,就会严重阻碍观念创新。任何人都不要封闭自己的思维。西方有人召开头脑风暴会,就某一问题提出解决办法,定的目标是1小时内想出

100 个。原以为至多能想出 50 个，结果却是 103 个。倡导的是发散性思维方式。

　　国外近年来还出现了"思维空间站"，其目的就是进行思维创新训练。有目的地进行思维创新方面的训练，可以帮助我们实现观念创新。也有企业采取"不换脑筋就换人"的办法，不断招募新的人才，重要原因之一就是期望其带来新观念、新思维，不断创新。

　　现代管理学认为，管理观念比资金更重要。管理与其说是一门科学，不如说是一门艺术。一旦管理者意识到世界上没有一成不变的规则，就会更愿意抛弃传统的思维方式，从而标新立异，进而认识到旧的观念毫无用处。

　　思想观念的创新取决于思维方式的创新。思维方式可分为两种：一种属于创造性的，包括灵感、想象与潜意识；另一种属于逻辑性的，即严密的计算方法和科学的推理方法。通常人们多采用后一种方法，而前者却较少使用。

　　所谓创新思维是指人们在科学创造、艺术创作等问题解决过程中突然涌现的，使问题得到解决的思维过程，它是借助于创造方法而存在并发挥威力的。创新思维是经营管理者实现由知识向实际创新能力和创新智慧转化的必要条件。

　　美国学者阿尔文·托夫勒在《未来的冲击》一书中提到："'知识就是力量'的旧观念，现在已经过时了。今天要想取得力量，需要具备关于知识的知识。"知识是产生创新力和创造力的最宝贵的能源，而要把知识有效地转化为现实的创新力和创造力，必须要有创新思维。

　　罗伯特·葛施达由一个普通工程技术人员升到可口可乐董事会主席的位置，就源于他的超常规头脑。他上任后立即做出了两件惊人之事：一是在国门初开的中国率先制售可口可乐饮料；二是收购好莱坞著名的哥伦比亚电影公司。

　　当时可口可乐公司的资金很紧张，而他却将大量的资金用在这个与饮料行业毫不相干的电影公司上面。这使圈内人大为纳闷，饮料公司竟然插手风险大的电影业，公司董事会前主席伍德鲁夫揭了底："一定要使每一个观众，在看哥伦比亚影片时喝可口可乐汽水。"

　　罗伯特·葛施达的这种超常规思维，使得可口可乐公司饮料被人们接受为习惯性饮料，可口可乐公司也因此击败了对手，赢得了广阔的市场。

　　目前，不少企业经营管理者忽视对知识转化为实际创新能力过程中的创新思维和创新智慧的培养——而这恰恰是学会怎样去创造的最为关键的要素。

　　做到创新思维的关键在于，树立长远看问题的观念；从各方面对事物进行观察，并加以综合分析；善于收集与分析情报信息。创新思维的形式多种多样，主要有以下几种：

第一，延伸式思维。所谓延伸式思维，就是借助已有的知识，沿袭他人、前人的思维逻辑去探求未知的知识，将认识向前推移，从而丰富和完善原有知识体系的思维方式。

第二，扩展式思维。所谓扩展式思维，就是将研究的对象范围加以拓展，从而获取新知识，使认识扩展的思维方式。

第三，联想式思维。所谓联想式思维，就是将所观察到的某种现象与自己所要研究的对象加以联想思考，从而获得新知识的思维形式。

第四，运用式思维。所谓运用式思维，就是运用普遍性原理研究具体事物的本质和规律，从而获得新的认识的思维形式。

第五，逆向式思维。所谓逆向式思维，就是将原有结论或思维方式予以否定，而运用新的思维方式进行探究，从而获得新的认识的思维方式。

第六，幻想式思维。所谓幻想式思维，是指人们对在现有理论和物质条件下，不可能成立的某些事实或结论进行幻想，从而推动人们获取新的认识的思维方式。

第七，奇异式思维。所谓奇异式思维，就是对事物进行超越常规的思考，从而获得新知识的思维方式。

第八，综合式思维。所谓综合式思维，就是在对事物的认识过程中，将上述几种思维形式中的某几种加以综合运用，从而获取新知识的思维形式。

创新使企业增值

· 今日茶点

成功开展创新管理的企业，可以达到以下目标：不断提供独特的产品；竞争能力提高；市场价值增加；管理水平提高；改善企业形象。

要有效地组织创新活动，就必须探寻成功创新的步骤。管理者只有了解创新的步骤，才能有效地组织和支持创新，才能有意识地开展创新活动。

1. 寻找机会

创新是对原有秩序的破坏，之所以要打破原有秩序，是因为存在某些不协调的现象。创新活动正是从发现和利用旧秩序的这些不协调现象开始的，不协调既可以存在于企业内部，又可产生于企业的外在环境，它们都为创新提供了机会。

企业外部环境中各种因素的变化可以成为创新机会的来源，这在前面也讲到了。企业内部可以引起创新的机会主要有：

（1）意外情况，即意外的成功或失败。如改革销售人员的分配制度主要是为了降低费用，却成了大好销售形势的主要原因；精心开发的新产品并未得到预期的销售额；企业一时困难，却使员工的凝聚力增强。这些出乎意料的成功或失败，往往可以把人们从原先的思维定式中驱赶出来，成为企业创新的重要源泉。

（2）实际情况与推想的"应当是的情况"不一致。如认为生产现场的工作很辛苦，所以当企业开办一个饭店时，员工会争着当高档餐厅的服务员，但实际情况全不是这样。不一致是表明一种创新机会的征兆。

2. 提出设想

敏锐地观察到不协调现象的产生后，还应透过现象探究其原因，并据此分析和预测不协调的未来变化趋势，估计它可能给企业带来的积极或消极后果，并在此基础上，努力利用机会或将威胁转为机会。运用畅谈会法、头脑风暴法、民主意见箱法等，提出多种解决不协调工作的构想。可组织专人对这些构想进行筛选，筛选时应注意，不要忽视小的创新；有效的创新必须简单，且目标明确；成功的创新要以建立领先地位为目标，如果仅是比现实"新"，但不领先，就不是创新而是怪异了；应与提案者充分沟通，了解他的真正意图。

3. 迅速行动

企业只有迅速行动才能利用不协调提供的机会，没有行动的思想会自生自灭。对有些看不太准的事不要争论不休，而是先小规模、小范围地试一试，创新的构想也只有在不断的行动中才能逐渐完善。有人不迅速行动是怕冒风险，因为通行的观点认为创新是风险很大的事。其实这是错误的，不进行创新，维护不平衡状态，会比创新的风险更大。成功的创新者专注于机会，而不应专注于风险。

4. 坚持不懈

迅速的尝试可能会失败，创新的过程是不断尝试、不断失败、不断提高的过程。创新者既已认准机会了，就要坚持尝试下去，创新的成功往往在屡屡失败后才表现出来。有了失败不能找借口，也不要退缩，而是要找闪光点，完善改进构想，直到成功。

管理者要想成功开展创新，还需要注意下面几个问题：

（1）市场需要新颖独特的产品，没有创新就没有独特的产品。随着知识普及、信息普及和顾客素质的普遍提高，顾客对产品的要求提高了，具有新颖性、独特性、艺术性的产品将更受欢迎。要在激烈的市场竞争中取胜，企业就要快速开发和提供具有新颖性的独特产品和服务。

（2）创新能力是企业的核心能力。企业的成功需要具备很多能力，如学习能力、快速反应能力、市场销售能力和服务能力等。其中，创新能力是核心，创新是成功企业的灵魂。

（3）创新不再只是研究开发部门的职能。创新不仅是产品开发部门的职责，生产部门、销售部门、人力资源部门、财务部门、行政管理部门等都与创新相关。创新成为企业运作的轴心。

（4）创新型企业成为最具竞争力的企业。创新型企业是以创新战略为发展战略的企业，它的研究开发经费投入占营业收入的比例一般都超过10%（相当于经济合作与发展组织OECD定义的高技术企业），如今创新型企业成为国际市场的佼佼者。

（5）游戏新规则：赢者通吃，模仿者的获利日益减少。谁创造了新知识，谁就获得了知识产权，谁就能在短时间内开发出新产品，并快速占领全球市场。在知识和产品创新的竞赛中，赢者可能会获得全部或绝大多数的市场，模仿者只能获得极少的利润。

（6）企业创新能力不足以应付市场变化。一个企业不可能掌握它所需要的所有知识和创新能力，企业的创新能力不足以对付快速变化的市场，而创新管理将提高创新能力，促进合作创新。

（7）创新管理是现代企业管理的新重点。创新成为企业的核心能力，创新管理成为企业管理的新重点，创新管理也是现代企业管理的一种新模式。

（8）创新管理是企业发展的需要。企业的发展不能没有创新，今天的创新就是明天的市场。创新管理已成为企业发展的必然需要。一旦创新枯竭了，企业的发展就会停止。

（9）创新管理是国际优秀企业的成功经验。世界500强企业的研究开发投入占营业收入的比例一般在5%～10%或更多。这些企业都非常重视创新管理，不断强化产品创新、服务创新和经营创新。

成功开展创新管理的企业可以达到以下目标：不断提供独特的产品，并快速占领市场；提高创新能力；竞争能力提高；市场价值增加；管理水平提高；改善企业形象。

知识经济推动创新

·今日茶点

知识经济本身就是创新。知识经济时代的到来，给现行的企业管理理论、观念、内容、方式、方法和手段带来了一系列深刻变化，推动了企业管理不断地创新、再创新。

知识经济是指建立在知识和信息的生产、分配和使用（消费）之上的经济。知识经济是和农业经济、工业经济相对应的一个概念，是当今世界上一种新型的、富有生命力的经济。

知识经济本身就是创新。知识经济时代的到来，给现行的企业管理理论、观念、内容、方式、方法和手段带来一系列深刻的变化，推动企业管理不断地创新、再创新。

1. 知识经济对管理理论的创新

知识经济时代对传统的管理理论提出了严峻的挑战。从企业管理的角度看，企业组织结构向分散化、虚拟化和智能化发展，而对这种结构的管理将更加复杂。组织结构的分散化要求加强管理协调与合作，因此管理的概念与对象也发生了变化；与此同时，随着经济全球化、信息网络化、市场国际化的形成，企业的界限逐渐变得模糊，以科斯为代表的交易成本理论已不能解释企业的边界问题。在知识经济条件下，凡此种种，都促使企业管理在理论与实践的结合上不断创新。

2. 知识经济对管理观念的创新

（1）知识经济是面向市场的经济。知识经济时代，社会生产的主要方式已由传统的标准化、大批量的流水线集中生产方式转变为市场驱动的即时的、柔性的、精益的多品种、小批量甚或单件生产的敏捷方式。

（2）知识经济是面向全球的经济。知识经济时代，国际互联网将千百万市场主体联结起来，经济活动超越了地域的限制，经济系统越来越成为全球系统，全球统一的大市场正在形成。

（3）知识经济是一种强劲的扩张型经济。知识经济时代，以信息产业为代表的高新技术产业在经济增长中作为"放大器"的效应远远大于制造业。随着网络产业和网络技术的发展，它将持续不断地创造出更大的需求，从而推动经济的持续发展。

（4）知识经济是一种可持续发展的经济。知识经济时代，经济增长不再靠体力而是靠知识和智能，知识、智慧、智能成了创新活动的核心。

知识经济的以上特征和知识经济时代的以上变化，要求我们的管理观念必须随之变化。否则，没有管理观念的创新，就跟不上知识经济发展的变化。所以，在 21 世纪的知识经济时代，企业必须以转变经营管理观念为先导，进一步强化企业管理的系统观念，进行系统的管理创新工程。

3. 知识经济对管理内容的创新

企业的经营管理涉及对人、财、物、产、供、销、科技、信息、时间以及企业制度的管理等。随着企业成为学习型组织、知识型企业，它的各项管理都将被赋予新的内涵，形成新的突变。在知识经济中，人的知识、智能的作用将越来越大，人本管理、能本管理、知本管理思想在知识经济时代将得以充分体现。通过人力资源开发和人力资本经营，充分发挥知识劳动者、知识工人在创新活动中的作用，从而实现对生产制造、质量管理、市场营销、财务成本管理、会计核算、物流配送等管理的创新发展。

4. 知识经济对管理手段的创新

随着知识经济的到来，信息网络技术的使用已成为知识经济的关键因素，出现了网络化、数字化、信息化的大趋势，尤其是网络技术在全球范围内的迅猛发展，为管理手段的现代化插上了腾飞的翅膀。进入知识经济时代，企业将普遍采用计算机进行严密的企业管理。采用以网络技术为核心的数字通信后，除信息远程传递、接收外，还可做信息处理，为企业经营决策服务。

在国际贸易中将普遍采用电子商务、电子贸易、网络营销等先进快捷的营销贸易管理手段。计算机不仅使企业可及时掌握和分析国际经济、贸易动态，进行全球市场规划，而且可以进行计算机辅助产品设计、编制生产计划、资金成本控制、财务会计核算、人力资源规划、物流配送等一系列管理工作，从而提高管理效能，提高经营质量。

管理创新的原则

· 今日茶点

管理创新需要坚持五个原则：还原原则、木桶原则、交叉综合原则、兼容性原则、不怕犯错误原则。

虽然创新需要自由的工作环境，需要灵感，但创新并非毫无规律可循，管理者管理创新需要遵循一定的原则。这些原则能够帮助管理者更好地识别哪些是真正的创新、哪些是创新的障碍，从而使创新富有实际价值和效率。

1. 还原原则

所谓管理创新的还原原则，就是打破现有事物的局限性，寻求其形成现有事物的基本创新原点，改用新的思路、新的方式实现管理创新。任何创新过程都有创新原点和起点。创新的原点是唯一的，而创新的起点则可以很多。

如在管理上，实现目标的手段是多种多样的。在当时的条件下，我们可能选择了一种最合适的解决方法，但是随着环境的变化，原来的方法并不一定是最好的，这就需要回到最初的目标上来重新制定一种更为合适的新方法。

我们现在所讨论的还原原则，就是要求创新主体在管理创新过程中，不要就事论事，就现有事物本身去研讨其管理创新的问题，而应进一步地寻求源头，寻找其创新的原始出发点。只有抓住这一始发点，所产生的创意才不容易受现有事物的结构、功能等方面的影响，在管理创新上才能有所突破。

2. 木桶原则

指由几块长短不一的木板所围成的一个水桶，水桶的最大盛水量是由最短的一块木板所决定的。木桶原则所要说明的是，在组成事物的诸因素中最为薄弱的因素就是瓶颈因素，事物的发展最终要受该因素的制约。在管理创新中，如果能抓住这个影响事物发展的最关键的环节，就会收到加长一块木板而导致整个水桶的总盛水量很快增加的目的。

木桶原则在企业管理创新中有很大用处。企业组织有不同的层次、不同的职能部门、不同的经营领域，而企业整体管理水平的高低既不是由董事长、总经理来决定，也不是由那些效率最高、人才济济的部门所决定，而只能由那些最薄弱的层次和部门来决定。因此，只有在最薄弱的环节上取得突破性的创新，才能最终提高企业的整体管理水平。

另外，如果企业各个层次、各个部门的工作质量都符合企业整体的要求，那么加大木桶总盛水量的方法，也应该是先行拉长一块木板，然后再一块一块地补齐其他木板的高度。这种方式可以使木桶的总盛水量平稳增加。

3. 交叉综合原则

指管理创新活动的展开或创新意向的获得可以通过各种学科知识的交叉综合得到。目前，科学发展的趋势是综合和边缘交叉，许多科学家把目光放在这两个方面，以求创新。管理作为一门学科，它的创新过程也呈现出了这一态势。

从管理创新的历史过程来看，有两种创新方式是值得重视的。一是用新的科学技术、新的学科知识来研究、分析现实管理问题。由于是用新的学科知识和技术来看待现实管理问题，即从一种新的角度来研究问题的，所以就可能得到不同于以往的看法和启示。如把数理统计方法运用到质量控制中，使质量控制从事后检验走向预防控制。二是沿用以往的学科知识、方法与手段，但不是分别单一地去看一个现实的管理问题，而是将这些学科知识、方法、手段综合起来，系统地来看待管理问题，这样也能产生不同于以往的思路和看法。

4. 兼容性原则

管理创新要坚持"古为今用，洋为中用，取长补短，殊途同归"的原则。既要学习外国的先进经验，也要学习中国古代的管理思想，并结合中国企业的实际情况，创新出独具特色的管理理论与方法。管理理论与方法的发展不同于自然学科，自然学科理论的发展与创新，是一种否定之否定的关系，新理论的创新意味着对旧理论的否定；而管理理论的创新往往是一种兼容关系，是从不同角度对旧理论的完善和补充。如组织行为理论的出现，并不意味着泰罗制的结束，即使在美国，现在还有 70% 的企业运用泰罗的科学管理法为其创造利润。兼容性原则是指根据自身的实际情况，吸收别人先进的管理思想、管理方式、管理方法，进行综合、提炼。

兼容性创新是在原有基础上的发展，因此要对原有的基础问题加以分析研究，把握深层原因，同时注意自己的特点与长处，进行深层思考。这样就可能发掘出许多新的创意，进行管理创新。

5. 不怕犯错误原则

最显而易见、具有常识性和令人深信不疑的信念之一，也是人人认为不言自明的信念是：最好把事情做对而不要做错。假如有人提倡相反的看法——认为犯错误是好事，多犯错误的人应该受到鼓励——可能会被视为傻子！而事实上，正是一些所谓的聪明人，为了避免犯错误，什么事情也不做，即使是好的决策也尽量少做。

结果，那些害怕犯错误的人做得少，取得的成就也少。管理者最大的错误在于不敢犯错误！另外，避免犯错误的另一种办法是不做标新立异的事情。如果致力于创新，那么，你也就有了可能犯错误的机会，因此尽量按原来办法做，还是墨守成规为好。没有新尝试，也就没有新作为。

要做到不怕犯错误是比较困难的，因为人们从小就养成了思维定式。学校根据学生们提供正确答案的能力来给他们评分，并因他们做错答案而惩罚他们。同样地，几乎所有的组织原则都是惩罚失误者，而绝对不惩罚服从命令的人。就此，许多人养成了怕犯错误的恐惧心理，并竭力避免犯错误。人们学会要做得完美无缺，而不是要有创造性。

企业永远需要有能够创新、敢于行动、不怕犯错误、好学的员工。现在一些企业家开始避免犯不让企业犯错误的错误。如美国 3M 公司就提出了"允许犯错误，不允许不创新""允许犯错误，但不允许犯相同的错误"等企业理念，从而积极鼓励员工参与企业各类创新活动。

首推知识创新

· 今日茶点

知识创新者必须决定一个清晰的焦点。虽然所有的知识创新都含有某种程度的冒险性。但是，不决定一个焦点，或者多个焦点，是一件更危险的事。

创新并不是简单地指"创造新东西"，其具有特定的经济学内涵。创新不同于"发现"和"发明"。早在熊彼特提出创新的概念时，就把创新与发明进行了区别。发现是知识的新的增加，是发明和创新的重要知识来源；一项发明则是一个新的人造装置或工序等。发明可以申请专利，但不一定就能为社会带来利益；而创新是创造和执行一种新方案，以达到更高的社会效果。创新与发明的不同之处就在于它是一种具有经济和社会目标导向的行为。一般来说，为了使一项发明带来利润就需要创新，但一项创新不一定要基于一项发明。

以经济和社会利益为目标的创新是目前世界各国理论界和政府政策制定者主要关注的对象。从知识经济的角度来看，发明是一种知识生产活动，创新则表现为知识创新。创新与发明的区别，也就是知识创新与知识生产的区别。

知识经济时代的创新与工业经济时代的创新的最大区别，就是创新的核心已经从技术、组织、制度等拓展到了知识。知识不仅包括科学技术知识，还应包括人文社会科学知识、商业知识和工作中的经验知识，等等。知识创新是知识经济时代讨论创新的重点，它不是在过去的创新之外，而是新时代所有创新活动的共同实质。在工业经济时期，创新主要表现为技术创新；在知识经济时代，创新则表现为知识创新。

知识创新，是指通过科学研究，获得新的基础科学和技术科学知识的过程，目的是追求新发展、探索新规律、创立新学说、积累新知识，并应用到产品（服务）中去，以促使企业获得成功，使国家经济活力得到增强，社会取得进步。知识创新的各项特征要求知识创新具备各种特殊条件，而这些特殊条件又与其他类型创新的条件截然不同。

第一，知识创新需要仔细地分析各种元素——社会元素、经济元素、知觉元素及知识本身。这个分析过程必须验证某些知识体系是否健全，然后，企业家才能决定能不能使知识变成产品。或者，企业家会决定顺延一段时间再试。莱特兄弟的成功是这个方法最佳的说明，他们先想清楚建造一架有人驾驶的飞机需要哪些知识。然后，他们弥补欠缺的知识，同时也学习可能会用到的知识。然后，再从理论上实践它。最后才进行实际飞行，一直得到他们所要的数学公式，再利用这些珍贵的公式来制造辅助翼及修正主翼等。

第二，知识创新的第二项要求是战略地位的清晰与集中。在实际操作中，知识创新不能只是实验性的执行，它必须保证每个步骤都正确而不寄希望于第二次机会。在前述的各种创新中，即使在某一步骤失败，创新者也不忧虑会受到外界的干扰，这种现象不会在知识创新里出现。在这里，创新者有太多的朋友及对手，创新者只要跌倒一次，爬起来想要再追，恐怕就只有望尘莫及了。

基本上，知识创新有三个要点：一是发展出一个完全主宰创新范围的系统。二是知识创新可以创造自己的市场、自己的客户，而不受其他厂商干扰。它创造的这个市场不容易有外来者侵入。因为，它的产品是独一无二的。三是占据一个商业据点，集中精力在社会的某一层面实施创新。

知识创新者必须决定一个清晰的焦点。虽然所有的知识创新都含有某种程度的冒险性。但是，不决定一个焦点，或者多个焦点，是一件更危险的事。

第三，知识创新者尤其是高科技方面的创新者需要学习企业管理的能力。因为，企业管理对知识创新者的重要性远超过其他行业。知识创新的风险较大，所以它的回报率也很高。但是，一般的知识创新者的管理知识普遍不足。大致上来说，知识创新的风险之所以这么高，主要的责任还是在于管理者本身。他们轻视高科技外的一切知识。他们为本身的高科技知识沾沾自喜，而变得目空一切；他们相信所谓"品质"的定义就是复杂的科技，而非满足客户价值观的产品。在这方面，他们只是 19 世纪的发明家，而不是 21 世纪的管理者。

让制度为创新助力

· 今日茶点

制度创新是企业发展的基础，是企业整体创新的前提，同时也是实现一个企业不断创新的保障。没有一个创新的企业制度，企业的其他创新活动就不会有效和持久。

制度创新是知识创新的前提，如果旧的落后的企业制度不进行创新，就会成为严重制约企业创新和发展的桎梏。

企业制度是指一个有机组织为了实现组织既定目标和实现内部资源与外部环境的协调，在财产关系、组织结构、运行机制和管理规范等方面的一系列制度安排。它主要包括产权制度、经营制度（经营机制）和管理制度三个层次不同方面的内容。产权制度是决定企业其他制度的根本性制度，它规定着企业所有者对企业的权利、利益和责任；经营制度（经营机制）是有关经营权的归属及行使权力的条件、范围、限制等方面的原则规定，它构成公司的"法人治理结构"，包括目标机制、激励机制和约束机制等；管理制度是行使经营权，组织企业日常经营的各项具体规则的总称，其中分配制度是其重要的内容之一。

企业制度创新就是实现企业制度的变革，通过调整和优化企业所有者、经营者和劳动者三者的关系，使各个方面的权利和利益得到充分的体现；不断调整企业的组织结构和修正完善企业内部的各项规章制度，使企业内部各种要素合理配置，并发挥最大限度的效能。

制度创新是企业发展的基础，是企业整体创新的前提，同时也是实现一个企业不断创新的保障。没有一个创新的企业制度，企业的其他创新活动就不会有效和持久。

1.制度创新可使企业站在发展的前沿

企业的外部环境总处于不断发展变化之中，随着世界经济一体化、国际化、区域化和网络化格局的形成和加深，企业比任何时候都更为开放，企业只有和外界保持良好的关系，才能长久不衰，站在发展的前沿。反之，企业体制僵化，创新不足，便会遭到毁灭性的打击。

2.制度创新是搞好管理的基础

管理本身便是强制性与艺术性的统一。为了使管理不断创新，必须首先从体制、制度上为其开道。

3. 制度创新是技术创新、市场创新、产品创新的前提

在激烈的市场竞争中，谁胜谁负关键在于创新，创新已成为企业的生存之本。企业必须在经历了生产管理型向经营管理型的转型后，适时转向创新管理型，形成有效的创新机制，将创新体现于企业制度当中，更好地发挥投资者、经营者、生产者甚至消费者创新的积极性。

4. 制度创新可发挥人才积极性

在知识经济时代，智力资源作为经济发展中的一种战略资源，其作用比任何时代都更为突出。知识经济致力于通过智力资源开发创造新财富，逐步代替工业经济的命脉和已经短缺的自然资源。发挥智力人才的积极性、主动性、创造性，归根结底要通过制度创新。

制度创新是一个动态概念，需要企业在改革中创新，在创新中改革，不断调整企业的组织结构、权责结构、运行规则、管理规章等制度要素，使企业制度满足企业内部一系列创新的要求，适应知识经济时代外部环境多变性的要求。

促进文化创新

· 今日茶点

企业文化对企业的创新发展也是一把"双刃剑"。先进的企业文化可以推进和加速企业的创新发展，而消极僵化的企业文化却会束缚、阻碍和延迟企业的创新发展进程。

创新作为企业的一项基本功能，是企业管理的一个根本特征。当代管理大师彼得·杜拉克说，创新和企业家精神是人类进入开拓进取型经济阶段后的正常的、稳定的和连续不断的需要。在这里，杜拉克不仅把创新当作现代企业文化的一个重要支柱，而且把其看成社会文化的一个重要部分。

1. 文化创新的特征

富有创新力的组织，通常具有某种共同的文化，这种文化一般具有以下特征：

（1）接受模棱两可。过分强调目的性和专一性会限制人的创造性。

（2）容忍不切实际。组织不抑制员工对"如果……就……"这样的问题做出不切实际的甚至是愚蠢的回答。许多类似于幻想的回答看来好笑或不可行，但往往可能带来问题的创新性的解决。

（3）外部控制少。组织将规则、条例、政策这类的控制减少到最低限度，尽量减少对人的硬性束缚。

（4）鼓励尝试，允许失败。组织鼓励员工大胆试验，不用担心可能失败的后果，错误被看作提供学习的机会。

（5）容忍冲突。组织鼓励不同的意见，并建立将创新建议迅速上传的渠道。

（6）注重结果甚于手段。提出明确的目标后，个人被鼓励积极探索实现目标的各种可行途径。这意味着对于任一问题，可能存在若干种正确的解决办法。

（7）强调开放系统。组织时刻监控外部环境的变化并能随时作出快速反应。

2.文化创新的作用

（1）利于创新项目的科学决策。知识经济时代世界经济呈现出越来越明显的全球一体化趋势，在客观上要求企业的创新决策具有多样化和多维性的特征。企业文化只有洞察民族和世界文化的发展趋势并作出相应的调整，才能作出符合目标市场、社会文化、企业内部资源状况和文化积淀的创新决策，使创新项目产生理想的经济效益和良好的社会效益。

（2）利于全员创新。创新发展是全员创新理念的成功实现。因为，创新的关键在于人，在于每位员工的参与，在于企业全员的创新理念。如海尔集团的前身——青岛电冰箱总厂在1984年尚资不抵债，但在其后的创新发展中，海尔通过企业创新文化来调动员工改革、创新的积极性，将创新文化渗透到企业生产、经营、管理的全过程，以创新理念为主导形成了独特的企业文化，推动了企业的创新发展。海尔集团10年走过了德国同类企业60年所走过的路程，产、销、利税均列全国同行之首，其经营管理模式成为哈佛大学和瑞士国际管理学院MBA教学的经典案例。

（3）利于开展合作创新。知识经济时代的企业创新发展是一个复杂的系统，单凭个人或单个企业的努力是难以实现的，构建创新网络，开展合作创新，是企业创新发展的主导模式。相同的文化和语言，或相同的宗教信仰和价值观念，或相同的文化背景和文化渊源，可以克服创新思想交流的障碍，加速创新知识的传递效能，加强市场、企业、科研机构、政府部门的交往与联系，在企业创新发展中起着其他方式不能替代的独特作用。这种企业精神、企业理念所起的作用与产权、物质利益相比，可以说是促进合作创新的另一只"看不见的手"。

当然，企业文化对企业的创新发展也是一把"双刃剑"。先进的企业文化可以推进和加速企业的创新发展，而消极僵化的企业文化却会束缚、阻碍和延迟企业的创新发展进程。这是应该引起人们关注和重视的。

3. 如何促进组织进行文化创新

组织文化是由相对稳定和持久的因素构成的。这一事实往往导致文化的变革受到相当的阻力。一种文化需要很长时间才能形成，而一旦形成，又常常成为牢固和不易更改的。但是，如果某种特定的文化已经变得对组织不适宜，就必须设法去变革。要注意的是，不要幻想组织文化的创新在短时期内就会完成。即使在最有利的情况下，组织文化的创新也常常要经历较长（不是几周或几个月）的时间，才能看出其中的变化。

（1）促进组织文化创新的有利条件

具体包括以下几个方面：

①大规模危机出现。这可以成为动摇现状的一个震源，促使人们对现有文化的适应性产生怀疑。例如发生令人吃惊的财务亏损，重大的决策失误，或者组织失去重要的客户。

②高层领导者换人。在这里，高层领导者既可以指首席执行官（企业最高领导者），也可能包括所有的资深经理。新的领导者往往会给组织带来一种不同的价值观，他们对危机也会有更强的感觉和反应能力，同时原来文化对他们的约束又相对较少。

③组织新而小。新建立的组织，其文化的渗透力较弱。而当组织规模较小时，管理者也更容易传播它的新价值观。

④组织文化弱。一种组织文化越是广泛渗透并在成员中形成对总价值观的高度认同，那么它就越难得到改变。相反，弱的文化比起强文化来具有更大的可变性。

（2）促进组织文化创新的策略

如果具有合适的条件，那管理者如何来推动组织文化的变革呢？其重要的一点就是对现有的文化进行创新，而这需要一个全面的、协调的战略。

①组织文化分析。创新的最佳着眼点是进行组织文化分析，这包括进行文化审核以评估现有的文化，即分析现有文化与环境是否适应；确定与环境适应的文化内容；将现有文化与预期的文化做比较，进行差距评价以确定哪些价值观及文化要素需要创新。

②向员工宣传创新组织文化的必要性和紧迫性。虽然危机可以作为变革现有文化的一种契机，但危机并不是组织的所有成员都能意识到的。因此，管理者必须向员工明确说明，如果不马上推行变革，组织的生存就会受到致命的威胁。要

是员工没有意识到文化创新的必要性和紧迫性，那就很难使组织文化对创新的努力作出反应。

③任命具有新观念的新管理者。任命新的最高层管理者本身就是一个信号，它预示着一场重大的变革即将发生。新的管理者常会带来新的观念和行为标准，大胆地推动文化的变革。当然，新管理者需要把他的新观念尽快地注入组织中，又往往需要将关键管理职位的人员调换成忠于这一观念的人。例如，美国的克莱斯勒公司曾成功地进行了文化的创新，首先公司任命了新的首席执行官李·艾柯卡，而他又对公司高层经理作了大规模、迅速的调整，这为文化变革打下了坚实的基础。

④发动一次组织重组。伴随着主要管理者的调整，发动一次组织重组也具有重要的意义。设立一些新部门，或者将某些部门合并或取消，这些都以显而易见的方式传达着管理当局下决心将组织引入新方向的信息。

⑤引入新口号、新故事、新仪式、新象征来传播新价值观。新的领导者也要尽快创造出新的口号、故事、仪式、物质象征等来取代原有的文化载体，以便更好地向员工传播组织的主体价值观。而这是要即刻去做的，耽搁只会使新管理者与现有文化为伍，从而关闭推行变革的大门。

⑥围绕新的价值观体系，树立新的榜样。管理者还要改变人员的选聘和社会化过程，以及绩效评估和奖酬制度，并树立新的榜样，以便对采纳组织所期望的价值观的员工形成有力的支持。

·第十一章·

趋势管理：在今天看透未来

顺势更容易成功

·今日茶点

任何一名管理者都应该从大局出发，以更加内省和沉稳的姿态，审视并把握未来发展趋势，以顺势而赢得未来，绝不能因对抗形势而处于被动。

要想成为一个优秀的企业家，必须善于取势。对于领导者来说，取势是掌握大的发展趋势和政策导向。优秀的领导者须把握国家政策之大势，顺应行业进步之形势，了解企业发展之趋势。

1944年，IBM公司曾在人力、财力上支持哈佛大学的艾肯研究成功了世界上第一部可进行四则运算的全自动继电器计算机。差不多就在同一时期，美国宾夕法尼亚大学的莫克利和埃克特在陆军的资助下，也在研究采用电子管的电子计算机。1945年底，一部划时代的电子计算机——埃尼阿克在他们手中诞生了。

当时，没有人预见到计算机的无限前景，一般人认为世界上只需要四五部计算机就够了。事实上，IBM向计算机行业进军，在很大程度上是因为沃森对天文学的兴趣。IBM的计算机第一次在麦迪逊大街的展示窗口与大众见面时，演示了用程序计算出的月亮过去、现在和未来的所有盈亏。

当莫克利和埃克特自己开办的公司经营失利，二人联袂相投IBM公司时，竟遭到老沃森的拒绝。1950年，他们的公司被兰德公司收购。翌年，他们将第一台民用计算机尤尼瓦克便移交美国人口普查局使用。

但是商界对计算机的出现表现出极大的兴趣，越来越多的企业开始购买这朵"科技奇花"，用于普通的事务上，如薪资计算等。当时，IBM的竞争对手，尤尼瓦克（Univac）公司虽然拥有当时最先进的、最适用于商业用途的计算机，却并不想因供应商界而辱没它的科技奇迹。IBM 虽然也对商业对计算机的需求感到意外和吃惊，但是它很快就作出了回应。

老沃森的长子小沃森（也叫托马斯·沃森）面对现实，提出了研制新计算机的对策，老沃森果断地采纳了儿子的建议，并挑选出一名最优秀的行政人员负责这一任务。IBM 主动牺牲了自己的设计，并采用竞争对手的设计，因为 IBM 的设计并不特别适合记账。

1952 年，IBM 推出了每秒运算 16000 次的 701 型大型计算机，随后又陆续推出了 702、704 和 705 等一系列电子管计算机。1956 年，IBM 公司便又远远超过了对手。

IBM 顺应商业发展潮流而占据鳌头。对于任何企业来说，对抗大势必然会失败。企业应当提倡把握大背景、大气候、大潮流、大目标、大手笔的大家风范。

任何一名管理者都应该从大局出发，以更加内省和沉稳的姿态，审视并把握未来发展趋势，以顺势而赢得未来，绝不能因对抗形势而处于被动。

创新才能创造未来

· 今日茶点

创造未来的真正含义是创造一个不同的事业。

市场环境千变万化，为应对变幻莫测的市场，企业应当不断为自己营造创新的环境，积累创意，关注任何一个可能拥有潜在市场的创意，善用创新为自己打开市场的空白区域。

1993 年，郭士纳临危受命担任 IBM 首席执行官。当时的 IBM 亏损严重。1994 年，郭士纳应邀在华尔街进行公开演讲，他利用这个机会向听众展示了 IBM 未来的网络化战略构想，并强调 IBM 要在"以网络为中心的世界"中充当领袖。一年之后，郭士纳将 IBM 的战略总结为"电子商务"。当时，能够对这一战略概念充分理解的人少之又少，很多人一度搞不懂郭士纳葫芦里卖的是什么药。

电子商务战略使 IBM 从单一的计算机硬件提供商转变为 IT 服务商。电子商务战略的核心是，为客户提供包含软硬件在内的信息架构构建服务和企业流程改造服务。它向客户传递的价值内涵是，企业能够在 IBM 提供的 IT 服务的帮助下，更加充分地利用计算机和网络，更方便而有效率地从事商业活动。这个战略的确立，犹如一把手术刀，切掉附在 IBM 身上的毒瘤，创造了奇迹。1996 年，IBM 历经 1991 ～ 1993 年高达 80 亿美元的亏损后，奇迹般地恢复春天，一举实现了 770 亿美元的营业收入和 60 亿美元的利润。

2002 年初，彭明盛出任 IBM 的 CEO。当时的商业背景不容乐观，互联网泡沫破碎，IT 神话破灭，网络走下神坛，众多计算机生产商、网络服务供应商、各大网站开始互联网行业的发展模式和价值体现方式进行了新的思考和探索。在很多人还没想出应对未来的举措之时，IBM 又适时地推出了新的战略——"电子商务随需应变"。这个战略的重点是"随需应变"。这四个字揭示了 IBM 公司 IT 服务方式的转型和提升，它剥离出 PC 业务，同时开始收购普华永道和无数软件公司，力求通过打包齐全的软件产品，向客户提供从战略咨询到解决方案的一体化服务。

这个战略的价值在 2008 年爆发的全球金融危机中得到了最为充分的体现。IBM 的季报显示，IBM2008 年第四季度净利润同比增长 12%。在大部分公司都受到经济危机冲击时，IBM 利润增长仍超过预期，绝对算得上一个奇迹。很多人开始对 IBM 的神奇进行研究，研究的结果是，IBM 之所以能够躲过金融危机的冲击，不仅没有衰退，反而保持一如既往的增长，其最大的功劳当属于 2002 年开始的战略调整。这种观点在季报中得到印证：利润贡献部门来自软件和服务部门，而硬件部门则在下滑。

伟大的公司都是善于创新的公司，企业管理者应该不断拓宽思路，不拘泥于以往的经验和成就，以想人之所未想，为人之所不能为，出其不意，以新制胜，利用创新摆脱红海的纠缠，开辟蓝海新世界。

抓住问题的前提

· 今日茶点

管理者需要经常问一个问题：作为决策依据的前提条件是否已经过时？

一个企业的建立，首先是思维模式的建立，企业家首先要明确企业存在的前提，企业的外部环境是什么？企业的使命是什么？企业的核心竞争力是什么？只有对这三个前提问题进行准确把握和解答，才能使企业的发展战略能够持久和有效地发挥作用。任何一种决策都必须从前提出发去认识，才能真正抓住问题的关键，也才能真正地解决问题。

戴尔公司是当今世界电脑行业的翘楚，很多人认为，戴尔是依靠商业模式创新成功的。不错，戴尔的直销模式历来为管理界所看重，但为什么 IBM 和康柏都曾经模仿戴尔的直销模式，却失败了？事实上，戴尔成功背后的核心因素是它运用前提性思维构建了一整套的运营模式，这种运营模式精确地定位了企业战略和顾客需要，从而使任何竞争者也无法照搬和模仿。

我们知道，任何企业都必须给自己进行准确的定位，定位自己使企业明确了自己是什么、将成为什么。这实际思考的是企业存在的理由，而这恰恰是企业存在的前提。企业只有首先确定了自身的价值和意义，才能朝着这个方向前进和努力。戴尔公司正是通过建立自己的经营理论而准确地给自身进行了定位。

首先，对企业外部环境的假设。戴尔公司发现，计算机行业都是由制造厂商生产电脑以后，配售给经销商和零售商，由他们卖给企业和个人消费者。而这样显然使生产者无法获得足够利润，而且也无法完整地体现顾客的需要。据此，戴尔采取直销模式，果断地砍掉中间环节，既能提升自己的效益，也为顾客节省了费用。它们通过电话或互联网向客户进行直接销售，并根据顾客的要求定制电脑。这就使戴尔公司具有显而易见的竞争优势，通过客户定制，戴尔公司通常能以比零售价还低的价格向客户提供他们所需的计算机。

这种对企业外部环境的定位，是戴尔明确了企业的发展方向和发展模式，那就是不断地满足顾客的多样化需求并提供低廉价格的产品。

其次，对企业使命的假设：为顾客创造价值。戴尔认为，随着顾客力量变得愈加强大，企业为了提高竞争力，增强顾客的满意度和忠诚度，都树立了"以顾客为中心"的经营理念。这就决定了企业经营策略的确定必须从"由内到外"的思考方法转变为"由外而内"的思考方法。他们据此制定的企业使命，迎合了信息时代顾客的需要，因此，得到了顾客的认同和支持。戴尔从顾客的需要出发，充分体现了顾客是企业价值实现的评判者，不重视顾客的力量，必然被顾客力量所淹没。这种从最简单的前提出发的思维方法，恰恰是戴尔模式的重要经验。

最后，根据以上两点的设想，戴尔确定了企业实现使命所需的核心能力的设想。戴尔的核心竞争能力实际上并不是直销，而是不断地完善自己的供应链，通过建立直销模式来提升自己的核心竞争力。这种定位，使戴尔真正明确了自身的优势是什么。

毫无疑问，一个企业生产什么、怎么生产并不重要，重要的是凭什么要这样生产。一个具备前提性思维的企业家，时刻都会反思企业行动的依据，从而不断地认识自己，不断地提升自己。经营企业要顾及各种问题，要预想到各种困难，只有善于认识前提的领导者，才是真正卓有成效的管理者。

将各种资源形成合力

·今日茶点

在今天高度技术化的领域里，许多成功的公司并非以技术见长。但任何一家成功的公司，都必然在某个领域有过人之处。

鲍罗·道密尔的成功凸显知识整合的意义，也有力地证明了德鲁克所说的"知识不只是技术，许多成功的公司并非以技术见长"。鲍罗·道密尔是在美国工艺品和玩具业中享有盛誉的传奇性人物。

1945 年，这位 21 岁的匈牙利青年，身上只带了 5 美元到美国闯天下。20 年后，他成为百万富翁。道密尔初到美国的 18 个月，就换了 15 份工作，有些工作甚至是别人梦寐以求的。这在别人看来是无法理解的，但道密尔觉得，那些工作除能维持生存外，都不能展示他的能力。

通过当推销员，他获得了人生的第一桶金。随后，他用自己所挣的钱收购了一个濒临倒闭的工艺品制造厂。当时道密尔只提出两个条件，不负责工厂旧的债务，他接手以后的亏损由他自己负责。另外，尽管他只占有工厂的 70% 的股份，但这个工厂将来如果挣了钱，他的利益要占 90%。一年后，这家工厂起死回生，获得了惊人的利润。道密尔是怎么成功的呢？

原来，他接手工厂后，首先仔细研究公司的每一项作业程序，由定价、消耗到销售，由生产到管理，把每一项缺点记录下来。他对这些可能导致工厂亏损倒闭的要素进行排列分析，确定哪些是不合理的、哪些是可调整的，然后，他针对这些缺点进行了一系列的调整。通过对一系列因素的比较和测算，道密尔最终得出结论：工厂倒闭的主要原因在于管理成本太高和产品定价太低。

针对这一结论，他采取了行动。首先，要降低管理成本，他就必须裁减大批职员。道密尔把留下来的管理人员的工作量加倍，薪水也加倍，以与工作量相适应。这些留下来的人，由于待遇提高也增加了责任心。其次，提高产品价格，以此来增加赢利。在加价前，道密尔先加强服务质量，以减少顾客的埋怨，改变消费者对公司的看法，让他们觉得物有所值。当时机成熟时，才加价。

事实证明他是正确的，道密尔通过对工厂各个环节的精细化管理，工艺品制造厂不仅扭亏为盈，还使道密尔赚到了人生的第一个 100 万美元。

由此可见，企业的成功并非完全依靠技术，而是依靠企业各个环节知识综合所产生的力量。有的企业以技术见长，有的企业以营销见长，还有的企业以管理见长，无论哪种企业，但凡取得卓越成就的企业，必然在一个领域甚至在多个领域里占有高人一筹的知识。这种支撑企业傲立群雄的知识有可能是营销知识，也可能是管理知识。优秀的企业管理者一定善于综合知识并使其迸发出最大的能量。

把握"已发生的未来"

· 今日茶点

"已发生的未来"是一种重大的转变，是一种打破现有模式，而不只是修正现有模式的转变。

2000 年，江南春看到了电梯里包含的巨大商机，用液晶电视播放广告来填补等待时间，用动态画面代替户外静态广告的创意应运而生。全新的商业模式再加上江南春的个人魅力，立刻吸引了软银的风险投资。两年内，分众的液晶电视覆盖了 40 多个城市的 2 万多座楼宇，成为行业急先锋。

江南春的广告理论是："分众传播的角度强调立体化传播和无缝化传播，立体化指针对人们生活的多元化，进行多渠道的传播，单一媒体已经不能满足人们立体化的多元生活。无缝化传播是根据特种人群的生活习性，进行符合他们生活习惯的传播。我们根据人们的文化生活习性和媒体接触点，来开发创造出一些新的、原来没有的媒体形式、渠道、方式等。"

例如，商务人士整日忙于工作、应酬而无法关注传统媒体这一事实，使江南春认识到，要打这类人的广告，不能采取传统模式，而要在他们常在的会所、健身房、办公楼宇等地方树立媒体。凭着这样的理念，江南春首先想到的是高档写字楼此前毫无额外利用的电梯，利用人们等电梯的无聊时间来播放广告。

2003 年 5 月，江南春注册成立分众传媒（中国）控股有限公司，并出任首席执行官。当分众传媒通过私募获得充沛资本之后，江南春以迅雷不及掩耳之势在全国各大城市掀起了"圈地"攻势，在短短两年多的时间里，江南春在全国45个城市中占领了2万栋商业楼宇。正如《福布斯》杂志所描述的："江南春以最快的速度占领当地的主要高档写字楼，将剩下的市场空间留给了随后出现的模仿者。"

分众传媒以其独特的商业模式、独特的分众性，不但赢得了业界的高度认同，其高速成长更得到众多国际知名投资机构的积极响应，相继注资数千万美元，推动了户外电视广告网络的发展。2005年7月，分众传媒成功登陆美国的纳斯达克，成为海外上市纯广告传媒第一股，上市短短5个月，其市值已经飙升至12亿美元。

江南春以及分众传媒的成功告诉我们，企业成功的关键就是要把握先机，快人一步，要比竞争对手更迅速地掌握未来的动态、未来的资讯、未来的走向。台塑的创办人、被誉为台湾"经营之神"的王永庆认为，不论做任何事情，若能抢占先机、先发制人，就多了一分胜算。已经发生的新事物预示着产业的重大改变，企业只能接受它并顺势而为，才能抢在对手前面获得成功。

赢在看透未来的模式

·今日茶点

我们需要先看透未来的发展模式。制胜市场的先决条件乃是管理者的判断力。

因正确判断未来的发展趋势而获得商业成功的事情在各行各业都有发生。比如在汽车业发展的早期，当汽车这种产品作为一种奢侈品在高端市场拼得你死我活的时候，福特却坚持降低汽车的销售价格，他认为汽车不应该是一种奢侈品，而是一种生活必需品；当百货商场固守城市市场时，沃尔玛的创始人山姆却从一个偏僻的小镇起家，并认为小城镇同样能够支持大型超市的发展；当照相机刚刚发明出来的时候，柯达的创始人伊斯曼就认为这个时尚的玩意儿在将来必定会家家拥有。

哈默是美国著名的企业家。1931年，他从苏联回到美国。当时的美国正在如火如荼地进行总统换届选举。罗斯福是总统候选人之一。哈默经过一段时间的观察和判断，他认为最终会罗斯福取胜。哈默知道，罗斯福喜欢喝酒，他一旦竞选成功，1920年公布的禁酒令就会被废除。到那时，威士忌和啤酒的生产量将会十分惊人，市场上将需要大量的酒桶用以装酒。

这里面蕴藏着巨大商机。用来制作酒桶的木材非一般木材，而是经过特殊处理的白橡木。哈默在苏联生活多年，他知道苏联盛产白橡木，于是立即返回苏联去订购白橡木板。他将这些木材运到美国，在新泽西州建造了一个现代化的酒桶加工厂，取名哈默酒桶厂。这个酒桶厂开业的时候，"禁酒令"尚未解除，所有的人都觉得他是个疯子。然而，当哈默的酒桶生产线日趋成熟的时候，新任总统罗斯福下令解除了禁酒令。酒桶的需求一下子被激发出来，哈默成为罗斯福新政的最大受益人。

综观当代市场，竞争日趋激烈。企业要制胜市场，何者为先？人才、资金、装备？信誉、信息、机遇？这些都是企业获得成功的必备要素。然而，哈默的成功经历告诉我们，制胜市场的先决条件乃是管理者的判断力。一个具有远见卓识的管理者，才能在扑朔迷离的市场中把握成功的关键，才能在纷繁复杂的思绪中找准制胜的契机。在企业发展中，只有把握住趋势，才能使企业走在时代的前列。

积极拥抱信息革命

· 今日茶点

电子商务深刻地改变着经济和市场的结构，改变着产品和服务的流通，也改变着消费者的价值观念和消费行为。

阿里巴巴和淘宝网是全球著名的两大电子商务网站。这两个网站的创办和崛起有力地说明了创始人马云对信息产业未来发展趋势的精准把握。尤其是阿里巴巴的创办，在当时的中国，"互联网"这个词语尚不被大多数中国人所熟知，马云创办电子商务网站的举动充分反映了马云高人一筹的眼光和视野。

大学毕业后，马云当了6年半的英语老师。其间，他成立了杭州首家外文翻译社，用业余时间接了一些外贸单位的翻译活。1995年，"杭州英语最棒"的马云受浙江省交通厅委托到美国催讨一笔债务。结果他是钱没要到一分，倒发现了一个"宝库"——在西雅图，对计算机一窍不通的马云第一次上了互联网。

刚刚学会上网，他竟然就想到了为他的翻译社做网上广告，上午10时他把广告发送上网，中午12时前他就收到了6个E-mail，分别来自美国、德国和日本，说这是他们看到的有关中国的第一个网页。"这里有大大的生意可做！"马云当时就意识到互联网是一座金矿。

人类的发展趋势越来越便捷，互联网这个新事物能够消除地域空间，提升了信息传递的速度和效率，因此，马云断定互联网一定能够影响未来，人们将因为互联网而作出许多改变，其中也包括做生意的方式。

回到杭州的马云身上只剩下 1 美元和一个疯狂的念头：创建互联网网站。马云的想法是，把中国企业的资料集中起来，快递到美国，由设计者做好网页向全世界发布，利润则来自向企业收取的费用。

马云创办了中国第一家互联网公司——海博网络，产品叫作"中国黄页"。在早期的海外留学生当中，很多人都知道，互联网上最早出现的以中国为主题的商业信息网站，正是"中国黄页"。所以国外媒体称马云为中国的 Mr.Internet。10年之后，阿里巴巴成为世界最大的电子商务网站之后，有人在总结马云的成功时用了这样一句话：领先趋势并驾驭趋势。

直到今天，任何人都无从知道电子商务在什么时候才能不火。因为把握住了未来的交易形式，易趣、亚马逊、阿里巴巴等电子商务网站每天都在高速增长，每秒都在流进黄金。企业的创办团队不仅获得了丰厚的回报，企业本身也处在一个富得流油的领域，前景不可限量。对于企业管理者而言，你能看多远，就意味着你能获得的财富有多少。

作最正确的战略选择

· 今日茶点

企业战略是企业管理层所制定的"策略规划"，其目的在于建立企业在其市场领域中的位置，成功地与其竞争对手进行竞争，满足顾客的需求，获得卓越的业绩。

20 世纪 90 年代以前，万科采取的是一种多元化经营的策略，什么赚钱干什么，各行各业都插一脚，房地产、贸易、百货、农业、电子、食品、金融等十几个行业都有涉足。1992 年，是万科多元化经营的鼎盛时期。这一时期，万科赚过大钱，也栽过跟头。当时的万科掌门人王石总结后认为，市场永远是公平的，不按市场规律做，赚了多少，市场会让你吐出多少。

万科的多元化经营虽然总体上是在赚钱，但并不能说它是成功的。因为万科在每一个领域都充当二流或三流的角色，长久发展下去，只能成为所在领域的被并购对象。1993 年，万科开始悄无声息地转卖"副业"，凝聚"主业"。王石毫不讳言：我们的战略目标是成为房地产行业的领跑者，公司的一切运作均围绕这一主业展开。

自此，万科开始了有条不紊的战线收缩：在房地产的经营品种上，1994 年，万科提出以城市中档民居为主，从而改变过去的公寓、别墅、商场、写字楼什么都干的做法；在房地产的投资地域上，1995 年底，万科提出回师深圳，由全国的13 个城市转为重点经营京、津、沪、深四个城市；在股权投资上，从 1994 年起，万科对在全国 30 多家企业持有的股份，开始分期转让，并且出让的企业大多是赚钱的，如 1997 年协议转让出去的扬声器厂，其生产的电话机喇叭占国内市场的 40%，其生产的电话和电视机配件，市场占有率亦遥遥领先于竞争对手，并拥有 TCL、康佳这样的大客户。2001 年 9 月，万科以 4.57 亿元让出广东百货业"霸主"——深圳万佳百货股份公司的 72% 股份，这意味着万科历时多年进行的专业化战略调整已全部完成，一艘业内规模最大的专业"航空母舰"已经鸣笛起航。

对于万科放弃"副业"立志要走专营房地产的道路，王石是这样解释的：单一经营是否会产生风险，主要是看市场，中国的房地产市场刚刚起步，在这样大的一个市场中就不会有多大风险。香港就是一个例子，在房地产市场走下坡路的时候才开始多元化，长江实业就是从房地产为主营业务转为多元化的。按万科的发展规模，10 ~ 15 年走单一经营是不会有风险的。2001 年 8 月 29 日，远在长春的万科企业股份有限公司董事长王石通过网络向一批热心者解答了万科卖万佳的原委。在采访中，有记者发问："万科卖了万佳，下面还会卖什么？物业卖不卖？"王石笑答："再卖就要卖王石了。通过万佳的转让，万科已经完成专业化，结束了从多元化向专业化的调整，再往下就不是要卖，而是买，减法要变成加法了。"

万科的成功就在于正确选择了集团发展战略。企业战略是企业管理层所制定的"策略规划"，其目的在于，建立企业在其市场领域中的位置，成功地与其竞争对手进行竞争，满足顾客的需求，获得卓越的业绩。企业战略包括管理者在经营时所运用的所有竞争行动和业务措施。企业战略的内在含义是指企业的经营战略，并不包括企业制度安排及企业文化方面的发展战略。

现在一些 IT 企业的计划和规划周期越来越短，以前通常是 3 ~ 5 年，后来缩短到一年，最近已经缩短到 6 个月。一些 IT 企业的管理者于是认为，在这样的时代里，因为有这样快速的变化，战略已经不是取胜的根本，而取胜的根本在于你有多强的执行力、你有多强的力量可以真正地贯彻并且快速地执行你的战略，使得你在市场当中有竞争力。

摩托罗拉前总裁高尔文在回答如何振兴这个陷入低谷的公司时，有一段话讲得很好，他说，现在产品的生命周期大致只有18个月，这既是一个挑战，也是一个非常好的超过对手的机会，只要你选择对了，你就能再次成功。战略就是对未来的选择，它是要回答我们要往哪儿走的问题。越是变化快，越是需要明确的战略。

企业经营战略的重要性主要表现在以下几个方面：第一，企业经营战略是企业充满活力的有效保证。经营战略的选择，实际上是企业对自己的比较优势的选择，只有对自己的比较优势选择好了，企业才能充满活力。第二，企业经营战略是企业及其所有员工的行动纲领。企业的日常经营活动必须服从于自身的经营战略，任何人都不能随意更改企业已经决定的经营战略。如果企业没有一个作为行动纲领的经营战略，那么就会出现企业领导者随意改变企业的经营活动的情况，从而使企业的经营活动缺乏有效的约束。

新兴产业中的时机

· 今日茶点

在新兴产业中进行竞争的一个重要战略选择是正确的进入时间。早期进入新兴产业涉及较高的风险，但可能在另一方面涉及较低的进入障碍，并可获得较大的收益。

新兴产业是指新形成或重新形成的产业，即处于开发（引入）阶段和成长阶段的产业。其形成的原因有技术创新、新的消费需求的出现、相对成本关系的变化等。如20世纪70年代出现的太阳能加热、电子游戏、光导纤维、个人计算机和烟雾报警装置等，就是美国当时的新兴产业。一个老产业经历了由上述环境变化引起的竞争变化时，新兴产业的问题也会出现。

由于一个新兴的产业没有既定的游戏规则，产业中的参与者可以运用各种各样的战略途径。如果企业有着强大的财务资源和强大的战略，它就可以制定产业的规划，并成为产业的领导者。处理新兴产业的风险和机会是最具挑战性的一个商业战略问题。企业要想取得成功，必须采取下列的一种或多种方式：

（1）通过发扬大胆的企业家精神和实施创造性的战略，尽量赢得早期为争取领导地位而展开的竞争。以产品卓越性为基础的扩张战略或聚焦差别化战略通常能够为取得竞争优势提供最好的机会。

（2）使自身技术臻于完善，改善产品的质量，开发有吸引力的性能特色。

（3）一旦技术不确定性消除，出现了占统治地位的技术，就采纳它。一方面，尽力成为产业技术方面的标准制定者和开发占统治地位的产品设计，这有一定的好处；但另一方面，如果企业这样做的话，就必须清醒地意识到企业在自己所偏爱的技术和产品设计上下的赌注太大。在下列情况下，尤为如此：存在很多相互竞争的技术，研究与开发代价很大，技术发展可能很快，向令人惊讶的方向发展。

（4）同关键的供应商建立联盟关系，获取专业化的技能、技术能力和关键的原材料或零配件。

（5）在早期就致力于有前途的技术，同最有能力的供应商建立联盟，扩大产品的选择范围，改善产品的款式，实现经验曲线效应，在新的分销渠道中稳住阵脚，从而尽量抓住首先行动者所拥有的优势。

（6）追寻新的顾客群、新的用户应用、进入新的地理区域（如果财务资源受到限制，也可以采用合资企业的方式）。

（7）使首次购买者试用企业的第一代产品的代价和难度降低。然后随着产品被市场的很大一部分购买者所熟悉之后，开始将广告的重点从创造产品觉醒转向提高使用频率和建立品牌忠诚。

（8）采用削价的策略来吸引后来的对价格敏感的购买者。

（9）预计在产业的销售额开始腾飞和投资于该产业的感知风险下降的时候，财务资源丰富的行外企业进入本产业，并且实施积极的战略。尽量为实力雄厚的竞争厂商的进入做好准备，对下列因素做出预测：最有可能的新进入者会是谁（预测基础为现在和未来的进入障碍）；它们很可能会采取的战略类型。

在为获取企业成长和市场份额领导地位而展开的早期角逐中取得胜利的短期价值，必须同建立持久竞争优势和坚固市场地位的长期必要性平衡起来。新进入者往往会因为受到成长和利润前景的诱惑蜂拥而入。积极进取的新进入者往往觊觎产业的领导地位而进入。

在新兴产业中进行竞争的一个重要战略选择是正确的进入时间。早期进入新兴产业涉及较高的风险，但可能在另一方面涉及较低的进入障碍，并可获得较大的收益。

（1）在下列情况下早期进入新兴产业是有利的：企业的形象和名望对顾客至关重要，企业可因作为先驱者而发展和提高声望；当经验曲线对一个产业至关重要时，早期进入可以使企业较早地开始学习过程；顾客忠诚非常重要，所以那些首先对顾客销售的企业将获益；通过早期进入投资于原材料供应、零配件供应和批发渠道等，因而可以取得成本优势。

（2）在下列情况下早期进入新兴产业是非常危险的：产业早期竞争和市场与产业发展后的市场有很大的不同，早期进入企业因此而建立错误的技能，以后面临很高的转换成本；开辟市场代价高昂，其中包括对顾客的宣传教育、法规批准、技术首创等，而开辟市场的利益并不能为本企业所专有；早期与小的新的企业竞争代价高昂，但以后这些小企业将被更难对付的竞争者所取代；技术变化将使早期投资陈旧，并使晚期进入的企业获得新产品，得到生产过程的益处。

例如，作为中国互联网行业的启蒙者和领跑者，瀛海威由于战略选择和时间把握上的失误，致使企业未能真正把握住互联网行业发展的大好趋势。

瀛海威的一位留美博士回国后埋头大干 8 个月，着力开发当时在国际上也很超前的"网上交费系统"，但在投进网络后却如石沉大海。瀛海威实行的联机服务收费制度，有悖早期网络行业的发展趋势，最后彻底失败。最重要的是，瀛海威使用的通信规程，与互联网的 TCP/IP 完全不同，广大网民所熟知和最容易找到的标准浏览器 NETCAPE 和 IE，在号称"纵横时空"的瀛海威竟然不能使用，瀛海威用自己的标准与整个世界网络标准在抗争。

1996 年，杨致远的雅虎在美国纳斯达克股票市场上市，一日之内单股股价出乎所有华尔街证券商意料地由 13 美元飙升至 43 美元，一跃成为市值高达 8.5 亿美元的新巨人。曾有人向时任瀛海威总经理的张树新建议：马上修正瀛海威的运作模式，向雅虎式的门户类网站转型，张树新不置可否。这样，就在网络"门户时代"已经到来的黎明时分，历史性的机遇与瀛海威擦肩而过。最终瀛海威没有跟上互联网的发展步伐，被淘汰出局。

成熟产业中的应变

· 今日茶点

一个产业必然要经历从高速发展的成长期进入有节制发展的成熟期。在这个时期中，企业的竞争环境经常发生根本性的变化，企业必须在战略上作出相应的反应。

太阳神集团创建于 1988 年，它开创了中国的保健饮品行业，同时也是我国营销和 CI 策划的经典范例。太阳神集团大体经历了三个发展阶段：

第一阶段，创业阶段（1988～1990）。太阳神集团在创业阶段经历了一个十分艰苦的市场开发阶段，而且在1988～1989年中，太阳神集团是以利润的牺牲来换取市场的培养和发展。

这一努力不仅使得该集团取得了成功，而且为开创中国保健饮料（尤其是口服液）行业作出了历史性的贡献。但是，正是因为市场开始接受了这一新的产品和产业，而且太阳神集团又表现出了很高的单位产品利润率，许多在旁观望的潜在进入者在1990年开始大量进入这一新兴的领域。这时太阳神集团的市场占有率是63%。

第二阶段，专业化发展阶段（1991～1992）。这时太阳神集团开始意识到本行业新的进入者的威胁，因此集中力量进一步扩大销售，使产品销售从1991年的7.76亿元继续上升到1992年的10.12亿元，但是公司的利润则因为市场新的进入者而受到抑制，出现了小幅下降。

第三阶段，多元化发展阶段（1993～1997）。在连续两年销售上升乏力，利润徘徊不前的情况下，太阳神集团没有认真从产品开发和系列化的角度去寻求新的增长机会，以有效地打击新的进入者，反而对自己产品的市场潜力以及保健品生产的前景产生怀疑，从而开始进行多元化的发展。当时提出的口号是"纵向发展为主，横向发展为辅"以及"建立多角支撑"，走上了不相关多元化的发展道路。

从1993年开始，太阳神集团的销售和利润出现同时下降的趋势。1992～1994年三年间，集团一连串上了23个新项目，连续进入了房地产、饮食业、化妆品、广告、市场调研、电脑销售、汽车贸易、汽车维修、加油站、文化体育等行业，先后兴办了20多个企业。

当时，太阳神集团仍沿用了创业时期的直线职能制组织结构，没有及时进行组织变革，无法适应多元化战略实施的要求，加上宏观经济形势和行业竞争状况的影响，新上项目和企业几乎全部亏损。

截至1997年底，太阳神集团在多元化发展中至少损失了3.4亿元，这一战略行动除使集团元气受损外，对其长远发展也产生了极为不利的影响。

截至1997年底，太阳神的销售额降到2亿多，市场占有率不到10%。

作为产业生命周期的一个重要阶段，一个产业必然要经历从高速发展的成长期进入有节制发展的成熟期。在这个时期中，企业的竞争环境经常发生根本性的变化，企业必须在战略上作出相应的反应。成熟产业中的企业应在以下方面作出战略选择。

1. 产品结构的调整

在产业处于增长时期，广泛的产品系列和经常开发新产品是可行的战略选择。但在成熟期，这种战略不再可行，成本竞争和为市场占有率进行的竞争更为激烈，此时企业就需要进行产品结构分析，从产品系列中淘汰那些无利的产品，将企业的注意力集中于那些利润较高的、用户急需的产品或项目。

2. 正确定价

在产业增长期，定价通常是以平均价格或以一个产品系列为基础。但在产业成熟期，由于产品价格竞争的加剧，要求企业日益加强对单个产品成本进行衡量的能力，并制定出相应的价格。

那些缺乏复杂成本计算，不迅速对不合理的低价产品进行价格调整的企业，在成熟的产业中会成为失败者。

3. 改革工艺和革新制造方法

在产业成熟期，工艺革新的相对重要性得到提高，同样重要的是将资金投在设计制造和交货系统，以实现低成本制造和控制。

4. 选择适当的顾客

在成熟产业中，获得新顾客通常意味着为市场份额而与其他企业进行激烈的竞争，其代价是昂贵的。企业扩大销售额比较容易的办法就是使现有顾客增加使用量，可采取的办法包括提供边缘设备和服务、提高产品等级、扩展产品系列等。这种战略可使企业从原产业进入相关产业，与开发新顾客相比，代价通常较低。

5. 购买廉价资产

当产业进入成熟期时，会出现一批经营不好或处境艰难的企业，此时如果本企业竞争地位较强，可以以很低的价格购买困难企业的资产，并在技术变化幅度不大的情况下创造低成本的地位，进一步增强企业的竞争力。

6. 开发国际市场

当国内市场趋于饱和时，企业可在国际环境中进行竞争。因为该产业在国内进入成熟期，而在其他国家该产业可能刚刚进入新兴期或增长期，竞争者较少，企业可以获得比较优势。

衰退产业中的放弃

· 今日茶点

在某些情况下，在衰退前或在成熟阶段即放弃一项业务可能是很吸引人的。

从战略分析的角度讲，衰退产业是指在相当长的一段时间里，产品的销售量持续下降的产业。这种不景气不是由于经营周期或者一些短期意外事件所造成的，而主要是由于技术革新创造了替代产品或通过显著的成本与质量的变化而产生了替代产品；或者由于社会或其他原因改变了买主的需求和偏好，使得顾客对某种产品的需求下降。

在某些衰退产业中，需求几乎没有增长，增长曲线是水平直线，甚至还会下降。虽然对于无心恋战的竞争厂商来说，可以采取的战略有收缩业务以获得最大的现金流，变卖资产，为企业的关闭做好准备，但是，强大的竞争对手却可以在停滞的市场环境下获得很好的经营业绩。衰退产业中的企业可以采用的战略如下。

1. 统治市场战略

这是指利用正在衰退的市场中竞争者纷纷撤走的机会，追加投资，夺取市场领导地位，成为市场上的统治者。这应属于扩张型战略，为强大的优势企业所采用。

2. 保有市场战略

这是维持现有的投资水平，保持与竞争对手相应的市场地位，再等待机会。这类似于稳定型战略，为较强大的企业所采用。

3. 选择性收缩战略

分析形势，率先占领某个有利可图或尚有发展潜力的细分市场，而紧缩乃至放弃其余的细分市场，集中力量夺取企业所希望的局部市场地位。

4. 抽资转向战略

一些普通的抽资转向战略方法有：减少样品数量；减少使用的销售渠道；放弃小的客户；减少因销售而引起的各种服务等。

抽资转向战略的基本特点是：一些措施是顾客可见的行动，如价格上涨、广告宣传减少等；而另一些措施是顾客不可见的行动，如推迟设备维修、降低边际利润等。事实上，不具备相当实力的企业对任何不可见的抽资转向行动都必须加以限制，这些不可见的行动是否可获得大幅度的现金回流依赖于这项业务本身的特性。

5.快速放弃战略

这种战略的依据是，在衰退阶段的早期出售这项业务，企业能够从此项业务中最大限度地得到最高卖价。这是因为出售这项业务越早，资产市场如国外市场，需求没有饱和的可能性就越大，企业能从这项业务的出售中实现最高的价值。

因此，在某些情况下，在衰退前或在成熟阶段即放弃一项业务可能是很吸引人的。一旦衰退趋势明朗，产业内部和外部的资产买主就将处于一个非常有利的讨价还价地位，那时再卖掉资产就为时已晚。当然，早期出售资产企业也要承担对今后需求预测不准确而造成的风险。

这几种战略的选择，企业需要考虑三个因素：

第一，产业结构特征是否有利。如不确定性较少，退出壁垒较低，竞争对手较少，则为有利；反之，如不确定性多，退出壁垒高，竞争者也多，则为不利。

第二，企业有无竞争优势，指在剩余需求上有无相对于竞争对手的优势。

第三，企业留在本产业中的战略需要，从技术一体化、经营一体化等方面来考察。以上三个因素中，前两者是主要的，应优先考虑。

20世纪80年代中期以来，全球的钢琴需求一直在下降。需求下降的进度是每年10%。现代的父母并不像上几代父母那样重视孩子的音乐课。为了尽量了解是否能够复活公司的钢琴业务，雅马哈公司进行了一项市场调查研究，来了解当时拥有钢琴的家庭如何使用钢琴。调查表明，美国、欧洲和日本的4000多万家庭中的绝大多数很少使用购买的钢琴。

在大多数情况下，购买钢琴的原因已不存在。孩子要么停止了音乐课，要么长大成人离开了家庭；成人家庭成员也很少弹钢琴——只有很少的一部分人是出色的钢琴弹奏者。绝大多数钢琴只是作为一件家具，虽然没有经常进行调理，但仍然状态良好。调查还确认钢琴拥有者的收入水平远远高于平均水平。

雅马哈的钢琴业务战略把高级家庭中闲置的钢琴看作一个潜在的市场机会。在公司中形成的战略是销售一种附属物，这种附属物能够将家庭已有的钢琴转化成一种古老的自动播放式钢琴，它能够播放很多存储在一张3.5寸软盘上（同样也可以存储计算机数据）的曲目。这种播放式钢琴转化附属物的标签价格是2500美元。

同时，雅马哈公司还推出Disklavier，这是一种立式声学播放式钢琴模型，可以播放和记录曲目，其延续时间可达 9C 分钟，这种 Disklavier 产品的零售价为 8000 美元。1988 年末，雅马哈公司推出了 30 种预先录制的软盘，其单价为 29.95 美元，从那以后，雅马哈公司不断发行一系列的软盘。雅马哈认为，这些高科技产品具有抑制钢琴销售额下降势头的潜力。

一般来说，那些在停滞产业中取得成功的企业所采取的战略主题包括：

第一，停止或衰退的市场和其他的市场一样，也包括众多的细分市场或小的市场点。经常会出现这种情况，虽然整个产业处于停滞状态，其中的一个或多个细分市场却会快速地增长。敏锐的竞争厂商往往能够首先集中在有吸引力的成长细分市场上，从而能够逃避销售和利润的停滞，同时还可能在目标市场上获得竞争优势。

第二，通过创造新的细分市场或者诱导购买者购买更高价的东西来使需求恢复活力。这种差别化可能形成一种额外的优势，因为竞争对手模仿起来很困难或者代价很高。

第三，如果不指望增加销量来增加收益，那么企业可以不断地提高生产率和降低成本，从而提高利润和投资回报率。可能的成本降低行动包括：对那些外部能够更低价开展的活动和功能采取外部寻源的策略；对内部的业务流程进行重新设计，合并没有被充分利用的生产能力；增加更多的销售渠道，保证低成本生产所需要的单位产量；关闭低销量和高成本分销点；抛弃价值链中赢利很薄的活动。

莫要失去最宝贵的商机

· 今日茶点

"我极少能看到机会，往往在我看到的时候，它已经不再是机会了。"当我们还在醉心于制定战略、等待商机时，也许已经失去了最宝贵的商机！

现在的市场越来越复杂，高科技、高速度、全球竞争等各种因素造就了现代企业迷宫式的外部环境。在这个迷宫里，企业面对的变化速度和复杂性呈几何级数增长，企业可预测的时间区间缩短，令管理者更加难以把握企业发展趋势。如何在变化中成为赢家，成为众多管理者日思夜想的问题。

商场如战场，正确地发现商机，并争取时机主动出击才是真正的取胜之道。

19 世纪 60 年代初，在美国宾夕法尼亚州，当时石油开采只有一年多，而且用途并不广泛，但洛克菲勒已十分敏锐地意识到，石油的生产与发展将有远大的前景，于是 21 岁的他来到了宾夕法尼亚州，考察研究石油行业的发展行情。

洛克菲勒并不盲目蛮干，他几次去产油区实地勘察，密切注视石油的涨落行情。最后，他认为此时介入石油行业为时尚早。洛克菲勒准确预测到油市的行情，虽然油市不再暴跌，但由于供过于求，只要稍微回升就要再跌。这正如他所分析的那样，石油的需求还很有限，受往外运输条件的限制，盲目乐观、不加限度的开采必定会带来生产的严重过剩。所以应该找准机会再动手，那样才会赚大钱。

南北战争爆发后，石油行情继续暴跌，但洛克菲勒不为所动。南北战争结束后，洛克菲勒了解到产油地正计划修筑铁路，他觉得时机到了，便立即找人合作。随后，洛克菲勒与他的合作伙伴安德鲁斯成立了"洛克菲勒—安德鲁斯公司"，不久，就成为这个行业的佼佼者。此时，洛克菲勒刚满 26 岁。

洛克菲勒很早就预见到石油行业的发展前景，但他并不急于出手，而是冷静地等待机会。洛克菲勒具备领导者、决策者所需要的最重要的能力，即善于观察和分析形势，拥有超出常人视野的战略眼光，谨慎的决策计划和强烈的冒险精神。他的思维方法非常特别，总是能从整体出发，系统思考，那些闪烁着智慧之光的超前思维能力是任何一个管理者学习的楷模。

在激烈的市场竞争中，要善于发现商机，把握时机，应注意下面三点。

1. 以市场为标准，确定商业机会的范围

选择商业机会时不要去考虑自己熟悉与否，只需要考虑市场的前景如何。许多人倾向于选择自己熟悉的行业去做，这无可厚非，甚至在很多情况下是值得推崇的。但是，如果在企业市场决策中因经营者的专业限制而错失机会，那将会是很大的损失，所以，企业经营者要跳出狭隘的小圈子，从市场的角度来考虑问题。这样，就有可能发现极具市场前景的商业机会。

2. 收集足够的市场信息

任何决策的背后都要有事实和数据作为支撑，否则，无法确认你的决策是否正确。在获取大量的信息后，要进行认真的分析，找出最适合行动的时间，把握时机，一举成功。

3. 行动迅速

兵贵神速，迟缓、犹豫都会使商机稍纵即逝。所以在认定商业机会之后，管理者千万不能犹豫，这是管理者要获得成功的必备要素，即"决策之前慎之又慎，决策之后坚决果断"。在商海遨游中，管理者切忌优柔寡断，否则会因此人心涣散，而大好的商业机会也会稍纵即逝。

·第十二章·

变革管理：在新的机会中领先别人

文化让变革更稳固

·今日茶点

短期的变革成功并不意味着长期的胜利，只有当新的战略变革深入企业文化的根源中，变革的果实才会巩固。

经过共同愿景的规划和既有价值观的刨新，一种支持战略变革的企业文化就初步建立起来了，而这种企业文化仅仅是开始，企业成员对于新的文化价值观只是停留在了解阶段，此时如果过早放松对新的企业文化的培育，战略变革的努力就会面临缺乏动力而停滞不前的风险。因此短期的变革成功并不意味着长期的胜利，只有当新的战略变革深入企业文化的根源中，变革的果实才会巩固。要使战略变革在文化中根深蒂固，有以下几个要素要关注。

1. 领导团队身体力行

价值观念并不像战略、组织机构、人力资源等管理职能一样清晰可见，也无法在短期内见效，要使组织中的每一个人相信愿景并愿意去实践共同的价值观，领导团队的身体力行最为重要。如果共同的价值观只是停留在口头、文字、会议等形式上，领导团队高高在上，这样的价值观是不可能被员工所接受的。价值观不应该只是每天不断地说教，而应该每时每刻体现在行动上，领导团队的行动更为重要。

领导团队真正支持创建一种新文化的最强烈的标志包括：以"新培养"的经理代替旧文化中的经理，变革那些功能失调的或阻碍新措施实施的长期存在的政策和运营实践，通过重组使结构更加与战略相配合，将激励制度直接与衡量战略业绩的新标准相联系，将物质资源从旧战略的项目和计划中转移到新战略的项目和计划中。

同时，主要的战略实施者必须小心地采用榜样进行领导。例如，如果企业的战略涉及努力成为行业中的低成本的生产者，高级经理们就必须在他们自己的行动和决策中表现出节俭的特征：领导人办公室内没有奢华的装饰、保守的费用户头和娱乐开支、公司办公室中少量的人员、对预算需求的严格监控，等等。SAS航空公司的首席执行官简·卡尔森在飞行中喜欢坐在飞行教练的位置而不是头等舱，以将他的座位让给申请名单中的旅行者，这种行为就象征性地强化了"将为商务顾客提供质量服务置于第一位"的理念。

树立所需的有助于文化建立的价值观和行为模式有赖于主要领导人的忠诚和持续的承诺，以及坚持通过言和行在每个机会对这种文化进行强化的努力。领袖的魅力和个人的吸引力都不是必要的，但是，与很多集团就变革的原因进行亲自交谈则是必要的，在一间办公室中很少能够成功地完成文化变革。而且，创建和维持一种支持战略的文化是整个管理队伍的工作，主要的文化变革需要很多人的很多支持。高级官员、部门领导、中层经理不得不反复重申价值观，"使谈话奏效"，并将所希望的文化准则和行为转化到日常的实践中。

另外，战略实施者必须谋求一线监督员、雇员的意见和领导人的支持，说服他们认识到在组织的最底层实施和强化文化准则的优点。甚至在大部分的雇员参加到新文化中来，并对它的基本价值观和准则持支持态度以后，在文化的灌输和加强战略文化匹配关系方面仍然存在大量需要完成的工作。

从根本上说，企业文化要靠每天的决策、做事的方法来形成，而且，企业文化是多数人形成的，不是一个领导者提倡就能形成的。领导者的作用是，有非常敏锐的观察力，观察出这个组织所有人的心理以及客观的困境，透过口号，透过行为，形成一个共识，让大家行为一致，形成一个文化，形成一种力量。

2. 用各种方式强化价值

任何精神层面的东西，如果不体现在物质层面上，是不可能让人们折服的。要员工信奉共同价值观，必然就要让他们相信这样的价值观是能够给他们带来绩效的，无论是在薪酬上或者是个人发展空间上，必须有一个体现的载体。所以要有意识地向员工表明新的战略变革是如何帮助他们提高工作绩效的，从而使他们愿意去坚持这种价值观。

海尔集团非常重视在企业员工中巩固强化海尔文化，从开展建设互动学习型团队活动开始，形成了学习讨论的氛围。学习的目标是全面提高员工素质。在开展学习型团队活动中，共产党员要以身作则，通过"党员结对互动""党员贴近市场""报告与警示"、评选"优秀共产党员"及"党员示范岗"等活动，做到党员不管面对什么困难，都要发挥党员作用。

发挥大众传媒的优势是不可少的。创办的《海尔人》报和《海尔新闻》杂志起了很大作用。它使每个员工对海尔的发展变化、新人新事都了解得清清楚楚，增强员工的集体荣誉感。他们还编写了《海尔企业文化手册》，作为员工必学的教材。

培训是传递文化的不二法门，岗前培训也是企业文化教育的重要形式。新员工进厂后第一课就是讲企业文化，大学毕业生分配到厂，听的第一个报告会也是企业文化。员工学习与培训中有了收获、体会，提倡以漫画形式诠释理念，员工称之为"海尔员工画与话"，这个活动大大加深了海尔理念。日本神户大学已将这个《画与话》收进学校教材。

3. 清除变革途中的障碍

战略变革开始往往让组织成员在观念上无所适从，文化惯性使他们怀疑变革的真实性，既得利益者更会在非正式场合散播变革的不利因素。如何让变革的决心深入人心，让新价值观成为坚定不移的价值取向，是这场变革的关键。

标杆效应，是让成员迅速适应变革的有效方法。让反对和不支持战略变革的人离开团队，奖励在战略变革中有示范效应的员工，是使员工清楚何者是对、何者是错的捷径。变革是需要付出成本的，解雇不适合战略变革的成员，形成主流文化，坚决清除变革途中的障碍，是向组织成员表明这场变革的决心的最好途径。

企业文化的建设要经历一个漫长的过程，而不是一朝一夕的事情，它需要一批批、一代代的企业家和员工在经营企业的过程中去营造、培养和发展。文化是要有底蕴、有根基的。每个企业都有自己不同的创业和发展的轨迹，由此而形成不同的企业文化特色。

一个企业的文化优秀与否，不仅要看昌盛期，更要看困难期；不仅要看发展期，还要看它的创业期。如果企业在遇到困难，受挫折时，全体员工还能保持统一的思想，同舟共济，知难而进，百折不挠，这个企业的优秀文化就真正形成了。

塑造全员变革心态

· 今日茶点

要把一个企业做大做强，就要随市场而变，无论心理上还是投资策略上，都要随市场的变化及时作出适应市场的调整。

公司所处环境变化是唯一不变的真理，那么，只有与时俱进，公司才能生存与发展。

1993 年 2 月，李健熙带领三星各个分公司社长到美国洛杉矶考察，一起目睹了三星产品在国外的遭遇。他们去了很多电子卖场和大百货商店，看到三星的电子产品都被摆放在不起眼的角落，因无人问津而落满灰尘，索尼的产品却摆得很显眼，买的人也多。李健熙当场就买了几个样品，回来后拆开发现，三星产品的零件比别人的多，价格却便宜 20%。这就意味着三星的成本比竞争对手高，却卖不出好价钱。

国际市场把三星产品视为二流货，无疑给三星领导层以强烈的刺激。当时身为会长的李健熙扪心自问："我们离 21 世纪只有 7 年的时间了，世纪之交将会使世界发生多少变革？走向 21 世纪的三星将如何立足于世界？"

美国之行结束后，李健熙决定，在三星进行一次彻底变革。他一气呵成写出《三星新经营》一书，作为企业未来发展的行动指南。他在该书的开篇提出"变化先从我做起"的口号，并以此作为三星的企业哲学和奋斗精神：以人才和技术为基础，创造最佳产品和服务，为人类社会作出贡献，积极投身于消费者中间，认识并且迎接来自全球的挑战，为全人类创造更加美好的未来。

要实现美好的设想，必须脚踏实地、从一点一滴做起。哪里才是突破口呢？李健熙一针见血地指出，在全球一体化时代，品质就是企业竞争力的准绳，直接关系到企业的生死存亡。"三万个人搞生产，六千个人搞售后服务，这样的企业拿什么和人家竞争？有品质问题找出原因，想办法解决，要让我们的产品达到一流水准，哪怕把生产线停下来，哪怕会影响我们的市场份额。"

为此，他在"新经营"理念中，特别强调以质量管理和力求变革为核心，彻底改变当时盛行的"以数量为中心"的观念。李健熙先后同三星 1800 多名中高层人员召开会议，并于 1993 年 6 月 7 日在德国法兰克福提出了"新经营"宣言，以破釜沉舟的气势吹响了"新经营"的号角。

一石激起千层浪。"新经营"理念的提出是对三星员工头脑的一次大冲击，很多人心存疑惑：抓质量，生产量下降怎么办？一些高层经理人员甚至跑到李健熙的办公室建议说，变化应当是渐进式的，不要一下子就大变。

"新经营"使三星步入了品质取胜的良性发展轨道，开创了三星崭新的企业文化。1997年的亚洲金融危机使得大宇、起亚等不少当年与三星齐名的大企业先后倒下，然而三星挺了过来，并在国际市场上脱颖而出。今天，我们随处都可以见到三星产品的影子。可以说"新经营"改革，功不可没。

在市场经济飞速发展的今天，很多管理者都会有这样的体验：变化是唯一不变的真理。《鬼谷子》中说："变化无穷，各有所归，或阴或阳，或柔或刚，或开或闭，或弛或张。"企业要随时、事、势而移，及时地调整战略。

企业首先要掌握各种物产的季节、产地、价格、数量及运输路程与方式，以及与物产有关的气候变化、年成丰歉等知识；密切注意市场变化行情，预测商品的多寡贵贱。企业要随天时、机遇、季节变化而变化，随市场而变化。战略上是否与时俱进，产品是否及时更新换代，都关系到生意的成败。凡是业务范围较大、经营得法的企业家，大多是这方面的行家里手。

套用IBM广告词"随需应变"，要把一个企业做大做强，就要随市场而变，无论心理上还是投资策略上，都要随市场的变化及时作出适应市场的调整。

企业变革的着力点

·今日茶点

在企业的经营管理过程中，我们所能做到的，也是必须去追求的，就是如何让企业的生命周期尽可能长久。

老鹰是世界上公认寿命较长的鸟类，可以达到70岁。然而要活那么长的时间，它必须在40岁时作出痛苦而重要的决定。

当老鹰活到40岁时，爪子开始老化，无法有效地抓住猎物；喙变得又长又弯，几乎碰到胸膛；翅膀也变得十分沉重，因为羽毛长得又浓又厚。这时，它只有两种选择：等死或是经过一个十分痛苦的更新过程——150天的脱胎换骨。

若选择脱胎换骨，它必须很努力地飞到山顶，在悬崖上筑巢，停留在那里，确保安全。老鹰首先用它的喙击打岩石，直到完全脱落，然后静静地等候新的喙长出来。接下来，它会用新长出的喙把指甲一根一根地拔掉。当新的指甲长出来后，它再把羽毛一根一根地拔掉。几个月后，新的羽毛长出来了，它便又能够自由翱翔，获得 30 年的岁月！

企业要想有长远的发展，有些时候就必须作出困难甚至是痛苦的决定。企业做大固然好，但问题也是如影随形的。正是因为"大"了，其"喙"其"爪"使得"执行力"衰退，其"毛"使"机体"日渐臃肿，"敏感度"也日益迟钝，对市场的反应能力大不如前，所以企业就面临着危机。这种时候企业就要痛下决心，革除弊端，重占市场。

在企业的经营管理过程中，我们所能做到的，也是必须去追求的，就是如何让企业的生命周期尽可能长久。在市场经济的大背景下，为了这一理想，我们不断探索和创新，寻求长寿企业运行的内在逻辑。

怎样成为长寿企业呢？世界上的许多学者对一些长寿企业调查研究后发现，长寿企业可持续发展主要有五个方面的原因。

（1）长期保持和处理好与各种利益相关者的关系。

（2）保持竞争力。长寿企业在发展中确定自身的优势，摒弃为发展而发展的浮华路线，将自身的特色与运营路线有机结合。

（3）着眼于企业长期发展运营。很多长寿企业的董事长在谈到生意经时都说短期为十年，中期为二十年，长期三十年。短期十年是指培养接班人的时间，中期二十年是指自己的经营期，长期三十年是指未来的规划。

（4）重视企业的可持续发展，这是企业长寿的关键。为此，企业需要重视风险管理。安全性中也包括了维护企业的独立性，譬如要从外部引进资金的话，也许会使企业做大，但也会让企业受制于他人，所以考虑到自身的安全性，即使企业需要也不能轻易引入外部资金。长寿企业的领导者们深知独立的重要性。

（5）重视企业的长期稳定发展。短期的谋利是可贵的，但是必须考虑到长期稳定发展。所以，长寿企业是不会为了小利而放弃长远利益的。

总之，整合所有资源，追求事业的可持续性，方能造就长寿企业。

让变革变得更简单

·今日茶点

变革管理是解冻、方向调整、重新固定的过程。如果你表现出强大的领导力，就能够取得变革的成功，否则员工是不会冒险随你走上一条不可知的道路的。

变革中的企业高层领导者常常鼓励员工表达对现状的不满，这将产生变革所需要的流动性。他们接着拿美好的将来与惨淡的现在作鲜明的对比，这样就产生了一种紧张感，一种组织成员必须通过努力达到理想程度来消化掉的紧张感。员工必须相信，如果不进行重大变革，企业将失去一个重要的机会。然后要向员工展示具体的变革方案怎样导致成功。

企业高层领导者必须避免虽能树立短期紧迫感却不利于长期事业的行动。最重要的是，永远不要撒谎或编造事实，例如制造虚假账面亏损而传播非变革不可的信息。谎话是不道德的。即便企业高层领导者不关心道德问题而只是追求策略，也会适得其反。员工们发现你编造了数字后会怎么样？你会失去所有的信任，员工也会变得不诚实。

此外，要确信企业高层领导者的目的不是自私的。如果大家意识到领导自己一个人将获得所有的回报和荣誉，那么谁都不会努力变革的。必须让大家清楚"大家将得到的是什么"，那样大家才会全身心地工作。

很多企业高层管理者往往不喜欢去树立紧迫感。他们只是将决定下达，期望着下属们盲目服从，从来没有想到过要发布任何的信息以表明某项工作的必要性。从而，他们忽略了驱动任何重大变革行为的根本力量。

在变革计划的交流中，企业高层领导和下属对变革计划的充分交流可保障整个组织理解变革的蓝图，其结果是组织整体充满活力，目标明确，力量集中。交流方案要细述目标观众、关键信息、交流对象和适宜的载体，以便在每个目标群都取得最大影响。除组织内部的成员外，还必须顾及利益相关的外部人员。很多的企业高层管理者经常是"内视"而忽略外部环境。为避免这种危险，企业高层可以自问："在我的环境中对变革方案至关重要的关键性舆论领导人和决策人是谁？"除内部成员外，还可能包括新闻界、股东、债权人、顾客、政府、供货商以及当地社区。为了更详细地了解他们，可以做3件事：仔细观察他们的行动；站在他们的角度去思考；直接向他们提出正确的问题。

变革管理是解冻、方向调整、重新固定的过程。作为变革交流计划的一部分，企业高层领导者必须确定对变革方案的成功至关重要的目标群。那些"变革冠军们"的影响力往往不取决于他们的职位和职能。变革冠军们常常是起初承担非正式角色，事后才正式批准。企业高层领导者必须首先确定舆论领导人和"最早接受（变革）者"是谁。这些人具有很高的能量，能够推动变革的进程。企业高层领导者还必须注意潜在的阻力，这些是必须克服的早期障碍。要争取那些能够有力地控制某个组织且独立性非常强的人。要发布的信息必须因目标群的不同而编制，以符合他们各自的喜好。交流对象包括在位的权势人物，也包括具有很大的非正式影响力的"内部网络人"。不同的观众和信息要求用不同的媒体，包括研讨会、书面信、录像带、传单、公告和项目简报等。

企业高层管理者在交流过程中扮演着重要的角色。作为一个模范角色，企业高层管理者必须为他的下属立下高标准。企业高层领导者必须身体力行，只要求员工履行他自己也会履行的职责。

除了信誉，信息的透明度也是尤其重要的，因为这已是整个企业的注意焦点。变革信息必须"响亮"。因此，企业的高层经理们应当采取一些样板性的行动。

各种仪式和其他重要活动也能使变革信息更加透明并为下属所知，管理班子也可以大张旗鼓地引进变革代理，如更换首席执行官或管理顾问。例如，平安保险公司聘请麦肯锡公司时，安排了大型签约仪式，首席执行官邀请了主要主管、部门经理、员工以及其他利益相关人参加，并确保媒体全面报道该活动。

在一个等级制度明显的环境里，企业高层管理者露面并亲自发布信息是极其有效的。有很多的企业高层领导者尤其不习惯与下属亲自交流，也不喜欢采取令人瞩目的行动。相反，他们通常喜欢在后面，根本不去多言多语。他们最多也就是委派"专家"去执行转达信息的任务，交流通常是单向的，下层不许参与决策，因为企业高层领导者不希望任何人进入或了解权力密室。因而，他们不应当奇怪为什么最后变革会偏离目标。

如果你表现出强大的领导力，就能够取得变革的成功，否则员工是不会冒险随你走上一条不可知的道路的。如果企业高层领导者有能力点燃这把火，那么稳步增长的集体的力量将能移山填海。

家族企业的制度转型

· 今日茶点

企业所有权与经营权适度分离：不管你是多大的股东，如果按制度考核下来能力不行，就让出经营权。

家族企业在发展之初，企业往往把最困难的部分忽略，留到以后解决，而直接进入快车道。随着资产的快速膨胀，个人的欲望也急剧膨胀，体制和制度的牌终于被摊出来，成为不得不解决的问题。这时，高速行驶必须急刹车，为解决或暂时缓解这些问题提供时间，否则可能是车毁人亡，部分乘客被撞得头破血流。

家族企业转型，必须分清几种情况：

第一种情况是企业发展到一定规模，家族资本不能满足企业扩展的需要，要求有效融合社会资本，突破家族制管理模式，与非家族成员共享企业的所有权和经营控制权，完成从家族企业向现代企业的变革。

第二种情况是企业发展到一定规模，家族成员的管理能力不能满足企业发展的需要，要求突破家族管理模式，让非家族成员入股，分享所有权和经营控制权。

第三种是企业发展到一定规模，家族成员的管理能力不能满足企业发展的需要，要求吸收专业管理人才从事专业化的、职业化的经营管理，如担任总经理等，但创业者在重大决策中有最终的决策权，这是局部走出家族制。

因此，并不是所有的企业都要走出家族制，只是部分私营企业需要走出家族制。

温州的正泰集团原是一家典型的家族企业，在向现代企业制度转型的过程中，正泰集团的掌门人南存辉采用了渐进的股权稀释方法，使企业的制度转型在平稳之中进行。

南存辉认为，家族企业有其缺陷，怔也有天然的优势。"为非家族而非家族"的改造，企图一步到位的激进做法，往往会使情况更糟。南存辉也一直想交权，曾请过一个美国名牌大学 MBA 毕业的人当副总，后来又让他当了一阵总经理，但最终还是解除了他的职务。

在温州，无论是政府推动还是企业自主行为，勉强改造家族企业往往以失败告终。曾有 4 家大型家族企业基于自身发展需要，力图改变家族管理，但因方法较激进，最终全部失败。其中一家实行法人代表轮流坐，企业因控制权问题失去大好发展时机；一家想一举撤掉家族制，引起股东集体跳槽，企业资金被抽空；一家请来了外面的职业经理，由于家族阻碍，职业经理无法贯彻经营理念，该职业经理最后也离开了。

因此，南存辉虽不彻底但富有实效的后家族化，就具有了典型价值。1991 年，南存辉手中有了 100 万元人民币资产，他从开店办厂的家族成员中招进 9 人入股，形成以家族成员为核心的企业管理层。这个所有者、经营者、打工者三位一体的、不用付工资（年终按股分红）的家族团队，不仅拥有一定的生产、管理能力与资本，更主要的是"人和"，使企业的起步非常平稳有力。

南存辉用来招股的 100 万股金，因为家族资金的流入，股权一下从 100% 降到 40% 多。这时的正泰，不仅是合资企业，更是不折不扣的家族企业，因为外资也来自"家族"成员。用家族资本稀释自己，这是南存辉"温和革命"的第一步。

紧接着，南存辉开始用社会资本"稀释"家族股权。在正泰成为温州首屈一指的知名企业后，正泰的品牌效应出来了。许多企业看中正泰品牌，希望加盟。先后有38家企业进来，全部成为正泰私人股东，而南存辉的个人股权也被稀释到不足30%。

如果只有上述两项，那南存辉的行动还算不上有什么典型价值。虽然股权几度稀释，但仍然只是在资金上做文章，技术、管理的"资本化"才是南氏"革命"的亮点所在。

南存辉在集团内推行股权配送制度，他拿出正泰集团的优质资产配送给企业最为优秀的人才。这就是正泰的"要素入股"——管理入股、技术入股、经营入股。股东一下子扩大到110多人，南存辉的个人股权也再度被稀释。

引入家族资本稀释自己的股权，引入社会资本稀释家族股权，社会资本（原先的多级法人）成为股东后并不一定有管理权，企业所有权与经营权适度分离：不管你是多大的股东，如果按制度考核下来能力不行，就让出经营权；反之，不管是不是股东，有能力就有位置。而且，在要素入股之后，这一切就顺理成章，全盘走活。正泰成功地从一家传统的家族企业转型为一个现代的"企业家族"。

自己的股权一再被稀释，"底线"到底是多少，南存辉曾说过一个数字——"5%"。他解释说，在有足够多的资产时，5%可能也会是最大股东。而且，所占股份的比例是下降了，但股本在扩大，"杠杆效应"更大，得到的利益有可能会更多。

私营企业要走出家族制，必须在以下几个方面进行创新：

第一，优化产权结构，淡化家族色彩。一方面，随着企业的成长和壮大，家族资本不能满足企业扩展的需要，要求有效融合社会资本，这就需要变革产权结构，使产权结构从一元化向多元化发展。另一方面，企业规模的扩大和技术水平的提高，管理和技术人员的作用日益突出，企业间吸引人才的竞争趋于激烈，从而产生了使管理和技术人员乃至部分职工参与持股的要求，以强化激励机制和减少流动性。

第二，完善治理结构，克服家族藩篱。对具有一定规模的家族企业，要在治理结构上打破家族垄断，按照《公司法》的要求，形成股东会、董事会、监事会和经理阶层之间合理分工、互相制衡的关系。要接纳专业化的经营管理人才，按公司章程的规定授以职权，负责企业的经营管理，而主要股东组成的董事会则主要负责制定企业的发展战略和长远规划等重大决策。走出家族制的实质在于改变企业从小到大在创业过程中形成的随机决策、随机管理的"人治"，转向以制度管理的"法治"，使公司制度化、规范化和法制化。

第三，建立科学的人才选拔机制。私营企业的人才选拔机制，要解决两个问题：

首先是从哪里选拔称职的经营人才。20世纪80年代，美国90%以上的新任CEO都是从公司内部提拔，现在已有近1/3的CEO来自公司外部。如果企业处于健康发展期，要保持公司战略的连续性、基本管理风格的一致性和新任经理人的忠诚度，这时便从公司内部选择。如果一个企业处于强烈的变革期，选拔人才的时候眼睛不光要盯着内部，还要盯着外界，寻求领导变革的新力量。

其次是如何选拔人才。企业在选择接班人时一定要保持相对的透明度，要让更多的人参与评价，让被选择的人暴露在竞争者、供应商和客户面前，让他公开接受评判。选人的程序要制度化，在制度化下产生的人选较容易被家族成员认可。企业要有一个接班培养计划，有第二梯队、第三梯队的培养计划，未雨绸缪。

第四，建立有效的激励与约束机制。有效的激励机制有多种形式可供选择：

（1）年薪制和年薪奖励制。

（2）经理人员持股、期权制和期股制。

（3）其他方式的激励。

莫被组织结构拖后腿

· 今日茶点

企业机构日益庞大，业务活动非常复杂，最高领导层工作十分繁重，环境的变化速度越来越快，管理所需的知识越来越高深，实行集体领导，才能作出最好的决策。

新的组织体制是为了适应日益严峻的企业竞争需要而产生的。有什么样的战略，就应有什么样的组织结构。这是因为企业的组织结构不仅在很大程度上决定了目标和政策是如何建立的，而且还决定了企业的资源配置。但这一点却往往被企业经营者忽视，相当多的企业试图以旧的组织结构实施新的战略。

20世纪60年代初，杜邦公司接二连三地遇到了难题，过去许多产品的专利权纷纷满期，在市场上受到日益增多的竞争者的挑战；道氏化学、孟山都、美国人造丝、联合碳化物以及一些大石油化工公司相继成了它的劲敌。以至于1960～1972年，在美国消费物价指数上升4%、批发物价指数上升25%的情况下，杜邦公司的平均价格却降低了24%，使它在竞争中蒙受重大损失。再加上它掌握了多年的通用汽车公司10亿多美元的股票被迫出售，美国橡胶公司转到了洛克菲勒手下，公司又历来没有强大的金融后盾，可谓四面楚歌、危机重重。

1962 年，公司的第十一任总经理科普兰上任，他被称为"危机时代的起跑者"。公司新的经营战略是：运用独特的技术情报，选取最佳销路的商品，强力开拓国际市场；发展传统特长商品，发展新的产品品种，稳住国内势力范围，争取巨额利润。

然而要转变局面绝非一朝一夕之功，这是一场持久战。有了新的经营方针，还必须有相应的组织机构作为保证。除不断完善和调整公司原设的组织机构外，1967 年底，科普兰把总经理一职，在杜邦公司史无前例地让给了非杜邦家族的马可，财务委员会议议长也由别人担任，自己专任董事长一职，从而形成了一个"三驾马车式"的体制。1971 年，科普兰又让出了董事长的职位。

这一变革具有两方面的意义。一方面，杜邦公司是美国典型的家族公司，公司有一条不成文的规则，即非杜邦家族的人不能担任最高管理职务，甚至实行同族通婚，以防家族财产外溢。现在这些惯例却被大刀阔斧地砍去，这不能不说是一个重大的改革。虽然杜邦公司一直是由家族力量控制，但是董事会中的家族比例越来越小。

在庞大的管理等级系统中，如果不是专门受过训练的杜邦家族成员，已经没有了发言权。另一方面，在当代，企业机构日益庞大，业务活动非常复杂，最高领导层工作十分繁重，环境的变化速度越来越快，管理所需的知识越来越高深，实行集体领导，才能作出最好的决策。

在新的体制下，最高领导层分别设立了办公室和委员会，作为管理大企业的有效的富有伸缩性的管理工具。科普兰说："'三驾马车式'的集团体制，是今后经营世界性大规模企业不得不采取的安全设施。"

20 世纪 60 年代后杜邦公司的几次成功，不能说与新体制无关。过去，杜邦公司是向联合碳化物公司购买乙炔来生产合成橡胶等产品的，现在，它自己开始廉价生产，使联合碳化物公司不得不关闭了乙炔工厂。

在许多化学公司挤入塑料行业竞争的情况下，杜邦公司另外找到了出路，向建筑和汽车等行业发展，使 20 世纪 60 年代每辆汽车消耗塑料比 20 世纪 50 年代增加了 3～6 倍，20 世纪 70 年代初，又生产了一种尼龙乙纤维，跻身钢铁工业市场。

所以，可以毫不夸张地说，杜邦公司成功的秘诀，首先在于使企业的组织机构设置适应需要，即适应生产特点、企业规模、市场情况等各方面的需要。而且，这样的组织机构也不是长久不变的，还需要不断加以完善和发展。

　　这几年，一些"井喷式"发展的企业后来之所以"雪崩式"倒下，除了战略制定上的失误之外，在战略实施中组织结构调整的严重滞后及现行组织结构本身的缺陷显然难辞其咎。不少企业的组织规模、经营领域、产品种类、市场范围等，随着新战略的实施已发生了重大改变，而企业的组织结构却变化缓慢甚至一成不变。

　　这种"旧瓶装新酒"的做法，往往致使企业的现行结构变得无效。其典型的症状包括：过多的管理层次，过多的人参加过多的会议，过多的精力被用于解决部门间的冲突，控制范围过于宽广，有过多的目标未能实现等。

　　企业组织结构的调整并不是为调整而调整，而是要寻找、选择与经营战略相匹配的组织结构，切不可生搬硬套。企业是按产品设置组织结构还是按职能设置组织结构，是按地理区域设置分公司还是按用户设置分部，是建立战略事业部结构还是采用更为复杂的矩阵结构，一切必须以与战略相匹配为原则，以提高企业沟通效率、激励员工参与为目标。

　　埃德森·斯潘塞说："在理想的企业结构中，思想既自上而下流动，又自下而上流动，思想在流动中变得更有价值，参与和对目标的分担比经理的命令更为重要。"对特定战略或特定类型的企业来说，都应该有一种相对理想的组织结构。尽管特定产业中成功的企业趋向于采用相类似的组织结构，但对某一企业适用的组织结构未必一定适用于另一家类似的企业。因此，创建与新战略相匹配的组织结构是战略顺利实施的重要保障。

流程改革是改革重点

· 今日茶点

　　再造具有战略关键意义的经营过程，以减少其在各个传统部门范围内的分散和消除官僚性的费用开支，已被证明是一种合理的组织设计工具。

　　事实上，企业转型就是彻底地抛弃原有的作业流程，针对顾客的需求重新规划工作，提供最好的产品及一流的服务。改造企业的重点，就在于丢开旧包袱，一切重新开始。

　　业务流程重组，从另一实质来说是权力份额的再分配。这就带来一个问题，一个"人"的问题。一个人在利益遭受侵犯时会进行本能的甚至是疯狂的反抗。因此，一个经营者在求助于咨询公司进行业务流程重组之前，必须有他高明于咨询公司的地方，这个高明的地方就在于他比咨询公司要更了解自己的公司，他必须更有把握在涉及人的问题上能拿出更有作为的、更为高明的办法来。

我们说过在实施业务流程重组的过程中，重要的是经营者自己。如果你是一个成功的经营者，你就一定是个创新者，你一定要有比业务流程重组方案更为高明的地方，即你必须能够预测到实施中的最大阻力及相应的解决办法。如果一切都是简单地交给咨询公司，让咨询公司教你一切，那么你就根本无法控制业务流程重组的进程，也无法应对实施中的强大阻力。

东信公司在施行业务流程重组时，请了著名的安达信公司的咨询专家。东信在引进业务流程重组的成功之处，正在于东信高层将业务流程重组看作一种工具、一种可利用的手段，而不是一种只管吃下便包治一切的灵丹妙药。

事实上，在安达信尚未正式签下项目合同的时候，东信公司的组织框架调整方案基本已经"内定"了：除所有事业部体制被取消外，还有好几个部门全部撤销。

从这个意义上说，正因为组织结构的框架已定，咨询顾问的意义从某种程度上说，更是刀手的角色。东信高层一方面以业务流程重组的现代模式完成了企业"师出有名"的流程再造，另一方面借刀割肉，以咨询顾问的外力展开了大规模的硬性裁人。

在业务流程重组实施的过程中，东信在形式上赋予咨询公司人力裁决的绝对否决权。东信高层对人事的所有意图在被咨询公司充分表达圆满落实后，公司因此而产生的指责和抱怨也就全部对准了安达信的顾问，顾问们成为"众矢之的"，而东信高层却得以金蝉脱壳。

回首东信集团的业务流程重组实施，其"根本性"和"彻底性"两个核心内容是相当显著的。自2001年4月1日起，集团公司将原有的十几个事业部全部撤销，每个事业部前独立的采购、销售、财务、人事权全部收回到集团这一层。集团公司重建采购、财务和销售三大集中式垂直管理平台与一些公共职能部门。与此同时，包括事业部总经理在内的2200多名东信干部职工全部就地免职，通过竞聘方式重新上岗。

再造具有战略关键意义的经营过程，以减少其在各个传统部门范围内的分散和消除官僚性的费用开支，已被证明是一种合理的组织设计工具。这不是一时的流行，或者是本月的另一项管理计划，流程组织完全是像职能专业化一样有效和正确的组织原理。如果零散的具有战略关键性的活动和由不同部门执行的核心业务流程能够得到正确的集成和协调，就会改善战略实施的状况。

已经再造了某些业务流程的公司已将以前分散的步骤和任务压缩成由一个人执行的工作，将工作集成为团队活动，然后作为任务综合和工作重新设计的自然结果，重组就会成为下一步的工作。以支持战略的方式成功地再造和重组了经营活动的公司的经验表明，可以采用以下方式减少流程分散和削减管理费用：

画出一张整个业务流程的流动图，包括它与其他价值链活动相交的界面。

努力简化流程，在可能的环节减少任务和步骤，并分析如何使剩余的活动流线化。

决定流程的哪一部分可以实现自动化（通常是那些重复性的、耗时的、很少需要思考和决策的部分），考虑引进能够升级的先进技术以获得下一代能力，并为以后生产率的进一步提高打下基础。

对流程中的每一项活动进行评价，以决定它是否具有战略关键意义。具有战略关键意义的活动，可以考虑通过标杆学习达到行业最佳或世界最佳的业绩状态。

衡量由外部提供非关键的或对组织能力和核心能力贡献极少的活动可能产生的正面和负面效果。

为运作剩余活动设计一种结构，将执行这些活动的人力和小组重组到新的结构中。

如果能正确实施，再造活动可以在生产率和组织能力方面带来明显的改善。通用电气公司断路器部门的订货部通过将六个生产单位合并成一个，减少以前的各种存货和处理步骤，以自动化的系统代替人工的定制设计过程，将从经理到工人间的组织层次由三层削减为一层，从而使从收到订单到发货的时间由三个星期减少到了三天。其生产率在一年内上升了 20%，单位制造成本下降了 30%。

重建绩效考核制度

·今日茶点

若顾客导向是公司想要重新建立的文化，那么在绩效考核制度中，就应该将顾客满意度纳入考核指标之一，让员工清楚地知道公司所期望同人做到的是什么。

企业在进行文化转型的过程中，还要建立新的绩效考核制度以强化新组织文化及价值系统。若顾客导向是公司想要重新建立的文化，那么在绩效考核制度中，就应该将顾客满意度纳入考核指标之一，让员工清楚地知道公司所期望同人做到的是什么。IBM 采用的是利润导向。

整个 20 世纪七八十年代，IBM 都沉浸于行业霸主的优越感中。持续的成功使整个 IBM 充满着这样一种信念：IBM 对一切问题都胸有成竹。在这种情况下，对人的尊重就变味了。IBM 一位高级管理人员曾形象地描述当时的情景："对人过分的尊重会让人忘记自己的立场，即使某个人做得很差，人们出于尊重仍然会说，'非常感谢，我们知道你尽力了。'"

长此以往，对人的尊重就演化成了盲目地追求意见一致，导致了 IBM 全公司的封闭与保守。微软曾要求 IBM 购买它 10% 的股份，但 IBM 不屑一顾。IBM 可以开发关系数据库，但却将这一机会让给拉利·艾利逊——把 Oracle 建成了一家著名的软件公司。

对人尊重在 IBM 还意味着另一个更致命的死结——不解雇政策，这是沃森家族在过去几十年对员工的承诺之一。比如 IBM 当年为制造 360 系统电脑，建了 5 家工厂，使得从 20 世纪 60 年代到 80 年代的 20 年间，员工人数从不到 10 万人上升到 40.7 万人，但在 20 世纪 90 年代初公司连续亏损时，许多改革措施一碰到不解雇政策就无法进行下去。

高品质的服务再跨一步就是对现实利益的满足。当 IBM 具有行业绝对领导权的时候，公司与顾客之间的互动关系就成了 IBM 单边关系，整个商业游戏变成了 IBM 的独角戏。当时流传的话是，要使 IBM 的员工有所行动，就像在沼泽地跋涉一样艰难。

"精益求精"再往前一步就成了以自我为中心。持续的成功使 IBM 充满自信。它比任何公司都更了解如何把产品投放市场，比任何公司都知道如何去推销产品，也比任何公司都更知道如何最大限度地发挥雇员的才能。以至于在 1981 年，IBM 的经理们设定了一个目标，要到 1990 年把收入从 400 亿美元扩大到 1000 亿美元。

现在我们清楚地看到，这一目标到今天也没有实现。曾担任过 IBM 负责战略和发展资深副总裁的吉姆·卡纳维诺在离开 IBM 后有过一番感叹："谁能否认 360 机型的成功？可一旦被这种成功所麻痹，你就会越来越没有竞争力，因为 IBM 那时已觉得自己战无不胜了。"

1993 年 4 月 1 日，郭士纳走马上任。基于此，郭士纳的转型策略其实很简单，就是不说空话，先从"运营（利润）入手（记住，不是从远景与战略入手）"，一个口令、一个动作地踏实训练，然后再从远景与战略入手（记住，这时候强调远景与战略的一致性比利润重要），笨重的大象就一样可以轻盈跳舞。以利润为导向而建立起新的绩效考核制度，使 IBM 重新获利，从而重新获得市场领先地位。

对中国企业来说，进入市场经济的时间不是很长，中国企业的文化建设基础虽然比较好，然其竞争精神和企业价值观正处于培养期，因此中国企业在对全体员工进行综合考核时应依据以下三个原则作必要的修改和调整：第一，应以业绩考核为优先原则。第二，对于不同级别层次的员工选择不同比重的考核指标的原则。第三，全体员工必须通过法律考核，遵守法律、道德所规定的价值标准，如有违反立即辞退。

具体的考核方法如下：对普通员工而言，只需进行业绩考核，而无须进行企业价值观认同度的考核；对于经理（部门级）人员要进行业绩与企业价值观认同度的综合考核，当其企业价值观考核不达标时，应予以再教育而不予以辞退或解职；对于高级经理（大部门级、副总经理）人员要进行业绩与企业价值观认同度的综合考核，若对企业价值观认同度考核不达标时，则即时予以辞退。所有人员如业绩考核不合格，应予以辞退。

以上仅是针对中国企业的普遍情况而阐述的考核原则和考核方法。需要指出的是，对于那些拥有行业全部或部分资源，具有全部或局部垄断优势的企业，其有能力、有条件进行快速转型，此时需要以一种新价值观来替代原有价值观，这就要求对全体员工进行业绩与价值观两方面的综合考核。另外，在现时我国允许民营资本以参股或控股的形式直接并购国有企业，这就需要对被并购的国有企业的全体员工进行业绩、价值观认同度的综合考核，以促进他们在较短时间内转变观念，融入新体制当中。

塑造新的企业理念

· 今日茶点

企业管理者要让新的理念来激励人心，但塑造理念必须清楚功臣带来的障碍。

大多数成功实现组织变革的改革策略都牢固建立在理念的基础上。运用企业理念传达组织的价值观，动员并鼓励全体员工为实现组织的目标而努力是一项重要的领导任务。

3M 故事的绝妙之处在于，公司超越了麦克奈特、奥基、德鲁、卡尔顿和公司早年所有创意十足的个人，他们创造了一家公司，一部突变机器，不论谁来当CEO，都会继续演进。虽然 3M 的领袖永远不能预测公司未来会向何方发展，却毫不怀疑公司会长期健步如飞。

这家公司已经变成一座滴嗒作响、生气勃勃、不知疲倦的时钟，有着无数配合良好的有形机能，可以刺激持续不断的进化式进步。

麦克奈特不希望公司的演进和扩张只靠自己一个人，他希望创造一个能够从内部继续自我突变、由员工发挥个人主动精神推动公司继续前进的组织。从下面这些 3M 人经常挂在嘴边的话语中，可以看出麦克奈特的做法：

"要听听有创见的人的话，不管开始时这些话有多荒谬。"

"要鼓励，不要挑剔。让大家发挥构想。"

"雇用能干的人，放手让他们去做。"

"如果你在众人四周筑起围墙，你得到的是绵羊。给大家所需要的空间。"

"鼓励实验自由。"

"试一试，而且要快！"

麦克奈特直觉地了解到，鼓励个人主动精神会产生进化式进步的原料——没有方向性的变化，他也明白这种变化后来并不是都有用的。

"（给大家自由，并且鼓励大家自主行动）一定会造成错误，但是……从长期来看，如果经营层独裁，告诉手下人应该怎么做事，大家犯的错误一定不会比经营层犯的错误严重。但是，经营层犯错误，会造成毁灭性的影响，会扼杀主动精神。如果我们想继续成长，一定要有许多具有主动精神的人。"

企业管理者要让新的理念来激励人心，为了达到这个目的，必须遵循以下指导原则：

大家共同参与制定企业理念，但不要在这个方面花费太长时间。有些 CEO 单独一人制定企业使命和理念表述，然后把它们强加于机构。这样做只能取得别人表面的赞同。还一种与此截然相反的情形是：一些领导让太多的人参与表达意见，结果造成企业理念的变革无法获得通过，或者变革的作用被减弱，以致人们无法把它们用作改革手段。

确保你的理念确实反映了公司的长远目标。在许多组织中制定成文的使命和远景规划只是描述了几年后员工希望达到的状况，而不能反映他们长远的需要。

企业理念应该激励人心。如果员工对完成使命不感兴趣，认为公司价值观念毫无意义，公司远景规划毫无吸引力，公司的理念就无法发挥应有的作用。在花费时间和财力推行企业理念之前，应先调查了解员工的意见。

注重价值观和变革的关键驱动因素。平衡点在哪里？哪些行为和惯例发生变化会引起企业文化朝理想方向转变？如果把所有希望员工具备的行为和品质都列入企业理念，员工们就无法区别哪些行为或品质更重要。这样做很可能会失去重点。

在企业理念中采用和能力管理运用相同的概念和术语。使用统一的概念和术语，将有助于员工理解并接受理念与能力概念，更便于他们将两者应用于实际工作中。

确保使用简单易懂的语言。员工应当能很容易理解企业理念，并能很快掌握其概念。

确保企业理念的各要素能明白无误地转换成行为。员工应当能了解他们的所作所为是否符合企业使命和价值观，并能设想符合企业理念的种种行为实例。如果理念与他们的日常经验相差太大，他们无法加以应用，那么理念就没有多少实际作用。

反复传递信息。电视和电台广告之所以能起作用，不在于信息本身绝妙无比，而在于重复。人们去商店买咖啡时，首先想到的品牌就是已经深深印入他们脑海的品牌。在不同情形和场合重复企业理念也会收到同样的效果。你可以把它作为布告贴在墙上，在演讲中提及，把它发表在公司业务通讯上，公布奖状，散发赞同性文章，与员工共享成功经验。传递的信息越多，它越深入人心。

但需要提醒管理者的是，塑造理念必须清楚功臣带来的障碍。公司里一些能力很强的功臣危害公司的理念建设在我们一些民营企业内是常有的事。一方面，他们在公司创建初期为公司立下汗马功劳；但另一方面，由于其本身素质所限，在理性经济到来之时仍抱着老经验、老方法不放，因缺乏学习能力，对一些现代经营手段和方法总是抱排斥的态度，尤其对新人更是如此。他们总认为理念这种玩意儿是空洞的东西，阿拉伯数字才是真的。由于他们在公司里具有举足轻重的地位，对理念体系的建设实际上起着很大的伤害和阻碍作用。

民营企业在婴儿期和学步期时，由于其本身对理念的认识也是很模糊的，而且那时销售收入和利润是第一位的，故这种不调和还没有被清晰地感觉到。但公司到了学步后期和青春期，当创业者在认真着手理念建设时，这种不调和就越来越强烈地被感受到。开始，创业者可能会无奈地迁就这些功臣，就像宋江迁就李逵那样。但当创业者决心使公司这艘船越来越驶向远洋时，这种客观上对理念体系的破坏已经从"小孩子、小问题"逐渐变成"大孩子、大问题"了。如果再一味迁就，这艘驶向深海的大船就会迷失航向，甚至有触礁的危险。

在有些民营企业中，已提出了不迁就"有功人员"的理念，深圳华为公司就在其《华为基本法》里明确地提出这一观念。万向集团的做法又独树一帜。在万向集团的 30 年发展历程中，有过许多为公司作出过贡献的老功臣。1993 年后，随着体制从"总厂式"管理到"集团化"管理的过渡，以及股票上市后对上市公司的新要求，原先的那些老臣们已适应不了"大孩子、大问题"了。对于这些没有国家劳保的老臣们不可能采取一脚踢开的办法，万向的办法是部分作为"终身员工"提前退休，部分让其充当不直接参与经营和管理的董事、监事或顾问这样的虚职。

真正的变革从文化开始

·今日茶点

文化不变革，转型就不成功，真正的转型是从文化变革开始的。

IBM 在 20 世纪 80 年代末开始陷入困境，1991 ~ 1993 年间累计亏损额达 162 亿美元。1993 年 4 月，郭士纳接管公司。令人惊奇的是，仅隔了 3 年时间，即在 1996 年 IBM 就实现了 770 亿美元的营业收入和 60 亿美元的净利润。这一奇迹是与郭士纳接管公司后便着手对公司进行重塑，尤其是成功重塑了 IBM 的企业文化分不开的。而 IBM 文化的重塑能取得预期的效果，主要是由于郭士纳的亲自推动，用郭士纳自己的话来说，就是"我最重要的工作是推动文化变革"。

再如，1999 年，卡洛斯·戈恩在连年下滑的困境中出任日产公司新 CEO，他一上任就立刻发现日产公司处于一片混乱中。该公司下属工厂的生产能力超出销售能力 100 万辆，采购成本比雷诺公司高 15% ~ 25%，并且由于负债 110 多亿美元，公司现金短缺。戈恩的诊断是："日产公司缺乏明确的利润导向，对客户关注不够而过于注重与竞争对手攀比，没有一种跨越职能、国界和等级界限而进行合作的企业文化，缺乏紧迫感，观点不一致。"于是，在接管日产后的第二个星期，戈恩就着手改造日产的企业文化。

他的这一大胆举措不久就得到回报：日产公司的下滑趋势得以扭转，重新走上了赢利的发展道路。日产的复兴理应归功于戈恩成功地改造了日产的企业文化。正如日产公司执行副总裁、董事会成员松村法雄所说："戈恩最重要的成就在于他能重塑人们的精神状态。"

由此可见，文化不变革，转型就不成功，真正的转型是从文化变革开始的。尽管关于组织文化变革的知识都变成了一种格式化的步骤，但下面的这些实用性的建议还是能够用来作为组织文化变革的指导：

清晰地阐明战略远景。有效的组织文化变革应该起始于对公司新战略的清晰描述，以及对于取得战略成功所需的共同价值观和行为方式的明确理解。这种远景为文化变革提供了目标和方向。一个有用的提供清晰战略远景的方法是发展企业目标陈述，列出公司核心价值观中最关键的内容。

例如，强生公司把自己指导性的准则称为"我们的信条"。它表述了指导组织的几个基础性的价值观，包括："我们相信我们的首要责任是要对医生、护士和病人负责，要对母亲和所有使用我们产品和服务的用户负责"，"我们必须有效地利用我们的可用资源，保护环境和自然资源"。

制定文化变革的战略方针。在改造企业文化的努力过程中，会有大战役，也会有小冲突，而且有输有赢。你必须精心挑选要打的战役。挑战是巨大的，但值得你为之竭尽全力。如果你成功地改变了企业文化，你将创造出一种帮助人们最大限度地发挥自己并为公司作出最大贡献的工作环境。这种文化使员工的生活更富挑战性、更激动人心，使公司更加成功，客户更加满意，而你则为自己的领导才能更感自豪。以下就是文化变革战略所包含的若干要素。

展示高层管理人员的承诺。文化变革必须由高层管理阶层开展。高级管理人员和行政人员必须强烈地支持这些新的价值观，需要创造变革的持续动力。科特和赫斯克特在他们合写的《企业文化与经营业绩》一书中说："通常公司中只有那么一两个人在推动企业文化变革中具有极为关键的基础作用。"毋庸置疑，这一两个人就是最高管理者。

挑选和同化新员工，解雇不适应的员工。组织文化变革的一个最为有效的手段就是改变组织的成员。可以从与新文化适应的角度来挑选新员工，解雇旧员工。这在那些关键性的领导岗位上尤为重要，这些员工的行为能够较大地提高或是阻碍新的文化和行为模式的推行。当主管或员工有人不愿意配合时，公司要即时采取"宣示性动作"。也就是在文化转型的过程中如果遇到明显不配合的同人，决策者要有"杀鸡儆猴"的勇气，在适当的时机作出宣示性动作，让员工知道公司改革的决心。

例如，古德公司在致力于从一家生产自动化部件和电池的企业转变为电器行业的领导者的过程中，替换了约 2/3 的高级行政人员，挑选与新战略和新文化更一致的人上岗。另一个方法是同化新雇用的员工，使他们融入新的文化。在新进入阶段，雇员更易于接受组织的影响，更易于被灌输组织的新文化。例如，像三星、宝洁公司和 3M 等这些强文化公司，最为重要的就是使新员工同化到企业文化中去。

在最高层级模拟文化变革。高级行政人员必须通过自身的行为传递这些新的文化。他们的行为要能够代表变革所探求的价值观和行为模式的种类。在公开的、仅有的几个文化变革成功的例子中，公司的领导者几乎都成了新价值观的传教士了，他们的行为强烈地体现了新的价值观。

例如，计算机制造商巨浪公司的总裁吉姆·特贝柯决定不解雇一名绩效下滑的员工，而是要找出其中的原因。结果发现，该员工家庭出现了问题，因此，特贝柯给了他另一个机会。对于巨浪公司的人来讲，这个故事体现了领导过程中了解的重要性。诺德·柯戴尔，百事可乐公司的首席执行官，通过在大风雪天里坐雪地车上班来表达他想从员工身上获得那种灵活性和奉献精神。

调整组织以支持组织变革。文化变革通常要求对组织的结构、人力资源系统、信息和控制系统以及管理类型进行调整。这些组织特色有助于将员工的行为模式转到新的文化中。它们能够使员工意识到这些行为要适应新的文化模式，能够鼓励那些采取合作行为的人。

例如，波音公司的菲尔·柯迪克和哈瑞·斯特芬认识到，在1997年和1998年，提高组织的低绩效不仅仅需要在商用飞机分销渠道进行文化变革，为了从根本上改变这种"温和、模糊的"文化，他们进行了裁员，解雇了关键的行政人员，改变了生产标准，并在生产过程中进行了持续改进。这些变革加强和体现了财务成效、责任和全球领导在该行业中的重要性。

不断追踪执行进度及状况。当公司设定文化改造计划和目标后（如顾客满意度），企业应定期进行追踪，当高层主管发现目标与现况有差距时，应尽快找出背后的原因，并快速采取修正行动。如此通过不断追踪、检查和改善，新的企业文化才能渐渐强化与深植人心。

创建利于创新的组织架构

· 今日茶点

　　企业想要创新，就要建立一个可以让员工发挥创新精神的组织架构。

创建利于创新的组织架构是创新的前提，如果旧的落后的企业组织不进行创新，不仅不利于组织推陈出新，而且还会成为组织发动创新的障碍。以促进创新为导向来进行组织架构设计，长虹的做法很值得借鉴。

作为中国本土企业的一面旗帜，长虹集团认为，创新就是满足消费者现实和潜在的需求，创新的起点是消费者，终点是价值的产生。而企业一切创新活动必须以满足消费者的需求为起点，将消费者需求当作研发的源头，实现消费者需求与企业研发的无缝对接。

为此，长虹建立了一个系统收集并满足消费者需求的技术创新管理机制，在收集消费者需求后，快速组织技术研发部门进行技术研发，以研制出适应消费者需求的产品。长虹的技术创新管理机制包括创新战略和创新机制两个方面：创新战略包括技术路线图等，创新机制包括组织架构、流程、工具等，完善的技术创新管理机制为长虹的创新活动提供了不竭的原动力。

长虹在各产品公司、业务单元、研发中心之间建立了技术联席会议制度，协同技术创新和技术开发工作；建立并逐步完善研发体系，形成从用户需求洞察、市场机会分析、立项、研究开发、试制、转移以及生产和生命周期管理的创新流程、规范；建立了知识管理体系。

为了保证主要业务技术、产品发展规划制订以及重大创新活动决策的科学性，长虹还成立了公司技术委员会，作为公司内部技术创新活动的交流平台和外部技术联络、交流接口，进一步发挥各业务单元技术创新的协同效应。这一系列变革加强了长虹研发系统的开放性，带来了全新的以消费者需求为出发点的研发观念，大大提高了产品的研发速度和有效性。

此外，长虹还完善技术创新管理团队，以项目经理负责制为核心组建了技术管理创新的队伍。在"开放、信心、韧性"的创新观念指引下，项目经理负责制推动各职能部门向以业务流程为主的职能转变，使技术研发始终能够准确与市场接轨，实现用消费需求指导研发的企业良性研发机制。

同时，为了激励员工创新，长虹重点推行了两大计划：推行员工利润分享计划，即将创新取得的市场效益与员工利益紧密关联，探索新时期中国家电业自主创新激励机制；推行员工内部创业计划，鼓励员工创业，探索出员工与企业价值最大化的实现途径。

通过建立完善的自主创新体系，长虹一方面可以快速收集消费者需求并进行精准需求导向的研发；另一方面可以快速实现技术的整合提升，在自主创新体系保障下，实现技术的快速消化、吸收和创新。通过改革技术创新管理机制，长虹实现了以消费需求为导向的精准研发与生产，推动整个企业各个环节的优化升级，提升企业自主创新能力和综合竞争力。

由此可以看出，创建利于创新的组织架构是企业发展的基础，是企业整体创新的前提，同时也是实现一个企业不断创新的保障。只有创建有利于创新的企业组织架构，企业创新活动才能高效和持久。

·第十三章·

目标管理：促使组织成员激情澎湃

目标管理是一种程序

·今日茶点

目标管理是一种程序或过程，它使管理者和员工一起协商，根据部门的使命确定一定时期内的部门目标，由部门目标决定员工的责任和子目标，并把这些目标作为部门运行、评估和奖励的标准。

佩里戈公司是密歇根州的一家常用药和美容药品制造商。当威廉·斯瓦尼接任公司总裁后，他发现公司仍然依赖传统的目标设定方法，管理者们只有一些模糊的目标。

而威廉要的是这样的目标设定方案：它可以确切地说明管理者们和员工们期望实现的目标，它将起到激励的作用而不是恫吓的作用。于是，威廉建立了一套参与性的目标设定系统，每一位员工自己找出 10 个以内的关键改变，然后，每个人根据自己承担的职责设立具体的、定量化的目标。结果这些措施使其工作卓有成效。

上例中威廉·斯瓦尼采用的就是目标管理。这套系统由下级与上级共同决定具体的绩效目标，并且定期检查目标的进展情况，而奖励则是根据目标的完成情况来确定。目标管理不是用目标来控制，而是用目标来激励下级。那么，什么是目标管理呢？

1954 年，著名的管理学大师德鲁克最早提出了"目标管理"的概念。德鲁克认为，并不是有了工作才有了目标，而是有了目标才能确定每个人的工作。他认为，企业的使命和任务必须转化为目标，如果一个领域没有目标，那么这个领域的工作就会受到忽视。因此管理者必须通过目标对员工进行管理。目标管理的具体形式多种多样，但基本内容是一致的。

所谓目标管理，是一种程序或过程，它使管理者和员工一起协商，根据部门的使命确定一定时期内的部门目标，由部门目标决定员工的责任和子目标，并把这些目标作为部门运行、评估和奖励的标准。

人力资源部门的目标管理是用系统的方法，使许多关键活动结合起来，有意识地瞄准部门目标和个人目标并努力去实现它们。它可以提高管理水平，促使管理人员划分部门结构，鼓励员工自我承诺目标，以及对员工形成有效的控制。

在绩效计划的框架下实施目标管理可以克服以往部门目标与员工个人目标的不一致，以及目标短期化的局限性。绩效计划目标能否分解为个体层次的目标，是目标管理能否顺利贯彻的关键，因为这些目标不仅是部门目标分解的结果，而且是员工针对部门规划所做的承诺。

选择好目标管理类型

·今日茶点

"业绩主导"型和"过程主导"型并不是对立的，没有业绩的过程是无效的；不经过程的充分酝酿，业绩无从产生。因此，主管应根据情况的不同，酌情使用这两种形态。

目标管理具有以下三个鲜明特点：

（1）重视战略，强调成效。实行目标管理，管理者要通过一定的宗旨，确立部门某一时期特定的战略目标，并以此为重点，把部门的工作目的和任务转化为全体员工的明确目标，并通过目标的制定、实施和评定等工作，将部门全部活动组织起来。目标管理不注重目标的方法、手段和程序，但它特别重视目标的实现，强调目标成效。

（2）上下沟通，融为一体。目标管理是一种系统管理思想，它要求以人力资源部门目标为核心，主管和员工围绕部门目标提出各自具体的子目标，有机地组成人力资源部目标体系。部门目标限定和派生主管目标，主管目标又控制所属的员工目标。部门目标和子目标互相衔接，部门人员的子目标是为部门目标服务的，只要所有人员达到子目标的要求，部门目标也就得以实现。

（3）重视管理，以人为本。目标管理融合了管理科学和行为科学理论及方法的长处，在管理方法上继承了管理科学的原理，相互渗透，相互补充。在指导思想上吸收了人际关系学说的理论，既讲究科学的分工、协作和工作效率，又注意发挥员工的主观能动作用，让其在胜任感的驱使下，努力追求实现各自的子目标。

在探讨目标管理时，管理者应当考虑目标管理的类型。目标管理的类型因对象职能、管理人员、作业类别不同而不同。

（1）以主管为中心还是以全体员工为中心。根据推行目标管理的对象范围划分可分为"以主管为中心"和"以全体员工为中心"两种类型。调查发现，由主管实施目标管理的比重较大。当然有的是在推行初期的权宜措施，待以后再逐渐扩大推行对象。无论是什么情况，都由主管实施目标管理，否则产生不了作用。

在美国，目标管理只是主管的一种管理工具。而在日本，目标管理则已成为全体员工所利用的一种有效手段。因此，既然要推行，不妨一开始就全员推行。当然为达到这个目的，还必须有充分的准备和共同的认识。

（2）以业绩为导向还是以能力开发为导向。以部门为主的业绩导向和以人为本的能力开发可以整合。整合才是目标管理的真面目，并非选择哪一类型的问题。所以，不管是哪一种职能，必须努力使两种类型合并实施，但要依职能来调整其所占的分量。

一般现场的工作业绩导向所占的分量要高，员工的工作则应偏重能力开发。至于主管人员方面，越是上级，越需要提高业绩导向的分量。越是下级，越需要提高能力开发的分量。总之，主管应从每一个人的职能上根据事实需要决定其分量。

（3）以业绩为主导还是以过程为主导。目标管理也称为业绩管理。目标管理不仅追求业绩，同时也重视过程。业绩必须作为一种结果列出来，但有了业绩的过程才有业绩的实现，所以，要重视并关注过程。

"业绩主导"型和"过程主导"型并不是对立的，没有业绩的过程是无效的；不经过程的充分酝酿，业绩无从产生。因此，主管应根据情况的不同，酌情使用这两种形态。一般来说，对主管宜采用以业绩为主导，而对员工宜采用以过程为主导。主管本应按其业绩接受严格的评价，主管直接向业绩负责是理所当然的。所以，必须放弃目前那种不彻底的做法。对于主管而言，目标管理采用以业绩为主导的做法。

对于员工而言，在要求业绩前，应致力于培养他们的能力。

（4）以个人为中心还是以小组为中心。美国是目标管理的发源地，在那里目标一向被认为应按个人设定为原则。因为在美国，一切企业都以个人为中心。但目标管理移植到日本后，不只是以个人为中心，还有以小组为中心的，而且一般认为以小组为中心的效果更大。产生这种结果，与日本企业的集体主义行动的社会背景大有关系。

企业到底是以个人为中心好，还是以小组为中心好？对此不能一概而论。主管应该配合员工的工作方式来决定哪种最为理想。在企业或部门里，分配给每一个员工的工作，如果因人而异的话，就应该采取"个人中心"方式；如果分配给小组的工作是同性质的话，就应该采取"小组中心"方式。

如果采取"个人中心"，则过去那种互相依赖的不负责体制，就可能消灭掉，进而会迈向一种自立专业化的途径。如果是以小组为中心，则它的好处可以充分发挥。最典型的例子，便是"无缺陷小组"或"品管圈"等。主管必须考虑究竟采用何种形态较有效果，去决定采用"个人中心"或"小组中心"。

（5）以多样性还是一律性。通常目标管理的管理循环周期为6个月。6个月不长不短，可以说是最理想的。但要把循环周期一律加以固定，并不是明智的做法。

属上级的周期可以较长，属下级的，则周期宜较短，这一点值得主管考虑。此外，经济形势的变化，也应加以考虑：在安定时期，周期要放长；在危机时期，周期要缩短。总而言之，应该配合职能、职位和环境的情况，综合考虑管理循环周期的长短，保持其多样性。

设定最佳的目标体系

· 今日茶点

制定好的目标有多么重要，它不仅是企业发展的指南，同时也指明了企业人员共同努力的方向。

目标的设定，在人力资源目标管理和绩效计划中都是极为重要的阶段。制定目标不容易，特别是制定好的适宜部门发展和长足进步的目标更是不易，它要求管理者要有远见卓识和敏锐地捕捉人才信息的能力。日本索尼公司的创始人盛田昭夫就具有这方面的才能。

以前日本政府总是片面理解新技术的开发，以为只要建起了漂亮的实验室，配备了一流的实验设施，投入可观的研究经费，就能够搞出新发明。盛田昭夫不同意这种看法，他认为少了目标，等于没有了努力的方向。没有具体目标，实验室再大，经费再多，也是白搭。

根据日本科学技术机构1985年的报告，日本在基础科学的研究上还很不够，虽然日本在一般研究开发上的经费比欧洲几个主要国家都高，但在基础科学的研究上却偏低。日本政府和大学对这方面的投入也逐年减少，这就意味着私人企业要承担更多的责任。盛田昭夫说他赞成日本产业更加注重基础科学方面的投资的做法，因为这奠定了一切新科技发展的基础。所以，索尼公司一直注意储备人才、培养人才、锻炼人才，在这方面也取得了令人满意的成绩。

为了达到实际开发的目的，索尼公司巧妙地将基础科学和应用科学紧密有机地结合在一起。例如，井深大决定造一部录音机时，公司研究开发人员对录音带的制造、录音机的结构一无所知，甚至连录音机都没有见过，听起来简直有点荒唐。但是，由于索尼公司制定了明确的目标，最后终于取得了成功。

索尼公司开发家用录放机就是先给自己的人才寻找目标，然后引导开发。开发人员再一次运用已掌握的基础知识，结合应用科学，调动自己的聪明才智，进一步开发自己的创造力，终于成功研制出划时代的Betamax录放机。

这就是索尼公司用具体目标来调动人才积极性、挖掘潜力、开发创意的一个典型案例，这就是索尼公司特有的"目标人才管理"模式。从上则案例中可以看出制定好的目标有多么重要，它不仅是企业发展的指南，同时也指明了企业人员共同努力的方向。

目标要以问题为导向

· 今日茶点

好目标的设定要件包括好目标要具体化、好目标要多元化和好目标要体系化三个方面的内容。

好的目标要以问题为导向，其中的"问题"包括以下两方面内容：

第一，什么是看得见的问题、待发掘的问题和要创造出来的问题。所谓"问题"，有很多种。首先是"看得见的问题"。一般来说，这类问题"预期的水准"很明确，只要把脱离常轨的现象当作问题处理就是。因为能看得到，所以其作为问题的层次很低。可以说是不成问题的问题。

比"看得见的问题"高一层次的问题，就是"待发掘的问题"，此类问题并非每一个人都能看得出来。如果光是用眼睛去看，而不用眼力去观察的话，是无法洞悉的。一般来说，如果觉得情况异常，或认为必须采取某种措施，此时即应分析事实，探究原因，把握问题的症结，了解真相。再高一层次的问题则是"需要创造的问题"。

由此可见，好的目标必须以问题为导向。应该从"看得见的问题"到"待发掘的问题"，再由"待发掘的问题"到"要创造的问题"，深入发掘。一经掌握真正的问题，就将它列为目标。这种目标，就是问题导向型的目标。

第二，什么是意识问题、界定问题和解决问题。面对问题，要提出"那是为什么"的疑问，也就是产生问题意识。对大部分的人来说，要意识问题并不太难，难的是，只停留在意识阶段，而不能迈进下一步骤。所谓下一步骤，就是"界定问题"。

"界定问题"的作用，在于针对"为什么"这一意识，而去追问"果真是如此吗"，调查并分析有关的因素，以把握事态的本质所在，促使管理者去解决问题。所谓"解决问题"，是要想出"有没有其他的对策"，研究并决定代替方案。

好目标的设定要件包括好目标要具体化、好目标要多元化和好目标要体系化三个方面的内容。

1. 好目标要具体化

具体化之所以被认为是好目标的必备要件，是因为目标具体化后容易确认结果，甚至有这么一个定律："要有衡量测定工作结果的方法，目标管理才会推行成功。"其实，好目标的具体化就是决定"从何项做起""做多少""如何做"及"何时以前做好"这些问题。

目标的重点化指的就是"从何项做起"。这是目标的数目问题，"从何项做起"是"什么都做"的相对词。目标在设定的阶段通常是这也要、那也要，几乎想把所有经办的工作统统写出来。

目标的数量化指的就是"做多少"。这是目标的量（数量）的问题。"做多少"便是"尽量做"的相对词。例如"加强意见沟通"这一目标，无法用数字表示出来。虽然如此，仍应力求将其具体化，可以改为"某某部门的会议，每星期一举行一次"。像这样，把抽象化的问题当作目标时，要思量"为实现此目标，应该做些什么事"，这便是具体化的秘诀。

达成目标的方法指的就是"如何做"。这是为了达成目标而设定方策的问题。所谓"如何做"，便是"设法做"的相对词。方策应该更加受到重视。决定方策比设定目标还要困难，因为决定方策，必须要有创思和策略。无论要达成什么目标，都有两种以上的方策。尤其目标是新设定的或难以达成的，能否成功，那就要看选择的方策如何了。

达成目标的进度表指的就是"在何时以前完成"。这是达成目标的时间问题。所谓"在何时以前完成"，是"尽快"的相对词。"请赶快做"这句话，不只是在表明时间急迫，而且默认没有进度表。所谓进度表，是对于将来工作预定计划的时间表。目标要求附带这种进度表，必须明白提示各项工作什么时候开始、什么时候完成。有些目标不容易数量化，而这里的进度表化，便具有弥补其不足的作用。可以说，工作越高越复杂，越需要用时限来加以控制。

2. 好目标要多元化

目标的多元化有三种方式：个人目标、部门目标、总目标。这是指目标设定主体的多元化。设定目标主体原则上是以个人为设定单位，而不是以部门为设定主体。换言之，即主管、员工个人设定目标。因为目标管理在根本上是否定传统管理所称的集体制度。再看质量管理等团队活动，只要有团队目标就能够圆满达成，不必再设定个人的目标。所以，人数少的团队，团队里所有人员都从事同类工作，团队成员的工作和该部门的目标直接连接在一起，所有成员互相积极协调，用团队目标去推动反而较好。

团队目标是属于一个部门内的问题。如果为了达成这个目标，需要其他部门的协助支援时，应由两个或两个以上部门的协调来设定目标，这就是总目标。为了设定总目标，主管必须在事前和对方协调，上层协调妥当时，基层做事时的冲突就会减少。

业务目标、培植员工目标、自我启发目标。这个主题在于说明目标领域的多元化。主管的责任可以大体分为达成业绩的责任和培植员工的责任。但是，事实上，组织中所设定的目标，属于培植员工责任方面的目标寥寥无几。为了修正这种偏向，要把主管的目标划分为"生产目标"和"培植目标"。如此一分，主管便不得不去关注员工，进而培植员工。

让员工去设定"自我启发目标"，那么，"培植目标"便以和工作有直接关系的能力开发计划为中心，而"自我启发目标"则以工作上有关联的事务为重点。

坚持目标、完善目标、创新目标。这是指目标分类的多元化。大凡工作可分为坚持性的、完善性的和创新性的三种，不管何种职位，都应该包括这三种工作。通常认为基层主管以坚持性的工作居多；中层主管以完善性的工作居多；而高层主管则以创新性的工作居多。因此，在设定目标时，要分成"坚持目标""完善目标"及"创新目标"三类。如果每一个人按照这个标准去分类，便可以达到目标的多元化。

3. 好目标要体系化

目标应纵向地设定。目标的纵向设定是指目标的体系化必须依序由上而下，即由总目标、部门目标、个人目标的顺序来设定。每一个人的目标，是为了达成上级的目标而存在。如果没有上级的目标，无从设定个人的目标。所以，这个关系变成"部门目标——个人目标""总目标——部门目标""上级目标——员工目标"，条理应极为明确。

目标的纵向设定并不是上级向下级强制指定目标："这就是你的目标。"如果这样交代时，就不是目标，而变成配额了。在这里，所谓纵向的意思是，上级亲自向下级表明自己的目标，下级接受这个目标后，再设定各自的目标。这样，每一个人的自主性都不会受到丝毫损伤。

所以，为了避免产生重复上级目标的结果，必须明确把握目标和方策的关系。也就是说，下级不是直接接受上级目标，而是要接受上级的方策，经思考后，用以设定自己的目标。制定目标应当依照目标＝方策→目标＝方策→目标这样迂回的方式设定，而不是由目标→目标→目标的方式设定。也可以说，上级的方策转化为下级的目标。这个过程便是上级目标的细分化，也就是上级方策的具体化。

目标应横向地设定。从横向看来，目标必须和有关部门的目标有所联系。各部门之间是相互关联的，目标的制定必须顾及各个部门，必须和其他有关部门合作。

有效目标的设定方法

· 今日茶点

在目标管理过程中，目标卡是一个相当有效、方便的工具。它是实际管理活动的媒介，也是主管与员工进行积极讨论和评估的依据。

企业目标的设定方法是先设定企业总目标，再制定部门目标，最后制定个人目标。

企业目标的设定，其核心是总目标，即部门的整体目标。目标的设定，是以企业总目标的设定为起点,然后,各员工均为达成整体的总目标而分别设定自己的个人目标,形成由总目标到个人目标的目标体系。所以总目标的设定非常关键。因为总目标的好坏直接决定各个部门目标、个人目标的好坏。下面详细阐述总目标的设定方法。

1. 总目标的制定

总目标要适合短期和长期的需要。它不但要顾及现在,也要考虑到未来的发展,同时,它还要注意到整体性,要站在全局的高度来设定。总目标的订立方式一般有三种:一是由最高主管制定。由负责企业成败责任的董事长(或总经理)来订立企业的总目标。二是由企业所设的专职部门制定。大规模企业一般设有专职部门负责目标的设定,它具有较高的设定技巧,包括统计、分析、归纳等。三是由各级主管参与订立。

2. 部门目标的制定

部门目标的制定要以总目标为基础。总目标设定后,最高管理者应向各级主管加以说明,共同商讨,使他们对总目标有充分的认识。人力资源部主管在体会总目标之后,必须制定出能配合总目标的部门目标,以确保总目标顺利达到。

人力资源部主管应对总目标加以思考,并在部门内制定其须达成的目标,然后送总经理核定。在决定部门目标后,部门主管须立即通知负责执行人员,做成目标卡,以推动目标管理制度的执行。

3. 个人目标的制定

虽然总目标是企业与目标管理的核心,但落实执行还要有赖于企业内员工的个人目标。设定个人目标时,要事先考虑部门主管的目标,并分析本身工作职责,此外,个人目标还要与总目标保持一致。

在目标管理制度内,经过协调,员工最后才提出正式的目标。该目标是部门内众多目标之一,如何整合如此众多的目标,有成效地加以执行,就是制作目标体系图的目的。

健全的人力资源目标管理制度和完善的目标体系是密不可分,彼此联系的。因此,人力资源部的部门目标和基层的小组目标,直至各员工的个人目标,按照部门结构的层级串联起来,就形成息息相关的人力资源部目标体系图。

在目标管理过程中,各种目标管理工作皆围绕目标卡运转。目标卡是一个相当有效、方便的工具。它是实际管理活动的媒介,也是主管与员工进行积极讨论和评估的依据。因此，目标订立后，应建立起目标卡的书面证据。

1. 目标卡的使用

各员工与直属主管经过多次协调与讨论制定出适当的目标之后，必须将此目标书面化。实施目标管理的部门，对于目标的设定，通常都采用统一规定的目标卡。虽然各部门之间目标卡的内容与格式未必相同，但若有了统一的表格，就可避免遗漏，使整个部门各成员的目标设定程序趋于一致，并有利于相关性的目标成果的汇编统计。又因表格化以后，可以减少制定目标的文字说明及重复记载，达到简化文书作业的效果。

2. 目标卡的制定

目标卡类似上级和员工之间决心达成共同目标所订立的契约。既然是契约，就必须严谨。把这个严谨性表现在文书上的，便是"目标卡"。目标卡等于是证据文件。因为是证据文件，所以重要项目不可漏列。

目标卡应和其他人力资源资料，同时列为永久保存的资料档案。目标卡要做成两份，主管和员工各执一份，正本由员工存查，副本交主管保管。员工和上级的目标卡，需要逐期保存下来，以便留下很有价值的记录文件。这些记录文件便是有关员工向什么工作挑战过、取得什么成果的事实依据。

各部门间的目标卡，其设计均不相同，但每个部门内的目标卡形式应统一规定，有利于管理。无论目标卡形式如何，其内容应包括：

项目：按轻重缓急，排列顺序先后，依次填写。

预计成果：将数字用具体的文字写出。

进度：填写执行期间每个月的预先进度，尽可能以数字表示。

措施：为达成目标采取的各种措施，自执行人员协商决定后，具体地逐项列出。

所需条件：为达成目标所需主管的支援，或其他部门的配合事项。

成果：将实际成果，在期末填记，以利对照评定。

自我检讨：自订的目标，期末要做自我评定，这是目标管理不可或缺的一项。

主管指导：总评与指示。除员工自行评定、评估外，主管也要加以评估，作为设定下期目标的主要参考。

目标管理的追踪管制

· 今日茶点

目标成果的考评对于充分发挥目标管理的导向作用和激励员工都有着重要的作用。它关系到目标管理是否做到善始善终，以及能否在新的起点上开始更高水准的循环。

在达成目标的过程中，员工应保证各自目标的执行，而追踪管制就是最有效的措施。目标一经确定，即须追踪其进度，借以发现执行与目标的差异，确定应如何改进。追踪管制是目标实施过程中不可缺少的工作，它不是监视员工的工作，也不是严厉的控制行动，而是帮助员工解决困难，引导他们步入工作的正轨。实施追踪管制的目的是：

（1）发现偏差，及时修正。员工设定目标时，也许有若干因素尚未考虑，或者由于未来的环境改变，使得目标在实施时发生困难。为使实施结果与目标数字不致相差太大，可以在每个阶段的追踪检讨时，给予修正，以维持目标的弹性。

（2）利用考核，激发士气。部门目标若要实现，必须使每一个员工将其个人努力目标与部门目标发生关联，根据应达到的成果建立工作目标。到期限结束时要针对员工的成果进行考核。员工只有了解目标的存在，才能产生工作的意愿和兴趣。因此，目标管理的追踪管制是激发员工工作士气及创造轻松愉快的工作风气的主要手段。

（3）定期联系，加强沟通。目标进度的追踪检讨，一般利用会议方式举行，这种方式可提供主管和员工之间定期的正式联系机会，促进沟通了解，使上下级的配合更为默契。

目标管理的绩效评估主要是对成果进行考评。所谓成果考评，就是主管在目标实施过程结束后，将所取得的工作成果与原先确定的目标标准进行比较，从而对目标的实现情况和员工的工作状况进行衡量，并总结目标管理活动的经验教训，然后以此为依据对员工进行适当的奖励和惩罚，以便在更高的起点上，开始新一轮的目标管理循环。

目标成果的考评对于充分发挥目标管理的导向作用和激励员工都有着重要的作用。它关系到目标管理是否做到善始善终，以及能否在新的起点上开始更高水准的循环。因此，主管必须确保成果考评的科学性和准确性。

1. 成果考评的原则

（1）目标原则。成果考评的基本尺度就是目标本身。因此，主管必须按照目标所给定的各类定性和定量的项目指标，对目标成果进行考评，切不可离开目标，重新搞一套评估标准进行考评。否则，成果考评将会失去原来的意义。

（2）客观原则。通过成果考评，主管应客观地认识自己，找出自身的弱点和不足，坚持一切从实际出发，实事求是，不弄虚作假，不夸大成果和实施的困难，以便正确树立进入下一轮循环的态度。

（3）激励原则。主管在考评活动中，首先要弄清成果考评的目的。成果考评的目的是通过对推行目标管理活动的考评来检查员工的工作能力和成果，并以此为依据进行奖惩和职务调整，以激发员工的工作热情和工作能力。主管在考评活动中，还必须严格按照考评标准分清功过是非。同时，充分运用考评的结果，推动员工整体素质的提高。

（4）主客体结合原则。主客体结合原则是指自我考评和主管考评的结合，它是成果考评的两个方面。它们彼此联系，又有区别。联系是说二者考评的内容和方法基本相同，目的一致；区别在于二者的角度和要求不同。因为角度不同，往往对成果考评的结论和意见也就不尽相同了。在自我考评与主管考评的结合过程中，要坚持以自我考评为主，主管考评为辅。只有这样，才能促使员工积极参与成果考评，使成果考评比较符合客观实际，从而充分调动双方的积极性，提高整个成果的工作成效。

2. 绩效评估的内容

目标管理的评估小组一般由员工、主管和企业负责人组成。其中，最重要的评估人是目标执行者，也就是员工。目标绩效评估的评估项目可分为目标实绩、达成过程和执行者评估。具体说明如下：

（1）达成结果的评估。达成结果的评估包括：绩效高低，成果满意程度，偏差程度。

（2）达成过程的评估。达成过程的评估包括：达成目标活动是否顺利进行？是否按进度进行？当环境变动时如何处理？

（3）执行者的评估。执行者的评估包括：执行者工作能力，应变能力，能力成长状况，处事方法。

3. 抓住绩效评估时机

在目标管理的评估时需把握时机，以争取时效。评估的时机，可分为下列

271

三种：

（1）日常评估。日常评估是指工作告一段落，或进展到某种程度时所进行的评估。

（2）定期评估。定期评估也叫周期性评估。例如每周一次，或月底和年终举行的评估。

（3）总评估。总评估是指目标或实施项目完成之后所进行的评估。

主管在实施目标管理的评估时要把握以上三种时机，确保评估的准确性和科学性。

4.评估方式

目标管理的评估方式与传统的绩效评估方式不同。传统的绩效评估的重点在于主管的判断，常流于形式，员工只有被动接受。目标管理的评估，提倡员工的主动参与，因此，评估分为两个层次：首先是员工自我评估，其次才是主管对员工的评估。

（1）员工的自我评估。目标管理尊重员工的自我管理，所以，有关日常管理的评估，理应以员工的自我评估为中心。员工的自我评估包括三个层次内容：自行评价成果，根据员工自己的判断，从设定目标阶段开始回溯，做各方面的反省，同时也可以当作以后的参考资料；自行检讨成果，员工自行评估，先形成自我的检讨成果，有具体看法再向上级报告；呈报上级，员工自行评估成果绩效之后，将结果做一番整理之后，呈报主管过目。如果有目标卡或目标记录簿时，运用格式化的目标卡，只要详细加以记载，也可呈报上去，然后和主管商谈，了解主管的评估，以解决其中的症结问题。

（2）主管对员工的评估。目标经过协商设定后，由员工执行，主管应在期末对实际绩效进行评估。主管对员工的绩效评估步骤如下：

员工自行评估。由员工先自我评定目标执行期间内的成果，并将扼要事项记载在目标卡上，以便主管查核，员工也可将有关执行成果的具体事实，以书面形式附带于目标卡。

主管进行审阅核定，根据员工的自我评估，以及有关的说明和证件，审定他的成绩并填入"主管评估"成绩，记载在目标评分表上，送呈更上一级主管审核。

上一级主管做适当的修正评估，参考企业正式的财务报告和统计资料，并参照其他相关部门的绩效，对人力资源部主管的评分做适当的调整与修正。

管理之前先明确责任

· 今日茶点

为了做好工作，每一个组织成员都必须知道要求他做的是什么。为了明确责任，组织成员应该与管理者坐在一起，把组织所要求他做的事尽可能清楚地确定下来。

有时我们遇到这种情况，即在达到目标的过程中，所期望的结果和责任之间的关系往往被人忽视。通常，组织结构并不是按组织在一定时期的目标而建立的，因而常常发现部门和具体岗位难以有对应明确的目标，其责任多是含混不清的。实施目标管理最重要的一点，就是要尽可能地做到每个目标和子目标都应是部门或某成员的明确责任，如果难以做到，则至少应该对每一协作的管理人员所要完成的计划目标所做的具体任务做出明确的规定。因此，明确责任是保证目标管理最终成功的重要前提。

将已设定的组织总目标按照组织架构进行纵向与横向的分解是目标管理过程中最为关键的一步。其具体包括三个方面：

一是将组织总目标按组织体系层次和部门逐步展开，直至每一个组织成员。这一展开的过程就是所谓的自上而下的过程，但这一过程只是管理者给下属的一个初步的推荐目标，不是最后的决定了的目标。但这一自上而下的过程非常重要，若非如此，组织总目标就可能实现不了，或者组织总目标本身就需要改正。

二是组织体系中的每个层次、每个部门、每个成员均可以根据自己的部门、层次、岗位分工和职责要求，结合初步下达的目标进行思考分析，最终提出自己的目标。显然这一目标是对管理者下达的初步目标的一种修订。自己的目标提出后必须按层级上报，这就是所谓的自下而上的过程。

三是组织将自下而上的目标与下达的目标进行比较，分析差异，征询下属意见，再进行修订，然后再下达，下属仍可以修正，再次上报。经过上下的多次反复，最终将组织总目标分解成一个目标体系，下达给组织相应的层次、部门和组织成员。组织目标下达给每个部门、每个层次、每个组织成员时，要求有下达目标的具体说明、具体要求、自主权限、完成后的激励等，使接受目标的每个层次、每个部门和每个组织成员可以有明确的工作努力方向，有明确的责任和行为激励。

为了做好工作，每一个组织成员都必须知道要求他做的是什么。为了明确责任，组织成员应该与管理者坐在一起，把组织所要求他做的事尽可能清楚地确定下来。这之后的任何含混不清的事，必定会在错误的目标所列的领域里反映出来，其结果也必定是错误的。

因此，必须明确责任才能继续进行以下的步骤。这主要有两方面的理由：第一，最终用文字形式制定的目标通常是由这种责任产生的，因此，组织成员对他承担的责任必须尽可能地理解清楚。第二，大量的研究表明，组织成员与上司之间对于要做的事情在理解上平均有 25% 的差异。例如，常常出现这样的情况，组织成员正在花费大量的时间计划某一项目，而他的上司却不知道他已经着手进行这项工作了。同样，上司可能认为下属在执行某种职务，而后者却根本不知道应该在哪个职务领域里开展工作。

为了达到明确责任的目的，管理者可以采用下面几种方法。

1. 传统工作说明法

造成上下级之间混乱状况的主要原因是过分依赖管理人员进行工作说明的做法。传统的工作说明，对非管理人员即生产人员和办公室工作人员来说，可能还有某些用处和价值；但对管理人员来说，已经证明是不适用的，而且可能是有害的。其不适用性表现在：第一，传统的工作说明重点放在要采取的行动上，而不是放在要达到的目标上；第二，没有充分强调修改说明，对组织中重点变化的反应不明显。最典型的是同样的说明书年复一年地沿用下去，长久不变。

由于很少变动，因此也就没有规定从这一阶段到下一阶段必须不断有所提高。由于以上两个原因，工作说明就其名称及性质而言，强调的是对事而不是对人，是由人来支配工作，而不是由工作支配人。在一个组织里，管理人员的地位越高，支配的工作也就越多。所以，如果用一些别的文件或表格对传统的工作说明书做一些补充，完全有可能弥补一些弱点。

2. 动态与静态的工作说明法

目标管理是一种动态管理，所以我们不赞成使用静态的工作说明。而在实际中，商业上常用一种传统的、静态的方法来描述授予的责任。用来授予责任的实际工作说明应该针对责任者的具体职责需要不断加以调整。首先，应勾画出责任者的大致责任；其次，列出职责范围内必须应加以注意的关键目标领域；再次，确定在关键领域内必须完成的目标。这种以目标为中心连续不断的工作调整，会随着目标制定过程的进行表现得越来越明显。总而言之，为了明确责任，管理者应先划分清楚总的责任，然后要在总的责任中选出具体的课题或领域。

3. 依职定责法

责任是用来描述管理者总的工作的。如果是财务经理，就要负责财务工作，负责人力资源工作的是人力资源经理。责任像围墙一样，把管理者所应管辖的领域圈起来。责任也可以看作一个舞台，管理者可以在这里指挥他的管理活动。责任比职责更为简单，它并不说明要达到的具体目标。例如，一个典型的财务管理人员的责任是管理下列业务：资金管理、会计、数据处理、办公室服务以及报告系统等。这些业务构成了他的工作领域，但不包括这五项主要业务中所必须达到的目标。

确定责任的主要目的是为了清楚地说明组织中每一个管理人员的管理范围，以尽量减少混乱，或出现真空地带。比如两个或两个以上的管理人员负责同一项业务所造成的混乱，或某一项业务因无管理人员负责而荒废等。这些现象的发生就可以从反面说明确定责任的重要性。

从具体的目标开始

· 今日茶点

如何衡量一个企业的目标是否具体、清晰呢？一个最简单的方法就是员工是否能够真正地知道、理解企业的目标，以及他的任务。

有效执行从看得见、摸得着的目标开始。在许多企业里，员工们已经竭尽全力了，但最终他们却未能完成领导者制定的目标，主要原因是这些目标太模糊、太抽象了。有利于执行的目标应该是具体的、清晰的，既看得见，也摸得着。

明确具体的目标是指引企业航行的灯塔，有了它，企业之船才能满载货物靠岸。假如这灯塔不是明亮易见的，那么航船不仅靠不了岸，还有触礁沉没的危险。

如何衡量一个企业的目标是否具体、清晰呢？一个最简单的方法就是员工是否能够真正地知道、理解企业的目标，以及他的任务。

在制定了目标之后，管理者还需要为目标设定优先顺序。因为，任何一个组织都不可能同时实现多个目标，更不可能全部做好。因此，管理者必须设定目标的先后次序，集中力量做最重要的事。

如果想同时进行多个目标，工作人员必然发生混乱，弄不清到底该做什么，结果导致一个目标也没有实现。另一方面，企业的资源都是有限的，而真正有奉献精神、执着而努力的人也是不多见的。让他们忙于各式各样的事情而没有重点的话，会使他们最终变得平庸。同时，让员工兼任无关紧要的工作也会引起他们的不满甚至导致生产效率的下降。事实证明，把精力集中在3　4个目标上可以最有效地利用企业的资源。

　　企业制定发展目标无非是让企业的全体员工明白他们的奋斗方向，鼓舞他们的斗志。然而，有些管理者在制定目标时，把目标搞成了一个庞大的体系，其中既有战略目标，又有战术目标；既有管理目标，又有营销目标；既有长期目标，又有短期目标；既有团队目标，又有个人目标，而且目标远远高于企业的实际执行力。目标制定者本意是对企业有一个更高的要求，然而常常适得其反，目标的不切实际反而令员工无法清晰地把握方向和执行目标。

　　管理者大多倾向于制定较高的目标，较高的目标当然会让人感到振奋。但必须注意的是，如果目标高得超出了企业的能力所及，当它与现实脱节时，目标将变得毫无意义，这样的目标只不过是管理者的一项良好的愿望而已。

　　决策者必须始终牢记决策的目标，知道自己决策的目标到底是什么。目标是不可以凭理想和主观愿望去制定的，任何过高、过急和不切实际的目标，都将对企业产生巨大的危害。

　　管理者制定的企业目标，要做到切合实际，可操作性强，而不是一句空话和不能实现的口号。目标决策的形成与执行是一个系统的过程。同时，企业的执行力最终表现为团队力量，要形成团队强大的执行力，就要让员工看到企业发展的前途和方向，这样才有利于让员工保持行为的一致性，为他们共同的奋斗目标而努力，从而从根本上有效地提高企业的执行力。

促使下属自觉执行

· 今日茶点

　　在目标管理中，员工的自主控制和自主管理是要突出体现的。因此，企业各级主管都应鼓励、协助下级执行人员自觉地执行目标，使下属得到锻炼和提高。

　　目标管理的最大优点也许就在于它能使管理人员控制自己的表现，即实现自我控制。自我控制意味着一种更强大的动力，它追求卓越而不是仅仅要求过得去，它意味着更高的业绩目标和更广阔的视野。如果想让下属自觉执行目标，如何进行呢？

　　成功的职业经理人一般从"了解整体目标、上级目标、个人目标""下属自我管理""下属自由裁量成果""权限委让""下属自发启发"等各方面进行：

1. 了解企业整体目标、上级目标、个人目标

（1）了解总体目标，才能明白行进方向；了解目标体系，才明白自己的个人目标在总体目标中的位置，有助于下属向目标努力。

（2）只有了解企业和本部门的目标与方针及其对个人目标的达成与影响，下属才能有所遵循，有助于个人目标的达成和控制；只有彻底地认识上级的目标和方针，才能使个人目标顺利实现。

2. 加强自我管理

整体目标经明白提示，上级的目标及方针充分被下属所了解，下属的目标也就明确设定了。应该以具体、定量的方式来表示最后结果。不得已时，可以日程目标代替，但前提是能测定目标达成度。如此，下属才能检查其达成过程，才能做到自我控制。经理才能测定下属的达成程度，做到不必干涉就可做整体管理，并在最后可依此来测定及评估达成的成果。达成的方法则可由个人去自行选择，并由此激发各人的工作意愿，发挥个人独创性来达成目标。

3. 自由裁量成果

目标应达成的成果，可由达成的下属自由裁量决定，让下属在充分了解企业目标、上级目标之后，有权自由决定其工作方式，上级主管不予事事干涉。如果只是一些小差错，可以留待下属自行发觉并改进；只有出现违反规定的大差错，上级主管才应予以纠正。

强调自由裁量，并非意味着员工可以为所欲为。上级主管应加强对其监督管理，并要求其定期报告工作推展进度。因目标管理尊重执行者的意愿，可给予较大的自由裁量的余地。

4. 委让权限

（1）在设定目标的阶段，原则上应该把达成目标所需的权限委托给下属。对权限的转让，视各企业的个别规定而有所不同，尤其是牵涉部门间的协调事项，变化复杂，如何授权下属，有赖于主管的判断能力。在实际工作中，上下级双方应事先议妥委让条件，再进行授权。

（2）权限的委让，虽可以规定的、不成文的习惯为依据，但一般仍以下属的目标大小、能力高低为决定的准则，再加上主管的判断能力。

（3）在经营管理中，企业里有各种各样的人才，如果只强调推行目标管理，而不实行真正的授权，不给下级管理人员独立判断决定问题的权限，就无法发挥他们的聪明才智。

（4）授权的中心环节是使下级具有决定权。既然上级已经把权力委任给了下级，下级又有明确而具体的目标，如果在执行目标的过程中，事事还由上级来决定的话，就不是真正的授权。

5. 自我启发

管理工作，常需要有在职学习的经验，才能获致最佳学习效果。为达成设定的目标，要让员工自己来统御其执行过程。在这个过程中，必会遇到许多预料不到的事，必须由员工自己负起责任来克服、完成，由执行结果得知自己的判断是对还是错，并借此培养判断事物的能力及处事的决断力。因此经理人授权式管理，让下属控制达成的过程，可以起到让下属自我启发、自我成长的作用。

总之，在目标管理中，员工的自主控制和自主管理是要突出体现的。因此，企业各级主管都应鼓励、协助下级执行人员自觉地执行目标，使下属得到锻炼和提高。

目标成本控制的要点

· 今日茶点

在目标执行过程中会存在许多消耗和费用，企业应对这些消耗和费用进行有效的控制，避免浪费，实现既定的目标成本。

目标成本是企业目标体系的重要组成部分。它并不是孤立存在的，它与企业的其他目标之间有着相互制约、相互依存、相互保证、相互促进的关系。

目标成本控制的内容包括：目标成本预测、目标成本决策、目标成本计划、目标成本核算、目标成本分析、目标成本检查、目标成本考核。

在目标执行过程中会存在许多消耗和费用，企业应对这些消耗和费用进行有效的控制，避免浪费，实现既定的目标成本。企业在加强目标成本控制时应掌握确定目标成本控制的内容：

（1）目标成本预测。目标成本预测是根据有关的资料，运用一定的方法，对将来不同情况下可能发生的成本以及成本的变化发展趋势进行测算。有效的成本预测可以为成本决策、成本计划和成本控制提供及时、有效的信息，避免了决策、计划和控制中的主观性、盲目性和片面性。

（2）目标成本决策。目标成本决策是在目标成本预测的基础上，结合其他的相关资料，综合运用定性和定量的方法，决定最优的成本效益方案。企业在经营活动过程中，要进行各种各样的决策，有建厂、改建、扩建、技改的决策，新产品设计决策，合理下料方案的决策，自制或外购零件的决策，经济采购批量的决策，薄利多销的决策等等。

（3）目标成本计划。在目标成本预测与决策的基础上，企业还要通过一定的程序，运用一定的方法，以货币形式对计划期内产品的生产耗费和各种产品的成本水平设定标准，用书面文件的形式规定下来，作为目标成本执行和进行检查考核的依据，即为目标成本计划。通过成本计划管理，可以在降低产品成本方面给企业提出明确的目标，推动企业加强目标成本管理，明确成本责任，挖掘企业职工潜力。

（4）目标成本核算。企业要根据产品成本对象，采用相应的成本计算方法，对生产费用进行汇集与分配，计算出各种产品的实际总成本、实际单位成本和责任成本，这个过程即称为目标成本核算。目标成本核算既是对产品的实际耗费进行如实反映的过程，也是对各责任部门的各种费用实际支出的控制过程。

（5）目标成本分析。企业要以成本核算及其他有关资料为基础，运用一定的方法，揭示目标成本水平的变动，通过对影响成本变动的各种因素、原因以及应负责任的部门和个人的研究分析，提出积极的建议，以进一步降低产品成本。

（6）目标成本检查。企业还要加强成本监督，通过检查企业目标执行的各项工作，找出问题，明确责任，从而保证成本制度和财经纪律的贯彻执行，改进目标成本管理。目标成本检查一般包括：检查企业目标成本管理责任制的建立和执行；考察目标成本管理基础工作是否健全和完善；成本核算方法程序是否真实，数据是否可靠等。

（7）目标成本考核。企业应定期对成本计划及其有关指标的实际完成情况进行总结和评价，这样可以鼓励先进，鞭策后进，监督和促使企业加强成本管理，履行成本管理责任，提高目标成本管理水平。目标成本考核的形式大多是在企业内部车间、部门以至班级、个人之间进行的考核。

期末目标考核不能少

· 今日茶点

期末考核是对目标执行工作进行的最后评估，对目标管理活动也十分重要。企业应本着公平合理的方针，采用适当的考核方法，按考核的步骤认真地执行。

期末考核是目标执行工作的最后验收，也是目标管理的重点。职业经理人与下属按期初所设定的目标，在期末进行评估，力求公平公正，以提升员工工作士气。

1. 选择考核方式

（1）直接考核。直接考核以工作人员文字或口头报告为基础，现场验收为辅助。职业经理人根据目标工作单，会同工作人员逐项检收，核对目标与绩效进行评定。

（2）分段考核。分段考核可分为两部分，第一部分先由职业经理人会同公正人员，评核绩效报告；第二部分根据初评再和目标执行人员共同复核。因有初评作为基础，可减少许多争议。

2. 确定考核步骤

（1）下属自我评估。下属先自我评估目标执行期间内的成果，将扼要事项记载在目标卡或目标管理追踪卡中并向其直属主管提出。为便于主管的核查，下属也可将有关执行成果的具体事实，以书面文件附带于目标卡或追踪卡之后一同呈交。

（2）主管审阅核定。主管根据下属的自我考评，以及有关的说明与证件，审定其成绩并填入"主管评估"成绩栏，载于目标评分表上，送呈更上一级主管审核。

（3）职业经理人适当修正评估。职业经理人可参考公司正式的财务报告及统计资料，并考量其他相关部门的绩效，对直属主管进行评分，并做适当的调整与修正。

（4）呈报公司的目标管理推进中心。将目标评分表送至目标管理推行单位，以便综合计算各单位的绩效与应得奖惩，最后呈报最高管理阶层核定。

3. 确定考核内容

目标考核的内容一般包括以下几项：

（1）目标进度。目标不仅有质与量的要求，还有时间的要求。也就是说，目标项目不光有定性指标和定量指标，还有时间指标。特别是对于那些工作过程有逻辑顺序的部门或个人来说，对预定目标的进度要求往往很高。因此，在成果考评中，有必要对目标的进度加以评定，来反映目标实施进度的均衡程度，以及目标实施的实际进度与计划进度的偏离程度。

（2）目标完成情况。目标实现程度是以目标值作为考评尺度的。目标值是目标的具体形式，在考核阶段将实际成果与目标值加以比较，就可知道目标的实现程度。

目标值通常用两种数量指标来衡量，一是绝对数指标，它可以直接表现目标值的大小，给人一种清晰的数量概念，直接反映出预期成果的数量是多少；二是相对数指标，它可以综合反映目标值，特别是可以反映出经济效益的状况。但相对数指标比较模糊，目标值的直观性不够明显，不能直接体现不同目标执行者预期成果的大小。

（3）目标实施手段。实施手段是实现目标的工具和方法，也是实现目标的基本保证。一项好的实施手段，不仅能保证和促进目标的实现，更能使目标执行者取得更大成果，充分反映出目标执行者的智慧和才能。一般来讲，对实施手段的评价主要涉及三个方面：

经济上是否合理。在目标管理活动中，考评措施手段经济上的合理性，要把投入产出比作为标准。对于投入少、产出大，具有经济上合理性的措施手段，应该予以奖励。

内容是否有创造性。创造性是指创造性地运用某项措施手段或加以改进，使之更加有效。在推行目标管理中，创造性是评价措施手段的重要指标，它能帮助管理者发现创造性人才，促进员工提高自身的创造力。

技术是否先进。这是评价实施手段的主要标准，也是提高目标管理效率的重要保证。对于采用新技术实现目标的，应给予更多的肯定和奖励。

（4）员工的工作态度。考核员工的工作态度可从以下几方面着手：

协作精神。指目标执行者在工作过程中能否主动协助他人解决困难和实现目标，以及是否主动为共同目标的执行者或相关人员实现目标创造一个良好的环境。在成果考核中确立协作态度指标，有利于加强组织内部的团结，确保各项子目标和组织整体目标的实现。

工作热情。饱满的工作热情，是实现目标的重要保证。有了饱满的工作热情，各种具体的措施和手段才能得以良好地运用，目标执行者的潜在能力才能得以广泛地发挥。为此，在目标管理的期末考核中，对工作热情饱满的员工要给予肯定，对于工作热情不高的员工要给予鼓励，积极协助其查找原因。

总之，期末考核是对目标执行工作进行的最后评估，对目标管理活动也十分重要。企业应本着公平合理的方针，采用适当的考核方法，按考核的步骤认真地执行。

·第十四章·

授权管理：让领导的工作回归简单

形成完整的计划

·今日茶点

　　如果授权成为一项经常性的工作，我们应设计一定的管理表格，这类表格能帮助他人形成完整清楚的授权计划。

　　授权是一项重大的决定，因此，对于管理者来说，他必须对此形成完整的计划。这种计划可能不是文字的，但一定要在脑海中形成清晰的框架，盲目地授权，或者未经仔细斟酌设计的授权将带来混乱。制订授权计划，核心在于弄清楚授权要做的事情有哪些，这些事情的程序、步骤是怎样的，在每个过程中有哪些要点、可能出现的情况是怎样的，等等。一个完整的授权计划应包含下面几点基本内容：授权任务是什么，这项任务涉及的特性和范围怎样；授权需要达成的结果是什么；用来评价工作执行的方法是什么；任务完成的时间要求；工作执行所需要的相应权力有哪些。

　　如果授权成为一项经常性的工作，我们应设计一定的管理表格，这类表格能帮助他人形成完整清楚的授权计划。

　　授权计划的制订不应是自上而下发布命令的方式，这恰是与授权精神相违背的一种方式。授权计划从一开始即要求受权下属的参与。应允许下属参与授权的决定，在授权计划形成之后，应在更大范围内公布授权计划，根据授权计划向下属进行反馈和提问。

　　这样做的好处有多种。其一是帮助管理者整理自己的思想，在确有必要时，修改授权计划。其二是使下属充分理解授权的精髓，在最大限度内得到下属的认同，激发其积极性。同时，又能在组织中起到宣传引导作用，形成授权的心理期待。

不同的授权方法会产生不同的效果，管理者应当掌握正确的授权方法。授权的方法按照不同的维度，有不同的划分方法。按照授权受制约的程度，授权的方法有：充分授权、不充分授权、弹性授权、制约授权。

充分授权是指管理者在向其下属分派职责的同时，并不明确赋予下属这样或那样的具体权力，而是让下属在管理者权力许可的范围之内，自由、充分地发挥其主观能动性，自己拟订履行职责的行动方案。这种授权的方式虽然没有具体授权，但在事实上几乎等于将管理者自己的权力——针对特定的工作和任务的——部分下放给其下属。

充分授权的最显著优点在于能使下属在履行职责的工作中实现自身价值，获得较大的满足，最大可能地调动下属的主观能动性和创造性。对于授权管理者而言则大大减少了许多不必要的工作量。充分授权是授权中的高难度特技动作，一般只在特定情况下使用，基本要求授权对象是具有很高素质和责任心的下属。

不充分授权是指管理者对其下属分派职责的同时，赋予其部分权限。根据所授下属权限的程度大小，不充分授权又可以分为几种具体情况：

让下属了解情况后，由领导者作出最后的决策；

让下属提出详细的行动方案，由领导者最后选择；

让下属提出详细的行动计划，由领导者审批；

让下属果断采取行动前及时报告领导者；

让下属采取行动后，将行动的后果报告领导者。

不充分授权是现实中最普遍存在的授权形式，它的特点是较为灵活，可因人而异、因事制宜，采取不同的具体方式。但它同时要求上级和下级、管理者和下属之间必须事先明确所采取的具体授权形式。

弹性授权是综合充分授权和不充分授权两种形式而成的一种混合的授权方式。弹性授权是根据工作的内容将下属履行职责的过程划分为若干阶段，在不同的阶段采取不同的授权方式。弹性授权的精髓在于动态授权的原理。弹性授权具有较强的适应性，当工作条件、内容等发生了变化时，管理者可及时调整授权方式以利于工作的顺利进行。管理者在应用弹性授权时的技巧在于保持与下属的及时协调，加强双向的沟通。

制约授权是指管理者将职责和权力同时委托和分派给不同的几个下属，以形成下属之间相互制约地履行其职责的关系。如会计制度上的相互牵制原则。制约授权形式的应用要求管理者准确地判断和把握使用的场合。它一般只适用于那些性质重要、容易出现疏忽的工作之中。制约授权在应用中的另一个要点在于，警惕制约授权可能带来的负面效应，过分的制约授权会抑制下属的积极性，不利于提高工作的效率。制约授权作为较特殊的一种授权方法，一般要求与其他授权方法配合使用，取其利，去其弊。

授权必须遵守原则

· 今日茶点

管理者必须明白在授权中应遵循什么样的原则，才能实现授权的目的。

管理者面临的各项事务纷繁复杂、千头万绪，任何管理者，即使是精力、智力超群的管理者也不可能独揽一切，授权是大势所趋，是明智之举，现在的问题是在授权中应遵循什么样的原则，从而实现授权的目的。

（1）目标原则。实现管理目标是管理工作的最终追求，授予某个人的职权应该足以保证他能够实现目标。许多管理者在授权时，对哪些职权应该授予、哪些职权必须保留的问题考虑得较多，而忽略了团队的目标。

授权的目的是让被授权者拥有足够的职权以顺利地完成所托付的任务，因此，授权首先要考虑应实现的目标，然后决定为实现这一目标下属需要有多大的处理问题的权限。只有目标明确的授权，才能使下属明确自己所承担的责任。盲目授权必然带来混乱。要做好按预期成果授权的工作，必须先确定目标，编制计划，并且使大家了解它，然后为实现这些目标与计划而设置职务。

（2）举贤原则。"职以能授，爵以功授"，授权不是单纯的权力和利益的再分配，而是对下属德才素质有较为详细的了解后，根据每个人的才能和特长授予相应的权力，保证权才相符。一般来讲，工作难度应比承担工作者平时表现出的个人能力大些，使其产生压力感，完成工作才有成就感。

向下属授权过大，就会出现大权旁落的局面；授权过重，会超过对方能力与承受限度；过轻，则失去授权的意义，不利于下属尽职尽责。授权尤其要注意选好受权者。如果人选不当，不但难以达到预期的效果，甚至会降低管理者的威信，给组织管理带来负面影响。

（3）留责原则。从权、责内容上看，授权有两种形式：授权授责与授权留责两种。前者如同分权一样，授权同时授责，权责一致；后者则不同，授权不授责，如果被授权者工作处理不当，出现的决策责任仍然由授权的管理者自己承担。

这两种形式各有利弊。授权授责，被授权者有责任，就有压力，就会有正确运用权力的责任感，可以防止滥用所授予的权力，但也给被授权者在行使决策权进行创造性活动时带来巨大的压力与精神负担——由于惧怕自己的失误会给组织带来危害，影响自己的前途，因而不能充分行使其被授予的权力，最终影响工作的效能。

而授权留责，一方面可以使被授权者增强对管理者的信赖感，工作更放心；在决策责任面前，管理者要多承担责任，坚持推功揽过的原则，有利于激发下属的主动性、创造性，有利于较好地树立领导者的崇高权威。

一般来说，为了锻炼培养干部、接班人，为了处理突发的危机事件而进行的授权，宜采取授权留责的形式，而其他情况下的授权则以授权授责为宜。但是，这只是大致的划分，无论采取何种形式，授权活动在性质上是管理行为，出现任何责任后果，管理者都有不可推卸的责任，应是责任的主要承担者。

（4）权责对等原则。职权是执行任务时的自决权，职责是完成任务的义务，因此，职权应该与职责相符。在实践中要避免出现有权无责或权责失当的现象。在实际工作中，下级人员总是希望增加他们的职权，而同时减少他们的职责；上级人员则要求下级人员多承担职责，但又不愿意给予必要的职权。

这两种做法都欠妥当。如果有权无责，用权时就容易出现随心所欲、缺乏责任心的情形；如果责大于权，则会增加工作难度，难以调动下级的工作热情；只有全面权衡，找准权责对等的契合点，才能提高管理效能，使个人与组织共同获得发展的机会。

（5）激励原则。"疑人不用，用人不疑"，授权于下属，是对他们的信任，可建立良好的人际关系，使下属对自己所从事的工作也充满了自信心，有利于提高工作效率。在授权的同时，应对部下进行适当的激励，比如称赞其完成任务的优点和有利条件，当然也要指出应注意和克服的短处等，以充分调动其积极性。

因此，授权可以开发下属的潜能，为他们提供个人成长、发展的机会，使他们在实践中受益；通过授权，也可使下属参与决策，了解工作程序，激发其工作热情，增加对团队的归属感，提高团队的决策水平，增强下属的自身实力。

（6）逐级授权原则。管理者所授予下属的权力是管理者自身职务权力范围内的决策权，即管理者自身的权力。如高级主管只能将自己所享有的决策权授给自己直接管理的中层主管，而不能把高级主管所拥有的权力授给中层主管的下属，这样实质上就侵犯了自己的下属的合法权利，是越级授权局面，会引起下属有职无权，给自己下属的工作造成被动，会引起自己与下属之间的矛盾。另外，授权要专一，同一权力不能同时授予两个或两个以上的人，以避免职责不明，致使工作混乱。

（7）适度原则。授权要适度。如果授权过宽、过度，超过被授权者的智能所承担的限度，会出现小材大用的情况；超过所处理事务的需要的过度授权，就等于管理者放弃了权力，导致下属的权力泛化，使管理者无端地被架空。

授权过窄、不足，则不能充分调动下属的积极性，不能使其充分发挥才能，出现大材小用的情况；下属也不能充分地代表管理者行使权力，处理相应的事务，还得事事请示汇报，管理者仍不能从繁杂的事务中解放出来，达不到授权的目的。适度授权就是要求管理者授予下属的权力要精确、充分，它是建立在目标明确、职责清晰基础上的授权。因此，授权要做到下放的权力刚好够下属完成任务，决不可无原则地放权。

（8）可控原则。坚持可控授权的原则，可以有效地防止所授予的权力被滥用。授权只是将管理者应当独享的权力授予下属的活动，管理者并不会因为授权而丧失其管理主体的地位，并且仍是授权责任后果的最终承担者。

正确的授权，不是放任自流、撒手不管，不是放弃其职能，授权时必须有办法确保权力得到恰当使用。控制的目的在于发现和纠正下属行使权力时偏离目标的现象，而不是干预下属的日常行动。管理者要能灵活掌握授权的范围和时间，根据工作的发展和需要随时调整，能放也能收。

受权人的汇报义务是授权的本质要求，汇报绝不是可有可无的，必须要求下属自觉汇报工作的进程和结果，必须对下属进行有力的指导监督，因此，要掌握对被授权者的进行检查、监督的权力。应切记的是，授权不等于弃权，类似于决定组织前途与结果的最终决策权，必须牢牢掌握在自己手中。

有效授权的实施过程

· 今日茶点

授权前管理者应先把任务标准化，然后通过培育授权气氛，转移心态，选准授权人，选取授权任务和把握授权时机，确保授权的有效实施。

授权是一项系统工程，不仅需要管理者将任务和目标明确，将任务标准化，还需要注重团队气氛的培养和选准授权人。不仅需要技巧，还需要把握好授权时机。

1. 把任务标准化

当团队完全由管理者来推动其运行时，任务和他想要达到的目标存在于他的大脑中，这可能是模糊的，当他把一个具体的环节交代给团队成员去完成时，他没有必要向团队成员解释整个任务是怎样的。然而，当实施授权之后，模糊的任务常常使团队成员无所适从，当管理者试图授权时，一个首要的工作就是把任务标准化。这种标准化包括下面几点：

（1）任务是有清晰的目标和方向的；

（2）完成任务所需条件是相对明确的，团队成员知道如何寻求配合和帮助；

（3）任务完成的程序具有相对稳定的模式，完全没有思路的任务不适于授权；

（4）任务的完成有相对明确的考核标准，以确定任务完成的质量。

将部门的工作任务标准化，其意义远不止是授权的需要，它对于部门的科学管理具有非凡的意义，是部门走向正规化、走向成熟、走向制度管理而非主管主观化管理的必经之途。

2. 培育授权气氛

任务标准化之后，管理者应怎样培育授权气氛呢？

（1）向团队提出质疑。在各种场合揭示团队内部存在的问题，引发讨论，并提供具有建设性的意见和方案。

（2）重视团队的培养。采用渐进的方式促使团队改变。首先在管理者与团队之间发展授权的关系，建立一种适用于授权的新型工作模式，并作为进一步推广的典范。

（3）初步成果的共享。团队在实施初步的授权之后，每一点哪怕是微小的成绩提升或气氛改进都是值得关注的，应该关注这些成绩，以恰当的形式给予庆贺，并向团队成员公布，让他们知道成绩是如何取得的。

（4）勇于探险。管理者可以尝试一件以前不会做的事情，使自己进一步成长，并以自身的勇气鼓舞团队成员，创造一种勇于冒险、求新的组织氛围。

3. 转移心态

转移心态包括两方面：一是管理者心态的转移，二是团队成员心态的转移。授权最重要的前提在于管理者的认识或认同。管理者在要将自己天天从事的工作授权给他人接管时，总是感到难以割舍。管理者心态的转变对授权的成功与否至关重要。但由于种种缘由，多数的管理者在走向授权时总是有些犹豫，他们一时还不能适应授权将带来的心态上的转变。旦于这种转变非常关键，管理者应尽快适应。

与管理者心态转移同等重要的是团队成员工作态度的转变。主管在保证自己心态转变的同时，应帮助团队成员实现心态的转移。只有管理者和团队成员同时完成心态转移与重新定位，一个新的授权的组织状态才最终完成。

4. 选准授权人

选准授权人是成功授权的关键。权不可不授，却也不可乱授。授错了人，很可能会误事和坏事。管理者可以将权力适度授予以下几种人：

（1）忠实执行管理者命令的人。一般来说，管理者下达的命令，无论如何团队成员都要全力以赴，忠实执行。这是团队成员必须严守的第一大原则。如果团队成员的意见与管理者的意见有出入，可以先陈述他的意见。陈述之后，管理者仍然不接受，就要服从管理者的意见。有些管理者在自己的意见不被采纳后，抱着自暴自弃的态度去做事，这样的人没有资格成为管理者。

（2）做管理者的代办人。团队成员必须是管理者的代办人。纵然管理者的见解与他的见解不同，但管理者一旦有新决定，他就要能把这个决定当作自己的决定，向其他人包括外界做详尽的解释。

（3）明确自己权限的人。被授权的团队成员必须能认清什么事在自己的权限之内，什么事自己无权决定。如果发生问题，而且又是自己权限之外的事，处理的办法不是拖拖拉拉，而是立即向管理者请示。

超越管理者的交涉、协调，等于把管理者架空，也破坏了命令系统。非得越级的时候，原则也要先跟管理者打招呼，以获得认可。

5. 选取授权任务

在正式开始授权之前，管理者要做的第一步工作是对必须完成的任务按照责任的大小进行分类排队，不同类的工作对应不同的授权要求，做出一张"授权工作清单"。

（1）必须授权的工作。这类工作管理者本不该亲自去做，它们之所以至今留在管理者的手中，只是因为管理者久而久之，习惯去做，或是管理者自己喜欢，不愿交给别人去做。这类工作授权的风险最低，即使出现某些失误，也不会影响大局。

（2）应该授权的工作。这类工作总体上是一些团队成员完全能够胜任的例行的日常公务，团队成员对此有兴趣，觉得有意思或有挑战性，而管理者一直由于疏忽或其他原因没有交给他们去做。这类工作授权给团队成员的意义，除了可以节约管理者的时间和精力之外，更有利于调动团队成员的积极性。

（3）可以授权的工作。这类工作往往具有一定的难度和挑战性，它要求团队成员具有相当的知识和技能才能胜任，但由于管理者不放心而长期坚持做。事实上，只要管理者在授权之外，特别注意为被授权的团队成员提供完成工作所需的训练和指导，把这类工作交给团队成员，就可以有机会让他们发挥自己的才能。对于一个急切地需要一个得力助手的管理者来说，这无疑是精选干将的绝佳时机，因为在所有的人员评估手段中，实战表现是最具有效率和可信度的一种，其他任何的方式都无法与之相比。

（4）不能授权的工作。每个部门的工作之中总有一些工作关系到部门的前途、命运、声誉，这类工作一旦失误将要付出沉重的代价。还有些工作除非主管本人，他人无法完成，这类工作是不可授权的，必须管理者亲手做。这类工作包括制订未来发展计划、选拔新进团队成员、考核团队成员绩效、实施奖惩和重大决策，等等。

6. 把握授权时机

授权在最开始时可能很耗费时间，因为它需要管理者对团队成员工作中的自由决定范围进行细致考虑。在这一范围确立之后，管理者就需要拿出时间对团队成员进行权力使用的训练。建立恰当的控制程序也需要花费时间。授权如同一项资本投资，确立授权模式所花费的时间有可能获得巨大的回报——但这种回报只能在将来获得。管理者在授权时应对授权模式进行仔细考虑，通过授权不停地积累经验。

那么，管理者应当在什么情况下实施授权呢？

（1）管理者办公时间几乎全部在处理例行公事时；

（2）管理者的工作被员工的频繁请示所打扰时；

（3）管理者需要进行计划和研究而总觉得时间不够时；

（4）团队成员因工作闲散而绩效不高时；

（5）管理者因独揽大权而引起上下级关系不和时。

7. 抓住授权的要点

善于授权是领导能力的重要体现，授出去的权力不是分出去的财产，而是放飞的风筝，既给了团队成员一定的权限，又对授出去的权力有所控制；既挖掘和调动了团队成员的潜力，又减轻了自己的工作负担。因为管理者不可能将任何事务都一揽己身，也不可能通晓管理范围内有关的各种专业，只有物色人才，适时授予权力，驾驭得当，管理者的事业才可发展拓深，开创新的局面。

身为管理者，能否成功地授权给团队成员，与管理者本人的思想方法、工作能力有着直接的关系，善于授权可以大大提高管理者的领导成绩。以下内容是授权时主管应注意的几个问题：

（1）要弄清转让权限的本质。对管理者而言，最重要的事情是牢牢掌握权限转让的本质含义。权限转让绝不是责任的转让，当管理者将权限转让出去之后，必须保留作为团队成员的管理者和合作者的身份。

（2）要认真了解员工情况。每一个团队成员的工作能力及思想方法都会有所不同，所以应该充分了解他们的专长及做哪些工作最合适，然后将最符合其特点的那部分权限委托给他们。

（3）要使员工清楚目标和目的。管理者的责任不仅仅是对团队成员说要他做些什么，还要使他清楚为什么这么做、什么时候做、和谁一道做和怎么做。否则，尽管管理者将一部分权限交给他，也不可能充分发挥其功能。

（4）要事先确定工作完成标准。管理者与团队成员共同磋商，制定工作标准，同时还应商量成绩评估方法，以获得一致性的意见。

（5）要对团队成员进行训练、指导。为了更好地转让权限，管理者应对团队成员进行训练和指导。

（6）要和员工经常谈心。为使团队成员毫无顾忌地行使转让而来的权限，管理者应随时任其畅所欲言，并给予大力协助和必要的指示。

（7）要对考核结果进行评估。将权限转让出去之后，如果管理者撒手不管就容易使团队成员干劲松懈，这也是失策原因之一。管理者应该经常就转让出去的权限、工作成效给予恰如其分的评估。

（8）要弄懂授权不拘小节。一般来说，管理者主要把握宏观上的规划，对于小节应该授权给团队成员自行处理。

分工是授权的真谛

· 今日茶点

因势利导，妥善授权，可以大大提高管理效率，又可以使主管们不必每天如此忙碌。因此管理者应该做到：大权独揽，小权分散；绝不可权力集中，事必躬亲。

一位美国企业家说："身为一个主管，都该明白想逼死自己最快的方法就是大权一把抓。"美国著名的社会学家怀特说："世界上最困难的事情是什么呢？就是把一件你很拿手的工作交给别人，再眼睁睁地看着他把事情搞砸，而你却还能心平气和地一言不发。"

适时授权，并不代表主管本身的地位摇摇欲坠，反而象征着他领导有方。

1. 合理授权，解脱主管

有这样一种现象：走进任何一家公司，我们几乎都能见到这样的主管：他们喋喋不休地抱怨时间不够用，工作任务繁重不堪，他们经常性地加班加点，每天晚上都将公事带回家去处理，他们没有时间享受每年的节假日，没有时间陪妻子散步，更没有时间与女儿玩游戏，因此他们总听到妻子和儿女的抱怨，尽管如此，工作任务却总是越来越多，让他们穷于应付，而且这种趋势总是在加剧。

你与一些企业经理们谈天，他们总是告诉你工作如何辛苦，不仅 8 小时以内充塞得像一个满胀的气球，就是 8 小时之外也常被工作"无情"地占用了。对他们来说，一天 24 小时，除了吃饭、睡觉之外，其余时间都花费在工作上了。为什么他们的工作显得格外忙呢？

据说企业管理工作中有"六愁"：一愁原材料，二愁能源紧，三愁资金缺，四愁销售难，五愁会议多，六愁事务杂。于是我们的经理们便像落进了泥潭中，被"愁"充斥着。管理对他们来说，只意味着一件事，即其已成了工作的奴隶。

这就是许许多多主管的真实写照。而更加具有深刻意味的是，大部分的主管却并未意识到其真实处境。如果你足够细心，你不难发现，无奈的摇头和笑容背后，他们在显露一种"神圣伟大"的庄严感。他们觉得这一切尽管在折磨自己，却是值得的，是唯一的工作管理的方法，正是这样才突出了他们的不可或缺的重要性。

然而果真是这样的吗？只要看一下主管们整日紧锁的眉头，就有答案了，答案就藏在这眉头的皱纹里。

原因是他们没有采取授权管理。因势利导，妥善授权，可以大大提高管理效率，又可以使主管们不必每天如此忙碌。因此管理者应该做到：大权独揽，小权分散；绝不可权力集中，事必躬亲。管理者应该适时授予下属权力，善于分配工作，并进行有效的指导和控制，使下属有相当的自主权、自决权和行动权。

2. 人尽其才，管理省心省力

有些主管也许喜欢在工作上大包大揽，希望每件事情经过其努力，都能很圆满地完成，得到管理者、同事和员工的认可。这种事事求全的愿望虽然是好的，但常常收不到好的效果。

首先，你的精力不允许你这样去做。因为一个人的能力是有限的，就算你每天拼死拼活地努力，事实上，部门内大大小小各个方面你总会有照顾不周的。何况一个人的生理能力是有极限的，你如果总是这样，天天如此，你迟早会被累垮。

其次，巴掌再大遮不住天。整个企业并不是你一个人的，你的下面还有许许多多不同等级的人员，你把所有的事情都做了，那么，他们又去干什么呢？而且，许多人会对你的这种做法滋生意见和不良情绪。

更有一些松垮成性的员工，会因为凡事都有你过问或代劳，而养成懒惰、工作消极的毛病。更为重要的是，长期的懈怠会使他们疏于思考，遇到稍微困难的问题就无法解决。企业整体的活力和创造力降低了，失去了生机，极不利于企业的发展。

你如果想少做一点儿得不偿失的事情，那么在上任之后，你首先要花一些力气摸清情况，了解每个下一级员工的特点，调动他们的积极性，根据每个人的实际能力，安排适合他们的工作，做到人尽其才。

做好了这一步工作之后，再去让他们调动再下一级员工的潜力，安排适合每个人专长的工作。这样以此类推，一级一级，每个员工都将获得他们相对满意的工作，谁都不会再因此发牢骚、闹情绪，整个部门上下都在努力地工作。这不是一种省心又省力的方法吗？

3. 小权分散，管理好轻松

作为管理者，并不意味着他什么都得管，而应是大权独揽，小权分散。做到权限与权能相适应，权力与责任密切结合，奖惩要兑现。

什么都干的管理者是什么都干不好的。记住，当你发现自己忙不过来时，你就要考虑自己是否干了些应该由员工干的事情，要考虑是否应该向下放权。

许多人喜欢命令员工去做事，以显示其领导地位。"你今天要给我把这份文件写好，并且打印三份。"这种命令的口吻多少让员工有些不快。

多发问，少命令。发问可以使员工觉得他也是企业的一部分，他在为企业的工作而努力，这比为某一个人卖命好一些。那么前面的命令可以转换为以下的发问："我们急等这份材料用，你看今天能写完并打印三份吗？"

作为管理者，有时也会遇到一些事情是超过自己权限的，而且对此业务也不太熟悉。这样的事不该管，管不好的事情干脆不管。聪明的你便不会如此受累不讨好。

一个人遇到的事有大事、有小事，管理者要全力以赴抓大事。大事就是全面性、根本性的问题。对于大事，管理者要抓准抓好，一抓到底，绝不半途而废。一般来说，大事只占 20%，你以 100% 的精力处理好 20% 的事情，当然会轻松自如了！

记住，杀鸡不用宰牛刀。管理者小权分散，管理起来就会轻松自如。

授权授给什么样的人

· 今日茶点

只有将权力交给最适合的人，管理才能实现真正的高效。

授权必须以选准人为前提。只有将权力交给最适合的人，管理才能实现真正的高效。授权必须授给这样 12 种人。

（1）及时向管理者报告处理好的问题的人。自己处理好的问题，他总能有时间向管理者报告，使管理者了解实情，不至于作出错误的判断，或是在会议上出现尴尬。当然，他还知道有些事情无须一一向管理者报告。但是原则上可称之为"问题""事件"的事情，他都会向管理者提出报告。

（2）勇于承担工作责任的人。有些人在自己负责的工作发生错失或延误的时候，总能为错失负起全责。他顶多只能对上司说一声："是我工作不力，责任心不够。"如果管理者问起错失的原因，他会据实说明，很少有任何辩解的意味，更很少把责任归咎于他人。

（3）将分内事情处理得干净利落的人。遇到稍有例外的事、身边的人稍有错失，或者旁人看来极为琐碎的事，他从不一一搬到上司面前去请示，他懂得轻重缓急，分得清利弊得失。他对管理者没有过分的依赖心理。要知道事事请求不但增加了管理者的负担，他本身也很难成长。下属拥有执行工作所需的权限。他必须在不逾越权限的情况下，凭自己的判断把分内的事处理得干净利落，这才是管理者期待的好下属。

（4）经常请求上级指示的人。下属不可以坐等管理者的命令。他必须自觉做到：请管理者向自己发出指示，请管理者对自己的工作提出指示。如此积极求教，才算是聪明能干的下属。

（5）提供信息给管理者的人。下属在与外界人士、部属等接触的过程中，经常会得到各种各样的信息。这些信息，有些是对企业有益或值得参考的，他能把这些信息谨记在心，事后把它提供给管理者。自私之心不可有。向管理者做某种说明或报告的时候，有些下属习惯于把它说得有利，如此一来，极易让管理者出现判断偏差。尤其是影响到其他部门，或是必须由管理者作出某种决定的事，他在说明与报告时总是不偏向于任何一方，而是从大局出发，扼要陈述。

（6）理解并忠实执行管理者指示的人。领导一旦下达命令，无论如何也得全力以赴，忠实执行。这是下属必须严守的第一大原则。其二原则是：下属能够充分理解上司的决定，在必要的时候能够代替上司向其他人或是外界人作出解释。

（7）明白自己权限的人。被授权的人必须能认清什么事在自己的权限之内、什么事自己无权决定，绝不能混淆这种界限。擅自做主、隐瞒不报、越级上报，都不允许发生。

（8）负起留守责任的人。有些下属在管理者不在的时候，总是精神松懈，忘了自己应尽的职责。例如，下班铃一响就赶着回家，或是办公时间内借故外出，长时间不回。按理，管理者不在，下属就该负起留守的责任。当管理者回来后，就应向他报告他不在时所发生的事情以及处理的经过。如果有代管理者行使职权的事，就应该将它记录下来，事后提出详尽的报告。

（9）随时回答管理者提问的人。当管理者问及工作的方式、进行状况，他都能当场回答。好多下属被问到这些问题的时候，还得向其他人探问才能回答，这样的下属，不但无法管理部属与工作，也难以成为管理者的辅佐人。好的下属总是能随时掌握职责范围内的全盘工作，在管理者提到有关问题的时候，都能立刻回答。

（10）致力于消除管理者误解的人。管理者也会犯错误或是发生误解。事关工作方针或是工作方法，管理者有时也会判断错误。管理者的误解往往波及部下晋升、加薪等问题。碰到这些情况时，他从不袖手旁观，而总是竭力消除管理者的这种误解。

（11）向管理者提出问题的人。管理者由于事务繁忙，平时很难直接掌握各种细节问题。能够确实掌握问题的人，一般非中层管理者莫属。因此，他常常能向管理者提出所辖部门目前的问题，同时一并提出意见或建议，供管理者参考。

（12）代表他负责部门的人。管理者不在，他就是部门的代表人。管理者在场，他是下属的代表人，他是夹在上级与下属之间的角色。从这个立场来看，他必须做到：把上级的方针与命令彻底灌输给下属，尽其全力，实现上级的方针与命令。随时关心下属的愿望，洞悉下属的不满，以下属利益代表人的身份，将他们的愿望和不满正面反映给上级，为实现下属的合理利益而努力。夹在上级与下属之间，往往使他觉得左右为难，但是他务必冷静判断双方的立场，设法调和。

有些事不适合放手

· 今日茶点

并非所有的事情都适合放手，有些事情必须紧握不放。

许多主管虽然有心授权，但却无法准确地掌握授权的范围。大体而言，以下的这些工作可以考虑分配给下属去做：

一是可以提高下属办事能力的工作，比如收集某些统计数据、重新检讨该部门的工作量、提出对于未来发展计划的建议等。

二是必须是赋予一件完整的工作，而且有明确的责任归属。如果只是要他们来"踹一脚"，对提升他们的成就感将毫无好处。

三是只需关起门来思考就可以自行决定的单纯事务，而且有一套明确的判断标准可资依循，不致因个人主观因素而产生失误。

在另一方面，以下的这些工作则不应授权给下属去处理：

一是只有主管才能过问的事务，如员工的薪资调整方案、部门的年度生产目标，以及若干涉及组织业务机密或是较为敏感性的事件。

二是并非完整的一件工作，因为这类工作不易分清责任归属。

三是单调而琐碎的例行性业务。

四是需要召开会议才能决定的事务。

管理者不妨来体验一次：

有一天，王媛媛跑来问身为部门主管的你，看看是否能早点儿下班去看望朋友。但是她来得很不是时候，你正在填写一份公司的机密报告。

"我现在很忙，不要来吵我！"你不耐烦地把手一挥，"有什么事就跟大张说吧。"大张是该部门的资深职员。于是王媛媛就满怀希望地走到大张的办公桌前说："我今天想早点儿下班去看望朋友，主管叫我来请示你。你觉得可不可以呢？"

大张一时之间显然是有些错愕，愣了老半天之后才说："我想应该没关系吧，不过你该做的工作当然都要先做完才能走。""谢啦。"王媛媛很愉快地走开了，没有注意到大张脸上的困惑表情。

让他感到不解的是，这已经不是第一次了。在过去的一个月里，有好几个同事都曾过来向他请示，让他在受宠若惊之余又不禁有种满头雾水之感，只好一律批准。

几个月以后，你逐渐发觉手下无论碰到什么事情都不会去找你，反而去请示大张，仿佛这个人才是主管，这时你才觉悟到由于你在授权时的轻率，使得自己"大权旁落"。

哪些事情你会授权给下属？请利用以下问题做一次检验。

（1）拟定招聘新进员工的相关事宜。

（2）处理一项你最拿手的企划报告。

（3）提出一份年度预算报告。

（4）撰写一份有关未来业务开展的建议报告书。

（5）拟定员工守则与奖惩标准。

（6）处理例行性的业务。

（7）撰写一份行政革新的建议报告书。

（8）员工的业绩评审工作。

（9）对于表现欠佳的员工，予以个别辅导或训练。

（10）收集某项复杂事件所涉及的相关资料。

（11）处理客户的申诉事件。

（12）决定要在何处举办年终聚餐。

你认为哪些是属于可授权的项目？

正确答案是，除了事件（1）、（5）、（8）以及事件（9）之外都可以。

管理者不是甩手掌柜，必须担负应有的职责；授权不是一味地全部将工作交给下属，而是有选择地授予下属；管理者真正的高效不是来自少干，而是干好最重要的事情，因此管理者一定对自己职责范围的工作以重要程度进行规划和分析，找出哪些是可以授权给下属的、哪些必须是自己亲历亲为的，这样才能使授权不会出现偏颇，才能真正实现管理的高效。

完成授权需要三要素

· 今日茶点

管理者从事工作指派与授权后，仍然对下属所履行的工作的成效负全部责任。

所谓授权，是指将分内的若干工作交托给下属去做。授权行为本身是由三个要素构成的，即工作指派、权力授予及责任创造。

1. 工作指派

在授权过程中，工作的指派，向来是最受管理者所强调的。不过，一般管理者在指派工作时，往往只做到令下属获悉工作性质与工作范围，而未能令下属了解他所要求的工作成效。这一点可以被视为管理过程中的一大败笔，因为一旦下属对管理者所期待的工作成效不甚了解，则其工作成果肯定不够水准，即使超过水准，从人力资源有效运用的观点来看，这两种情况也都是不好的。另外，并非管理者分内的所有工作均能指派给下属履行。例如，工作目标的确立、政策的研拟、员工的考核与奖惩措施等工作，都是管理者维持控制权所不可缺少的。因此它们均需管理者亲自操作。

2. 权力授予

在指派工作的同时，管理者应对下属授予履行工作所需的权力。这就是"授权"两个字的由来，管理者所授予的权力应以刚好能够完成指派的工作为限度，倘若授予的权力超过了执行工作的需要，则势必导致下属滥用权力。根据现代管理学者哈维·施尔曼的看法，授予的权力大小可以分为六个层次：

（1）审视这个问题，告诉管理者一切有关的实况，管理者将自行制定决策；

（2）审视这个问题，让管理者了解含正、反意见的各种可行途径，并建立其中的一个途径供管理者做取舍；

（3）审视这个问题，让管理者了解你希望怎么做，在管理者同意之前不要采取行动；

（4）审视这个问题，让管理者了解你希望怎么做，除非管理者表示不同意，否则你可照你的意思去做；

（5）你可采取行动，但事后应让管理者知道你的所作所为；

（6）你可采取行动，而不需要与管理者做进一步的联系。

以上六个层次，第一个层次所授予的权力最小，但是它所期待履行的任务也相对最轻。第六个层次所授予的权力虽然大到令下属可以独立决断，但这并不排除管理者对所授的权力做必要的追踪、修正，甚至收回的可能性。

3. 责任创造

管理者从事工作指派与授权后，仍然对下属所履行的工作的成效负全部责任。这是说，当下属无法做好指派的工作时，管理者将要承担其后果，因为前者的缺陷将被视同后者的缺陷。可是，有些管理者在下属无法做好指派的工作时，企图将责任推卸在下属身上，这种做法显然是不正确的。每一位管理者都应保持这样一种态度："权力固然可授予，但责任却无可旁贷。"

另一方面，为确保指派的工作顺利完成，管理者在授权的时候必须为承受权力的下属定下完成工作的责任。下属若无法圆满地执行任务，则授予权力的管理者将追究其责任。

让下属全部行动起来

· 今日茶点

授权的结果就是要让下属全都行动起来，充分利用自己手中的权力，完成自己的工作，使之更趋完美。

通用电气前 CEO 杰克·韦尔奇认为一个杰出的高效能经理人必须做到的一点就是善于授权。著名的管理学大师史蒂芬·柯维认为，做不到合理授权是现代多数中层经理工作效能低下的主要原因。柯维博士认为："现代社会许多大小公司的老板、部门主管早已被信息、电讯、文件、会议压得透不过气来。几乎任何一项请示报告都需要他审阅，予以批示，签字画押，他们为此经常被搞得头昏眼花，根本无法对公司重大决策做出思考，在董事会议上他们很可能是最为无精打采的一类人。"柯维博士认为，工作效率不高就是因为被一些琐碎的事给拖住了后腿。例如查尔斯就是曾向柯维博士咨询过的一位老板。

查尔斯是纽约一家电气分公司的经理。他每天都应付成百份的文件，这还不包括临时得到的诸如海外传真送来的最新商业信息。他经常抱怨说自己要再多一双手，再有一个脑袋就好了。他已明显地感到疲于应付，并曾考虑增添助手来帮助自己。可他终于及时刹住了自己的一时妄想，这样做的结果只会让自己的办公桌上多一份报告而已。公司人人都知道权力掌握在他的手里，每一个人都在等着他下达正式指令。查尔斯每天走进办公大楼的时候，他就开始被等在电梯口的职员团团围住，等他走进自己的办公室，已是满头大汗。

实际上，查尔斯给自己制造了许多的麻烦。自己既然是公司的最高负责人，那自己的职责只应限于有关公司全局的工作之上，下属各部门本来就应各司其职，以便给他留下足够的时间去考虑公司的发展、年度财政规划、在董事会上的报告、人员的聘任和调动……举重若轻才是管理者正确的工作方式，举轻若重只会让自己越陷越深，把自己的时间和精力浪费于许多毫无价值的决定上面。这样的领导方式，根本无法带动并且推动公司的发展，无法争取年度计划的实现。

查尔斯有一天终于忍受不住了，他终于醒悟过来了，他把所有的人关在电梯外面和自己的办公室外面，把所有无意义的文件抛出窗外。他让他的下属自己拿主意，不要来烦自己。他给自己的秘书做了硬性规定，所有递交上来的报告必须筛选后再送交，不能超过十份。刚开始，秘书和所有的下属都不习惯。他们已养成了奉命行事的习惯，而今却要自己对许多事拿主意，他们真的有点不知所措。但这种情况没有持续多久，公司开始有条不紊地运转起来，属下的决定是那样及时和准确无误，公司没有出现差错。相反地，往往经常性的加班现在却取消了，只因为工作效率因真正各司其职而大幅度提高了。查尔斯有了读小说的时间、看报的时间、喝咖啡的时间、进健身房的时间，他感到惬意极了。他现在才真正体会到自己是公司的经理，而不是凡事包揽的老妈子。

杰克·韦尔奇是简单式效率型管理的倡导者。他认为高度的集权式管理只会让公司的运行减慢。查尔斯以前的领导方式，就是受到了传统集权式管理的负面影响。公司大小权力都集中到自己一个人身上，难怪职员们凡事都要先请示而后行动，主动出击在原则上就是越权，搞不好会弄丢自己的饭碗，谁愿冒这个险？

所幸，查尔斯意识到授权在管理中的重要性，他开始下放自己手中的大部分权力给各主管以及每一个员工，让他们有机会发挥自己的优势，有权力决定自己怎样做才能做得更好，不必千篇一律。授权的结果就是要让下属全都行动起来，充分利用自己手中的权力，完成自己的工作，使之更趋完美。一名高效能人士不会因为过分授权而动摇自己的位置，相反，他会通过授权使自己的工作趋于完美。

充分信任是授权的基础

·今日茶点

对管理者来说，要真正从内心相信员工们能做好这件事，就要把整个事情托付给对方，同时交付足够的权力让其做必要的决定。

亚太公司的员工们感到他们的管理者和公司在发生着某种变化，在变化之初，他们曾经带着迷惑，甚至有些不太习惯。

亚太公司属于那种一切都很平常的公司，员工们领着一份不算丰厚，但也说得过去的薪水；做着不很轻松，但也没什么压力的工作，一切都平平淡淡，员工们也似乎并没有期望大的改变或什么更有意义的事情——也许他们曾经有过这种念头，但现在这种念头已很微弱了。

一天，管理者召集员工们开会，他向大家宣布：公司将采取某种改变，公司以前并没有给予大家充分的信任与空间，而我们即将要采取措施来改变这种情况。公司相信每一位员工都有独立完成工作的愿望和能力，而不是接受一份十分具体的任务。我们要求主管们做的，正是由后一种分派任务的方式转向前一种放手让大家独立探索的问题的解决方式。

员工们清清楚楚地听见了管理者的每一句话，尽管他们表面上还是那么无动于衷，但内心的心潮澎湃却难以掩饰。然而，他们仍在犹豫：真的会这样吗？此后，管理者再向他们分派工作时，就不再说"只要照着我告诉你的话去做就可以了"，而是在告诉他们"事情是什么"之后就不再过问，只是约定每两周的周五下午，员工团队的小头目应该来谈一下事情的进展情况。

一开始，员工们并不敢按自己的意愿去做，因为以前不是这样的，他们甚至感到有些手足无措。最初的几次，员工们会犹豫不决地敲开主管办公室的门，就一件工作的细节问题向主管请示，主管总是微笑着说："我相信你自己能解决它，做出最好的选择。"或："让你的工作小组来讨论决定吧，相信大家能得出完美的结果。"

员工走出管理者办公室的门时，内心有一种激动，他感受到了被信任，而这种感觉无疑让人产生动力；他感受到了挑战，这让他有一种冲动，他要把这件工作做到最好，来回报管理者的这份信任。这时，员工们才发现，长期以来在公司里，他们总是感觉少了些什么，以前，他们总不知道到底少了什么，而现在，他们找到了，那就是信任。而在此之前，他们隐隐约约一直在渴望的，也正是这样一种感觉。

对于高明的管理者来说，这无疑是第一要诀。对管理者来说，要真正从内心相信员工们能做好这件事，就要把整个事情托付给对方，同时交付足够的权力让他做必要的决定。

授权又对下属进行控制往往会使事情失败，因为这表明你的信任只是表面的，这会伤害下属的尊严，妨害你们的感情。例如，如果你要下属去印一本小册子，你就不必再交代一些有关形式、封面以及附图说明等的详细意见，而让他自己去选择，相信他会把工作做得很好，而他也会感激你的信任。

经营之神松下幸之助说过："最成功的统御管理是让人乐于拼命而无怨无悔。"

这显然不是靠强制，而只能靠信任。柯维对于充分信任型的授权做过精彩的描述：充分信任型的授权，才是有效的管理之道。这种方式注重的是结果，而不是过程。被授权者可自行决定如何完成任务，并对结果负责。

恰到好处地委派工作

·今日茶点

把所有下属能做的工作恰到好处地委派给他们。这是唯一能使你避免在细节问题上耗费精力，而又在不影响最终效果的情况下减少工作时间的办法。

一些管理者因担心授权他人会危及自己的职权，事无巨细都要自己揽起来，费力不讨好，影响工作效率。聪明的管理者都知道如何授权他人，并仍保持自己的权力控制。在管理者面临的所有工作中，除掉无关紧要的工作，剩下来的有两种：一种是你作为管理者所必须做的；另一种是你的下属应该做的。下一步就是把所有下属能做的工作恰到好处地委派给他们。这是唯一能使你避免在细节问题上耗费精力，而又在不影响最终效果的情况下减少工作时间的办法。

1. 授权之后必须进行控制

在授权下属的同时，管理者还需要建立一种适当的控制手段，即发生什么差错时能立刻采取相应的补救措施。

控制是与授权相配套的管理行为。控制下级，就是指管理者在授权给下级之后，要注意关注其职责的履行状况，并及时对发现偏离目标或要求的具体问题采取消除偏差、纠正错误的措施，以确保下级尽职尽责和整体目标任务的实现。

控制是一种管理活动。控制不是人身依附关系，而是利益一致、目标一致、社会政治地位平等的上下级之间的工作关系。

控制下级同尊重和信任下级是不矛盾的。尊重和信任下级，指的是在社会政治地位平等、利益一致之上的上级对下级应有的态度。而控制则是上级管理下级的一项正常工作，是上级对下级实施领导的功能之一，是社会化、现代化管理所必需的。

控制下级和向下级授权，两者相辅相成、相得益彰。没有授权，就不能充分发挥下级的主动性；没有对下级的控制，则不能保证下级的主动性始终向着有利于整体目标的正确方向发展。

所以不论上级还是下级，尤其是下级，决不能把控制看作消极行为，而应当认清它是一项具有重要积极意义的管理活动，进而相互配合，防止内耗。

控制可保证整体协调有序运转。一个组织好比一架机器，每个下级恰似这架机器上的一个部件。正如只有在所有部件都正常工作、准确地履行自己的职能时，整个机器才能够和谐、正常地运转一样，只有每一个下级都准确地完成自己所承担的那部分工作，这个组织的工作才能够协调顺畅，它的整体目标、计划和要求才能实现。由于下级在工作经验、工作能力、思想方法等方面的不同，再加上客观环境方面的原因，有时出现这样或那样的偏差和问题是难以避免的。这就要求必须进行控制，以便能够及时地发现这些偏差和问题，采取适当的措施予以纠正和解决，从而保证整体目标、计划和要求的实现。

简言之，控制下级，目的不是控制人，实际上是控制整个工作，是通过对下级这个人的控制来控制工作的整体。

管理者在授权的同时，必须进行有效的指导和控制。管理者若控制的范围过大，触角伸得太远，这种控制就难以驾驭。如何做到既授权又不失控制呢？下面几点颇为重要：

（1）评价风险。每次授权前，管理者都应评价它的风险。如果可能产生的弊害大大超过可能带来的收益，那就不予授权。如果可能产生的问题是由于管理者本身原因所致，则应主动校正自己的行为。当然，管理者不应一味追求平稳保险而像裹脚女人那样走路，一般来说，任何一项授权的潜在收益都和潜在风险并存，且成正比，风险越大，收益也越大。

（2）授予任务的内容，不干涉具体的做法。授权时重点应放在要完成的工作内容上，不用告诉下属完成任务的方法或细节，这可由下属自己来发挥。

（3）建立信任感。如果下属不愿接受授予的工作，很可能是对管理者不信任。所以管理者要排除下属的疑虑和恐惧，适当表扬下属取得的成绩。另外，管理者要明白，关心下属的成长是管理者的一项主要职责。

（4）进行合理的检查。检查有指导、鼓励和控制的作用。需要检查的程度决定于两方面：一方面是授权任务的复杂程度，另一方面是被授权下属的能力。管理者可以通过评价下属的成绩，要求下属写进度报告，在关键时刻同下属进行研究、讨论等来进行控制。

（5）学会分配"讨厌"的工作。分配那些枯燥无味的或人们不愿意干的工作时，管理者应开诚布公地说明工作性质，公平地分配繁重的工作，但不必讲好话道歉，要使下属懂得工作就是工作，不是其他。

2. 授权之后必须了解授权是否发生作用

为了衡量一项授权计划有没有成功，请问一下你自己以下这几个问题：

（1）那些获得授权的人有没有得到训练和制订个人的发展计划？

（2）是不是每个人都能得到明确的信息？

（3）这是授权，还是仅仅将工作委派给别人去做？

（4）是否创造了鼓励承担风险的氛围？

（5）员工们的信任感和信念是否已显而易见？

（6）组织结构是否有助于授权的过程？

（7）组织结构能否给予管理者以及员工们足够的支持？

如果你对上述的问题都回答"是"，则说明你建立了很好的授权方式，并看到了放手让下属去干带给你和你的团队的好处。

3. 必须不断改进授权技巧

管理过程就是一个不断学习的过程，授权也是一个不断学习、不断改进的过程。管理者要在已经掌握的对授权的认识的基础上，不断总结实践经验，不断改进授权技巧。

常见的技巧性授权一般有如下两种：

（1）一般授权。这是管理者对下属所做的一般性工作指示，并无特定指派，属于一种广泛事务的授权。这种授权可分为三种：

一是柔性授权。管理者对被授权者不做具体工作的指派，仅指示一个大纲或者轮廓，被授权者有很大的余地做因时、因地、因人的相应处理。

二是模糊授权。这种授权有明确的工作事项与职权范围，管理者在必须达到的使命和目标上有明确的要求，但对怎样实现目标并未做出要求，被授权者在实现目的的手段方面有很大的自由发展空间和创造余地。

三是惰性授权。管理者由于不愿意多管琐碎纷繁的事务，且自己不知道如何处理，所以就交给下属处理。

（2）特定授权。这种授权也叫刚性授权，管理者对被授权者的职务、责任及权力均有十分明确的指定，下属必须严格遵守，不得渎职。

针对技巧性授权，我们提出了以下几个问题，管理者可以定期用这些问题来审查和改进授权的技巧。

管理者不在办公室时，办公室的工作是否混乱？

管理者外出回来时，是否有本来应由下属做的工作等待管理者去处理？

管理者能按规定的时间实现目标或完成任务，还是必须把工作带回家或在办公室里加班才能完成任务？

管理者的工作是从容不迫、有节奏地进行，还是经常被那些需要征询管理者的意见或决定才能办事的人所打断？

管理者的下属是否把"矛盾上交"，让管理者去做应该由他们自己去做的决定？

管理者是否觉得自己的工作负担太重，而下属的工作又太少？

管理者是否认为没有时间培养下属？

管理者是否真的认为公司的报酬制度，如工资、晋升制度等，能使下属承担较多的责任？

在管理者领导的人当中，是否有人在管理者回来之后辞去工作？

管理者是否真的想把工作委托给下属去做，还是觉得自己最能胜任这项工作？或者扪心自问一下，是否害怕某个下属干得很出色，超过自己，而不愿意授权？

授权过程中监控要到位

· 今日茶点

真正的授权就是让员工放手工作，但是放手绝不等于放弃控制和监督。

真正的授权是指"放手但不放弃，支持但不放纵，指导但不干预"。监督监控其实是对授权的度的平衡与把握，在给予足够权力的基础上，强调责任，将监督、监控做到位，授权的效果才会实现最大化。

海生公司隶属于一家民营集团公司。由于集团公司业务经营规模的扩大，从2002年开始，集团公司老板决定把海生公司交给新聘请过来的总经理和他的经营管理层全权负责。授权过后，公司老板很少过问海生企业的日常经营事务。

但是，集团公司老板既没有对经营管理层的经营目标作任何明确要求，也没有要求企业的经营管理层定期向集团公司汇报经营情况，只是非正式承诺，假如企业赢利了将给企业的经营管理层一些奖励，但是具体的奖励金额和奖励办法并没有确定下来。

这是一种典型的"撒手授权"。这种授权必然引发企业运营混乱。海生企业由于没有制定完善的规章制度，企业总经理全权负责采购、生产、销售、财务。经过两年的经营，到2004年底，集团公司老板发现，由于没有具体的监督监控制度，海生企业的生产管理一片混乱，账务不清，在生产中经常出现次品率过高、用错料、员工生产纪律松散等现象，甚至在采购中出现一些业务员私拿回扣、加工费不入账、收取外企业委托等问题。

同时，因为财务混乱，老板和企业经营管理层之间对企业是否赢利也纠缠不清，老板认为这两年公司投入了几千万元，但是没有得到回报，所以属于企业经营管理不善，不能给予奖励。而企业经营管理层则认为老板失信于自己，因为这两年企业已经减亏增赢了。他们认为老板应该履行当初的承诺，兑现奖励。双方一度为奖金问题暗中较劲。

面对企业管理中存在的诸多问题，老板决定将企业的经营管理权全部收回，重新由自己来负责企业的经营管理。这样一来，企业原有的经营管理层认为自己的付出付之东流，没有回报，工作激情受挫，工作情绪陷入低谷。另外，他们觉得老板收回经营权，是对自己的不信任和不尊重，内心顿生负面情绪。有的人甚至利用自己培养的亲信，在员工中有意散布一些对企业不利的消息，使得企业有如一盘散沙，经营陷入困境。

很多人都知道"八佰伴"这个名字，作为著名的日本连锁企业它曾经盛极一时，光在中国就拥有了很多家分店。可是庞大的商业帝国"八佰伴"为什么顷刻间便宣告倒闭了呢？原来，到了后期时，"八佰伴"的创始人禾田一夫把公司的日常事务全都授权给自己的弟弟处理，而自己却天天窝在家里看报告或公文。他弟弟送来的财务报告每次都做得很好，但事实上，他弟弟背地里做了假账来蒙蔽他。

最后，八佰伴集团倒闭，禾田一夫从一位拥有四百家跨国百货店和超市集团的总裁，变成一位穷光蛋。几年后，禾田一夫接受采访，主持人问他："您回顾过去得到的教训是什么？"他的回答是："不要轻信别人的话。一切责任都在于最高责任者。作为公司的最高领导者，你不能说'那些是交给部下管的事情'这些话，责任是无法逃避的。"

后来禾田一夫在回忆八佰伴破产的时候也承认，因为时代的进步需要更多的头脑来武装企业，所以家族式的管理已经不利于企业的发展。禾田一夫让其弟弟禾田晃昌做日本八佰伴的总裁，这本身就是一个典型的失败。在八佰伴的管理体制下，不但下面的人向上级汇报假账，连禾田一夫的弟弟也向禾田一夫汇报假账。

从上面两个例子，我们必须知道，真正的授权就是让员工放手工作，但是放手绝不等于放弃控制和监督。不论是领导者还是员工，绝不能把控制看作消极行为，而是应该正确认清它的积极意义。控制员工和向员工授权，两者密切相连、相辅相成。没有授权，就不能充分发挥员工的主动性；没有对员工的控制，则不能保证员工的主动性一直向着有利于整体目标的正确方向发展。

·第十五章·

团队管理：建设高效团队

管理者先自身定位

·今日茶点

　　要想把团队管理得好，必须首先明确自己到底扮演的是什么角色，否则就成不了好的领头羊，也不可能带出一支高绩效团队。

　　很多管理者，都有一个致命的错误，就是表面上知道自己是该干什么的，实际上在很多时候都会忘掉自己在团队中的权限和责任。要想把团队管理得好，必须首先明确自己到底扮演的是什么角色，否则就成不了好的领头羊，也不可能带出一支高绩效团队。

　　赫尔曼·海塞的《东方之旅》中曾有这样一个故事：一群想要旅行的人们四处打听，想雇一个仆人，以便在他们旅行时有人为他们做饭、洗衣及做其他仆人做的事情。他们拜访了一个修道院，问是否有人有空，可以在他们旅行时为他们服务。僧侣们为他们提供了一个叫利奥的人，但条件是利奥不能长期跟随他们，必须在陪他们一段时间后返回修道院。

　　利奥成了他们忠心耿耿的仆人，为他们做琐碎的事情，激励他们的士气，在约定离开他们之前一切都很顺利。然而在利奥离开他们之后，渐渐地，他们的士气衰减，那个群体渐渐分裂，最终他们的旅途被取消。他们中的一个人浪迹了很多年，终于来到了利奥所在的修道院。当他进入修道院时，他发现利奥真实的身份远远不是一个卑下的仆人，而是伟大的、受人尊敬的僧侣的领导者。

　　这个故事说明管理者不仅是团队领导者，而且还是团队的仆人，为团队做仆人这一点很重要。许多管理者以为他们的工作就是发号施令，如果他们不这样做，他们害怕会失去人们的尊重。然而，团队的工作目标是完成任务，而管理者的工作是使团队凝聚起来，并且被激励。

管理者要通过站在他们的利益上工作以使团队团结起来，而不是通过告诉他们如何去做来达到这一点。一旦管理者是在领导一个团队，而不仅仅是个松散的群体，团队成员或团队外的人士就会根据整个团队的业绩来评价管理者。如果管理者接受了团队仆人的角色，那么，管理者就能够代表整个团队去与其他管理者和部门谈判，以满足他们的需要。团队业绩也会提高，此后就会很好地影响到整个的团队。

管理者是教官，也是队员。管理者要鼓励队员认识到合作共事并帮助彼此发展，会产生协同作用，对提高个人技能与绩效都会有莫大的好处。合作其实是一种天性，例如儿童就倾向于共享他们的知识和技能。人们不必专门学习就可以掌握这一点，只要顺其自然即可。然而，随着时间推移和进入工作世界，我们都已变得麻木、懒散，这种天性似乎也已经失去了。

作为团队，其实不仅仅意味着队员们在一起工作，还意味着队员彼此帮助，不仅仅是完成工作，而是要做得更好、更轻松、更有效率。团队的管理者在这中间所扮演的角色不仅仅是教练，还要是一个优秀的队员，身先士卒地带头去做。

此外，团队的管理者要成为团队成员的榜样，他不是把困难的或棘手的任务交给别人，而是通过承担这些任务表明自己对团队的忠诚，通过这些做法，以自己的行动表明，他确实信任自己的团队，并愿意尽自己的最大努力使团队发挥作用。这种榜样的力量使其他团队成员很难偷懒。

"角色定位"是杜拉克管理学中的首要问题，它代表了团队管理者的职责或职位定位。内外环境的交互作用，会使管理者有时是这种角色，有时是那种角色，扮演不好就会造成角色混乱和冲突。因此，管理者一定要合理确定自己的坐标位置，唯有如此，才能造就出一个真正高绩效的团队，使其工作成效大于各个团队成员工作成效的总和。

化解各种矛盾和冲突

· 今日茶点

管理者的主要贡献之一就是合理地解决团队的各种矛盾和冲突。

有的冲突是看得见的，有的冲突是看不见的，作为团队领导者，注定要面临各种各样的矛盾和冲突，必须将它们一一化解，才能保证团队的高效。

1. 领导者和团队成员之间的冲突

通常当领导者和团队成员之间有不同的标准与不同的期望时，会产生一定的冲突。一方面，领导者希望他们能尽快地完成工作，而他们却认为这样的要求太严苛，也太不合理了，因此领导者就会变得很沮丧，也十分恼火。另一方面，员工们的需求是多种多样的，而团队领导者能够满足其需求的只是有限的一部分。

2. 团队成员之间的冲突

由于不同的期望、角色、个人的经历、目标、任务的理解、资源的有限性等因素的制约，团队成员之间的冲突是大量存在的，但团队领导者切不可视而不见、听而不闻，不可用掉以轻心的态度来对待这些冲突。

当团队内部发生了上述类型的冲突时，首先要对冲突的性质进行仔细分析，然后有针对性地一一加以解决。类似这些人与人之间的冲突，可以采用以下方法来处理：

（1）协商解决，又叫交涉与谈判。主要由发生冲突的双方通过协商，澄清差异，求同存异，以谋求共同的解决方法。当卷入冲突的双方都受过解决问题的技巧培训，又都有着共同的目标，而冲突原因是双方缺乏交流或仅仅是因为有误解时，这类方法非常有效；不过，它对价值观不同或目标各异的人不灵。

（2）回避。如果冲突起因不过是些琐碎小事，且缺乏双赢协商技巧，或者冲突带来的潜在利害关系得不偿失，那么可以采取暂时回避的方法来淡化冲突。这种方法的不足之处是只能暂缓人们直接的面对面冲突，而无法最终化解。

（3）折中解决。双方都放弃一些应得利益，以求共同实现工作目标，承担冲突责任。折中法的有效范围是妥协能使双方都获益，无需理想的解决方案，只想为复杂的问题找个暂时的解决方案，且双方力量旗鼓相当。不过，这个方法会导致大家都有所损失，不大可能通过妥协达成解决问题的最佳方案。

3. 工作进度与计划的冲突

当制订出工作计划并把任务分配给个人之后，团队领导者需要经常性地检查工作进度，看是否能按时完成工作任务。有时，由于个人的原因或是其他种种不可预测的原因，会使工作进度受到延误。这就导致进度与计划之间的冲突，如果解决不当，会直接影响团队的绩效。

有布置而无检查，是领导者失职的表现。检查下属的工作，主要是检查对计划、部署和任务的落实情况，看下属是否准确迅速、积极主动、卓有成效地完成应该完成的各项任务，这是检查工作的主要目的和内容。检查工作不是一件单一的、孤立的事情，它也是搜集信息，考察培养团队骨干，推进工作，提高自身领导素质的重要渠道。严肃认真地检查工作，一方面可以有效查出问题的根源，另一方面也可以增强团队成员的事业心和责任感。

领导科学的研究表明，领导者虽然有时表现为组织，有时表现为指挥，有时表现为协调，但更多的时候是表现为指导。从某种意义上说，领导水平就是指导水平，团队领导者只有不断提高自己的指导水平，科学艺术地指导工作，才能缓解和消除工作进度与计划的冲突，提高团队的工作效率和成员的素质。

4. 团队方向与目标的冲突

当团队在运作过程中发生了方向的转变，导致与最初的奋斗目标发生冲突时，如果处理不当，将会直接导致团队运作效率的下降、凝聚力的减退，甚至会使团队因看不到未来而瓦解。当这种情况发生时，团队领导者可采用以下四种措施来进行补救。

（1）调整团队方向。如果团队领导者对最初制定的目标持肯定态度，那么现在要做的就是尽快调整团队的方向，使之向目标靠拢。这必定会有一定的难度，因此，需要做好团队的沟通协调工作。

（2）预知并影响变革。团队领导者要密切注意并预测环境的变化，与团队一道拟订并实施团队变革计划。随着团队的成长与变化日益加剧，这也正成为团队领导者越来越重要的任务与技能。团队领导者要鼓励团队以服务对象为中心，努力改善工作程序与方法，使团队发展适应社会环境的变化，重新制定奋斗目标。

（3）由团队自己作决策。当团队方向与最初的目标不一致时，团队领导者可以放弃原来掌握在手里的决策权，并把它交到团队手中，让团队自己决定是该继续走下去还是向目标靠近。这可以培养并提高团队作决策的技巧，帮助团队达成共识，并使凝聚力有所提升。

（4）权衡得失。领导者的另外一项任务，是在冲突发生时权衡当前的和长期的利益，协调当前的和长期的要求。即使不能把这两个方面协调起来，至少也必须使之取得平衡。团队领导者必须计算一下为了当前利益而修改团队目标所做出的牺牲，以及为了既定目标而修改团队努力方向所做出的牺牲。团队领导者必须使这两方面的牺牲达到最小，而且必须尽可能快地弥补这些损失。

善于适时为团队减压

· 今日茶点

每个团队成员都是生活在压力之中，要是压力太大，就会出现明显的焦虑症状，有时甚至会引发严重的后遗症。

让一根木尺不断地弯曲，到了某种程度它自然就会断裂，团队也是一样，加压到某个程度就会撑不下去了。当然，每个团队成员都是生活在压力之中，要是压力太大，就会出现明显的焦虑症状，有时甚至会引发严重的后遗症。不同的人有不同的"临界点"，超过这个容忍极限，后果就不堪设想。

英国作家维龙·可曼博士写了一本书《舒缓工作压力的技巧》，在书中提到了在英国公司里，平均每个团队成员每年因为压力过大而折损了价值 1000 英镑的生产力。也就是说，假如这个公司有 1000 人，每年就要平白损失 100 万英镑的收入。为什么会这样？很简单，团队的管理者没有学会为自己的团队减压。

鉴于现在的员工都处于极高的工作压力之下，许多跨国公司都积极提倡开放的企业文化和轻松的工作氛围，这一点在微软尤为突出。软件业的从业人员显然处于更高的工作压力之下。为了减轻员工技术层面上的压力，微软在做任何一项软件开发的时候，每天都有一个"检测点"，让员工们以研讨会的方式在一起探讨问题。为了减轻业务人员的压力，经理们通过直接对话的方式定期与之交流，帮助减压。

虽然生活中没有固定的模式可以保证免受压力，但还是有许多方法可以减轻压力，团队管理者可以采用下列几种方法在团队中营造出轻松的氛围。

（1）用培训减压。培训一方面可以提高团队成员的专业知识和技能，另一方面也会让他们学会如何减少和对付工作压力。这将有利于他们掌握沟通的技巧，学会处理上下级、同事之间的关系，更合理地安排工作时间，从而做出更好的成绩。

（2）重新设计工作内容。为了改变工作和团队成员的不适应状况，除进行人员调整外，还可以重新设计工作，使工作变得富有挑战性和刺激性。当然，通过工作再设计只能减轻而不会消除工作中固有的压力因素。通常，许多工作在设计之初就应考虑到可能存在的压力，尽量使团队成员能够控制他们自己的工作进度，允许他们更多地运用自己的技术和能力。通过这种方式，将会提高团队成员的工作满意度，减少压力反应。

（3）把压力宣泄出来。实际上就是为团队刻意创造一种情境，使员工紧张的情绪发泄出来，取得一种心理平衡的方法。精神发泄的方法可以有多种形式。日本有些企业专门设置了"情绪发泄控制室"，使有压力的员工随时可以去室内治疗，痛打模拟人形等，发泄自己的怨气和不满。美国著名的威尔逊培训中心也有类似的精神发泄室。让团队成员把压力宣泄到一个安全对象上，可以避免他们把不良情绪带到工作中，影响工作绩效。

莫让团队失去理想

·今日茶点

为确保所付出的努力收到效果，领导者必须使其下属时刻注意结果，鼓励人们充分发挥想象力，以获得成果。

领导者的职责就是要把焦点对准愿景。无论别人在让愿景成形过程中的涉入程度是多是少，领导者要能够清楚地表达出他的愿景。不妨拿拼图来打比喻，假如能边看着盒子上的完整图片边拼图，会比较容易拼出全图。这个愿景，就是方向，进取力只有具有了明确的方向，才能正确地发出并产生效力，保证工作的效率。

下属虽然有能力玩拼图，但大多采用随机选择的方式，把手上的拼图在这里摆一摆，在那里试一试，但更常见的现象是，会有许多人因严重受挫而失去兴趣，以致放弃。富有进取心的领导者的工作就是在描绘全图，传达愿景，让下属清楚地知道，每个人应向哪一个方向发力。

愿景就是描绘出明日将会如何的一幅心智图像，它表达出领导者的最高标准与价值，使领导者与众不同，而且让领导者清楚地看到未来。

不管你是掌管一个仅有 15 人的小部门，或是主宰一家员工多达 15000 人的大企业，或是领导一个拥有 15 万人口的社区，领导者的愿景都如同方向盘，带领组织走向胜利或失败。

领导者首先要为其所在部门绘制出一个明晰的、令人信服的愿景：这个部门为什么存在？宗旨是什么？发展目标是什么？优秀的领导者明白，只代表一种意见的愿景目标绝不会有大的作为，于是他们就鼓励部门上下所有员工共同参与，群策群力，让每个人都能为部门的发展献计献策。这样，既激发了员工的干劲，又树立了员工的责任意识。

部门上下必须对这个愿景目标充满信心。这个目标不能含混不清，也不能轻而易举就可实现。它不仅必须起到激励员工的作用，还必须使员工全力以赴。它是引导该部门不断前进的指路明灯。

每个领导者都会按照自己的情况，按照自己对其所在部门的前途构思，来设计自己的愿景规划。虽然不可能准确预测这一愿景规划的发展趋势，但作为领导者，他必须对自己所信奉的东西绝对地心知肚明，因为他所制定的目标、所信奉的原则，将成为该部门每一项工作的基础。

领导者的愿景规划是其部门的发展蓝图，是对未来可能出现的美好事物的憧憬。它应清楚描绘出：一个地区性的小储蓄贷款机构如何发展成一个世界级银行；一个非营利性的小规模诊所如何发展成为一个由于医术高超而闻名遐迩的医院；一个大型生产厂家如何发展成为一个蜚声海内外，为所有同行所敬佩的企业。这个愿景规划必须方向明确，有共同目标贯彻始终，并清楚地展示出该部门所为之努力奋斗的目标。

然而，愿景规划的好坏只有通过具体实施才能判断，因此，领导者必须时时考虑结局，考虑效果，考虑把这个规划转化为现实所要付出的代价是什么。时时考虑后果的好处是显而易见的，这样做可以加快速度，提高效率，使行动速见成效；这样做还能使员工更容易理解该部门的使命，从而成为激励全体员工的振奋点。

向部门上下解释清楚使命是什么之后，确保该部门的各项工作不断向前发展是至关重要的。能做到这一点就意味着愿景目标已在该部门深入人心，这也是领导者的职责。领导者必须成为愿景目标的监督执行者，同时也是道德准则的维护者，并且确保这两者都能长久地持续下去。只有这样，员工们才会积极努力，为实现高标准贡献力量。

把愿景规划讲清楚后，领导者只有在其部门得到广泛的支持与合作，才能把理想变成现实。树立一个共同的目标是取得成功的关键。领导者的价值观、道德标准和信仰为其公司共同目标的确立提供了基础框架。

领导者最棘手的工作之一是如何指挥其部门度过混乱时期和应付不测事件。具体的愿景规划可能性使下属协调一致，朝着同一个目标迈进。如果所有人都清楚其部门所为之奋斗的目标是什么，那么，前进道路上的倒戈背叛行为就会减少。

为确保所付出的努力收到效果，领导者必须使其下属时刻注意结果，鼓励人们充分发挥想象力，去获得成果。

这种新的管理方式应该成为一种处世之道，其中一切政策、制度、奖励和评价都要起到支持作用。要把前景目标和行为评价结合起来，并坚持不懈地对行为评价工作进行监督，以确保愿景目标转化为现实。

如此一来，你所在的部门就可能成为一个员工对共同目标心中有数，对自己的位置心中有数，能够充分理解领导者紧迫感的集体。下属就会埋头于工作，一心一意地做出成绩。他们会保持机动灵活的态度，对不可避免的变化轻而易举地适应。在这样一个高效率运作的集体中，下属会充分地发挥聪明才智；在对他们的工作成绩进行评估时，他们会觉得志得意满。

领导者如能恪守前瞻性原则，他就为建立共赢领导关系打下了基础。

团队凝聚力的标志

· 今日茶点

团队默契来自成员们相互合作的态度，每一成员都尊重其他在成员，并渴望为团队作出贡献，也都期望其他成员对团队有所贡献。最重要的是他们学会了互相信任。

每一个成功的团队都有几个共同特征。作为一个团队领导者，如果你能将这些特征贯彻于你的队伍之中，他们必将充满凝聚力，能克服各种困难，完成各项任务。

（1）荣辱与共，互相关心。在电影里，我们经常看到这样的感人事例：受伤的士兵听说部队要出发，就偷偷跑出来跟上他的队伍。因为没有什么比跟自己的团队在一起更让他感到安心的，他的生死荣辱已跟团队连在一起。

荣辱与共，互相关心，是一切伟大团队成功的基础，其他一切优良品质均以此为发端。让队员互相关心起来的一个最好办法，就是把他们集中在一个工作场所以外的地方，以便互增友谊。如组织度假之类的活动，将他们置于社交环境之中。让他们花些时间和他们不很熟悉的员工在一起，这样他们之间不仅能建立一种关系，也能避免他们拉帮结派。

（2）了解团队目标。了解团队目标，才能知道该干些什么对团队更有益，才能相互合作。这样，团队就能像一台质量精良的跑车一样前进，而每个成员都是跑车上的一个部件。

（3）相互交流，融洽无间。相互交流才能合作。没有这一点，队员们很可能互相不和谐，不知道团队工作的重心所在，一些重要的工作会因此被遗漏，而队员们却在做重复的工作。应该建立和鼓励一种积极的交流气氛，队员们能够感到他们在这种环境下可以安全地提出意见、批评而不受威胁，可以在合作的精神指导下自由交流，也可以商讨见解而不受批评。

（4）相互学习，共同成长。一旦团队的成员互相关心，又有一个共同目标，并能相互交流，他们就已经开始发展了。这种发展包括共享经验增多和互相沟通加深。通过相互学习，每个人的长处互相传递，彼此得到提高。要促成团队发展，学习是必不可少的。

（5）相互认同，配合默契。当互相关心的人一道成长，并朝向一个共同的目标前进时，他们开始欣赏彼此的长处，了解彼此的不足，开始认可并欣赏每一队员的独特素质，并在工作中形成一种信任和默契。

20世纪80年代，当中国女排称霸天下时，世界其他强队挑选精英组成"明星队"，与中国女排对抗，结果却以悬殊比分落败。事实上，并非"明星队"的实力不如中国女排，只是临时组队，配合不如中国女排默契而已。

团队默契来自成员们相互合作的态度，每一个成员都尊重其他在成员，并渴望为团队作出贡献，也都期望其他成员对团队有所贡献。最重要的是他们学会了互相信任。只有互相信任，他们之间才有互相依赖的可能。

这使得他们会互相取长补短而不是互相揭短，这使队员们在遇到特定任务时，很自然地对同伴说："你真的是最棒的！你去做这件事吧，你能做得比我好。"而同伴绝不会觉得这是在阿谀奉承或推卸责任。一旦成员互相了解、互相信任并开始互相默契配合后，这支团队的个性就开始形成了。

（6）将团队整体利益放在首位。达成这一点的前提是，队员们真正相信团队成功的价值比他们个人自身利益的价值要大得多。他们相信，随着团队目标的实现，他们也能取得成功。

（7）拥有强大的后备力量。如果团队没有后备力量，就无法继续发展。例如，一家公司发展到一定程度，要开办分公司。这时，就需要大批的领导者。如果公司拥有一种培养潜在领导者成为真正领导者的机制，则人才方面不成问题；如果临时招聘、培训，必然影响公司的发展进程。

（8）团队成员情愿付出代价。在一个伟大的团队，每一名团队成员都乐意将时间与精力花在训练与准备上，愿意承担责任，愿意放弃个人的偏见，愿意为了团队的成功牺牲个人利益。当然，前提是团队成员确信团队目标值得追求。如果不是人人都相信这个事业是值得付出的，他们就不可能尽力而为，更谈不上献身。

保持并促进团队高效运行

·今日茶点

促进团队高效，不仅需要尊重团队成员，给予其机会，还要让其获得工作成就感，与此同时，管理者还要不断提高自身的管理艺术和领导魅力。

在积极引导之下，高凝聚力的团队将创造出出色的工作绩效，凝聚力使团队得以完成个人无法完成的目标任务；通过共享知识资源、技术及领导能力，让团队变成重新构建企业面貌的一个基本出发点。因此，如何有效地保持并促进团队凝聚力，就成为提高企业整体绩效必须考虑的问题。

（1）让员工获得较高的工作满足感。在凝聚力较高的团队中，成员对工作的责任感通常都很强。共同的利益价值观使他们能够在达到目标之后获得一定的工作满足感。同样，在这样的团队中，成员之间彼此容易接纳、相容，因此增强了友谊和吸引力。

（2）提升领导魅力。领导者是组织的核心，一个富有魅力和威望的领导者，会自然成为团队的核心与灵魂，全体成员会自觉不自觉地团结在其周围；反之，则会人心涣散。一个团队是否能取得高绩效，在很大程度上取决于领导者自身的人格、知识、胆略、才干、经验，取决于自己能否严于律己，能否敬业，能否与员工坦诚相待、荣辱与共等。

（3）科学地管理团队。建立一整套科学的制度，使管理工作和员工的行为制度化、规范化、程序化，是生产经营活动协调、有序、高效运行的重要保证。一个团队，如果缺乏有效的制度来规范，就会出现盲目和混乱，无法创出高绩效。

（4）促进团队成员间的交流。良好的沟通和协调可使团队成员通过信息和思想上的交流达到共同的认识。有效的沟通和协调能及时消除领导者与团队成员以及团队成员彼此之间的分歧、误会和成见。会议、谈心和私下交流是领导者常用的几种形式。

（5）提供个人发展机会。在某公司担任物料部副主管的一位职员，刚为公司完成了库存管理电脑化的工作，如今有一个机会可以跳槽到另一家公司，待遇、福利各方面都比较好，但是现在的公司不肯放人，他不知道如何是好。

仔细探究原因之后，公司才知道他要跳槽的主要原因。原来，现在的公司属于家族企业，他未来顶多只能升到主管，无法再上一层楼，而他要跳槽过去的那家公司却为自己的工作团队设立了没有上限的晋升制度，前途一片光明。由此可知，如果一个团队无法让成员看到美好的前途，还是不可能得到人心的。

所以马斯洛指出："团队要有畅通的升选管理、公平公正的晋升制度，让成员了解到只要努力，必定会有往上爬升的机会，这样才能有效激励团队成员，让他们安下心来在团队中努力工作。"

（6）重视对团队成员的培训教育。威尔玛·波特是通用电气公司下属的汽车通讯器材厂的一名员工。在上完为期12周的数据过程控制课程之后，波特把所学应用到工作中。通过回收过去一直废弃掉的物品，波特为公司节省下10万美元。由于这一贡献，通用电气公司的这家分厂不但改善了生产环节，而且还令波特大受鼓舞，因为她受到公司的信任，并且使公司因为她的付出而获益匪浅。

只要是人，其需求的层次就会不断提升。团队成员，尤其是能力较强、有潜力的团队成员，都希望自己能够不断自我成长。要留他们就必须提供机会给他们，最直接的方式就是重用他们，给他们教育及训练。倘若企业为团队成员提供的学习机会太少，甚至根本没有培训，团队成员很快就会失去工作的乐趣，凝聚力开始下降。因此，领导者要尽可能地为他们创造学习和培训的机会。

（7）尊重每一位团队成员。尊重的需要是人的较高层次的需要。在团队管理中，命令式的管理方式已经行不通了。人人都需要受到别人的尊重，所以，领导者要时时关心并尊重团队成员，重视他们的意见，采取"人性管理"的方式来管理团队。

许多团队的领导者都有一个通病，就是对成员不够关心。如果平时不关怀、尊重团队成员，处处以命令的方式叫他们做事，则团队成员肯定会心有不甘，产生抵触情绪，甚至离开团队。反之，如果能够改变管理的方式，重视团队的成员，平时多关心他们，重视他们的表现，听听他们的心声，采纳他们好的意见，他们就会自动、自觉地参与团队的各项工作，积极配合其他人来完成任务。

（8）表彰业绩突出的成员。在美国密歇根州迪尔伯恩市，每年都会举行多米诺比萨饼公司奥林匹克大赛，和往常一样，运动会以点燃三足鼎（鼎身为比萨饼状）开始。手持火炬的不是普通的运动员，而是多米诺比萨饼公司老板汤姆·莫纳根（他是一位由平民变为巨富的企业家），和一位双截肢员工安东尼·斯盖尔斯（据他的上司说，他"眼明手快，负责刮盘子、揉面团，干得非常出色"）。

在8年中，这家公司每年的总增长率达75%。多米诺比萨饼公司是怎样实现这种增长的呢？公司总裁唐·弗尔谢克提出来的奥林匹克大赛，就是问题的答案之一。

这个奥林匹克大赛将对获得成功的员工进行大张旗鼓的表扬，领导者潜心评判和定期奖励表现突出、令顾客（此处指的是多米诺比萨饼公司各特许经营店）满意的行为，它所取得的效果可能比公司每月发放的奖金更令人难忘。这就是多米诺比萨饼公司的发展秘诀。

高效团队的特征

· 今日茶点

高效团队的特征有：共同制定团队目标，团队成员具备相关技能，彼此信任，角色明确，管理有效，具备良好的支持环境。

团队管理的根本落脚点就是塑造高效的团队，为企业创造效益，开拓企业远景。高效团队的特征主要从以下几个方面得以体现。

1. 共同制定团队目标

成功的团队管理者大都主张以成果为导向的团队合作，这将使团队获得非凡的成就。团队的每一个成员对自己和群体的目标十分清楚，并且深知在描绘目标和远景的过程中，让每位伙伴共同参与的重要性。

高效团队的团队管理者会经常和成员一起确立团队目标，并设法使每位成员都清楚了解并认同团队目标，向团队成员指出一个明确的方向。当团队的目标由团队成员共同协商产生时，团队成员有一种拥有"所有权"的感觉，并从心底认定"这是我们的目标和远景"。这样，作为团队管理者，就为以后的工作奠定了良好的基础。

2. 团队成员具备相关技能

高效团队的每一位成员都具备实现理想目标所必需的技术和能力，具有能够良好合作的个性品质，从而出色地完成任务。在一般性的群体中，有精湛技术能力的人并不一定有处理群体内人际关系的高超技巧，高效团队的成员却往往兼而有之。

3. 彼此信任

成员间相互信任是高效团队的显著特征，每个成员对其他人的行为和能力都深信不疑。团队具有坦诚、开放的沟通气氛，团队成员相互依存，友好合作，公开分享信息和专业知识。当然，维持群体内的相互信任，还需要引起管理层足够的重视。组织文化和管理层的行为对形成相互信任的群体内氛围很有影响。如果组织崇尚开放、诚实、协作的办事原则，同时鼓励员工的参与和自主性，就比较容易形成信任的环境。

4. 角色明确

高效团队的每位成员都清楚地了解他所扮演的角色是什么，知道自己的工作成绩对团队目标的达成会产生什么样的影响，知道什么该做、什么不该做，彼此之间也清楚其他成员对自己的要求。

高效团队在最初分工时，彼此就已经建立起相互依存的关系。大家既清楚合作的重要，也知道在团队的荣辱成败中，自己有多么重要，并且彼此间能避免发生矛盾冲突。

5. 管理有效

高效团队的管理者能够为团队指明前途所在，让团队跟随自己共同度过最艰难的时期。他会向成员阐明变革的可能性，鼓舞团队成员的自信心，帮助他们更充分地了解自己的潜力。管理者应对团队提供指导和支持，但并不试图去控制它。

6. 具有良好的支持环境

高效团队通常都有良好的支持环境。从内部条件来看，团队有一个合理的基础，包括适当的培训，以培养团队成员的团队需要的技能和知识；有一个易于理解的评估员工绩效的测量系统；有一个支持团队建设和运作的人力资源系统。良好的基础结构可以支持并强化团队成员的行为，取得高绩效水平。从外部条件来看，高效团队还获得了管理层所提供的各种完成任务必需的资源。

创建一支高效团队对于企业的管理者来说，并不是一件轻而易举的事情，它将导致整个人力资源从各个方面发生转变。这不但对所有的员工都提高了要求，对管理者自身也是一个严峻的考验。因此，管理者要在员工中努力建立良好的行为规范，上下一起调整自身的状态和行为，以建立真正有效的团队。

高效团队的必备要素

· 今日茶点

高效团队的必备要素包括：清楚的任务、足够的资源、可靠的信息来源、持久的培训、及时的反馈和技术与过程协助。

只要是办企业，谁都希望自己的企业越做越强，越做越大。老板如何才能把企业做强做大呢？个人的力量是有限的，集体的力量则是无穷的。企业只有充分发挥团队的力量，才能把企业做大。可是团队又如何打造呢？每个老板都说重视人才，可有了人才却往往用不好。问题出现在哪里呢？打造高绩效团队到底需要哪些要点呢？

1. 清楚的任务

团队的任务是所有要素中最重要的，没有一个清晰界定的任务，团队不可能合理构建。因此，要创建团队的组织，首先要弄清团队的任务是什么，如果没能做到这一点可能会带来严重的问题。例如，经济学家谢伊在分析质量循环工程的成功与失败时，发现所有不成功的工程都是由于任务的模糊造成的，组织文化的导向也无法弥补这一缺憾。

团队任务自身是可变的，如从需要一段时间完成一件单独的任务（如一支项目开发团队），到持续性的任务（如一支生产团队或者一支初级健康保健团队）。但是，除非其成员知道目标是什么，否则没有任何一支团队能够有效运作。因为正是企业建立了团队并为其提供资源，也正是企业需要明确团队所要达到的目标。

2. 足够的资源

基本资源对团队来说至关重要，这些资源必须由团队所处的企业提供。资源可能具有多种形式，当然会需要财政资源，但也需要员工资源，如秘书工作的支持。在组成团队的人中间需要大量的综合性技术，也需要各种其他的技能。每支团队具有自身的一套资源需求，而且在团队生命过程中可能会改变。企业应该保证为团队提供必要的资源，使其能够有效地完成任务。而管理者要做的，就是不断协调企业和团队的关系，努力使企业满足团队的需求。

3. 可靠的信息来源

可靠的信息是保证团队良好运作的要素，它的获取可能需要特别的信息媒介通道，比如去发现一个特别程序是如何进行的，或者去发现特定的成本是如何获得的。如果团队的决定会变成现实，则具有准确的信息至关重要，甚至确定可能存在某种问题也非常重要。团队必须考虑到企业中的新发展和新变化，这也需要信息。因此，确保团队具有细致、可靠的信息来源将使其为企业有效地工作。

4. 持久的培训

美国得克萨斯州中洛锡安市的查帕罗尔钢铁公司的管理者为自己的工作团队设定了 22 门不同的课程。85% 的团队成员都会接受其中一门或一门以上课程的学习。为了鼓励团队成员了解其所在部门的每一项工作，企业规定，凡是利用业余时间学习的人，每进行 4 个小时的培训，就可得到 20 美元的奖励。这种现金奖励的数额还将随着他们所完成的课程门数的增多而增加。这种培训活动使查帕罗尔公司拥有了更多的掌握多种技能的员工，也拥有了一支由综合素质优秀的人士组成的高绩效团队。

很多大企业认识到，给团队成员提供持续的培训就等于为企业和员工支付股息。全方位的培训使团队成员不仅多才多艺，而且能够灵活地完成分配下来的任务。每个人都能得到机会学习新技术，获得观察事物的新方法，结识新的工作伙伴并与他们一道通力合作。团队成员一旦具有了打破常规的勇气与能力，就可以不断地进行自我激励，不断学习、不断自我完善，这样的团队能令企业充满生机，不断向前发展。

5. 及时的反馈

团队执行任务需要来自企业的可靠的定期反馈。如果团队与企业的其他部分隔绝，它就会很快分裂。因为团队需要向企业其他部门学习，使团队工作与之相适应，能够与组织其他部门更好地结合，弄清什么时候是做某事的正确时机，甚至当其他部门改变时，也能够保证该部门的任务完成。最重要的是，反馈使团队清楚了自己的成就和下一步企业要求完成的任务。

根据对许多企业的研究发现，大部分团队成员总是认为自己没有得到足够的重视，也就是说，大部分的企业都认为团队成员的努力与付出是理所当然的，所提供的反馈也不够。所谓没有得到足够重视，并非仅限于加薪或升官。团队成员最需要的，是在有所成就之后受到肯定和赞扬。管理者可以通过一声"谢谢"、一份小礼物、公开赞扬等方式，表达对团队成员努力付出的肯定。除了听取团队成员的工作汇报，给予他们各种指示之外，这种激励性的回馈也必不可少，它会使团队朝气蓬勃，不断进取。

6. 技术与过程协助

任何工作团队都需要一定的技术援助以有效地执行任务。简单的如需要为一次演示制作幻灯或打印正式报告，复杂的如需要某人在一个特殊的生产过程中提供详细的化学方面的专业技术知识，需要市场专家参与以帮助团队如何将新产品推向市场，也可能需要流行病学家对保健团队提一些关于交通事故应急处理方面的专业建议。这些技术支持将使团队的工作效率大大提高，避免人力和财力的浪费，还能促进各部门之间的相互协调。

每个企业都有许多独立的部门，在一个部门工作的人通常不能完全明白其他部门在做什么，因此如果企业可以向团队提供他们所需的各类信息，以及怎样获得相关信息，对于团队工作来说会容易一些。

研究结果表明，所有的成功团队都将这六种要素应用得非常好。无论是哪一类团队、目标是什么、人员有多少，应用这六种要素都可以有效激发团队自身的潜力，使团队释放出最大能量。

创建高效团队的步骤

· 今日茶点

团队建设过程的关键集中于这一点上，即高效率地开展团队工作所必需的活动，使团队技能得到加强和发展。

根据杜拉克的管理思想，欲建设一个高效团队，可以采用以下步骤。

1. 构建基本的团队框架

坚实的团队框架可以使团队有能力解决棘手、困难的问题，但同时又必须显示其重要性而不致扼杀其创造力或权威影响力，这个微妙的平衡很难把握，但对团队建设至关重要。有些具有高度创造力的团队可能会在企业的限制范围以外进行工作，但大部分团队都会希望与其所属的企业有依附关系，并能从企业获得一定的组织结构。尽管不同的企业会有不同的结构形式，但它们之间总会有大致的相同点，以下是成功的团队结构带有普遍性的组成形式：

（1）方向引导者。它由高层管理人员和经理、主管、团队领导成员及其他关键人物组成。就像夜行的船只离不开灯塔的指引一样，团队也需要这样的方向引导者，他们要能确立团队工作和服务的方式，同时又是提意见者和工作过程中的错误的纠正者。

（2）智囊团。这类智囊团通常是由多个部门成员组成的群体，它的成员来自企业内部的各个部门和各个阶层。它检查作为整体的企业制度系统是否存在问题，并在某些方面确立目标以提高企业的生产率。这是一个行动性团队，它决定了主管者、管理者和任务担当者各自的具体责任，其结果一般要2   3年才能显现。

（3）称职的管理者。他们是团队成功的关键。一个富有魅力和威望的管理者会把团队成员紧紧地团结在自己周围，反之就会人心涣散，更无从谈起团队精神了。

（4）团队顾问。他们是团队的指导者兼顾问，可帮助团队确定风险性，帮助解决团队内部冲突问题或团队与外部人员的冲突问题。由于不是团队内部成员，所以他们看问题会更具客观性，在帮助团队工作时会有更大的自由度。团队顾问可帮助团队建立工作标准和限度，指导其成员使用各类工具和图表，以保证团队成员准确有效地向既定目标前进。

2. 提高团队技能

团队建设过程的关键集中于这一点上，即高效率地开展团队工作所必需的活动，使团队技能得到加强和发展。

（1）明确角色。要使一项任务得以圆满完成，有必要使每个人清楚自己的职责和权力范围，这将使团队成员搞清自己的任务，并明白它与他人任务之间的关系，这种理解会创造出一种很强的团队内部的团结度和忠诚意识。

（2）解决问题。知道如何使用解决问题的工具和技巧对团队的成功很重要。综合培训加上耐心的督导，将有助于团队成员借助外力省时省力地完成任务。

（3）消除冲突。提高解决冲突的技巧有助于员工产生相互间的尊敬，并使团队达到更好的决策水平。

3. 团队的整合

英国一家知名调查公司曾对一百多家跨国经营的企业进行调查。结果显示，大多数人认为，未来的几年中主导和影响自己企业的将是领导者的团队，是一个经过整合的团队。由此可见，未来的团队管理者的任务是懂得组合团队并使团队合作。那么，如何使团队既分工又合作呢？

团队的基本要求是拥有不同才能的人，但若团队因分工而无法合作，或缺乏相互支持相互学习的风气，不清楚团队的职责所在，那么企业依然摆脱不了处处受阻的困境。

在团队的运作中，除因个人才能及企业需要设定工作职位外，更重要的是要有共同的价值观。价值观不同，人与人就会无法有效地沟通，无法建立共识。面对问题时，也会因个人的才能或看问题的层面不同，而采取不同的解决方法。

这样的方式有时可以解决当前的问题，但有时甚至事倍功半，无法集合共同的力量变成一个有效率的团队。出色的团队领导者懂得抓住时机进行团队的整合，在团队内部达成共识，培养合作的精神，让大家把力量用到一个点上，从而实现团队的高绩效。

几种可供选择的管理模式

· 今日茶点

要成功地管理团队，管理者必须对价值观管理模式、任务导向管理模式、人际协调管理模式、角色定义管理模式这四种模式有所了解。

团队管理的有效性均取决于三个因素：团队建设的背景，企业员工及管理者的素质，团队期望执行的任务类型。若要成功地管理团队，应对以下四种管理模式有所了解。

1. 价值观管理模式

团队管理的重点是形成团队成员间的一致意见、共同的价值观和应用于工作中的原则。的确，分享对于工作的共同看法可以被看作团队定义的特征，如果没有它，团队就只是一些人松散的无意义的集合。具有共同的目标让人们团结在一起，感到能够与其他人合作共事，并获得"他们和我们"的感觉。

因此，根据这个结论，建立一支有效团队的主要任务是形成一致的宗旨。团队的管理者致力于统一团队成员的价值观，通过各种手段让人们把工作的意义与团队本身结合起来，从而使将来可能出现的问题减到最少，并有效减少团队成员之间的矛盾。这类团队享有高度群体自由，管理者可授权下属在一定范围内自己识别问题和进行决策。

这种管理模式在持续性的团队工作中显得卓有成效，但前提条件是团队必须长期存在。它可使团队成员彼此高度理解，排除了许多潜在的意见与行为矛盾，当团队成员来自不同的专业时，这种管理模式特别有用。

2. 任务导向管理模式

这种管理模式属于管理者向下属"兜售"自己的决策，团队成员们需要弄清任务意图，并鼓励明确揭示出挑战背后的含义。团队管理者需要给予他们鉴别与提炼任务所需的特殊技能，鼓励他们设立特殊的目标来协调完成团队任务的过程。这种管理模式要求团队所有成员都将任务放在第一位，个人感受、"地下议程"等都不被看作团队行为的合法部分，即只有完成工作任务才是唯一一件重要的事情。所以，团队管理者需要强调用特殊任务来帮助团队达到目的，定义时间表和次级任务，训练决策技能，建立克服障碍的战略。

这种管理模式最容易打造出高效团队，它能够将团队的操作或交流困难清晰地表达出来，从而迅速加以解决，使团队成员不会造成对如何运作的误解。或者说，这种管理模式如同诊断工具，可以使管理者及时看到问题并予以解决，帮助整个团队很好地行使职责。

3. 人际协调管理模式

正如我们所理解的，人际协调管理模式强调的是团队工作中的人际特征。暗含的观点是，利用人们相互之间的足够了解，让团队有效运作。其原则是开放而公正地对关系、矛盾、"地下议程"进行讨论，产生一种互相信任的气氛并建立有效的团队。这种管理模式让下属群体享有很大的自主权，但决策仍然要管理者做出。

4. 角色定义管理模式

团队管理以角色定义为基础，倾向于强调将团队成员的角色和角色期望进行归类，每个团队成员都可以列出他认为应由别的成员来做的事，然后团队成员聚在一起讨论他们的清单，并且商议相互间的要求。商议结果会被写下来由双方签字认可。

这种团队管理模式虽然仍以诚实和公正为基础，但与人际协调法有很大不同，它的焦点在于自己做什么和别人要做什么，只要依照这个模型，人们公开其在工作中对别人的需求就可以了，不必再做更深层次的分析。

让管理模式趋于完美

· 今日茶点

让管理模式越来越完美，使团队的运营更为高效。

任何管理模式都有修正和完善的空间，如果想让团队创造出良好的效益，就有必要根据团队的特点对管理模式不断地做出修正，使其功能越来越完善。

1. 以默契增进团队精神

作为团队管理者，仅仅依赖自己的能力管理好团队是远远不够的。光靠自己做事，会给团队成员留下独断专行的印象。一名优秀的管理者应运用团队协作，同心同德处理内部事务，增进团队精神。

一个真正的有效率的管理模式，会让团队看起来就像一个人一样，每一部分的配合与协调都自然随意、恰到好处。要做到这一点，管理者必须学会在团队成员中间培养默契，使其彼此能够愉快地合作。

培养下属整体配合的团队默契，可以增进团队精神。作为团队的领导人，应让每位成员都能拥有自我发挥的空间，但更重要的是，要破除个人主义，建立整体搭配、协调一致的团队默契，同时，努力使彼此了解取长补短的重要性。

完美的合作会产生巨大的力量。因此，培养成员相互依存、互相支援达成任务的观念，是团队领导者责无旁贷的重要职责。

2. 让团队更加民主

团队应具有开放、坦诚的沟通气氛，使团队成员在其中感到很随意，在工作中能充分沟通意见，能经常从团队得到反馈，愿意倾听、接纳其他团队成员的意见，尤其是愿意把工作中出现的问题及时向管理者提出来，从而得到调整和解决，使工作进展更加顺利。

通过培养民主气氛，团队成员之间的关系将更加融洽，从而更好地配合团队管理。具体做法有：使所有团队成员都能获得充分的信息，对一切均有所了解；所有团队成员都充分参与团队的各项组织和决策活动；所有团队成员有同等发言权，他们的观点同等重要；在团队内部培养尊重不同观点的态度；认可团队内部不同的动机、价值观和意见。

3. 让团队成员全力以赴

只有团队成员都乐于贡献自己的智慧和力量，全力投入团队工作，才能让团队运作成功。也就是说，唯有团队成员任劳任怨地付出，才能实现整个团队运作的持续改善且有高品质结果的产出。而要完全做到这些，管理者应鼓励团队成员自觉地将工作放在首位：

要使团队成员愿意对团队的成败负共同责任，愿意相互协调合作，共同完成团队目标，且相信自己对这个团队及其他团队成员负有责任，对其被指派的工作负责。

使团队成员能始终保持活力与热情。团队运作过程往往冗长且常常遇到困难与挫折，唯有保持活动力与热情方能使团队成员有效工作，这样可以使团队成员相处愉快，并享受成为团队一员的乐趣。

鼓励团队成员不断地追求改善与进步。让团队成员能从团队工作中实现自我成长。

4. 推行"参与管理"

现在很多的企业推行"参与管理"，管理者如果真的希望团队管理有成效，就应倾向于员工参与或领导，因为这种做法能够确实满足"参与就受到尊重"的人性心理。

成功团队的成员身上总是散发出挡不住的参与热情，他们积极主动，一逮到机会就参与。他们的无私奉献和热情建议不仅使团队的管理模式一步步趋向完美，更给企业创下了良好的收益。

玫琳凯化妆品公司创办人玫琳凯说："一位有效率的管理者会在计划的构思阶段时，就让下属参与其事。我认为让员工参与对他们有直接影响的决策是很重要的，所以，我总是愿意冒时间损失的风险来这样做。如果你希望下属全然支持你，你就必须让他们参与，越早越好。"

亲自参与的成员永远会支持他们参与的事物，当大家的热情都投入到团队运作中来的时候，团队所汇总出来的力量绝对是无法想象的。

5. 有效利用时间

彼得·德鲁克认为有效的管理者懂得让自己的团队学会集中利用时间。时间分割成许多小段，等于没有时间。所以时间管理的一个重要原则在于管理者将零碎时间集中起来，加以利用，使团队的绩效进一步提高。

需要指出的是，集中时间的目的是为了办大事、要事，如果把次要的事集中起来办理，这样的集中就没有太大的意义了。

6. 创造学习的氛围

要想建立敏捷、具有生产效率的团队，唯一的方法是培养不断进取的员工队伍。重视进取的企业视学习为一种投资，并不断鼓励和培养员工发展，其目的是提高企业自身能力及其成功率。这种企业往往会创造出有助于企业内员工学习和发展的环境。

团队管理者必须倡导团队学习，它是提高团队成员互相配合、整体搭配与实现共同目标的能力的主要途径。有不少实例显示，团队的集体智慧高于个人智慧之和，团队拥有整体搭配的行动能力。当团队真正在学习的时候，不仅团队整体会产生出色的成果，个别成员成长的速度也比其他学习方式更快。

多数团队未能实现整体搭配。这是因为管理模式的不合理造成的，在团队内部，个人可能格外努力，但他们的努力未能有效地转化为团队的力量，结果许多个人的力量被相互抵消掉了。当一个团队经过有效的学习之后，就会朝着共同的方向，调整个别成员的力量，而使成员之间力量的抵消或浪费减至最小，发展出一种共鸣的综合效果。

若像凝聚成束的激光，而非分散的灯光，团队的目标就会一致；团队拥有共同愿景，团队成员就知道如何取长补短。因此，为团队创造学习的氛围，大力倡导团队学习就成了管理者改善管理模式、促进团队发展的必要的步骤。

如何培养团队精神

· 今日茶点

团队精神是团队成员共同认可的一种集体意识，是团队成员的工作心理状态和士气，是团队成员共同价值观和理想信念的体现，是凝聚团队，推动团队发展的精神力量。

团队精神是一个成功团队建设的血脉。团队精神有凝聚团队成员的作用，团队的目标和理想把团队成员联结在一起。团队精神不仅能激发个人的能力，而且能激励团队中的其他人，鼓励团队中的所有成员发挥潜力以探索和创新。如何培养？需要从以下几个方面着手。

1. 培养团队成员树立远大目标

明确、具体、可行的企业发展目标，是员工最好的航向。目标越明确、越具体，由此激发出的团队动力也就越大。俗话说，对于没有目标的航船来说，什么风都不是顺风。

有目标只是你管理行动的一半，另一半则是要大家明白你的远见和目标。你必须以沟通来使受你领导的人同你目标一致。

20世纪70年代的惠普电脑公司总裁约翰·杨就根据这项原则设立了自己的印刷厂。他自筹款10万美元，购买设备，训练操作人员，找厂址，前后共花了45天的时间。他全靠和下属沟通，让他们和他有一致的目标，这样事情就迅速办成功了。他认为："一个秘密的目标，无法得到参与者和其他人的助力。将目标解释清楚，让参与者全都明了，可以激发他们的热忱，使他们发挥出最大的力量，这是靠压迫所得不到的无限力量。"

假若你有远大的目标，而又能和别人沟通，虽然其他条件不佳，你仍然会成功。

美军第51空降步兵团团长朱利安·艾威尔上校在1944年12月18日晚，率领他的部队抵达比利时的巴斯顿。两天以前，德军就已开始他们的亚耳丁作战。这是在第二次世界大战中，德军所做的最后一次大攻势，历史告诉我们，这次战役是战争结束前的反弹。艾威尔只带了不到1000人抵达战场，而上级司令部无法告诉他敌情、友军状况……总之，什么情报都没有。

但艾威尔有他的主见，并且和下属做了良好的沟通。他告诉他们："我们要攻击德国人。"他们果真做到了。他们阻止了德军第27装甲军团3万多人的进攻，迫使希特勒不得不改变亚耳丁作战计划，并且影响了整个第二次世界大战的局面。

假若你要别人跟随你，你就必须有远大的目标，而且要把这个目标建立在下属的心里。

2.培养团队成员的向心力

据说以面谈为职业的人，都是在事先调查过对方的资料之后，根据此资料，再找出谈话的内容的。一个杰出的面谈者，必须都了解此诀窍。

有些人性格内向，不易在第一次见面时就与人坦诚交谈。但是如果对方与自己具有亲戚关系，或都是校友、同乡等，那么即使是第一次见面，也往往会表现出友好的态度，甚至会因此团结起来对付外人。所以管理者如果能让下属产生"自己人"的意识，自然可加强学习的意愿。对于下属，找出自己与他的共同点，据此加以强调是很重要的。

从心理学角度来看，使对方与自己的心理连在一起的作用称为"促进彼此信赖的关系"。而寻找与下属的共同点，便相当于此种"促进彼此信赖的关系"。这种共同点越多越好，而且关系越近越有效。例如出生地、毕业的学校、性格、类似的遭遇等，只要能找出两三项，即不难加强团队内成员的向心力。

事实上，若要找出彼此的共同点并不困难。就出生地而言，对于是否在该地出生并不重要，只要是曾经在当地住过，即可成为谈话的资料。然而，如同校毕业者、同乡形成一个圈圈时，则多半会引起其他人的反感及排斥，此点应加以注意。

3.让团队成员充满自信

要想使你的团队团结，必须先培养成员的自尊心。要为自己的团体感到骄傲，就必须让他们觉得他们是同行中最好的团体的一分子。就是说，假若你的团队成员是一群生产汽车零件的工人，那你要使每个人都感到他们是在生产世界上最好的汽车；假若你的团队是从事咨询顾问工作的，那么你就应该让他们感觉自己是在世界上最好的顾问公司工作。不管你是在哪个行业，全都可以应用这项原则，必须让成员感到自己是在同类最好的团体中工作。

4.将"伙伴优先"原则放在第一位

如何有效建立与增进团队之间合作无间的精神呢？

首先，你要有"伙伴优先"的想法。永远把你的伙伴放在一切事情之上，这样你才会愿意采取行动，去关怀、珍惜他们，支持他们，赐给他们力量，激励他们去做好每件事情。

当你把伙伴放在第一优先位置时，其成效是相当惊人的。当追随者受到你的鼓舞感召时，他们藏在心底深处的无限潜能和爱心就会快速地爆发出来，那么他们所做的任何事情，都将相当杰出和完美。如果你的团队成员，负责提供高品质服务的工作给他的顾客，当你真正把伙伴放在第一优先位置时，你就可以永远不必忧心忡忡地害怕他们说一套、做一套，不把顾客放在眼里了。

5. 培养团队成员的默契感

培养伙伴们整体搭配的团队默契，是增进团队精神的另一个重要方法。

作为团队的管理者，你固然要让每位成员都能拥有自我发挥的空间，但更重要的是，你要用心培养大家，破除个人主义，要有整体搭配、协调一致的团队默契，同时努力使彼此了解取长补短的重要性。

如果能真正做到这一点，自然就能凝聚出高于个人力量的团队智慧，随时都能造就出不可思议的团队表现和成绩来。在《第五项修炼》一书中，彼得·圣吉为团队整体搭配的好处做了非常贴切的注解：

"未能搭配的团队，许多个人的力量一定会被抵消、浪费掉……当一个团体更能整体搭配时，就会汇聚成一个方向，调和个别力量，而使力量的抵消或浪费降至最小，发展出一种共鸣，就像凝聚成束的激光，而非分散的灯泡光，它具有目的一致性及共同愿景，并且了解如何取长补短。"

毕竟合作才会产生巨大无比的力量，因此，经常教导灌输成员了解相互依存、依赖支援才能达成任务的观念，是管理者责无旁贷的重要职责。

6. 培养成员的归属感

希望别人怎样待你，你就要怎样对待别人。你也许认为这句话只能用在宗教和道德行为上，其实这和良好的管理也有极大的关系。为什么？因为人们不愿意跟随漠不关心他们待遇的管理者。

玫琳凯称这句话为"管理的金科玉律"。她不但身体力行，而且建议每位管理者都这么做。总之，什么使得你与众不同？你是否认为你比别人要强得多，所以要求与众不同的待遇？假若你有这种想法的话，那你最好改变一下，不然永远没有人会乐意跟随你。

·第十六章·

组织形象管理：让顾客第一眼就爱上

从战略上看企业形象

· 今日茶点

企业形象塑造属于高级、复杂、综合的营销管理。注重企业形象的塑造和管理，对提高管理者素质和营销管理水平具有十分重要的推动作用。

在市场经济条件下，良好的形象已成为一种不可缺少的无形财富和战略性资源，是组织生存和发展的重要基础性条件，也是企业创造竞争优势的可靠保证。

1. 良好的组织形象有助于企业赢得人们的信任

当组织显示出强烈的社会责任感，注重维护公众利益，为市场提供实用、便利、经济、安全、卫生的高品质的产品和服务时，便在市场上树立起了良好的企业形象，增强了顾客对企业的美誉度和信任度。这种经验、感知、印象在顾客购买行为中，往往起着决定性和长期性的作用。它不仅使企业保持原有的忠实顾客群，而且能吸引更多的新顾客；不仅在原有产品销售中赢得更多的货币选票，而且能加快新产品推进市场的速度，减少销售推广费用和市场风险。

2. 良好的形象有助于提高组织的竞争能力

由于科技进步和劳动生产率的提高，产品制造业进入了成熟化和标准化阶段，产品成本、功能、质量、款式及服务日益趋同，企业之间的差距日益缩小，由此导致企业之间的竞争从质量、功能、价格、技术、规模转向企业声誉和企业形象。在其他情况基本相同的情况下，具有良好形象的企业更容易为市场所承认和接受，具有良好品牌声誉的产品更容易为广大消费者所喜爱和购买，从而大大提高了企业的竞争实力，使其在激烈的市场竞争中立于不败之地。

3. 良好的组织形象有助于增强组织的凝聚力

具有良好形象的组织，尊重知识，尊重人才，尊重员工个性和创造力的发挥，承认每个员工的劳动和贡献，创造一种团结进取、竞争向上的组织氛围，为员工营造施展聪明才智的良好环境，从而产生强大的磁铁效应，培育起"企业如家""荣辱与共"的归属感和使命感，形成强大的向心力和凝聚力。正是这种强大的向心力和凝聚力，不仅形成内聚的粘合效应，而且吸引各类优秀人才加盟企业，这为创造市场竞争优势提供了人才支持。

4. 良好的组织形象有助于组织获得广泛的社会支持和帮助

企业经营运作不仅仅是企业自身的行为，而且涉及社会的方方面面，离开社会各界的喜爱、信任、支持和帮助，企业就很难生存和发展。经过长期努力建立起的企业与各界公众之间令人满意的关系状态以及以此为基础形成的良好的企业形象，是企业最宝贵的无形财富。企业凭借它，可以得到股东、金融机构在资金方面的支持；可以得到中间商的合作，提高市场份额；可以得到社区居民、民间组织、社会团体的信任和喜爱，赢得更广泛的社会支持；可以借助新闻媒体之力，传播企业美名；可以得到政府在财政、税收、政策等方面的扶植与帮助。

5. 良好的组织形象有助于提高企业的营销管理水平

传统营销管理理论强调产品、定价、促销和分销渠道的整体组合管理，旨在顺从和适应企业的外部环境。现代营销管理理论在"4PS"基础上，重点强调了另外两个"P"，即权力和公共关系，旨在综合运用经济、政治、心理和公共关系手段，树立良好的公众形象，以影响和改变企业经营环境，寻求社会各界更广泛的支持与合作，创造一种有利于企业长期发展的社会氛围和外部环境。

企业公众形象如同"4PS"一样是企业的可控因素，但它是一种高层次管理。

其一，企业形象以"4PS"为基础，不仅反映"4PS"的经营管理水平，而且综合反映企业整体实力以及先进的经营思想和管理方式。

其二，企业形象是一种高层次竞争策略，说"虚"其实并不虚，而是一种可感知的客观存在，就像室内的空气一样可以使人感到清爽，也可以使人感到郁闷。良好的企业形象同样能够带来丰厚的利润回报。

其三，企业形象绝非自然形成，从规划设计到传播塑造必须进行科学的管理，也要得到包括消费者在内的社会公众的承认和喜爱。

因此，企业形象塑造属于高级、复杂、综合的营销管理。注重企业形象的塑造和管理，对提高管理者素质和营销管理水平具有十分重要的推动作用。

塑造组织形象的原则

· 今日茶点

企业良好形象和声誉是无形的宝贵财富。公共关系的根本目的是通过深入细致、持之以恒的具体工作树立组织的良好形象和信誉，以取得公众理解、支持、信任。

好的组织形象有利于企业推出新产品，有利于创造"消费信心"，有利于企业筹集资金，有利于吸引、稳定人才，有利于寻找协作者，有利于协调和社区的关系，有利于政府和管理部门对企业产生信任感，最终促进组织目标的实现。塑造组织形象非一日之功，需要完善的规划并坚定不移地实施。这就需要管理者在其过程中要遵循一定的原则。

1. 立足长远，反对只顾眼前

组织为了适应公众变化的评价标准，必须进行长期的、持久的、艰苦的公关工作。既不能把它当成一种权宜之计，也不能把它当成推销产品和服务的一般策略。即使在公众中已经建立起了良好的组织形象，也还需要时间加以维护、调整和发展，不断改进和更新组织形象，以更现代化的和更受公众欢迎的形象，取代陈旧的、为公众厌弃的形象，或在原有形象的基础上充实更新内容，"宜未雨而绸缪，毋临渴而掘井"。一定要克服只顾眼前、急功近利、零敲碎打或者一曝十寒的做法。为了长远的利益，一定要把塑造组织形象提到战略地位，要舍得付出眼前的代价，通过平时点点滴滴的公共关系活动，做到在需要时得到公众真诚的支持与合作。

2. 立足真诚，反对虚情假意

真实是公共关系的生命。公共关系塑造组织形象，靠的是信息的真实性、客观性以及内在的新闻性（新闻价值），它成功的诀窍，不在于运用哗众取宠、耸人听闻的表现手法，而在于善于选择适当的时机，采用适当的形式，通过适当的媒介，把适当的信息（有新闻价值的信息）及时地、准确地传递给适当的公众。任何以虚假失实的公共关系信息来欺骗和坑害公众的企业，其结果都是以害人开始，害己告终，对组织形象的塑造也只能是有百害而无一利的。

真诚还包含诚挚的意思，即要以诚待人。俗话说："精诚所至，金石为开。"公关人员要善于用真情去感染公众，用袒露胸襟的语言叩开公众的心扉，达到感情和语言的交流和共鸣。

3. 立足公众，反对只顾组织

组织战略目标的确立首先要以公众利益为出发点。在组织形象战略目标实施过程中，也要随时根据公众的利益和要求及时修正和调整计划。只有遵循这个原则，塑造的组织形象才能受到公众欢迎。反之，只顾组织经济效益，不择手段地追求高额利润，不顾公众利益，不顾整体社会效益，不顾生态效益，见利忘义，是公众所不齿的，是一种缺乏社会公德的丑恶形象，会受到公众的厌恶和唾弃。

4. 立足传播，反对自我封闭

组织的产品（服务）质量是组织制胜的根本，也是组织形象的主体。但是，在这个商品经济日益发展、对手如林的年代，过去那种"有麝自然香，不必随风扬""酒香不怕巷子深"的自我封闭的观念，已经过时。无数事实证明，有麝还要随风扬，酒香还要勤吆喝。也就是说要善于宣传自己、传播自己，只有这样才能使更多的公众了解自己，才能在公众心目中塑造良好的组织形象，使组织如虎添翼、出奇制胜。

5. 立足全员公关，反对互相扯皮

企业形象塑造是一项关系到企业每一位员工，涉及组织各个方面的重要工作。因此，必须统一制定公共关系政策，遵照公共关系整体化的原则，按照一定的公关目标和计划来进行。虽然大量的公关工作是由各职能部门分头进行的，但是必须在公关部门协调下有条不紊地开展。否则，缺乏专门的定期检查及信息反馈，这些职能部门的公关工作就会处于一种放任自流的状态，不仅不能起到应有的职能作用，反而会互相扯皮，造成问题成堆，甚至损害组织形象。

塑造形象的通用方法

· 今日茶点

只有具备这种长期性的战略观念并付诸行动中坚持不懈，构建组织的形象才可能成功。

组织形象是多种形象的综合体，单纯的产品形象或员工形象只能反映组织形象的一部分，不能代替组织形象整体。因此树立组织形象、规划组织形象要考虑到各方面具体形象之间的协调配合，要具有系统和整体观念。塑造组织形象要遵

循一定的方法。

1. 加强信息传播，形成有利的社会舆论环境

大众传播是组织塑造良好形象、争取公众理解和支持的最重要的手段。公共关系人员通过编写新闻公报，举行记者招待会，筹划组织领导人的演讲或报告，准备各种宣传资料，举行图片或实物展览，策划媒介事件，制作新闻电影、电视录像和广播讲话，撰写年报等传播活动，来提高组织的知名度、美誉度、信任度和透明度，树立组织的良好形象。

组织在不同的发展时期，其信息传播和双向沟通应当有不同的内容和重点，公共关系工作人员要学会不同的传播手段，针对不同发展时期的特点，做好传播沟通工作，使组织形象的塑造日臻完善。

在组织初创时期，应及时地让各界公众了解组织，使公众在开始就能对组织有个良好的印象。因为最初形象的建立，往往关系到组织今后的发展。

在组织顺利发展时期，公共关系工作的传播沟通应当致力于保持和维护组织的形象和声誉，巩固既有的成就，并且再接再厉地扩大组织的影响。

在组织遇到风险的时候，组织的领导和公共关系人员一定要沉着冷静，不要灰心丧气，要抓准有利时机，采取灵活机动的宣传策略，使组织产品迅速为公众接受，从而渡过难关，转危为安。

在组织形象受到损害和破坏的时候，组织决策者和公共关系人员应本着实事求是的态度，深入了解其原因，如确定内部原因，应有错必纠，整顿组织，改善经营管理，提高产品质量，改进服务态度，并把采取的措施告诉公众，求得公众的谅解，重振声誉，塑造新的组织形象。

2. 通过加强组织文化建设来塑造良好的组织形象

塑造组织形象的基础是建设组织文化，因为组织文化的核心是组织精神，而组织精神又是组织形象的精髓、灵魂。如果一个企业要保持长久不衰的旺盛生命力，并稳定、富有进取地发展，有强大的凝聚力，就要建设自己的企业文化，培育企业精神。企业也正是在这个过程中塑造自己的形象的。企业文化是企业物质文化和精神文化的集合，以精神文明为主导和核心，以人为出发点。因为产品靠人来生产，管理靠人来组织，外观靠人来建设，这一切都要靠人来实现。如果一个企业不通过建设企业文化去培育员工朝气蓬勃的创造精神、进步的价值观念、高尚的道德情操，把企业的目标转化为员工的积极行动，企业能够有良好的形象吗？

塑造良好的形象，又会进一步促进组织的主体——人的发展。良好的组织形象在很大程度上左右着员工对自己工作的选择，以及其对所从事的工作的态度。因此，应当通过在员工心目中塑造一个受他们欢迎的组织形象来调动他们的积极性，让员工对自己所在的组织产生认同感、自豪感、愉快感，自觉维护组织形象，推动组织文化建设。

3. 用优质产品和服务来塑造组织形象

优质的产品和优质的服务是组织在竞争中取胜的法宝，也是组织形象的主要内容。一个企业形象好不好，首先要看能否提供价廉物美的产品，最大限度地满足公众（市场）的需要，在优质中创名牌，在不断创新中求发展。优质是名牌的根本，是使消费者产生信任感和重复购买欲望的最直接的原因。

对于企业而言，要在市场竞争中取胜，最根本的是取决于产品的质量。如果产品没有质量做保证，即使能够卖出去，它也只能奏效一时，最终会受到消费者的冷遇。因此，企业必须重视提高产品的质量，创造出更多的名牌产品。这主要抓好三个方面：

（1）不断强化员工的质量意识，提高员工的整体素质。

（2）强化质量管理，完善质量检测制度，采用先进的生产标准和检测手段，严把质量关。

（3）积极培养企业管理人才，搞好现有管理者的岗位培训，更新管理知识，提高管理者的业务素质。

4. 组织形象塑造主要靠内在精神素质和公关设计

如企业名称和产品名称是否易懂好记，是否清新醒目，是否寓意深刻。广告的创意、企业徽标、商品的商标、建筑风格、代表色和商品的包装是否与企业特色一致。也就是说，作为形象设计师的公共关系部门要充分考虑企业的自身特点和公众的需求、兴趣和习惯等，使企业形象独具一格，而不能满足于公众的一般印象。

5. 通过赞助和扶持公益活动来塑造组织形象

赞助是一种对社会作出贡献的行动，是综合运用多种传播手段塑造组织社会形象的公共关系活动。任何一个组织的赞助都会有自己具体的目的，但同时也离不开公共关系工作的考虑，也就是要促进理解，提高声誉，塑造良好组织形象。企业赞助社会公益活动是要表明自己是社会的一员，要为社会贡献一份力量。这样做可以有效地提高知名度、信誉度，塑造关心社会公益事业的良好形象。

管好管理者的信誉

· 今日茶点

　　管理者声誉的好坏与企业形象息息相关，它直接影响组织的荣辱兴衰。

　　管理者的政治思想水平、文化素质、知识结构、组织能力、工作作风、精神个性，都会成为组织形象最具代表性的典型象征，在塑造组织形象的过程中起着核心和关键作用。

　　一个成功企业的背后必定有一位成功的企业家。管理者作为组织的旗帜，对内要形成强大的凝聚力和向心力，对外则要产生强大的影响力和感召力。

　　管理者声誉的好坏与企业形象息息相关，它直接影响组织的荣辱兴衰。

　1. 管理者应塑造的形象

　（1）决策是否自觉执行科学、民主的程序？

　（2）是否能与成员打成一片？

　（3）是否廉洁自律、以身作则？

　（4）是否关心成员疾苦，为成员办实事、办大事、办好事？

　（5）是否能自觉接受民主监督？

　（6）是否重视两个文明（特别是精神文明）建设？

　（7）是否能把握全局、抓住机遇、锐意进取、开拓创新？

　（8）在同行业中，是否有自己鲜明的管理特色？

　（9）对搞活企业、搞好企业是否有自己独到的见解？

　（10）是否能容纳持不同意见者？

　（11）是否有深入实际、调查研究的习惯？

　（12）对某些关键性的重大问题，是否能大胆决策？

　（13）是否具备驾驭全局的素养？

　（14）在工作、生活中是否坚持读书学习？

　（15）是否经得起金钱、名誉、地位、待遇、情色等的诱惑？

　（16）是否经得起困难、挫折、失败甚至企业陷入危机的考验？

　（17）对本组织的发展状况、在市场竞争中的地位以及国内外同行业状况、有关技术、经济、政策、社会信息是否做到了如指掌？

2. 管理者应具备的精神

管理者应具备的精神，仅以企业家精神为例来加以阐释。企业家精神是组织精神的一个重要方面，其素质又构成了企业家精神的基础。

（1）创新精神。企业家精神的关键作用是实现创新，引进新组合，即寻找生产要素和生产条件的重新组合，并将其引入生产体系以改革生产。企业家是有远见、有信心、有胆量、有组织能力的创新者，正是企业家推动了社会经济的发展。

企业家的任务就是"创造性的破坏"，对创新和创业具有快感，喜爱把自己的独创付诸实践。日本著名企业家松下幸之助把"经营是创造"作为基本哲学信念。当然，企业家的创新精神绝不是盲目的，它必须具备一些基本的条件：

第一，永不满足现状。满足现状是创新的最大障碍，不满足则是创新之源。

第二，勤奋。创新精神需要勤奋、坚持和献身。

第三，发扬自己的优势，以企业的优势形成自己的创新特色。

第四，从顾客的需要出发。只有面向顾客、面向市场的创新才能成功。

创新的机会有七个来源：意料不到的失败、意料不到的外部事件；现实真是这样和假想它是这样之间的不一致；基于工艺需要的创新；使人不易察觉的行业结构或市场结构的变化；人口变化；观念、心情和意义的变化；科学的和非科学的新知识。

（2）冒险精神。冒险精神是企业家特有的精神素质的升华。商品竞争充满风险，企业家需要在不确定的经营活动中，对经营决策进行事先的预测和论证，这种没有成功把握的决策选择，就是冒险。从另一个意义上说，企业家即冒险家。

风险既为企业家的成功提供了机会，又为他们的失败埋下了陷阱。但是，企业家的冒险绝不是盲目的赌博。它要求：注重可行性研究，充分利用有利因素，克服不利因素，尽量减少风险；既要有决断的魄力，又要把风险控制在最小范围之内；要经受得住失败的考验，勇往直前。

（3）求实精神。求实精神是一切意义上的经营取得成功的基本精神，求实必须超越自我。松下幸之助认为，求实就是内心不存在任何偏见，它是一种不被自己的利害关系、自己的感情、知识以及成见所束缚的实事求是地看待事物的精神。

（4）追求卓越精神。卓越并非一种成就，而是一种精神，即永不满足的进取精神。这一精神掌握了一个人或一个公司的生命与灵魂。企业家为什么要创新？为什么要冒险？无非是要使自己的事业获得成功，而成功的标尺就是"一流""领先""卓越"。企业家之所以具有这种精神，一方面是企业家们一般都追求某种强烈的成就感；另一方面，则缘于激烈的竞争，竞争犹如逆水行舟，不进则退。

（5）献身精神。企业家具有强烈的事业心，而且愿意为此呕心沥血，奋斗终生。他们在处理个人利益同事业的关系时，往往置个人于不顾，表现出为事业而献身的精神。企业家都是工作狂，他们在对事业的狂热追求和奋斗中诠释着生命的意义。

3. 企业家的精神必须与企业家的实干作风相结合

企业家的精神是形成企业精神的基础。企业家在企业精神的创立和实践中起巨大作用，主要表现为：

（1）启示作用。企业的广大员工表现出了各种各样的精神，但是，这种表现是具体且分散的，要使这些业已形成的精神变成全体员工共同遵守的思想和行动的精神准则，则必须经由企业家进行高度提炼和概括。

（2）教育作用。企业精神一旦确定之后，如何变成全体员工的共同行为准则，要靠企业家对广大员工进行思想教育工作。

（3）示范作用。企业家既是企业精神的倡导者，更是企业精神的实践者。企业领导者必须成为创立和发扬企业精神的带头人，这样才能促进企业精神的落实。

（4）推动作用。贯彻企业精神的过程，会受到旧的传统观念和习惯势力的干扰。因此，企业领导人必须通过各种宣传教育活动，大力推进企业精神的传播和落实。

实施形象战略的原则

· 今日茶点

何时实施形象战略，管理者必须审时度势，既立足当前，又放眼长远，快速、正确地作出决策。

实施形象战略，既要有清晰的战略目标，又必须遵循一定的章法。为了更好地实现导入形象战略的既定目标，按照企业形象战略理论和操作技法的要求，应坚持并遵循下述原则。

1. 战略性的原则

既为现代组织形象战略，就必然具有长期性、全局性和策略性的特征。因此，组织形象作为推动组织长期发展的动力，首先必须坚持战略性的原则，即立足当前，放眼长远。它绝非是一两年或三五年的近期规划，而是组织未来 10 年、

20 年甚至更长时间的总体发展步骤和实施策略。一般来说，它是以 10 年为一周期的关系到企业前途和命运的发展大计。没有 10 年以上的长远规划和战略目标，不要进行形象战略创意。

2. 个性化的原则

组织形象战略是组织为塑造完美的总体形象而在组织中实施差别化的策略，它的首要一点是要求所塑造的组织形象具有鲜明的个性特征和独具一格的特质。既具有行业的个性，又具有本组织的个性。比如就一个企业来说，它不仅要求企业理念、企业精神、企业文化、企业经营管理、企业行为方式和行为规范具有鲜明突出的个性，而且要求企业名称、品牌、徽标、广告等也具有同一性的独到特点。如此看来，没有个性化的企业识别系统是失败的识别系统，企业形象战略的实施也不可能获得成功。

3. 民族性的原则

"愈是民族的，愈是世界的"，这句极其富有哲理的名言，有助于我们导入形象战略。众所周知，形象战略是从企业发展方向、经营方针上设计与规划自我的，即制定"经营理念"。这是整个战略的核心和灵魂，也是一切创意、策划、设计工作的基础和起点。

由此可见，只有充分尊重我们民族的消费心理、审美习惯、艺术品位，继承发扬我们民族的光荣传统来构建理念和识别系统，才能为社会公众所接受并获得一致的认同，也才能走出国门，走向世界。

反之，脱离我们民族的特质，盲目照搬照抄别国的模式，制定并规范出上自总裁下至员工的行为准则，其结果必然是徒劳一场，"创造有中国特色的企业形象战略"也只能是一句空话。

4. 整体性的原则

一部分管理者对形象这一利器还似懂非懂，不甚了解。他们认为，形象、策划企业形象，不就是确定厂徽、厂旗、厂歌，装扮厂容、厂貌，统一商标、产品包装和员工们的作风、服务吗？好办！这恰如盲人摸象，片面地理解了企业形象的塑造。从形象战略构成的三大要素（理论、活动和视觉）来看，以上这些均属于视觉识别系统的范畴。而完整的企业形象还必须使社会大众从企业的活动和理念上做出识别。

事实上，只有围绕经营理念，制定、规范企业的行为准则，并根据这一准则开展一切经营活动与公关活动，使之与企业外在的视觉形象表里一致、协调统一，才是全面的、完整的企业形象塑造。三大要素是融会贯通、缺一不可的。如同我们识别一个人，不仅要看他的肖像、仪表，更要透过肖像、仪表，了解他的内在心理和本质特征一样。外美内秀，才是值得称道的。由此可见，实施组织形象战略，强调坚持整体性原则，就显得尤其重要了。

5. 把握实施的机遇

瞄准了实施的机遇，就等于握住了成功的金钥匙。俗话说，"机不可失，时不再来"，正是这个道理。比如一个企业，一经导入形象战略，就不是一朝一夕的临时性、短期性的行为，而是确立了这个企业长期经营发展的政策和战略。所以，准备导入形象战略的企业必须把握住导入的最佳时机，或者说，在时间维度上，掌握最佳切入点，才能收到令人满意的成效。

那么，究竟应怎样瞄准机遇呢？形象战略专家将把握时机问题分为企业内部时机与企业外部时机。具体来说：

一是在新企业诞生之际。各行各业的新企业不断涌现。

二是在企业的庆典之时，比如企业周年庆典、安全行车×××万公里无事故庆典等，都是重新塑造企业形象的良机。此时导入形象，既可以鼓舞企业员工斗志，振奋企业员工的精神，又可以进一步增强企业的信誉度。

三是在企业进行产权重组、兼并或组建集团之时，借助这一契机，改变或重新制定企业的经营理念，使之在价值观念、行为规范等诸方面都发生显著变化，则会收到社会公众刮目相看的识别效应。这些，都属于企业内部机遇。

总之，何时实施形象战略，管理者必须审时度势，既立足当前，又放眼长远，快速、正确地作出决策。

以产品精神为支撑

· 今日茶点

任何一个著名的品牌，它都有精神在后面支撑着，没有精神支撑着的就不叫品牌。

郎咸平教授去潮州做演讲的时候，看到路边挂着很多陶瓷之都的广告，就问来听他演讲的陶瓷企业家"你们这个陶器、瓷器怎么样"，众企业家都说自己的产品做得非常精美、非常精致，有仿古等很多风格。但是当郎咸平问他们潮州瓷器的灵魂在哪里、为什么别人会喜欢、为什么别人应该购买的时候，却无非是漂亮、仿古、功能等郎教授意料中最不满意的答案。

为此，郎教授十分沉重地说：中国的产品到现在为止，还停留在两个最基础的阶段。我想用金字塔来做个说明，是一个三层的金字塔，最底层就是你们所看得见的瓷器跟陶瓷。中间的一层呢，是它的功能，比如说陶器、瓷器的美观、仿古、好看、功能齐全。我们中国企业家最大的问题就是在最底层的外观以及中间那一层的功能上面下功夫，也就是说大家都是在最底层的外观以及功能方面寻求差异化。

这个不是品牌战略。那么到底什么是品牌战略？就是一定要走到最高的那一层。最高的那一层叫作产品精神，只有走到精神这一层，才能真正做到品牌战略。任何一个著名的品牌，它都有精神在后面支撑着，没有精神支撑着的就不叫品牌！

产品精神，的确是我国大多数企业所没有想到的。想到的企业，也是做得非常优秀的企业。比如谭木匠，只是一个卖梳子的企业，可是它的企业盈利却并不少。一把最小、最便宜的梳子，街边小摊上也就两三元钱，它要二三十元，不讲价，可生意却依然红火。这是为什么呢？其实，如果我们进了谭木匠的专卖店，就会知道那是不一样的感觉，你会莫名被它那种木头文化的精神所吸引，莫名觉得踏实和实在，有信赖的感觉，舍得多出钱来买一个品质好的。

事实上，自从20世纪60年代塑料梳子兴起之后，传统的木梳厂就逐渐走向了没落。但是随着人们生活水平的提高和保健意识的增强，天然的木梳因为大自然所赋予的保健、防静电等功能逐渐变成人们的首选。而几千年源远流长的木梳文化，也使得精致的木梳能够体现出使用者的品位和气质，而且木梳有点类似玉石，用久了就会产生感情，成为主人的珍藏品。

谭木匠成立时间并不长，但是它从1997年成立之初就紧紧地抓住了文化内涵这条主线，为自己的产品进行了正确的定位，开发了广受市场欢迎的黄杨木梳和草木染梳。黄杨木是一种珍贵的木材，多生长于原始森林，有"千年难长黄杨木"之说，有很好的保健作用。而草木染梳则是将木梳放在严格的中药配方里进行浸染。它的每款梳子除了具有普通木梳防静电、保健、顺发等基本功能，还具有非常好的艺术美感，散发着难得的古典气息，让人一见就联想到了文化品位。

因此谭木匠很快就打出了小木制品行业的第一品牌"谭木匠"，成了行业冠军。至2005年底，谭木匠公司已经连续9年保持经营业绩的持续增长，并在2009年12月成功登陆香港H股市场。

谭木匠的成功就是因为将高品质的木梳和独特的文化品位结合在一起，将我国的古典文化和人的感情融入产品，使得一只普通的木梳脱离了仅仅是外观和实用的低层次范畴，上升到精神需求的高度，使人得到了物质的实用性，也得到了精神方面的享受。只有有文化内涵的品牌才会被世界记住，并且长久存在于消费者的脑中。

广告主角是企业家本人

· 今日茶点

当消费者决定购买哪一个品牌的产品时，也许会因为突然想到某位企业家参加一次公益活动或公众亮相等的热点事件而唤醒他的注意力，并最终产生购买的冲动。

有擦鞋匠曾说，光看过路人穿什么样的鞋子就知道他属于哪个阶层的人。穿着有品位的人与穿着邋遢的人得到的"注目礼"肯定是不一样的。

一位行为学家曾经做过这样一项实验：实验者西装革履，一副绅士模样，出现在人来人往的大马路上，结果行人有的向他问路，有的向他询问时间，而且都对他彬彬有礼。第二次，他打扮成无业游民的样子，可是接近他的人多半是流浪汉或者是地痞之流，要么找他借烟，要么要求他入伙去抢劫或者偷窃。

个人形象是一种无声的语言，很多人就是从你的形象中判断和推测你的品味、地位、修养和财富，然后再选择对待你的方式，如果你在别人看你的第一眼就被否定了，那你接下来不是被拒之门外就是很难再有翻身的机会。虽然很多人都知道第一印象会发生误导，但大多数人都很难做到不以貌取人，甚至就是以貌来取人。

改革开放时期，一大批农民企业家迅速崛起，陈志贵就是其中的一个。他胸怀宽广、目光长远，就地取材，以东北当地特产的优质大豆为原料，创办了一家豆粉饼加工厂。由于经营有方，业务很快就做大起来，不仅将客户发展到了全国，甚至还发展到了东南亚地区。

一天，陈志贵收到了一张来自香港的大订单，他亲自带领工人连夜加班，终于在规定的时间内完工，将货物发往了香港。但几天之后，香港公司却打来电话，说货物"有质量问题"，要求退货。陈志贵十分纳闷，自己的产品一向以质量过硬而赢得卓越信誉，况且，这批产品由自己亲自监工生产，怎么会出现质量问题呢？一定是其他环节出现了问题！陈志贵立即飞往香港去看个究竟。

当西装革履、风度翩翩的陈志贵出现在香港公司的总经理面前时，对方竟然惊讶地张大了嘴巴。虽然还不明白退货的问题出在哪里，但感觉敏锐的陈志贵已从对方的细微变化中捕捉到了什么。

在之后两天的相处中，陈志贵不卑不亢、侃侃而谈，充分表现出一个现代企业家应有的气质和风度，最终不仅"质量问题"烟消云散，还和那位总经理成了好朋友，成为长期的商业伙伴。但是"质量问题"始终是陈志贵心中的一个疑团，因为他和对方谈的多是企业管理和人生修养方面的问题，他们根本没有再提什么质量问题。直到多年之后，陈志贵向那位总经理询问才得知真正原因。

原来，这批货是香港公司的一个部门经理向陈志贵订的货，但在向总经理汇报后，总经理得知这批货是由农民家庭加工生产时，脑海里凭空臆想出了一个土得掉渣的农民形象。他顾虑重重，对那批货看也不看，就作了退货的决定。但当形象良好、个性十足的陈志贵突然出现在他面前时，他才知道自己犯了个多么可笑的错误。

企业家本人就是产品的最佳代言人，这也是很多创业者租宝马或奔驰去进行谈判的重要原因。试想，如果他们破衣烂衫骑个自行车去谈判的话会是什么样的结果？企业的兴衰成败也可以说是企业家的兴衰成败，每一个成功企业的背后都会有一个成功的企业家。比如很多人或许在《赢在中国》栏目播出之前并不知道马云是谁、俞敏洪是谁……但是他们在节目中亮相并以他们的精彩点评征服了观众，赢得了一大批的粉丝，也让很多人知道了马云的阿里巴巴、俞敏洪的新东方，相当于是为他们的产品做了一个可信赖的广告，加强了对品牌的认同和好感。

事实上，这种企业家营销的方式在国外早已经非常流行，比如杰克·韦尔奇、比尔·盖茨等企业领导人都有专业的形象设计和服务机构为他们做企业家形象营销，通过精心的设计和策划，在不同的场合，以不同的角色，适时地推出自己，使自己成为人们瞩目的焦点，使自己的品牌形象和企业形象得到传播。而我国的企业家王石、冯仑、潘石屹、柳传志等人则被网上评为"最懂得自我营销的十大中国企业家"，他们通过形象代言、拍广告、登山、航海、图书出版、博客、演讲、做嘉宾等方式成为明星企业家，对自己的企业品牌起到了最大化的宣传作用。

中国经济越来越发达，同样，消费敏感度、媒体信息敏感度也越来越高，仅仅是把产品卖出去已经不够了，要卖得好，卖到别人心里，还要在别人的心里扎下根，埋下子，开了花，结了果，再落地生根，不断地维护和滋养才算是真正的成功！而企业家营销则是在向公众传递信息和企业价值，有效地抓住公众注意力的有效手段。当消费者站在柜台前决定购买哪一个品牌的产品时，也许会因为突然想到某位企业家参加一次公益活动或公众亮相等的热点事件而唤醒他的注意力，并最终产生购买的冲动。

以上乘的质量为后盾

· 今日茶点

品牌战略的两大要素：一是产品质量，二是服务质量。

几乎所有的品牌，都是以上乘的质量作为坚实的基础和后盾的。虽然产品的竞争表现为品牌的竞争，但是品牌竞争所依靠的则主要是产品的内在质量。一个品牌成长起来靠的是质量，一个品牌在市场上衰退也大多是因为质量出了问题。也可以说，质量是品牌的生命之所系。质量不是现代企业品牌战略的充分条件，但却是一个不可或缺的必要条件。尤其在绩效管理中，产品质量是营销绩效稳定实现的前提，营销主管有必要主动地开展各种质量管理活动。

品牌战略的首要因素是产品的质量。产品质量好，品牌绩效价值就高，就为品牌竞争打下了良好的基础。毕竟产品的竞争首先是质量的竞争，质量是品牌的生命。持续稳定的优良品质，可以使一个品牌顺利地成长强大，而一次严重的质量事故可以使一个品牌很快消失。保持良好的产品质量，是世界上众多强大品牌企业的首要战略目标。

建立于1928年的摩托罗拉公司生产了第一台汽车收音机，因此产生了"摩托罗拉"这个名字，意思是"运动中的声响"。第二次世界大战期间，摩托罗拉生产了一种收发用的无线电设备，到20世纪50年代，摩托罗拉在消费电子产品中已成为一个家喻户晓的名字。但是在20世纪70年代，面对主要来自日本企业的竞争，摩托罗拉放弃了曾使它成名的收音机和电视机产品，集中力量生产先进的电信设备和电子产品——两用无线电、播叫机、蜂窝式电话、半导体和相关装置。尽管做了上述努力，到20世纪80年代中期，摩托罗拉还是被日本竞争企业击败了。

后来，摩托罗拉又卷土重来。它成为收发两用汽车无线设备市场中的老大，并且名列蜂窝式电话行业的第一位，占领了45%的世界市场份额。

摩托罗拉是怎样取得如此卓越的领导地位的呢？答案简单得出奇：完全靠质量。20 世纪 80 年代早期，摩托罗拉发动了一场大胆的革新运动，先以 10 倍，后以 100 倍的速度不断改进质量。它设立了"6σ"质量目标，"6σ"是一个统计术语，意思是"偏离统计性能标准平均值的 6 个标准差"，用通俗一些的话说，"6σ"标准指摩托罗拉把每一道程序中的产品缺陷率减少到低于 3.4%，即达到 99.97% 的无缺陷率。

达到"6σ"标准意味着公司每一个人必须为改进质量而奋斗，因此，质量已成为摩托罗拉企业文化的重要组成部分。摩托罗拉每年抽出 1.6 亿美元作为培养费和奖金，用于教育职员提高质量，以鼓励职员做好工作。公司还要求供应商也要达到它的质量标准。

"6σ"也是摩托罗拉团结的口号。1988 年，摩托罗拉荣获第一届马尔科姆·鲍德里奇国家质量年度奖，该奖承认摩托罗拉为"杰出质量的领导者"。

服务质量是品牌质量的有效延伸。施乐公司是最早执行全面质量管理（TQM）的公司之一，他们运行了一个项目叫"靠质量领先"。绩效管理程序的中心不再仅仅是利润，还包括了客户满意度，即服务质量。这说明服务质量不仅是品牌的生命力，也是绩效管理程序中的重要部分。

摩托罗拉很早就认识到了这一点，并提出"并不是你的产品质量高，就能创造品牌，而是要符合顾客消费需求，使顾客无后顾之忧，可以获得最佳的售后服务、维修服务、配件服务和及时服务"，从而将质量标准由"产品零缺陷"转移到"顾客完全满意"。

服务质量的提供表现在各个方面。美国福特汽车公司的售后服务不仅包括维修服务、零配件服务、及时地检修服务等，还包括汽车租赁服务。福特汽车公司率先推出汽车租赁业务，向用户提供两年收费低廉的汽车租赁费，在融资性租赁期间，总公司还对出租汽车公司提供补贴。这样就使得福特公司在集团批量销售方面占据了一定的优势，他们的批量销售占总销售量的 37.8%，提高了企业品牌的知名度。

其实，售后服务质量的提供，尽管主要体现在各种家用电器、汽车、摩托车等耐用消费品方面，但是，绝不仅仅局限于耐用消费品的各项服务。日本的资生堂是一家美容化妆品公司，为了打开美国市场，他们推出了一系列迎合美国妇女爱好、包装精良、使用方便、气味高雅的美容化妆品，同时以优质的服务质量取胜。他们不仅待客亲切有礼，服务周到，而且还免费提供脸部按摩，耐心为顾客讲授美容方法，甚至记得打电话祝福顾客生日快乐。

一般的服务质量标准是以最基本的服务为主，人们往往只是认为顾客没有抱怨就行，其实这是不够的。要树立强大品牌，就得具体到如何提高企业的服务质量，增加产品附加值，如服务项目的增加、服务态度的改善、服务设施的改进及服务方式的推陈出新，它的具体内容包括以下一些方面：

（1）效用。许多营销主管都注意加强产品的维修服务，保证产品的可靠性。例如，韩国的一些公司提供巡回维修服务，他们主动上门联系维修、安装和其他咨询事宜。既不收出差费，也不收维修费，只对过期维修的产品收取 70% ~ 90% 的零件成本费。三星电子公司专门配备了 18 辆巡回维修车，到各地甚至偏远地区进行巡回维修。美国有的企业对产品进行跟踪服务，企业保证做到小件可随时送厂修理，大件一经电话通知，立即上门服务，从不推托，将企业优质服务的品牌理念深入消费者心中。

与售后服务相比，售前服务常常容易被人所忽视。日本松下公司却把握住了这一点，其采取的方式"先尝后买"令人叫绝。他们在东京、大阪等城市的铁路车站内开设了专门出租摄像机的商店，乘坐新干线的旅客可在两天之内免费借来自由摄影，结果大受欢迎。这种方式体现了松下公司为消费者着想的思想，有利于品牌知名度的提升。

（2）时间。时间是服务的重要指标，一些营销主管对此都有明确的规定，既要随时服务，又要长久服务。比如，许多公司都采用 24 小时不间断服务制度，来体现全心全意为消费者服务的品牌理念。

大众汽车公司在某一型号的最后一辆汽车出厂后至少 15 年内，仍保证供应所有必要的备件。为了迄今生产的不同外形的 112 个型号的发动机，公司要常备 113 种备件，以满足任何用户的需要。宝洁公司最为自豪的做法，是向顾客提供免费电话，并把电话号码印在产品包装上。每天上午 8 时至晚上 8 时，都有 50 多名员工以轮班的方式答复顾客的各种意见、查询、建议与咨询。积极主动地追求最完善、最周到的服务是所有名牌企业、成功企业最引人注目的特点。

（3）态度。如果企业与消费者只是买卖关系，企业只是想如何将消费者的钱赚到手，那就有可能事与愿违。消费者要求受到真诚的对待和尊重，要求得到更为广泛的超值服务。在这些要求被满足后，消费者才会对品牌产生亲切感，因此，诚恳的态度至关重要。

·第十七章·

制度管理：以制度塑造职业规范

重视制度才能卓越

·今日茶点

如果企业缺乏明确的规章、制度和流程，那么工作中就很容易产生混乱。很多企业都会遇到由于制度、管理安排不合理等方面造成的损失。

企业制度是企业赖以生存的基础，是企业行为准则和有序化运行的体制框架，是企业员工的行为规范和企业高效发展的活力源泉。一个适合的制度能够给企业带来成功和喜悦，而一个粗糙的制度会给企业带来无穷的失败和痛苦。

制度非常重要。很久以前有五个和尚住在一起，他们每天都分食一大桶米汤。但是因为贫穷，他们每天的米汤都是不够喝的。一开始，五个人抓阄来决定谁分米汤，每天都是这样轮流。于是每星期，他们每个人都只有在自己分米汤的那天才能吃饱。

后来经过研究，他们推选出了一位德高望重的人出来分。然而好日子没过几天，在强权下，腐败产生了，其余四个人都学会想尽办法去讨好和贿赂分汤的人，最后几个人不仅还是饥一顿饱一顿，而且关系也变得很差。然后大家决定改变战略方针，每天都要监督分汤者，把汤一定要分得公平合理。这样纠缠下来，所有人的汤喝到嘴里全是凉的。

因为都是聪明人，最后大家想出来一个方法：轮流分汤。不过分汤的人一定要等其他人都挑完后，喝剩下的最后一碗。这个方法非常好，为了不让自己吃到最少的，每人都尽量分得平均。在这个好方法执行后，大家变得快快乐乐、和和气气，日子也越过越好。

同样的五个人，不同的分配制度，就会产生不同的效果。所以一个单位如果没有好的工作效率，那一定存在机制问题。如何制定这样一个制度，是每个领导需要考虑的问题。

著名的施乐公司老板曾自豪地说："施乐的新产品根本不用试生产，只要推出，就有大批订单。"这是为什么呢？原来，他们开发出的任何新产品都运用了一种统一的管理模式。这种模式以用户需求为核心，共有产品定位、评估、设计、销售四个方面共三百个环节。通过反馈信息以及对大量数据的不断调整，使产品一经面市就能满足用户的需求。正是凭着一整套行之有效、科学严密的管理程序，百余年来，施乐公司始终是世界文件处理方面的领头羊。

如果企业缺乏明确的规章、制度和流程，那么工作中就很容易产生混乱。很多企业都会遇到由于制度、管理安排不合理等方面造成的损失。有的工作好像两个部门都管，但其实谁又都没有真正负责，因为公司并没有明确的规定，结果两个部门彼此都在观望，原来的小问题就被拖成了大问题，最终给公司造成了极大浪费。更可怕的是，缺乏制度会使整个组织无法形成凝聚力，缺乏协调精神、团队意识，导致工作效率的低下。

制度对于企业来说，其根本意义在于为每个员工创造一个求赢争胜的公平环境。所有员工在制度面前一律平等，他们会按照制度的要求进行工作，会在制度允许的范围内努力促进企业效益和个人利益最大化，从而使各个团队在良好的竞争氛围中实现绩效的突飞猛进。制度为员工的行为画出了规矩方圆，使员工知道哪些行为是被允许的、哪些是被禁止的。

英国前首相丘吉尔曾说，"制度不是最好的，但制度却是最不坏的"。远大空调董事长张跃说："有没有完善的制度，对一个企业来说，不是好和坏之分，而是成与败之别。没有制度是一定要败的。"在今日竞争日益加剧的商业社会，制度才是克敌制胜的根本之道。对于任何企业管理者而言，要创一番大业，成一代企业家，一定要多琢磨一下那句老话"无规矩不成方圆"，一定要完善制度和标准，锻造企业制胜的秘密武器。

但需要提醒管理者的是，企业制度制定后，并不是一成不变的。任何制度的确定都很难一次做到完美，在执行的过程中还应根据市场的需要和商业环境的变化而进行不断调整。如果在执行过程中发现问题，要及时对制度进行修订，使制度更加完善。企业的制度如果不能随着环境的变化而有所改变，制度不仅会失效，甚至会起到反作用，企业将会被淘汰。

管理学大师德鲁克说："一个不重视公司制度建设的管理者，不可能是一个好管理者。"制度甚至比资金、技术乃至人才更为重要，企业要想做大做强，就必须用完善的制度来护航。

管理者首先自己要做到

· 今日茶点

作为企业的领导者，倘若不能自律，就无法以德服人、以力御人。所以好的管理者应懂得，要求下级和员工做到的事，自己必须首先做到。

柳传志在很多场合说过："企业做什么事，就怕含含糊糊，制度定了却不严格执行，最害人！在某些人的眼里，开会迟到看起来是再小不过的事情，但是在联想，却是不可原谅的事情。联想的开会迟到罚站制度，二十年来，没有一个人例外。"

业务员小张被公司派往联想集团工作一段时间。第一天，刚进公司的时候，一位部门经理接待了她。寒暄之后，他郑重地告诉小张说："你虽然是公司之外的人，但你既然来到本公司，在你工作的这段时间里，一切就按联想公司的人员对待，因此也希望你遵守一切公司的规定。"

小张说："那是自然，入乡随俗。这样大的公司，没有制度能成吗？"

部门经理介绍了一些规定之后，最后提醒小张："联想成立以来，有开会迟到罚站的制度，希望你注意。"他的语气很严肃，但小张却没有太在意。

一天下午，集团办公室通知所有中层干部开会。也包括小张这些驻外业务代表，小张临时接了个电话，忘了时间。等小张想起来时，已经迟到了3分钟。她刚走进会场，就发现大家出奇地安静。这让她有点不自在。后来看见会场后面有个座位，她打算轻手轻脚地进去，以免打扰大家。

"请留步，按规定你要罚站1分钟，就在原地站着吧！"会议主持人站在会议台上，向她认真地说道，小张的脸顿时一片潮红，只好原地站着。总算是熬过了世上最难熬的1分钟，会议主持人说："时间到了，请回到座位上去。"接着大家继续开会，就像什么也没发生似的，而小张如坐针毡。

会后，部门经理找到她："小姑娘，罚站的滋味不好受吧！其实你也别太在意了，以后注意就行了，我也罚站过，柳总也曾经罚站过。""老总也罚站啊？"她有点惊讶。"自从联想创建十多年来无一人例外地遵守这个规定。有一次电梯出了故障，柳总被关在里面，那时手机还不流行，没有人知道他被困在电梯里，他叫了很长时间才有人把他弄出来，他也只好认罚。'开会迟到罚站一分钟'也算是联想一种独有的企业文化吧。"部门经理对她说。

柳传志认为，立下的制度是要遵守的。不以规矩，无以成方圆。所以，所有的企业组织都会有自己的制度，有制度可依，同时还应有制度必依。制度不是定来给人看的，而是定来遵守的。无论是谁，只要是这个企业组织的成员，就应该受这个制度的约束，这样才能发挥制度的作用。

要想让员工遵守制度，管理者首先要管好自己，为员工们树立一个良好的榜样。言教再多也不如身教有效。行为有时比语言更重要，领导的力量，往往不是由语言而是由行为动作体现出来的，老板的表率作用尤其重要。

柳传志有一句很有名的话：做人要正！柳传志是这么说，也是这么做的。在联想的"天条"里，就有一条是"不能有亲有疏"，即领导的子女不能进公司。

柳传志的儿子柳林毕业于北京邮电大学计算机系，后在美国哥伦比亚大学攻读了硕士学位，在联想投资公司实习了半年。在联想，高管子女禁止进公司是一条铁律，柳传志不让他到公司来，因为他担心，员工的子女们进了公司，再互相结婚，互相结合起来，将来想管也管不了。现在柳林自己单干做投资业务。女儿柳青，毕业于北京大学计算机系，在哈佛大学拿到了硕士学位，现在香港工作，也跟联想没有关系。

作为企业的领导者，倘若不能自律，就无法以德服人、以力御人。所以好的管理者懂得，要求下级和员工做到的事，自己必须首先做到。柳传志从来都是把服从规章制度作为自己也必须做到的事。这样我们就不难明白，为什么联想在柳传志的带领下，由一个只有20万元的企业发展为今天有上百亿元的大企业，成为中国电子工业的龙头老大，柳传志也成为一个具有崇高威望的企业领导人。这一切与他的以身作则是分不开的。

著名管理学家亨利·艾伯斯说，上级领导的职责是把下级的行为纳入一个轨道，有利于实现组织目标。但亨利·艾伯斯没有告诉我们，如何把下级的行为纳入轨道。上面有关柳传志的故事回答了这个问题，它包含两个步骤：制定统一规范的制度，并强有力地执行它。

如果员工表现优秀并作出贡献，联想对他们有提高奖金、提升职务职称、提供出国学习工作等方式的奖励，而对犯错误或违反制度的员工给予批评、扣发奖金、退交人事部甚至开除等处罚。由于公司的正气引导和纪律约束，锻炼和造就了一支纪律严明、团结协作、朝气蓬勃的联想员工队伍。正是柳传志以身作则，联想的其他领导人都以他为榜样，自觉地遵守着各种有益于公司发展的"天条"，才使得联想的事业得以蒸蒸日上。

灵活是最好的运用

· 今日茶点

任何制度都是有条件的，因而就要求管理者在实际操作中，要懂得灵活运用。

企业制定的每一条规章制度都具有一定的刚性，不过，要使制度发挥出最大的效用，又得做到灵活运用。制度化管理并不意味着死板与僵化，如果制度的刚性与管理的柔性不能有效结合，企业制度很难发挥最大的效益。

春秋时期，晋国有位叫李离的狱官。有一次，在审理一件案子时，李离由于误听了下属的一面之词，结果将一个犯人错判致死。后来案情真相大白后，李离决定以死赎罪。

晋国国君很看重李离，就劝说他："官有贵贱，罚有轻重。这件案子主要错在下面的办事人员，又不是你的过错。"李离回答道："作为国家的狱官，要保证国家法律的公正。既然我犯了错，就违反了制定的法律。为了保证以后法律的有效实行，我不能打破这个规矩。"说完之后，李离就伏剑自杀。

制度的建立，是为了保证企业日常管理的规范。有制度，就要有执行。企业的管理中，保证制度的刚性是根本。李离以死赎罪，体现了其对国家法律制度的刚性支持。晋国法律得到了有效维护，晋国的国力也因此大为增强。只有保证已有制度的贯彻执行，才能有效进行管理。

当然，制度的刚性并不意味着制度就不需要完善。制定制度的目的是对一些模糊不清的事项给出一个明确的标准，因此，制度的时间性很强，绝不可能是不变的定律。当时代与环境发生变化，制度本身也要随之变化。

2001年8月，清华同方在将产品打入西安大学校园时，遇到了一个问题：所配的部分产品零件与当地的环境不匹配。技术人员却无法予以更换，因为公司有"不允许使用其他企业零部件"的规定。如需解决，还要向总部报告，总部又要花时间去评估和研究。这样会耗费大量时间。

这时，负责当地市场的一位公司副总当机立断，下令打破原有规定，用其他企业的零部件代替部分不匹配产品，问题很快得以解决。这位副总及时调整了公司的管理制度，表面看似乎是打破了制度的刚性，实际上灵活的管理手段能够更好地维护制度。

清华同方规定"不允许使用其他企业的零部件"，其目的是为了保证产品质量与服务质量，防止各地的售后服务部门用质量差的零部件损害顾客的利益。因此，这个制度的目的是为了保证产品质量，维护顾客利益。而有时对制度的调整，更能有效确保目标的实现，管理上的灵活性就与制度的刚性得到完美的结合。

对于制度的刚性与管理的灵活性，管理者在企业管理中要注意两点：一是制度应该让执行者有一定的自主权，使其能够按照制度的目标来处理某些例外情况，这也是管理的"例外原则"的精义所在；二是要让制度的执行者对企业的理念有深刻的认识，为了企业的理念，能够灵活地处理例外情况。清华同方的那位副总对事件的处理，就充分体现了他对公司理念的认同，而不是死守条文，不知变通。

任何制度都是有条件的，因而就要求管理者在实际操作中，要懂得灵活运用。"近于义的守信，近于恭的守礼，遵守尺度又不失灵活度"，这就是《论语》里告诉管理制定与执行管理制度的基本原则。

成就理想的组织体系

· 今日茶点

制度化管理是"理想的组织体系"，大量例子也说明，一个具有良好的、完善的制度的组织往往能够高效、合理地运营，这就是制度化管理的魅力所在。

制度化管理，其实质就在于以科学的、合理的、成熟的制度规范作为组织协作行为的基本约束机制，依靠科学合理的理性权威实行管理。制度权威也可叫正式权威，个人权威则称非正式权威。制度权威并不意味着不允许发挥个人权威的作用，只是说起基本制约作用的是制度权威而已。

正式权威来自组织机构中对管理者地位和权力的正式规定。在这种形式下，管理者拥有组织授予的奖惩权，可以对管理者工作的不同情况，决定给予奖励或惩罚。它建立在强制力的基础上，是法的权威，不是人的权威。

而非正式权威是来自个人所具有的特殊品质，如个人在某方面的专长，或非凡的组织领导能力等，具有这种品质的某个人可以将众人吸引到自己的身边，服从其管理。非正式权威是建立在对个人的忠诚关系上的，只是对个人负责。制度化管理是依靠正式权威来进行管理的管理方式。

组织的各项工作，归根结底都要落实到组织中的每一位成员，由他们来执行，而人有其自身的弱点和不足，易主观，因此，需要在组织中制定各种规章制度来规范人们的行为。制度化管理的优越性也正体现在这里。具体来说，与传统的权威管理相比，制度化管理具有以下优越性：

（1）体现理性精神和合理化精神。体现理性精神和合理化精神，是制度化管理的主要指导思想。制度化管理以理性分析研究制定的管理规章和制度为基础，是一种不徇私情的管理体系。在典型的制度化管理中，存在着一套有连续性的规章制度网，涉及管理过程的许多主要方面。它规定了各种活动应怎样进行，特殊情况应怎样处理等，并给每项工作确定了清楚的、全面的、明确的职权和责任，从而使组织运转和个人行为尽可能少地依赖于个人。

（2）保证组织取得良好的经济效益。在进行组织内部分工协作的基础上，明确规定组织内部各个部门和各个成员的责任，把组织的经营目标往下层层落实，一直落实到每个成员。制度正是这样为组织的经营活动取得良好的经济效益提供基本保证的。

（3）分离个人与权力。在制度化管理中，职务是职业，不再是个人的身份，所有管理行为都来自规章、制度的规定，管理权威集中于规章和制度，而不是控制在某个人手中。在规章制度面前每个人都享有同等的地位，从而排除了个人偏好或专断的影响，确保个人与权力的分离。制度化管理摆脱了传统管理的随机、易变、主观、偏见的影响，具有比传统管理优越得多的精确性、连续性、可靠性和稳定性。

（4）提高组织的管理水平。制度化是提高组织的管理水平的重要手段之一，一套科学合理的规章制度，提供了管理的依据，能使组织的管理得到改善和加强，从而不断提高组织的管理水平。

（5）增强成员的工作积极性。制度具有公正性，能公平地对待每一位成员，真正体现个人的劳动成果，根据每位成员的劳动给予客观公平的相应报酬，因而制度化管理是调动组织成员积极性的一个有效方法。它把每位成员的报酬与其所作的贡献紧密地联系起来，改变了过去干好干坏一个样的状况，也有利于在考核成员贡献时更加客观公正，因而能极大增强成员的工作积极性。

（6）适合现代组织的发展需要。早期传统的管理由于过分依赖个人和裙带关系、人身依附关系，采用任意的、主观的、多变的管理方式，所以不适合现代组织管理的要求。现代组织由于规模大、内部分工细、层次多，所以更需要高度的统一，需要有准确、连续、稳定的秩序来保证各机构间的协调一致，从而从不同的侧面保证组织管理目标的实现。

必须遵守的十大原则

· 今日茶点

在制定各项制度时，不但要确保制度的正确性，更重要的是要保证制度在实施时能被成功地执行。

无论是已发展到一定规模的组织还是刚刚成立的新组织，都需要一些规章制度来进行规范管理。制定制度本身并不难，难的是制度的执行。其主要原因在于：制度的执行实际上是在规范和改变成员的工作习惯。

中国有句俗话叫"江山易改，本性难移"，改变一个人的习惯是相当困难的，况且制度是要改变所有成员的工作习惯，其难度可想而知。

所以在制定各项制度时，不但要确保制度的正确性，更重要的是要保证制度在实施时能被成功地执行。为此，制定制度不能草率。制定管理制度要符合以下十大原则。

1. 让当事人参与的原则

让当事人参与制度的制定是制定制度的一个重要原则。如果这个制度是针对整个组织的，就要尽量使组织的全体成员都参与到制度的制定中来，如果只是针对某个工作流程而制定的制度，则需要请相关的成员参与进来。

一般的做法是由起草人进行过认真调查之后，起草制度的草案，将该草案公布于众，让大家进行讨论和修改，并由起草人收集意见进行修改。对于重点的当事人，起草人要个别征求他们的意见，并做认真的记录和总结。

要注意的是在收集到的意见中，会有 80% 的意见是重复的或不可行的（对这些意见要向提出人做耐心解释），只有 20% 的意见真正有作用。但这种让当事人参与讨论制度的形式不可缺少，因为这种参与的形式比参与的结果更加重要。

虽然让当事人参与会让制定制度变得复杂起来，但却会对今后制度的执行减少很多障碍。人本能地会对约束他的东西产生反感，而制度恰恰是约束人的东西。让成员参与到制度的制定中来，可以减少这种反感，因为人们都不会讨厌自己的劳动成果。

2. 简明扼要的原则

制度是需要执行的，当成员对制度本身无法深入了解时，就谈不上能很好地执行。制度是针对所有当事人的，所以制度本身的语言描述应该尽可能地简明、扼要、易懂，并且不产生歧义，让所有的当事人都可以轻松地理解。

另外，制度不必过于缜密和完备，首先是因为这样会损害制度的简明性和易懂性，不利于制度的执行，其次是每位成员都对制度有基于常识的认识和理解，而这些常识性的东西不必在制度中面面俱到。

3. 不求完善但求公正的原则

在制定新制度时，很难做到一次性制定得非常完善。随着组织的发展和管理水平的提高，可能还要不断地进行修改和充实。制定制度是为了使用，所以制度一定要适合组织。在制度执行的过程中，可能会因为制度本身的不完善和不合理而出现一些问题，但这些不应该影响制度的公正执行。

比起制度的完善性，成员往往更加关心执行制度的公正性，所以对于制度的制定者来说，应该比关心完善性更加关心执行的公正性。

4. 系统和配套的原则

制度要全面、系统和配套，基本章程、各种条例、规章、办法要构成一个内在一致、相互配套的体系。同时要保证制度的一贯性，不能前后矛盾、漏洞百出，避免发生相互重复、要求不一的情况，同时要避免疏漏，要形成一个完善、封闭的系统。

5. 从实际出发的原则

从实际出发是制定制度必须遵守的重要原则。制定制度要从组织的实际出发，根据组织的构成内容、工作对象、管理协调的需要，充分反映各项组织活动的规律性，体现组织的特点，保证制度具有可行性和实用性，切忌追求时髦、流于形式。

6. 重视成员工作习惯的原则

懒惰是人的一大天性，没有人会主动更改自己熟悉的工作方式，所以在制定制度时，一定要认真分析现有的工作流程和工作习惯。在达到目标的原则上，要尽可能地继承原有的流程和习惯，这样才能有效地保证日后制度的执行。

7. 以需要为依据的原则

制度的制定要以需要为依据，即制度的制定要从需要出发，而不是为制定而制定。需要是一项制度制定与否的唯一标准，制定不必要的制度，反而会扰乱组织的正常活动。如有些非正式行为规范或习惯能很好地发挥作用，就没有必要制定类似内容的行为规范，以免伤害成员的自尊心和打击其工作热情。

8. 具有先进性的原则

制度是一个组织的"骨架"，先进的制度有利于组织的正常运营，因此，制定制度一定要从调查研究入手，总结本组织的经验，同时吸收其他组织的先进经验，引进现代管理技术和方法，保证制度的先进性。

9. 采取措施、改造习惯的原则

新制度的执行过程就是改变员工作习惯的过程。管理者应该很清楚地认识到该制度的执行会带来哪些工作习惯的改变，这种改变成员是否可以接受，接受的程度是多少。根据具体情况，管理者必须采取一些辅助措施来加强对成员工作习惯的改变，比如在新制度执行时，进行制度培训，或进行频繁的抽查和监督等。

10. 具有操作性的原则

制度必须具有可操作性，否则就失去了制定制度的意义。要想使制度易于操作，最好在制度中就明确一般的操作方法。另外，要写明制度的原则，这样便于对特殊情况进行处理（最好能规定出解释权的归属部门）。

信息沟通系统要完善

· 今日茶点

在制度化管理中一个重要的内容就是组织内部要有完善的沟通媒介。

俗话说，"不知者不怪"。如果组织仅仅是制定了各项制度，但组织中的成员大都对此一无所知，那么这种情况是谈不上制度化管理的。所以在制度化管理中一个重要的内容就是组织内部要有完善的沟通媒介。

组织中的信息沟通主要有三个特点：首先，组织中存在着所谓"文件流转"——一份文件从组织的某个地方流向另一个地方，在那里受到后续处理；其次，组织中还存在着记录、档案和正式报告；最后，组织中还有关于组织例行工作及程序的手册。

1. 口头联络

组织纲领所规定的口头信息沟通制度，一般仅限于比较小的范围。从一定程度上讲，正式权威体制包含着这样一个假定，即口头联络主要发生在一个人和他的直接上下级人员之间，但这也不是他们之间唯一的信息沟通渠道。

在一定程度上，正式组织还限制了向上沟通的便利。除了直接下属之外，下属人员要想接近处于组织上层的人，用口头联系方式可能是相当困难的。军事组织对这种"接近条件"有一套正式的规则——二等兵只有得到了中士的许可，才能跟上尉讲话。在其他组织里，即使行政长官坚持某种"开放"办公政策，其易于接近的程度也受到了非正式的社会压力和私人秘书的限制。在这种情况下，真正限制着可接近性的，与其说是正式组织，不如说是非正式组织。

空间上的接近程度，可能是口头联络频繁程度的一个非常现实的条件。正因为如此，办公室布局成为信息沟通系统的重要决定因素之一。就连电话的问世，也未能大大降低这一因素的重要性，因为电话交谈绝不等于面对面接触。

2. 备忘录和信件

备忘录和信件受到正式规定的控制，往往比口头联络所受到的限制更多，比较大的组织尤其是这样。有些组织实际上要求一切书面通讯材料经权威链流转，不过，这种做法并不普遍。或许更普遍些的要求是通讯材料沿权威链的传递不得跳过一级。

不过大多数组织对此未做严格要求。更经常的做法是建立一些审批规则，要求把越级传递的通讯材料流向规定的轨道。

3. 文件流转

文件流转是某些组织处理财务的典型方式，如保险公司、企事业会计部门、联邦贷款机构等就是如此。在这种情况下，组织的业务工作（或其部分工作）是以文件处理为中心而展开的。例如，人寿保险公司要接受申请单、审查申请单、予以批准或拒绝、发行保险单、给投保人开列保险费、计算保险费、支付保险赔偿费，等等。

处理与个人保险单有关的文件是该组织业务工作的核心所在。这些文件从组织的某处转移到另一处，为的是采取各种行动，如审查申请单、记录投保人的变化、批准支付赔偿费，等等。随着文件的流转，采取必要管理措施所需的（有关保险单的）所有信息，也一起流转。

为采取一定的行动而流转的文件，总是要靠人去处理的。处于文件到达处的人，一般均具备有关该公司规定的知识，也就是为了处理文件而所需的有关保险单信息方面的规章知识。由于有了文件，就使得来自办公现场的有关投保人情况的信息，同来自办公总部的有关公司规章及业务的信息，得以组合在一起。

因此，对这种情况来说，信息的组合是通过文件的流转，靠把在办公现场获得的信息传递到办公总部而实现的。对其他一些情况而言，信息的组合可能是通过指示、手册之类文件的流转，将办公总部的信息传递到办公现场而实现的。

4. 记录和报告

对任何组织来说，记录和报告差不多都是正式信息沟通系统的一个不可或缺的部分。在利用信件和备忘录进行信息沟通时，人们必须作出需要传递信息的决定，而且要决定传递哪些信息。记录和报告则与此不同，它们的独特性在于报告者和记录者知道该在什么时候写报告或记录（是定期写还是发生具体事件时再写），报告或记录中要包括哪些信息。这一点非常重要，因为这在很大程度上减轻了各个组织成员所面临的重要而困难的任务：决定他所拥有的哪些信息应当传递给哪些成员，以及应当采取什么形式传递等。

5. 手册

手册的作用是要把那些打算长期应用的组织惯例告诉组织成员。如果没有它，长久性的政策就只能留在组织老成员的心里，而对组织工作不会产生很大影响。手册的准备和修改，为的是确定组织成员对组织的结构和政策是否有一个共同的理解。

无论是在新成员培训期使用的手册，还是在其他时间单独的使用手册，其重要用途都是要让新成员了解组织的政策。手册的准备和使用，有一个几乎是必然会产生的结果，那就是它加强了决策的集中化。拟定手册的人出于对完善、统一的关心，差不多总是要把以前交给个人自己决定的事情，全都收入手册，而且把它们同组织的政策联系起来。这绝不是完全有益的，因为除非完善和统一是协调的，否则它们对组织没有什么特殊价值。

自律才能管理好他人

· 今日茶点

只有以身作则的管理者，才能调动其下属的自觉性，并影响他们从而朝着良性的方向发展。

在执行规则时，管理者往往不自觉地拿各种要求、标准去管理成员，而很少会想到怎样管理自己。其实律己才能律人，制度化管理首先要求管理者自己遵守制度。

　　一个普通的人要想获得别人的尊重，就必须具有他人所没有的优秀品质。作为一个管理者更是如此，如果不具有独特的风格，就很难获得下属的尊敬，而在此特质中，最重要的就是管理者本人的自我约束。

　　约束自己的原则与方法不是一朝可成的。必须有"三军可以夺帅，匹夫不可夺志"的决心和毅力，在不断的尝试与努力中锻炼自己，促使自己一步一步地走向优秀管理者的境界。

　　那么，试问管理者对自己的要求远甚于下属吗？偶尔管理者也会站在客观的立场上，为下属设身处地地想一番吗？要知道这种态度和涵养是身为管理者所必需的。

　　一天到晚为自己打算的人，绝不是一个优秀的管理者，要知道在管理者做这些努力的过程中，他的一举一动都逃不过下属的眼睛，他的一切努力都不会白费。下属的内心会如此想：

　　"这位管理者看来是足以信任的。"

　　"依此看来，他是值得尊敬的。"

　　让人遗憾的是，多数管理者总是忽视或没有能力做到这个自我约束，遇事总是喜欢归咎于他人。一些荒谬透顶的事，他们做起来总会感到特别安心。

　　譬如一个公司应该开发新产品了，需赶紧召开员工大会，一个无能的经理常为自己大脑空空而坦然，却在抱怨别人："这些家伙都是窝囊废，竟然拿不出一个新构想！"

　　其实新构想不能全靠下属去构思，身为经理应该先动动脑筋，先制定个框架，或先指明个方向，然后再要求下属全力筹划，这样靠着双方的努力把目标顺利达成！

　　如果只是把全部责任推给下属，即使事情成功了，你也会失去一个在下属心中赢得信任的绝好机会。如果这样的话，下属们会怎样看你呢？

　　要知道，如果你的下属在心里对你没有好感，你就别想让他们很好地服从你。公司里有能力的下属表面是在为你拼搏，可暗地里却可能在想方设法取代你的位置呢。

　　在一个组织里，下属之所以服从你，其理由往往不外乎以下两种：

　　因为经理地位既高，权力又大，不服从则会遭到制裁；

　　因为经理对事情的想法、看法、知识和经验较自己高一筹，跟着他做事，不担心出错。

这两个条件缺少任何一个，下属都可能会离你而去，或者与你分庭抗礼、势不两立。

一句话叫作"善为人者能自为，善治人者能自治"。一个组织的业务能否在激烈的竞争大潮中得到发展，关键还在于它的管理者是否有正确的自律意识。管理者只有身体力行、以身作则，才能建立起人人遵守的组织制度。

比如说，要求组织成员遵守时间，管理者首先要做出榜样；要求下属对自己的行为负责，管理者也必须明白自己的职责，并对自己的行为负责。

只有以身作则的管理者，才能调动其下属的自觉性，并影响他们从而朝着良性的方向发展。管理者自己做不到的事，就不要要求下属去做；要求下属改掉坏毛病，自己就要先改掉坏习惯。

要培养良好的自律性，成为下属的表率，最好能从这几个方面身体力行：一是要乐于接受监督，日本"康佳"电器株式会社采取的"金鱼缸"式管理，就是增加了管理的透明度，是加强自我约束的典型事例；二是要保持清廉俭朴的习惯；三是要戒掉不良嗜好。

必须兼具软硬两手

· 今日茶点

管理者必须兼具软硬两手，实施起来坚决果断。奖赏是件好事，惩罚虽然会使人痛苦一时，但绝对必要。

奖赏是正强化手段，即对某种行为给予肯定，使之得到巩固和保持；而惩罚则属于反强化，即对某种行为给予否定，使之逐渐减退。这两种方法，都是管理者驾驭下属不可或缺的。

管理者运用这些手段时，必须掌握两者不同的特点，适当运用。一般来说，正强化立足于正向引导，使人自觉地去执行，优越性更多些，应该多用；而反强化，由于是通过威胁恐吓方式进行的，容易造成对立情绪，故要慎用，将其作为一种辅助手段。

对违反规章制度的人进行惩罚时，必须照章办事，该罚一定罚，该罚多少即罚多少，来不得半点仁慈和宽容。这是树立管理者权威的必要手段，西方管理学家将这种惩罚原则称为"热炉法则"，十分形象地道出了它的内涵。

"热炉法则"认为，当下属在工作中违反了规章制度时，就要像去碰触一个烧红的火炉一样，让他受到"烫"的处罚。这种处罚的特点在于：

（1）即刻性。当你一碰到火炉时，立即就会被烫伤。

（2）预先示警性。火炉是烧红摆在那里的，你知道碰触则会被烫。

（3）适用于任何人。火炉对人不分贵贱亲疏，一律平等。

（4）彻底贯彻性。火炉对人绝对"说到做到"，不是吓唬人的。

管理者必须兼具软硬两手，实施起来坚决果断。奖赏是件好事，惩罚虽然会使人痛苦一时，但也绝对必要。如果执行赏罚之时优柔寡断，瞻前顾后，就会失去应有的效力。

管理者运用批评、惩罚手段应更富有技巧性，应牢牢掌握三字诀，即惩罚要做到"稳、准、狠"。

（1）稳。采用强硬手段惩罚一个人，也是要冒风险的。这主要是因为被惩罚者有时有良好的人际关系，有时掌握着关键技术信息，有时有着很硬的后台。

拿这样的人开刀，就要对其背景多加考虑，慎重行事。惩罚不当终会带来抵制和报复，因此在动手之前应先想到后果，能够拿出应付一切情况的可行办法。

（2）准。批评、惩罚都要直接干脆，直指其弱点，直刺痛处，争取一针见血。

有时某人总是犯同样的错误，或者代表一类人的错误，这时的惩罚一定要选准时机，待其犯错最典型、最明白、最有危害时痛下杀手。这时切忌无事生非，不明事实，也切忌小题大做。这才会做到让受罚人心服口服，有苦说不出，也才会真正让众人引以为戒。

（3）狠。一旦看准时机，下定决心，便要出手利落，坚决果断，毫不留情。切忌犹疑不定，反复无常。

"一旦采取坚决措施后，便变得冷酷无情""即使当他们不得不解雇某人时，也并不因强烈的内疚而变得犹豫不决"。这是一些杰出管理者的经验。这样做，也是在向众人显示：我们的做法是完全正确、适宜的，对这种做法我们决不后悔，充满信心，这是最好的选择。

要加强对下属的约束，须有强化纪律的书面规范，保证下属受到公平的对待，避免一时冲动而对他们进行严厉的惩罚。强化纪律有以下四个阶段：

第一次犯错，口头警告。下属必须知道他们哪里错了。你要记下给他们警告的时间、地点和周围环境。

第二次犯错，书面通知他们，并警告说下次犯错误会受罚，如扣工资或者换工作。这封警告信一式三份，一份给犯错误的成员本人，一份给上司，一份存档。

第三次犯错，临时停止工作。根据你们达成的协议和错误的性质及程序，给予长短不同的停职时间，停发一切报酬。

第四次犯错，降职、降级，或者调换工作、开除。上述惩罚中，调换工作是最常见的，因为这样既可减少解雇给他们造成的打击，又可以使自己减少一个问题户。实际上，整个组织并没有因你的这一行为获得任何好处，除非你确认他的表现不佳，确系工作不对，换一个工作会使他干得更好，否则不要轻易这样做。调换工作部门之后，你要将该人的资料全部移交过去。

坚决维护制度的公正性

· 今日茶点

只有坚决维护制度的公正性，制度才能真正落实到位，企业才能逐渐树立起制度意识，即使在没有监督的情况下也能顺利运行。

领导者一定要在企业中树立制度意识。企业制度的制定不是为了摆样子，而是要切实执行的。无论是普通员工还是领导者，一旦涉及制度问题就要按照制度说话，不能因为职位高低而搞特殊，更不能专门为某些人改变制度。管理者要坚决维护制度的公正性。

狄仁杰担任的大理丞，相当于最高法院的法官，掌管着国家刑法大权。他在此任上的事迹被后人编撰成精彩的传奇故事，这也是"神探狄仁杰"称号的由来。虽然这些故事许多都是编造的，但狄仁杰在任期间不徇私枉法、坚决维护法律公正的精神却丝毫不假。

狄仁杰在担任大理丞时绝不徇私枉法，为了维护法律尊严，甚至不惜犯上直谏。

一次，左威卫大将军权善才、右监门中郎将范怀义两人误砍了昭陵（唐太宗墓地）的柏树，按照当时的法律论罪，最多是将两人免官，但唐高宗却下旨要将他们处死。

身为大理丞的狄仁杰据理力争，认为权善才、范怀义罪不当诛。高宗一听，火冒三丈："他们两人砍了昭陵里的柏树，让朕落了个不孝的罪名，必须杀了他们！"朝廷大臣见皇帝在气头上，纷纷暗示狄仁杰不要再继续顶撞。

狄仁杰却毫不让步，坦然对高宗说："皇上，有人说，自古以来顶撞君主的人都没有好下场，但臣并不以为然。在夏桀、商纣时代或许如此，而在尧、舜时期则不然。臣庆幸自己生在尧、舜一样的时代，不怕皇上听不进去我的良言相劝。

"今依照大唐法律，权善才、范怀义并没有犯下死罪，陛下却下旨要将二人处死，法令如此反复无常，以后还怎么治理国家呢？你现在为了昭陵上一棵柏树而处死两位大臣，后世之人将如何评价陛下呢？"在狄仁杰晓之以理的劝谏下，高宗最终免了两人的死罪。

公元 681 年，司农卿韦弘机在洛阳修建了华丽的宫殿，唐高宗想移住洛阳。狄仁杰上奏弹劾韦弘机，指出他的错误在于使皇帝生活腐化，会将皇帝引入歧途。高宗遂免了韦弘机的官职。

左司郎中王立本是朝廷的一位秘书，他倚仗皇帝的宠爱，在朝廷横行霸道，大臣们都不敢得罪他。只有狄仁杰上奏弹劾王立本的罪行，但唐高宗却下旨宽恕了王立本。狄仁杰再次上奏说："朝廷虽然缺乏人才，但也不缺少像王立本这样的人，陛下为什么为了宽大他而违反国家的法律呢？如果陛下一定要宽恕王立本，那么就先把臣流放到荒野之地，以警告朝廷的忠贞之士。"高宗最后将王立本依法治罪，满朝文武都佩服狄仁杰的胆量和勇气，对他肃然起敬。

不难看出，高宗时期的狄仁杰是以一个净臣的面目出现在历史上的。他的犯颜直谏犹如太宗时期的魏徵，他的铁面无私与刚正不阿几乎让高宗下不了台，却也对高宗的统治助益良多。当然，他并非是一味刚直，在处理民政时也会给予适当的宽厚。

有一次，狄仁杰奉命巡视岐州，在路上遇到数百逃亡的士兵抢劫老百姓的财物，人们非常恐慌，四处逃散。地方官府拘捕了一部分士兵，并严刑拷打，有的甚至被折磨致死。狄仁杰看到这种情况，对地方官员说："这种办法不对，若是把他们逼得走投无路，就要发生灾祸。因此，最好的做法就是对他们进行宽大处理。"

于是，岐州官府张贴了布告，声称抢劫财物的士兵只要投案自首，官府可以宽大处理，已被抓获的士兵只要说明了情况，当场释放。很快，这些士兵都主动前来官府自首，一次大的灾祸得以避免。这件事传到朝廷，高宗非常高兴，连声称赞狄仁杰办事得体、为政宽厚。

这件小事已经初步显现出狄仁杰对迁与直的合理把握，为此后他在武周政权中立足并顽强生存奠定了基础。

只有坚决维护制度的公正性，制度才能真正落实到位，企业才能逐渐树立起制度意识，即使在没有监督的情况下也能顺利运行。当然，冰冷的制度并不排斥人情。这样，会使员工更具积极性。

·第十八章·

沟通管理：促进彼此真正理解

沟通促进绩效

·今日茶点

沟通是获取信息和改善工作的过程。持续的绩效沟通能保证管理者和员工共同努力避免出现问题，或及时处理出现的问题。

良好的绩效沟通能够排除障碍，最大限度地提高业绩，再好的考核制度都无法弥补由于缺乏沟通带来的消极影响。良好的沟通包括各部门的上下级之间、人力资源部与其他部门之间无阻碍的沟通。只有良好的沟通，员工和管理者才能得到比较全面的信息。

很多企业的部门主管认为，绩效评价就是绩效管理，而忽视了持续的交流过程。这不是绩效管理的过错，而是对绩效管理的误解造成的，绩效管理是一个持续的交流过程，是用来帮助企业达到远景目标的有力工具，而不仅仅是用来提高绩效的。

绩效管理应是管理者同员工一起完成的，没有员工参与的绩效管理，那就仅仅是填表和交表。绩效管理作为一个系统，其所有构件必须同时使用，才能真正发挥它的作用。例如，如何进行绩效沟通，动员员工合作；如何制订绩效计划，以便与员工达成共识；如何签订绩效合约，明确需要员工合作完成的工作，等等。特别是作为一名主管，绝不能在制定完绩效目标后，就等着进行绩效评价了，管理者必须学会一些绩效沟通的正式的、非正式的方法和技巧。

绩效管理的效果取决于管理者同员工建立建设性关系的能力，以便员工同管理者能够像合伙人一样共同工作。建设性关系的建立体现了企业人力资源管理的能力，比如对人性的认识能力，这个能力恰恰是企业人力资源管理能力中最为重要的能力，也是大多数企业所缺乏的。

让绩效管理更出色，管理者就必须改变思想方式，也就是观念。不要做一个高高在上的管理者，那样将影响管理者和员工的合作；不要认为员工都是懒惰的，那样也会影响管理者的行为。

与员工的关系并不仅仅体现在讨论绩效管理的行为上，还应体现在管理者平时与员工相处等方面。管理者的沟通越有技巧性、越持久、越积极，就越容易把能力体现到绩效管理中来。

总之，绩效管理不仅仅指绩效考核，它是一个包括绩效计划、实施与管理、沟通与支持、考核与反馈等环节的完整体系。因此，没有沟通就不是绩效管理。

沟通是获取信息和改善工作的过程。持续的绩效沟通就是一个双方追踪进展情况、找到影响绩效的障碍以及得到使双方成功所需信息的过程。持续的绩效沟通能保证管理者和员工共同努力避免出现问题，或及时处理出现的问题。

进行持续的绩效沟通的目的就是要保持工作过程是动态的、柔性的和敏感的。通过沟通可以及时变更目标和工作任务，形成新的或不同的任务重要性次序。在过去，工作场所是相当稳定的。由于变化缓慢，人们可以在一年或更长的时间内干同一种工作。

现在情况不同了，现代的工作场所变化很快。总的说来，工作更复杂、更紧张了。工作的重要性级别和工作环境都在不断变化，问题层出不穷。竞争的需要迫使企业不断进行改进。管理者不能简单地认为员工按照既定的计划工作就能取得成功。

即使没有变化，管理者与员工也需要定期的沟通。作为管理者，为协调员工的工作需要了解许多信息。需要了解进展情况和项目状况，以便在必要的时候向上司报送这些信息；需要了解有关事项的快慢情况；需要避免意外情况的出现；需要尽早找到潜在的问题以便在它们变得更复杂之前解决掉；在某些情况下还要掌握在年终绩效回顾时用到的一些信息。而且如果要帮助员工完成工作任务，还需要掌握怎样才能更好地帮助他们获取有关信息。

员工也需要信息。所有的员工都需要有关他们工作情况好坏的信息，以便他们保持动力和改善工作。如工作的重要性级别的变化情况，与绩效有关的信息，与客户抱怨、工作不足之处或产品质量问题等相关的信息等，有些员工比其他人需要更多的反馈和支持。

简单地说，绩效沟通的目的就是保证在工作中每个人都能得到改善工作所需要的信息。既然持续的绩效沟通是管理者和员工共同的需要，那么沟通的具体内容也要由人力资源主管和员工的需要来确定。因此在沟通开始之前，主管和员工都需要反思一下这样的问题：

管理者：我必须提供给员工哪些信息和资源，以及我必须从员工那里得到哪些信息，以帮助员工完成工作目标？

员工：我必须从管理者那里得到什么样的信息或资源？我必须向管理者提供哪些信息，以保证更好地完成我们的工作目标？

从中可以看出，管理者和员工在绩效实施过程中持续的绩效沟通是为了共同找到与达成目标有关的一些问题的答案。因此，绩效沟通的主要内容有：

（1）工作的进展情况怎么样？哪些方面的工作进行得好？哪些方面遇到了困难或障碍？

（2）员工和团队是否在正确的达成目标和绩效标准的轨道上运行？

（3）如果有偏离方向的趋势，应该采取什么样的行动扭转这种局面？

（4）面对目前的情境，要对工作目标和达成目标的行动做出哪些调整？

（5）主管可以采取哪些行动来支持员工？

有计划地谈话

·今日茶点

约见人的工作之一是创造良好的沟通气氛，使得被约见人愿意交谈。

"一对一"面谈最简单的定义就是"有计划的谈话"，也就是两个人为达到某一目的，而以谈话为手段的一种交互行为。面谈有多种形式，可达到不同目的。例如，管理者了解员工工作情况，或重新指派员工担任新的职位，以及评估员工的表现，或辞退员工。

无论进行何种面谈，首先应谨记以下要点：

（1）制定目标。目标不外乎是找出一个双方都能接受的折中方案，因为大部分的面谈都是为了解决某个问题。

（2）做好准备。事先应收集相关资料以便有助于面谈的进行。

（3）主持面谈。身为主管，应在面谈中掌握主动权。具体来说，必须注意以下几点：要确保沟通的时间；不能涉及个人隐私；要明确面谈目的；要简短扼要地切入话题；要讲究技巧；注意倾听；要善于观察，善于把握肢体语言；和当事者共同拟订出一套可行的解决方案。

（4）追踪查核。了解当事人的"病情"是否确有好转迹象，视情形可再做后续约谈。

除申诉事件外，所有的面谈都是由主管主动策划，因此要确保所有面谈前的相关事宜都已事先打点好了，包括资料收集。

在面谈过程中，管理者一定要注意以下几点：

（1）要明确面谈目的和重点。例如："我们到这儿来是想讨论一下你的工作进展情况的，看看自上次会议以来是否有什么变化，以及能否找到对你完成工作有帮助的措施。"

（2）为员工提供与工作相关的信息。例如："我先解释一下董事会做出的改变发展方向的决策，这对我们的工作会有些帮助。"

（3）把具体的工作任务和标准作为面谈重点。例如："让我们浏览一下我们四月份制定的目标和标准。我想知道你是否觉得你正朝着实现这些目标的正确方向上努力，你是否遇到了什么问题，并看看我们能否为解决这些问题做些工作。"在把重点放在倾听的同时，管理者也可以评论一下发现的问题或表扬一下他或她的工作。

（4）及时解决问题。如果出现了偏离轨道的问题，就要马上找一找原因并共同努力解决这些问题。

（5）不要留下任何问题。例如："在面谈结束前，你是否觉得还有一些其他事情应该让我知道，以便我更好地工作或者让这里的工作更富有效率？"

（6）提出结论和解决方案。例如："好，现在让我们总结一下。我们都认为你会从这次培训中受益，因此我将为你安排这个培训。在两个月后的会议上，我们再来看看今天我们讨论的问题是否解决了。你看这样行吗？"

虽然是两个人的面谈，但约见人的角色比较重要，因为他是引发这项沟通行为的人。因此当管理者扮演约见人的角色时，要特别注意下面几点：

（1）把握角色，尽量了解被约见人。即使是很熟悉的员工，也可能在面谈的特殊情况下，改变了原有的看法。管理者应尽量设身处地为对方着想，如果能预知对方的感觉和期望，则可据以调整沟通方式，制造良好的气氛。至少应猜想对方在这种情况下会有什么表现，他会怎么想？他的态度如何？感觉怎么样？他会期望什么形式的面谈？

（2）保持友善。有时候，为了使对方放心说话，高度的友善也是必要的。

（3）同意被约见人观点。作为约见人，有时候同意被约见人的观点而不予以任何反对是必要的。这种做法使被约见人感到自在，并且扫除了被约见人透露情报的障碍。譬如，被约见人的价值观念使其不喜欢亵渎不敬的言辞，而约见人用了这类言词，他自然不愿回答。有时候，即使像吸烟一类的小事，都会妨碍有效的沟通行为。

（4）明确面谈主题。要避免被约见人对面谈的目标和功能的错误判断也是很重要的工作。因此，在面谈一开始时就使对方明白谈话的目的，以及所需情报的种类或性质，同时说明需要的原因。

（5）控制面谈方向。所谓"控制"，就是使面谈按特定目标进行。控制并不是要操纵被约见人，更不是要驱使他盲从事先定好的沟通纲要，而是一旦目标设立并且被接受后，被约见人可针对目标自由发表意见。约见人不可干涉过多，以免失去重要情报。特别是独立性较强的人，喜欢在民主气氛下进行讨论。然而，有些被约见人则需要严格控制。譬如，依赖性很强的人，要有更多安全感才会更从容地发表意见。

（6）创造沟通气氛。约见人的工作之一是创造良好的沟通气氛，使得被约见人愿意交谈。要创造这种气氛须从以下几点做起：合理布置场所，使对方感觉适合和安全；在会谈地点不应有制造紧张的物品；创造和保持安全气氛；提出或转换问题要适时。

（7）诱导被约见人发言。很多主管的面谈记录都显示，被约见人常常只对引导式问题做简短的答复，大部分的时间，约见人都在唱独角戏。在这种情况下，被约见人很容易了解约见人，而约见人反而没有机会了解被约见人。但有经验的管理者，恰好相反，他们的记录显示，大部分的时间是被约见人在说话。约见人只需提出主题，再问一些问题诱使被约见人发表意见，而他自己只要专心听就可以了。

（8）把握听的艺术。任何一种听的技巧，只要能正确了解对方的意思，或记住对方所说的话，都有极大的价值。在面谈的情况中，"听"可分为三个层面。视觉上，看到了被约见人的反应；听觉上，听到了对方说的话；外表上，调整姿势，表示正在听他的话。

（9）学会做记录。面谈记录应该正确，而且尽可能完整。而在面谈中应该尽量避免当面做笔记。原因是做笔记会分散双方的注意力，当面做笔记很容易使被约见人紧张，面谈过程会因做笔记而时断时续，而且所做的笔记只是当时观感，就整体而言，可能不够准确。

总之，好的约见人要具有多方面才能。他必须能够创造适宜谈话的气氛，帮助被约见人适应环境，加强双方沟通，扫除沟通障碍，引导谈话进行的方向借以达到面谈的目标。

会议就是竞技场

· 今日茶点

会议是一个竞技场。通常情况下，会议往往是其成员获得机会、明确相互立场的唯一时间，所以这种"竞技场"功能是不可避免的。

会议是一个组织修正、更新或补充其作为一种组织所具有要素的场所。每一个组织都应创造出它自己共享的知识、经验、判断等的集合。这个集合不仅帮助所有的成员更明智地去做他们的工作，而且大大提高了他们之间沟通的速度和效率。

当拿出几个人组合的经验、知识、判断、权威和想象来集中解决问题时，可以改进（或有时候是改造）许多计划和决策。一个人提出的最初的想法，经过争论和讨论可能被测试、扩充、提炼，直到它比最初提出时能够满足更多的需求，并能够说服更多的持反对意见者。

但是，这种集合需要不断地更新、补充和删除。通过会议，成员们独自或以较小的群体形式获得了一定的信息和认识，而交换这些信息和认识这一看似简单的事情，对于群体的实力是有非常重要的贡献的。通过对新贡献的质疑和评论，该群体进行了一个非常重要的"消化"过程，提炼出有价值的东西，抛弃无价值的部分。

会议能帮助每个员工去理解组织目标，去理解通过什么方式个体以及其他人的工作能够有助于组织的成功。

会议使所有出席者为它制定的决策和追求的目标承担义务。某些事情一旦在会议上作出了决定，即使是最初的反对者，在组织中的成员身份也使他具有接受该决策的义务。他们可能会遗憾自己的意见未能被采纳，但是，他们会接受结果，否则他就得离开该组织。

但是，在实践中，很少有这种明显的两难境地。组织内对决策的真正的反对通常包括极少数的反对和多数人的不满。这种不满是因为决策前未被征询意见而产生的不满。对于大部分问题中的大部分人来说，知道他们的意见已经被听取和考虑就足够了。

会议是团队或群体实际存在并作为群体工作的唯一场合。

会议是一个地位的竞技场。通常情况下，会议往往是其成员获得机会、明确相互立场的唯一时间，所以这种"竞技场"功能是不可避免的。

当一个群体还很新、拥有一个新领导者或者是由那些诸如部门首脑的人组成时（这些部门首脑在为提升而竞争，而且，并不在会议之外的同一个团队中工作），"竞技行为"可能会表现得更强烈，甚至到了主宰会议程序的地步。然而，对于一个长期建立起来的、定期会晤的群体，却没有多大关系。

尽管会议可以执行所有前述的主要功能，但是会议沟通也存在其不可避免的一些缺陷。

会议的组织比较耗费时间和精力，而且对管理者的管理和沟通技巧要求较高。

有些问题不便在会议上进行公开讨论。

与会者对会议的需求不同，因此他们可能会抱着各自的目的来参加会议，会对沟通中的信息进行选择性的过滤。

如果时间安排不当会影响工作，因为会议必然要使很多员工离开工作岗位，放下手头的工作。

如果对会议的组织不够理想，也会使会议成为一种形式。

在会议沟通中，需要把握一些必要的原则：

注意会议的主题和频率，针对不同的员工召开不同的会议。

合理安排时间，以不影响正常的工作为宜。

在会上讨论一些共同的问题，不针对个人。

鼓励员工自己组织有关的会议，邀请相关人员列席会议。

运用沟通的技巧形成开放的沟通氛围，不要开成批判会、训话会、一言堂、拌嘴会。

消除沟通中的障碍

· 今日茶点

管理者需要保持心情的平静。当管理者对某件事十分失望时，很可能会对所接受的信息发生误解，并在表述自己的信息时不够清晰和准确。

一般来讲，沟通中的障碍主要是主观障碍、客观障碍和沟通方式障碍三个方面。

1. 主观障碍

（1）沟通往往是依据组织系统分层次逐级传递的。然而，在按层次传达同一条信息时，往往会受到个人的记忆、思维能力的影响，从而降低沟通的效率。

（2）主管和员工之间缺乏信任。这主要是由于主管考虑不周，伤害了员工的自尊心或决策错误所造成的，而相互不信任则会影响沟通的顺利进行。

（3）员工的畏惧感也会造成障碍。这主要是由于主管管理严格，咄咄逼人和员工本身的素质所决定。

（4）个人的性格、气质、态度、情绪、见解等的差别，使信息在沟通过程中受个人的主观心理因素的制约。

（5）在沟通中，如果双方在经验水平和知识结构上差距过大，就会产生沟通的障碍。

（6）对信息的态度不同使有些员工和主管忽视对自己不重要的信息，不关心组织目标、管理决策等信息，而只重视和关心与他们物质利益有关的信息，使沟通发生障碍。

2. 客观障碍

（1）组织机构过于庞大，中间层次太多，信息从最高决策层到下级基层单位产生失真，而且还会浪费时间，影响其及时性。

（2）信息的发送者和接收者如果空间距离太远、接触机会少，就会造成沟通障碍。

（3）社会文化背景不同、种族不同而形成的社会距离也会影响信息沟通。

3. 沟通方式障碍

（1）语言障碍。语言是沟通的工具。人们通过语言、文字及其他符号将信息通过沟通渠道来沟通。但是语言使用不当就会造成沟通障碍。如果发送者在提供信息时表达不清楚，对语言符号的记忆模糊或者是由于接收者接收失误就会发生误解。这些都会增加沟通双方的心理负担，影响沟通的进行。

（2）沟通方式选择不当、原则和方法使用不当所造成的障碍。沟通的形态和网络多种多样，且它们都有各自的优缺点。如果不根据组织目标及其实现策略来进行选择，不灵活使用其原则、方法，则沟通就不可能畅通进行。

要想克服沟通中的障碍，就要做到以下几点。

1. 运用反馈消除沟通障碍

反馈可以是言语的，也可以是非言语的。如果管理者在沟通过程中使用反馈回路，则会减少很多沟通中的误解。为了核实信息是否按原有意图被接收，管理者可以询问有关该信息的一系列问题。当管理者问接收者："你明白我的话了吗？"所得到的答复代表着反馈。但反馈不仅仅包括是或否的回答，最好的办法是，让接收者用自己的话复述信息。反馈还包括比直接提问和对信息进行概括更精细的方法。

有时反馈不必一定以言语的方式表达，行动比言语更为明确。比如，管理者要求所有下属必须填好上月的工作报告，当有人未能按期上交此报告时，管理者就得到了反馈。这一反馈表明管理者对自己的指令应该阐述得更清楚。

2. 精确地传达沟通信息

有效的沟通不仅需要信息被接收，而且需要信息被理解。由于语言可能成为沟通障碍，因此管理者应该选择措辞并组织信息，以使信息清楚明确，易于接收者理解。通过简化语言并注意使用与对方一致的言语方式可以提高理解效果。比如，医院的管理者在沟通时应尽量使用清晰易懂的词汇，并且对医务人员传递信息时所用的语言应和对办公室工作人员不同。在所有的人都理解其意义的群体内的行话会使沟通十分便利，但在本群体之外使用行话则会造成沟通问题。因此管理者不仅需要简化语言，还要考虑到信息所指向的听众，以使所用的语言适合于对方。

3. 提高倾听的效果

倾听是对信息进行积极主动的搜寻，而单纯的听则是被动的。在倾听时，接收者和发送者双方都在思考。事实上，积极倾听常常比说话更容易引起疲劳，因为它要求脑力的投入，要求集中全部注意力。我们说话的速度是平均每分钟150个词汇，而倾听的能力则是每分钟可接收将近1000个词汇。二者之间的差值显然留给了大脑充足的时间，使其有机会神游四方。

接收者不能急于对信息的内容进行判定，而是应先认真聆听他人所说。这使得信息不会因为过早的不成熟的判断或解释而失真，从而提高自己获得信息完整意义的能力。因此，让自己处于发送者的位置，可以提高积极倾听的效果。

理性化的情绪沟通：情绪能使信息的传递严重受阻或失真。当管理者对某件事十分失望时，很可能会对所接收的信息发生误解，并在表述自己信息时不够清晰和准确。那么管理者应该如何做到理性化呢？最简单的办法就是暂停进一步沟通直至恢复平静。

巧解沟通中的对抗

· 今日茶点

沟通的目的就是减少沟通对抗与冲突带来的紧张程度，同时把讨论引向富有成果的方向上。为了实现这个目的，要充分使用各种沟通技巧，化解各种不利冲突和对抗。

冲突是指两种目标之间的互不相容或相互排斥、相互对立。冲突表现为由于观点、需要、欲望、利益或要求的不相容而引起的一种激烈争斗。在组织中，冲突是很常见的，因为组织成员不见得对其职务和责任感到满意，而且每个人对组织目标的承诺并不相等。

有些冲突对组织成员和组织目标的达成是有害的，但另外一些冲突却是有利的。从冲突的性质来看，冲突可分为建设性冲突和破坏性冲突。两者的划分不是绝对的，往往综合交叉，也可相互转化。

管理者既要洞察到冲突发生的可能性，尽量缓和与避免冲突的发生，又要正确地对待已经发生的冲突，科学合理地加以解决，使冲突结果向好的方面转化。另外，管理者应该用辩证的观点来对待冲突，要注意和分析冲突的不同性质，要善于在对与错、是与非等问题上明确表态。

沟通的目的就是减少沟通对抗与冲突带来的紧张程度，同时把讨论引向富有成果的方向上。为了实现这个目的，要充分使用各种沟通技巧，化解各种不利冲突和对抗。

1. 让对方发泄

不要试图通过语言来解除他们的愤怒，你说得越多，他们就越感觉到你试图控制他们。或者他们会认为你想与他们争论，虽然那可能不是你的本意，但他们却抱定了那样的想法。因此，在他们说话时不要打断并妄加评论，对抗性沟通者就像上了发条一样，在他们放出怒气之后，他们的对抗性就会逐渐减弱。

2. 抓住冲突焦点与核心

对抗性沟通者的作用力非常强，以至于很容易让人卷入其中受到控制或者被他们的行为分散注意力。因此要对付这类沟通者，需要仔细聆听以确定他们的想法究竟是什么。

3. 求同存异，回避对抗

在很多情况下，冲突的双方均各有道理，但又各执一端，很难明确地判明谁是谁非。在这种时候，折中协调、息事宁人是很好的解决办法。

例如，在企业人力资源制度改革的问题上，企业内部分为"激进派"和"稳健派"。激进派指责稳健派保守，稳健派指责激进派莽撞，双方发生观点上的冲突。双方的观点都有道理，但又都各有偏颇。身为管理者既不能拉一派打一派，也不能二者皆处罚，因为无论激进的观点也好，保守的观点也罢，在企业的发展中均有它们存在的价值。

求同存异方式解决冲突具有以下优点：首先，既揭出了双方观点的偏颇之处，又没有打击对方的积极性。其次，使双方都看到了对方观点的合理之处和存在的合理性，消除了非打倒对方才痛快的局面。

4. 调节气氛，缓和紧张

在发生冲突之后，冲突双方之间均抱有成见和敌意，所以在进行调解时，首先要缓和气氛。在气氛比较轻松的场合中，冲突的双方不带防备心理，比较容易倾听双方的意见和协调者的意见，也比较容易互相谅解。作为管理者，也不应板着像法官一样的面孔，用一副公事公办的口气说话，适当的幽默，在某些场合有利无弊。

5. 冷处理

冲突发生之初，冲突的双方都会很激动，立即调解往往收效甚微，搞不好，还会火上浇油、弄巧成拙。在这种情况下，明智的办法是冷处理，即待双方头脑清醒之后，再进行调解。其实有些感情冲突不需要调解，随着冷却，当事人头脑清醒后，冲突会自然缓和甚至消失。

满足双方的虚荣心：在会议沟通中，冲突的双方往往均已知道自己的错误（或有一方意识到错误），但面子拉不下来，只好死顶硬拼，互不让步。这时作为管理者要注意满足双方的虚荣心，给双方台阶下，让双方都能接受，以免造成僵局。

上下级沟通之道

· 今日茶点

在沟通中管理者处于强势地位，因此要主动为沟通创造条件。

无论其职务大小，作为一个管理者，如能同下属相处得比较好，无论对管理者本身还是对下属都是有益的。

1. 施以礼貌

清晨上班，管理者对下属的一声亲切问候，正是赢得一天合作与友谊的开始。但管理者往往注意对陌生人表示礼貌，却很少想到对熟悉的下级施以礼貌。管理者一定不能忽视这一点。下属得到尊重，信心十足地走上岗位，才能保证一天工作取得更高的效益。

2. 予以表扬

没有不爱听好话的人，尤其是为你辛苦工作的下属，你应不吝用好的词汇来形容和赞美他们。管理者必须看到下级的长处，多想想他们的优点。下属把事情办得很漂亮，管理者应该反复当着众人的面提起，并时常把他记在心里，因为我们都渴望得到表扬，人们不断受到鼓励，才能将工作干得更好。

3. 给以公平

公平是管理魅力的源泉，管理者待下属必须格外公平。管理者千万不能因为一些微不足道小事，影响众人的情绪，妨碍自己的工作。假如过分偏爱某些人，人们便会认为你是个徇私情的人，其情绪便会低落。

4. 随时指正

犯错误是难免的，关键在于怎样看待错误。当管理人遇见下级犯错误时，应及时纠正，而不能等下属的各项错误累积得很多时，才放在一起批评。这样，会使下级认为你一直不信任他，哪里还有干劲呢？批评人应单独进行，当然，极少数与法规及制度公开对抗的人，管理者应当众批评。

5. 一诺千金

声誉，从某种意义上讲，是一个管理者的生命。管理者要想在下属面前树立起声誉，就必须守信用。管理者应周密地考虑实际情况，一旦许下诺言，就应尽力去实现。确实因客观原因不以兑现，管理者也应及时解释，否则下属是不会长期支持你的。

6. 兼听则明

英雄的作用自然不可贬低，但在大多数时候，的确民心向背能决定历史的走向与命运。管理者应多向下属请教，给他们机会以表达他们的意见。尤其在决定一些与下属利益有关的政策时，管理者更应多听取他们的建议。如他们的建议得到讨论或采纳的话，他们会以愉快的心情接受你的决定。

7. 人无完人

生活之中，没有十全十美的人，别人有错误，管理者自己也有错误，不能总摆出"一贯正确"的样子，那样是会令人讨厌的。

8. 真诚关心

管理者必须经常关心下属，注重选拔、培养下属，激发他们做更多的事。在工作不顺利时，管理者不要过分指责，同时帮助他们解决一些实际工作和生活中的困难；在顺利的时候，要提更严格的要求。

9. 不要争论

管理者不能私下随便评价一个人，更不能抱着高人一等的态度，乱训斥别人。因这样往往激起争论，只会降低威信。一般而言，管理者和下属争论，是不能赢得下属们钦佩与信任的。

10. 巧处埋怨

只有适当地宣泄，才能保持一个人的心理平衡，因此，我们可以说发牢骚、诉埋怨是人的一种本性。作为管理者，可不必记在心上，而且还可以从"牢骚"话中了解到下属的困难，从而寻找到管理的最佳契机。

跨文化沟通策略

· 今日茶点

密切的跨文化沟通是当今世界的一个重要特征。为了在不同文化的人际间、组织间、国际间进行有效的沟通，管理者需要了解跨文化沟通知识，提高跨文化沟通的能力。

美国人盖特的公司和一家日本公司合并后，打算建立一个分公司。盖特和他的日本同事相处得很好。经过几周的商谈，他们制定出总体规划和发展策略。几天之后，恰巧这位日本同事的祖父来访。在谈话中，老人滔滔不绝地谈起原日方公司的创立、发展、传统的管理方式，而这些传统的条条框框恰恰已被盖特和日本同事所放弃。

盖特希望日本同事向其祖父谈谈他们的新制定的富有创造精神的规划和策略。然而，日本同事一言不发，只对其祖父的话不断地点头称是。对他人的话点头称是，在日本文化里有多种含义，多是出于礼貌。这位日本同事对祖父点头称是，仅仅是为了顾及老人家的面子，并不等于否定他和盖特达成的共识。

而盖特对日本同事的行为作出了错误的归因：他同意了其祖父的观点，放弃了以前的共识。盖特感到迷惑，继而失望，他提出了异议，谈话的气氛顿时紧张起来。一个星期后，日本公司从谈判中撤了出来。因为日本同事对盖特的行为也作了错误的归因：对自己祖父的意见当面反驳，不留面子，是对他本人的不尊重。

而盖特当面直言，在美国文化里，并不包含对对方的不尊重。

跨文化沟通，是指发生在不同文化背景的人们之间的信息和情感的互相传递的过程。早在 20 世纪 60 年代，加拿大学者麦克鲁汉就提出了"世界村"的概念。在此之后的近 40 年中，科学技术飞速发展，交通和通信技术日新月异，国际贸易和跨国公司迅猛增长，经济全球化浪潮方兴未艾。当今越来越多的人生活、工作、学习在不同文化的人群中，不同文化背景的人们彼此间的交往日益增多。

密切的跨文化沟通是当今世界的一个重要特征。在今日人类跨文化沟通日益频繁的环境中，为了在不同文化的人际间、组织间、国际间的交流时避免误会，进行有效的沟通，在人际间建立良好的关系，在组织间增进理解与合作，在国与国之间促进彼此的友好相处，有利于人类的和平与发展，人们需要了解跨文化沟通的知识，提高跨文化沟通的能力。

在一些国际化的管理机构中，人们常常制定以下策略以实现跨文化沟通。

1. 制定外派人员的选拔标准

许多著名的跨国公司认为，海外管理人员一般必须具备一定的国际知识，海外经理人选必须拥有基本的国际知识，不仅要对国际政治和世界经济有所研究，而且还应对外国文化、历史、生活习惯具有相当程度的了解。

原则上，海外管理人员应当精通东道国语言。至少英语要相当熟练，否则在工作中不仅因聘请翻译而增加公司支出，而且在时间与效率方面也不符合节约的原则。

同时，由于子公司工作十分辛苦，海外生活习惯与母国又大不一样，如果海外经理人选体质较差，就会因为生病而耽误正常的工作。所以对拟派人员要进行严格的身体检查。

一般而言，海外管理者不但被视为当地企业的代表者，通常还被认为是母公司的代表者，因此他们必须有着良好的修养和广博的见识。这样，他们在与外商打交道时，才容易博得好感，在参加当地各种社区活动时，也容易与当地人建立良好的关系。更主要的是，良好的修养与广博的见识往往是尊重当地政府、法律制度及国民的基础和保证。

海外人员必须早日习惯并适应当地的生活及工作环境，唯有如此，才有可能从事正常的商业活动。到国外任职的管理人员必须在新的文化环境中建立新的工作关系，认识新的文化环境的许多特性，这些特性影响着当地人提出问题、作出决策和接受指示的方式，因而也影响着管理人员处理日常经营管理问题的方式。

他们必须与当地具有不同背景、语言、态度、价值观的外国人打交道，必须使自己的技术和管理诀窍适应当地的环境，必须应付那些生疏的并且比在本国遇到的还要复杂的经济和政治情况。

其次是社会的适应能力。除了工作环境之外，在国外的管理人员及其家属还会遇到不同的社会环境。例如，如果派往国外工作的人员的配偶不会讲当地的语言，将给他们的社交带来很大的限制，因为当地商人和一些熟人的夫人也不会或不愿讲除本族语言以外的另一种语言，而重要的关系是不可能跨越语言的障碍建立起来的。

2. 进行必要的跨文化培训

实践证明，跨文化培训有利于改善个体与当地员工之间的关系，使人们能够经受住文化休克带来的冲击，迅速地适应新文化，并提高他们的工作绩效。例如，在未经培训的企业中，每100名派往沙特阿拉伯的美国人有68人提前回国，因为他们无法逾越文化隔阂。但是，壳牌石油公司对派往沙特一家石油化工公司工作的800名员工进行了事先培训，结果仅有3%的员工无法适应文化的调整。

跨文化培训可以是一些文献资料，即仅仅通过书面材料说明该国的社会和政治历史、地理环境、经济发展和文化习惯等情况，帮助人们认识一种新文化；也可以是集中的人际体验训练，即个体通过角色扮演练习、模拟社会情境以及类似的体验来感受新文化的差异，人们可以采取广泛的技术实现培训目标。

3. 本土化策略

雇用当地人员来管理设在该地的子公司，是目前跨国公司经营活动和行为发展的一个世界性趋势。这种做法有许多明显的优点。它可以在很大程度上消除语言障碍，企业没有必要对雇员进行昂贵的语言培训，还能解决他们在文化和社会适应方面的问题。

母国往往缺乏能胜任海外子公司管理者职位的人选，而本地雇员往往能比移居国外的职员工作得更出色，更能与东道主建立稳定友好的和谐关系。这种策略可以使一家外国企业有效地利用当地较低工资的优势，以有限的代价来吸引高质量的人才。

个性化沟通技巧

· 今日茶点

　　性格特别的下属，是管理上较为棘手的一环。他们的工作习惯、态度和对人生的看法不只影响他们本身的工作绩效，而且很容易影响其他同事的士气和生产力。

　　在管理工作中，几种特殊人物，如和自己闹对立的人，很有才能的人，自己的下级、亲属、不同性格的员工等，对开展工作影响甚大，管理者如果能正确处理同这几种特殊人物的关系，与其他人之间处理关系也就很容易了。

　　在对待下级问题上，要因人而异。正确对待下级，首先要尊重下级。一般来说，人们尊重上级比较容易做到，可尊重下级并不是人人都能做得到。而这个往往被人们忽视的尊重下级的问题，恰恰是最不容忽视的。尊重下级，才能使之尽心尽力，才能调动起大家的积极性。正确对待下级，还必须注意，当工作上一旦出现了问题，发生了失误时，管理者要首先承担责任。

　　当然，并非每一个员工都是十全十美的。性格特别的下属，是管理上较为棘手的一环。他们的工作习惯、态度和对人生的看法不只影响他们本身的工作绩效，而且动辄会将个人情绪公然发泄，很容易影响其他同事的士气和生产力。因而，身为管理者，你不该忽视下属性格上的问题。

1. 易怒型

　　小刘在一家化工厂修理部门担任机械修理工作，他的技艺卓越却不太合群，容易为一点小事动肝火。上个星期他再三以有人偷了他的工具为由，要求主管出面解决，否则，他要如法炮制拿走别人的工具作为补偿。

　　小刘不懂得控制自己的情绪，经常大发雷霆。这种人在感情上通常是不够成熟的，同时也有强烈的自卑感，公司的纪律虽然无法改掉一个人的坏脾气和蛮不讲理，但至少应让他知道公司并不姑息乱发脾气的行为。不过当一个人情绪激动的时候，你应该仔细聆听，而不要发言。

2. 脆弱型

　　假设你在公司的高级系统部门担任监督工作，属下共有五个程序设计师。管理上的政策是将旧有的作业转换成电脑作业，今天你才发现进度无法配合总经理的需要。他要求你和每个程序设计师私下会谈，就他们在进度上的落后提出批评和检讨。这时你面临的难题是一个叫李萌的下属，她感情脆弱，别人的批评很容易让她有受伤的感觉。上个星期她就曾因为你针对她的工作提出质疑而几近流泪，现在你该如何面对她？

与这类人交往时，你的措辞要力求小心、谨慎，尽量少以个人的立场发言，而强调"我们"和"公司"。小心不要让对方有被轻视的感觉，更不可伤害对方的自尊心，把握机会称赞她在工作上的表现。同时，对于感情上容易受伤害的下属，主管必须再三鼓励，并以他的某一项成就作为话题。同时你也应该让对方知道，执行公司决策而发生差错，和个人的能力不一定有关，不必因而丧失自信。

3. 消极型

一名工程师在你掌管下的质检部门任职已有 3 年之久。他生性悲观，凡事总以悲观的态度看待，诸如举出各种理由来证明目标无法达成，新的构想无法推展，对于新观念又不抱希望；他墨守成规，认为保持原状才是明智之举，因而很难让他对工作产生热情。你一方面很难确定他是否肯花心思在整修故障和提高品质上面，另外你又担心他凡事消极的态度会影响到其他同事，因而不愿意让旁人和他共事。

当他下次重弹消极悲观的论调时，你可以要求他不要一味地否定，应该提出积极且有建设性的意见，假如他表示某件事行不通时，你就让他找出可行的方法。这样做可以帮助他尊重那些在工作上有建设性意见的人。想让这位工程师成为一个积极乐观的人并非易事，你不要奢望他脱胎换骨，因为一个人的习性总是根深蒂固。

但是只要借以适当的时机，让他了解凡事采取消极的看法不一定妥当时，他就会变得比较能合作共处。当你面对他时，必须维持一贯乐观进取的态度，尤其是接受一项艰巨的任务时，更应该以肯定乐观的态度让他知道你深具信心，如果他一向尊重你，就会因此而信心倍增。

4. 独立型

你的一名下属从事撰写广告文案的工作，他颇具创意，但特立独行的作风常和传统的工作规范格格不入。他虽然能将自己分内的工作圆满完成，且创造出令人耳目一新的风格，但他迟到的次数频繁，并经常以私事为由请事假。另外，你也讨厌他和客户接触时，那种吊儿郎当的德行。其他的广告人都穿着公司规定的服饰，并依照规章办事，但这位先生的穿着和举止却是随兴而至，自行其是。

对待这种人你应该慎重。从各方面看来，你或者是任何人都改变不了这位下属的处事态度。他的出身与背景造就了目前的习性，而他显然对自己和所从事的工作都很满意，因而才会形成漫不经心的态度，你应该从不同的角度去观察而后再决定是否以个人的喜好，或者是从实际的观点来处理双方的关系。假如他从事的工作在质、量两方面都不会因为不良的工作习惯而受到影响，而客户也没有不良的反应，那就另当别论。

身为主管的你，或许会为了这种特立独行的下属而感到左右为难，因为你很难衡量他的行为是否触犯了大忌，甚至危害到公司的利益。大多数的情形下，你只需认清自己所面对的问题，善加处理即可。这种人颇具自我观念，独立性强，不易驾驭。像这样富有创意和才华的人，不适合用寻常的规则来处理。

公司可正视他的才能和表现，针对他的个性发展出一套适合他的管理方式，不可因而排斥他。才华横溢的人较需要个人自由，公司可设法提供更开阔的园地让他孕育和施展新的构想。

反之，一成不变的工作只会扼杀他的天赋。他喜欢从事一种别人力所不能及的工作，并以突破性的成就为傲。等你对他的作风司空见惯之后，就不会把他当问题人物了。

5. 要学会正确对待亲者

一般来说，管理者都有与自己关系最密切、情感上最亲密的朋友、同事和亲属，这就是所谓"亲者"。亲者当然与自己最"谈得拢""合得来"，为自己最信任的人。但作为企业的管理者，必须对亲者进行合适的心理调整，要对亲者保持一定的距离。对本企业人才的任用和选拔，不能受个人情感的影响，要任人唯贤，不可任人唯亲。

与自己闹对立的人往往就是自己的一面明镜。一般来说，与自己闹对立的人数不会太多，但他们往往代表着一部分人的想法与观点，因此，能否慎重地处理好与他们之间的关系，往往关系到能否团结一批人的问题，多原谅对方的缺点和错误，是管理者应该坚持的原则。一方面，尽量避免与他们的冲突和纷争，非原则问题的小事情上可以多忍让。另一方面，应该把他们的反对意见看作自己在事业上取胜的条件。

在当今时代，市场竞争归根结底是知识和人才的竞争。要使企业兴旺发达，企业管理者必须尊重人才、爱才如命，绝不可嫉妒才能高于自己的人，而要敢于任用有才能的人，这一方面有利于提高整体效率，另一方面也有利于管理者建立和巩固自己更加广泛的人际关系，为自己以后的事业奠定坚实的基础。

拆掉沟通中的围墙

走动式管理使得管理者切实了解实情，切实发现各种问题和听取意见，切实采取有效措施，并更加密切上下级关系，因而能够保证管理不偏离"航线"，保证管理目标实现。

在沟通中，我们最好尽可能采用简便的方法来增进各部门之间的了解与联系。随着企业规模的扩大，为了便于管理，需要设立彼此独立的各个部门。但是企业要成为一个有机的整体，部门之间的沟通就显得十分重要。而在实际的管理实践中，各部门之间的沟通往往会遇到很多障碍。有一家公司找到了一种极为简便的方法来增进各部门之间的沟通，这就是"餐桌沟通法"。

这家公司叫西诺普提克斯通讯公司，专门生产配套计算机系统。有一次，生产部门的主管实在是难以忍受其他部门的不配合，就对组装一种新型电路耗费工时过多连连抱怨。这引起了公司总裁安德鲁·拉德威克的注意。他为了解决这位主管的抱怨，专门请来这位主管和一位工程师，同他们一起用餐。

在就餐时，让他们就如何加快组装的问题进行协商。二人的协商是很有效的。最终，他们找到了一个简单的加快组装的办法。受这次用餐协商成果的启发，拉德威克想出了"餐桌沟通法"，并认为这是解决实际问题、增进部门间的沟通的非常简便的方法。

该公司的总部位于加利福尼亚州的蒙顿维尔。在这里，每个季度都会摆上5张餐桌，请来两个相关部门的要员共享丰盛的午餐。当然，用餐并不是目的，目的在于让他们找出解决问题的办法。实践证明，"餐桌沟通法"是富有成效的，很多复杂的问题，往往都能在餐桌上迎刃而解。

另外一种通行的简便沟通方法是走动式管理，是一些企业常采用的管理方法之一。所谓"走动式"，就是管理人员到基层去巡视，并在巡视中发现问题，解决问题。

企业界人士都十分重视走动化管理，只坐在办公室听汇报、打电话、发布文件的企业管理者越来越少。他们把"走出办公室"作为自己的信条，不仅以身作则，常年在外巡视，而且严格要求手下的小头头们也"走出办公室"，到基层去办公。

阿尔科公司的总裁鲍勃·安德森就"走动式"成瘾。他一边"走动"，一边还要检查手下人是否也在"走动"。当他"走动"到某地，向某一个部门打电话时，恰好部门的头头接了电话，他马上就来了气，对这位不下去"走动"的小头头感到失望。

美国联合公司董事长埃德·卡尔赫切到任时，联合公司正萎靡不振。卡尔赫刚到任，就直奔现场，向现场工作人员直率地提出许多问题，请他们作详细回答。

他没有笔记本，对于调查中发现的问题，从来都是记在废纸片上，塞进口袋里。他从不命令第一线人员干这干那或搞个什么改革，除非是事关安全的问题。他也不当场纠正他不喜欢的东西。他依靠正常的管理程序来解决问题。从现场回到总部之后，他就立即采取行动。

他能让整个指挥链上的各个环节都很快知道他发现了问题，并且要立即解决。然后，他就同那些在巡视中和他谈过话的一线工作人员通信联系，让一线人员知道公司已经在采取什么措施了。他也与下面的有关职员联系，让他们认真检查，以保证新措施的执行。

走动式管理使得高层管理人员切实了解实情，切实发现各种问题并听取意见，切实采取有效措施，密切了上下级关系，因而能够保证管理不偏离"航线"，保证管理目标实现。

合理的沟通职能

· 今日茶点

管理者需要想明白：是将沟通职能集中在高管身上，还是分散到各业务单位。

将沟通的职能集中在公司总部高层官员身上，还是分散在各业务部门，这是大多数公司首先要面对的问题之一。将沟通的职能集中在高层能使沟通政策保持一致性，并可对全部沟通活动进行有力的控制。而分散的职能给各业务单位以充分的自主权，使他们可以根据自己的需要调度沟通职能，而不必完全受控于公司的整体需要。

对于像通用电气这样规模巨大且多元化的公司，沟通职能如何设计问题很难有唯一的答案。因此，最好的结构是某种混合体，包括一个强大的、集中的沟通职能部门，以及一个由分散的操作人员组成的网络。这有助于在整个组织中保持沟通的一致性，同时使各个职能适应独立业务单位的特殊需要。

例如 Champion International，这家资产达 60 亿美元的林业产品公司就是这样运作的，其在美国康涅狄格州桑福德总部设有强大且集中的沟通职能部门，同时在每个造纸厂又配有专业沟通人员，这些人员构成了公司的沟通网络。

然而，这种设置显然给像 Champion 这样的组织在汇报关系方面带来了问题，在处理问题的时间性和人员之间的协调上会存在一定的问题。

我们可以创造性地解决这类问题。解决的办法是利用某种组合，一方面，对与公司整体沟通有关的所有事务进行强有力的集中控制；另一方面，地方的沟通人员可以像通用电气公司那样作为返回总部的"通讯员"参与其中。集中还是分散取决于公司的规模、地域上的分散程度，以及公司产品与服务的多元化程度。

因业务领域的原因，有些沟通活动已经在另一职能领域中涵盖了。例如，投资者关系职能可以放在财务部门，雇员关系职能则在人力资源部门之中，顾客关系职能属于市场营销部门。所有这些活动需要以公司整体战略相联系的沟通战略为指导。每一项活动都可以界定为公司沟通职能下的一项次级职能。

目前，大公司沟通职能包括媒体关系、讲稿撰写、雇员沟通、公司广告，以及社区关系、政府关系。还有公司把慈善活动也列入了沟通职能，上市公司把投资者关系也列入公司沟通职能部门。

那么，如此多的沟通职能，如何处理集权化还是分散化的问题呢？这要取决于组织的规模、过去的汇报关系、不同部门的相对力量，以及公司创建一体化沟通职能的欲望。但是其中最为重要的是，这项职能在组织中汇报给谁。

在一些公司里，公司沟通部门是向战略计划职能部门汇报。考虑到将沟通与公司的整体战略相结合的重要性，这种安排有益于正在成长的公司沟通职能的发展。

20 世纪 90 年代早期，当时仍在应付核泄漏事故的联合碳化物公司将沟通职责转交给了负责战略计划的副总裁。在一封给执行经理们的信中，公司的董事会主席兼首席执行官肯尼迪说：

"公司的战略方向是我们务必向股东、雇员以及全体公众交代清楚的关键内容……因此，现在以下几点比以往任何时候都重要，与所有这些目标群体的沟通务必公开和一致，在我们实施战略时要让他们知道我们的进展，确认我们向所有拥有公司未来利益的团体和顾客表示特殊的关心和兴趣……为了确保我们的沟通和战略计划发展指导下的管理尽可能紧密地联合，负责战略计划和公众事务的副总裁应统一领导和管理这些职能。"

将这两项职能联系在一起的方法值得其他公司借鉴。将战略与沟通联系起来，并通过副总裁向首席执行官汇报，保持与首席执行官的直接联系，是公司确保其沟通职能取得成效的最好形式。

危机中的外部沟通

· 今日茶点

制定在危机发生期间和危机发生后如何进行沟通的战略决策，是企业危机管理中所做的最重要的决策。

在危机发生期间和危机发生后进行沟通遇到的困难都不尽相同。企业中的有些危机事件需要同员工、顾客、潜在的主顾、供应商、政府官员及其他重要方面进行强有力的主动沟通。如果没有做到这一点，就会使企业中存在的问题转变成危机，最终造成灾难性的后果。但是，有一些危机却不需要企业同所有主要和次要的社会公众进行沟通。事实上，这样做反而会使原来可以处理的问题失去控制。

制定在危机发生期间和危机发生后如何进行沟通的战略决策是企业危机管理中所做的最重要的决策。沟通战略的制定和达成一致会决定危机的发展，决定它是在几天后就被遗忘，还是拖延下去，影响企业数年之久。

这也是许多企业需要寻求富有经验的危机管理人员或公关公司以得到迅速帮助的一个领域。不幸的是，许多企业往往等到危机已经爆发才同这些专家建立联系。公司不仅需要花费宝贵的时间认清危机，还要认清公司、员工、文化、产品、服务以及专业人士为提供了解和咨询所需要的其他信息。

1. 危机事件中与顾客的沟通

在危机发生期间和危机发生后，企业应该把顾客所关注的那部分核心内容告诉他们。这主要包括以下几点：

（1）已经发生的具体问题或危机。企业发生了什么危机，造成了什么样的危害，会影响哪些顾客等。

（2）问题是如何发生的？到底发生了什么？有多严重？

（3）危机对企业的影响。企业应对顾客承担的责任有什么影响（服务，产品，承诺，最后期限）？它是否会从整体上影响企业？

（4）为确保问题不会再次发生所采取的措施。采取了哪些措施以防止问题再次发生？哪些步骤会对顾客有所影响？

（5）能明显地感觉到情况已经被企业所控制。

（6）企业会接受并乐意回答任何问题或是顾客所关注的东西。顾客一般应该找谁提出疑问和批评？如果他们想提供帮助，他们应该如何提供这种帮助？如果需要，他们是否可以找到负责的人？

（7）如果事情发生了实质性的变化，顾客会得到通知的。什么时候他们会从企业那里再得到消息？以后企业会以何种方式与顾客联系？企业怎样决定什么时候与他们再次联系最恰当？

（8）有可能的话"请顾客行动起来"。企业会要求顾客做什么？什么时候应该完成？

（9）企业要感谢顾客对企业一如既往的支持。企业是否对顾客们的支持表示感谢？企业是否采取了一些措施以减轻危机对顾客所造成的负面影响？

在危机中如何处理好企业与顾客的关系主要取决于企业的经营领域是什么。如果企业是一家主要面对当地居民的比萨店，企业应该平等地对待每一个顾客。如果是一家电脑软件公司，而其中5个大顾客的销售额占企业所有营业额的一半还多，企业应该以一种特殊的沟通计划去通知这几个重要顾客。所以，有时某些顾客需要特殊对待，单独照顾，而有的则根本没有必要与之联系。

2. 危机事件中与媒体的沟通

媒体有可能成为危机管理的妨碍者。媒体无限制地对危机管理者和危机受害者进行采访，会使危机管理者分心，使危机受害者不能得到充分休息，不能尽快地恢复生理与精神创伤。这就需要媒体管理者控制媒体的活动范围，减少媒体对危机管理者和受害者的骚扰。另外，对媒体的活动范围不加以限制，媒体就可能获得大量企业不愿向外界传递的信息，这些信息的公开会导致危机的扩大或危机的难以控制，使危机管理工作更加被动。

危机管理者可以通过确定媒体能够进入和不能进入的领域来控制媒体活动的范围，这在具体场合或危机情景有望尽快消除的情况下尤为有效。如果现场太大而无法控制或媒体未得知其活动范围，一条重要的经验是利用流动的避难所和来往于危机发生地的车辆把被告人、受害者与媒体隔离，以保护他们的隐私，给他们留出治疗创伤和稳定情绪的时间。

危机管理者不可能仅仅通过控制媒体活动的范围就成功地达到控制媒体活动范围的目的，因为媒体如果得不到想要的信息，还是会想方设法冲破危机管理者限制的范围。因此，危机管理者还是要迎合媒体的联络，只是需要对媒体的联络进行有意识的控制，提供媒体想要的信息，满足媒体的需求，以实现控制媒体活动范围和信息内容的目的。

与媒体保持联络的方式有现场访谈、随机或秘密的采访、当面采访、新闻发布会和媒体会议，针对这些不同联络方式，危机管理者要有意识地加以控制。

3. 与媒体接触时应注意以下问题

（1）要重视媒体的最后期限。要是企业知道媒体发稿的最后期限快到了，请积极给记者回电话，不要耽误了信息的传播。

（2）向媒体提供充足的背景信息。不要认为媒体成员知道很多，尽量告诉他们企业的困难、产品和行业的情况。除非记者非常熟悉企业和行业情况，否则就应该花时间为他们提供充足的背景信息。

（3）强化核心信息。把核心信息限制在5个以内，并不断强化。让媒体尽可能容易地理解其中的主要观点，并不断强化它们。

（4）正确的基调。对待记者和编辑要有力、坚决，但尽量不要对抗和对立，也不必对媒体低三下四。要是认为他们越权了，或者确实很不公正，可以如实地让他们知道企业的想法。这是一个敏感的区域。要沉稳，不要有不必要的感情因素。

（5）千万不要威胁记者和编辑。威胁一个记者或编辑不会让企业得到什么——除了可能与法律有关的麻烦以外，所以，要避免这样做。

（6）尽量不要欺骗媒体。如果不知道问题的答案，要承认这一点，接着说会在取得答案后立即与记者联系，然后继续会谈。

（7）实现所有的承诺和保证。在处理与媒体的关系时，信誉和信任是很重要的因素。一旦这些因素被丢弃了，企业要付出很大的代价，而且很难挽回。

（8）避免危险的言论。不要说些会让记者或编辑误解的话，比如有关贿赂、回扣的无聊玩笑，讥讽或不客气的话。

（9）保持适当的距离。

内部沟通瞄准一线主管

· 今日茶点

一线主管是组织内的意见领导者。因为一线主管极大地影响着一线员工的态度和行为，他们对于任何变革努力的成功都是至关重要的。

企业内部沟通管理的前提是，企业要树立员工是企业的宝贵财富的观念。只有当企业的管理层真正相信这一点，企业才会重视内部沟通，建立合理的沟通职能部门，利用各种有效的沟通方式，使企业内部的信息交流高效通畅，以确保企业战略的实施。

1. 明确内部沟通的目标

一项研究调查揭示了高层经理们所追求的有效雇员沟通的目标，这些目标依重要性排列如下：

（1）提高士气，促进雇员和管理层之间的良好关系。

（2）将公司中的重大变化通知雇员，如机构重组或人员升职等。

（3）解释薪酬制度和福利计划，如一项新的医疗保健计划或雇员保障计划。

（4）增进雇员对公司及其产品、组织结构、道德规范、企业文化以及外部环境的了解。

（5）改善雇员行为，使其工作效率更高，更注重质量，更富于进取心。

（6）加深雇员对那些影响他们切身利益的健康问题、社会问题或社会潮流的了解，如儿童保护、艾滋病等。

（7）鼓励雇员参与社区活动。

2. 决定内部沟通由谁来负责

过去，这个问题的答案毫无疑问应该是人事部或人力资源部，因为这些部门处理所有与雇员福利有关的事务。但是，现在越来越多的公司把内部沟通置于公司沟通的管辖之内。

就复杂的沟通技巧而言，对内部人员和对外部人员的沟通并没有太大区别。特别是目前公司沟通部门越来越重视出版书面材料，越来越多地使用复杂的视听技术，公司内外沟通区别就更不明显。但在企业大量散发的宣传材料中有关内部沟通的内容，难以区分哪些是人力资源部门提供的、哪些是沟通部门提供的，尤其是在目前沟通使用越来越复杂的视听方式和印刷材料的情况下，这种分工就越发难以界定。

对于书面资料来说，这两个不同职能部门之间的区别在于总体形象宣传和专题文章之间的区别。举例来说，公司沟通部印制雇员通讯或杂志的意义在于宣传自己的形象，它要让雇员心中对公司有一个整体的印象。这种出版物必须和公司的沟通战略紧密结合，这样公司雇员得到的信念就会与公司外部相关人员相一致。

如果公司面临来自外国竞争者越来越激烈的威胁，雇员们希望了解竞争状况和外界对公司的评价，公司就应该以一种适合的沟通方式告诉他们管理层对问题的看法，管理层打算如何应付这一挑战。在这种情况下，这种沟通方式会使雇员们觉得自己是局内人。

人力资源部负责与雇员沟通某一方面的具体问题，而沟通方式一般是书面形式。举例来说，关于公司提供给新雇员的福利或是薪金制度的规定就不必由公司沟通部来提供，因为这些沟通只是解释公司现行政策。但是，如果是雇员的医疗保险发生重大改变，如在某一年大幅削减，或者是退休金将有变化，公司沟通部就比人力资源部更适合向雇员们解释这些问题，因为这些问题非常敏感。

人力资源部通常采用录像形式介绍公司的总体情况，而每周一次由高级管理层向各地分公司和子公司发布的消息则由公司沟通部来灵活处理。信息越是全球化，公司沟通部就越比人力资源部能更好地处理全局性的沟通。

理想的做法是公司沟通部和人力资源部都应该有专人负责与雇员的沟通，两个部门的雇员沟通负责人应该向各自的副总裁负责。但是，他们同时也应该与对方主管副总裁保持联系，以保证各自部门的目标在所有的沟通领域内都得以实现，而且，在这两部门之间也应该保持沟通。

例如在南部贝尔公司，公共关系经理说人力资源部和雇员沟通部是两个不同的机构，但是联系密切，涉及两个部门的共同工作集中在劳资关系和雇员福利问题上。向全体雇员发布的消息必须经过沟通部门。这两个部门必须合作以保证他们的宣传口径一致。

一个重要的沟通例子就是推行公司的新价值观。公共关系经理说："沟通部门的责任是向大家通报公司的价值观并鼓励大家遵守。人力资源部负责培养和保持企业文化，必须能鼓励那些可以加强公司价值观的行为。"

3. 内部沟通瞄准一线主管

现在的公司领导人越来越重视面对面的沟通，然而在一个中型或大型的企业里，领导人能够与之面对面交谈的只是一小部分人，研究表明，当企业领导者需要就一项重大变革与雇员进行沟通时，停止沟通价值观，进行面对面的沟通，并在一线主管身上花费大部分时间、财力和精力。

一线员工不希望通过看录像来认识一项变革，也不希望通过公司出版物来认识变革，他们知道这些出版物是不值得相信的，并且通常是难以理解的；大型会议也不能起到这种沟通作用。员工或许可以接受变革，但他们不接受空洞的口号。

尽管研究表明，一线员工更喜欢接收来自他们主管的信息，因为主管是与他们最接近的人，但公司依靠魅力超凡的经理们来鼓舞公司士气为何不见效呢？因为一线主管是公司真正的意见领导者。高层经理必须与主管们面对面地讨论变革，主管们将信息继续传递给他们的下属。一线主管和员工之间的沟通构成了公司内部沟通的主体内容，而一线的变革行为是最为紧要的。

员工们最初听到的任何关于变革的消息通常来源于一个高层经理、公司报纸或者录像。考虑到一线员工对公司高层的不可避免的敌意和不信任，这一做法是不可靠的。无论什么变革（兼并、重组、缩减、再造、引入新技术或者客户服务活动），员工们最初听到的关于一项变革的消息应该来自他们最接近的人，即他们的主管。

一线员工一直都在告诉我们，他们更愿意从他们的直接主管那里而不是从高层经理那里接收信息。这是一个根本性的建议。传统的方式是一项变革从上层开始，并希望关于变革的沟通像降落伞一样打开，均匀覆盖每一个人。但是，一线主管是组织内的意见领袖者。因为一线主管极大地影响着一线员工的态度和行为，他们对于任何变革努力的成功都是至关重要的。

要让员工成为盟军

·今日茶点

危机沟通首先要和员工进行沟通，要让他们成为同盟军而不是破坏者。

卓有成效的危机顾问认为，在危机中员工应该是第一类需要进行沟通的人。他们既可能成为企业最可信的同盟军，也有可能成为极具破坏性的敌对者。

有的企业可能会觉得员工们知道眼下发生的问题，因此不需要和他们进行沟通。这是错误的。因为即使没有特别的沟通，员工们也会在没有引导和澄清的情况下，对某种对企业具有潜在破坏性的危机形势有足够的了解。

下列基本原理可以指导企业管理者在危机中如何与员工进行沟通。

1. 在危机发生后尽快和员工沟通

这是员工的权利，也是良好的危机管理中最重要的工作之一。预见到员工中存在的问题，并就形势和所有员工开诚布公地进行沟通。

2. 清晰地陈述企业的核心信息并强化它们

让员工们清楚地知道公司要传递哪些信息，请求他们在传递这些信息上给予帮助。

3. 尽可能多地向员工传达有关信息

向员工表达公司对他们的信任，以及他们对公司的重要性，这是很重要的。员工希望知道尽可能多的情况，如果员工觉得自己能够以一种真实的不被操纵的方式了解整个情况，他们就更可能会支持公司。

4. 要为员工提供更多的反馈机会

在危机发生过程中和危机发生后员工需要有机会来提问题，发泄不满，和管理者及其他人争论。通过诸如个人对个人、部门、小组或全公司会议（员工大会、特别员工热线、公司区域网公告牌、电子邮件及员工调查）这样的途径给他们机会。

5. 确保所有员工基本上能同时得知所有重要的信息

同时将消息传达给所有的员工可以使被传达的信息保持一致性，并减少有人通过别的途径得知这些信息的机会。

6. 用适当的方式和员工沟通

考虑一下最有效的沟通工具是全体人员大会、逐个会见、员工备忘录、往家里寄信、通过员工简讯，还是别的什么方式。采取的形式取决于被沟通的信息以及每个人是否都能听到同样的事情。

7. 选择合适的、有效率的发言人

确定一下需要传达的信息以及企业中最合适的，能够最有效率传达此类信息的人员。这些信息是应该由首席执行官宣布呢，还是由更直接涉及此信息的决策人宣布更合适呢？谁是发布这一信息最可信的人？谁更可能是最有效的发言人？应该有更多的发言人吗？

让员工知道在出现新的信息和事情有所改变时，公司会及时与他们进行沟通，这一点是很重要的。要在他们的头脑中不断强化这一事实，告诉他们，对企业来讲他们是第一位的，然后采取实际行动证明给他们看。

8. 给员工打个"开始行动的电话"

员工们希望清楚地知道公司要他们做什么，要鼓励他们去做些什么。在危机中，员工们可采取的行动也许是帮助进行核心信息的沟通，并集中精力工作，保持对公司的信任，以及不要传播谣言。

有效化解团队冲突

· 今日茶点

管理者不仅要化解冲突，还要善于利用冲突。在快速变化的市场中，成功的战略决策多出自那些在不牺牲速度的前提下，鼓励围绕问题开展主动和广泛冲突的团队。

高层管理者都知道由问题引发的冲突是自然的甚至是必要的。在管理团队中，成员们相互质疑对方的观点，有助于深化对问题的理解，创造更为丰富的备选方案，从而作出更好的决策。

但是，正如每一个曾成为管理团队一员的人所熟悉的那样，问题的关键在于如何避免把围绕问题展开的建设性冲突，误导到团队中个人之间的冲突上去。以下的几种方法可以有效地化解团队中个人之间的冲突。

1. 获得充分的数据

有些管理者认为，在工作中有太多的数据会因将要讨论问题范围的拓宽而增加了人际冲突。研究发现，如果数据是客观的和及时的，更多的信息会鼓励人们关注问题，而不是关注个人性格，从而提高决策的质量。

如果缺乏充分的数据，管理者对各种观点进行的无谓争论只能是浪费时间。一些人会变得自以为是，陷入了世界应该是怎样的错误猜测之中。个人，而不是问题本身，成为意见不合的焦点，结果就导致了团队中的人际冲突。

对事实的了解能够使人们更快地把握一项战略决策的核心问题，决策者也不会陷入关于事实应该是怎么样这种问题的无休止的争论中。更重要的是，现实数据使得战略讨论能够建立在实际情况的基础上。

2. 准备多种可选择方案

有些管理者认为，他们能够通过集中考虑一两个备选方案，从而降低人们可能产生不同意见的维度来减少团队中的人际冲突。但事实上，那些人际冲突发生概率低的团队所做的恰恰与此相反。他们有意识地开发出多个备选方案，经常是同时考虑四五个选择。为鼓励争论，管理者甚至会提出他自己并不支持的选择方案。

有许多理由可以解释为什么考虑多个备选方案能够降低团队中的人际冲突。一个理由是，这样做调和了冲突，选择并不是非此即彼，个人能够获得较大的余地来改变自己对一系列选择方案的支持程度。管理者能够在不失面子的情况下更轻松地改变立场。

产生备选方案也是一种把管理者集合起来，从事共同的、富于挑战性的任务的途径。这样做可以把管理者的精力集中到解决问题上来，增加了获得整合性解决方案，即包容大多数决策者观点的可能性。在产生多种备选方案的过程中，管理者并非一次就找到了最终解决方案，而是不断地创造更好的、更有新意的方案。这个过程本身就是富于创造性的、充满愉悦的，它建立起了解决实质性问题而不是人际冲突的积极基调。

3. 为共同目标而工作

许多对群体决策和团队间冲突的研究证明，共同目标通过把所有团队成员各自的利益融入争论的结果中，使团队结合起来。当团队成员为着一个共同的目标工作时，他们就更少地将自己看作个人的胜者或负者，更多地学会正确地接受别人的观点并从中获益。我们观察到，当管理者缺少共同目标时，他们会变得思想封闭，更容易错误地理解别人的意图和指责对方。

4. 运用幽默

幽默作为一种保护性机制，能够使人们舒缓制定战略决策时通常会出现的压力和威胁。幽默经常是通过反语的运用，将这些状况置于更宽广的生活背景中，帮助人们保持心理上的宽松感。幽默本身的含混性也能够弱化消极信息的破坏力。

幽默也能通过有效地影响人的情绪促使决策成为一个合作的而非竞争的过程。大量的研究表明，处于乐观情绪中的人将表现得更为开朗，更容易原谅别人，在解决问题时更具创造性。一种乐观的情绪有助于放松人们的防御心理，使得他们能够更有效地倾听，所以，保持情绪的乐观能促使人们更准确地识别别人的争论。

5. 平衡权力结构

研究显示，相信所在团队决策程序公正的管理者更乐意接受最终的决定，即使他们并不同意。但当他们认为决策程序是不公正的时候，心中的不平很容易发展成为人际冲突。所以，疏导人际冲突的第五项策略就是通过在管理团队中平衡权力而创造公平的感觉。

有限度的共识如何产生公平感呢？一项对程序的公平的研究表明，所有相关者真正参与和施加影响的程序的公平对大多数人来讲极为重要。如果人们相信产生结果的程序是公平的，那么即使自己并不喜欢这一结果，他们也愿意接受这一结果。大多数人都希望自己的观点被认真考虑，他们也会乐意承认这些观点并不总是被大家认同。这就是寻求有限度的共识过程中所真实发生的情况。正如 Star 电子公司的一名管理者所说："只是提出我的观点，我就很高兴。"

如果没有冲突，团队就会丧失其效能，管理者们常常会变得保守，只是保持表面上的一致。实际上，我们发现冲突的反面常常不是意见一致而是漠不关心和消极观望。一般来讲，不能培育实质性冲突的团队，其最终业绩都比较差。在我们所观察的公司中，低冲突的团队总是忽视考虑关键问题，或根本就不了解其战略环境的重要方面。他们错过了对错误界定的假设条件进行质疑、产生完全不同的替代选择方案的机会。所以，毫不奇怪，他们的行为常常很容易被竞争对手预测到。

在快速变化的市场中，成功的战略决策多出自那些在不牺牲速度的前提下，鼓励围绕问题开展主动和广泛冲突的团队。实现这一点，关键是学会有效化解团队中的人际冲突。

·第十九章·

激励管理：化被动为主动

有效激励的四种理论

·今日茶点

了解有效激励的理论，就能从根源上使激励真正发生效用。

一些关于激励属员的理论认为，部门主管能通过他们提供的奖励或他们对待下属的方式来激励属员；另一些理论则认为所有的人都是自我实现的，外界因素几乎不对他们产生影响。但无论如何，管理者作为一名部门主管，对这些理论有一个基本的认识是完全必要的。

1.X 理论和 Y 理论

道格拉斯·麦格雷戈从人性的角度提出了两种完全不同，甚至可以说是截然相反的理论，即 X 理论和 Y 理论。就激励方面来说，X 理论和 Y 理论关注的是主管对待员工的态度、信念以及由此产生的影响。

麦格雷戈认为有两种基本类型的主管：一种是 X 理论的主管，这种主管认为员工天生懒惰，并尽可能逃避工作，所以激励员工的工作必须通过指导、控制和强制；另一种相反的意见是 Y 理论的主管，这种主管认为人天生喜欢工作，有创造性和责任感，员工能自我指导并对目标负责。持后面那种更为积极观点的主管认为，可以通过创造一个使员工自己设置和实施计划的宽松环境来对员工进行激励。

按马斯洛的需要层次理论，麦格雷戈认为 X 理论管理方式对具有低层次需要的员工来说是有效的。只有 Y 理论模式管理才能在高层次需要上激励员工。例如，员工需要工作并担心失去它，他们就可能被强制激励。

尽管麦格雷戈知道主管并不能真正地给员工自我实现需要和尊重需要，但他确信他们能提供一个可能满足员工这些需要的环境。他的 Y 理论认为，整个企业的绩效会受到员工需要的影响。当企业或主管表明员工对实现企业绩效是多么重要的时候，他们能帮助员工实现其社会价值，满足其自我实现的需要。

2. 期望理论

期望理论是由维克托·弗鲁姆提出的。弗鲁姆认为，当人们预期到某一行为能给个人带来既定结果，且这种结果对个人具有吸引力时，个人才会采取这一特定行为。具体地讲，它包括以下三项变量或三种联系：

努力—绩效的联系。个人感觉到通过一定程度的努力而达到工作绩效的可能性，即付出多大的努力才能实现某一工作绩效水平。

绩效—奖赏的联系。个人对于达到一定工作绩效后即可获得理想的奖励结果的信任程度，即当员工达到该绩效水平后会得到的奖赏。

吸引力。个人所获得的奖赏对个人的重要程度。即该奖赏是否能满足员工的期望值，该奖赏能否有利于实现其个人目标。

以上三种联系形成了期望理论的简化模式。

弗鲁姆在分析了期望理论的简单模式后，建立了更为详细合理的激励模型，在模型中引入了三个参数：激励力、效价和期望率。弗鲁姆对这三个参数的解释是：激励力是指一个人受到激励的强度；效价是指这个人对某种成果的偏好程度；期望率则是个人通过特定的努力达到预期成果的可能性或概率。因此，弗鲁姆建立的期望理论模型可表示为：

激励力 = 效价 × 期望率

弗鲁姆认为，人们从事任何工作的激励将取决于其经过努力后取得的成果的价值，乘以往其努力后将在实质上有助于达成目标的信念。换句话说，激励是个人寄托在一个目标的预期价值（效价）与他对实现目标的可能性（期望率）看法的乘积。当一个人对实现某个目标认为是无足轻重时，效价为零，而当他认为目标实现反而对自己不利时效价为负。

这两种结果都不会对个人产生激励力。同样，如果期望率为零时也不会激励一个人去实现目标。所以促使个人做某事的激励力将依赖于效价和期望率，只有效价和期望率都很高时，才会产生巨大的激励作用。

从期望理论可以看到，弗鲁姆强调个体的复杂需要与激励问题，他研究的是个体特征。尤其是他的理论是以个人的价值观为基础的，这种因人、因时、因地而异的价值观假设，比较符合现实生活，而且在逻辑上也是非常正确的。但是这种个体价值观的假设所形成的激励理论，给企业管理者在实际操作中会带来一定的困难。

3. 强化理论

强化理论是由美国哈佛大学的心理学家斯金纳提出的。该理论注重运用积极或消极的后果来改变行为。斯金纳认为，人们体验到需要或内驱力导致了人们以某种方式行动，这些行动的后果将影响个体是否会重复这种行为。

如果某种行为产生了一种积极的后果，个体就可能有重复它的动机。另一方面，如果某种行为产生消极后果或因而受到惩罚，个体很可能会减少这种行为。如果一种行为并未产生积极后果，人们可能会决定不再做它。

斯金纳认为，运用积极和消极的后果能影响人们的行为，即行为塑造。要想使后果有效，强化必须在行为发生后不久就出现。例如，管理者可能要求会计在月底编制相关报表，但是却忘了向他致谢，即使他工作完成得很出色，缺乏及时的积极强化会削弱员工将来接受委派的行为，甚至导致这种行为的消亡。或者，如果员工的一项工作完成得很糟糕，但管理者由于一时工作忙不过来而忽视了针对这一糟糕工作的即时指责，员工可能会认为其对工作感到满意，并继续在此层次上工作，这样会产生消极强化，使该员工的表现越来越糟糕。

斯金纳的理论是基于员工不去思考，只是简单地对刺激做出反应，并不认为员工理解自己的需要，或有能力就这些需要和管理者进行交流的假设出发的。而实际上，这些假设是不成立的，所以斯金纳的强化理论存在一定缺陷。更进一步地说，斯金纳的理论没有涉及员工的高层次需要，如尊重需要和自我实现的需要。尽管有这些缺点，斯金纳的理论仍然阐述了行为和行为的积极或消极强化的关系。

4. 公平理论

公平理论是由斯达西·亚当斯提出的。亚当斯认为，员工在企业中很注重自己是不是受到公平对待，并常常以此来决定自己的行为。而员工评价自己是否被公平对待的标准首先是考虑自己所得的收入与付出的比率，然后将自己的收入—付出比与他人的收入—付出比进行比较。如果员工感到自己的比率与他人相等，则为公平状态；如果员工感到两者比率不相同，则会产生不公平感。所以公平理论可以用下式表示：

自己所得收入 / 自己的付出 = 别人所得收入 / 别人的付出

这里的收入包括薪金、晋升、认可等因素；付出是指努力程度、受教育程度、工作经验及能力水平等。就单个人来说，收入往往由主管或组织来决定，而付出则由自身来决定。当员工发现自己处于不公平状态时，会产生紧张感，并设法摆脱不公平，一方面可以向主管或组织争取，改变收入；另一方面可以调整自己的付出。

员工通过比较自己的收入与付出比率与别人的收入与付出比率，可能会发现三种不同的关系，员工会根据自己所处的状态来决定自己的行为。

第一，当自己所得收入／自己的付出＜别人所得收入／别人的付出时，员工显然会觉得不公平，认为自己获得的收入过低，产生不满情绪。这种不满情绪促使他去摆脱这种状态，他可以有三种选择：

找主管理论，争取增加自己的收入而达到公平。

减少自己的生产数量、时间或其他投入，从而减少付出而达到公平。

离开这个组织，到新的组织中去寻求公平。

第二，当自己所得收入／自己的付出＝别人所得收入／别人的付出时，员工认为这是公平的。所以，他既不希望改变收入，又不希望改变付出，还是按以往的努力程度去工作。

第三，当自己所得收入／自己的付出＞别人所得收入／别人的付出时，员工会认为不公平，这是因为收入过高引起的不公平。但这种不公平不会产生不满情绪。这种不公平同样会给员工带来紧张感，促使员工去改变不公平状态。这时员工所采取的方法只能是增加自己的付出以达到公平。

公平理论也存在一定的缺陷，主要在于公平与否主要取决于员工的主观判断。而对于一般人来说，往往喜欢将自己的付出和别人所得的收入估计过高，本来公平的状态，结果在员工的主观上变得不公平，从而影响努力程度。因而主管按公平理论激励员工也会出现偏差。尽管如此，公平理论还是一个非常有影响、能在很大程度上反映实际的理论，对激励员工具有重要意义。

制订有效的激励计划

· 今日茶点

　　计划的重要作用并不在于计划本身，而在于计划的具体实施。

管理者制订属员激励计划是对属员进行激励的前奏，也是公平、有效激励属员的保证。对于管理者来说，激励计划不仅仅是一个工作成果，它更是一项作品。它拟订得好坏，会受到部门内部每个属员的审视与评价。

一个行之有效的激励计划必须具备以下条件：

（1）具体。激励计划必须明确地表示具体的行动，这样管理者与属员都能充分了解自己该如何做，以及这样做的必然结果。

（2）时间期限。激励计划的最终目标就是提高员工的工作绩效，这个目标就像一只无形的手，在远处召唤着激励者与被激励者。因此，拟订激励计划一定要顾及时间上的安排，以便在实行一段时间后就产生效果，并在适当时候根据效果做出相应的调整。

（3）控制成本。一项计划的出台，需要在费用、人员、资料等方面进行必要的考虑。对于激励预算而言，一般包括管理费、宣传性的物资和服务费、奖金。这三方面资金的合理配置将会使计划更具成效性。此外，激励不仅有精神上的激励，更要有物质上的激励。对属员物质方面的激励要充分把握"度"，既要达到激励的目的，又要控制在财务可以承受的范围之内。

（4）简洁生动。激励计划绝不是事实的罗列，它应该是耐人寻味、鼓励他人积极参与的一项游戏。游戏的规则绝不能繁杂，那样会使大多数人失去参与进来的兴趣，同时计划也会因缺乏一定的可行性而变成一项循规蹈矩的协议。

（5）富有弹性。保持适度弹性是拟订计划的一项基本原则。为了应付条件的变化与偶然因素的出现，拟订的激励计划必须考虑到修改甚至变更部分内容的可能性。

（6）突出重点。计划本身是面向部门内所有员工的，但要激励的对象是那些有真才实学的、在工作中肩负重任的骨干，通过对他们的有侧重的激励，会使部门内呈现出一股向上的好风气，从而带动后进人员一同进步。面面俱到的计划，看上去好像体现了公平的原则，但实际上是一种最不公正的待遇。

计划的重要作用并不在于计划本身，而在于计划的具体实施。对于激励计划来说也是如此。激励计划的实施结果与宣传鼓励工作密切相关。为了唤起员工执行计划的最大热情，有必要考虑进行一些有效的宣传鼓励与管理工作。

（1）使整个计划的实施有一个激励人心的开端。任何不声不响的劳作是得不到人们的认识与拥护的，单单将激励计划贴在显眼地方，或是印出"红头文件"一级级传达也是绝不会收到好效果的。此时属员虽然获得了必要的信息，但在心理上根本没有形成一种被激励的状态，他们也许会沸沸扬扬议论一番，随后便抛在脑后了。因此管理者必须要为激励计划大造声势，让员工如同股民一般紧紧关注着计划的实施。

（2）让企业内部高层管理者参与计划开始执行时的造势运动，以及完成后的发奖活动。当属员看到平时难得一见的高层管理者为这项对他们来说还很陌生的计划亲自解释、指导、摇旗呐喊时，他们的心早已沸腾了。

（3）管理者本人以及财务部门内的其他负责人要切实关心计划和计划对他们本身提出的要求。一般来说，财务部门内部的骨干人员是其工作环境中最好的潮流引导者与煽动者，赢得他们的支持就能在部门内所有员工中间产生向心效应，使其最终参与到计划中来。

（4）在计划执行期间，管理者要对整个计划的实施进行监测，并做好书面记录。这是对激励计划实行的有效管理，管理者可在得力助手的帮助下完成，通过定期对计划的成本、属员心态、绩效显示、获奖人数、意见汇总等各项指标的综合测评，得到一个相对客观的计划实施的期间性总结。

（5）为使计划内容更加丰富多彩，计划实施更加切实可行，可以把一个长期计划分解为若干小计划，或是按照重点或奖励类型分为几个不同的短期计划。这样，激励计划就显得更灵活、机动，目标更加明确，属员也会在整个计划实施中尝试到不同层次的成就感，从而使激励更加有效。

（6）为属员家庭提供物质与精神上的奖励，争取他们对激励计划的关心与支持，这一点是非常重要的。家庭生活是个人精神慰藉的大后方，家庭成员的支持无疑会为属员增添无穷的奋斗力量。赢得了属员家庭的帮助与支持，就差不多赢得了属员的半颗心。

计划目标完成之后，管理者要及时组织财务部门的所有人员召开一个隆重的庆功宴会、颁奖会或总结表彰会。庆功会除了对所有表现良好、贡献突出的员工给予表彰以外，还要让这次激励计划产生的"利益"深入人心，以便日后开展更有效的计划时，属员会有一个良好的心理准备。同时，激励计划实施收益最大的部分一定要做好总结并归档，为以后的工作提供经验上的保证。

莫让下属怀疑公平

·今日茶点

只有管理者深入了解部门内的各种情况，才能发现不公平并消除，从而使部门形成一个具有凝聚力的、高效率的团队。

公平激励是有效激励的基础和保证。属员对激励的公平感是影响巨大而又十分敏感的因素。强烈的不公平感不仅会使属员士气低落、工作消极，还会造成部门内部人际关系恶化，成为不和谐因素。所以，管理者在有效激励属员时，也须充分做到公平激励。公平作为一种激励、分配过程中必须遵循的准则，主要具备以下特点：

（1）相对性。公平是比较出来的，可把实际所获和期望得到的进行比较，把自己所获和别人所获进行比较，把自己目前所获和自己过去所获或"未来"（假想状态）可能所获进行比较……总之，公平是通过纵向或横向的、自身不同状况间的或人际的比较而产生的。

（2）扩散性与行为倾向性。员工对某项激励产生了不平感时，他便会气愤、焦虑、心理失衡，波及他在工作和生活各方面的情绪和态度。不仅如此，他还会产生要去改变他认为的不公平根源的意向。在他认为自己可以控制的范围及可行的条件下，他便会付诸行动，如泡病号、怠工。

（3）内部公平性与外部公平性。内部公平性指本企业部门内不同职务所获奖酬应正比于各自的贡献。只要按贡献律比值一致，便是公平的。外部公平性是指行业中类似职务的奖酬应当基本相同，因为属员的公平感不仅取决于企业内部的相互比较，还取决于整个行业的相互比较。

管理者要保证激励属员公平，主要应注意以下几方面：

（1）属员激励要有明确一致的原则指导，并有统一的、可以说明的规范作为依据。如会计室主任的奖金为什么会比一般出纳员正好高 300 美元？为什么不更高一些或低一些？一位老会计的补贴为什么恰巧比一位一年前大学毕业分来的助理会计师多 120 美元？管理者对这些都要能说出道理，经得住追究和推敲。

（2）部门激励与升迁相结合，要有民主性与透明性。当部门的属员能够了解和监督部门内奖励与惩罚制度的制定和管理，并能对激励政策有一定参与和发言权时，猜疑与误解便会消失，不公平感也显著降低。而神秘地私下给属员红包的做法，不符合现代奖酬管理原则，只会制造猜忌，破坏部门内部团结，不宜提倡。

（3）管理者要为属员创造机会均等、公平竞争的条件，并引导属员把注意力从结果均等转到机会均等上来。如果机会不均等，单纯的收获与贡献比相等，并不能代表公平。实际上，机会大者占了便宜，而机会小者吃了亏。

处于社会之中的人，相互攀比是人的天性。所以，公平对一个企业来讲显得特别重要。而作为一个部门的管理者，对待属员一定要一视同仁。但是，有时不公平的现象也许是在不经意中产生的。如在偶然遇到两位员工时，管理者无意中表现出对其中的一位更亲切，而忽略了另一位，往往被忽略的一方就会感到不公平。

所以，管理者应善于发现部门中的不公平，并及时纠正。当部门中存在不公平时，表现方式有很多，如向管理者直接说明、与人吵闹、消极对抗等。有时可能看似很平静，因为不公平感可以忍受一段时间，其实内心反应很强烈，最终可能会通过一些极小的事情而爆发。只有管理者深入了解部门内的各种情况，才能发现不公平并消除，从而使部门形成一个具有凝聚力的、高效率的团队。

以晋升激励精英人才

·今日茶点

管理者应经常提拔人才，得到利益的人由于找到依靠之处和肯定自我，就会逐渐发挥潜力，努力效命于知遇者。

管理者在人员使用方面，常常会为如何令精英人才最大限度地发挥作用而烦恼。解决它的最好办法，就是将表现优异的精英人才提拔上来，把他安排到重要的工作岗位上，这不仅使员工的自尊心得到满足，最大限度地调动他的工作积极性，企业也会因为人才的合理配置而获得更大的收益。

人才是企业的资本，能够善于利用员工对工作的热情，并且适时给予训练和晋升，即使是庸碌之才也有不少被造就成才的例子。在日本就有不胜枚举的企业家是因为被领导者适时提拔而跃居重要岗位，然后使自己的才华充分施展出来，把企业推向新的高峰的。

一般来说，获得晋升的人没有不欣喜若狂的。但也有许多人常因难以适应突如其来的擢升，感受到无法承担的重大压力。所以，管理者也应先了解被晋升者是否有能力突破承受压力的时期。

为了确认被晋升者的心态，心理学家制定了一项心理测验。首先，让两个人共同办理一件事情，在事情完成后，给予其中一个大幅度晋升，而给另一个仅少许的报酬，尽管做同样的工作，却故意出现待遇的差别。

由最初的实验显示，得到晋升的人不但自觉"不踏实、有罪恶感"，而且对于管理者有不良的评价。但是，进一步经由测谎器的实验却发现，得到晋升的人，不仅没有罪恶感，反而有强烈的愿效力于管理者的心态。

总之，人们虽然在心理上对获得晋升有不平衡的感觉，但是，实际上却为自已能受到上司较高的肯定而有满足感，甚至对管理者抱有良好的评价。因此，适度的晋升可以得到对方的向心力。也就是说，给员工一个晋升的机会，不仅能够满足对方的自尊心，同时也能获得对方的尊重和爱戴。

所以，管理者应经常提拔人才，得到利益的人由于受到重视和肯定自我，就会逐渐发挥潜力，努力效命于知遇者。

世界著名的施乐公司每年都保持很高的销售业绩，除了以质取胜之外，在很大程度上都依赖于他们给员工注入的最佳动力——晋升。

施乐公司晋升的标准是将员工分为三类：一类是工作模范，能胜任工作和监督工作。凡是被提升到公司最高层前50个领导岗位上的人都必须完全是工作的典范，积极投入质量管理中去。而要想成为较低层次上的经理，则起码必须能胜任工作。至于需要别人督促工作的那一类员工则根本不可能被提升。这样，表现良好的员工就会感到自己能得到迅速的提拔，于是他们会以更高的热情投入工作中。

谢尔比·卡特就是这样一名员工。他是施乐公司的销售人员，最初是一名推销人员，工作积极肯干并善于动脑筋。他每天不停地在外面奔波销售，他的妻子总是在他的车里放上一大罐柠檬，这样他可以吃上一整天，而不必吃午饭。

卡特以自己的聪明和勤奋为公司销售了大量的产品，于是他得到了逐步提拔，最终被提升为全国销售经理。事实证明，他的确是个称职的管理者。卡特最喜欢做的事情之一就是将镶在饰板上的长猎刀奖给那些真正表现杰出的员工。这些猎刀代表着一种晋升神话，得到它比得到奖金更有意义。得到奖励的员工会把猎刀挂在办公室的墙上，所以在施乐公司的办公室里常常会看到这些猎刀。

由于晋升的机会把握在自己的手中，所以施乐的员工充满着热情和干劲。即使在街道上散步，他们也会观察两旁的建筑群，思考如何使每一幢建筑里的单位都成为施乐复印机的用户。

就是这样充满趣味的竞争使每一个员工都竭尽全力去为公司打拼，每一个施乐的员工都深爱着自己的公司，公正的晋升制度使他们看到了自己的辛勤劳动付出是值得的，他们认为在这里确实可以实现自己的梦想。

千万不能总让员工原地踏步，特别是对那些能干的员工，而应更信任他们，适时提拔，如果对他们总是半信半疑、不放心，那么给他们的感觉是不信任其、怀疑其能力，那么他们还能尽心竭力地工作吗？

每个人在某个岗位上，都有一个最佳状态时期。有的学者提出了人的能力饱和曲线问题，作为管理者，要经常加强"台阶"考察，研究员工在能力饱和曲线上已经发展到哪个位置了。

一方面，对在现有"台阶"上已经锻炼成熟的员工，要让他们承担难度更大的工作或及时提拔到上级"台阶"上来，为他们提供新的用武之地；对一些特别优秀的员工，要采取"小步快跑"和破格提拔的形式使他们施展才干。

另一方面，经过一段时间的实践后，不适应现有"台阶"锻炼的员工要及时调整到下一级"台阶"去"补课"。如果我们在"台阶"问题上，总是分不清谁优秀谁不称职，不能及时提升那些出色的员工，必然埋没甚至摧残人才。如果该提升的没有提升，不该提升的却提升了，那将为企业带来很大的损失。

对于提拔自己的人，几乎没有谁会不怀感激之心，因此，管理者若是能够将一个出色的员工提拔到重要的岗位上，他在自己的自尊心得到满足，体会到自己的重要性的同时，也必会对赏识他的主管心存好感，积极配合主管的工作。这样，人力资源管理必然会进行得很顺利。

因此，管理者一定要关心员工的成长，对他们的工作多鼓励、多支持，并及时给予肯定，使能力突出的人到更合适的位置上大胆发挥自己的长处，从而大大提升人才的使用价值。

制定有效的激励系统

· 今日茶点

工作绩效的定义、便利和促进构成了激励员工的三个阶段。但是，真正能够提高员工们工作绩效的莫过于一个有效的激励系统。

真正能够提高员工们工作绩效的莫过于一个有效的激励系统。

NATD 是美国加利福尼亚圣莱安德罗的一个计算机元件承包制造商。这个公司的总裁兼首席执行官信奉一种古老的哲理，认为是人制造了成功与失败。

当他和他的合伙人买下 NATD 时，他们确立了三个目标：在增加利润的基础上扩大自己的公司；分享所创造的财富；创造出一种可以使每一个人都感到满足的环境，让其从工作中感到乐趣。要做到这一点，唯一的途径就是在管理者与员工之间创造一种彼此完全信任的气氛。为了达到这个目的，他与他的合伙人必须每一天、在每一种情况下，都为改善关系而努力工作，以免他们的员工们会因为感觉到管理者的虚伪，而使一切努力全都落空。

这位出色的商人说："作为总裁，我的工作是提出公司的目标和制定实现这些目标的策略。为了保证实现这些目标，我高度地重视职务的正确委派。"

"我完全相信我们的管理人员确实愿意从事管理工作，但是，他们成为有效的管理者的前提是使某些特定的条件得到满足。因此，首先，我们与管理人员一起研究、制订计划，以保证我们的目标既明确而又切实可行。其次，我们给员工们提供实现这些目标所需的必要的培训和设备。再次，我们让管理人员独立工作，并允许他们灵活地处理问题。与此同时，我们还要努力使自己成为任何一个管理人员都需要的、能够事后给予劝告或事先制止他们的错误决定的上级。

"每一个领班负责使本班的生产达到最高效率而且无次品。至于这个领班采用什么做法，完全取决于他本人。我们只需要切实保证员工们能够因为自己出色地完成任务而从我们这里、从他们的同事那里，以及在工资表中得到应有的荣誉和报酬。"

他们对失败从来没有责怪。因为，责怪和惩罚会使员工因为担心失败而受到约束，从而失去进行尝试的勇气。但如果不去尝试那些未曾探索和试验过的事物，企业的发展速度和盈利能力就会遭受损失。那可是一种灾难。

NATD 制定了一套具有严密逻辑性的人力资源管理政策。很明显，这种政策与绩效评估这个主题是一致的。同时，它也符合了以下三个指导原则。

（1）工作绩效定义化。NATD 确立了目标、估量和评价方法。

（2）工作绩效便利化。NATD 为提高工作绩效清除了障碍。它为员工们提供了出色完成工作所需的资源，并强调了精心挑选人员的重要性。

（3）工作绩效促进化。NATD 为员工们提供了足够的、他们认为有价值的奖励（承认、股票所有权和现金），以促进将来的、更高的工作绩效；同时，它充分考虑了员工对所得实际奖励的喜爱程度，做出了适当的时间安排（一年进行两次报偿检查），并真诚地关心员工们的公平感。

（4）工作绩效的定义、便利和促进构成了激励员工的三个阶段。但是，真正能够提高员工们工作绩效的莫过于一个有效的激励系统。

NATD 的成功激励引起了许多学者对激励系统的研究，经过对众多企业的调查和分析以及在几家企业试验的结果，我们可以确定，要建立一个有效保持并提高绩效的激励系统，最好采用以下几个步骤：目标的合理制定；计划的有效实施；工作概括和总结；公平的奖惩。

企业最大的原动力来自员工。决定一个企业成败的关键仍在于员工的绩效如何。人力资源管理的精髓就在于激励员工。有效的激励系统可以使企业用同样的代价收到更好的效益，同时让优秀的员工得以发挥自己的潜力。

负激励的正效应

·今日茶点

在一些特殊环境或对特定的人采用负激励方法更能激发其积极性，使其产生良好的工作绩效。

激励即激发人的动机，诱导人的行为，使其产生一种内在的动力，朝着所期望的目标努力的过程。激励的方法有多种，但大多数管理者往往注重正面的激励，如嘉奖、表扬、晋升等，只有在不得已时才会采用负激励。事实上，在一些特殊环境或对特定的人采用负激励方法更能激发其积极性，使其产生良好的工作绩效。这里列举三种有效的负激励方法。

1.斥责激励法

吉诺·鲍洛奇是一个出色的商人，他悉心经营的机械公司，从一个家庭化的小作坊一跃而成为拥有近亿元资产的大公司，这里面凝聚了他无限的辛劳和心血。

他深谙用人之道，将竞争机制引入公司内部，用竞争来督促员工、鞭策员工，让他们知道干得好、干得快，钱也挣得多，出了重大差错，则会被开除。在这样的压力下，大家都尽最大的努力干好工作。

鲍洛奇对部下非常严格，他能看到部下的长处，更能看到他们的不足。在公司，不管是谁，不管是什么原因，一旦工作没做好，将受到劈头盖脸的斥骂。

有一次，鲍洛奇决定兴建一个新厂，由于事关重大，他特意派了一批得力的下属。在预定开工前的三个星期，他前去检查工作。在那里，他看到员工们满脸是灰，身上是泥，满脸的疲惫，满身的狼狈，甚至连电灯都没有，只有一个临时的电灯泡在给大家照明……

鲍洛奇又着急又生气，他想宽慰一下员工，却又想到，新厂如不能按时开工，将会给公司造成更大的损失。这个后果令鲍洛奇忍不住火冒三丈，他不由地厉声训斥："你们一个个无精打采，是干工作的样子吗？以这样的进度，公司不死在你们手上才怪呢！"

他走后，员工们个个怒气冲天。老板的怒斥让他们的好胜心燃烧起来，偏要做给鲍洛奇看看。大家努力快干，夜以继日，终于按期完成任务。

这就是鲍洛奇的"斥骂激励"，它不仅给公司带来了效益，更重要的是形成了一种直率、公平的企业文化。鲍洛奇在脾气发作时，毫不掩饰，不仅自身如此，他还鼓励员工之间互相发脾气，畅所欲言，有什么说什么，越直截了当越好，有时甚至可以争吵不休。在鲍洛奇看来，不同的思想相互撞击，往往会产生智慧的火花。

斥责激励在公司内部会形成一种民主的气氛，每个人都享有充分的权利和自由，独特的个性可以尽情发挥，高兴或不满随时可以表达和宣泄。没有森严的等级，大家都是平等的合作关系，在以公司的利益为重的前提下得到统一。如果你足够了解你的员工，那么这是一种很有效的激励方法。

2. 困境激励

心理学研究表明，人在遭遇困境时，不仅会不遗余力地奋斗，发挥潜能，爆发出异乎寻常的勇气，还将自动放弃平时的偏见与隔阂，团结一致共渡难关。一些有远见的管理者会有意识地利用这种负激励效应，适时制造些紧张气氛，让员工时刻有种危机感。日本松下公司总经理山下俊颜就很注重在公司形成危机感和饥饿精神，并收到了很好的效果。其实企业越大，衰落危险就越大，管理者要学会常用一些企业失败的教训告诫全体员工，使员工在"大好形势"下，也保持一种危机与警觉，时刻警惕着，勇往直前地向目标进军。

3. 竞争激励

在美国密苏里州的一家炼钢厂中，有一个炼钢车间，任务总是完成不了，经理为了提高员工的效率，使之更好地完成任务，便下到该车间与员工一起加班。临下班，经理问一当班员工："我们今天炼了几炉？"员工回答："6炉。"于是经理取了支粉笔，在车间地面上写下一个大大的"6"字。

夜班员工接班后，见这"6"字便问这是怎么回事，白班员工无不自豪地说："这是我们的工作成绩，是经理替我们写的。"夜班员工听后顿时激起一股不服输的劲头，憋足劲非要超过白班不可。第二天白班员工接班时，见地上写了一个大大的"7"字。

白班员工自然也不愿输给夜班，到下班时，地面上出现了一个特大的"10"字。炼钢车间的任务就在员工的自觉竞争中顺利完成了。这种利用自尊、好胜心理，激发其竞争意识的负面激励方法，调动了员工的自觉性和积极性，比说教、劝诫的效果要好得多。只是有一点，一定要避免出现恶性竞争，管理者要坚决制止任何不正当的竞争。

避免正激励的副作用

· 今日茶点

奖励可能会导致员工之间的关系恶化，并且难以增进工作中的合作精神。特别是当奖励非常少，只有一个人或一个小组可以获得时，它尤其会制造纷争。

某管理学家曾说："奖励只在有限的情况下会产生激励作用，但也可能产生反作用。"正激励和努力是相关的，但是长期的测定研究驳斥了"只要利用诱因就会让人工作更勤奋、更好"的说法。金钱诱导方式的问题在于它以机械性的方式来对待人们，而人们却不会以可以预测的方式做出回应。因此，管理者在激励员工时要注意以下几个问题。

1. 避免无效激励

如果一个员工不喜欢打网球，那么送一副网球拍给他作为奖励就不会起到激励作用，可见提供人们所不想要的东西并不会激励人心。只有接受人也同样珍视，奖励才会有其价值。因此，管理者在进行激励前最好先深入调查一下员工的性格及嗜好。

2. 不要让正激励变质

奖励和惩罚这两种方式都源于想要操纵他人行为的这种基本观点。如果一个人对自己的获奖充满了希望，结果却落空，心情一定很糟糕，大多数人的感受是他们觉得生气，而且觉得士气遭受打击。因此，奖励计划如果运用不当，或者后期协调没跟上，会因为造成员工没能获得奖励，而产生惩罚效果。

3. 正激励带来的不择手段

奖励会让工作变得不择手段。假如答应员工完成工作后，他们将会得到奖励，那么试图尽量快速地完成工作是很合理的。毫无疑问，有人很可能会想避免这项任务具有挑战性的部分，以免造成失败。尽管这会使他们的能力很难提高。因此，奖励可能反而会阻断创造力和系统思考，以及使员工逃避困难。

4. 正激励导致的人际关系恶化

奖励可能会导致员工之间的关系恶化，并且难以增进工作中的合作精神。特别是当奖励非常少，只有一个人或一个小组可以获得时，它尤其会制造纷争。

未获奖的其他人会变成提高绩效的阻碍，而不是资源。有的管理者将员工捆在一起，并且把红利赠予整个部门。也许这样做确实会激发员工的凝聚力，但同样会给整个部门造成紧张的压力：一个人犯错，可能会让整个部门的每个人都失去奖励。假如奖励没能得到，那么应该责怪谁呢？一定会产生替罪羊。太少的奖励一定引发纷争和敌意。

奖罚的完美结合

· 今日茶点

奖励应该公开，形成人人奋勇争先、你追我赶的局面；惩罚要尽量避免在人多的场合，只要犯错误的人认识了错误，不再重犯即达到了目标。

奖励和惩罚都是管理者激励员工的基本手段，但只有奖励和惩罚恰当配合、综合运用，才能起到良好的激励效果。偏重哪一面都不能真正地调动员工的上进心，使之积极地为实现目标而奋斗。

1. 不要把奖励和惩罚当作目的

这一点十分重要，如果把奖励和惩罚当作目的来追求，必然会走偏方向。须知，对于一个企业而言，任何奖励和惩罚仅仅是推进工作的手段，而调动员工积极性才是目的。如果奖惩结束之后，员工积极性反而降低了，那么奖励和惩罚是否成功就值得怀疑了。

2. 从目标出发进行奖惩

与之相对立的是从非企业目标出发进行奖励和惩罚。比如，把奖励作为培植亲信、笼络人心的手段，甚至作为少数人侵吞员工劳动成果的手段，把惩罚当作排除异己、打击报复的手段，都是从根本上背离企业的目标的。这样的奖励和惩罚，既不可能公正、公平，也不会调动起广大员工的积极性，相反，还有可能导致员工的愤懑，因而必然丧失其激励的功能。

3. 科学的考核是奖惩的主要依据

考核方法应该有科学性，应该将定性与定量相结合，应该使考核制度化、规范化。在这样的考核机制下，才可能准确地不带个人感情色彩地判断每个人的功与过，以及每个人贡献的绝对量和相对量，才能公正地决定奖励谁、惩罚谁。公正和公平的奖惩，必须建立在公正和公平的考核基础之上。

4. 奖惩适度

只有奖惩适度才能收到激励效果。企业需要通过科学考核，准确地判断其"功"和"过"，再依法度量，决定奖励和惩罚的档次。如果奖惩无度，小功大奖，则易助长人们的侥幸心理；大功小奖，则缺乏应有的激励强度；小过重罚，会加重挫折行为；大过轻罚，不足以纠正非期望行为。所有这一切都会在员工中产生不良的影响，因而达不到调动员工积极性的目的。

若想做到奖惩适度，管理者必须一视同仁，摒除个人恩怨和杂念，实事求是，依法奖惩，决不能让奖励和惩罚失去效力。

5. 抓住时机进行心理战术

奖励和惩罚是一种杠杆，通过影响员工的行为，使其更符合企业组织目标的要求。而奖罚必然会导致员工的心理发生很大变化，所以管理者需要把握时机，对员工推行心理战术。心理战术的内容，大体上可以归结为以下几点：

（1）引导员工不断提高需要的层次，树立高尚的追求和高度的责任感。

（2）及时了解员工的需要。

（3）恰当地满足其合理的需要。

（4）纠正其不合理的需要。

特别是在实施奖励和惩罚的关键时刻，员工的思想起伏很大，这正是转变其观念的大好时机。如果没有把握住这一机会，不仅难以进一步提高员工队伍的思想道德素质，也往往使员工由于未及时化解心中矛盾而造成许多新的心理问题，甚至由于处理不好挫折心理、挫折行为而产生极为不良的后果。

6. 奖惩结合的原则

为了正确地运用奖惩，使其在人力资源协调系统中发挥更积极的作用，管理者在实施奖惩时还应依据以下两个原则：

有益性。奖惩的有益性包括对奖惩接受主体周围的人产生有利于企业目标方向的行为，以及对其接受主体起强化作用。为了保证奖惩的有益性，就必须使正确行为所引发的激励效用远高于错误行为的效用。同时，错误行为所引起的惩罚代价要远高于其错误行为所带来的收益。唯有如此，才能让人真正体会到奖惩的作用，并让自己的行为向企业希望的方向发展。

以奖为主。在奖惩的实践中，要做到有主有辅、有轻有重。一般来说，应当以奖为主，以惩为辅。奖励的次数宜多，吸引人们向企业鼓励的方向迈进；惩罚的次数宜少，纠正部分人的违规行为即可。

奖励应该公开，形成人人奋勇争先、你追我赶的局面；惩罚要尽量避免在人多的场合，只要犯错误的人认识了错误，不再重犯即达到了目标。许多日本经理认为："员工的缺点知道得越少越好，我们要知道的只是他们能做什么和他们的优点。"这种宽松的氛围使员工与企业融为一体，风雨同舟。

巧用精神激励策略

· 今日茶点

适当适度地运用物质激励和精神激励，二者应根据具体情况而有所偏重，但不能过分依赖于某一种方法。

企业的激励机制是否对员工产生影响，取决于激励政策是否能满足员工的需要。精神激励是十分重要的激励手段，它通过满足员工的自尊、自我发展和自我实现的需要，在较高层次上调动员工的工作积极性。可以说，精神激励是管理者提高绩效必不可少的手段。

1. 员工的内在需要

渴望能力被肯定。在人类的五个层次的需求中，这个需求是最重要的。每个人都需要得到别人的肯定，一句肯定的鼓励所起到的作用比一百句批评还要大。精神激励会使员工们认识到整个组织的行为方针，认识到上司关注着他们的工作，心里会有被承认的满足和被重视的激励感，并进而保持高昂的工作热情和责任心。这种激励方法对于维持整个组织系统的高水平运作是非常重要的。

渴望被尊重。这堪称每个人与生俱来的基本人权，不容践踏。作为管理者，倘若你能经常聆听下层员工的声音，了解他们的真实想法，表示对他们的理解和支持，那么你将得到意想不到的收获。

伊利诺伊州林肯希尔的休氏合伙公司是一家资助福利公司。该公司把员工放在首要地位。有位叫斯蒂夫·彼得森的员工在一年秋天，经历了一场大难。他三岁的儿子做了心脏手术，而他的妻子正值临产期，情况很不好，结果她早产了，生了个女儿。

那阵子，彼得森真是忙得团团转。正巧公司安排他负责一位重要的客户。在他急得没办法的情况下，只好向公司讲明情况。没想到公司非常体谅他，准许他三个月内每天只上半天班，并且还为他在家里装了一台电脑。这样彼得森就可以在家上班，尽可能地照顾妻子和孩子。

另外，公司庆祝成立 50 周年时，特地雇了两名临时人员以替代公司服务台员工的正常接待工作，使得她们也可以参加庆祝大会。一位叫苏·凯奇诺维兹的接待员说："这真让我感动，公司没有忘掉我们这些不起眼的员工。"

2. 给员工真实的情感

怎样才能令一大群人朝一个共同的目标干劲十足地共同努力？除了物质激励，这只有在精神激励的作用下才能实现。随着时间的推移，令人们共同工作所需的不仅是技巧，还有情感。

商业生活中最有力的感情即"我关心所有成员"。这种感情令员工全力以赴，在需要时互相帮助，因为他们知道公司和同事会倾力回报他们。

在每个成功的企业中都可以看到这种盎然生气。这种情感在工作环境中是可以真切感受到的，但它并非产生于真空，而是企业的文化令其蓬勃发展。

要令员工努力工作，就必须让员工信任上级，上级也必须信任员工。培养相互信任的最佳途径是始终和员工站在一起。

当员工遇到困难时，仅仅给员工发封信或者发表演说表示慰问是不够的。管理者必须亲临现场，问一问员工："你们有什么问题吗？取得了哪些成功？我怎么才能帮助你？我怎么才能帮助你们？"然后尽可能地为员工办些实事。

美国国家罐头食品有限公司是世界第三大罐头食品公司，年销售额达几十亿美元。他们成功的主要原因在于采取了以人为中心，凡事从员工角度出发的管理方法。公司的总裁弗兰克·康塞汀不愿意看到员工们不愉快，尤其是在工作的时候。

康塞汀说："我总是努力地使下级为自己所做的工作感到自豪——甚至当这工作是擦地板时。如果你使他们对自己的工作有自豪感，这比给他们更多的报酬要好得多。你事实上是在给他们地位、被认可感和满足感。"

3. 物质激励与精神激励相结合

精神激励是一种深入细致、影响极大的工作，它是管理者有效地统一集体与个人的目标，激发员工的团结协作和整体积极性，提高工作效率的有效手段。它能增强员工的智力效应，启迪丰富想象，发挥创造性。

它还能促使员工的感觉、知觉敏锐准确，注意力集中，提高操作能力；能缓和人际矛盾，增强集体荣誉感。企业的精神激励，就是管理者要善于启发员工的奋发进取精神，在给予他们鼓励的同时，帮助他们从各方面消除消极影响，以使员工的积极性得到最大的发挥，为企业创出最好的效益。

物质激励体现人们追求生活的需要，是人生存的本能。员工在不同的时候、不同的地点有不同的需要，而不同的员工又有不同的需要，因此管理者应综合分析，适当适度地运用物质激励和精神激励。

二者应有所偏重，但不能过分依赖于某一种方法，如果企业员工物质生活水平还不是很高，那么物质激励就可以用作主要激励手段；而当企业员工的物质生活水平相当高时，管理者若仍一味坚持物质激励为主的原则，就难以实现其提高员工绩效的目的。

有效的激励方法组合

· 今日茶点

　　每个人的需要都不同，对某人有效的强化措施可能不适合其他人。管理者需要学会综合运用不同的激励方法，从各个方面去激发员工的工作激情，才能创出高绩效。

　　企业的活力源于每个员工的积极性、创造性。由于人的需求存在多样性、多层次性和动机的复杂性，调动人的积极性也应有多种方法。综合运用各种激励手段可以使全体员工的积极性、创造性以及企业的活力达到最佳状态。

　　激励操作的形式多种多样，管理者必须好好把握。企业的每个员工都有其独特的个性，需求的层次也不相同，只有建立在对每一个员工的需求充分认识的基础上的激励，才可能产生最佳效果。下面介绍几种基本的激励形式。

1. 物质激励与精神激励结合

　　尽管拿破仑说过"金钱并不能购买勇敢"，但为了保持部队的高昂士气，他总是慷慨地给立下战功的官兵赐以丰厚的物质奖赏。物质激励包含的范围很广，使用也十分普遍。不过，人们总认为物质激励存在局限性，其实，这是人们存在的一种误解，因为不只是物质激励有局限，其他激励方法也有局限性。但是，物质激励确实是针对人们的较低层次需要的一种激励方法。人人都有自己的物质需要和经济利益，物质激励就是通过满足这种个人物质利益的需要，来调动一个人完成任务的积极性。

　　然而，人毕竟也有精神上的追求，在物质需要得到一定程度的满足之后，精神需要就会变得迫切起来，满足这些需要，可以更持久有效地激发人的动机。物质激励和精神激励相辅相成，缺一不可，管理者只有善于把它们结合起来，才能有效发挥激励的作用。

2. 正激励与负激励结合

　　正激励是从鼓励的角度出发，当一个人的行为表现符合企业期望的方向时，要通过奖赏的方式来支持和强化这种行为，以达到调动工作积极性的目的。例如，对按时上下班的员工进行表扬、发勤勉奖等，以此调动员工按时上下班的积极性。负激励是从抑制的角度出发，当一个人的行为不符合企业期望的方向时，企业将对其采取惩罚措施，以杜绝类似行为的发生。例如，批评迟到、早退的员工，对平日懒懒散散不努力工作的人实行降职或开除等。

正激励与负激励是两种性质相反的激励手段，不仅直接作用于被激励的人，而且还会产生示范效应，影响周围的人。一般来说，正激励对实现企业的组织目标效果要好于负激励，长期经受负激励将导致员工情绪低落，工作积极性减退，自信心消磨，能力受到抑制，工作绩效差。因此，激励员工主要还是从正面入手。

3. 内激励与外激励结合

内激励是指通过启发诱导的方式，培养人的自觉意识，形成某种观念，在这种观念的支配下，人们自觉自愿地努力完成企业交给的任务，无须外界干涉、督促。内激励多是通过思想教育，让员工在企业传统中学习，逐渐将组织所欣赏的道德意识变成为自律的标准。例如，对员工进行精神熏陶，培养员工的集体荣誉感、责任感、成就感，使员工在上述观念的引导下勤奋工作。由于内激励是对人思想的改造，需要一个过程，因而比较缓慢，但内激励一旦发生作用，则持续长久，激励质量高。

外激励是指采取外部措施，奖励组织所欢迎的行为，惩罚组织所反对的行为，以鼓励员工按组织所期望的方向努力工作。外激励多以规章制度、奖惩措施的面目出现，表现出某种强迫性。外激励通过外界诱导或约束影响人的行为，也可以对人的思想意识产生影响。长期的外激励可以帮助人树立某种观念，产生内激励效应。

每个人的需要都不同，对某人有效的强化措施可能不适合其他人。管理者需要学会综合运用不同的激励方法，从各个方面去激发员工的工作激情，才能创出高绩效。

绩效管理：让绩效真正发挥管理功能

绩效管理与绩效考核

· 今日茶点

要使考核顺利实现，成为受人欢迎的东西，过程的管理一定不能省略，系统的建立、过程的努力才是解决绩效考核难题的关键。

绩效管理与绩效考核的联系是，绩效考核是绩效管理的一个不可或缺的组成部分，通过绩效考核可以为企业绩效管理的改善提供资料，帮助企业不断提高绩效管理的水平和有效性，使绩效管理真正帮助管理者改善管理水平，帮助员工提高绩效能力。

但绩效管理不等同于绩效考核，两者的区别有以下六个方面：

（1）绩效管理是一个完整的系统，而绩效考核只是这个系统中的一部分；

（2）绩效管理是一个过程，注重过程的管理，而绩效考核则是一个阶段性的总结；

（3）绩效管理具有前瞻性，能帮助企业和管理者前瞻性地看待问题，有效规划企业和员工的未来发展，而绩效考核则是回顾过去一个阶段的成果，不具备前瞻性；

（4）绩效管理有着完善的计划、监督和控制的手段和方法，而绩效考核只是考核的一个手段；

（5）绩效管理注重能力的培养，而绩效考核则只注重成绩的大小；

（6）绩效管理能建立起管理者与员工之间的绩效合作伙伴关系，而绩效考核则使管理者与员工站到了对立的两面，距离越来越远，制造紧张的气氛和关系。

在企业绩效管理的实践中，许多管理者只是认识到了绩效考核的作用，认为通过绩效考核可以将员工的绩效水平区分开，可以依据绩效考核结果进行职务变动的决策，可以决定涨薪的差别，可以决定培训的实施等，认为做到这些就是做好了绩效管理。

所以，在企业具体操作绩效管理时，断章取义地将绩效考核定义成绩效管理，一门心思地设计绩效考核表格，设计考核指标，研究指标量化的可能性，让数字说话。不得不承认，企业的管理者着实为此下了一番功夫，为了能够获得考核的真经与秘籍，他们甚至不惜重金聘请咨询公司设计绩效考核方案，做关键绩效考核指标。

但是做来做去，却总也逃不出考核的陷阱，总也发现不了十全十美的考核方法，指标的量化总是不能尽如人意，考核的表面文章、形式主义依旧十分明显，考核造成的经理厌烦、员工害怕的局面仍然没有得到有效的改善，该存在的问题依然存在，该解决的问题依然没有解决。这样做绩效，使得管理者被考核绊住了脚，无法前进和提升。

考核固然重要，考核指标的量化也很关键，但一定要明确，它们不是绩效管理的全部，也不能根本解决管理中存在的问题。要使考核顺利实现，成为受人欢迎的东西，过程的管理一定不能省略，系统的建立、过程的努力才是解决绩效考核难题的关键。

不让考核绊住脚，首先要解决绩效观念的问题，应该树立管理出绩效，而非考核出绩效的观念。绩效一定是管理出来，而非考核出来的。

要建立 P—D—C—A 的绩效管理循环系统。所谓 P—D—C—A 循环，即计划、实施、检查、调整。落实到绩效管理上就是设定绩效目标、持续不断的过程沟通、做文档记录、绩效考核、绩效管理的诊断与提高。

通过这样五步一循环的操作，真正建立起企业的绩效管理体系，将绩效的关注点落脚在管理提高上，融入管理活动的过程中，在企业管理者中进行绩效管理不是额外的工作，而是工作方法和管理方式的改变的观念。使管理者明白实施绩效管理是为了建立管理者与员工的绩效合作伙伴关系，而不是为了制造对立，通过完善的绩效管理体系的操作，能在很大程度上消除管理者与员工之间的对立，营造一个共同创造绩效良性循环的管理环境。

确立绩效管理的远期目标，着眼于未来求发展，应该战略性地看待绩效管理。绩效管理在短期内可能收不到什么明显的效果，甚至可能出现一些不良的反应，受到一些外来的阻力，但是企业的管理层一定不能浅尝辄止，盲目下结论、盲目判断，要给绩效管理足够长的观察期，以足够的耐心和爱心去培育它，才可能真正获得收益。

弄清各方成功的前提

· 今日茶点

了解企业、管理者和员工的成功需要些什么东西，是我们理解有效的绩效管理系统应该是什么样的系统的前提之一。

企业构建绩效管理系统前，首先要考虑的问题是，什么样的绩效管理系统才是有效的绩效管理系统。一个有效的绩效管理系统应该能帮助企业、管理者和员工取得成功。

它通过帮助管理者和员工不断提高工作质量来使企业实现它的长、短期目的和目标。既然绩效管理是通向成功的工具，那么了解企业、管理者和员工的成功需要些什么东西，是我们理解有效的绩效管理系统应该是什么样的系统的前提之一。

1. 企业成功的需求条件

企业的成功必须具备下面五个因素：

（1）企业需要有协调内部各部门的手段，以便使它们都向着共同的目标努力。

（2）当问题出现时，企业需要找到问题的解决办法，以便尽早发现问题或阻止问题的发生。不管是个人的问题（员工缺乏必要的技能），还是系统的问题（工作流程设计失误或是太官僚），都必须尽早发现并解决。

（3）企业必须遵守有关员工雇用方面的法律规定，以便得到法律的保护。

（4）在作重要的人力资源决策时，企业需要有获得信息的途径，如谁应当提升、哪些领域的知识需要培训等。

（5）企业需要不断地提高员工的素质，以使企业更具竞争力。

2. 管理者成功的需求条件

企业管理者成功需要的条件主要是以下六点：

（1）管理者需要掌握下列信息：企业正在做什么，哪些方面运行很正常，哪些方面运行不正常，计划和项目完成的情况怎么样，等等。

（2）管理者需要掌握有关每个员工的工作状况，以及如何才能帮助他们进步的信息。如果绩效太差，管理者还需要知道为什么会出现这个问题。

（3）与企业一样，管理者也需要一些手段，使每位员工都向着共同的目标而努力，并协调他们的工作以实现这些目标。

（4）为了让员工感受到激励和尊重，管理者需要有鞭策先进和帮助每位员工进步的手段。

（5）管理者需要有机会将他对员工的工作期望告诉员工，哪些工作重要、哪些工作次要，以及员工们自己可以作哪些决策。

（6）管理者需要有记载绩效问题的途径。原因有两点：一是如果管理者不能准确地掌握绩效问题，他们就不能帮助员工进步；二是管理者可能被要求提供有关绩效低下或违反劳动纪律的准确数据，以证明纪律行动的正确性。

3. 员工成功的需求条件

员工们要想很好地完成本职工作需要以下条件：

（1）员工们要知道企业希望他们做什么，何时做，做到什么程度。如果连这些都不知道，他们是无法成功的。

（2）员工们需要经常的、具体的有关他们工作绩效情况的信息反馈。他们要知道哪些地方他们做得很好，哪些地方还需努力。如果他们不知道哪些方面需要保持，哪些方面需要改进，就不可能做得更好。

（3）员工们需要知道他们的工作与其他人的工作、本部门的任务以及公司总的使命和目标之间的关系。因为感觉到自己的工作是大目标的一部分以及帮助实现这个大目标的责任感对员工有激励作用。

（4）员工们需要在确定或重新确定他们的工作任务时以积极的角色出现。因为第一，这样做对他们有激励作用。第二，员工们特别是那些有经验的员工比别人更了解他们的工作，而且一般情况下他们最清楚如何消除他们成功道路上的障碍。

（5）员工们需要知道他们权力的大小。当他们知道哪些决策他们自己可以做、哪些决策需要与别人一起做以及哪些决策需要经理层来做时，他们的工作会更加自信。员工了解这些以后，有助于决策过程的加快。

（6）员工们需要有提高技术和成长的机会。如果给员工学习新知识、运用新知识的机会，员工通常会保持较高的积极性而且不会轻易离职。

标准稍多优于稍少

· 今日茶点

标准稍多一些比标准较少一些要好，因为它不只是让员工清楚地了解工作的全貌，也使管理者能够从多方面来考核员工，同时也能指出员工工作的长处及应予改进的地方。

了解了企业、管理者和员工的成功需要什么东西后，还需要了解工作必须达到何种程度，即明确绩效标准。两样合起来才算是把绩效管理系统的前提要求解释清楚了。

1. 绩效标准设定的目的

第一，引导员工的行为达成既定的工作标准。国际知名的专家、美国管理协会会长杰姆士·海耶士曾说过，如果企业切实地与员工一齐建立起绩效标准，并且说明了企业对他们的要求，那么即使企业从不考核他们，也仍然是桩值得的事，因为大多数人都会想做好工作使企业能够接受他们。

第二，奠定公平考核员工的基准。除非建立清楚的绩效标准，否则，将无法确保绩效考核的公平和公正。有效的绩效标准乃是根据工作而来，因此考核的标准应是可以达成的、易于了解的、明确且能衡量的。

员工应参与制定他们自己的绩效考核标准，标准若定得恰当，员工能受到鼓舞而努力去达成甚至去超越标准。如意见不能协调一致，企业应作最后的决定。

2. 绩效标准的特征

绩效标准与绩效目标不同，目标应是为个人而不是为工作所定，而目标的典型特征是必须具有挑战性。因此，一个主管其下有多人从事相同的某项工作，他应该只制定出一套工作标准，但对每个部属可能设有不同的目标，该项目标应依据个人的经验、技术和过去的表现而有所不同。例如，对一个普通的部属，其工作目标也许就是与工作标准相同；但对一个优秀的部属，工作目标或许超出工作标准甚多。一般而言，有效的绩效标准具有下列特征：

（1）标准是基于工作而非基于工作者制定的。绩效标准应该依工作本身来建立，而不管是谁在做这项工作。例如，秘书与领班就是有多人担任的职位，但其工作的标准应该只有一套，而非针对每个工作的人各制定一套。

（2）标准是可以达成的。本项特征与前述定义有直接关系，意指所有在职的员工实际上都应该能达到这些标准（可能的例外是新任员工尚在学习阶段，执行标准需在试用期满后方能适用）。大多数绩效标准在实际的情况下应该是每一个员工都能达到的，而且应有许多人都达到 125% 的水准。

（3）标准为人所知。标准对主管及员工都应该清楚明了。

（4）标准是可以改变的。因为标准需经同意并需切实可行，因此在必要时就应定期评估并改变。但这种变动的原因应该是因新方法的引进，或因新设备的添置，或因其他工作要项发生了变化，除此之外，工作标准不应该仅因为员工无法达成而给予轻易变更。

（5）标准经过管理者及执行者双方同意。

绩效标准必须经过高阶管理者、绩效审核者及部门执行主管的共同调整，没有经过双方同意的绩效标准会减低它的效果。因为由营业部门所提议的绩效标准不一定能顾及整体的需求，而高阶主管的意见则容易忽略执行细节与实施的困难，所以一定要综合两方的意见，寻求兼顾双方的平衡点。

（6）标准是具体而且可以评估衡量的。绩效标准必须能加以数量化，无法数量化的标准在审核时，会引起不必要的困扰及争端，如果衡量的标准是以个人意见或经验来衡量，结果一定会因为不容易计算而使员工产生不满或困扰的情绪。

（7）标准有明确的期间限制。

绩效标准应该附带明确的记录期间，以便提供评估审核。比如以每个月的销售额作为绩效评估的标准，一方面可以对以前同时期的数字进行比较，另一方面也可以对未来的同时期预估进行调整。

（8）标准有助于持续性改善。它必须要能对下一次的评估有对比的效果，这样才有意义。如果没有持续比较的功能，只能适用于专案类的特殊事件，并不适合一般的绩效标准。

3. 绩效标准的制定

因为标准要清楚且要彼此同意，所以让员工参与制定绩效标准是顺理成章的事情。此外，也可借员工的参与来激励他们达成甚至超过标准。协助订立标准可能使员工有较多和较高的工作承诺。

假设某项工作只有一个人在做，当然管理者应与该员工合力制定绩效标准。如果该工作有一个以上的人在做，则全体或起码应有一组代表参与制定绩效标准，此点与选定工作要项的步骤大致相同。当意见出现分歧时，管理者必须做出最后决定。当然，管理者应尽力使员工们认为该项标准是公平合理的。让员工参与制定绩效标准，有如下三种途径：

（1）管理者先考虑所有因素，暂拟标准，再与员工讨论而至达成协议。管理者需倾听员工的意见并愿意接纳好的建议。

（2）员工们先暂订标准再送予管理者，取得同意。管理者应先告知员工，其所订标准并不一定就是成案。

（3）管理者、员工分头拟订标准，再相互比较讨论，最终达成共识，并统一结论。

第一种方式的功效最差，因为员工可能不敢不苟同管理者的意见，而且管理者在暂立了标准之后常常变得失去耐心，或者一味地强词夺理。要使第一种方式变得有效，管理者必须营造一种气氛使员工们敢轻松表达不同的看法，同时使员工相信该标准是可以商榷和更改的。

第二种方式相对于第一种方式来说，效果应好一些。因为该方式将大部分责任放在员工身上，而易于使员工们产生向心力，愿意达成甚至超越标准。

第三种方式应该是最佳的，因为两方面都付出相当的时间与精力来制定合理的标准。特别是经过彼此讨论之后，应可产生最好的工作标准。

4. 绩效标准的数量

这个问题与"要有几个工作要项"相似，并没有一个肯定的数字可以解答，也并不是概括地说完全依工作而定。实际上，决定标准多寡，主要还是看管理者觉得需要多少标准才能清楚地说明他寄望员工的是什么。假设两个标准能够办到（比如说量与质两项），那么两项就足够了；如果需要十页或二十页才能说明，那么标准也就是十页、二十页。

通常而言，标准稍多一些比标准较少一些要好，因为它不只是让员工清楚地了解工作的全貌，也使管理者能够从多方面来考核员工，同时也能指出员工工作的长处及应予改进的地方。因此，任何企业对绩效标准不应加以数量限制。

共同沟通绩效计划

· 今日茶点

在绩效期开始的时候，管理者和员工必须对员工工作的目标和标准达成一致的契约。

绩效计划常常是员工和管理者开始绩效管理过程的起点。管理者和员工一起讨论，以搞清楚在计划期内员工应该做什么工作、做到什么地步、为什么要做这项工作、何时应做完，以及其他的具体内容，如员工权力大小和决策级别等。

关于绩效计划，可以有两种理解。一种是可以把"计划"理解成为一个名词，那么这个绩效计划就是一个关于工作目标和标准的契约；另一种是可以把"计划"理解成为一个动词，那么这个绩效计划就是管理者和员工共同沟通，对员工的工作目标和标准达成一致意见、形成契约的过程。

1. 绩效计划是关于工作目标和标准的契约

有人可能会认为，绩效评估是绩效管理过程中最重要的环节。那么，有没有考虑到要想很好地实现绩效评估，我们就必须知道依据什么对绩效进行评估？如果在对绩效进行评估之前没有能够就什么是好的绩效、什么是坏的绩效达成一致的标准，那么在绩效评估的过程中就容易产生争议和矛盾。

在绩效期开始的时候，管理者和员工必须对员工工作的目标和标准达成一致的契约。在员工的绩效契约中，至少应该包括以下几方面的内容：

（1）员工在本次绩效期间内所要达到的工作目标是什么？

（2）达成目标的结果是怎样的？

（3）这些结果可以从哪些方面去衡量，评判的标准是什么？

（4）从何处获得关于员工工作结果的信息？

（5）员工的各项工作目标的权重如何？

2. 绩效计划是一个双向沟通的过程

绩效计划不仅意味着纸面上的一纸契约，如何达成这个契约的过程也非常重要。

建立绩效契约的过程是一个双向沟通的过程。所谓双向沟通，也就意味着在这个过程中管理者和被管理者双方都负有责任。建立绩效契约不仅仅是管理者向被管理者提出工作要求，也不仅仅是被管理者自发地设定工作目标。

在这个双向沟通的过程中，管理者主要向被管理者解释和说明的是：

（1）企业整体的目标是什么？

（2）为了完成这个整体目标，他们所处的业务部门的目标是什么？

（3）为了达到这样的目标，对被管理者的期望是什么？

（4）对被管理者的工作应该制定什么样的标准？完成工作的期限应该如何制定？

被管理者应该向管理者表达以下几个方面内容：

（1）自己对工作目标和如何完成工作的认识。

（2）自己所存在的对工作的疑惑和不解之处。

（3）自己对工作的计划和打算。

（4）在完成工作中可能遇到的问题和需申请的资源。

绩效沟通必不可少

· 今日茶点

不管使用何种方法进行绩效沟通，只要它是以促进成功为目标的就可以。

持续的绩效沟通就是一个双向追踪进展情况、找到影响绩效的障碍以及得到使双方成功所需信息的过程。持续的绩效沟通能保证企业和员工共同努力避免出现问题，或及时处理出现的问题，修订工作职责，因为这些问题在许多工作部门都会发生。

1. 绩效沟通的方法

不管使用何种方法进行绩效沟通，只要它是以促进成功为目标的就可以。这里是一些常用的方法：

（1）每月或每周同每名员工进行一次简短的情况通气会。

（2）定期召开小组会，让每位员工汇报他完成任务和工作的情况。

（3）每位员工定期进行简短的书面报告。

（4）非正式的沟通（例如经理到处走动并同每位员工聊天）。

（5）出现问题时，根据员工的要求进行专门的沟通。

尽管绩效沟通的具体形式多种多样，从正式的书面报告到简单的聊天都有，但并不能确定哪种方法是最好的。企业应该根据使企业和员工都能成功的目标来决定何时沟通、如何沟通、以及多长时间沟通一次。对不同的员工可以采取不同的沟通方式，因为有些员工需要多介入一些，有些员工需要少介入一些，而有些工作相比而言需要更多的沟通。要根据实际情况决定采取何种形式，以保证它实用且有意义。不要制定一些实际上行不通的沟通方式。

2. 绩效沟通的技巧

不管采用何种沟通方式，以下沟通技巧都将有助于改善绩效沟通。

（1）倾听技巧。绩效沟通主要是在企业管理者与员工之间进行。因此，企业管理者需从如下角度培养自己的倾听素质：

呈现恰当而肯定的面部表情。作为一个有效的倾听者，管理者应通过自己的身体语言来表明对员工谈话内容的兴趣。肯定性地点头、适宜的表情并辅之以恰当的目光接触，显示自己正在用心倾听。

避免出现隐含消极情绪的动作，如看手表、翻报纸、玩弄钢笔等动作，这样只会令员工感到主管对交谈不感兴趣，不予关注。

呈现出自然开放的姿态。可以通过面部表情和身体姿势表现出开放的交流姿态，不宜交叉胳膊和腿，必要时上身前倾，面对对方，去掉双方之间的杂物，如桌子、书本等。

不要随意打断员工。在员工说完之前，尽量不要做出反应。在员工思考时，先不要臆测。仔细倾听，让员工说完，再发言。

（2）绩效反馈技术。管理者可从如下角度锻炼自己的反馈技术：

多问少讲。发号施令的管理者很难实现从上司到"帮助者""伙伴"的角色转换。管理者在与员工进行绩效沟通时可遵循80/20法则：80%的时间留给员工，20%的时间留给自己，而自己在这20%的时间内，用80%的时间来发问，20%的时间用来"指导""建议""发号施令"，因为员工往往比管理者更清楚本职工作中存在的问题。换言之，要多提好问题，引导员工自己思考和解决问题，自己评价工作进展，而不是发号施令，居高临下地告诉员工应该如何如何。

沟通的重心放在"我们"上。在绩效沟通中，多使用"我们"，少用"你"。如"我们如何解决这个问题"，"我们的这个任务进展到什么程度了"或"我如何才能帮助你"。

反馈应具体。管理者应针对员工的具体行为或事实进行反馈，避免空泛陈述。如"你的工作态度很不好"或是"你的出色工作给大家留下了深刻印象"。模棱两可的反馈不仅起不到激励或抑制的作用，反而易使员工产生不确定感。

对事不对人，尽量描述事实而不是妄加评价。当员工做出某种错误或不恰当的事情时，应避免用评价性语言，如"没能力""失信"等，而应当客观陈述发生的事实及自己对该事实的感受。

应侧重思想、经验的分享，而不是指手画脚地训导。当员工绩效不佳时，应避免说"你应该……而不应该……"这样说会让员工感到某种不平等，可以换成"我当时是这样做的……"

把握良机，适时反馈。当员工犯了错误，最好等其冷静后再作反馈，避免"趁热打铁"或"泼冷水"，如果员工做了一件好事则应及时表扬和激励。

绩效信息数据的收集

管理者充分相信员工并同他们一起干是比较好的选择。坦率地讲，盯着员工既不切实际，又浪费时间；相反，应该让员工加入数据收集和改善绩效的过程中来。

不管企业管理者是想帮助员工进步，还是想对生产效率低下的员工进行纪律处分，或者是改进工作方法，管理者都需要数据和信息，以便进行决策，而且必要时它还可作为证明管理者行动正确的证据。

如果管理者是想帮助员工进步，管理者就需要知道哪些地方的改进是必需的、哪些地方的改进是可能的。从法律因素来说，如果管理者对某一员工进行纪律处分，管理者需要证据证明他工作效率低下。更重要的是，当管理者想要提高企业的效率和生产率时，也需要信息来决定应当注意什么和变革什么。

数据收集就是得到有关能改善组织或个人绩效信息的过程。

这里需要明确，信息数据的收集不是只注意和记录坏事，好事、成就和业绩也同样需要注意和记录。例如，当管理者从一位顾客身边走过，注意到该顾客正对一位员工大声吼叫，而员工很快以非常职业和建设性的方式使顾客平静下来，管理者就可以将此事记录下来作为表扬员工或者给该员工长工资的依据。

数据收集、观察和做文档必须根据工作单位的现实和可能性来进行。下面是管理者常用的一些方法：

（1）经常四处走动进行观察（非正式的）。

（2）通过与员工会见，了解每个人的进展情况，以收集数据和信息。

（3）让员工自己进行工作回顾。

（4）收集实际数据（例如为顾客服务花费的时间、检修所需要的时间、产品开发的情况、制造过程所需时间等）。

（5）在与员工会见时通过提问收集信息（成功或问题等）。

使用这些方法时管理者要十分小心，以免不知不觉地造成负面影响。因此，还需了解一下思维方式的问题。

有多种原因要求收集数据和做文档。最重要的也是管理者应该注意的一点就是要使企业和个人能取得进步。要解决问题，管理者必须发现这些问题，熟悉这些问题，这就需要信息。收集数据和做文档的另外一个原因就是在员工与直线上司之间出现分歧时对双方进行保护。如具管理者想证明电话响的次数过多或某些任务没有完成，管理者就需要诸如时间、日期之类的数据支持。

一些管理者抱怨他们不能给员工反馈信息的原因是他们不能每天都监视员工干活。员工也不会希望上司整天盯着他们，这样糟糕的工作环境将影响生产率和士气。然而，如果管理者反过来相信员工，那么管理者就不必一天到晚站在那儿盯着他们了。也就是说由员工收集数据，管理者不必完全依靠自己一个人去观察，这时管理者就和员工站在了一边。

因此，管理者充分相信员工并同他们一起干是比较好的选择。坦率地讲，盯着员工既不切实际，又浪费时间；相反，应该让员工加入数据收集和改善绩效的过程中来。

绩效评估和绩效改善

· 今日茶点

绩效评估不仅仅是评估工作，也是一个解决问题的机会。

绩效评估一般在年底举行。员工绩效目标完成得怎么样、企业绩效管理的效果如何，通过绩效评估可以一目了然。绩效评估也是一个总结提高的过程，总结过去的结果，分析问题的原因，制定相应的对策，便于企业绩效管理的提高和发展。

同时，绩效评估的结果也是企业薪酬分配、职务晋升、培训发展等管理活动的重要依据。绩效评估固然重要，但如果管理者所做的全部就是绩效评价，也就是说没有做计划，没有持续的沟通，没有收集数据和分析问题，那么管理者就是在浪费时间。

绩效评估不仅仅是评估工作，也是一个解决问题的机会。

如果发现了某种问题，不管是某一位员工没有达到预定的目标，还是一个部门没有完成任务，最重要的工作就是找到原因。不找到原因，就无法阻止它的再次发生。

例如，某员工的几个指标没有完成可能是多种原因造成的。可能是技术水平不够，工作不够努力，没有组织好，有时也许同员工本人没有任何关系，而是企业内部有人不提供必需的资源，缺少原材料，抑或是管理者本人都不清楚应该做什么。因此，问题分析非常重要，而且它应该渗透到绩效管理整个过程的每个环节中。

一旦发现了绩效低下的原因，管理者和员工就需要共同努力排除障碍。而且管理者还需担当辅导员，帮助员工提高知识和技能，从而达到改善绩效的目的。

这个过程之所以重要，在于许多管理者评价员工时，都是在得出员工的工作在某些方面有差距的结论后，接着就将这个结论告诉员工，让员工自己去想如何解决这些问题。他们认为改善绩效完全是员工自己的责任。这是一个误区，但也是一个很现实的问题。

大多数员工希望进步，但有时他们需要一点帮助，聪明的管理者知道，在辅导方面做点投资对大家都有益。因为一个员工绩效的改善对企业内部各环节都有帮助，这一点说明改善绩效是大家共同的责任。

不同的人有不同的绩效改善的方法。关键的一点是，绩效改善贯穿于全年的工作。它可以作为评价过程的一个环节，但它们在管理者和员工就绩效问题进行交流的任何时候都适用（比如在定期会谈时或员工大会上等）。

在改善过程中，除要找到预防问题发生的办法外，如果有必要，还可以做一些文档。例如，跟踪辅导过程，记录下管理者帮助员工提高绩效的办法。再比如，在诊断问题时，画一些流程图或做一些基本记录，这些东西也许在将来就有用。有些时候，改善过程中可能会产生提高绩效的书面行动计划，也就是对问题和需要采取的步骤的简要描述。

做完年度绩效回顾和系统中的其他环节后，管理者又要开始重新计划。有了上一年度工作绩效的讨论结果，即哪儿进行得好、哪儿进行得不好、为什么会这样管理者都清楚了，这样管理者在做下一年度的计划时就应该考虑这些问题。

绩效考评的四项原则

· 今日茶点

在制定绩效考评标准时应从客观、公正的原则出发，坚持定量与定性相结合的方法，建立科学适用的绩效指标评价体系。

绩效考评是一种定期考核与评价个体、小组、群体工作绩效的正式制度。虽然它被认为是人力资源管理中最棘手的工作，但它是必需的、不可废除的。要想提高绩效考评的有效性，就必须在绩效考评实施过程中坚持以下几个原则。

1. 公开原则

（1）公开原则的要求

公开考评目标、标准和方法。人力资源部门在绩效考评之初就要把这些信息公开地毫无保留地传递给每一位考评对象。

考评的过程要公开，即在绩效考评的每一环节上都应接受人力资源部门以外人员的参与和监督，防止出现暗箱操作。

考评结果要公开，即在绩效考评结束之后，人力资源部门应把考评的结果通报给每一位考评对象，使他们了解自己和其他人的业绩信息。

（2）公开原则的好处

由于增加了公开性，消除了考评对象对于绩效考评工作的疑虑，提高了绩效考评结果的可信度。

由于公开了绩效考评的标准、过程和结果，有利于考评对象看清问题和差距，找到努力的目标和方向，激发出进一步改进工作、提高素质的积极性。

增加了绩效考评工作的透明度和公开性，也增强了人力资源部门的责任感，促使他们不断改进和提高工作质量。

2. 客观、公正原则

在制定绩效考评标准时应从客观、公正的原则出发，坚持定量与定性相结合的方法，建立科学适用的绩效指标评价体系。

这就要求制定绩效考评标准时多采用可以量化的客观尺度，尽量减少个人主观意愿的影响，要用事实说话，切忌主观武断或长官意志。这样做，至少有这么两方面的好处：

（1）比较公平。每个考评对象都以同一的、较为客观的考评标准来衡量，可以较为真实地反映其工作状况，考评结果客观、公正，有较强的说服力。

（2）可以减少矛盾，维护企业内部团结。如果绩效考评标准不够客观、公正，则会引发考评对象对于考评结果的怀疑，进而引起员工之间、员工与人力资源部门之间的矛盾，最终影响到企业的士气和凝聚力。

3. 多层次、多渠道、全方位评价的原则

要做到科学评价员工绩效是很困难的，因为员工在不同时间、不同场合往往有不同的行为表现。为此，人力资源部门在进行绩效考评时，应多方收集信息，建立起多层次、多渠道、全方位的考评体系。这一考评体系应包括上级考核、同级评定、下级评议、专家鉴定、员工自评等几个方面。

4. 绩效考评经常化、制度化的原则

由于企业的生产经营活动是连续的过程，员工的工作也是持续不断的行为，因此，企业绩效考评工作也必须作为一项长期化、制度化的工作来抓，这样才能最大限度地发挥出绩效考评的各项功能。此外，经常化、制度化的考评工作有利于调动、保持员工工作积极性，有利于激发起员工改进工作、提高质量的强烈愿望。

考核前的动员与培训

· 今日茶点

为了让员工积极地参与到绩效考核目标的确定工作中，不仅要进行有针对性的宣传动员工作，还要做好绩效考核前的培训工作。

绩效考核没有取得预期的效果，原因是多方面的，其中一个不容忽视的原因就是在绩效考核前没有进行有效的动员与培训。因此，实施绩效考核前进行精心准备、认真动员与培训是相当必要的。

为了让全体员工理解绩效考核并支持绩效考核，在绩效考核前一定要进行有效的和有针对性的宣传动员。同时，为了保证绩效目标的有效落实，绩效考核的目标应由企业上下级共同参与确定。同时为了让员工积极地参与到绩效考核目标的确定工作中，因此也要进行有针对性的宣传动员工作。

没有细致、耐心的教育引导，而寄希望于将绩效考核制度和绩效目标强加给全体员工，结果往往只会适得其反。考核前动员可以有针对性地向员工进行以下引导：

（1）宣传绩效考核的科学性。绩效考核是一种有效的管理工具与方法，能够有效地帮助企业提升绩效。

（2）绩效考核的目的和意义。绩效考核不是为了制造员工间的差距，而是要实事求是地发现员工工作的长处、短处，以扬长避短，进行改进、提高，重点在于帮助员工提高能力，改进绩效。绩效考核的出发点和落脚点都是激励员工潜能的开发与能力的提升。

（3）绩效考核的公正性与方法的合理性。绩效考核以确认的事实或者可靠的材料为依据，自始至终应以公正为原则，并向员工提供申诉的权利。

（4）帮助员工了解绩效考核的要求。明确绩效考核的整个流程与运作程序，同时也帮助员工了解整个考核过程的有关纪律和要求。

只要坚持晓之以理、动之以情，让员工明确考核双方是一个利益和责任共同体，是共同进步、共同成功的双赢结局，那么再不合作的员工都会接受绩效考核，并参与到绩效考核之中。

为了做好绩效考核前的各项准备，部门管理者和人力资源部门主管应着手制定绩效考核活动的实施规则，明确绩效考核的目的、要求和内容，设计考核方案和具体执行办法，并确定具体的考核标准，准备考核所需的各种表格和工具，发布相应的文件，同时还要进行考核前培训。绩效考核前培训包括两个方面：

一是对管理者的培训，要提高他们的业务能力，以减少考核评定中人为的非正常误差。培训的内容一般包括：

（1）培养正确的态度：提高对绩效考核及其意义、人力资源开发与管理和考核关系的认识。

（2）提高专业知识和技术水平：包括考核中容易产生错误的原因及其防止对策、考核方法、文件资料和数据处理的方法、专有工具与设备的使用技术，等等。

考核前培训的具体内容包括：

（1）设定目标和工作计划，其中包括业绩衡量制度的建立。培训不仅仅包括技巧方面的问题，如"好"的目标的特点，还应包括激励问题及相关的人际关系技巧。

（2）管理工作环境。协助寻找克服制约因素的方法。

（3）理解能力或行为范围。在组织中使用的特定能力或行为范围。

（4）收集业绩信息和进行业绩衡量。提供反馈和对反馈做出接收、应答。

（6）检查、确认产生业绩的原因。区分系统因素和个人因素。

（6）讨论员工的问题。

（7）进行正式和非正式的业绩检查。

（8）奖励管理。

二是对员工的培训，使其正确认识到绩效考核对于他们的意义。此外，由于绩效考核更加强调员工的主动参与，因此，也需要员工提高与之相关的各方面综合技能，包括参与目标设定、自我管理行为等。

这些培训有助于将与企业的绩效管理有关的制度规范内在化，并形成一种支持业绩的良好企业文化与氛围，把推进绩效考核与企业的组织发展内在地联系在一起。

加强对管理者的考核

· 今日茶点

做好考核工作的四项要求是，考核方法要可行、指标要客观、结果要反馈、时间要适合。

只有了解了一个管理者在计划、组织、人员配备、指导与领导、控制等方面的工作做得如何，才能确知那些占有管理职位的人是否有效地进行着管理工作。这是企业管理中的一个十分重大的问题，关系到企业目标的实现，关系到企业的生死存亡。因此，任何企业要想有效地实现其目标，就必须十分重视和切实搞好管理者的考核工作。对管理者的考核是绩效考核的核心。

怎样才能使管理者考核更加有效呢？明白考核工作的基本要求并且严格执行很重要。遵守这些基本要求会带来考核工作的高质量。做好考核工作的四项要求是，考核方法要可行、考核指标要客观、考核结果要反馈、考核时间要适合。

1. 考核方法要可行

考核方法要可行是指考核的方法要为人们所接受，并能长期使用，这一点对考核是否能真正取得成效是很重要的。方法的可行与否，同方法本身的难易繁简有很大关系。要做到方法可行，要求如下：

首先，考核项目要适中，既不要太多，过于繁杂，也不要太少，达不到全面考核的要求。应根据各层次不同人员所在职位的重要性来确定。

其次，考核的结果要客观可靠，使人信服，这也是方法可行的一条重要要求。否则，不但起不到考核的积极作用，反而会产生消极作用。

最后，要明确所采用方法的目的与意义。人们只有了解了所采用方法的真正意义，才会接受它，并自觉地配合，不会使之流于形式。马马虎虎地、随随便便地填写鉴定表，比没有鉴定制度更具有潜在的危险性，因为这会不可挽回地损害一个人一生的事业，因为错误的管理决策是由于基本情况失真所致的。

2. 考核指标要客观

考核是以考核的内容为基础的，在此基础上，需要设计一系列指标，才能具体地衡量管理者在各方面的工作绩效。指标设计的重要标准之一就是客观。要做到考核指标客观，要从两方面努力：

一方面，指标的含义要准确、具体，不能含混不清，更不能用一些抽象的概念来作为衡量的标准。在实际工作中，许多企业在考核指标方面存在这方面的问题。

另一方面，指标尽可能定量化。考核指标可以分为定性指标和定量指标。在目前，考核指标中的定性指标较多一些，这是因为对人的考核不容易定量。但即使如此，我们还是要尽可能地将定性指标科学量化，以避免定性指标的较大程度上的主观随意性的缺点。指标的定量化，使一些数学方法得以运用到对人的考核之中，增加考核工作的科学性和准确性。

3. 考核结果要反馈

考核的结果应该告诉被考核者，这是为了使被考核者能够及时知道自己的优缺点，知道自己在哪些方面做得比较好、在哪些方面还有欠缺，以便能在今后的工作中发扬长处，克服不足。此外，反馈也可促使被考核者通过别人的考核，对自己有一个正确的评价，例如自己有没有能力胜任工作、工作中出现漏洞或缺点，是由于自己知识和能力的欠缺所引起的，还是由于疏忽大意而引起的，如果是知识、能力的不足，能否通过培训来弥补，等等。

当然，考核结果的反馈需要较高的信息沟通技巧。一般来说，一个人既有优点也有缺点，优点的信息比较容易传递，而缺点的信息就不太容易传递了。因此，在考核结果的反馈中，一定要讲究沟通艺术，注意方式方法，使反馈真正起到应有的作用。

4. 考核时间要合适

考核时间这个问题不可能有一个整齐划一的界限，因为组织内处于不同层次、不同职务的管理者的活动和要求以及与上下左右的关系等都不一样。因此，考核的时间也不可能相同。但是，考核时间的确定不能凭心血来潮，想什么时候考核就什么时候考核，而是应该预先有所规定。

具体确定考核时间的长短，需视其管理者个人情况以及职位的相对重要性而定。由于管理的效果总是要经过一段较长的时间才能表现出来，所以如果时间太短，则两次考核结果可能没有什么差别，而时间太长，则既不利于纠正偏差，也不利于鼓励工作出色的员工。一般来说，大部分企业为了方便起见，对各级人员的正式考核多是一年 1 ~ 2 次，对新选聘上来的人员考核次数要多一些，这是为了尽快了解他们的能力。

当前，国外有一种增加对人员考核次数的倾向。这样做是为了尽可能多地获得有关人员的资料，作为人力资源管理的基础。同时，上级较多地进行人员考核工作，也有助于他们克服主观成见，增加他们对下级的了解。

第二十一章

时间管理：没有一秒钟被浪费

集中精力简化工作

· 今日茶点

简化工作是一种提升工作效率的重要方法。它可以帮我们把握工作的重点，集中精力做最重要或最紧急的工作。

在企业行动中，企业管理者需要找到提高执行效率的方法。这个方法就是奥卡姆剃刀定律。

公元 14 世纪，英国奥卡姆的威廉对当时无休无止的关于"共相""本质"之类的争吵感到厌倦，于是著书立说，宣传唯名论，只承认确实存在的东西，认为那些空洞无物的普遍性要领都是无用的累赘，应当被无情地"剃除"。他所主张的"思维经济原则"，概括起来就是"如无必要，勿增实体"。因为他是英国奥卡姆人，人们就把这句话称为"奥卡姆剃刀"。

大哲学家罗素高度评价"奥卡姆剃刀"在逻辑分析中是一项最有成效的原则，后来爱因斯坦又将它引申为简单性原则。爱因斯坦就是利用简单性原则的大师，其相对论的构造是如此简单，但对自然规律的揭示却是如此精深。

奥卡姆剃刀定律在企业管理中可进一步深化为简单与复杂定律：把事情变复杂很简单，把事情变简单很复杂。这个定律要求人们在处理事情时，要把握事情的本质，解决最根本的问题。尤其要顺应自然，不要把事情人为地复杂化，这样才能把事情处理好。

2009 年 1 月中旬的一段日子里，在麦迪和阿泰因伤无法上场后，火箭反而确立了以姚明为核心的战术，并因此固定了首发阵容。最为重要的是，火箭在战术上非常明确，那就是以姚明为核心完成球队的进攻。

火箭的进攻非常简单，就是将球传给姚明，让姚明去单打，如果对方不对姚明进行包夹，姚明就坚决上篮完成单打，如果对方对姚明包夹，姚明就把球分出来传给外线的队友，然后将球由一侧移动到另一侧，这样火箭外线队员就利用对手另一侧防守空虚的机会突破上篮或者远投三分。

1月18日，在与热火的比赛中，姚明12投12中得到26分，命中率达到100%，如此高效率让热火抓狂。火箭将姚明的作用发挥到了极致。简单就是美，其实火箭的战术并不用布置得多么复杂，只要发挥姚明的内线统治力，让每个人都能够明确自己在球队中的责任，火箭就是一支实力非常强的球队。

奥卡姆剃刀定律不断在哲学、科学等领域得到应用，但使它进一步发扬光大，并广为世人所知的，则是在近代的企业管理学中。好的理论应当是简单、清晰、重点突出的，企业管理理论亦不例外。在管理企业制定决策时，应该尽量把复杂的事情简单化，剔除干扰，抓住主要矛盾，解决最根本的问题，才能让企业保持正确的方向。

1994年2月，美国国家银行发展部的主管吉姆·沙利和约翰·哈里斯召集下属开会，会议的议题是改善领导层、员工和客户之间的沟通与联系，最终目标是使美国国家银行成为世界上最大的银行之一。

为期两天的会议结束之际，墙上挂满了草案、图表和灵光闪现的新主意。总结的时刻到了，约翰拿着记录本站了起来。"我们要说的就是这些，"约翰举着记录本说，"简单就是力量。"他在白板上写下这几个红色大字后，结束了自己的总结。

约翰抓住了提升工作效率的一个关键。无论做什么事情，我们都应当树立这样一个信念：简单就是力量。

通用电气公司的前任CEO杰克·韦尔奇认为，最简单的方法就是最好的方法。曾任苹果电脑公司总裁的约翰·斯卡利说过，"未来属于简单思考的人"。如何在复杂多变的环境中采取简单有效的手段和措施去解决问题，是每一位企业管理者和员工都必须认真思考的问题。

张强是某电子科技公司的一名测试员。公司新近开通一项新业务，按照以往的惯例，业务开通前不可避免地需要进行大量的业务费率测试、功能测试等。如何最有效率地完成业务测试，并保证尽可能地覆盖现有业务，成了他与另一位同事争论的焦点。

同事主张将所有现网的业务都进行一次测试，如果人不够，可以加人，测试工作量大概为 8 人 / 小时，这么做的目的在于免得以后出了问题，反过头来一看是因为我们没测而承担责任。张强则主张分析业务的系统实现特性，有针对性地进行业务测试。他认为这个业务是原有业务的延续，重新从头进行测试没有什么必要，简单抽测即可，而应该将更多的时间和精力放在业务功能测试等方面，免得出现真正的测试漏项。

最终，经过多次争论，同事同意了张强的意见，工作效率比以往的任何测试都提高了一倍。为此，公司领导在全体员工大会上对他们进行口头表扬，号召大家学习他们这种敢于创新、抓住关键环节解决问题的意识和能力。

简化工作是一种提升工作效率的重要方法。它可以帮我们把握工作的重点，集中精力做最重要或最紧急的工作。在高强度的工作条件之下，我们如果不能厘清思路，不会以复杂问题简单化的思路来开展工作，不能有针对性地解决重点问题，最初制定的各项目标就难以实现。

企业管理者要想充分利用奥卡姆剃刀定律，让执行高效起来，有以下几种方法可以借鉴：恪守简单原则，将简单观念贯穿于工作的过程中；清楚了解工作的目标与要求，可避免重复作业，从而减少发生错误的机会；懂得拒绝别人，不让额外的要求扰乱自己的工作进度；主动提醒上级将工作排定优先级，可大幅度减轻工作负担；报告时要有自己的观点，只需少量但足够的信息；过滤电子邮件，回邮精简；当没有沟通的可能时，不要浪费时间；专注于工作本身。

执行从领导者开始

· 今日茶点

一个组织的领导如果对执行没有充分的认识和重视，仅仅将执行看作下属的事情，其结果必然是执行不力。

作为组织领袖，其执行力强弱对组织执行力的整体表现产生着重大影响。管理者要想使企业组织具有强大的执行力，就必先使自己具有强大的执行力。

执行是从领导开始的，我们不难想象，一个组织的领导如果对执行没有充分的认识和重视，仅仅将执行看作下属的事情，其结果必然是执行不力。如果管理者能够以身作则，把自己当作执行的起点，则一定会促进团队爆发出强大的执行力。

美国南北战争爆发后不久，林肯起用麦克里兰担任北方统帅，迎战南方李将军的军队。在安提坦战役中，李将军被打败。当时的北方联军拥有比南方多上不止一倍的兵力，如果麦克里兰能够乘胜追击，李将军及他的南方联军就有可能就此灭亡，内战就有可能提前结束。

一连几个星期，林肯不停地给麦克里兰写信、打电报，甚至还专门派来特使，要他追击南方军队。但令人难以理解的是，麦克里兰对于总统的命令不屑一顾，反而轻描淡写地对林肯的特使说：马儿累了，需要休息。

麦克里兰并没有为林肯带来重大胜利。在麦克里兰之后，林肯起用了约翰·波普。波普和麦克里兰是同一类货色，也是一个说得比做得漂亮的人。他喜欢吹牛，宣称联军的司令部就在他的马鞍上，还喜欢发布内容夸张的文告。人们送给他一个外号：喜欢发文告的将军。波普领导北方联军多次吃败仗，林肯不得不将他委派到别的职位。

在波普之后，林肯任命本赛为军队总司令。本赛在准备不足的情况下，贸然向南方军队发起攻击，结果吃了败仗，被解除了军权。之后，林肯任命了吹牛大王胡克。胡克一上台，就雄心勃勃地说：请上帝对李将军开恩吧，我可不准备饶过他。结果，他仅用一战就使军队损失了近两万人，是开战以来损失最严重的一次。

面对这些将军的失败，林肯曾无限感慨地说：军事行动的关键在于有一个能够主宰的领军人物。林肯的这句话道出了影响执行力最为关键的因素：管理者。一个优秀的管理者至少要完成三个方面的任务：一是要对组织成员进行准确的评估，确保用人的正确性；二是要建设人才梯队计划，保持人才链条的连续性；三是提升表现优秀的人，处理表现不佳的人，使组织用人具有动态性。要想完成这三个任务，就需要管理者做好七件事情：

（1）全面了解组织和组织成员。全面了解组织的目的就是更好地理解组织的目的、使命和任务，更有成效地促进企业目的、使命和任务的达成。全面了解组织的方法是尽可能多地搜集关于企业的原始信息，而不是从上级那传递下来的信息，因为传递下来的信息都是经过筛选过的信息，不利于信息接收者的自我判断。

全面了解组织成员的目的是全面了解组织成员的优点和缺点、优势和劣势，使组织成员发挥长处。只抓住缺点和短处是干不成任何事的，为了实现目标，必须用人所长。充分发挥人的长处才是组织高效执行的必需条件。

（2）树立坚持以实事求是为基础的组织品质。实事求是是组织弥足珍贵的优良品格。我们时常看到的场景是，企业管理者关于团队的长处和优势总是能侃侃而谈，而对团队的不足之处则讳莫如深。这反映出来的心理是，任何人都愿意谈正面的、积极的、有利于自己的信息。所以企业管理者一定要在组织内部建立起坚持实事求是、敢于表达真言的氛围和文化。

（3）确立明确的执行目标和目标达成的先后顺序。把精力集中在一个目标上是最有效的资源利用方式，所以在执行的任何阶段，企业管理者都要为组织找到当前最需要实现的目标。这就需要企业管理者在执行之前进行目标确立和根据目标的重要程度对目标进行排序。

（4）调整和跟进。调整作为应对环境变化的必然选择，企业管理者要具有把握调整时机的能力。市场环境变化莫测，新的情况出现后，需要企业管理者应需而变。跟进是促进目标的更快实现，它是一门艺术，不是压迫，而是助推。

（5）奖励业绩优秀者。奖励本身具有导向作用，一方面强化了企业组织对哪种行为的鼓励和倡导，另一方面肯定了优秀者的表现，为团队树立了榜样，促使落后者迎头赶上，在组织内部形成你追我赶的良好竞争局面。

（6）促进员工成长。促进员工成长的方法有两种：一是培训，二是给予实践的机会。对于组织而言，员工能力强，组织执行力则强；反之，则弱。促进员工成长是组织发展的需要。

（7）自我了解。管理者要对自我进行充分了解，要对自我的优点和缺点、优势和劣势有着极其清醒的认知，这样才能使自己扬长避短，才能有针对性地学习和吸收别人的长处和优势，使组织力量更为均衡，从而促进组织执行力的提高。

管理者的执行力是执行能否获得成功的关键，毕竟任何执行都需要通过管理者进行规划、布置和监督。优秀的企业经理人一定会注重提升自己的执行力，并通过自己强大的执行力为企业组织作出表率。下属是看着上级行动的，上级不忠实，不执行，下属也就会随着不忠实，把任何目标都看作可有可无。如果管理者者能够以身作则，把自己当作执行的起点，则一定会促进团队爆发出强大的执行力。

越简洁就越高效

· 今日茶点

任何制度都可以简化，为了提高效率，我们可以采用简便的方法加强企业内部的沟通，一页备忘录就是一种行之有效的手段。

想要做成百年老店很难，宝洁之所以做成了百年企业，关键是其有着深厚的文化底蕴。宝洁的企业文化注重以人为本，充分调动员工的积极性和创新精神。

同时强调实施品牌战略，把企业文化与市场开拓完美结合起来，并在跨国经营中实现了不同文化的深层次融合，获得了巨大的成功。因此，宝洁公司的制度文化也为宝洁成为百年企业奠定了坚实的基础。

宝洁公司的制度具有人员精简、结构简单的特点，并且该制度能与公司雷厉风行的行政风格相吻合。经理们常谈到"深刻明了的人事规则"，宝洁公司的这一制度推动顺利、沟通良好。该公司的标语是"一页备忘录"。

该公司的前任总经理理查德·德普雷强烈地厌恶任何超过一页的备忘录。他通常会在退回一个冗长的备忘录时加上一条命令："把它简化成我所需要的东西！"如果该备忘录过于复杂，他还会加上一句："我不理解复杂的问题，我只理解简单明了的。我工作的一部分就是教会他人如何把一个复杂的问题简化为一系列简单的问题，这样我们才可以更好地进行下面的工作。"

一次，宝洁公司的一位经理向总经理理查德·德普雷递交了一本厚厚的备忘录。在这份备忘录上，他详细地介绍了他对公司问题的处理意见。没想到，理查德·德普雷连看都没看，就在上面加了一条批语："把它简化成一页纸！"

曾任该公司总裁的受德华·哈尼斯在谈到这个传统时说："从意见中择出事实的一页报告，正是宝洁公司作决策的基础。"

一页备忘录解决了很大的问题。首先，因只有少量的问题有待讨论，复核和使其生效的能力大大加强。一页备忘录使人们的头脑明朗化。再者，建议条目按序展开，简洁、易懂。总之，模糊凌乱与一页备忘录无缘。

查尔斯·埃姆斯是雷兰斯电器公司的前任总裁，现任阿克米·克利夫兰公司总裁。他发表了一个相关的观点："我可以让一位部门经理连夜赶出一份长达70页的意见稿，但我看来做不到的是得到一份只有一页长的稿子、一个图表，只注明趋向和根据这些趋向所做出的预测，然后说：'这三个因素可能会使其表现得更好，这三个因素可能会使其变得更糟。'"

一位金融分析家曾评价宝洁公司说："他们干的是费力活，把事情搞得很透彻。"另一个补充说："他们处理问题很精细，甚至追求完美。"旁观者质疑，如果说报告只有一页长，他们是如何使其处理得如此透彻、如此精湛的呢？

部分答案是，他们不遗余力地努力将其浓缩为一页。传统上讲，由助理品牌经理或是年轻的品牌经理起草的第一份备忘录，至少要有15页。另一部分答案是，他们做大量的支持性分析，正如其他人的做法一样。宝洁公司的不同之处就在于，它不会把这些备忘录强加于人。"一页备忘录"这一风尚的另一个令人信服的特征便是用纸张的数量尽量要少！

这就是宝洁的风格。在宝洁公司随处可以见到"一页备忘录"这条标语。他们坚持只用一页便笺进行书面交流。宝洁的管理者要求员工不遗余力地将报告的精华浓缩到一页纸上，把问题搞清楚，把事情搞透彻。

任何制度都可以简化，为了提高效率，我们可以采用简便的方法加强企业内部的沟通，"一页备忘录"就是一种行之有效的手段，同时"一页备忘录"成了宝洁企业文化的一种折射，在公司内部形成了一种风尚。

抓住高价值的事情

· 今日茶点

80/20 法则主张，以一个小的诱因、投入或努力，通常可以产生大的结果、产出或酬劳。

1897 年，意大利经济学家帕累托在对 19 世纪英国人财富和收益模式进行研究时，通过调查取样发现大部分所得和财富，流向了少数人手里。他通过进一步分析发现了一项自认为非常重要的事实：某一群体占总人口数的百分比，和该群体所享有的总收入或财富之间，有一项一致的数学关系，而且这种不平衡的模式会重复出现。他在对不同时期或不同国度的考察中都见到这种现象。不管是早期的英国，还是与他同时代的其他国家，或是更早期的资料，他发现相同的模式一再出现，而且有数学上的准确度。

后人通过更精确的分析，从帕累托的研究中归纳出这样一个结果，即如果20% 的人口享有 80% 的财富，那么就可以预测，其中 10% 的人拥有约 65% 的财富；而 50% 的财富，是由 5% 的人所拥有。在这里，重点不是数字，而是事实：财富在人口的分配中是不平衡的，这是可预测的。

人们用 80/20 来描述这种不平衡关系，不管结果是不是恰好 80/20（就统计来说，精确的 80/20 关系不太可能出现），习惯上，80/20 讨论的是顶端的 20% 而非底部的 20%。

后人对于这项发现有不同的命名，如帕累托法则、帕累托定律、80/20 定律、最省力的法则、不平衡原则，在这里我们把它称作 80/20 法则。今天人们所采用的 80/20 法则，是一种量化的实证法，用以计量投入和产出之间可能存在的关系。

80/20 法则主张，以一个小的诱因、投入或努力，通常可以产生大的结果、产出或酬劳。当我们把80/20法则应用到时间管理上时，就会出现以下假设：

　　一个人大部分的重大成就——包括一个人在专业、知识、艺术、文化或体能上所表现出的大多数价值，都是在他自己的一小段时间里实现的。在创造出来的东西与花在创造活动上面的时间这两者之间，有极大的不平衡性，不论这时间是以天、星期、月、年还是以一生为单位来度量。

　　如果快乐能测度，则大部分的快乐发生在很少的时间内，而这种现象在多数的情况里都会出现，不论这时间是以天、星期、月、年还是以一生为单位来度量。

　　用80/20法则来表述就是：80%的成就，是在20%的时间内实现的；反过来说，剩余的80%时间，只创造了20%的价值。一生中80%的快乐，发生在20%的时间里，也就是说，另外80%的时间，只有20%的快乐。

　　如果承认上述假设，也就是上述假设对你而言属实，那么我们将得到四个令人惊讶的结论：

　　结论一：我们所做的事情中，大部分是低价值的事情。

　　结论二：我们所有的时间里，有一小部分时间比其余的多数时间更有价值。

　　结论三：若我们想对此采取对策，我们就应该彻底行动。只是修修补补或只做小幅度改善，没有意义。

　　结论四：如果我们好好利用20%的时间，将会发现，这20%是用之不竭的。

　　花一点时间去印证80/20法则，几分钟也好，几小时也行。找出在时间的分配与所得的成就或快乐两者之间，是否真的有一种不平衡现象。看看你最有生产力的20%的时间是不是创造出80%的价值，你80%的快乐是不是来自生命中20%的时间。

　　时间不会不够用。事实上，时间多得是，我们只运用了我们20%的时间，对于聪明人来说，通常一点点时间就造成了巨大的不同。依80/20法则，如果我们在重要的20%的活动上多付出一倍时间，便能做到一星期只需要工作两天，收获却可比现在多60%以上。这无疑是对于时间管理的一项革命。

　　80/20法则认为，应该把重点放在20%的重要时刻上，而应削减不重要的80%的时间。执行一项工作计划时，最后20%的时间最具有生产力，因为必须在期限之前完成，因此，只要预计完成的时间减去一半，大部分工作的生产力便能倍增，时间就不会不够用。

　　80/20法则将迅速提升你的效率，同时也是对传统的时间管理的否定，80/20法则将引导时间管理的革命。

重要的事情先做

　　凡是将应该做的事拖延而不立刻去做，而想留待将来再做的人总是弱者。凡是有力量、有能耐的人，都会在对一件事情充满兴趣、充满热忱的时候，就立刻去做。

　　时间管理的第一项法则是设定目标，制订计划。目标能最大限度地聚集你的资源（包括时间）。因此，只有目标明确，才能最大限度地节省和控制时间。

　　人生的道路，存在时间与价值的对应关系。有目标，一分一秒都是成功的记录；没有目标，一分一秒都是生命的流逝。爱默生说："用于事业上的时间，绝不是损失。"

　　每天我们都应把目标记录下来，并且把行动与目标相对照。相信笔记，不要太看重记忆。养成"凡事预则立"的习惯。不要定"进度表"，要列"工作表"；事务要明确具体，比较大或长期的工作要拆散开来，分成几个小事项。

　　确定每天的目标，养成把每天要做的工作排列出来的习惯。把明天要做的事，按其重要性大小编成号码。明天上午头一件事是考虑第一项，先做起来，直至完毕。接着做第二项，如此下去，如果没有全部做完，不要内疚，因为照此办法完不了，那么用其他办法也是做不了的。

　　时间管理的第二项法则是"重要的事先做"。实际上，懂得美好生活的人都是明白轻重缓急道理的，他们在处理一年或一个月、一天的事情之前，总是先分清主次，进而安排自己的时间。"重要的事先做"就是要求我们做到以下几个方面。

1. 确定最重要的事

　　人们确定了事情的重要性之后，不等于事情会自动办好。你或许要花大力气才能把这些重要的事情做好。要确定最重要的事，你肯定要费很大的劲。商业及电脑巨子罗斯·佩罗说："凡是优秀的、值得称道的东西，每时每刻都处在刀刃上，要不断努力才能保持刀刃的锋利。"下面是有助于你做到这一点的三步计划：

　　第一步，你要从目标、需要、回报和满足感四方面对将要做的事情做一个评估。

　　第二步，删掉你不必要做的事，把要做但不一定要你做的事委托给别人去做。

　　第三步，记下你为达到目标必须做的事，包括完成任务需要多长时间，谁可以帮助你完成任务等。

2. 分清事情的主次关系

　　在确定每一年或每一天该做什么之前，你必须对自己应该如何利用时间有更全面的看法。要做到这一点，有四个问题你要问自己：

第一，我要成为什么？我们来到这个世界上，每个人都肩负着一个沉重的责任，按指定的目标前进。再过 20 年，我们每个人都有可能成为公司的领导、大企业家、大科学家。

第二，哪些是我非做不可的？我需要做什么？要分清缓急，还应弄清自己需要做什么。总会有些任务是你非做不可的。重要的是，你必须分清某个任务是否一定要做，或是否一定要由你去做。这两种情况是不同的。必须做，但并非一定要你亲自做的事情，你可以委派别人去做，自己监督其完成便可。

第三，什么是我最擅长做的？人们应该把时间和精力集中在自己最擅长的事情上，即会比别人干得出色的事情上。关于这一点，我们可以回忆一下前面提到的 80/20 法则：人们应该用 20% 的时间做最擅长的事情，而用 80% 的时间做其他事情。这样使用时间是最具有战略眼光的。

第四，什么是我最有兴趣做的？无论你地位如何，你总需要把部分时间用于做能带给你快乐和满足感的事情。这样你会始终保持生活热情，因为你的生活是有趣的。有些人认为，能带来最高回报的事情就一定能给自己最大的满足感。其实不然，这里面还有一个兴趣问题，只有感兴趣的事才能带给你快乐，给你最大的满足感。

3. 展开行动

在确立了重要的事以及分清主次之后，你必须按它们的轻重缓急开始行动。大部分人是根据事情的紧迫感，而不是事情的优先程度来安排先后顺序的。这些人的做法是被动的而不是主动的。懂得生活的人往往不是这样，他们按优先程度开展工作。以下是两个建议：

第一，规划优先表。

美国伯利恒钢铁公司总裁查理斯·舒瓦普向效率专家艾维·李请教"如何更好地执行计划"的方法。

艾维·李声称可以在 10 分钟内就给舒瓦普一样东西，这东西能把他公司的业绩提高一半，然后他递给舒瓦普一张空白纸，说："请在这张纸上写下你明天要做的 6 件最重要的事。"

舒瓦普很快写完，仅用 5 分钟。

艾维·李接着说："现在用数字标明每件事情对于你和你的公司的重要性次序。"这又花了 5 分钟。

艾维·李说："好了，把这张纸放进口袋，明天早上第一件事是把纸条拿出来，做第一项最重要的。不要看其他的，只是第一项。着手办第一件事，直至完成为止。然后用同样的方法对待第二项、第三项……直到你结束工作为止。如果只做完第一件事，那不要紧，只要确保你总是在做最重要的事情就行了。"

艾维·李最后说："每一天都要这样做——你刚才看见了，只用10分钟时间——你对这种方法的价值深信不疑之后，叫你公司的人也这样干。这个方法你喜欢做多久就做多久，然后给我寄支票来，你认为值多少就给我多少。"

一个月之后，舒瓦普给艾维·李寄去一张2.5万美元的支票，还有一封信。信上说，那是他一生中最有价值的一课。

5年之后，这个当年鲜为人知的小钢铁厂一跃成为世界上最大的独立钢铁厂。而这一成就是从规划优先表开始的。

第二，设定进度表。

设定进度表可以帮助你安排一周、一月、一年的时间；可以给你一个整体方向，使你看到自己的宏图，从而有助于你达到目的。把一天的时间安排好，这对于你成就大事是很关键的。这样你可以集中精力处理事情。

时间管理的第三项法则是"及时行动，绝不拖延"。我们每天都有每天的事。今天的事是新鲜的，与昨天的事不同，而明天也自有明天的事。所以应尽力做到"今日事，今日毕"，千万不要拖延到明天！每个人的一生中总有许多美好的憧憬、远大的理想、切实的计划。

假使我们能够抓住一切憧憬，实现一切理想，执行每一项计划，那我们事业上的成就、我们的生命真不知会有多么伟大！然而我们总是有憧憬而不能抓住，有理想而不能实现，有计划而不去执行，终至坐视这些憧憬、理想、计划一一幻灭！所有这一切的罪魁祸首都是拖延。

凡是将应该做的事拖延而不立刻去做，而想留待将来再做的人总是弱者。凡是有力量、有能耐的人，都会在对一件事情充满兴趣、充满热忱的时候，就立刻去做。

当你对一件事情充满兴趣的时候去做，与你在兴趣、热诚消失之后去做，其难易、苦乐是不同的。因为当你充满兴趣时，做事是一种喜悦；而当兴趣、热诚消失时，做事是一种痛苦。

搁着今天的事不做，而留待明天去做，在这种拖延中所耗去的时间、精力也足以将那件事做好。收拾以前积累下来的未了结之事，每个人都会觉得不愉快而讨厌之！本来当初一下子就可以很愉快、很容易做好的事，拖延了几天、几星期之后，就显得讨厌与困难了。

以接到信件为例，当时立刻回复最为容易，为此有的机关、公司定下规则，不容许任何来函等到明天才回复。

改变利用时间的习惯

· 今日茶点

改变利用时间的习惯，最普通的做法，便是设立一个日常事务日志。

良好的习惯能改变一切。想要摆脱无谓的忙碌的困扰，请从改变利用时间的习惯开始。建立一个高效的时间管理系统，将使你避免许多尴尬情形。

最普通的做法，便是设立一个日常事务日志。它将是你利用时间的必备工具，是每一件事发生时的记录，它将使你对还没完成的事保持准确的了解。设计一个适合你自己需要的日志，那样你就不会再找不到通讯记录、电话号码或忘记待办事宜了。

1. 通讯录

建立一个通讯录，可以使你不必再保留那些总是放错地方的纸条。填写记录表要花几秒钟，和写一张总是放错地方的纸条所用的时间一样，但这样做却能使你节约找纸条的时间。它还可以使你不必在来访者走后或电话挂掉之后，只能凭记忆来保留其事。

它是由一组简单的表格组成的，可以在上面写下电话人的姓名、公司名称、所谈事务的性质及任何所需的待办内容。待办内容部分是在表的右侧，位置引人注目。当事情办完后，在这部分上面打一个"×"。只要快速地翻阅日志的各页，你就能一眼看出是否还有需要完成的待办事宜。

它是所有电话和来访者的永久记录，页数积多了之后，可以装订在一起，或加入对方的新情况，如电话号码、新地址，积多了之后，把旧的丢掉。

在工作日志中，可适当添加一些计划簿。当你打电话或接电话时，随手把计划簿放在桌面。通话时不要在一张纸条上胡乱记下，而要把记录写在一张表格的"事务性质"栏；当通话人提出一个要求时，记在"所需行动"栏。

在谈话开始或间歇时，记下通话人的姓名和所在公司的名称。即使在你的电话簿中已经有了，在挂掉之前，一定要可一下他的电话号码，他告诉你号码只需几秒钟，而你要是查找的话，却要花上十倍于此的时间。由此可见，提高工作效率往往就在一两句话之中。

当有人到你的办公室来访时，应有同样的记录程序。把对方的要求记下来，这样做会给对方留下你将去完成他的要求的明显印象。

坚持就是胜利，先强迫自己使用一周，到第二周就会容易多了。此后，这样做就会成为一种习惯。

2. 事务记录表

你是否有过分派给某人一项任务或计划，后来却忘了检查其执行情况的时候？如果有，那就在活页夹中放上另一套表格。表格内容很简单：是什么任务，派谁去处理，预定完成日期，实际完成日期。当人们知道你已把这些记下来时，他们完成分派的任务的速度往往是惊人的。

无论在何时分派一项任务，双方都要商定完成时间，并把它记下来。把每一个督办人的汇报，分别记在各自完成任务情况的记录单上。记录单不仅可以防止你遗忘，它还是你的雇员们表现的永久记录。把"预定完成日期"同"实际完成日期"比较一下，在"评估"栏中写下评语：任务完成得是否有效率、是否彻底等。

在做表现评估时，这将是非常方便的参考资料。这还可以阻止你不经意地把所有的工作，都堆在一个人的身上。如果记录小乔被分派的工作清单很长，而分派老赵的工作却很少，这在单子上会自然显现出来，使你有机会迅速加以调整。

根据实际需要，你还可以增加其他部分，比如增加从财务报表中得来的图表或曲线图、月计划表、个人时间表、清单和个人目标等内容，还有充足的空白纸。

这样，你不必在办公桌上放便条纸、笔记本或类似的东西，只需放上这个相关的日志簿和你当时正在处理的项目就可以了。

以超前规划促进有序

· 今日茶点

把将在接下来的几个月中要做的工作列出来，并决定每项工作必须在什么时候取得进展，为自己画出一张路线图，从而在前进的道路上保持井井有条和系统的有序性。

有条理的管理者必须要把浪费时间和精力的各种因素排除掉。如果过于骄傲自满，他们就会疲于应付各种琐事，而不能坚持工作中的原则。排除最大的浪费时间的因素也是最难以抑制的因素，需要克服三个最艰难的威胁：忙于浪费时间的或烦人的谈话，对不喜欢的任务感到恐惧，不能利用间歇时间。

研究发现，在任意一天内，管理者都可以与员工进行多至几十次个别的谈话。在这些谈话中，至少会有一次可能会引发一些问题，使你生气。假如你让这些事情缠住而无法关注其他事情的话，那将会带来极大的危害。你应该不时地用那些进展很顺利的对话来提醒自己，而不要陷入那些不愉快的回忆中。

或许这种闲谈无碍于你与员工建立友好的关系并保持与他们的接触，但假如你无止境地唠唠叨叨而不是简洁明了地说明自己的观点就离开的话，也会浪费不少时间。最具组织能力的经理会尽量避免这个问题，他们会把每一次偶遇都当作向对方学习的机会，而不是发泄牢骚。提高组织时间的能力的途径是将不满意或激怒你的谈话搁置一旁。假如你对一次即将发生的争论想来想去再在大脑中权衡二十遍的话，你将会理智地克制自己，使自己恢复常态。

假如将自己的时间安排得井井有条，那么你会像机器一般高效率地完成所有的工作。但是很多管理人没有能够这样做，至少在他们任职的第一年做不到。相反，他们将大量的时间花费在了对所面临的责任的恐惧上和对他人抱怨自己的恐惧上。在接受自己不喜欢的任务或工作之前，就开始考虑并细诉自己消极可怕的想法，这种事先就产生的恐惧常常伴随着悲观、不思进取。

管理者不应该消极地对待这一切，而应该以勇敢和乐观的态度去面对。不要总告诉别人你"痛恨做这件事"或者"不能忍受这份工作"。你每一次提醒自己是多么不喜欢某件事，就又是在浪费你珍贵的时间，并给了自己拖延的借口。更糟糕的是，通过逐渐承认那种恐惧，在不知不觉中又加深了恐惧的程度。克服恐惧的最好的方法就是以更宽阔、更坦然的态度来对待它。

不要夸大不愉快的工作，而应该提醒自己，"这项工作只不过是我一周50个小时工作中的3分钟而已"，或者"我很幸运，因为这项工作还可能更糟糕"。

超前规划的另一个要求是利用好间歇时间。在努力工作的过程中停下来松一口气没有什么不对的地方。在没有紧迫任务时和休息日时，可以允许自己放松一下，好好享受一下闲暇的乐趣。有条不紊的管理人从来不会让自己虚度这些安逸的时间。他们喜欢在行动过程中进行周期性的调整，或在忙碌的一周中抽出15分钟的时间来重新组织和计划工作，或者考虑一下全局性的问题。

假如你在网上漫无目的地冲浪，将办公桌上成堆的文件重新堆放，或者随便浏览图书而并不真正吸收其内容的话，你也许感觉自己好像一直都在忙，但是，事实上，这些行为的结果与你打个盹无异！当事后你希望将这些时间用于制订计划时，会证明这些消磨时间的活动代价是很昂贵的。

将下一次的间歇时间用于设置新的目标。把将在接下来的几个月中要做的工作列出来，并决定每项工作必须在什么时候取得进展，为自己画出一张路线图，从而在前进的道路上保持井井有条和系统的有序性。

把时间用在有意义的活动上

· 今日茶点

必须优先把时间用在有意义的活动上，而取代许多无意义的或次要的活动。

想要高效率地管理、控制时间，分派是一项绝对必要的措施。它是一种非常重要并能助你成功的活动。为了达到有意义的目标、成为有效率的管理者，必须优先把时间用在有意义的活动上，而取代许多无意义的或次要的活动。

许多人曾试图延长他们的工作时间，以完成更多的工作。实践证明，那样做是有害无益的，工作会不断地扩展，以填满它能得到的时间。工作不是固体，它像是一种气体，会自动膨胀，并填满所有多余的空间，作为组织中的个体，你什么时候能将它做完呢？

时间管理专家并不鼓励管理者为解决时间问题，而延长工作时间。延长工作时间，不仅影响家庭和社会生活，还能降低工作的效率，因为管理者把晚上当作白天的延伸。如果一个计划到下班时还没写完，也许管理者会耸耸肩对自己说："我会在晚上把它写完。"也许你宁愿这样做，也不愿利用下班前的那十五分钟好好地赶完工作；或者你不愿意匆忙行事，并将自己置于压力之下；或者你不愿意把工作硬塞给别人。但延长工作时间，只会耽搁必须做的事。如果你有一个较大的时间容器，你就能在里面塞入更多的活动，而你也会这样做。但这是工作狂的本性。而当爆炸最后来临时，你也是唯一的受害者。

如果你能把你的各种活动分类，也许你会发现有20%是非常重要的活动，它会给你带来80%的成果；其余80%的活动，由重要活动、不重要但需要做的活动、不重要的活动和不必要的活动组成。从理论上讲，你可以省去80%的活动，而仍保留80%的成果。那就是：排除5% 10%的不必要活动；委托他人做一些事。这将为你腾出20% 50%的时间。然后，用这些空出来的时间，去完成特别重要的工作，如作计划、考虑革新项目。

你必须决定花多少时间来工作，必须委派别人去做次要活动，并以特别重要的活动来填补空出的时间。特别重要的活动，是指那些能带来更多的报酬、获得重要的成果、使你向个人和公司的目标迈进的活动。

当然，有可能你已经为工作做出了最大努力，但工作进度仍然缓慢下来。事实上，无论事先多么小心，每个管理者都会遇到生产进度问题，当跟不上进度时，你该怎么办？急躁，抱怨……后果只能降低你在下属心目中的地位，失去你在工作能力方面的魅力，与其这样，不如找出解决这些问题的方法，以展现自己的管理魅力。

当跟不上进度时，你应该立刻向更高级管理者汇报。当管理者向更高级管理者汇报问题的时候，应当有一个补救行动的计划。更高级管理者希望知道问题，但更希望知道解决问题的方法。你要向上司指出引起延误的原因。

只有知道了症结所在，才能对症下药，解决问题。接下来进行调整，可召开一个部门会议，征求大家的建议。如果不能解决整个问题，就寻求妥协的办法。如果别无他法，失去的时间不可挽回，就向更高级管理者提交一份修订过的日程表。

走出无谓的忙乱困境

· 今日茶点

管理者要努力克制自己，尽量不为那些琐碎的小事而浪费过多的精力，不要捡了芝麻，丢了西瓜。

提高时间的运用效率，最好的方法就是分析你目前时间的运用方式。请在纸上列出你每周的各项例行公事，如处理公文、打电话、参加会议、交际应酬、奔波于各地，再逐一统计所耗费的时间。总数约是多少？是否相当惊人？你在哪个项目中花费的时间最多？

在时间的投资上，哪个项目你嫌不足？哪个项目你又觉得过多？其实没有人会认为自己浪费时间，因为每个人必然会有自己的时间运用方式，比如有人喜欢交际应酬，有人则视之为畏途。

假如细心分析，人们可以将时间分为三个时段：一是上班时段，早上九点到下午五点，或是早上九点到晚上六点等；二是准备时段，例如明天要开会，那今天就必须花上一两个小时来做准备；三是忙碌时段，当你的工作进度被耽搁和延误时，就只好把一个小时当两小时用，将摆在眼前的那堆文件狼吞虎咽，然后仓促地作出错误决定。

为了确保你对每件工作都能如期完成而且不是随便交差，你有必要在时间的分配上慎重行事。举例来说，每天在你下班之前，都别忘了要预先拟出第二天的时间运用表，作妥善的规划。所有的会谈、会议、面试等都须记在记事本上，清楚地标出时间、地点以及预定耗费的时间；其他的工作，诸如有哪些电话要打、要撰写哪些报告等，都应按其重要性与迫切性排定处理顺序。

如果事情十万火急，那就非得在第二天完成不可；有的事模棱两可，第二天能完成最好，否则拖到后天也无所谓。翌日你就照这份表的次序，一一划掉已完成的部分。另外，在临下班前，再依同样方式安排下一天的工作计划。如此，便可避免忙乱现象，分清主次，使事情更为有序。

在实际工作中，许多管理者每日工作达十几个小时，还有许多事情处理不完。真是"吃饭有人等，办公室有人找，路上有人拦，睡觉有人叫"，"走路像排队，吃饭像开会"，"白天下会海，晚上爬文山"。这确实是一些管理者工作繁忙状况的真实写照。

为了避免忙乱现象，作为管理者，还应在以下几方面多加注意。

1. 注意工作的计划性

计划是使整个工作有秩序地进行的中心环节。一切管理者都要具备定量控制自己时间的能力，也就是说，对自己的时间要实行计划分配。事实证明，不做计划的人只能消极地应付工作，在心理上处于受摆布的地位；有计划的人则居于支配者的地位。

时间计划之一是长期计划。即在较长的一个时期内，或3年，或5年，或10年，自己的工作和事业要达到什么水平、自己所管理的单位要取得多大成就，都要有一个积极进取的、宏伟明确的目标，而且这个目标通过几步来实现，每一步的大致起止时间，要有一个大致的安排。

另一种时间计划被称为年度计划。当最后一页日历被撕下、新的一年的钟声敲响的时候，应当回顾上年的时间利用和事业进展情况，做出新的年度计划，以便更有效地利用一年的时间。月计划也是时间计划中重要的一种。机关或部门的工作常常是以季或月为单位的，人的生理变化也呈现出月周期现象，体力、智力、情绪处于最佳状态时为高潮期，其次是过渡期和低潮期。每个人都可以根据本单位的工作和自己的生理月周期来安排自己一个月的活动，把难度较大的重要工作和学习任务安排在高潮期，其他时间则可以安排相对容易的内容。

有许多工作是按周来安排的，把月计划分解到每周里面，便于分步骤地实施，因此，计划要落实到周；如果能养成做日计划的良好习惯，在前一个工作日接近终了时编好第二天的计划，有助于避免紧张忙乱的现象，避免丢三落四、顾此失彼。

2. 抓大放小

管理者要努力克制自己，尽量不为那些琐碎的小事而浪费过多的精力，不要捡了芝麻，丢了西瓜。古罗马的法典中有这样的规定："行政长官不宜过问琐事。"我国古代也有"君逸臣劳""明主治吏不治民""大臣不理碎务"的说法。可是做起来也有处理得不好的。

诸葛亮虽然以"鞠躬尽瘁，死而后已"为后人所称道，但他却有事必躬亲的毛病，连核对登记册这样的具体事都要亲自动手，"流汗竟日，不亦劳乎"，结果是"出师未捷身先死，长使英雄泪满襟"。现代的管理者应当从中受到启示，学会抓大事。

抓大放小，就要求管理者不直接干预下一级管理者的工作。三国时期杨颙就主张"为治有体，上下不可相侵"；南宋思想家陈亮也主张，对下属既然"与其位"，就应"勿夺其职"，管理者要学会"操其要于上，而分其详于下"。用今天通俗的话说，就是不要抢下级的活干。

因为那样既浪费自己的精力，又挫伤下级的积极性，打乱他们的工作部署，造成依赖、埋怨或对抗情绪，使他们没有主见和责任感，实在是费力不讨好。管理者一定要把自己约束在自己的职权范围内，做到有所为而有所不为，切实抓好大事，提高工作效率。

3. 划清职责范围

建立一个科学的工作体系，就必须建立健全岗位责任制，管理班子成员之间、管理者与副手和助手之间，横向职能部门之间、纵向上下级之间，单位与单位之间、个人与个人之间，都要划清各自的职责范围，使之各负其责。哪些工作必须由自己做，哪些工作应由别人做；哪些事自己做主，哪些事要集体研究；等等。对于这些，管理者必须心中有数。

不该管理者管的事，坚决不管；该管的事，主动去过问；凡所属单位提上来需要领导拍板定案的问题，必须要求所属单位把情况和意见一并拿上来；如果应由下属处理的问题，下属不处理，把矛盾上报，管理者则不应受理。

4. 最大限度授权

集权的结果，往往会使一些领导成天忙碌，不得空闲。这些领导一方面抱怨事情干不过来，另一方面又事无巨细，什么事都要亲自管。当下属把矛盾上报时，他们仍亲自去处理那些本应由下属处理的问题，陷在事务圈子里不能自拔。这种包揽各种权力于一身、唱"独角戏"的做法，与现代领导的工作方式是毫无共同之处的。

在工作中最大限度地向下级授权，能够减少管理者的工作负担，使之从琐碎繁杂的事务中解放出来，腾出较多的时间和精力去考虑重要的、战略性的、全局性的问题，更有效地进行决策和指挥；而且能够增强下属的荣誉感和责任心，激发他们的工作热情，调动他们的积极性，提高其工作效率；同时也有利于在工作实践中培养和锻炼干部，增长干部的才干；还能够发挥下属的专长，弥补自己的不足。

管理者应当尽可能地把自己不擅长的工作授权给在这方面有专长的人去干，以提高管理工作的质量。这样有利于改善上下级之间的关系，使下级从等级服从、层层听命的消极被动状态，改变为合作共事、互相支持的积极主动状态。

做好时间运用记录

· 今日茶点

管理者提高工作效能的第一步就是将那些被实际运用的时间做记录。

能善于利用时间的成功人士都会制定一份长期计划表。在一次全国性业务员会议中，有记者问一位首席业务员说："在你看来，最重要的销售策略是什么？"他回答道："我的每月日程表。"他必须事先知道下一个月即将拜访哪些客户，并为此要预先做准备。

成功学专家拿破仑·希尔认为，要想成为卓越的管理者，就要定期检查计划表。很多优秀的管理者早晨起床的第一件事就是查看计划表。如果你确定要做的事情全都列在计划表上，而且每天固定检查计划表，你就不会忘记这个计划当中还有事情没有完成。

福布斯二世的书桌上总是放着一张记录重要事件的卡片，他把它作为管理系统的中心："每当我踌躇、犹豫的时候，我就会看着这张表，思考这件事情是否需要着手去办。"通常在福布斯二世的卡片上大约有20件事，包括电话、信件、传真，以及他口述的小段专栏文章。他说过：如果你用一个较为固定的记事本来记录你想做的事，那事情将永远搁置在那里。卡片能够时刻提醒他哪些事情还未办。

很多管理者还曾有这样的工作经验。每当分配工作给下属时，如果要求他们把所交代的事情记在工作计划表上，在随后的会议中，也要要求他们带计划表来开会，并以此作为推进报告的根据，那么，一般而言，团队的任何人都不会遗漏工作中的任何环节，并且知道哪些环节是异常重要的。

《菁华》杂志的主编苏珊·泰勒不但规划了自己的计划表，还给她的属下制作了日程表。在通常情况下，周末泰勒便躲到新英格兰的度假区去思考企业规划方案，读文章、报纸、杂志，理清头绪。当她星期一回到工作岗位后，总会带着重要人员的日程表，上面写有指派给每个人的工作。应该优先须知的事会有红色的记号，应该第一优先要做的事情则有两个记号。另外，完成工作所需的资料，例如名片或相关的信件等，都会附在日程表上。

有一位善于利用时间的经理则将部门的日程安排写在白板上，这样有利于随时根据事情发展变化进行调整，改变事情的优先顺序，而且也让部属明白他如何看待一项企业计划方案的重要性。另外，还有一些人甚至会预估他们长期计划表上的每一个计划需要花多少时间完成，然后再利用周计划或月计划或年计划制定日计划。

《薪水阶级》月刊的主编黛博拉·沙蓝，她以归档方式规划每年、每月的时间安排。每月的前两周固定是写评论时间，第三、四周则为其他活动时间，例如演讲、回复信函、做公关联络并计划未来的时间。她总是预先计划未来一年的工作如几个月写本书、几个月开个研讨会，其余的两个月安排来尝试新奇的事物。沙蓝利用这种方式创作了数量惊人的作品，并且在同行中获得了众多的拥护者。

做好时间记录，是为管理时间服务的。德鲁克说，要想进行卓有成效的时间管理，就需要找出自己的哪些活动是浪费时间、不产生效果的，并尽可能将这些活动从时间表上排除出去。把那些可以由别人来做的事情统统交给别人去做，将自己的时间完全集中于绩效和那些容易出经济成果的事情上。

放弃无价值的事情

·今日茶点

一位优秀的管理者所重视的是：这件事还有继续做的价值吗？

德鲁克认为："没有比保持尸体不腐烂更困难、更昂贵而又徒劳无功的事情了。"这句话意味着管理者要根据成本理念，应该立即抛弃那些不创造价值的活动，抛弃那些行将就木的过去，将更大的精力集中到未来更有价值的活动中去。

1964年10月，松下幸之助分析了方方面面的情况后，决定停止大型电子计算机的开发生产。在这之前，松下电器公司的通信部已经为此项工作付出了巨大的人力、物力和财力，并且已经试制成功了该项产品。但是，大型计算机的市场前景却不容乐观，需求量极少。鉴于这种情况，松下幸之助决定放弃这个项目。

该决议一经发布，顿时舆论哗然，来自内部、外部的不同意见此起彼伏，不绝于耳。大家一致认为，花费5年时间、耗资巨大的项目就此放弃，得不偿失。要放弃，日本国内7家生产厂家中的另外6家也可以放弃，又何必是松下电器公司首先放弃呢？

而来自外部的舆论更有许多猜测，他们认为松下电器公司要么是因为技术跟不上，要么是因为财政赤字才放弃这个项目的。就连一些久经沙场的高级职员，对松下幸之助的决议也持怀疑态度。当时，松下幸之助面临众多的困扰和烦恼，但他顶住各种意见和舆论，毅然停止了这个没有前途的项目，把人力、物力、财力用到其他方面。后来的事实证明，松下幸之助的这个决策是正确的。

为什么松下电器公司对已花费5年时间、投入了巨额资金进行开发、眼看就要有收获的项目，偏偏放弃了呢？原来，松下幸之助发现，电脑市场的竞争日趋白热化，仅在日本就有富士通、日立等公司在做最后的冲刺，如果此时松下电器再加入，也许会生存下来，但也有可能导致全军覆没，这就等于拿整个公司下赌注。所以，面对这样的市场形势，他毅然做出退出大型计算机市场的决策，这是在清醒冷静思考后的勇敢大撤退。正是因为这次大撤退，松下公司在其他领域获得了更快更好的发展。

瑞士军事理论家菲米尼有一句名言："一次良好的撤退，应与一次伟大的胜利一样受到奖赏。"不成功绝不罢休固然是真理，但敢于放弃才是最伟大的将军。在管理中经常会遇到要决定一种产品是否该经营的问题，是进是退、是放弃还是坚持，关键在于分析当时的大势，很多时候，退出能使企业得到更好的发展。管理者要常问：这件事还有做下去的价值吗？

正确做事与做正确的事

· 今日茶点

做正确的事不仅注重程序，更注重目标，是一种主动的、能动的工作方式。

创设遍及全美的市务公司的亨瑞·杜哈提说，不论他出多少钱的薪水，都不可能找到一个具有两种能力的人。这两种能力是：第一，能思想；第二，能按事情的重要程度来做事。因此，在工作中，如果我们不能选择正确的事情去做，就要停止手头上的事情，直到发现正确的事情为止。

由此可见，做事的方向性是至关重要的。然而，在现实生活中，无论是企业的商业行为，还是个人的工作方法，人们关注的重点往往都在于前者：效率和正确做事。

实际上，第一重要的却是效能而非效率，是做正确的事而非正确做事。"正确地做事"强调的是效率，其结果是让我们更快地朝目标迈进；"做正确的事"强调的则是效能，其结果是确保我们的工作是在坚定地朝着自己的目标迈进。换句话说，效率重视的是做一件工作的最好方法，效能则重视时间的最佳利用——这包括做或是不做某一项工作。

"正确地做事"是以"做正确的事"为前提的，如果没有这样的前提，"正确地做事"将变得毫无意义。首先要做正确的事，然后才存在正确地做事。正确做事，更要做正确的事，这不仅仅是一个重要的工作方法，更是一种很重要的工作理念。任何时候，对于任何人或者组织而言，"做正确的事"都要远比"正确地做事"重要。

正确地做事与做正确的事是两种截然不同的工作方式。正确地做事就是一味地例行公事，而不顾及目标能否实现，是一种被动的、机械的工作方式。工作只对上司负责，对流程负责，领导叫干啥就干啥，一味服从，铁板一块，是制度的奴隶，是一种被动的工作状态。在这种状态下工作的人往往不思进取，患得患失，不求有功，但求无过，做一天和尚撞一天钟，混日子。

而做正确的事不仅注重程序，更注重目标，是一种主动的、能动的工作方式。工作对目标负责，做事有主见，善于创造性地开展工作。这种人积极主动，在工作中能紧紧围绕公司的目标，为实现公司的目标而发挥人的能动性，在制度允许的范围内，进行变通，努力促成目标的实现。

这两种工作方式的根本区别在于，只对过程负责，还是既对过程负责又对结果负责；是等待工作，还是主动地工作。同样的时间，这两种不同的工作方式产生的区别是巨大的。

举个工作中的例子，比如说某客户服务人员接到服务单，客户要装一台打印机，但服务单上没有注明是否要配插线，这时，客户服务人员有三种做法：

第一种做法，照开派工单。

第二种做法，打电话提醒一下商务秘书，问其是否要配插线，然后等对方回话。

第三种做法，直接打电话给客户，询问是否要配插线，若需要，就配齐给客户送过去。

第一种做法可能导致客户的打印机无法使用，引起客户的不满。

第二种做法可能会延误工作速度，影响服务质量。

第三种做法既能避免工作失误，又不会影响工作效率。

你觉得，哪种做法最好呢？相信大多数人会选择第三种做法。第三种做法就是在做正确的事，第一、二种做法就是在正确地做事，这二者的区别就在结果的不同，其原因是没有把公司的目标与自己的工作结合在一起。

·第二十二章·

冲突管理：让冲突成为发展动力

冲突的忍受与需要

·今日茶点

　　尽管没有一个团队能够长时间地忍受冲突，甚至有些团队只要遇到极其微小的冲突就不能良好动作，但仍然有一部分团队需要适度的冲突。

　　传统的管理思想认为冲突将导致团队成员相互间的抵触，这种抵触会引起团队的分裂甚至瓦解，因此，必须避免和限制冲突。冲突的负面效应主要表现在以下方面：

　　（1）冲突导致团队运作的无序和混乱，阻碍团队正常作用的发挥。

　　（2）冲突导致冲动而非理性。由于冲突各方不愿相互交流信息，因此，团队中的信息流动将会受到阻碍，信息量减少，信息的准确度下降，从而使得决策只能依据非完全的信息和错误的印象作出。显然，这样的决策是非理性的和非科学的。

　　（3）冲突使得团队成员的注意力由团队整体目标转向个人目标。冲突发生时，冲突各方常常更为关注直接的、表面化的冲突形势，更为强调个人的利益和目标，从而忽视团队的整体目标，影响团队绩效的实现和提高。

　　（4）冲突各方对于冲突常常作出阻挠、暗斗等反应，这些行为将导致团队运作效率的下降。此外，冲突的存在会使人简单地认为，只有采取"非此即彼""你死我活"的方式才能解决冲突，然而，事实上，许多冲突本可以采取"各方共赢"的方式获得圆满解决。

　　与传统观点不同，现代管理思想对冲突的认识更加深刻和全面。现代管理思想在承认冲突对团队可能存在危害性的同时，指出在某些情况下，冲突对团队是有益的。尽管没有一个团队能够长时间地忍受冲突，甚至有些团队只要遇到极其微小的冲突就不能良好动作，但仍然有一部分团队需要适度的冲突。这些团队的需要源于冲突的某些正面效应：

（1）冲突能够促进团队成员对重大事项进行审慎分析。对于一个团队来讲，如果所有决定没有遭到成员的任何反对和批评则是不正常的，甚至是有害的。对计划、目标、战略等进行挑战可以推动团队成员认真分析有关重大事项，避免"一言堂"可能造成的团队决策失误。从这个意义上讲，冲突是"百家争鸣、百花齐放"局面形成的催生剂。

（2）冲突具有激励作用。冲突会带来竞争，而竞争能够唤起团队成员的适度紧迫感和危机感，从而使得团队成员在工作上付出更多的努力。

（3）冲突是团队变迁的源泉。冲突导致团队最初的不均衡，促进具有创造性的成员加以变革，以寻求建立新的团队模式，实现团队的不断变迁。因此可以说，没有冲突，团队的变迁就无从发生。

（4）冲突有时可以改善团队气氛。一些冲突在潜在、模糊的状态下会继续恶化，从而导致更为严重的后果。然而，将这些潜在的冲突显性化，有时反而有利于改善团队气氛，减少紧张，增进成员之间的关系。

促进成员之间坦诚交流

· 今日茶点

管理者主动激发不同的意见，确保每个人有发言的机会。

身为团队的管理者，应该适时地引导认知层面的正向冲突，让成员彼此之间公开而直接的交换意见，同时避免情感层次的冲突发生，并确保最后可以达成实质的结果。

其中具体的方法包括以下几种。

1. 鼓励成员表达不同意见

管理者主动激发不同的意见，确保每个人有发言的机会。管理冲突的第一个重点就是鼓励所有人公开而直接地面对冲突。管理者应该清楚地让所有人知道，当他们有任何不同的意见或是心里有丝毫的疑惑时，就应该直接说出来，当下解决，这是每个成员应有的责任。

"每个人只有两个选择：直接面对冲突，否则就闭口不提，"《如何解决主管之间的冲突》的作者霍华德·葛特曼说道。对于私下的抱怨或是事后的批评，管理者必须明确地加以拒绝，否则便是间接鼓励大家在台面下解决问题，破坏了团队成员彼此之间的信任关系。

管理者可以运用一些方法，鼓励大家在会议中主动发表不同的意见，例如从管理者自身开始做起。有时候要提出反对的意见，总是让人感觉不自在，不如就从自己开始做起，提出不同的想法或是意见让大家讨论或是主动反驳自己的意见，这样团队成员也比较愿意说出一些不同的想法。

当有人提出不同的意见时，管理者也可以表示认同，可以增加对方的信心或是减缓心里的压力，最好能具体说出认为这个想法好在哪里，而不只是简短的一句"很好"就匆匆带过。

接受情绪上非理性的反应。在争辩的过程中，每个人都尽力维持客观，但难免还是会有情绪上的波动，如愤怒的情绪。

许多心理学研究显示，一旦情绪受到压抑或是批评，反而更难摆脱无谓的争执。当一个人感觉受到威胁或是遭受攻击时，就更难改变立场或是接受别人的想法。因此，管理者不应该批评或是指责这些情绪反应，而是鼓励团队成员诚实面对自己的情绪、意识到自己的情绪变化。

除此之外，管理者必须了解每个团队成员的个性以及响应冲突的模式，尤其是个性内向或是比较不喜欢主动发言的人，管理者应该适时地给予鼓励或是引导，避免发言集中在少数人的身上。

2. 多听，多观察

只用十分之一的时间表达，其余时候应多听多观察。

除了主动鼓励之外，在过程中，管理者不应过度介入或是干预，"有时候你必须让紧张的气氛持续下去。"海湾集团顾问公司的行销研发执行副总裁保罗·汉尼瑟说。让成员彼此挑战与刺激，才有可能激发出最好的创意以及解决问题的方法。

所以，应该要多听，多观察。《第五波领导》的作者莫里斯·夏契曼说："倾听与说话的比例应该是 9 ∶ 1。"你可以适时重复某个人所说的话，确认自己以及其他成员没有误解对方的意思。

当所有人都表达完自己的意见后，最后再提出你自己的想法。通常团队成员很容易受到上级意见的影响，所以不应该在冲突一开始的时候就先开口，这样反而容易导向单一的思考，压缩了讨论的空间。

另一方面，当陈述自己的意见时，也应该明确表达心中确实的想法或是立场，"最糟糕的领导人就是模棱两可，没有人知道他确实的想法，"夏契曼说。如果你自己都有所保留，又如何说服团队其他人坦白？

3. 明确冲突的焦点

厘清冲突的发生是因为事实、目标、方法还是价值。

加州大学管理研究所教授华伦·史密特与罗伯特·坦能鲍姆认为，领导人在面对任何冲突时，必须厘清冲突的根本原因，才能让讨论过程有明确的焦点，并达成具体的结果。

因此，管理者必须引导大家专注于实际作业面的讨论。例如，管理者可以问："在这样的定位前提下，你会怎么做？"

4. 适当打破僵局

适时提出问题，打破冲突过程中的僵局。

有时候讨论的过程可能陷入了僵局，争论的双方彼此争执不下，这时管理者可以采取比较间接的方法，提出一些问题，提醒大家讨论的重点，例如：

· 我们争论的目的是什么？

· 这个问题有什么重要性？

· 我们现有的资料能够确认哪些事实？

· 如果我们换另外的角度，可以有什么样的想法？

· 我们希望达成的结果可能有哪些？

管理者也可以针对之前大家提出的意见做简短的总结，提醒大家先前讨论的重点。或是针对某一个大家一直争执不休的问题，直接指定讨论的方向。

而如果发生以下的三种情况时，管理者必须立即加以制止，避免让情况继续恶化下去。

· 当讨论成为彼此之间相互的责难或是攻击。

· 如果牵涉到价值观等争论，也容易导向人身攻击，必须加以阻止。

· 如果大家的情绪都过于激动，不妨休息几分钟再开始。

作为管理者，最重要的责任就是确保所有不同的意见都有表达的机会，更重要的是能够达成实质可行的结果，这样的冲突才是有意义的。

最好用"直接处理法"

· 今日茶点

　　直接处理法授予团队成员一定的权力，帮助他们通过个人承担责任、个人成长以及给予作决定的工具来作出许多有价值的决定。

　　虽然团队工作中出现冲突是很正常的事情，但是当它失去控制时，冲突就会破坏团队工作，甚而会妨碍生产。处理冲突的最好办法就是直截了当地解决它，也就是我们所说的"直接处理法"。

　　"直接处理法"鼓励团队成员不通过管理部门而直接解决他们的问题，同时也避免了纠纷，节省了时间和精力，并最大可能地减少了问题的曲解，它强调问题的解决要通过面对面的交流。直接处理法通过遵循一系列的指导方针，管理者和团队成员都可以在没有第三者介入或不必要的仲裁的情况下公开、公平地解决问题。团队成员和管理者都必须作出直接处理这一行为，并帮助创造一种支持直接处理的氛围。如果团队成员把管理者看作是可以接近的、能够交谈的，并理解这些冲突，他们就非常愿意直接处理这些冲突。

　　直接处理法授予团队成员一定的权力，帮助他们通过个人承担责任、个人成长以及给予作决定的工具来作出许多有价值的决定。这一方法在刚开始使用时会比较困难，但随后它就能成为团队处理它们所有冲突时所采用方法的一部分。

　　直接处理法的指导方针帮助建立了一种共同语言。这种语言可使每个队员理解并且不用惧怕冲突和误解。当然仅仅训练队员使用直接处理法是不够的，为了培养直接处理法，管理部门必须营造一种氛围，帮助促进面对面地解决问题。管理者必须非常小心地避免陷入冲突中，只有在冲突双方不能自己解决冲突而需要帮助时，管理者才担负调解人的任务。

　　直接处理法应该坚持一定的指导方针。这些指导方针的目的是为直接处理法的倡者提供一个框架，并有意识地使其比较简便实用。阅读一下这些方针，检查看看哪些是对你们具体模式有用的策略。

　　（1）将这一问题用具体确切的、实际的措辞表述出来：通过举例来确认这一问题；描述这一问题的结果；避免像"总是"和"从来没有"这些普遍性的说法；处理事实而不是看法；避免个人攻击；当描述问题时要说"我们"而不要说"你们"。

（2）解释这一问题的影响：指明这个问题如何影响团队的运作；叙述一下成本、耽搁的时间以及质量问题；确认对人力资源和业务的影响；回顾这一问题的历史及发展现状。

（3）听取其他人员的意见：在表述你自己的意见和感受之前先征求他人的看法和感觉；判断别人对这一问题的理解是否和你一样；通过问"你还能告诉我些什么"来征求更多的意见；找出变革的阻力并确认其根源；重新表明你的关切，并表述建立共同点的愿望。

（4）建立公共基础：通过提出一个最初的问题解决方案来检验这一共同点；在为变革制订计划时要显示出一定的灵活性。

（5）即使别人的一些想法不能解决问题，也必须表现出一定的兴趣：对于任何想法都要确认其共同的利益；头脑风暴法以提供可选择的行为；提出后续的计划。

直接处理法的过程如下：

第一步，告诉你的同事，你对他（或她）所做的事有些疑问，并暗示这一问题可能引起误解以及表示你会听他（或她）的解释，要认真听。

应注意的是：不要有任何争论。

第二步，计划与团队伙伴开会讨论，并重提这一问题，更加详细地来探讨它。

应注意的是：采用直接处理法的指导方针。

第三步，假设你的团队伙伴在处理这一问题时会需要些帮助。

应注意的是：从他（或她）的角度考虑。

第四步，将这一问题提到整个团队面前，向所有的团队成员征询意见。

应注意的是：面对全部的团队成员。

控制住冲突关系人的情绪

·今日茶点

　　管理者在解决成员之间的冲突中，目标就是化解各种矛盾，必须考虑在可能条件下的各种方法的运用。

　　冲突的负面影响是：破坏团队的和谐与稳定，造成矛盾和误会。基于这种认识，所以很多管理者都将防止和化解冲突作为自己的重要任务之一，并将化解冲突作为寻求维系现有团队稳定和保持团队连续性的有效的、主要的方法之一。

　　然而通用汽车的前总裁有言："意见相左甚至冲突是必要的，也是非常受欢迎的事。如果没有意见纷争与冲突，组织就无法相互了解；没有理解，只会作出错误的决定。"从积极的角度去理解，冲突其实是另一种有效的沟通方式，管理者建设性处理冲突反而能实现共赢。

1. 成员冲突的解决方法

团队成员之间的冲突一般可以采用下述 6 种方法予以解决：协商法、上级仲裁法、拖延法、和平共处法、转移目标法及教育法。

（1）协商法。这是一种常见的解决冲突的方法，也是最好的解决方法。当冲突双方势均力敌，并且理由合理时，适合采用此种方法。具体做法是：管理者分别了解冲突双方的意见、观点和理由，然后组织一次三方会谈，让冲突双方充分地了解对方的想法，通过有效地沟通，最终达成一致。

（2）上级仲裁法。当冲突双方敌视情况严重，并且冲突的一方明显的不合情理，这时采用上级仲裁法，由上级直接进行了断比较合适。

（3）拖延法。双方的冲突不是十分严重，并且是基于认识的冲突，这些冲突如果对工作没有太大的影响，采取拖延法效果较好。随着时间的推移和环境的变化，冲突可能会自然而然地消失。

（4）和平共处法。对于价值观或宗教信仰的冲突，易采用和平共处法。冲突双方求同存异，学会承认和接受对方的价值观和信仰，这样才能共同发展。

（5）转移目标法。当成员自身产生冲突时，采取转移目标法更为有效。比如，让成员将注意力集中在某个兴趣点上，淡忘那些不愉快的事情等。

（6）教育法。如果成员是因为一些不切实际的想法而产生自身冲突时，管理者可以帮助成员认清自身的现实情况，教育成员用正确的方法来看待问题、认识问题，从而帮助成员缓解冲突。

除按照既定的方案和对策来解决成员间的冲突问题外，管理者也应该注意一些可能会影响冲突解决的因素，并且尽量将各种对策有机地结合起来，使解决方法发挥的作用更为理想。

2. 对冲突中"关系人"情绪的控制

当发生冲突时，人的情绪很难控制，有的时候会发生失控的情况，做一些不应该做的事情和说一些比较极端的话。所以，管理者除必须控制自己的情绪外，还应注意控制冲突双方的情绪。

人的情绪的确很难掌握，尤其是在发生冲突的时候，人的情绪往往会产生比较大的变化。有时可能不是因为所说的话或做的事情对某人的影响，而是从根本上来讲，某人对冲突中的一方本身就讨厌，这样有可能导致冲突的进一步升级。

情绪的反应在很多情况下都容易产生负面的影响，因此，提醒管理者一定要注意冲突中冲突双方的情绪控制，尽可能避免出现激烈对抗的情绪出现。

3.综合运用各种解决方法

在解决冲突中，有许多对策与方法。现实中虽然某一个对策会发生比较好的效果，但多数情况下，由于冲突双方在冲突中的心态和环境的影响，光采用一种对策与方法可能达不到预期的效果，因此，管理者应灵活运用各种对策，包括复合的方法。

例如，用强制的办法解决问题，强制的方法可能是控制了事态的进一步恶性发展，对局面控制有一定的作用，但产生冲突还是有一定的原因，如果问题不解决，冲突的局面控制了，但潜伏着更大的冲突。

所以在控制局面的同时，要注意解决问题。而我们采取回避的方法，目的是使冲突的各方能自己发现问题的所在，但也并非所有的条件下都能奏效，还是需要运用其他的方法来帮助冲突的各方能对存在的问题达成一致的看法。

总之，管理者在解决成员之间的冲突中，目标就是化解各种矛盾，必须考虑在可能条件下的各种方法的运用。

渠道冲突的处理和应对

· 今日茶点

营销渠道既然是合作系统，那么一定要由合作者确立共同的奋斗目标以及共同的合作价值观，这通常是管理营销渠道的最重要的内容，也是处理渠道矛盾与冲突的主要方法。

事实证明，试图避免渠道冲突是不可能的。成功的渠道管理不是避免渠道冲突，而是接受渠道冲突。他们将渠道冲突看作正常的业务活动中的一部分，同时寻找各种方法解决渠道冲突。如何成功地解决冲突，从而利用渠道为客户创造价值，主要有以下几种策略。

1.确立共同目标

营销渠道既然是合作系统，那么一定要由合作者确立共同的奋斗目标以及共同的合作价值观，这通常是管理营销渠道的最重要的内容，也是处理渠道矛盾与冲突的主要方法。共同价值观的核心是增进各个成员对渠道合作、相互依赖性的认识。这种方法特别适用于渠道成员感觉到有环境威胁时，比如在出现强有力的竞争性渠道、市场竞争日益激烈、消费者需求发生变化或者法律环境变化之后，让渠道成员确立共同目标，能够较为有效地缓解渠道矛盾，遏制渠道冲突。

2. 开展合作活动

合作不是某个成员企业的个别行动，因此不能靠强制、威胁的方式来维持，重要的是共同认可、共同参与。通过确立共同目标，让每个成员把渠道合作作为自己的权利和责任予以认可和接受。一旦全体渠道成员都有了合作的意愿，就可有效地开展有助于合作的行动，其中包括组织的共商共议活动，以让渠道成员有参与渠道建设的机会，提高渠道成员的地位。

3. 发挥渠道领袖的调解作用

如果某个渠道成员由于实力强大和办事公道而赢得其他渠道成员的尊重和信任，取得了渠道领袖的地位，就能充分发挥其在渠道协调和冲突调解方面的作用，从而减少渠道冲突，巩固渠道系统。

4. 相互咨询

间接营销渠道中的合作通常不是由资本渗透引起的，而是由一定的人际关系引起的。所谓渠道成员之间的良好关系，主要表现为有关销售人员、管理人员之间的良好关系。彼此尊重、经常沟通，是渠道合作的基础。在管理渠道冲突问题上，让有关成员相互咨询意见，比如召开咨询会议，邀请有关方面人员参加董事会、专题讨论会等，使合作伙伴能够感受到他们的意见得到倾听、受到重视，因而对对方更加信任和敬重。成员之间经常交流意见，还可以达到不断改进营销工作、提高营销效率的目标。

5. 遵循互利互惠的原则

所谓互利互惠，是指营销渠道中的一位主要成员主动向有关成员提出建议，表示自己愿意为了渠道的稳定而做出某些让步，并希望对方也重新考虑自己的立场。比如，在企业感到库存过多，而中间商却觉得资金周转困难时，企业可以主动提出给中间商90天的商业信用期，同时希望对方将进货量增大一倍，以解决双方各自的困难。又如，在某电视生产商的电视销量下降时，大型零售商就可以向厂家提出，愿意继续经营该企业的电视机，但希望其生产定牌产品，即用零售商的品牌名称。

运用互利互惠原则解决冲突时，企业特别要注意选择与对方有过交往的人作为代表，以求取得对方的信任。同时还要提出对双方都有吸引力的条件，才能达到事半功倍的效果。

6. 互换管理人员

同一渠道的成员之间往往由于各自的特殊情况而缺乏了解，即使进行沟通有时也难以消除误会。解决的办法之一就是成员之间相互派遣管理人员到对方去工作一段时间，让有关人员亲身体验对方的特殊性。不少企业的经理经常到经销商那里去蹲点考察，亲身体验经销商的经营方式、管理者的思维方式等。经销商也可以派出自己的管理人员到企业的销售部门或者政策部门去工作一段时间。当这些人员回来后，就会根据亲身体验，从对方的角度出发来考虑有关合作问题。

7. 激发中间商的销售热情

中间商对企业产品销售的不重视是大多数企业都会面临的问题，也是企业与中间商发生冲突的主要问题所在。为解决这个问题，企业可以采取以下几种解决方法：一是提供有足够诱惑力的销售奖励办法；二是协助中间商的促销活动，提高他们的销售业绩，让他们从企业的产品中得到足以与其他品牌产品相媲美的实惠，让他们感受到企业对他们的关心；三是为他们提供必要的服务支持，如售后服务支持、及时供应合适数量和合适质量的产品服务等；四是提供销售管理方面的专业知识，如产品陈列、人员训练、库存管理、店面管理、订货系统等。

总之，在解决渠道冲突时，常常会遇到相当大的阻力，以至于需要对营销渠道进行改组和重建。上述各种解决渠道冲突的方案，实际上包含着这样一个假设，即渠道冲突是可以控制的。通过有关管理活动，消除引起冲突的不利因素，营销渠道将恢复到正常运行状态。在这种假设条件下，管理渠道冲突的成本将得到有效控制。如果不具备这个条件，采取上述方式不仅于事无补，反而会加快渠道的瓦解，造成"鸡飞蛋打"的后果。

绩效管理中的文化冲突

·今日茶点

要成为一名国际性的管理者，就必须以公司总部所在国家的文化观念为主体塑造新的企业文化。

我们生活在一个充满矛盾的世界里，时时被各种冲突所包围。剖析身边的各种冲突，做一下较为深入的研究和全面总结，或许可能为我们在千头万绪之中找到问题的症结，把握最为关键的矛盾，提出最有效、可行的解决方案。

从传统的观念来说，冲突对企业及员工都有负面的影响，所以管理层会尽量避免冲突的发生。现代行政管理学研究认为，冲突本身并不是只有坏影响，尤其是在实施绩效管理过程中的文化冲突，也可能会为公司带来绩效。

值得注意的是，在绩效管理的实施中，强化企业组织文化，以人本文化为核心，尊重员工，为员工提供能各尽所能、各得其所的氛围，用归属感紧密联系个人和群体，增强主人翁意识，促使员工向企业目标奋进，从而巩固拓展企业文化，才是最重要的。

在一个企业组织内，由于管理者对组织内成员的关怀和对绩效关心程度的不同，因而产生了四种不同的企业文化，即冷漠的、富有爱心的、严厉的和亲和的企业文化，不同的企业文化对绩效管理制约的程度不同。

企业文化对绩效管理的制约是如此明显：在冷漠的企业文化体系中，如果没有其他更有力的方式的配合，绩效提高是很困难的；在富有爱心的企业文化体系中，则由于过分强调对员工的关怀而忽视了对绩效的关心；严厉的企业文化则与之相反；只有在亲和的企业文化中，人们才能把对员工及其工作绩效的重视融入组织的日常工作中来，才能切实促进绩效自动、自愿地提高。

企业文化虽然具有一定的稳定性，但并不意味着不同的企业文化之间是不可以转变的。这是因为，即使是稳定的文化也不是静止不动的。危机和新的挑战将会影响做事的方式，新的管理者的上任和关键人员的流动经常会带来能够改变文化的新的或不同的价值观和习惯。尤其是企业进入新的行业，扩展到不同的地理市场，国外雇员的迅速增加，以及对因特网、公司内联网和电子邮件的充分利用都更会导致企业文化的变动。

对那些全球化的组织来说，如何最好地管理不同的文化变得非常关键。跨越国界的绩效管理总是存在某种程度的冲突。跨国公司的成败就取决于能否建设性地管理好这种冲突。

解决绩效管理中不同文化冲突问题的方法之一就是通过不断学习来超越这些冲突。有人称这个过程为"社会化"，还有一些不那么客气的用语如"洗脑"也有人用。在某种意义上，这几乎是在试图培养出一种新类型的主管或成员。

身为管理者，首先你必须明白，企业文化形成于一定的"民族背景"下，比如，美国的企业一般不着眼于集体或团队，而是着眼于个人，鼓励个人奋斗，把发挥个人能力作为企业管理的基本思想，同时强调理性主义管理；而日本企业则重视团队精神；西欧企业重视员工的参与管理；东南亚的华人企业则往往是家族式管理，这些都与文化的民族背景有极为重要的关系。任何企业文化模式的确立都是企业所处地域的社会文化影响、渗透的结果。

为此，要成为一名国际性的管理者，必须以公司总部所在国家的文化观念为主体塑造新的企业文化。这种方法使某些公司得以很骄傲地宣称，人们可以在世界上的任何地方辨认出公司的管理人员，因为他们拥有公司而不是任何特定国家的行为。对于文化差异问题来说，这或许是正确的解决方案——或者，这也许是泰罗科学管理方法的重生，科学管理方法坚持只有一种正确的行为方式，试图消除任何个人差异。

不仅你要学习，你的员工也要学习，这是因为企业文化是组织内成员共同拥有的财富，更是所有成员的行为规范和法则。任何成员要想在这个组织中求得发展，就要不断地学习所在组织的文化。员工对新的企业文化由适应、遵守到为其发展作出贡献的过程，带来的不仅是工作绩效的提高，也是企业文化的持续进步。

风靡全球的"学习型组织"便是以"员工与企业共同促进"为着眼点。许多杰出企业，培训制度相当完整，培训计划、预算及具体培训设备都很到位，确实使人印象深刻。这种企业组织内处处充满生机，人人追求改变，企业成员若能被鼓励去学习，必然能产生更高的生产力及成就感。当然，这有赖于主管的充分支持，它是良好的学习环境必备的条件。

通过组织途径管理冲突

· 今日茶点

不论哪种组织形态，组织层级分明的等级结构都可将冲突管理从支配方式转换为理智和有序的组织管理。

正式组织的管理职能实现和维持着组织的有效运行，对于企业组织冲突的管理，正式组织拥有非正式的群体组织及个人无法比拟的支配力、影响力和管理效果。正式组织对企业组织冲突的管理依靠的是公正而合理的法则和权力。企业组织冲突管理的组织主要有党组织、工会组织、行政职能组织等。不论哪种组织形态，组织层级分明的等级结构都可将冲突管理从支配方式转换为理智和有序的组织管理。

1. 由冲突当事人的共同上司裁决

组织中不同层级的管理者所拥有的支配权力是由管理者所处的层级地位决定

的。管理者的地位越高，权力越大，他的管理幅度也就越宽，他有权对他管辖范围内的冲突进行管理。在同一个企业组织内，人们习惯于将个人、群体或部门间的争论、冲突交由上级部门或企业领导者裁决，甚至同一行业内不同企业之间的冲突也大多依靠他们的共同上级主管部门裁决。

出于领导职责的要求和注重个人威望的目的，管理者对下级人员间的冲突处理，大多从企业组织或所在部门单位的整体利益出发，公正而合理地进行裁决，并督促他们按照正确的处理意见行事。管理者处理冲突并不拘泥于某一特定的方式，在企业组织冲突管理过程中，管理人员有时遵从法规或行政指令处理冲突，有时又充当中间调停人或公诉人。

为了有效地利用行政权力管理好冲突，绝大部分的企业都有专门负责处理冲突事务的副总裁，在必要的情况下，可以由最高领导者作出决断。

完善的指挥系统和遵从统一指挥是组织运行的基础，同时也是组织的上层解决冲突的依据。企业组织内外任何两个冲突主体，都能找到联系他们的共同上司。由此也可看出，利用行政职权解决冲突是企业组织冲突管理的主要途径。

当然，依靠共同上司的裁决，只有当管理者公正而明智，且有充分的时间去判断时，才会有良好的效果。遗憾的是，这种理想的情况是很少的，因总监的主观偏见或情感认同等方面原因而造成的不公正或不合理裁决常常发生。另外，企业组织的发展如今已进入无疆界时代，组织本身的不断扩展和变化，使原本清晰的部门间的界限已渐模糊，有时冲突双方或各方不易确定谁是他们真正的共同上司。

显然，求助于共同上司的方法，也存在许多不足。弥补这些不足可从两个方面进行，一是通过正当的程序，使用自己的申诉权利，即如果组织成员觉得他们的问题并未获得其直属上司公平合理的处置，他有权向更高一层的管理者、仲裁部门或特设的申诉委员会提出申诉；二是直接向有关的司法部门提出诉讼，由司法部门公断。

2. 通过人员调动，减少或消除冲突

对于冲突发生较频繁或存在潜在冲突的组织，采用组织调动的办法常能成功地减轻压力和冲突。通过组织人员的调动，管理者可将正在或易发生冲突的人员调离开来，这样，冲突双方缺少正面的对抗机会，易从对方的压力中解脱出来，有机会冷静地思考发生的冲突行为，稳定情绪，容易接受总监的调停或裁决。对于存在潜在冲突的双方或各方来说，组织的人事调动使得潜在冲突双方的矛盾失

去激化的机会，还可以造成避免未来群体间冲突的有利环境。

3. 使用赏罚系统

目标差异是引起企业组织冲突的主要原因之一，不同的组织成员和部门之所以不顾企业的总目标，为各自的利益相互对抗，在于使他们协作的诱因不足。这种诱因即对组织成员共同协作完成企业或部门总目标的奖励和对他们因协作不力而损害整体利益的惩罚。所以，在企业组织中，一套有效的赏罚系统，不仅能帮助组织成员培养正确而合理的利益得失观，而且能促进不同的组织成员或群体共同协作，实现他们的共同目标。

4. 减少组织成员相互依赖

企业组织冲突发生的基本前提，来自组织成员之间相互依赖。当人们必须在一起工作或共同使用有限的资源时，冲突必然随之产生。所以，减少组织冲突发生的一种有效途径，就是减少组织成员之间的相互依赖或对有限资源的争夺。

减少群体之间的依赖性，最直接的方法是分离冲突群体，使他们减少正面接触的机会或使他们完全分开。这有两种比较现实的途径，一是利用组织调动的办法使冲突双方分开，二是利用缓冲物加以分离。

减少群体之间对有限资源的争夺，最简单的办法是增加资源的供应，使他们的基本需求都能得到满足。当这点无法实现时，比较有效的方法是制定一套公平合理的分配规则，让他们自己控制自己的资源，这样，他们之间的冲突会大大减少。若以上两种方法能结合使用，那么，冲突管理效果更佳。

5. 减少组织成员个体差异

研究发现，组织成员的个体差异是许多企业组织冲突产生的根源所在，如果能够减少组织成员之间的个体差异，相关的企业组织冲突必然相应减少。企业组织成员的个体差异，既有认识水平的高低，也有习惯认同、性格特征等方面的不同。

实践证明，这些成员的个体差异，通过有组织的教育培训可以消除或减少。在有组织的教育培训下，企业组织成员容易形成对某些事物一致的看法，并能够培育共同的价值观，每个成员的个体特征都将融会在群体或组织文化中。因此，新的组织文化的形成过程，就是组织成员个体差异的磨合过程，也就是组织成员之间因个体差异所发生冲突的管理过程。

6. 企业组织结构改革

企业组织结构本身的一些功能缺陷和障碍，不仅是组织冲突产生的一个重要原因，而且在许多方面不利于冲突的管理。所以，改革企业组织结构的不合理部分，可以达到有效的管理冲突的目的。一方面彻底消除一些冲突的产生根源或消除一些激化冲突的媒介，另一方面为其他冲突管理方法的有效运行提供了保障。

消除可能的矛盾隐患

· 今日茶点

唯有弱者才没有敌人，凡是必要的交锋，都不能回避。在强硬的领导者面前，许多矛盾冲突都会迎刃而解。

因为领导者与下属同在一个组织中，他们有着共同的目标而无根本利害的冲突，因此，冲突在总体上来说都是无益和不必要的。为了处理冲突，领导者一要及时调控缓解冲突，二要积极防范冲突的发生，铲除可能引发冲突的各种隐患，从根本上抑制冲突。

矛盾无处不有，无处不在。领导者解决矛盾的过程，便是建立威信的过程。领导者的思想水平、个性品质、领导才能、领导艺术，恰恰就体现在这里。

1. 敢于主动承担失误责任

领导者决策失误是难免的，因决策失误而使工作出现不理想的结局时，便需警惕，这是一个关键时刻。领导者把过错归于下属；或怀疑下属没有按决策办事；或指责下属的能力，极易失人心，失威信。面对忐忑不安的下属，上级勇敢地站出来，自咎自责，紧张的气氛便会缓和。如果是下属的过失，而上级领导却责备自己指导不利，变批评指责为主动承担责任，更会令下属敬佩、信任、感激你。

2. 将隔阂消灭在萌芽状态

上下级相交往，贵在心理相容。彼此间心理上有距离，内心世界不平衡，积怨日深，便会酿成大的矛盾。把隔阂消灭在萌芽状态并不困难，方法如下：

（1）见面先开口，主动打招呼。

（2）在合适的场合，开个玩笑。

（3）根据具体情况，做些解释。

（4）对方有困难时，主动提供帮助。

（5）多在一起活动，不要竭力躲避。

（6）战胜自己的自尊，消除别扭感。

3. 允许下属尽情发泄委屈

上级工作有失误，或照顾不周，下属便会感到不公平、委屈、压抑。不能容忍时，便要发泄心中的牢骚，怨气，甚至会直接地指斥、攻击、责难上级。面对这种局面，上级领导最好这样想：

（1）他找到我，是信任、重视，寄希望于我的一种表示。

（2）他已经很痛苦、很压抑了，用权威压制对方的怒火，无济于事，只会激化矛盾；

（3）我的任务是让下属心情愉快地工作，如果发泄能令其心里感到舒畅，那就让其尽情发泄。

（4）我没有好的解决办法，唯一能做的就是听其诉说。即使很难听，也要耐着性子听下去，这是一个极好的了解下属的机会。

如果你这样想，并这样做了，你的下属便会日渐平静。

第二天，也许他会为自己说的过头话或当时偏激的态度而找你道歉。

4. 要做到得饶人处且饶人

假如下属做了对不起你的事，不必计较，而且在他有困难时，还不能坐视不管。领导者对下属应做到：

（1）尽力排除以往感情上的障碍，自然、真诚地帮助、关怀他；

（2）不要流露出勉强的态度，这会令他感到别扭。不感激你不合情理，感激你又说不出口，这样便失掉了行动的意义；

（3）不能在帮助的同时批评下属。如果对方自尊心极强，他会拒绝你的施舍，非但不能化解矛盾，还会闹得不欢而散。

得饶人处且饶人，很快忘掉不愉快，多想他人的好处，领导者才能团结、帮助更多的下属，他们会因此而重新认识你。

5. 要战胜自己的刚愎自用

出于习惯和自尊，领导者喜欢坚持自己的意见，执行自己的意志，指挥他人按自己的意愿行事，而讨厌你指东他往西的下属。上下级出现意见分歧时，上级用强迫的方式，要求下属绝对服从，双方的关系便会紧张，出现冲突。领导者战胜自己的自信与自负，可用如下心理调节术：

（1）转移视线、转移话题、转移场合，力求让自己平静下来；

（2）寻找多种解决问题的方法，分析利弊，让下属选择；

（3）多方征求大家的意见，加以折中；

（4）假设许多理由和借口，否定自己。

6. 发现下属的优势和潜力

为上级者，最忌把自己看成是最高明的、最神圣不可侵犯的，而下属则毛病众多，一无是处。对下属百般挑剔，看不到长处，是上下级关系紧张的重要的原因。领导者研究下属心理，发现他的优势，尤其是发掘下属自己也没有意识到的潜能，肯定他的成绩与价值，便可消除许多矛盾。

7. 要排除自己的嫉妒心理

人人都讨厌别人嫉妒自己，都知道嫉妒可怕，都想方设法要战胜对方的嫉妒。但唯有战胜自己的嫉妒才最艰巨，最痛苦。下属才能出众，气势压人，时常提出一套高明的计策，把你置于无能之辈的位置。领导者越排斥他，双方的矛盾越尖锐，争斗可能导致两败俱伤。此时，领导者只有战胜自己的嫉妒心理，任用他，提拔他，任其发挥才能，才会化解矛盾，并给他人留下举贤任能的美名。

8. 在必要时可反击制胜

对于不知高低进退的人，必要时，领导者必须予以严厉的回击，否则，不足以阻止其无休止的纠缠。和蔼不等于软弱，容忍不等于怯懦。优秀的领导者精通人际制胜的策略，知道一个有力量的人在关键时刻应用自卫维持自尊。

唯有弱者才没有敌人，凡是必要的交锋，都不能回避。在强硬的领导者面前，许多矛盾冲突都会迎刃而解。

解决冲突的操作技巧

· 今日茶点

领导与下属的矛盾隔阂往往不是一下子产生的，而是有一个由量到质、由小到大、由潜到显的过程。所以，作为领导，不要等到矛盾成为冲突时才想办法处理，而应在平时就注意缓和矛盾，避免冲突。

领导对下属实施领导，是一种法定的权力。这种权力规定，领导应该按照一定的目标、任务、标准、程序等，去要求下属做什么、怎么做，并规范下属的行为。由于领导与被领导是一对矛盾，所以二者之间有时难免会发生冲突。管理者怎样处理这些矛盾与冲突？需要注意以下几点。

1. 公正

这是领导职业道德的核心内容。它要求上级领导在处理与下级关系时公平合理、不偏不倚，特别是在工资、奖金、职称、住房等敏感问题上要做到公平合理。好的领导作风和方法，公正合理地处理问题，是化解矛盾、避免冲突、调动下属积极性的基本前提。

2. 平等

这是上下级关系的基本要求。这里既要警惕权力效应，反对"有权就有真理"；也要警惕地位效应，反对"官大一级压死人"。如果领导由于地位的优越、权力的拥有，不尊重下属，轻视下属的人格、劳动、作用等，并总是以高人一等的身份出现，盛气凌人，那么久而久之，冲突是在所难免的。领导必须懂得，权力是责任，权力是服务。领导与被领导在人格上、政治地位上都是平等的，不存在"上尊下卑"的差异，应该体现出平等而良好的人际关系。

3. 民主

民主作风是现代领导必备的品格。民主作风的实质是相信群众、依靠群众、走群众路线。领导必须尊重下级，虚心听取下级的意见和建议，吸收下级参加管理和对重大问题的决策讨论，把下级的积极性充分调动起来。领导决不可自恃高明，高人一等，轻视下属，搞一言堂，个人说了算，奉行"孤家寡人"政策。

4. 信任

信任往往是和授权联系在一起的。上级越是信任下级，越愿意授权给下级，而下级就越尊重上级，使上下级关系处于一种良性循环之中。特别是对那些能力强、有主见、自信自重的下属，领导可以放手让他在职权范围内独立工作，使之产生因领导充分信任和器重而获得的自豪感，更加积极主动地工作，从而避免因能力得不到发挥、信任感得不到满足而产生的隔阂与不满。当然，领导授权也不应是盲目的，而应遵循责权统一原则、适当控制原则、量力授权原则和相互信任原则。

5. 及时

应该说，处理好上下级关系，双方都有责任。

如果只有一个方面的主动性与诚意，而没有对方的积极性与配合，其结果就可能是难以协调。一般来说，无论是领导或下属，主观上都希望与对方建立良好的关系，希望消除误会与隔阂。但在客观实践中，却常有上下不和，彼此争斗，旧隙未弥，新怨又添，虽两败俱伤而不肯罢休的状况。其重要原因之一，是上下级关系的沟通不及时、不主动、往往只有一个方面的努力，而对方则意气用事，消极处之，待对方醒悟，再寻弥补时，这一方又早已心灰意冷，另生他念。由

"一头热"变成"两头凉"，结果双方越闹越僵，不可收拾。

6.坦诚、谦虚、严于律己

领导在工作中与下属发生冲突，不应以势（权）压人，似乎权力在自己手中，你就得听我的、服我管，顺我者昌，逆我者亡，搞家长式作风，而应从关心、爱护下属出发，坦诚地交换意见，把疙瘩解开。领导的地位较高，觉悟、姿态也要高，遇事不能小肚鸡肠、斤斤计较，更不能寻私情、图报复、给下属"穿小鞋"，要知道"金无足赤，人无完人"。

任何高明的领导难免有考虑问题不周之时，失误是不足为怪的。问题是，有了缺点错误，不要文过饰非，推诿于他人，甚至知错不改，将错就错。能不能严于律己，严于剖析自己，有没有勇于自我批评的精神，这是区分领导工作水平和道德风格的重要试金石。

领导与下属的矛盾隔阂往往不是一下子产生的，而是有一个由量到质、由小到大、由潜到显的过程。所以，作为领寻，不要等到矛盾成为冲突时才想办法处理，而应在平时就注意缓和矛盾，避免冲突。

化解领导与下属的矛盾，从心理学的角度讲应掌握如下原则和技巧：

第一，疏导的原则。对于下属的矛盾焦点，不能堵，不能压，要坚持又疏又导，在疏通中引导，在引导中疏通，"活血化瘀"。既要广开言路、畅所欲言，又要循循善诱、说服教育，提高下属的觉悟，让其实事求是地分析和认识问题，把思想引导到正确的方向上来。

第二，发泄的原则。下属有怨气，要采取一定的方式让他们出气，有多少出多少，出错了也不要紧，就是一些过火、"走板"的话，也要让人家讲完，然后选择适当的时机和方式，进行引导和教育。这种发泄，实际上是一种"安全阀效应"。

第三，升华的原则。对于下属的某些需求（很可能是正当的、合理的，然而又是一时解决不了的），要通过强有力的思想政治工作，使其认识到限于某些条件，这些需求无法实现或者无法全部实现，应当用一个新的、有一定社会价值的目标来代替原来的需要，借以减轻心理痛苦，化解矛盾。

第四，转移的原则。当下属十分激动，任何说教都已无济于事，矛盾冲突已经发生的时候，应当设法转移下属的注意力，弱化乃至减轻矛盾。

第五，自我控制的原则。这里指领导在解决下属的问题和困难，化解矛盾、处理上访等事情时，必须善于控制自己的情绪、语言和行为，设法避开焦点，防止正面冲突。这样才能有效地控制事态向冲突以至恶化方面发展。

以冲突来提升凝聚力

在团队中，过分的和睦可能会使不良的工作绩效得到宽容，因为没有人想指责或解雇一个朋友，朋友们往往不愿相互争执或批评，使团队缺乏斗志和竞争性。

团队里的人个性不同，价值观不同，习惯不同，所以团队成员之间发生冲突情况时有发生。并非所有的冲突都是坏事，有时候就是需要不同的观点彼此激荡才能迸发出改进的火花。如果有一天团队中的人们都可以自由表达自己的心声或好恶，或者不把这视为一种毒瘤而是一种健康的表现时，那整个团队必会因为多元化而受益。

有了冲突不一定都是坏事，但是忽视不得，它听之无声、看之无影，却以一种无形的力量影响着人们的一举一动，如果处理不妥，其后果是团队内成员流失，绩效下降。所以必须高度重视团队中的冲突。

今天的企业，管理者不能消除冲突，但可以引导冲突，寻找冲突的正面效应，把恶性的冲突变成良性的、积极有益的冲突，一场正面的博弈冲突也可以给企业和个人带来积极的结果。

多年前，盛田昭夫担任副总裁，与当时的董事长田岛道治有过一次冲突。田岛道治负责皇室的一切事宜，是位老派的望族。

当时，盛田昭夫的一些意见激怒了他，虽然盛田昭夫明知他反对，仍坚持不退让。最后田岛道治气愤难当地对盛田昭夫说："盛田，你我意见相左，我不愿意待在一切照你意思行事的公司里，害得索尼有时候还要为这些事吵架。"

盛田昭夫的回答非常直率，他说："先生，如果你和我的意见完全一样，我们俩就不需要待在同一家公司里领两份薪水了，你我之一应该辞职，就因为你我看法不一样，公司犯错的风险才会减少。"

管理者应该看到团队冲突带来的好处。团队冲突能够充分暴露团队存在的问题，增强团队活力。冲突双方或各方之间不同的冲突意见和观点的交锋打破了沉闷单一的团队气氛，冲突各方都能公开地表明自己的观点，且在这种交流中，不存在安于现状、盲目顺从等现象，冲突激励着每个人都去积极思考所面临的问题，从而易产生许多创造性思维，整个团队充满活力。这种活力能够保证团队在市场上的竞争性。

　　通用公司前 CEO 杰克·韦尔奇就十分重视发挥建设性冲突的积极作用。他认为开放、坦诚、建设性冲突、不分彼此是唯一的管理规则。企业必须反对盲目的服从，每一位员工都应有表达反对意见的自由和自信，将事实摆在桌上进行讨论，尊重不同的意见。韦尔奇称此为建设性冲突的开放式辩论风格。

　　由于良性冲突在通用公司新建立的价值观中相当受重视，该公司经常安排员工与公司高层领导进行对话，韦尔奇本人经常参加这样的面对面沟通，与员工进行辩论。通过真诚的沟通直接诱发与员工的良性冲突，从而为改进企业的管理作出决策。正是这种建设性冲突培植了通用公司独特的企业文化，从而成就了韦尔奇的旷世伟业。

　　冲突是提升团队凝聚力的契机。在团队中，过分的和睦可能会使不良的工作绩效得到宽容，因为没有人想指责或解雇一个朋友，朋友们往往不愿相互争执或批评，使团队缺乏斗志和竞争性。只有在时有冲突的团队里，成员才会因为彼此竞争而快速进步，从而推动团队高效成长。团队的凝聚力因冲突得到完美解决而不断加强。

·第二十三章·

企业文化管理：占据员工的心智资源

管理组织文化的环节

·今日茶点

培养组织文化的个性化、特色化，处理好借鉴与创新的关系，是组织文化管理的重中之重。

按照文化就是"人化"的理解，不同的人从属于不同的文化圈，具有不同文化类型的价值观。全球著名企业都非常注重创造自己独有的文化氛围。

通用公司把自己的组织文化定义为"发展就是我们最重要的产品"，以此引导该公司不断发展。管理组织文化同时还要注意以下几个环节。

1. 处理好借鉴与创新的关系

个性化、特色化是组织文化的特性，是组织凝聚力的内在因素。组织文化都具有各自的个性。组织文化个性化、特色化的形成，有赖于处理好继承优良文化传统、借鉴国外成功做法、吸收国内先进经验和坚持企业创新的关系。不同民族、不同群体都有自己的独特的文化传统和文化理念。

这种文化特性的基础就是在自身发展的历史沿革中凝练而成的精神风貌、行为准则、价值观念等。组织文化的特性要在组织继承和发扬自身的优良传统中、组织处理重大事件和企业的重大变化中、组织的经营方针和组织形象中、组织先进人物和成员的精神风貌中，去寻找、发掘和培养。

随着市场经济的发展和竞争的深层次化，组织文化的个性化、特色化越来越鲜明，越来越强化，越来越成为组织生存发展的重要资源。许多组织因组织文化雷同化、空泛化、庸俗化，而丢掉组织个性，导致在市场竞争中遭淘汰。因此，培养组织文化的个性化、特色化，处理好借鉴与创新的关系，是组织文化管理的重中之重。

2. 用文化手段管理文化

组织文化的管理过程，就是"人化"与"组织化"的选择、设计过程，就是对组织成员的精神生活、价值目标、行为方式的疏导、整合，从而达成共识，构建组织价值观念体系的过程。通过这种共有的价值观念的内化，使全体组织成员以此为准则，调整、约束、监督自己的行为，达到自我管理、自我控制、自我激励，完成由他律到自律的心理和行为模式的转换。

如组织成员的敬业精神，负责的工作态度、兢兢业业的事业追求、高尚的职业道德和强烈的时间与效率观念，并不是发端于个人的"良心"，而是组织环境压力（通过暗示作用）和成员自律动力（个人追求）相互作用的结果。

组织中存在大量的文化因素，这些文化因素需要用文化的手段进行疏通、引导、集中、凝练，体现组织意志，升华为组织精神、组织价值观。具体的文化手段包括：

（1）通过建立组织成员心理调适机制，引导成员情绪。任何一个企业，一切产出（产品、工作、服务）都离不开人，凡涉及"物"，必须考虑到"人"和人的心理状态。它们之间的关系是心理状态（影响）—工作质量（决定）—产品（产出）—质量。进入20世纪90年代后，人们的生活有了改善，但是生活的不满足、工作的压力感和竞争意识，可能会转化为工作动力，也可能会导致不良情绪和不良行为的出现。管理者应该运用心理学原理，缓解组织成员的心理压力，培养兼容并蓄的开放性心态和宽容平和的心理素质，以形成成员心理结构或心智模型的结构性飞跃和优化。

（2）建立育人机制，面向知识经济。文化引导的过程应侧重于对组织成员思想道德素质的培养，注重开发人的价值与精神层面对行为的调节作用。用文化手段培育人就是强调成员文化知识培训，开发科技文化知识对人的智力支持作用。经过良好培训和被充分调动起来的成员是组织最大的资本。近几年，美国企业正是借鉴了日本企业重视开发人的价值和精神层面作用的经验，又强化了文化知识育人的学习型组织功能，才使美国在知识经济挑战面前，有备而战，推动经济良性发展，同时深化了企业文化管理的新内涵。

3. 建立虚实结合、刚柔相济的管理制度

处理好虚与实、无形与有形、柔与刚的关系是企业文化管理的关键。这也是

组织文化管理的第三个要诀。组织文化是当代先进的管理理论，它以人和人的精神为管理的重点，有人称之为"软"管理、柔性管理，即对无形之物的管理。

组织文化管理似虚却实，似无形却有形，说软实硬，说柔却刚。从表面上看，企业文化管理的对象是精神、观念等虚的、无形的东西，但组织文化管理的对象却都是有形的、实在的"自在""自为"之物，都是活生生、有情感、有血肉的人；文化管理的性质是柔性的、软的管理，但其管理手段却是刚性的、硬的。组织文化管理要就实避虚，寓无形于有形之中；要软硬结合、刚柔相济。这是组织文化管理的魅力所在，也是组织文化管理的诀窍与要领。

所谓就实避虚、寓无形于有形，是指组织文化管理要见人见事，完成两个形象的塑造。通过组织成员精神意识的修炼，塑造成员的个人形象；通过组织价值观念和企业精神的确立和认同，塑造企业的整体形象。

所谓软硬结合、刚柔相济，是指组织文化管理一方面要注重"软"管理的内功修炼，另一方面要硬化管理手段，硬化管理目标和考核办法，以有利于将组织意志内化为全体组织成员的共识和行为，外化为组织的形象和风格，使组织具有强大的凝聚力和竞争力。

塑造企业价值观的原则

· 今日茶点

　　履行企业社会责任有可能会损害企业的短期利益，但它有助于企业的长远利益。

在企业价值观塑造的过程中，管理层必须遵循一定的原则，使价值观伴随着企业的发展而不断完善。具体来说，塑造企业价值的基本原则如下。

1. 以人为本

以人为本是确立企业价值观的首要原则。日本著名企业家董事长盛田昭夫说过："如果说日本式的经营真有什么秘诀的话，那么，我觉得人就是一切秘诀最根本的出发点。"企业文化强调以人为中心的管理，强调把人放在企业的中心地位，在管理中要尊重人、理解人、关心人、爱护人。

首先，把人放在企业的中心地位，就是要确立员工在企业中的主人翁地位，使工人真正成为企业的主人，参与企业管理，行使企业主人的权利，尽到企业主人的责任和义务，最大限度地调动起他们的积极性、主动性和创造性。

其次，把人放在企业的中心地位，就是要尊重人的尊严、权利和价值，满足人的需要，从而调动人的积极性。人的积极性，在很大程度上是指人的行为的积极性。

而人的行为是由动机引起的，动机又源于需要。因此，最大限度地调动人的积极性，必须从尊重人和满足人的需要入手。人的需要是一个由对物质条件的渴求必然上升为对精神生活的追求和升华的发展过程。

因此，企业首先要满足和维持员工的物质需要，为员工提供基本的生存、工作环境和物质保障。员工的基本物质需求和自尊得到满足，才会真诚地与人分享这种感觉并体现在工作中。

最后，要刺激、引导需要，即提供激励因素，引导需要向更高层次发展，如确立科学的价值观、培育员工崇高的精神和道德理想追求等等。

总之，现代企业须以人为中心，通过对人的需要的不断激发和满足，来最大限度地调动人的积极性，使企业价值观得到丰富和发展。

2. 顾客至上

企业的生存和发展离不开消费者，只有消费者购买产品企业才会有效益。因此，顾客至上、消费者优先是塑造企业价值观的又一基本原则。

企业要坚持"顾客至上"原则的前提条件是对顾客有正确的认识。美国本纳公司是最成功的邮购商行之一，他们对顾客的界定是：顾客永远是最重要的人，是企业的依靠，是企业员工工作的目的。

由此可见，顾客或消费者与生产者的关系绝不是相互敌对的关系，而是互为一体、相互统一的关系。企业只有把消费者看作自己的衣食父母、看作自己的亲人，才能真诚地对待消费者，以优质的产品和良好的服务获得消费者的信任。企业也只有得到消费者的信任，才能在激烈的市场竞争中立于不败之地。海尔集团的成功就是一个很好的实例。

在海尔的成功经验中，最值得称道的是海尔集团在国内企业中率先提出的服务竞争理念，首次推出的"海尔国际星级服务"。海尔的每一台冰箱从上生产线到用户，它所有的信息被都详尽地输入微机，在30秒内，所需信息即一览无余。"真诚到永远"，这不仅仅是海尔集团的广告词，更是海尔人日复一日、年复一年以真诚对待每一位顾客所赢得的盛誉。

海尔集团正是以自己的真诚，急用户所急，想用户所想，营造起厂家和顾客之间血肉相连的密切关系，不仅使顾客真正获得"上帝"的体验，更使海尔获得广泛而牢固的信任和支持，为海尔的发展奠定了广阔的市场基础。

3. 企业利益与企业社会责任相统一

现代企业在塑造企业价值观的过程中，必须坚持企业利益和企业社会责任相统一的原则。企业通过生产经营活动的目的是获取最大的利润，这是企业得以生存和发展的基础，没有企业利润的获得，企业就失去了生存的保障。

但是，追求利润并非是企业的最终目的，企业的最终目的在于以事业提升人民共同生活的水准，促进社会的进步。企业只有在承担社会责任的基础上追求利润最大化，才会取得长足发展。这就要求企业不仅要关注自身利益的实现，同时还要关注自身之外的社会利益，承担企业的社会责任。

所谓企业社会责任，是指在提高自身利润的同时，对保护和增加整个社会福利方面所承担的责任，即对社会长远目标所承担的责任，既包括强制的法律责任，也包括自觉的道义责任。履行企业社会责任有可能会损害企业的短期利益，但它有助于企业的长远利益。

另一方面，企业履行社会责任，有利于树立良好的企业形象。企业拥有良好的外部环境和较高的员工士气，就能更好地促进企业的发展。

塑造企业价值观的途径

· 今日茶点

就员工个人而言，由于每个员工都有其特殊的追求，对事物及行为都有自己独特的评价标准，这就决定了员工个体价值观与企业价值观的差异性。

现代企业可以通过以下途径来塑造企业的价值观，进而建设与营造具有凝聚力的企业文化氛围，使企业管理达到一个全新的境界。

1. 管理层重视

在企业价值观的塑造过程中，企业管理层必须高度重视，并把它放在企业经营战略的高度来认识。企业价值观不是自发形成的。在这个过程中，企业领导者是企业价值观的第一倡导者和实践者。他们在企业中的特殊地位，决定了他们在企业价值观的塑造中起着关键作用。

2. 建立健全保障机制

塑造企业价值观，必须建立健全保障机制，完善管理制度。这是因为制度既是企业生产经营工作的必要条件，也是企业文化建设的一项重要内容。从企业文化角度来看，企业规章制度一方面是科学技术、科学管理的体现，另一方面又是企业价值观、企业哲学、企业道德规范等企业文化的具体体现。具体来讲，在塑造企业价值观的过程中，要注意建立和健全这样一些保障机制：

（1）建立健全奖惩制度，对实践企业价值观的先进个体和群体进行表彰与奖励，对违背企业价值观的人或事进行批评与处罚，从而对员工实践企业价值观起导向作用。

（2）建立健全企业庆典、员工联谊、劳动竞赛、定期评选先进模范典型等制度，利用一切形式对员工宣传和灌输企业价值观和基本信念，不断激励员工自觉地实践企业价值观。

（3）建立培训制度，特别是新员工的教育和培训制度，使他们从进入企业第一天起，就受到企业价值观的教育和熏陶。对于员工，通过培训，可以巩固和提升他们的价值观。

（4）建立企业领导深入基层、甘当表率作用的制度。尤其是在企业价值观形成后，企业各级领导干部务必身体力行，努力使自己成为企业价值观的化身，用模范行动影响和感染员工。

（5）要把企业价值观的培育与职业道德建设紧密地结合起来，使企业价值观具有实在的内容，具体落实到每个岗位、每个员工的实际行动中。

总之，只有建立起实践企业价值观的保障机制，才能使企业价值观的塑造真正落到实处。

3. 加强引导教育

企业价值观的塑造必须对企业员工进行灌输、教育和引导。这里既有外在的教育，也有员工的自我教育。教育的目的在于提高员工的思想道德和文化水平，增强实践企业价值观的自觉性，使员工把实践企业价值观看成是实现自我的重要形式，自觉塑造理想人格。要做到这一点，需要从两个方面入手：

（1）进行智力投资，提高企业员工的思想文化素质。员工的认识水平是与其接受教育的程度密切相关的。一个员工文化素质不高的企业，难以形成具有时代精神的价值观。因此，通过多种形式、层次和途径，对员工进行科学文化知识传授、专业技能培训和思想教育，是塑造企业价值观的关键步骤。

（2）通过长期的教育引导，使员工逐步领悟企业价值观的内涵，提升员工的精神境界。企业价值观的形成，有赖于员工个体价值观的确立，即企业价值观的内化。企业员工个体的差异性，决定了他们在价值观方面具有多元化和层次化的特征。

就员工个人而言，由于每个员工都有其特殊的追求，对事物及行为都有自己独特的评价标准，这就决定了员工个体价值观与企业价值观的差异性。

内化企业价值观，意味着员工放弃与企业价值观不相符合的价值观念，确立与企业价值观相符合的价值观念。这种转化过程的实现，需要通过教育引导使员工自觉地把个人的目标纳入企业目标的轨道，自觉地实现个体价值观向企业价值观的转化。

企业精神培育的途径

· 今日茶点

形象塑造是把企业精神物化为外显形态的一种方法。

培育卓越的企业精神，使之融会于企业组织的肌体和企业员工的行为中，化作企业发展的生生不息的动力，是一项复杂的系统工程。根据中外企业的成功经验，培育企业精神有着规律性的途径主要有以下几种。

1. 舆论营造氛围

舆论的力量是无穷的，它对人的思想行为所能产生的导向作用、熏陶作用、激励作用和制约作用，是其他任何方式都无法比拟的。因而，企业通过电视、广播、厂报、厂刊、宣传栏、黑板报、标语、宣传品等媒介，以及报告、讲演、座谈、讨论等宣传方式，宣传、传播企业精神，使企业精神深入人心，营造良好的企业文化氛围。

2. 领导带头示范

企业领导是企业文化之源。企业精神的人格化首先体现在企业领导人身上。因此，企业领导不仅要做企业精神的积极倡导者，而且要做企业精神的率先示范者和实践者。企业领导的言行举止、风格境界与企业精神格格不入，企业精神就不可能在广大员工中扎下根来。因而，培育企业精神首先需要企业领导者模范地实践企业精神。

3. 员工实践锤炼

企业精神是企业员工共有共享的价值观。企业精神是企业群体生产经营实践的结晶，只有回到实践中去，由广大员工身体力行，才能发展和升华。员工是企业的主体，也是企业精神的主要载体，所以员工实践企业精神的过程，也就是企业精神的培育过程。

4. 树立企业英雄

企业英雄是企业在发展过程中产生的典型人物。树立企业英雄，塑造典型榜样，是培育企业精神、改造企业文化的有效途径。榜样的力量是无穷的，因为英雄人物集中体现了企业精神，模范地体现了企业的价值观，是企业精神的忠实的实践者。美国的迪尔和肯尼迪在《塑造公司文化》一书中谈到，如果价值观是企业文化的灵魂，英雄人物就是价值观的化身，以及企业组织力量的缩影。英雄人物是强劲企业文化的枢纽。

5. 开展主题活动

以企业精神为主题，经常组织开展各种各样的文化活动，在活动中潜移默化熏陶培养员工对企业精神的觉悟与意识，这也是培育企业精神的一条渠道。当今人们的思想观念渐趋多元化，单靠灌输已很不够，必须开展多层次、多渠道的社会性、知识性、娱乐性的活动，这既是企业精神培育的一条途径，也是企业文化建设的重要内容。

6. 制定规范制度

企业精神是一种规范员工行为的思想观念，本身不具有强制性。因此，培育形成企业精神还需规范制度作保证。

7. 形象塑造

形象塑造是把企业精神物化为外显形态的一种方法。企业精神是无形的、抽象的，但可以通过一定的方式物化为有形的、具体的东西，如通过厂旗、厂徽、厂服、厂歌、厂容、厂貌、广告、招牌、厂史展览等，展现企业精神的内涵，反映企业的风格特征及员工的精神风貌，从而促进企业精神的培育和生长。

8. 典礼仪式

典礼仪式是促进员工对企业精神的认同，强化企业精神的有效手段。包括升国旗、厂旗仪式、唱厂歌等，利用各种典礼仪式的象征性意义，向企业广大员工宣扬和灌输企业精神，是强化企业精神的必要途径。

企业精神的培育除上述八种途径和方法外，还有环境渗透、教育培训、外界监督等，各企业要根据企业的实际情况去选择。

现代企业精神的共性特征

·今日茶点

协作精神培养的方法是多种多样的，可以通过非正式组织、团队（或以班组、或以部门、临时任务组织、或以兴趣小组为基础）形式来促进企业员工的协作精神。

不同企业都有不同的成长历程，形成了各自不同的企业个性。但是，现代企业精神也具有共性内容，主要表现在参与、协作、奉献等几个主要方面。

1. 参与管理

参与管理即企业员工主动参与企业的管理活动，它是企业兼顾满足员工各种需求和效率、效益要求的基本方法。

员工通过参与企业管理，发挥聪明才智，得到比较高的经济报酬，改善人际关系，实现自我价值。而企业则由于员工的参与，改进了工作，提高了效率，从而达到更高的效益目标。

在实施员工参与管理的过程中，要特别注意引导，要反复把企业当前的工作重点、市场形势和努力的主要方向传达给员工，使员工的参与具有明确的方向性。只有这样，才能保护员工参与的积极性。参与管理在具体的实施过程中，要根据员工知识化程度和参与管理的经验采取不同方式。一般情况下，参与管理可分为如下三种形式：

（1）控制型参与管理。控制型参与管理一般适合于员工知识化程度较低、参与管理经验不足的情况。它的主要目标是希望员工在其经验的基础上提出工作中的问题和局部建议，经过筛选后，由工程师和主管人员确定解决方案并组织实施。在提出问题阶段是由员工主导的，但解决问题阶段主导权控制在工程师和主管人员手中。

美、日、德等国企业中的参与管理很多是采用这种模式，这种模式的长处在于它的可控性，但由于它倾向于把参与的积极性控制在现有的标准、制度范畴之内，因而不能进一步发挥员工的积极性和聪明才智。

（2）授权型参与管理。如果员工知识化程度较高，有相当多的参与管理经验，即可采用授权型参与管理。它的主要目标是希望员工在知识和经验的基础上，不但提出工作中的问题和建议，而且制订具体实施方案，在得到批准后被授予组织实施的权力，以员工为主导完成参与和改革的全过程。例如美国高技术制造业和高智能服务业的员工知识化水平较高，多采用这种模式。

（3）全方位参与管理。它是指员工参与管理的程度不限于目前所从事的工作，他可以根据自己的兴趣、爱好，对自己工作范围以外的其他工作提出建议和意见。企业提供一定的条件，帮助员工从事自己喜爱的工作并发挥创造力。这种模式是针对员工具有较广博的知识，管理部门又具有相当的宽容度，企业内部择业又有很大的自由的情况而采用的。

2. 协作精神

协作精神是现代企业精神强调的重要内容。协作精神培养的方法是多种多样的，可以通过非正式组织、团队（或以班组、或以部门、临时任务组织、或以兴趣小组为基础）形式来促进企业员工的协作精神。团队在许多现代企业中已成为促进企业员工协作精神的有效手段和组织形式。美国管理学家哈默指出，团队是一个伟大的创造，是现代企业管理的基础，是重新构建公司的一个基本出发点，具有强大的生命力。

3. 奉献精神

奉献精神是与企业社会责任相联系的一种企业精神。它是指在组织企业经济运营过程中，关心整个社会的进步与发展、为社会多做贡献的精神境界。企业只有坚持公众利益至上，才能得到公众的好评，使自己获得更大的、长远的利益。这就要求企业积极参加社会公益事业，支持文化、教育、社会福利、公共服务设施等事业。通过这些活动，在社会公众中树立企业注重社会责任的形象，提高企业的美誉度，强化企业的道德责任感。

企业文化导向的人本管理

· 今日茶点

在企业人力资源调配、考核等方面，培训企业员工的企业精神，形成一个和谐向上充满活力与朝气的组织目标与员工价值自我实现相一致的利益、文化、精神共同体。

企业文化是以企业在长期生产经营过程中逐步形成与发展的、带有本企业特征的企业经营哲学，即价值观念和思维方式为核心所生成外化的企业行为规范、道德准则、风俗习惯和传统的有机统一。它可以分为企业精神文化、企业制度行为文化和企业形象物质文化三大层次。

　　企业文化的核心是企业精神文化，即它的价值观念、思维方式。企业文化对人本管理的导向作用，主要是指这种企业价值观念和思维方式的导向作用。企业文化与人本管理相结合的可能性还在于企业文化的二元性特征。企业文化、企业特有的价值理念和行动为准则，一方面是由一些特定的、与企业有关的价值观念和思维方式所构成（如顾客至上，质量第一，没有最好只有更好等），另一方面也是由个人在社会化过程中带到企业里去的社会文化、价值观念和思维方式的结果。

　　企业文化是亚社会文化。企业的员工走进企业时，他不是一个抽象的自然人，而是一个社会人，是有一定意念、信仰、价值观念的人，这正是人力资源区别于物力、财力及自然资源的显著特征。也就是说，企业人本管理面对的是社会，以企业文化为导向的管理就是要把企业文化的这两个方面，双向生成过程有机地融合起来，形成一个更好的企业文化，从而有利于人力资源有效管理。

　　以企业文化为导向的人本管理可通过以下形式与过程实现：

　　第一，从招聘阶段就开始进行企业文化，尤其是企业价值观念的导向。企业人本管理要通过有目的公关活动和广告宣传，让潜在的员工了解企业的企业文化，特别是企业的基本价值观念，基本的原则和宗旨。接下来要用合理的测试手段分析判定应聘者的价值倾向与企业的价值观体系是否一致。

　　第二，对招聘来的新的企业员工进行企业文化培训，即定向（入厂、入社）教育。在这一阶段不同的价值观念和思维方式会发生激烈的碰撞，对企业存在的问题会有鲜明强烈的感受和印象，它虽有直观感性认识的片面性，但是却克服了老企业员工的熟视无睹乃至麻木不仁，认真听取新职工的意见，加以归纳分析，找出合理因素加以吸收，不仅会使新的员工加快对企业已有文化价值观念的认同，而且更主要的是它会给企业文化注入新的活力因素，保持企业组织具有不断变革的动力。这是企业文化与社会文化通过人力资源的互动过程。

　　第三，在人力资源使用过程中培养企业员工的企业精神。企业精神是企业文化的核心，即企业价值观念和思想信念的体现。它要求有奉献、团结协作，以人为本、创新、追求卓越等精神。比如它要求尊重企业员工权利，公平对待每一个员工，包括犯错误乃至被解雇的员工，鼓励员工参与企业的管理与决策，保障职工的劳动安全和合法权益，加强管理者与被管理者之间的沟通，形成和谐的人际关系，包括劳资关系等，以及保证员工的工资福利，等等。

　　总之，在企业人力资源调配、考核等方面，培训企业员工的企业精神，形成一个和谐向上充满活力与朝气的组织目标与员工价值自我实现相一致的利益、文化、精神共同体。

　　第四，人本管理中企业文化作用的媒介形式。任何文化发挥作用都必须通过感官媒介，企业文化也是这样。企业文化在人本管理中的媒介形式主要有：

　　一是良好的企业环境和优质的产品与服务对企业员工潜移默化的作用，这要求企业管理者外树良好的企业形象，内创优美的生产工作环境等。

　　二是企业开展象征性的企业欢庆仪式、礼仪、纪念等活动。

　　三是宣传企业特有的语言、口号、标语、传闻轶事、"神话"故事。特有的标语口号简明，好懂易记，易于传播。

　　四是企业人力资源管理者要树立本企业的英雄人物、传奇人物。因为榜样的力量是直观感性的，他（她）明确地告诉人们企业在提倡什么、鼓励什么，企业员工也就知道自己应该怎么做。这也就是"树典型"的方法，实事求是的人物典型就会发挥鲜明生动的感召力。如果企业家身体力行，成为企业文化中的典型人物，那么就会更好地发挥企业文化的导向作用了。总之，企业文化导向下的人本管理会使人力资源管理更加有效，二者是一个互相促进的管理活动。

照搬照抄绝不会有出路

· 今日茶点

　　企业文化是企业在长期的发展中产生的，是和企业的经营方向和经营战略紧密联系的，因此企业文化的独特性不是刻意营造形成的。

　　许多企业不愿付出艰辛的劳动，在文化建设上想走捷径，就去把别人的好的企业文化照搬过来。一位服装行业的企业家在一次会上兴冲冲地对一个学者说："我在三个月前请了某某公司（国内著名的通信设备供应商）的一位专家，参照他们的基本法制定了一整套公司的核心价值观，并且建立了一套鼓励创新与竞争的管理制度，公司的企业文化大功告成，我现在总算可以松口气了。"

　　这位学者当即问他，你是为了什么去确立核心价值观，你的员工接受这些价值观吗，你的顾客会怎么看，他沉思了一下说，他还没来得及认真思考这些问题。

　　这位企业家错就错在只懂照搬照抄，没有认识到企业文化的独特性。从现实状况来看，企业文化之所以有独特性，主要是因为以下几方面的原因。

1. 企业制度安排和战略选择的不同

企业文化就内容来讲，是企业制度安排和战略选择在人的价值理念上的反映，而不同的企业又具有不同的制度安排和战略选择，因而对于反映企业制度安排和战略选择的企业文化，当然在内容上有很大的不同。例如，一个国有大企业和一个私营企业的文化不可能是相同的，海尔的企业文化与长虹的企业文化肯定也不同，因为它们在制度安排和战略选择上有很大的差异。

2. 企业家文化不同导致了企业文化的不同

企业家文化对企业文化的影响是很大的，企业文化必然会打上企业家的文化的烙印，企业家成长的背景不同，创业期间的经历不同，造就了他们不同的人格，个人信奉的价值观不同，企业文化往往是很不相同的。例如，万通的冯仑的价值理念，与万科的王石的价值理念就相差甚远，他们的价值理念的差异，就导致了万通的企业文化与万科的企业文化的差异。

3. 企业不同发展阶段的企业文化是不同的

新创办企业的企业文化和那些已经发展得很成熟的企业的企业文化不同，尤其是与那些已经壮大起来的企业的企业文化很不相同。例如，刚刚创办起来的家族企业，其企业文化中的家族血缘理念就很强，而已经发展壮大起来的家族企业，其企业文化中的制度性价值理念比家族血缘理念要强大。也就是说，企业处于不同的发展阶段，有着自己特有的和自己的不同发展阶段相适应的企业文化，这样就导致了即使是同一个企业，其企业文化在不同的时期也是不同的。现在通用的企业文化与过去的企业文化就不同。

4. 企业存在基础有着很大的差异

不同的国家和地区，其社会基础是不同的，因而企业文化也有很大的区别。有一些留学归国人员创办企业的过程中，就把西方企业的一些企业文化照搬了过来，结果是不成功的。可以说，企业的不同社会基础，是决定企业文化的差异性的一个很重要的因素。

从上述几个方面可以看出来，不同企业的企业文化是有自己特殊性的，这种特殊性来自企业本身状况的不同，以及企业的社会基础的不同。也就是说，企业文化具有企业的特性，因而并不是所有企业的企业文化都是一样的。同样属于日本文化，索尼公司的企业文化强调开拓创新，尼桑公司的企业文化强调顾客至上；同样属于美国文化，惠普公司的企业文化强调对市场和环境的适应性，IBM公司的企业文化强调尊重人、信任人、善于运用激励手段。

别人的企业文化虽然会对他的企业文化的塑造有启发、借鉴的作用，但是由于自己的企业和别人的企业的各个方面的情况都不同，因而别人的企业文化往往很难解决自己所存在的问题，所以，企业文化是不能照搬的。

企业文化是企业在长期的发展中产生的，是和企业的经营方向和经营战略紧密联系的，因此企业文化的独特性不是刻意营造形成的。企业文化如果对企业经营的业绩没有帮助时，就应该立即进行文化改革。

文化建设应与时俱进

· 今日茶点

时代的巨变决定了企业文化不可能是不变的，所以不能把企业文化看成为永恒不变的东西。管理者应该随着企业的发展及企业文化的变化，不断地调整企业文化的内容。

国内的许多企业很重视文化建设，有的企业专门聘请了咨询公司给自己设计企业文化。有的老总认为：我有企业文化了，还不错，和先进企业的企业文化很接近，可以高枕无忧了。

这种错误认识的根源在于他们认为企业文化建设是一劳永逸的事，没有认识到企业文化是发展变化的。所谓企业文化是发展和变化的，就是指随着生产力及企业自身的发展，企业的企业文化也必然会发展和变化，没有一个永恒不变的企业文化。从现实情况看，企业文化的内容实际上都是在不断地变化和发展的。

从现实状况来看，在全世界的所有企业中，没有任何一个企业的企业文化是永恒不变的。如果企业文化是永恒不变的范畴，那么企业文化就会对企业的发展不仅没有积极性，反而还会成为企业发展的桎梏。

比如说，一个企业的企业文化是一百年以前形成的，形成以后就不变了，这显然是不行的，因为一百年前是什么时代？而现在又是什么时代？时代的剧变决定了企业文化不可能是不变的，所以不能把企业文化看成为永恒不变的东西。正因如此，我们应该随着企业的发展及企业文化的变化，不断地调整企业文化的内容。

中国的企业文化建设之所以会走入以上的误区，可以从以下几个方面来分析。

首先，从经济基础来看，中国的企业发展规模还处于工业的初级阶段。企业文化作为一种较高级的文化管理模式，它需要企业发展到一定规模和一定阶段，才能将原有的价值、理念整合成独具特色的管理模式和经营方式。很难想象小作坊和路边快餐店能塑造出整合程度高、有特色的企业文化，事实上，也没有必要。因此，发展中国的企业文化需要与之相适应的经济基础，企业要明确自己所处的发展阶段和发展目标，而不要盲目追求建设企业文化的形式。

其次，走入企业文化建设的误区反映出我们对企业文化的实质和企业文化发挥作用的内在机制理解得还不够深入，这是由于在中国企业文化的建设过程中，直接引进了企业文化的管理形式，而对企业文化的内涵、实质及适用条件等缺乏认真细致的研究，致使人们对企业文化与社会文化的关系、企业文化与企业管理的关系、企业文化的表层形式与企业文化的实质的关系等问题的基本理解上出现了偏差。

最后，综观国外企业文化的发展过程和中国企业文化发展过程中出现的问题，中国的企业和中国的经济面临着前所未有的挑战，中国的企业和企业管理也面临着与国际化接轨的严峻课题，既要面临同行业企业间的激烈竞争，同时又面临着全球化经济和网络时代所带来的挑战，在这样的形势下，企业文化的创新已成为企业创新不可分割的重要组成部分。

企业发展的关键在于制定正确的战略规划，企业的一切活动都要紧紧围绕着战略来进行。企业文化之所以重要，之所以被有的人赋予了"万能"作用，原因就在于它能促使企业战略更好地被执行。因为我们对企业文化发挥作用的内在机制理解得还不深入，没有把它和战略紧密地结合起来，所以在文化建设中才会出现"肤浅化""一劳永逸""没有特色"等错误认识。综观世界500强企业，很多都是用强有力的文化来配合企业战略规划，因此才具有了强大的竞争实力。

以使命来发现工作的意义

· 今日茶点

真正优秀的企业明白，其经营的目的不仅仅要赚钱，更重要的是承担起社会责任这个使命。

一个美丽的花园里有一棵愁容满面的小橡树，它一直为不知道自己是谁而困扰。它想像同园中的苹果树一样长出苹果，像玫瑰一样开出花朵，但它做不到。一天，一位智者告诉它："做你自己吧，你是一棵橡树，你要长得高大挺拔，给鸟儿们栖息，给游人们遮阴，创造美丽的环境。你有你的使命，去完成它吧！"小树顿觉浑身上下充满了力量和自信，它开始为实现自己的目标而努力。很快它就长成了一棵大橡树，填满了属于自己的空间，赢得了大家的尊重。

企业的使命是什么？很多人会说，企业的性质就是赢利，企业是为利润而存在。其实，真正优秀的企业明白，其经营的目的不仅仅要赚钱，更重要的是承担起社会责任这个使命。企业的经营利润固然是养活了一群人，可是作为社会组织的一部分，企业在社会这个大载体上还要承担自己的责任和义务。

使命是组织在未来完成任务的过程，代表企业存在的理由。比如福特公司的使命是：成为全球领先的提供汽车产品和服务的消费品公司，使命紧随愿景。使命是在明确企业愿景的基础上，具体地定义到回答组织在社会中的身份或角色，在社会领域里，组织的具体分工是什么、责任是什么。使命是企业对自身生存发展的"目的"的详细定位，是区别于其他企业而存在的原因或目的，也是企业走向成功未来的精神激励和指路明灯。

松下幸之助是世界有名的电器公司松下公司的创办人和领导人。松下是日本第一家用文字明确表达企业使命、精神或精神价值观的企业。松下的企业文化，是松下及其公司获得成功的重要因素。

松下精神并不是公司创办之日一下子产生的，它的形成有一个过程。松下有两个纪念日：一个是1918年3月7日，这天松下幸之助和他的夫人与内弟一起，开始制造电器双插座；另一个是1932年5月，他开始理解到自己的创业使命——就是消除世界贫困。所以把这一年称为"创业使命第一年"，并定为正式的"创业纪念日"。两个纪念日表明，松下公司的经营观、思想方法是在创办企业后的一段时间才形成。直到1932年5月。在第一次创业纪念仪式上，松下电器公司确认了自己的使命与目标，以此激发职工奋斗的热情与干劲。

松下幸之助认为，人在思想意志方面，有容易动摇的弱点。为了使松下人为公司的使命和目标而奋斗的热情与干劲能持续下去，应制定一些戒条，以时时提醒和警戒自己。于是，基于企业的使命和目标，松下电器公司首先于1933年7月制定并颁布了"五条精神"，其后在1937年又议定附加了两条，形成了松下七条精神：产业报国的精神、光明正大的精神、团结一致的精神、奋斗向上的精神、礼仪谦让的精神、适应形势的精神、感恩报德的精神。

松下精神是松下使命的导航仪，在松下公司的成长中形成，并不断得到培育强化，它是一种内在的力量，是松下公司的精神支柱，它同使命感散发出强大的凝聚力、导向力、感染力和影响力，可以激发与强化公司成员为社会服务的意识、企业整体精神和热爱企业的情感，可以强化和再生公司成员各种有利于企业发展的行为，如积极提合理化建议，主动组织和参加各种形式的改善企业经营管理的小组活动；工作中互相帮助，互谅互让；礼貌待人，对顾客热情服务；干部早上班或晚下班，为下属做好工作前的准备工作或处理好善后事项等，成为松下公司成功的重要因素。

对现在很多的中国企业来说，"企业使命与社会责任"还是一个相当新的概念。在马斯洛的五大需求中，企业同样需要自我实现，而使命就是企业自我实现的终极目标。企业需要通过销售产品和服务来获得社会的认同，得到社会的归属感。在市场竞争激烈的过程中，优秀的管理者要时刻保持清醒的头脑，始终如一地肩负起企业应有的社会使命，从而使企业始终走在正确的"航道"上。

无论是以结果为主要评判标准，还是以过程为导向，管理者都能很容易看到使命感对个人动能的影响。有使命感的人不仅具有高度的责任感，而且会专注于目标的达成，具有极强的行动动力；相反，如果一个人对事情的看法流于平庸，做事就会马马虎虎、敷衍、漫不经心，就有可能失败。而企业是由一个个成员组成的，成员的使命感将会对企业的发展产生重大影响。

优秀的管理者会通过发掘企业的使命而为企业输送动力和活力。吉姆·柯林斯在他的著作《基业长青》中说道："每个伟大的企业都有一个超越赚钱的目的。"麦当劳传递的是快乐、便捷的美食文化，而迪士尼的使命是使人们享受到更快乐的生活。在一个企业内部中，如果没有使命，团队成员则无所追求；而具有崇高使命的企业，能够让平凡的人做出非凡的成就，能够让每一个成员感受到责任感，并因为责任的产生而获得更加努力工作的动力，从而使企业取得更高成就和更大成功。

很多平庸的管理者总是会感叹卓越管理者在团队管理和建设上的举重若轻，而发掘企业的使命感、加强企业的使命管理就是举重若轻的方法之一。NBA 一位著名篮球教练对队员们说：你只有看到篮筐，你才可能把球投进。对于管理者而言，有责任为团队和成员找到组织的篮筐（使命），发现工作的价值和意义，为企业的前进和发展输入源源不断的内在动力。

如何找到企业的使命？德鲁克的企业使命理论对于帮助管理者找到企业使命提供了一个很好的方法。他从以下几种角度对企业使命进行了定义：我们的事业是什么，哪些人是我们的客户，他们在哪里，他们希望获得的价值是什么；我们的事业将会发展成什么样子；我们该如何注意人口、经济、趋势、竞争的变化；

我们该如何满足客户尚未满足的需求；商业环境的哪些变化会对我们的事业造成严重冲击。回答了这些问题，企业的使命就会清晰起来。

共同的愿景成就基业长青

· 今日茶点

管理者必须明确，一个企业的愿景必须是共同的，是员工普遍接受和认同的。如果没有共同的愿景，企业就不可能基业长青。

德鲁克认为企业要思考三个问题：第一个问题，我们的企业是什么？第二个问题，我们的企业将是什么？第三个问题，我们的企业应该是什么？这正是企业战略与文化的建立都必须遵循的三个原点，而这三个问题集中起来正体现了一个企业的愿景。

如果没有愿景，组织就失去了未来的发展方向。愿景作为一种未来的景象，产生于领导者思维的前瞻性。如果领导者希望其他人能加入自己的旅途中，他必须知道要往何处去。有前瞻性并不意味着要先知先觉，而是要脚踏实地地确定一个企业的前进目标。愿景能激励大家一步步迈向未来。

愿景能够帮助企业得到员工真正的忠诚。一个卓越的领导者必须首先明确自己对未来愿景的认识，然后才能争取下属接受共同的愿景。一个人做某事的动机分为外在和内在两种，外在的动机不可能让人把工作本身当作一种使命和事业，只有内在动机产生的动力才能成就超常的结果，而一个组织的内在动力就是来自组织的共同愿景。

餐馆连锁店运营商IHOP曾因为其烤薄饼而深受消费者青睐。到了20世纪90年代，IHOP的经营似乎已经不受控制，与其说它是个餐馆运营商，不如说它是一家房地产开发企业，因为它开发了很多新的店铺出售，自己只经营其中的10%。当斯图尔特于2001年12月成为该公司的CEO时，她发现公司已经出现了分化，更为严重的是组织非常涣散。曾经强大的IHOP品牌已经失去了自己的意义，特许经销商也将每家餐厅作为独立的企业进行经营，所以各家餐厅的特点、服务、效率和质量也不相同。由于公司获利甚少，最大的股东甚至希望将钱收回，还给投资者。

对于未来，斯图尔特决定不仅要恢复IHOP作为全国性品牌的荣耀，还提出了一个企业共同愿景：将IHOP发展成最棒的家庭式连锁餐厅。

斯图尔特明白自己的任务是建立一个统一的品牌。公司管理层负责制定标准，并督促其执行。最为重要的是，公司内的每个人都需要获得工具支持，以提供最佳的顾客体验。

斯图尔特如何传递她的愿景？第一年，她将大部分的时间用于倾听员工和特许加盟商的声音，同时进行了更广泛的顾客调查。最为关键的是，她实施了一个培训项目，其焦点集中在 IHOP 的品牌优势和每位员工在实现该愿景中担当的角色上。她的努力得到了回报。公司不仅实现了自己的服务宗旨，即"来时饥肠辘辘，走时开开心心"，且到 2003 年末，同店销售额提升了近 5%，这是公司近 10 年来的最好业绩。

斯图尔特对成功的过程进行了完美的诠释，即通过分享愿景，集中企业的关注焦点，打造发展战略。这是最为关键的要素。

管理者必须明确，一个企业的愿景必须是共同的，是员工普遍接受和认同的。如果没有共同的愿景，企业就不可能基业长青。共同愿景就如企业的灵魂，唤起每一个人的希望，令人欢欣鼓舞，使每一个人都能激发出一种力量，为实现愿景而更加努力。一个没有共同愿景的企业很难强大，即使强大了也难以持久，而一个真正有共同愿景的企业会更容易获得成功。

重组的难点在于文化重组

· 今日茶点

21 世纪企业之间的竞争，最根本的是企业文化的竞争。谁拥有文化优势，谁就会拥有竞争优势、效益优势和发展优势。

文化重组是企业重组最紧迫也是最关键的问题之一。文化重组成功与否，直接关系到重组企业能否形成强大的凝聚力、向心力，能否实现快速融合形成竞争优势。美国保罗·托马斯和大卫·伯恩在《执行力》一书中指出，21 世纪企业之间的竞争，最根本的是企业文化的竞争。谁拥有文化优势，谁就会拥有竞争优势、效益优势和发展优势。

2005 年 9 月，海信集团购买广东格林柯尔所持的科龙电器 26.43% 股份，由此海信成为科龙电器的第一大股东和实际控制人，并购企业的规模（被购企业年销售额 84 亿元）和并购金额（收购金额为 9 亿元）双双创下了中国家电并购史新高。

海信这次并购的战略性体现在中国同时具备黑电（黑色家电，如彩电）与白电（白色家电，如冰箱）话语权的企业一个也没有，虽然 TCL、康佳等黑电巨头对白色领域觊觎已久，投入可观，但依然无能为力，而黑电巨头海信将借并购白电巨头科龙占据黑白电双强的竞争地位。

海尔、TCL、海信和长虹都有并购科龙的实力，为什么最后花落海信呢？海尔的战略重心是全球产业集群的运作，实现品牌和销售的国际化，收购科龙偏离了这一目标。TCL 则是在并购汤姆森后出现深陷泥沼的迹象，并购科龙是有心无力。而长虹进军白电奔波多年毫无收获，收购科龙的确是条捷径，但长虹的黑电品牌地位下降，重振黑电比收购科龙更重要。

而海信集团发展一帆风顺，形成了年产 1000 万台彩电、300 万套空调、400万部 CDMA 手机、160 万台冰箱、100 万台计算机及防火墙、服务器等数码设备的强大产能，截至 2004 年在国内外拥有 20 多个公司，净资产达 48 亿元，销售收入 273 亿元。海信主业的赢利为并购科龙创造了很好的财务条件。

那么，海信为什么要收购科龙呢？除想占据黑白电双强的竞争地位外，还有快速提升营业规模的考虑。2004 年海信的营业收入是 270 亿元，排名家电企业第三。2005 年 4 月，掌门人周厚健透露了海信集团的发展计划："我们希望做百年海信，2010 年实现销售收入 1000 亿元，成为世界知名品牌。"在并购科龙前，海信已收购有 100 万台冰箱产能的南京伯乐和浙江先科空调（增加 300 万台产能）。

科龙旗下科龙、容声、康拜恩三大品牌冰箱总销量位居全国第一，11 次夺得全国销量冠军。空调方面也仅次于格力、美的、海尔三大品牌。收购科龙前，海信的冰箱完全不成气候，不仅销售额低，利润更低，2004 年海信冰箱的毛利为7.73%，而同期科龙冰箱的毛利率是 29.17%。收购科龙后，海信将一改以往缺乏拳头产品的缺陷，冰箱业务将形成较大的领跑优势，而空调业务冲击老大也是完全有可能的。

但海信并购科龙最终以失败告终。自 2005 年 9 月海信集团从顾雏军手上接管科龙后，更名后的海信科龙，在新老板手中公司高管震荡不断。海信空降的苏玉涛、石永昌、杨云铎、王士磊来了又走。到 2008 年 8 月，科龙的原高管几乎全都离开了海信科龙。

原因在于海信和科龙存在巨大的文化差异。科龙和海信都是巨无霸型家电企业，双方的企业文化已经根深蒂固，不幸的是两种文化截然不同，相互冲突。海信的队伍接管科龙，双方内部的企业文化到底谁融合谁是个大问题。科龙原高管认为他们从激烈竞争的市场中拼杀出来，代表了广东企业经营管理的先进水平，而广东企业的管理水平放在全国都是领先水平，作为受政府扶持的国企海信应该向科龙学习；海信空降兵却以"救世主"的面貌出现，并不认可科龙原高管的经营管理水平，否则科龙怎么会有如今这种局面。为此，双方在权力和利益分配上难以达成一致，明争暗斗不断，最后的结果是双输。

世界级的企业一定是基于本土文化之上的企业，如德国的精密制造业、法国的时尚业、美国的娱乐业等，都与各自国家和民族的文化密切相关。文化是一种能力，是一种竞争力。资本并购不仅要看双方优势互补，还得注意双方企业文化是否存在巨大冲突，这是海信并购科龙带给我们的宝贵启示。

·第二十四章·

项目管理：找准分化战略

任务的基础单位是项目管理

·今日茶点

不同的组织形式各有利弊，相互之间并不排斥，可以用于同一项目的不同阶段，也可用于同一组织的不同项目，决策者应根据项目的不同特点及其条件进行正确选择。

项目管理是通过项目经理和项目组织的努力，运用系统论对项目及其资源进行计划、组织、协调、控制，旨在实现项目的特定目标的管理体系。

项目管理是一种已被公认的管理模式，而不是任意的一次管理过程。在一般规模的项目中，项目管理由项目经理带领少量专职项目管理者完成，项目组织中的其他人员，包括技术与非技术人员负责完成项目任务，并接受管理。

项目管理的职能与其他管理的职能是完全一致的，即对组织的资源进行计划、组织、指挥、控制。资源是指项目所在的组织中可得的、为项目所需要的那些资源，包括人员、资金、技术、设备等。在项目管理中，时间是一种特殊的资源。项目管理的任务是对项目及其资源的计划、组织、协调、控制。切记不能将项目管理的任务与项目本身的任务混淆。

项目管理的对象是项目，即一系列的临时任务。"一系列"在此有着独特的含义，它强调项目管理的对象——项目是由一系列任务组成的整体系统，而不是这个整体的一个部分或几个部分。其目的是通过运用科学的项目管理技术，更好地实现项目目标。不能把项目管理的对象与企业管理的对象混为一谈，项目只是企业庞大系统的一部分；也不能把企业管理的目的当成项目管理的目的，企业管

497

理的目的是多方面的，而项目管理的主要目的是实现项目的预定目标。

项目在实施过程中，实现项目目标的责任和权力往往被集中到一个人或一个小组身上。由于项目任务是分别由不同的人执行的，所以项目管理要求把这些任务和人员集中到一起，把它们当作一个整体对待，最终实现整体目标。因此，需要以系统的观点来管理项目。

项目管理的组织形式就是项目实施时所采用的领导组织机构形式，主要有三大类。

1. 职能制组织形式

职能制组织形式是把不同的管理机构，按职能从上到下分层次进行组织管理的形式。

职能制的优点是能够集中专业人才，进行专业管理，使他们充分发挥各自专长。但是，这种组织形式是按职能层次划分的，不同的职能部门有不同的业务目标，往往过多地强调本部门的业务，而忽视项目的总体目标；由于实行多头领导，不利于资源的集中使用，有时会妨碍对项目实施过程的统一指挥；涉及复杂的大中型项目时，职能制的内部会在资源安排等问题上发生矛盾，造成管理上的混乱。

2. 专业项目制组织形式

专业项目制的特点是按专业分工的原则，从项目管理部门中抽出一名项目经理，从各有关职能部门抽调专业人员，按不同项目而成立组织机构。这种形式主要用于时间紧迫的工程项目，因此又被称为工程队项目组织。

专业项目制的主要优点是目标单一、责任明确、指挥统一。项目经理可以直接控制一切必要的资源，集中统一指挥，充分发挥资源的作用；项目经理对上级部门以及对项目的成败均负有直接责任。各类专家集中在一起工作，造成一种团结合作的气氛，有助于相互交流，提高业务水平和工作效率，顺利实现项目的目标。

但这种组织也有缺点：

项目组织具有临时性。工作人员流动频繁，没有长远目标，会影响工作情绪。

各类人员在一起工作，实际工作量不等，会出现忙闲不均的现象。如施工前期，供料人员、施工人员任务繁忙，而设备安装人员却无事可做。施工后期则相反。

专业项目组织形式和其他项目、职能部门同属于一个水平系统，容易造成不同项目之间、项目与职能部门之间的矛盾。

项目经理权力很大，而他们的精力与能力是有限的，很难胜任内部的各类控制与协调工作。如果项目经理的权力较小，这种形式的缺点便暴露得尤为明显。

3. 矩阵制组织形式

矩阵制组织形式是一种使直线职能制的纵向管理系统与横向的项目协调系统相结合、纵横交错的组织结构。

同时实施几个项目时，为了充分合理地使用技术人才，用较少的人力完成较多的项目，则矩阵制是一种比较合适的形式。其优点是：

加强了各职能部门之间的横向联系，具有较强的适应性和机动性，能更好地调动各类人员的积极性，有利于管理专业化。

矩阵制使职能制与专业项目制有机地结合起来，使职能机构的长期目标和项目的具体目标得到统一协调。

矩阵制的主要缺点在于各职能部门的人员都是双重领导，既受所属部门的直接领导，又受项目经理的间接领导。

因此必须有周密的计划、良好的控制，才能使项目管理获得成功。当项目机构和职能机构配合不佳时，会相互埋怨，项目经理会感到对职能机构无能为力，而职能部门负责人则感到项目经理过多地干涉了其职权，从而影响了双方的工作效率。

上述三种组织形式各有利弊，相互之间并不排斥，可以用于同一项目的不同阶段，也可用于同一组织的不同项目，决策者应根据项目的不同特点及其条件进行正确选择。

项目管理的九大领域

· 今日茶点

参与项目的每一个人都必须准备用项目"语言"进行沟通，并且明白他们个人所参与的沟通将会如何影响到项目的整体。

项目是指一系列独特的、复杂的并相互关联的活动，这些活动有着一个明确的目标或目的，必须在特定的时间、预算、资源限定内，依据规范完成。项目管理包括项目整体管理、项目范围、质量、成本、时间、资源等九大领域。

1. 项目整体管理

项目整体管理是项目管理的一个部分，是为了正确地协调项目所有组成部分而进行的各个过程的集成，是一个综合性过程。其核心就是在多个互相冲突的目标和方案之间作出权衡，以便满足项目利害关系者的要求。

项目整体管理由以下三个关键性的子过程组成：第一个是规划的子过程，叫制订项目计划；第二个是执行的子过程，叫项目计划执行；第三个是控制的子过程，叫整体变更控制。虽然所有的项目管理过程都在某种程度上贯穿了项目全过程，但这三个过程却是完全贯穿于项目始终的。

（1）制订项目计划。利用其他规划子过程的结果，将其综合成一个首尾一致、连贯的文件。

（2）项目计划执行。执行项目计划，即实际开展列入项目计划中的各项活动，完成其中的工序，执行其中的任务等。

（3）整体变更控制。协调贯穿、涉及或影响整个项目的变更。

2. 项目人力资源管理

项目人力资源管理是项目管理的一部分，是为了保证最有效地使用参加项目者的个人能力。其中包括下面的几个主要过程：

（1）组织规划。确定、记录，并分派项目角色、责任和互相通报的关系。

（2）招聘人员。招收项目需要的人员，并将其分派到需要的工作岗位上。

（3）班子建设。培养个人的和集体的工作能力，提高项目管理水平。

3. 项目时间管理

项目时间管理是项目管理的一个部分，是为了确保项目按时完成的过程。主要子过程有：

（1）活动定义。找出为创造各种项目的可交付成果必须进行的具体活动。

（2）活动排序。找出活动间的依赖关系，并形成文件。

（3）时间估算。对完成各个活动所需时间单位的数目进行估算。

（4）制定时间进度表。分析活动顺序、活动时间和资源要求，制定项目时间进度表。

（5）时间控制。控制项目进度的变化。

4. 项目费用管理

项目费用管理是项目管理的一个部分，是为了保证在批准的预算内完成项目。费用管理主要有：

（1）资源规划。确定为完成项目中的活动，要用何种资源（人、设备、材料），以及每种资源的数量。

（2）费用估算。估算完成项目各活动所需资源的费用。

（3）费用预算。将总费用估算分摊到各工作细目上去。

（4）费用控制。控制项目预算的变更。

5. 项目质量管理

项目质量管理是项目管理的一部分，是为了保证项目能够满足原来设定的各种要求。其中主要的过程有：

（1）质量规划。确定哪些质量标准适用于本项目，同时确定应如何达到这些质量标准。

（2）质量控制。对项目的各种结果进行监督，确定这些结果是否符合有关的质量标准，进而找出办法，消除那些造成不良后果的原因。

（3）质量保证。对项目进展情况定期进行全面的评价，以便使工程项目能够达到有关的质量标准。

6. 项目范围管理

项目范围管理是项目管理的一个部分，就是确保项目不但完成全部规定要做的工作，而且最终成功地达到项目的目的。基本内容是定义和控制列入或未列入项目的事项。项目范围管理的主要过程包括：

（1）启动。让组织投身于项目的下一阶段。

（2）范围规划。编写一份书面范围说明书，作为将来项目决策的基础。

（3）范围定义。将主要的项目可交付成果划分为较小、更易管理的不同组成部分。

（4）范围核实。正式认可项目的范围。

（5）范围变更控制。控制项目范围的变更。

7. 项目沟通管理

项目沟通管理是项目管理的一部分，即在人、思想和信息之间建立联系，这些联系对于取得成功是必不可少的。参与项目的每一个人都必须准备用项目"语言"进行沟通，并且明白他们个人所参与的沟通将会如何影响到项目的整体。项目沟通管理是保证项目信息被及时、准确地提取、收集、传播、存贮，以及最终进行处理。其中主要的过程如下：

（1）沟通规划。确定利害关系者对于交流和沟通的要求，即谁需要什么样的信息、何时需要以及应怎样将其交到他们手中。

（2）信息分布。将所需的信息及时地提供给项目的所有利害关系者。

（3）进度报告。收集并分发传播项目的进度信息。其中包括状况报告（目前情况）、实施情况测算（任务完成得如何）以及预测（完成之后我们将会达到的状况）。

（4）收尾善后工作。提取、收集并分发传播项目完成的资料。

8. 项目风险管理

项目风险管理是项目管理的一部分，需要的过程有识别、分析不确定因素，并对这些因素采取应对措施。项目风险管理要把有利事件的积极结果尽量扩大，而把不利事件的后果降低到最低程度。主要过程有：

（1）风险识别。确定哪些风险会影响到本项目，并将每一项风险的特征都记录在案。

（2）风险量化。估计可能发生的范围及其发生的可能性大小。

（3）提出应对措施。确定对机会而采取的加强步骤和对威胁而采取的减缓步骤。

（4）应对措施控制。对项目进展过程中风险出现的变化采取应对措施。

9. 项目采购管理

项目采购管理是项目管理的一部分，需要进行的过程都是为了从项目组织外部获取货物或服务（为简单起见，货物和服务，不管是一种还是多种，以后一般都简称为"产品"）。

主要过程包括：

（1）采购规划。确定要采购何物以及何时采购。

（2）产品规划。编制产品要求文件并找出潜在的来源。

（3）询价。根据具体情况，取得报价、标价或建议。

（4）选择来源。从可能的卖方中选择。

（5）合同管理。管理同卖方之间的关系。

（6）合同收尾。完成并结算合同，包括解决任何未决的事项。

项目管理的四项原则

· 今日茶点

在项目管理过程中，要考虑资金的时间价值，考虑机会成本。

项目管理是企业管理之基、效益之本，当前，项目管理失衡、创效能力不足等问题普遍存在。从实践经验看，项目管理优劣决定了企业效力与可持续发展能力。项目管理优，则企业强大兴盛、政通人和；项目管理劣，则企业动力缺失、举步维艰。

加强和优化项目管理，应遵循以下原则。

1. 决策的科学化、民主化原则

一方面，在项目决策过程中必须尊重客观规律，按照科学的程序进行决策。所谓科学程序就是坚持"先论证，后决策"的原则，必须做到先对项目进行调查研究和论证，然后进行决策。坚决杜绝"边投资，边论证"，更不应该采取"先决策，后论证"的违反客观规律的做法。

另一方面，社会化大生产的特点是投资项目规模大，投资多，技术复杂，牵涉面广。单凭个人决策经验很难作出正确判断，这就需要贯彻民主的原则，依靠群众的智慧，广泛听取经济、技术、管理等各方面专家的意见，集思广益，发挥他们的聪明才智，实行决策的科学化、民主化。

2. 系统性原则

系统性原则就是把项目看作国民经济大系统中的一个子系统，从整个系统的角度看项目的可行性与实际效用，同时，从项目内部各要素之间的相互关系中寻求其总体效益的最优化。在社会化大生产条件下，项目与企业和行业存在密不可分的关系，新上一个投资项目，必然会打破原有的关系和利益格局，形成新的平衡协调关系。

这样，就需要妥善解决一系列新问题，如原材料、燃料、动力、交通运输及其他企业协作配套能力等。如果不能依赖现有的条件解决以上矛盾，就必须对这些方面进行相关投资。

在项目管理的前期论证中，要全面评价项目及所需的相关投资，考虑投资主体的投资承受力和项目投产后的产品协作配套能力等。另外，在项目本身的运作过程中，要搞好项目周期各阶段、各环节的衔接和组织，进行有效的指挥和协调，达到项目系统目标最优化。

3. 重视资金的时间价值原则

在项目管理过程中，要考虑资金的时间价值，考虑机会成本。简单说，资金的时间价值是指资金投入使用后随时间推移而带来的增值。这一增值具体反映在利息上。

由于资金投入的生产领域不同，会使所得的积累有多有少。无论是从国家还是从企业来看，都必须以尽可能少的资金占用，获取最大的物质财富。因此，在考虑资金投入时就要比较分析，究竟采用何种方式、究竟投入哪一生产领域才能获得资金的增值，讲求资金的时间价值。

另外，由于资金拥有量并不是无限的，一笔资金用于这一项目的投资，实际也就放弃了它在另一些项目上的投资使用。也就是说，我们在进行这项投资时，实际上是以放弃其他一些项目的投资为代价的，这种代价就称之为机会成本。如果放弃的这种代价相对正进行的投资来看比较小，则表明正进行的投资是有利可图的、可行的；反之，则是不可行的。

在项目管理中重视资金的时间价值，重视资金的机会成本，实际上就是要求我们不能仅从静态角度分析评价项目的投资利税率的高低，投资回收期的长短，还要从动态角度分析资金在利率变动的情况下、在一定利息情况下，资金的总收益如何，从而推断项目在经济上的可行性，使资金利用效果达到最大。

4. 责任、利益、风险对称的原则

项目管理的责任、利益、风险是相对称的。没有责任与利益的统一，项目主体不可能真正承担投资风险，投资效益也就成为一句空话。因此，要赋予投资主体严格的经济责任，明确"谁决策，谁负责"。同时，作为投资主体应是形成的新资产的所有者和受益者，做到"谁投资，谁受益""谁受益，谁承担风险"，使项目主体真正以自己的经济生命承担投资风险。这样，才能真正调动投资者、项目管理者等各方面的积极性，使项目获得预期效果。

项目经理人的职责

· 今日茶点

一个项目经理若希望下属工作顺利，完成进度、预算等指标，则必须告诉他们如何开展工作，这就是培养员工。

要圆满地完成项目，关键在于管理项目的人。管理程序和技术只不过是协助人工作的工具。制订计划、实施控制等管理技术是必不可少的，但掌握这些技术的人员——项目经理和项目团队的思想、作风、能力等却是项目成功的关键。

项目经理的最终职责是确保全部工作在预算范围内按时、优质地完成，从而使用户满意。用户是提出需求并愿意提供资金以实现项目需求的组织或个人，用户满意是项目管理的目标之一。项目经理在项目中负有领导项目的计划、组织和控制的责任，以带领项目团队实现项目目标为己任。如果把项目团队比作一个运

动队，那么项目经理就是教练；如果把项目团队比作一个交响乐团，那么项目经理就是乐团的指挥。项目经理领导项目团队完成项目的所有工作。

1. 制订计划

项目经理要明确项目有哪些工作要做，并就这些任务与用户取得一致意见。接下来，项目经理与项目团队就这些任务进行沟通交流。只有这样，他们才能够达成共识，最终圆满地完成项目。

项目经理是项目的带头人，应领导项目团队成员一起制订项目的计划。在项目的实施过程中要确保项目的工作更详细、措施更合理、项目团队成员的工作更投入。同时，项目经理应与用户一起对该计划进行评价，以便获得用户的认可。

项目经理要建立一个项目管理信息系统，以便将项目的实际进程与项目的计划进程随时进行比较，找出项目实际进程与项目计划进程之间的偏差，再根据偏差的大小采取纠正措施。

2. 进行组织

组织工作涉及为开展项目工作获取必要的资源。

首先，项目经理应决定哪些工作由组织内部人员完成、哪些工作由组织外部的协作者（如承担单位或顾问公司）来完成。

由组织内部进行的工作，项目经理应当把任务落实到具体负责的人，同时具体承担工作的人员应对项目经理作出承诺（书面的）。

由外部协作者完成的工作，项目经理应对其工作范围作出明确的划分，与每位协作者协商，达成合约，签订合同。此外，项目经理还要对合同的执行过程进行监督，发现问题要及时协调处理，不在自己的职责范围之内的工作，应及时向上级报告。

对于大型项目，项目经理应为下属的项目团队选派团队领导。

组织工作应营造一种工作环境，使所有成员作为项目团队的一员，并能够以高昂的士气投入工作。

3. 实施控制

为了实施对项目的监控，项目经理应熟练使用项目管理信息系统对项目的各个环节进行控制。这一系统使得项目经理能够了解哪些工作对完成项目目标有意义，哪些工作对项目来说是徒劳无功的。

项目团队成员可通过这样的管理信息系统掌握所承担任务的工作进程，并定期提供有关工作的实际进展情况、时间进度及成本的相关资料，定期召开项目工作评审会议以对这类资料加以补充。如果实际工作进程落后于预计进程，或者发生意外事件，项目经理应立即采取补救措施。

4. 承上启下

项目经理的地位位于上层管理部门和项目团队之间。他们一方面是管理层的一部分，要行使管理职能；另一方面，他们又是上传下达的渠道，要让员工们明确组织的目标和上级的要求。

项目经理一方面被团队员工们视为上级的听差；而另一方面，当他们向上级反映团队员工的要求、愿望时，又可能被上级认为是员工的"同谋"。因此，项目经理经常处于一种比较矛盾的状态，他们承受的压力很大。

5. 传递经验

项目经理可以积累相当丰富的管理经验。项目经理应当而且也必须把这些经验教训传授给项目团队成员。在项目选择阶段，项目经理要提出建议，说服别人支持某个项目，或者作为一个成员参加评审。在其他项目经理征求意见或进行非正式交谈时，要把经验传递给其他项目经理。

项目经理通过计划、组织、控制来领导项目工作，但绝不可大权独揽，应使团队成员参与进来，使他们为圆满完成项目作出更大的努力。

6. 培养员工

项目管理在我国的很多行业往往是一个"意外的职业"，人们往往是偶然、不自觉地参与到项目中，很少有人受过规范的基本管理技能方面的训练，管理经验是非正式学到的。在这样一种情况下，客观上要求项目经理在努力学习项目管理的理论基础的同时，也要通过工作或在与他人相处的过程中学习如何管理项目。

为了做好项目工作，项目经理除了自己学习项目管理之外，还必须教给下属一些职业技巧，这更多的是出于实际工作的需要。一个项目经理若希望下属工作顺利，完成进度、预算等指标，则必须告诉他们如何开展工作，这就是培养员工。

从上面有关项目经理的责任分析中可以看出，项目经理在项目范围内担当着类似总经理的角色，因此项目经理应该是总经理式的人才。

（1）项目经理应具备的素质。具体包括以下几个方面：管理经验，是一个精明而讲究实际的管理者；拥有成熟的个性，具有个性魅力，能够使项目小组成员快乐、有生气；与高层领导有良好的关系；有较强的技术能力；有丰富的工作经验，曾经在不同岗位、不同部门工作过，与各部门之间的人际关系较好，这样有助于其开展工作；具有创造性思维；具有灵活性，同时又具有组织性和纪律性。

（2）项目经理应具备的性格。具体包括以下几个方面：诚实、正直、热情；遇事沉着、冷静、果断；善于沟通；反应敏捷；精力充沛、坚忍不拔；自信、具有进取心；善解人意。

制订科学的项目计划

· 今日茶点

项目计划的制订与修改都是很麻烦的事情。尤其是在项目计划的制订阶段，项目经理、业主、管理者、技术人员等都要积极参与，一定要让计划既具有前瞻性又具有可操作性，切忌草率应付。否则，后面的工作再出色，项目都很难成功。

项目计划是决定项目成败的关键，项目计划不仅能保证不会遗忘主要任务，还能清楚地说明谁负责、谁有责任、谁有职权；不仅预先确定了某项任务与其他任务的依赖关系，还可用于衡量对照各种状态，最后则用于判断项目、管理者及各成员的绩效。项目计划是监控、跟踪及控制的重要工具，也是一种交流和管理的工具，并且具有强烈的督促作用。

1. 制订项目计划的七项建议

把精力集中到工作上，要抓住实际工作这一根本。

当面对问题时，要问一问以前是如何处理的，以便获得以往的经验。

避免过于乐观的估计，尤其在项目初期更是如此。

应当讨论项目的计划，而所制订的项目计划应当对整个项目范围都有效。

光用一张图来表示一个计划是不完整的，相关的说明是非常必要的。

必须在得到尽可能多的信息后，再制订计划或对计划进行调整。

项目计划在分发、内容和格式上都必须保持一致性。

项目计划的制订与修改都是很麻烦的事情。尤其是在项目计划的制订阶段，项目经理、业主、管理者、技术人员等都要积极参与，一定要让计划既具有前瞻性又具有可操作性，切忌草率应付。否则，后面的工作再出色，项目都很难成功。

2. 项目计划涉及的关键问题

什么（What）：项目经理与项目团队应当完成哪些工作。

怎样（How）：如何完成这些工作和任务。

谁（Whom）：确定承担工作分解结构中每项工作的具体人员。

何时（When）：确定各项工作需要多长时间，何时开始，确定每项工作需要哪些资源等。

多少（How much）：确定 WBS 中每项工作需要多少经费。

哪里（Where）：确定各项工作在什么地方进行。

要使项目目标得以顺利实现，必须明确项目目标，综合分析与考虑各种因素，权衡利弊，扬长避短。

3. 在项目计划制订过程中一般应遵循的原则

（1）目的性。任何项目都有一个或几个确定的目标，以实现特定的功能、作用和任务，而任何项目计划的确定都是围绕项目目标的实现而展开的。项目计划具有目的性。

（2）系统性。项目计划本身是一个系统，由一系列子计划组成，各个子计划不是孤立存在的，彼此之间既相对独立，又紧密相连。因此，项目计划具有系统的目的性、相关性、层次性、适应性、整体性等基本特征，是一个有机协调的整体。

（3）动态性。这是由项目的寿命周期所决定的。一个项目的寿命周期短则数月，长则数年。在此期间，项目环境常处于变化之中，计划的实施会偏离项目基准计划，因此项目计划要随着环境和条件的变化而不断调整和修改，以保证项目目标完成。这就要求项目计划要有动态性，以适应不断变化的环境。

（4）相关性。项目计划是一个系统的整体，构成项目计划的任何子计划的变化都会影响到其他子计划的确定和执行，进而最终影响到项目计划的正常实施。制订项目计划要充分考虑各子计划间的相关性。

（5）职能性。项目计划的制订和实施不是以某个组织或部门内的机构设置为依据，也不是以自身的利益及要求为出发点，而是以项目和项目管理的总体及其职能为出发点，涉及项目管理的各个部门和机构。

4. 项目制订计划过程的五个步骤

（1）确定项目目标。在制订计划时对项目目标的各种指标、终结物要有明确认识。

（2）确定项目模式。确定模式的重点是事先设计好完成项目所需的各项工作。

（3）估计并安排项目进度。重点是确定各项任务的持续时间、所需奖金及其他资源，要对任务进行尽可能正确的估计。

（4）平衡计划。项目与常规工作之间可能存在冲突，所以需要做好平衡工作。

（5）批准及公布计划。制订计划的最后一步是把综合计划发给项目组成员、管理部门及其他感兴趣的人，等待审批，获得批准后公布计划。至此计划工作告一段落。

项目成功管理的标志

· 今日茶点

时髦的理念、新颖的方法、流行的工具并不一定会对项目的成功起促进作用。项目经理一定要对项目所处的内外环境有冷静的认识。

项目管理是一种系统过程，要想获得项目管理的成功，管理者不仅要理性决策，对项目的多个问题进行优先排序，找出最适合的答案，还要遵循一定的原则之下选择项目。除此之外，管理者还需要对影响项目成败的各种因素了然于胸。

1. 理性决策是项目选优的本质

作出理性决策的过程从根本上来说是一个对多个选项进行优先排序的过程。最佳选项升至序首，而最差选项则降至序尾。

试举购车选择的案例，购车人会有很多不同的选择标准，包括价格、性能、款式、安全性和品牌知名度等。甲车可能在价格、性能和安全性方面最佳，但在款式、品牌方面一般。与甲车相比，乙车可能在款式、品牌方面最佳，但在价格、性能和安全性方面居中。

哪辆车更好？答案取决于购车人的意愿，是考虑实惠（价格、性能和安全性），还是考虑身价（款式和品牌）。若认为前者重要，则选甲车；若认为后者重要，则选乙车。

决策需要确定选项的优先性。因此，无论采用什么样的决策工具，这个工具都应具有对选项进行分阶排序的内在功能。

2. 选择项目的五项规则

（1）明确定义的选择准则。选择项目要遵从明确定义的选择准则。这些准则应用大号的黑体字写出，并张贴在会议室的墙上。项目评估及筛选决定就在这样的会议室里进行。每次筛选会议开始，评估人员应按仪式要求复述这些准则。在会议过程中，大家不应为某一机构"能够"发财的可能性而分散注意力，而应按选择准则的要求，集中分析这个机构是否"需要"来发这个财。

（2）遵循项目筛选的程序。选择项目不能随意地进行，应不断改进做法，并严格地遵循。即使是机构中的权威人士，也应遵守这些程序。只有这样，作出的决策才不会过于专断。程序中也应有检验步骤，否则，这些不负责任地推动某一项目的权威人士就会说："因为当时它看起来确实是个好项目。"

（3）做好应对质疑的准备。涉及项目潜在收益和成本的所有结论都应受到质疑。项目支持者倾向于放过一些潜在的问题，他们绘出的项目收益图景总是典型的玫瑰色。同样，项目批判者总是用最糟的颜料来给项目图景着色，并会举出各种实例来支持自己的立场。防止过分乐观或悲观的最有效途径是就支持者和批判者的主要断言的准确性进行提问。

（4）任命一个项目筛选班子。所有项目都服务于多重目的，并有着多重影响。显然，项目筛选班子应由代表性较强的个体来组成。项目筛选班子应有反映工程、市场、财务和生产等不同方面的成员组成。

（5）项目核心人物参与项目选择。让项目的核心人物参与项目选择有两个原因：

一是如果项目经理在某项目选择中担当了某种角色，他们就会自动地在这个项目上押宝。当项目实施时，他们就会干劲十足地实现项目目标，因为他们参与了它的立项。

二是如果他们被视为局外人，他们就会被动地理解只是实施项目而已。这样，就项目生命周期而言，可以保持立项和项目实施的连续性。但也经常会看到，当项目的核心人物不理解项目的初衷时，他们就会让原有的理念顺应自己的看法，从而引起一连串的问题。

3. 影响项目成败的三个因素

项目的成败受到四个方面的影响，即项目组内环境、项目组外环境、客户环境、自然与社会环境。从可控角度看，通常着重考虑前三个方面。

把前三个方面放在整个项目生命周期中进行考察，就可以得到影响项目成败的因素。

（1）项目运行环境。具体包括以下几个方面：

①流程。最迟在项目启动的前期就定义一套适合于具体项目的流程体系，这是项目成功的制度化保证。应当使流程得到不断的优化，从而使用最简捷的优化流程。

②组织机构。选择合适的项目管理组织架构，以及为团队成员选择、建立激励考评机制。比如，在同一个管理平台上并行运作多个项目的组织应当倾向

于选择矩阵式结构；对于项目期限特别长的专项投资项目，则可能选用项目式组织结构。

③内部支持环境。多数情况下，项目组织并不作为一个单独的经济实体存在，它依托于特定的管理。相对于外部客户而言，这属于内部支持环境。理顺项目运行内部环境的内容包括：汇报渠道、财务联系、人力资源联系以及与公司内部其他职能管理机构的联系等。

（2）不脱离客观实际情况。在项目运作的过程中，尤其是各种计划的制订，要时刻记住不脱离实际。"头脑发热"或"市场压力"形成的不切实际的项目计划往往从计划开始执行的那一刻就注定了失败的结局。

此外，还应该注意，并不是好的东西就一定适合于自己的项目。时髦的理念、新颖的方法、流行的工具并不一定会对项目的成功起促进作用。项目经理一定要对项目所处的内外环境有冷静的认识。

（3）保证项目平稳运作。总体来说，在项目中引入大的变革时要尽量采取渐进的方式。变革涉及的活动包括过程的改进、新技术的引进、项目运作期间对组织架构的大幅调整等。这样的变革应该在事前进行足够的影响分析，必要时可以进行试点和评估，然后再大面积引进。

团队绩效的影响因素

·今日茶点

一个称职的项目经理必须采用各种信息沟通手段，使项目团队成员及时地了解项目的各种情况，使团队与外界的沟通保持畅通和有效。

当一个项目团队缺乏团队精神时就会直接影响到团队的绩效和项目的成功。在这种情况下，即使每个项目团队成员都有潜力去高效率地工作，但是由于整个团队缺乏团队精神，使得团队难以达到其应有的绩效水平。除了团队精神以外，还有一些影响团队绩效的因素，下面就指出了这些影响因素以及克服的建议。

1. 领导不力

这是指项目经理不能够充分运用职权和个人权力去影响团队成员的行为，并带领和指挥团队为实现项目目标而努力。这是影响项目团队绩效最根本的一个因素。

作为一个项目经理一定要不时地问自己一些诸如"我做得怎么样"的问题，并不时地问管理人员和团队成员"我该怎样改进我的领导工作"等问题，积极征求团队对他的工作反馈意见，努力去做好团队的领导工作。因为领导不力不但会影响项目团队的绩效，而且会给整个项目的完成带来灾难性的后果。

2. 目标不明

这是指项目经理未能够使全体团队成员充分了解项目目标，以及项目的工作范围、质量标准、预算和进度计划等方面的信息。项目经理不但要向团队成员宣传项目的目标和计划，而且要向人们描述项目的未来结果及其所带来的好处。

项目经理不但需要在各种会议上讲述这些情况，而且要认真回答团队成员提出的各种疑问。如有可能还需要以书面形式把这些情况的说明提供给项目团队中的每位成员。在每次项目进度情况总结会议上，项目经理要定期说明项目目标，要经常了解团队成员对要完成的任务存在哪些疑问。项目经理一定要努力使项目团队成员清楚地知道项目的目标。

3. 缺乏沟通

缺乏沟通是指项目团队成员们对项目工作中发生的事情知之甚少，项目团队内部和团队与外部之间的信息交流严重不足。这不但会影响一个团队的绩效，而且会造成决策错误。

一个称职的项目经理必须采用各种信息沟通手段，使项目团队成员及时地了解项目的各种情况，使团队与外界的沟通保持畅通和有效。

项目经理能够采用的沟通方法包括会议、个人面谈、问卷、报表和报告等形式。对相关的项目文件，如计划、预算、进度计划以及报告材料，也要不断更新，并及时公告给全体团队成员。项目经理要鼓励团队成员之间积极交流信息、努力进行合作，并解决问题。

4. 职责不清

项目职责不清是指项目团队成员对他们的角色和责任的认识含混不清，或者是在管理上存在一些团队成员的职责重复问题。项目经理在项目开始时就应该使项目团队的每位成员明确自己的角色和职责，以及他们与其他团队成员之间的角色联系和职责关系。

项目团队的成员也可以积极地要求项目经理界定和解决职责模糊不清的地方，以及明显存在的责任重复问题。在项目团队制订项目计划时要利用工作分解结构、职责矩阵、甘特图或网络图等工具去明确每个成员的职责。另外，最好把这类文件复印发放给每个团队成员，使他们不仅知道自己的职责，还能了解其他成员的职责，以及这些职责是如何有机地构成一体的。

5. 激励不足

激励不足是指项目经理在项目管理中所采用的各种激励措施力度不够，或者是缺乏激励机制和工作。这也是很重要的一个影响团队绩效的因素。因为这会使项目团队成员出现消极思想，从而严重地影响团队的绩效。

激励不足的项目团队成员可能会对项目目标的追求力度不够，或者对项目工作不太投入。要解决这一难题，项目经理需要采取各种各样的激励措施，这包括运用目标的激励作用（向每个成员说明其角色对项目的重要意义）、工作挑战型的激励作用、提高薪酬的激励作用、满足个人职业生涯需要的激励作用，等等。项目经理应该知道每个成员自己的激励因素，并创造出一个充满激励的工作环境。

6. 规章不全

这是指项目团队没有合适的规章去规范整个团队及其成员的行为和工作。在这种情况下，团队成员们会觉得一个团队里每个人的工作都无章可循。这种局面同样会造成项目绩效的低下。一般在项目开始时，项目经理就要制定基本的管理规章和工作规程。

每项规章或规程以及制定这些规程的理由，都要在项目会议上向团队作出解释说明，并把规程以书面形式传达给所有团队成员。当然，如果某些规程对项目工作不再有效，项目经理要接受有关废止或理顺规程的建议。

项目团队的文化建设

· 今日茶点

好的文化激励团队队员，队员们努力奋斗、要求上进的精神又大力地促进团队文化的建设，两者相得益彰。

项目团队的文化是其在发展过程中所形成的，为团队队员所共有的思想、作风、价值观念和行为规范，它是一个项目团队所特有的信念和行为模式。一个具有文化底蕴的项目团队，就像一个具有文化修养的人一样，处处都显现出自己独特的行为模式。

项目团队的文化涉及组织的各个层次，渗透于项目的各项工作中。一般来说，团队的文化主要包括以下几个方面：

（1）团队精神。团队精神是团队文化的表现形式。它是支撑项目团队生存和发展的支柱，是在生产、经营、管理的实践活动中形成的代表广大员工干劲的一种行为。通常可以用言语，或队歌的形式表达出来。

（2）团队价值观。这是一个团队的基本观念和信念。它是指项目团队所有成员参照一定依据，遵循一定的评价模式对团队的生产经营行为、提供的服务，以及社会声望和资信等的总看法。它具体地向队员说明什么是成功，并在队员中树立起成功的标准。

（3）团队目标。团队目标是团队文化以团队经营形式表现出来的一种观念形态文化。在实践中，团队目标是作为一种意念、一种符号、一种信息传达给全体队员的。团队目标可以划分为三个层次：整体目标、部门目标、小组目标或队员目标。通过团队目标的实现，团队才可能发展、壮大。

（4）团队道德。团队道德是调整队员之间以及项目组织与队员之间关系的思想意识和行为规范的综合，它是一种特殊的行为规范，是团队规章的必要补充。通过它，项目成员能在什么是对、什么是错，什么可被接受、什么不可被接受等问题方面取得共识。

（5）团队制度。团队制度是项目组织在项目管理的实践活动中所生成和发展起来的一种文化现象。它既是处理其相互之间工作关系的各种规章制度、组织形式和行为准则，又是项目组织为实现其赢利目标而要求队员共同遵守的办事规程。

（6）团队礼仪。团队礼仪是团队日常已经形成习惯的一系列文化活动的总称。这些礼仪活动体现了组织对队员的期望与要求，包括团队交流和社会礼仪、工作礼仪、管理礼仪，等等。它以形象化的形式，将团队的价值观灌输给了全体队员。可以说，没有团队礼仪，也就没有团队文化。

在一个具有文化底蕴的项目团队中，队员们有强烈的归属感、一体感。好的文化激励团队队员，队员们努力奋斗、要求上进的精神又大力地促进团队文化的建设，两者相得益彰。

团队精神是一个相对的概念。从深度上来讲，团队精神有程度的差别。但是通常而言，团队精神还是应建立在团队与个人相对统一的基础之上。

从广度上而言，一个团队中可能只有少数几个人具有团队精神，也可能是多数人甚至是全部成员都具有团队精神。在后一种情况下，团队通常能取得辉煌的成功。当团队中只有少数人具有团队精神时，团队精神可能会逐渐弥漫扩展到整个团队；团队精神也可能会逐渐消失，这时，对团队精神的维护与培育就显得格外重要。

另外，团队精神还有一个范围的问题。通常来说，大团队精神要比小团队精神好，搞好团队利益优先是处理团队精神范围问题的一个重要原则。

项目沟通障碍及改善

· 今日茶点

造成项目机构与机构、人与人之间沟通障碍的因素很多。在项目管理中应注意这些障碍，并设法消除这些障碍，使项目组织能够准确、及时地交流信息。

在项目管理中，有效沟通是进行项目各方面管理的纽带，是在人、思想和信息之间建立的联系，决定着项目成功的重要前提条件。为做好项目每个阶段的工作，以达到预期效果，必须在项目各部门内、部门与部门之间以及项目与外界之间建立沟通渠道，以便快速、准确地传递信息，使项目各部门协调一致，使项目成员明确自己的工作职责。

1. 项目沟通的障碍

在任何系统中都存在沟通的障碍。项目沟通的障碍归纳起来，主要有以下几种：

（1）语义上的障碍。人与人之间的信息沟通是借助于语言进行的。由于人的表达能力的差别，对同一思想、事物的表达有清楚和模糊之分，有人听后马上理解了，有人听来听去还是不理解；有人听后作这样的解释，有人听后作那样的解释，这样便产生语义上的障碍。

（2）知觉的选择性。人在接收一个信息时，既符合自己需要的又与自身利益有关的内容容易听进去，而对自己不利的则不容易听进去。这样就会在不经意中产生知觉的选择性，造成沟通障碍。

（3）知识经验水平的限制。若发送者与接收者在知识水平上相差太大，在发送者看来很简单的内容，而接收者却由于知识水平太低而理解不了，双方没有"共同的经验区"，接收者不能正确理解发送者发送的信息。

（4）心理因素的影响。信息沟通中的很多障碍是由心理因素引起的。个人的性格、气质、态度、情绪、兴趣等的差异，都可能造成信息沟通的障碍。

（5）沟通渠道的选择。信息沟通有多种渠道，各种渠道又有各自的优缺点，如果不考虑本组织机构的实际情况和具体要求，随便选择沟通方式和渠道，也会造成信息沟通的障碍。

（6）组织结构的影响。合理的组织结构有利于信息沟通。如果组织结构过于庞杂，不仅容易使信息传递失真，还会影响信息传递的及时性，最终影响工作效率。

（7）信息量过大。项目沟通中重要的是要交流有用的、优质的信息。信息过量会造成沟通的障碍。

总之，造成项目机构与机构、人与人之间沟通障碍的因素很多。在项目管理中应注意这些障碍，并设法消除这些障碍，使项目组织能够准确、及时地交流信息。

2. 有效沟通的方法

沟通的有效性，主要看发送者转交接收者时的态度及其程度。人际沟通能否成功，取决于领导者向下级人员提供的信息与下级人员理解的意义是否一致。因此为了成功地沟通，必须保证领导者提供的信息与下级人员对信息的理解最大限度地吻合。

（1）重视双向沟通。双向沟通伴随反馈过程，使信息发送者及时了解到信息在实际中被如何理解，使信息接收者有机会表达接受的困难，从而得到帮助。

（2）正确运用文字语言。使用对方易懂的语言，表达要明确，条理要清楚，不能模棱两可；语言要精炼，针对性要强。

（3）利用多种沟通渠道。一个项目组织，往往综合运用多种方式进行沟通，如在语言沟通时辅之以表情、手势；又如会议结束时有个会议纪要，与会人员在口头传达时，参考纪要，可使会议精神更完整地被会外人员所理解。只有这样，才能提高信息沟通的整体效应。

3. 有效的沟通途径

（1）沟通前先澄清概念。经理人员事先要系统地明确和分析沟通信息，并考虑接收者及可能受到该项沟通的影响者。

（2）只沟通必要的信息。现代社会变化迅速，管理人员应从大量信息中选择，只把与下级人员的工作密切相关的信息提供给他们，避免他们信息负担过重。

（3）明确沟通的目的。管理人员必须清楚，开展这个沟通的目的是什么、要下级人员理解什么。确定了沟通的目标，沟通就容易了。

（4）考虑沟通时的环境情况。包括沟通的背景、社会环境、人的环境以及过去沟通的状况等。

（5）计划沟通内容时应与他人商议。这样既可以获得更深入的内容，也易于获得别人的支持。

（6）表达要精确。要把经理人员的想法精确地表达出来，而且要使接收者充分理解。

（7）要进行信息的追踪与反馈。信息传递后必须设法取得反馈，以弄清下属是否已确切了解、是否愿意遵循、是否采取了相应的行动等。

（8）要言行一致。管理人员必须以自己的行动支持自己的说法，更有效的沟通是"行"重于"言"。

（9）沟通时不仅要着眼于现在，还应该着眼未来。大多数的沟通，既要切合当前的实际需要，又不能忽视长远目标的配合。

（10）成为一个"好听众"。管理人员在听取别人的陈述时，应专心专意，成为一个"好听众"，才能明白对方说些什么。

进度失控原因及对策

· 今日茶点

如果没有掌握先进的管理方法和技术，制订进度计划只能依靠经验和判断，所制订的计划肯定会与将来的实际情况发生偏差。

对于一般的项目而言，无论对整个项目还是项目的一个工作环节，或多或少地都存在进度失控的现象。从项目管理的角度来看，进度失控主要是下列原因造成的。

1. 项目经理的不称职

项目经理负责项目的全部计划、组织、指挥、协调以及控制工作，是项目能否顺利完成的重要因素。因此，当一位不称职的项目经理主持项目时，进度失控是在所难免的。

当项目失控时，项目经理常会把责任归于某个部门的失误或资源的短缺，但即使这些现象客观存在，作为项目经理也应该承担起在整个项目中协调、处理的责任。当实际情况表明项目经理不再胜任时，应果断地调换。

2. 马虎的计划

进度计划是有效控制的基础，是按期完成项目任务的重要手段。但是，有些项目经理往往忽视编制进度计划的重要性。结果，项目在没有周密制订进度计划的情况下便不正确地开始了，当进度失控、严重超支或项目质量出现重大问题时，项目经理才明白一切都已经晚了。

项目经理没有带领项目组制订有效的进度计划，可能是因为安排的项目前期工作太少，没有对项目的工作内容进行详细确定，当然也就无法确定每一环节的时间。所以，不可能作出合理的进度安排。

项目经理没有领导项目组制订出有效的进度计划，还可能是因为对项目的最终目标和中间过程缺乏清楚的认识。在新产品开发等项目中，这种情况经常会出现。由于没有有效的进度计划，项目组成员便不能有秩序地进行工作，很可能在相当长的一段时间内项目经理和项目组成员在某一环节中绕圈子，直到发现进度严重失控时为止。

没有制订出有效进度计划的另一原因，还可能是项目经理不知道如何安排进度，更不会利用项目管理的各种技术方法。如果没有掌握先进的管理方法和技术，制订进度计划只能依靠经验和判断，所制订的计划肯定会与将来的实际情况发生偏差。

3. 混乱的管理

有些项目经理缺乏足够的组织能力和应变能力，不清楚如何组织项目组成员，使项目组成员不清楚进度安排、不知道关键工作的"里程碑"，其最终结果必然导致进度失控。

在现实中不能充分而有效地利有资源是管理混乱的常见现象，例如，把没有经验的人员安排到需要经验丰富的人才能完成的工作岗位上；把资源集中于容易完成的短期工作上，而使需要重点管理的关键环节得不到资源保证。关键环节的拖延不可避免地导致进度失控，除非追加新的资源。

没有凝聚力的项目文化是管理混乱的另一现象，表现在信息交流不通畅和缺乏积极向上的工作气氛。在这种情况下，每个项目组成员只能独立地开展工作，而不能形成团结一致实现项目目标的内聚力。缺乏交流还会造成部门之间和成员之间的冲突和摩擦。

可以从以下两方面来避免混乱的管理，一是利用各种技术方法建立起资源分配制度，有效地区分关键和非关键的工作环节，按照主次配备资源，避免浪费和因资源限制而使进度耽搁；二是建立良好的交流气氛，在关键项目环节达到之后及时召开项目会议，及时分发完成项目所需的各种数据和进度要求；另外，还要通过网络展示，使每个项目组成员都明确相互间的依赖和制约关系，明确自己的工作对项目的意义。

4. 控制薄弱

造成控制薄弱的主要原因是缺乏或不能正确应用有效的监控手段。项目进度控制需要准确、及时地评估项目状态，提供必要的信息。如果没有先进的监控工具，或者没有掌握先进的监控技术，所得到的信息就可能是过时的、片面的，甚至是无用的。

这时，项目经理就会陷于三方面的困境：

第一，把主要精力置于各种不重要的问题，抓不住问题的主要矛盾，使一些关键环节的进度问题得不到应有的重视。

第二，不能把握全局，而是仅把注意力集中在自己比较熟悉的几个环节，被忽略的工作环节严重耽搁并对关键事件的完成产生影响。

第三，对目前和未来的进度情况做不出准确的估计。这里的关键是不能拥有及时、准确和最新的信息，没有合适的控制工具。

·第二十五章·

危机管理：灭掉危机发生的因

危机公关的基本理念

· 今日茶点

在"危险期"中，企业倘若能及时采取有效措施，化解危机，就能迅速赢得公众的谅解，重新获得公众的信任，顺利渡过危难，获得新的生存机遇和发展机会。

危机事件的出现具有较大的随机性、突发性，无法预测，且来势凶猛。

因此，公关人员要在思想上高度重视危机公关工作。搞好危机公关工作，离不开科学的观念。科学的观念不仅反映了公关人员的业务素养，而且也是策略化、实效化、艺术化处理公关危机的保障。公关人员在进行危机公关时，应该具备以下几个基本理念。

1. 积极预防，防患于未然

危机事件的发生，不仅给企业带来物质财产损失，也会破坏企业的形象和信誉。公关人员对待危机事件应有防患意识。在这种高度警觉的防患意识的支配下，公共关系人员在日常工作中，应尽力协助、指导有关部门科学地设计生产工艺、配方，把好原料质量关，搞好生产调度，加强工厂的安全保卫工作和财务管理，完善售后服务制度，在各方面做好"监督官"，时刻警惕破坏性因素，使企业远离危机事件。防患于未然是公关人员对待危机事件的上上之策，是第一道防线。

但是，由于种种因素，有些危机事件防不胜防，此时第二道防线应及时发挥作用。第二道防线是果断采取措施，把潜伏的危机事件消灭在萌芽阶段。

一般而言，除一些自然灾害、车船失事、火灾等非人为突发性危机事件外，大多数危机事件都有一个演变过程，先由失误而形成危机隐患，由隐患而形成苗头，然后爆发出危机事件。优秀的公关人员不会坐视危机事件的前期酝酿、恶化而不管，也不会等危机事件爆发出来后才着手工作，而是以消除隐患、消灭苗头为首选措施。

2. 正视危机，认真对待危机

危机事件爆发出来以后，公关人员就要面对现实、正视危机，采取对危机事件不回避、对危机事件造成的后果不避重就轻、对自己应该承担的责任不推卸的"三不态度"，实事求是地解决危机问题。危机事件的出现有一个由小到大的发展过程，公众态度有一个由轻度不满到严重敌视的变化过程。在危机事件的初发阶段，如果能面对事实，面对公众，采取相应的改进措施，企业就能赢得公众的谅解，得以重整旗鼓，再图发展。

3. 及时处理，化解危机

重危病人大都有个生命"危险期"，一旦平安度过危险期，就不会再有生命危险。在危机事件中，企业也面临一个"危险期"。在危机事件出现后，企业可能会四面楚歌，甚至众叛亲离，新闻媒体的谴责、公众的投诉信等会风雨俱来，企业面临的压力极大，这就是它的"危险期"。但是，危险期不可能一直延续下去，总有一个终期。

这主要是因为社会在不断变迁发展，新生事物、新的危机事件层出不穷，公众不可能一直只关注某一企业、某一危机事件，他们的关注焦点会随着时间的流逝而变化。但是在公众关注的焦点转变之前，企业如同处于危险期的重危病人一样，措施不当或稍有不慎，都可能激起公众的更加强烈的不满和愤怒，严重的还会危及企业的生存。

在"危险期"中，企业倘若能及时采取有效措施，化解危机，就能迅速赢得公众的谅解，重新获得公众的信任，顺利渡过危难，获得新的生存机遇和发展机会。

4. 妙用危机，重塑企业形象

对于企业而言，出现危机事件不是好事，但它也是企业宣传自我形象的良机，只不过是带有很大风险的良机，而且企业要为之付出巨大的代价。既然危机事件已经发生，企业就要正视之，利用它来完善企业的形象。这是完全可能的，因为在危机事件期间，企业成了新闻报道的热点对象，也是公众议论的热门话题。虽然公众开始是带着不满来关注企业的，但这毕竟也是一种关注，为强化企业的形象提供了机会。

公共关系危机的预防

· 今日茶点

企业进行事前管理，建立一个完整的危机预警处理系统是非常有必要的，它可以很好地进行信息收集工作、反馈信息，并及时解决矛盾冲突。

公共关系危机的预防，是指企业对危及企业公关的隐患及其发展趋势进行监测、判别与预控的一种管理活动。预防的目的在于防止和消除企业公共关系危机的隐患，保证企业的经营管理处于良好的运行状态。

1. 培养危机意识

培养全员的危机感，关键是要开展各种危机教育，让全体员工都了解危机的特征和危害，使全体员工都具有一种危机感，帮助他们形成优化自身行为、预防各种危机的思想。

企业将危机教育、危机发生情况和相应的处理措施等以通俗易懂的语言编成小册子，配一些示意图画，将这些小册子发给每个员工。还可以通过各种形式，如录像、幻灯、卡通片等向员工全面介绍应付危机的方法，让全体员工对出现危机的可能性有足够的了解，使其警钟长鸣。

目前，仍有很多企业不注意这方面的工作，员工长期不了解本企业可能出现的危机，也不了解一旦出现危机应采取什么样的措施来自救和保护，这是非常危险的。所以，进行危机预控，做好思想准备，提高"防火意识"是十分必要的。

2. 做好组织准备

组织准备是指为预控对策行动而开展的组织保障活动，它包括危机管理机构的设置、危机管理制度的制定和危机应急队伍的训练，目的在于为预控对策活动提供有保障的组织环境。

（1）设置危机管理机构。公共关系危机的预防管理与特定的危机处理不同，特定的危机处理是一次性的，而危机的预防管理则是日常性的，这是由公共关系危机在现代企业中广泛存在的特性所决定的。

公共关系危机日常管理机构的设置，不仅可以让其承担危机的日常检测、识别、诊断、评价和预警、预控工作，而且可以向企业的内外公众表明企业组织认真负责的管理态度。

公共关系危机管理机构一般由职位较高的组织者、公共关系部门负责人组成，其工作职责主要有：全面清晰地对公共关系危机进行预测；针对企业可能存在的各种公共关系危机制定防范的方针和政策；为处理公共关系危机制定有关的策略和步骤；指导与监督整个企业各部门公共关系危机预防管理的措施；编制公共关系危机管理的经费预算；对全员进行公共关系危机教育培训；在危机事件发生时，负责对危机事件处理进行指导和咨询等。

企业的危机公共关系管理机构是进行公共关系危机预防管理的重要保证，也是进行公共关系危机管理行之有效的手段。对大中型企业来说，设立危机管理机构——危机管理委员会，是非常必要的。委员会平时的任务是保持定期的联系，借助会议、电话、电传、计算机或通信等，不断沟通信息，定时检查危机问题管理计划，预测局势的变化趋势，以调整应急措施，在发现危机前兆时，避免各部门间相互推诿及危机出现后互相推卸责任。

（2）建立危机管理制度。制度是用以规范人的行为、保证方针政策得以实施、实现企业良性运营的各种约束性规则。在公共关系危机管理中，为了有效地实现危机的预防和处理，企业必须建立、健全相应的危机管理制度。

危机管理制度，也可以用来约束企业成员的公共关系行为，可以用来保证危机管理方针、政策、措施的有效实施。在当前一些企业管理者和员工危机意识不强、预防危机的思想意识淡薄、控制和处理危机的措施极为不力的情况下，强调建立危机管理制度则更是非常必要的。

（3）危机应急队伍的训练。危机是对企业人员素质的严峻考验。因此，拥有一支训练有素的危机应急队伍，以应对各种突发性事件，在危机来临之际，帮助企业组织顺利渡过难关也是组织准备的重要方面。

3.设立危机预警处理系统

企业进行事前管理，建立一个完整的危机预警处理系统是非常有必要的，可以很好地进行信息收集、信息的反馈，及时解决矛盾冲突。

（1）加强沟通。企业对其内外部同时进行日常监测，密切注意与员工、供应商、顾客、公众和媒体的沟通中的障碍。

（2）监测环境。通过信息情报机构及时汇总筛选危机信息以便进一步分析、发现和预测企业的潜在危机。古人云："凡事预则立，不预则废。"对企业危机管理而言，也是如此，越早认识、发现潜在的威胁，越有可能防止危机发生。常言道："冰冻三尺，非一日之寒。"一般来说，在危机爆发之前，企业必然会显示出一些征兆来。在当今信息社会，企业应建立完备、准确的信息监测系统，及时收集有关信息，进行归纳总结，捕捉危机征兆，全面、准确地预测各种危机情况，并及时反馈到企业管理层，以便保持高度警惕。

（3）编制计划。企业要编制危机管理手册，拟订危机管理计划，对所处行业的常规性危机事先应有所准备及必要的风险评估。企业应在国家法规和公司政策等允许的范围内，借鉴其他企业的经验教训，制定出企业危机处理的具体策略和步骤，形成书面意见，并使之制度化、规范化。

比如，新闻媒体的反面报道到什么程度、消费者投诉到什么程度，都要引起企业的足够重视，制定出框应的对策和措施、积极与媒介机构联系、沟通，防止负面信息的扩散和炒作。对消费者的投诉，应及时派专人与其沟通，积极协商解决问题的办法，尽量把由投诉引起的危机消灭在萌芽状态。

（4）展开各种危机培训。为强化危机管理小组的快速反应能力，检测危机管理计划是否切实可行，企业应进行危机管理小组的模拟训练。可采取情景模拟、角色扮演等直观有效的训练方法，如模拟在危机公关中，新闻记者深入企业采访，企业将如何应对；经理与公关人员、消费者的角色互换等。从不同的角度，以不同的思维预测危机、分析危机，寻找处理危机的最佳办法。

4. 做好物质准备

公共关系危机的预防和危机事件的处理都离不开必要的物质条件。

在危机管理中，一般需要准备的条件大致可以分为三类：危机管理经费的准备；危机管理设施的准备；危机管理信息资料的准备。

危机处理的原则和程序

·今日茶点

各种类型的危机事件在规模、性质、表现形式、涉及的公众等方面虽有不同，但在处理程序上有其共同点，一个正确的工作程序，对危机事件的有效处理十分重要。

企业的发展，避免不了危机事件的发生。所以，要掌握危机处理的方法，积极引导公众，缓和矛盾，理顺企业各方面的关系，促进企业的形象建设。

1. 危机处理要兼顾的关系

（1）应急性与长远性的统一。危机公共关系处理主要是为了消除当前危机事件的影响，其对策与方案具有明显的应急成分。但是，不能囿于眼前，而应当立足于企业长远的发展目标和战略。从长远和整体着眼，制定危机公关工作对策，使企业既能排除危机，又能为未来的发展创造良好的公关环境。

（2）诚恳性与责任性的统一。公共关系人员在危机事件的处理过程中接触公众时，应表现出诚恳的态度，虚心接受公众的批评，在讲话的内容、方式、姿态和语音、语调等方面，都要谦和、虚心，给公众留下良好的印象。与此同时，公关人员又要敢于承担责任，主动提出赔偿，以赢得公众的谅解。

（3）务实性与务虚性的统一。在处理危机事件时，一方面公共关系人员要踏实积极地工作，以实际行动改善企业的处境；另一方面也要及时宣传，运用各种媒介，公布事实真相，宣传企业的改进措施，从舆论上争取公众的理解与支持。

（4）谨慎性与果断性的统一。公共关系人员一旦涉足危机事件，尤其是在公众面前，应谨慎从事，以自己稳重、稳妥的风范，稳定局势，稳住阵脚；同时，遇到具体问题时，要表现出坚决果断的工作作风，切忌优柔寡断和缺乏主见，以免给公众留下不可靠、无能的印象。

（5）主体性与整体性的统一。公共关系人员，作为专门职业人员，是消除危机事件影响的主体，从调查情况、决策计划、具体实施到评估总结，在整个运作过程中都发挥着主体作用。公共关系人员要敢于挑起重担，热情地投入工作中。

但是，仅凭公关人员的力量，要消除危机事件的影响是不够的。危机事件涉及面广，工作千头万绪，公关人员只有充分调动所有部门和员工的积极性，实行"全员公关"战略，形成强大的影响力，才能有效地劝服公众，从而改善企业的环境。

（6）原则性与灵活性的统一。危机型公关工作的运作，应该有明确的、规范的工作方案。公关人员投入工作后，要忠于既定的方案，表现出较强的原则性。但是，由于危机事件的突发性和公众需求的多变性，又要求公关人员能随机应变，在忠于既定方案的基础上，适时修正方案，调整措施，以期更加有效地改变公众的消极态度，消除危机事件的不利影响，恢复企业的良好形象。

2. 公共关系危机处理的程序

各种类型的危机事件在规模、性质、表现形式、涉及的公众等方面虽有不同，但在处理程序上有其共同点，一个正确的工作程序，对危机事件的有效处理十分重要。这个工作程序应该和危机应急方案相衔接，同时根据当时情况予以调整。

（1）成立危机管理小组，设置危机控制中心。组成人员应包括企业负责人、公关部门负责人和经过培训的危机处理人员。指定新闻发言人和值班人员。

（2）深入现场，掌握第一手情况。除企业负责人、公关部门负责人外，还要有调查事故的专业人员，确实弄清事件发生的时间、地点、原因、人员伤亡和财产损失情况，并掌握事态的发展和控制的情况。

（3）搜集信息，确定对策。在掌握危机的第一手情况、了解公众和舆论反应的基础上，在企业高层人员的直接参与下，深入研究和确定采取的对策和措施。对策和措施不仅要考虑危机本身的处理，还要考虑如何处理好危机涉及的各方面的关系，如企业与员工、受害者、受害者家属、新闻媒介、社区、消费者、客户、政府主管部门等的关系。

（4）组织力量，落实措施。这是危机管理的中心环节。公众和舆论不仅要看企业的宣言，更要看企业的行动。危机往往涉及面很广，光靠公关人员的力量是远远不够的，同样需要企业领导人亲自组织和协调力量，甚至要亲赴第一线。落实措施情况要详细记载并及时向公众和媒介宣布。采取措施不力会产生相反效果。如美国埃克森公司在清除阿拉斯加泄漏的油污时拖拖拉拉，激起了当地民愤，因而对公司提出了控告。

（5）总结检查，公之于众。这是危机管理结束阶段必不可少的工作。危机管理小组应对危机处理情况全面检查、评估，并将检查结果向董事会和股东报告，向公众和报界公布。有些重大事故也可采取谢罪广告的形式在报上刊登，表明企业敢于承担责任，一切从公众利益出发，认真做好善后处理工作。

危机处理的基本对策

· 今日茶点

危机一旦发生，就必须有针对性地处理好利益相关方的关系。

危机事件的发生对不同的公众产生的影响也不同，因此必须对症下药，针对不同的公众，根据其受影响的程度及其行为心理，采取不同的应对措施。

1.对企业内部的对策

迅速成立处理事件的专门机构。由一名主要负责人任机构领导，公共关系部门会同各有关职能部门的人员组成权威、高效的工作小组。

制订方案，协同行动。工作小组要迅速判明情况，制定对策，并通告全体人员，统一口径。

及时传播信息。所制定的处理危机的基本方针、态度、立场观点和有关事故的真相等，要及时地向外界发布。

善后服务。如有内部伤亡，应立即通知伤亡者家属，采取果断措施进行救护或善后工作，安抚各有关人员；如属外部事件，应立即组织队伍参与抢救或应急服务工作。

2. 对受害者的对策

了解情况，承担责任。认真了解受害者的情况，实事求是地承担相应的责任，向受害者表达歉意并通知有关各方。

倾听意见，赔偿损失。冷静地倾听受害者的意见，了解受害者的有关赔偿损失的要求。

把握分寸，表现风格。如受害者确实提出过分的要求，要大度、谦让，不能在事故现场与受害者发生争辩。应在合适场合单独与其商议，有分寸地让步，拒绝时，要注意方式、方法。

提供善后服务。给受害者以安慰和同情，并尽可能提供其所需的服务，尽最大努力做好善后处理工作。

尽快实现物质补偿。公布补偿方法及标准，并尽快实施。

3. 对新闻界的对策

让权威人士发言。公布事故最好是企业总负责人，如厂长、经理等。

统一发言口径。如何向新闻界发布事故消息，发布时如何措辞，应事先在企业内部统一认识，统一口径。

语言表达应给人留下深刻印象。说明事故时应简明扼要，尽量避免使用专业术语或晦涩难懂的词句。否则，可能会让新闻人士产生敷衍塞责或者在故意遮掩的不良感觉。

切忌推测。要谨慎传播，在事实完全明了之前，不要对事件发生的原因、损失以及其他方面的任何可能情况进行推测性的报道。

提供准确的消息。一方面主动向新闻界提供清楚、准确的消息，公开表明组织机构的立场和态度，以减少新闻界的猜测，帮助新闻界做出正确的报道；另一方面对重要事项应以书面材料的形式发给记者，避免报道失实。

注意引导新闻界。以公众的立场和观点来进行报道，不断提供公众所关心的消息，如处理方法和善后措施等。除新闻报道外，可在刊登有关消息的报纸上发表歉意广告，向公众说明事实真相并向有关公众表示道歉及承担责任。

表示出与新闻界合作的态度。对新闻界要合作、主动和自信，不可隐瞒、搪塞、对抗。对确实不便发表的消息，亦不要简单地表示无可奉告，而应说明理由，求得记者的理解与协作。

及时采取新闻补救措施。记者发表了不符合事实真相的报道时，可以尽快向该媒介提出更正要求，指明失实的地方，并提供全部与事实有关的资料，派遣重要发言人接受采访，表明立场，要求公平处理。同时，应特别注意避免产生敌意。

4. 对上级主管部门的对策

及时汇报。事故发生后，及时向企业直属的上级主管部门真实汇报，不要文过饰非，更不能歪曲真相。

定期、及时联系。在事故处理中，应定期报告事态的发展，及时与上级主管部门取得联系，求得上级主管部门的指导。

总结报告。在事故处理后，详细报告处理经过、解决方法以及今后的预防措施等。

5. 对业务往来机构的对策

传递信息。尽快、如实地传递事件发生的信息。

传递对策。以书面的形式通报正在采取何种对策。

当面解释。如必要，还要派企业员工直接到各个机构当面解释。

传达处理经过。在事故处理中，定期向各界公众传达处理经过。

书面致歉。当事故处理完毕，应用书面的形式表达诚挚的歉意。

6. 对消费者的对策

疏通零售点渠道。通过零售点渠道向消费者散发说明书面材料。

疏通报刊言行渠道。如有必要，还应通过在报刊上登载广告来说明事故经过及其处理方法和今后的预防措施。

7. 对消费者团体代表的对策

热情接待消费者团体代表。如对方前来询问，不能拒绝会见，要热情接待。

以诚相待，不隐瞒事故的真相。消费者团体代表消费者的利益，其在新闻界也很有发言权，所以，应该慎之又慎地接触。

8. 对当地社区公众的对策

企业出面道歉。如当火灾、爆炸等突发事件出现在企业内部，并给当地居民带来了损失时，企业应以组织形式出面，向当地居民致歉。

员工出面分别道歉。根据事故的性质，也可以派遣本企业的员工去每个家庭分别道歉。

发表致歉广告。在全国性的大报和地方报纸上分别刊登致歉广告。

赔偿损失。必要时，应赔偿经济损失。

快速行动处理危机

·今日茶点

一个成熟的企业家，往往能高瞻远瞩，透过黑暗看到光明，透过危机看到希望，把危机处理与企业的振兴结合起来，能够指出企业的方向和未来。

危机爆发后，会迅速扩张。处理危机应该采取果断措施，力求在危机损害扩大前就控制住局势。美国有一件典型的危机处理使企业获益匪浅的公关案例。

一位叫基泰斯的美国女记者在日本东京的奥达克百货公司购买了一台电唱机，作为送给在东京的婆婆的见面礼。售货员以日本人特有的彬彬有礼的服务，精心为她挑选了一台半启封的电唱机。

当基泰斯回到住所开机试用时，却发现电唱机没有装内件，根本无法使用。她不禁大怒，准备第二天一早同这家百货公司交涉，并于当晚赶写了一篇新闻稿，题目是《笑脸背后的真面目》，并发传真到她所任职的美国报社。

不料，次日清晨，一辆汽车开到她的住处，从车内走出的是奥达克百货公司的副经理和拎着大皮箱的职员。他俩一进客厅便俯首鞠躬，表示歉意。基泰斯十分吃惊地问他们是如何找到这儿的。

那位经理打开了记事簿，讲述了大致经过。原来，昨天下午在清查商品时，他发现错将一个空心的货样卖给了一位顾客。此事至关重大。他迅速召集全体公关人员商议，费尽周折，从顾客留下的一张美国某报的名片上发现了线索，打了35次越洋电话，最终总算从美国纽约那里得到了顾客的东京婆婆家的电话号码，找到了顾客所在地。接着，副经理亲手将一台完好的电唱机外加唱片一张、蛋糕一盒奉上。

这一切使基泰斯深受感动。她立即重写了新闻稿，题目叫作《35次紧急电话》，并且马上打越洋电话到美国报社，告知报社说又有新的稿件发出，昨天的传真稿件不要再发了。后来报社考虑到她的两篇稿件的视点不同，于是配上编辑的话将两篇稿件全部刊发。后来，奥达克百货公司把基泰斯寄给他们的报纸给了日本某报，日本的几家报纸都竞相转发。从此，奥达克百货公司的声誉大大提高。

企业在面对危机采取行动后，仍需要理性地对待事物，而不仅仅是就事论事。企业采取的危机处理措施往往不一定能在短期内奏效。面对这种局面，企业领导人是否沉着镇定，能否努力不懈，这一点显得尤其重要，有时局势的扭转就来自恒久不变的坚持。

丰田喜一郎创办的丰田汽车公司曾一度陷入经营困境。"二战"后丰田重建时，已是债台高筑。据统计，到1950年，注册资本仅2亿日元的丰田汽车公司，负债却高达10亿日元。无奈之下，丰田喜一郎引咎辞职，由原丰田自动纺织机械公司的副总经理石田退三继任丰田社长。

石田上任后，为解决公司的财务危机，几乎天天出门，与公司财务部长花井正八到各家银行寻求贷款，但是处处碰壁。然而他们毫不气馁，继续奔走于各家银行之间。最后他们在日本银行（中央银行）的名古屋分行找到了希望。银行管理者认为汽车工业前景光明，而石田、花井提出的策略也颇为可行，于是破例答应资助丰田公司。这笔贷款挽救了丰田公司，使丰田起死回生。

造成企业危机的原因错综复杂，其解决之道也多种多样。一个成熟的企业家，往往能高瞻远瞩，透过黑暗看到光明，透过危机看到希望，把危机处理与企业的振兴结合起来，能够指出企业的方向和未来，这就相当于使企业迈出了成功的第一步。

危机处理方式选择

· 今日茶点

在有些危机事件中，公众中会出现"意见领袖"。企业要消除危机，就要与这些意见领袖协商，争取他们的配合，借助他们的力量来说服公众。

企业遇到危机事件，应选用恰当的方式，恢复、发展企业的良好形象。在具体的处理过程中，可以采用以下几种方式。

1. 快速式

对于由公众误解而产生的企业公共关系危机，如社会流言、不利社会舆论的导向、专家及新闻工作者的误报、竞争对手的误导乃至造谣中伤，都可能引起公众的指责和怀疑，使之陷入危机之中。由于是误解性危机，而企业本身没有实质性问题，不涉及人身、财产等重大问题，影响范围比较小，所以，对这种危机，企业组织完全能够独立解决。

这时采用快速处理的方式比较适合，快速式强调只依靠自己，通过企业自身的努力来消除危机事件的影响，速度要快，这包括发现危机问题快、调查危机事件快、确认危机性质快、深入危机公众快、控制事态发展快、通报情况反馈快。

2. 迂回式

这是指对那些单凭自身之力已无法控制和挽回的公关危机局面，依据不同情况，采取迂回战术，依托权威机构、权威人士等关键公众向社会发布信息，提出邀请，以影响乃至调整环境系统，从而改变危机局面的公关危机处理措施。

3. 协商式

在有些危机事件中，由于时间较长，或危机事件的性质比较严重，如涉及人身安全的危机，或公众中出现"意见领袖"。这些"意见领袖"，如受害公众、政府公众、新闻公众、民间权威性公众等，对公众具有较大的影响力，能左右公众舆论。这时企业要消除危机，就要与这些意见领袖协商，争取他们的配合，借助他们的力量来说服公众。

这样能更快地使公众消除疑虑、转变态度。运用协商式处理危机，关键是争取意见领袖的支持，这应注意以下要求：

选择的意见领袖与危机事件本身有较大的相关性，与危机事件有联系，或是受害者，或是发起者，能够给其他公众一种"当事人""代言人"的感觉，从而赢得公众的信任；

选择的意见领袖应在公众中有较大的有效能量，要有足够的权威性、知名度，能够有效地说服公众；

要充分尊重意见领袖，把他们看成是企业的贵宾，是处理危机事件的决策者，只有这样才能使之倾心相助；

要切实改进工作，只有工作改进了、工艺先进了、质量改善了，这些具有独特身份的意见领袖才会愿意协助，才会尽心尽力地为企业宣传。

4. 以退为进式

危机的原因和责任在于企业自身时，需要以退为进来处理危机，即使危机的原因和责任不在企业自身而在企业外部甚至是消费者自己失误、传媒误导，企业运用以退为进的方式仍然是一个较好的选择。它可以更好地表现企业虽受了委屈但仍然求全的大度、"无则加勉"的虚心，有利于更好地树立企业的形象。

5. 进攻式

企业在面临受害性危机时，采取进攻式危机处理方式比较合适。所谓受害性危机是指他人未经许可，假冒企业的包装式样、商标、名义推销伪劣产品或采取投毒等恶劣手段陷害竞争对手，使企业的形象受到损害，名誉遭受损失。对于这类危机，企业要正面反抗，依靠自己的力量，采取果断措施，消灭危机。

通常有以下途径：诉诸法律，利用法律武器重塑企业的形象；借助大众传播媒介，开展揭丑活动，通过新闻媒介将不法商人的卑劣行径公之于众，告诫公众不要上当，并重新设计改进包装，强化产品个性形象；扩大生产规模，进一步降低成本，使假冒伪劣产品没有市场；策划公共关系活动，充分调动企业和社会的力量共同打假。

危机善后处理策略

· 今日茶点

危机事件的善后处理，将直接关系到企业形象的稳固问题，绝对不可掉以轻心。危机发生之后，有一些策略需要立即被采纳以用来进行处理，避免危机事件的死灰复燃。

在危机事件处理完后，危机管理工作并未结束，若善后处理不当，则完全有可能使其死灰复燃，而且可能会使先前辛辛苦苦建立起来的良好形象毁于一旦。原本顾客认为这个企业是一个勇于承担责任的企业，而如今又重蹈覆辙，可能就会被认为是一个言而无信、哗众取宠的企业。

因此，危机事件的善后处理，将直接关系到企业形象的稳固问题，绝对不可掉以轻心。危机发生之后，有一些策略需要立即被采纳以用来进行处理，避免危机事件的死灰复燃。

1. 指定唯一发言人

危机发生后，应指定一个唯一发言人，让企业只有一种声音对外。这样，可避免因多种声音、多个口径对外而造成公众的困惑，加重公众的不信任感。最好由企业的公关人员担当唯一发言人。公关人员长期与媒体、公众打交道，了解他们的心理和关注点，对事件的陈述和报道可以做到既不失公正、全面，又能最大限度地维护公司利益。而且，人们并不要求这样的发言人了解所有的情况，他可以承诺将进一步调查事件，随后再给大家一个说法。这也是在处理危机时有效赢得时间的好办法，因为此时公司最需要时间去充分调查事件，处理问题，给公众一个满意的答复。

2. 主动与媒体保持关系

主动联系媒体，公开、坦率地报道事件。危机发生后，不管责任在谁，企业都应迅速反应，主动与新闻界沟通，抢在他人之前公开报道事件，"捂"或"躲"不仅于事无补，反而会使情况更加恶化。主动报送，既为公司树立了坦率的形象，也给危机的状况定下了基调，防止其他人的说法混淆视听，使公司处于被动的地位

此外，在报道事件时，应只限于陈述事件的过程，不应过多加入分析、结论性意见和处理办法，这样既为以后的报道留下空间，又不至于引来公众、媒体的追问。在危机发生后，企业应立即自行组织人员或委托独立的权威机构调查事件，给事件发生的原因以一个公正、客观的说法。

3. 尽量控制危机的影响面

危机总是发生在特定的时间、特定的地区和特定的产品身上，所以，应采取有效措施避免危机的蔓延，避免危机影响到企业在其他地区的销售或其他产品的形象，力争将损失降低到最低限度。

4. 加强多方沟通

员工享有知情权。公司的员工除知道公开的信息外，还应该知道得更多一些。如果员工处于对公司现状了解得不全面的尴尬状态，公司就不太可能从员工那里得到更多的支持，弄不好还会祸起萧墙、自乱阵脚，内部产生不稳定因素。而渡过危机，关键要靠员工的信心和努力，员工也应当了解事情的进展，所以要保持与员工的沟通。当然，同时还应要求员工不要对外泄露情况，因为只有唯一发言人才是公司对外宣传的唯一窗口。

告诉公众事情的进展。社会各界，包括公司股东、主管部门、经销商等都在等待来自公司的最新消息。所以，应经常透露一些对他们有价值的信息，如公司正在和当局合作，调查正在进行中，或正在做出某种选择，等等。

保持与顾客的联系。在日常管理中，为了在顾客心目中树立公司的良好形象，公司往往会给顾客打电话、写信，与顾客沟通、交流。在危机发生后，还应

继续这些工作，尽可能重新赢得顾客的信赖。最好是写一封"致顾客的公开信"，并发表在各大媒体上。

5. 重建信任感

邀请公正、权威的机构来参与危机的解决，确保社会公众对企业的信任。以公众的利益为出发点处理危机是危机公关的首要原则。公正、权威的机构有社会中介服务组织和政府的某些职能部门，如技术监督局、环保组织等。这些机构和企业本身没有直接的利益联系，能够站在客观公正的立场上看待问题。同时邀请这些机构参与问题的处理能够表明企业的良好态度。即企业愿意接受权威机构的监督和指导，不回避自己应负的责任，在危机的处理中，决心以公众的利益为出发点来解决问题。

危机本身并不可怕，任何一个企业都难免有失误，都难免受到来自外部的袭击，对此，公众是能够理解的。关键在于在危机处理中，企业是否有一个端正的思想，是否能公开坦诚、实事求是，最大限度地考虑公众的利益，做一个本分的经营者。

6. 开放现场

开放现场或组织专门参观。运用参观活动来协助危机解决，是一种最古老的做法，也是常用的手段。如企业可请新闻界人士实地考察现场，调查企业对此事件的处理措施等。

企业还可以邀请受害公众、专家、社区公众、遇难者家属等有关人士前来实地察看，让公众知道企业是一个敢于面对现实的具有高度责任心的企业。对内部公众，参观又是进行再教育的好方法。类似于开放的措施还有，比如把企业的有关原始管理资料公之于众。

危机转化与重塑形象

· 今日茶点

要重塑形象就要继续传播企业信息，表达企业重塑形象的决心和愿望。

即使企业采取积极有效的措施来处理危机，企业的形象和地位还是会受到不同程度的影响，不可能立即完全恢复到危机发生前的水平。公关危机对企业形象造成了损害，其不利影响会在今后企业的生产经营中日益显露出来。

因此企业公关危机得到处理，并不等于企业公关危机处理结束，企业公关危机处理还要进入重建企业良好形象的营运阶段。只有当企业形象重新得以树立后，才真正是转危为安了。

1. 重塑形象的措施

如何重建企业形象，关键是如何采取有效措施，达到这些目标。这些措施包括对内和对外两个方面。

对企业内部，一是要以诚实和坦率的态度来安排各种交流活动，以形成企业与其员工之间的上情下达、下情上达、横向连通的双向交流，保证信息畅通无阻，增强企业管理的透明度和员工对企业组织的信任感；二是要以积极和主动的态度，动员全体员工参与决策，制订组织在新的环境中的生存与发展计划，让全体员工形成乌云已经散去、曙光就在前面的新感受；三是要进一步完善企业管理的各项制度和措施，有效地规范企业行为。

对企业外部，一是要同平时与企业息息相关的公众保持联络，及时告诉他们企业在危机后的新局面和新进展；二是要针对企业形象受损的内容与程度，重点开展一些有益于弥补形象缺损、恢复公关状态的公共关系活动，与广大公众全面沟通；三是要设法提高企业的美誉度，争取拿出一定的过硬服务项目和产品在社会上公开亮相，从本质上改变公众对企业的不良印象。

企业公关危机处理的线性模型表明通过这三个阶段的工作，受危机损害的企业是可以恢复的，进而还会发展得更好。

2. 适时反击

面对失实的新闻报道，企业应了解报道失实的各种原因，必要时诉诸法律，借助法律武器保护自己，揭穿谣言。但运用法律进行反击时必须慎重，应该只限于追究责任，不可抱敌对态度。企业在依靠法律手段的同时，还应采用其他公关手段，相辅相成地达到顾客满意和企业利益、声誉得以保证的双赢局面。

3. 危机管理改正

在危机事件处理完成后，人们必然能发现一些先前所议定的危机对流程的某些弊端。为此，很有必要在危机处理之后，对之进行相应的改进。

在进行完危机处理后，应当再次强调危机意识的作用，教育员工，并修正、补充危机管理内容。危机事件的正确处理能使企业绝处逢生、化险为夷。但危机中暴露出来的企业管理、员工素质、公关状态等方面的问题却不能忽视，企业应以此为典型、生动的教材，深入地对员工进行一次公共关系教育和培训，使每一个员工都能从中找出差距和存在的问题，自觉将自己的行为、形象与企业的命运、形象联在一起，让"我是企业形象的代表"的观念深入人心并化作行为的指南。

危机是任何企业都不愿遭遇的，无论是处理危机还是重新获得公众好感、恢复形象，都需要投入大量的时间和精力，花费巨大。常言道，花钱买教训。那些临阵磨枪、仓促上阵的企业，必须吸取深刻的教训，危机过后应立即着手制订企业危机管理计划，必要时寻求专家和公共关系公司的指导和帮助。这样，才不至于再犯同样的错误。综上所述，企业危机不可避免，但企业危机可以防范。加强危机管理，制定相应的公关对策，那么，企业在危机来临时，就能够从容应付，转危为安。

4. 重塑形象

要重塑形象就要继续传播企业信息，表达企业重塑形象的决心和愿望。企业与公众之间的信息交流和沟通是企业获得公众了解和信任、争取公众支持与合作的有力手段。在企业经历危机考验之后，更需加强企业对外的信息传播，消除公众在心理和情感上的阴影，提高企业的美誉度。当然，再举办一些富有影响的公关活动，还可以更好地提高企业的美誉度，营造良好的公关氛围，尽快挽回危机所造成的不良影响。

重塑形象成功的关键在于如下几个方面：

把公众利益放在首位。企业的良好形象离不开公众的支持，所以要维护企业形象，首先要拿出实际行动维护公众利益。当危机发生后，企业应把公众利益放在第一位，而不能一味顾及自身所付出的经济价值。

善待被害者。对危机的被害者，企业应诚恳而谨慎地向他们及他们的家属表示歉意。同时，必须周到地做好伤亡者的救治与善后处理工作。尤其重要的是，应冷静倾听被害者的意见，耐心听取被害者关于赔偿损失的要求以确定如何赔偿。有时被害者有一定的责任，但不应过多地计较，以避免因为辩解而带来不利影响。

争取新闻界的理解与合作。在危机处理过程中，企业要与新闻界真诚合作，尽可能避免对企业形象的不利报道。事故如何向新闻界公布，企业发言人如何措辞，应事先在企业内部统一认识，反复斟酌。说明事故时应力求简明扼要，避免使用行话。

要选择恰当的表达方式，如发言人要用肯定有力的音调讲话，不能迟疑吞吐；回答问题时可以以"我"为主，不必死抠问题；尽量避免用否定词；把自己想表达的内容和观点巧妙地掺入对问题的回答中。为了避免报道有误，重要材料应以书面形式发给记者。

企业掩盖事实只能引起记者的反感，所以应该认真回答记者的提问，诚实地公布事故的真相，也可以同时说明企业已取得的成绩和为防止危机所做的努力，尽量引导公众产生关于企业的全面而正确的印象。

危机发生后，舆论的谴责与报道将持续一段时间。在此期间，企业除了利用传播媒介发布致歉广告之外，还应及时向媒体提供有关赔偿受害者损失的信息；公布修理毁坏的设备和厂房的计划；公布今后的事故预防措施等。如此才能及早赢得广大公众的谅解和信任，恢复企业在社会上的声誉。

在危机公关中提升品牌

·今日茶点

凡是中外成功的危机公关案例都有一个共同特点：领导亲赴第一线，公关人员精心策划，任劳任怨。这种做法和技巧易于得到公众的理解，取得公众的同情与谅解，赢得公众的信任。

在企业运行与发展过程中，将各种风险、隐患消弭于无形进而实现利益最大化是我们追求的目标。但现实却并非事事如人所愿，制度的缺失、人为的失误、客观条件的限制都可能使隐患演化成实实在在的危机。危机出现了，是推诿隐瞒，还是坦诚面对、积极处理，这是企业能否持续、健康发展的"节点"，也是企业综合素质的全面展示。

1988年4月27日，一架波音737客机从檀香山起飞后不久便发生事故，幸运的是无人伤亡。经过调查，波音公司制定了周密的宣传策略，利用这次本来会影响其声誉的事故大力进行广告宣传。请看波音公司对这次空难事故的广告宣传词——这次事故主要是因飞机太旧，金属疲劳所致。因为这架飞机已飞行了20年，起落过9万次，大大超过了保险系数。如此老旧的飞机都能使乘客无一伤亡，这样的反证法恰好说明了飞机质量是十分过硬的。

经此事故宣传，订货量猛增。单是1988年5月份，国际租赁金融集团就向其订购了100架波音737飞机，美国航空公司订购30架波音737飞机。仅此一个月的订货量就比事故发生前的第一季度的总订货量还高出近1倍。如此一来，波音公司通过这次因事故而做的广告，不仅没有使公司的形象受到丝毫损害，反而赢得了市场。

1978年12月，意大利航空公司DCX型客机在地中海坠毁，该航空公司急需一架代替客机。意航总裁诺狄奥向波音公司董事长威尔逊提出了订购一架波音727客机的要求。对波音公司来说，当时订购这一型号飞机的单子较多，按照正常程序的话，至少要等上两年，但考虑到意航的特殊情况，公司进行了适当调整。

最终，意大利航空公司在1个月内就得到了这一型号的飞机，及时缓解了急需。后来，为了感谢波音公司的优良服务，意航决定取消购买道格拉斯公司DCO飞机的计划，转向波音公司，一下子订购了9架波音747超大型客机。

凡是成功的危机公关案例都有一个共同特点：领导亲赴第一线，公关人员精心策划，任劳任怨。这种做法和技巧易于得到公众的理解，取得公众的同情与谅解，赢得公众的信任。

态度决定一切。企业要勇于承担责任，并尽力争取公众和当事人的原谅。因为危机事件发生时，企业就是舆论的中心，这时企业的一举一动都会引起公众的关注，如果采取逃避或推却的态度，必然引起人们的反感，并造成媒体的大范围报道，使负面影响扩大化。

企业要树立负责任和坦诚面对事实的态度，对出现的问题首先是承担责任，毫无推诿；争取与媒体合作；拥有同情心，重视消费者的感情，争取消费者的理解；将网络转变为厂商与消费者和其他相关者的直接沟通平台。

波音公司成功的危机处理充分说明，危机也是品牌提升的契机，恰如其分的宣传造势，不仅可以提高企业的知名度，而且可以建立良好的信誉。当然，造势必须恰到好处才行，那种虚假的盲目造势只会弄巧成拙，是企业在运用"造势企划法"时必须规避的。

建立有效的预警机制

·今日茶点

企业危机其实和自然危机一样，能及早识别危机的存在，采取措施将危机扼杀在摇篮之内，是成本最低的危机管理方式。

对于企业而言，如果企业经过分析市场环境，调整经济形势制定一套完备的预警机制，就能及时有效地预防危机的出现，也就不会产生因突发事件带来一系列的问题。

　　这个道理早在春秋战国时期的扁鹊就已经懂了。

　　春秋战国时期，魏文王问著名医生扁鹊："你们家兄弟三人都精于医术，你说说你们之间到底谁的医术更好呢？"

　　扁鹊回答说："大哥医术最高，二哥次之，我最差。"

　　文王奇怪地问："那为什么你的名气最大呢？"

　　扁鹊答道："我大哥是在病情发作之前治病。由于一般人在自己发病之前觉察不到，所以也不知道我大哥事先能铲除病因，所以他的名气无法传出去，只有我们家的人才知道。我二哥是在病情初起之时给人治病。所以，一般人以为他只能治轻微的小病。因此他的名气只及于本乡里。而我治病，是治病于病情严重之时。人们看到我在经脉上穿针放血、做一些在皮肤上敷药的大手术，就会以为我的医术高明，名气因此响遍全国。"

　　这个故事告诉我们，事后控制不如事中控制，事中控制不如事前控制。但是，一家国际咨询机构的调查表明，没有进行过危机管理培训的企业经理占80%，更不用说在企业内部建立危机管理程序了。于是一些企业出现危机时，管理者常常会束手无策，错失了处理危机的最佳时机。

　　对于企业而言，危机意味着危险，同时也意味着契机。洛克希德－马丁公司前任CEO奥古斯丁认为，每一次危机本身既包含导致失败的根源，也孕育着成功的机会。事实上，并没有绝对失控的企业危机，只有不合适的危机处理方法。如果处理得当，危机完全可以演变为"良机"。

　　由于一家报纸记者的误报，导致全国媒体大量转载"恒源祥内衣有毒"的消息。事发一周内，恒源祥内衣可谓四面楚歌，市场滞销，顾客情绪激愤。恒源祥集团立即启动危机公关程序，首先主动和消费者协会进行沟通，并将有关内衣比较实验数据公布于众，告知社会公众及顾客。然后又向各地工商部门发布告知信函，安抚经销商。恒源祥有限公司董事长刘瑞旗坐镇上海，亲自指挥处理这次危机事件，终于在一个月内平复了"恒源祥内衣有毒"事件。经过及时妥善的处理，恒源祥的企业形象不仅没有受到丝毫损害，反而因为实验数据的公示，获得了消费者的更大信任。

　　企业危机其实和自然危机一样，能及早识别危机的存在，采取措施将危机扼杀在摇篮之内，是成本最低的危机管理方式。能够从先兆中预测到危机，并提出防范危机的决策，比挽救危机更重要。因此，企业管理者要清醒地意识到，懂得在危机来临的时候正确及时妥当地处理固然重要，但要真正消除危机的隐患，还必须编写危机公关手册，建立一套企业危机预警机制组建危机管理小组，预防强于治病。

建立危机预警机制，首先，要组建危机管理机构，定期进行企业营运危机与风险分析，进行风险分级管理。将风险分级分类，并订出解决方案；其次，不定期举行不同范围的危机爆发模拟训练；再次，确保企业内部对话渠道畅通，这样可以将一些危机消灭在萌芽状态；最后，与外部世界建立良好的协作、互动关系，改善企业外部的生存环境。